인지 및 지적장애의 이해

|제2판|

역사적 관점, 현재의 실제 그리고 미래의 방향

Stephen B. Richards, Michael P. Brady, Ronald L. Taylor 지음
신현기, 김대룡, 김영표, 남경욱, 오경민, 이병혁, 정주영, 정희선, 주재연 옮김

Σ 시그마프레스

인지 및 지적장애의 이해, 제2판

역사적 관점, 현재의 실제 그리고 미래의 방향

발행일 | 2017년 3월 2일 1쇄 발행

저자 | Stephen B. Richards, Michael P. Brady, Ronald L. Taylor
역자 | 신현기, 김대룡, 김영표, 남경욱, 오경민, 이병혁, 정주영, 정희선, 주재연
발행인 | 강학경
발행처 | (주)시그마프레스
디자인 | 송현주
편 집 | 이호선

등록번호 | 제10-2642호
주소 | 서울특별시 영등포구 양평로 22길 21 선유도코오롱디지털타워 A401~403호
전자우편 | sigma@spress.co.kr
홈페이지 | http://www.sigmapress.co.kr
전화 | (02)323-4845, (02)2062-5184~8
팩스 | (02)323-4197

ISBN | 978-89-6866-845-6

Cognitive and Intellectual Disabilities :

Historical Perspectives, Current Practices, and Future Directions, 2nd Edition

* 책값은 뒤표지에 있습니다.

* 이 도서의 국립중앙도서관 출판예정도서목록(CIP)은 서지정보유통지원시스템 홈페이지 (http://seoji.nl.go.kr)와 국가자료공동목록시스템(http://www.nl.go.kr/kolisnet)에서 이용하실 수 있습니다.(CIP제어번호 : CIP2017003953)

모름지기 공부하는 사람은 좋은 책을 접했을 때 가장 기분이 좋다. 좋은 책 속에는 해당 분야에 대한 그동안의 연구 동향들이 담겨져 있기 때문이다.

'정신지체'라는 용어가 '지적장애'라는 용어로 바뀌면서 그 바뀜의 내면에는 어떠한 숨은 변화가 있어 왔는지 들여다보는 재미는 공부하는 사람만이 느낄 수 있는 기쁨으로 바뀌게 된다. Ronald L. Taylor 등(2004)의 *Mental Retardation*(First Edition)이라는 책을 처음 접하였을 때 특이한 점은 각 장에서 다루어지는 내용을 CEC(Council of Exceptional Children)의 기준과 짝 맞춤을 시켜 놓은 점이다. 그리고 지적장애에 대한 역사적 개념과 관점을 다른 어떤 책보다 방대하게 다루었다는 점에서 도움을 받았다. 이처럼 책이 내 손 안에 들어오기까지는 그 나름의 이유가 있어 그 이유를 간직하는 것이 책에 대한 관심을 지속시킬 수 있다. 그러던 차에 11년이 지난 2015년 같은 저자들로 구성된 책의 2판이 출판되었는데 1판 때와는 달리 책의 제목이 *Cognitive and Intellectual Disabilities*(2nd Edition)로 바뀌었고 저자들은 그대로인데 그 순서가 바뀌어 Taylor가 제일 뒤쪽에 위치하고 있다. 세월이 바뀌어 제자 겸 후배들에게 자리를 내주고 뒤로 물러나 앉은 선배의 모습을 보며 내심 아름다움을 발견할 수 있었다.

이 책은 1판 때와 마찬가지로 총 5부 13장으로 구성되어 있다. 각 장의 서두에서는 그 장을 대표하는 요점이 제시되어 있고, 각 장의 내용을 제시하면서 그 장이 담고 있는 내용과 밀접한 연관성이 있는 연구물과 사건을 차이를 만들어 낸 연구와 사건이라는 상자글로 제시하고 있어 이해하기 쉬운 구도로 제시되어 있다. 특히 지적장애 분야의 미래 전망을 철학적 관점, 사회적 관점, 법적 관점, 의학적 관점, 그리고 교육적 관점으로 정리하여 줌으로써 이 책의 통하여 얻어야 할 핵심적 요소를 한 눈에 볼 수 있도록 하였다는 점을 이 책을 추천하는 이유로 들 수 있다.

그러나 특수교육계에 있는 사람 특히 지적장애를 연구 대상으로 하는 사람들이 분명히 알아두어야 할 지침이 있다. 그것은 장애인을 잃어버린 특수교육을 해서는 안 된다는 점이다. 그 지침의 대표적인 내용이 Button Blatt의 메시지이다.

지적장애의 개념은 간단하게 정의할 수도 없고 과학적으로 정의할 수도 없으며, 그

것을 주제로 토론을 할 수도 없고, 그것을 여러 유형으로 분류할 수도, 해부할 수도, 응용하거나 연구할 수도 없는 그 무엇이다. 지적장애의 개념은 단지 우리의 인간성, 잠재력, 교육 정도, 삶의 질, 권리와 특권, 우리의 실체, 그리고 우리와 관련된 모든 것에 대한 우리 자신의 이해의 정도에 따라 다르게 된다. 나에게 누군가가 지적장애에 대한 개념을 어떻게 가지고 있느냐고 묻는다면 그 질문은 곧 나에게 당신은 인간성이나 퇴폐성, 미, 또는 추함, 강력한 힘 또는 나약함, 선한 사람과 악한 사람에 대한 개념을 어떻게 가지고 있느냐고 묻는 것과 마찬가지이다. 지적장애는 결코 지능지수로 한정하여 정의되는 것도, 특성화되는 것도 아니며, 그렇다고 해서 행동주의적 입장에서의 측정 결과나 원인론(etiology)적 기술에 의해서 개념화되는 것도 아니다. 그것은 단지 여러 사람들, 지역 사회, 가치, 기대, 그리고 희망에 의해서만 규정되는 것이다(Blatt, 1981).

이러한 생각을 함께 하며 이 번역서가 나오기까지 함께 사제동행(師弟同行)한 사람들이 있다. 김대룡, 김영표, 남경욱, 오경민, 이병혁, 정주영, 정희선, 주재연 선생에게 고마움을 표한다. 무엇보다 특수교육 관련 서적으로는 충분한 이익 창출이 어려움에도 불구하고 출판으로 지원해 주시는 (주)시그마프레스의 강학경 사장님, 편집부 선생님, 그리고 총판을 담당하는 에이스북의 고영수 대표께도 감사의 말씀을 드린다.

2017년 2월 어느 날
역자 대표 신현기

| 서 | 론 |

이 책은 지적장애 분야의 역사적 관점과 현재의 실제, 그리고 미래의 방향을 제시하기 위하여 총 13개의 장으로 구성되어 있다. 미국 및 세계 각국의 연구들이 이 책의 여러 장을 인용하고 있다. 지적장애의 정의와 같은 중요한 정보는 미국 지적장애 및 발달장애 협회(AAIDD)의 최신 정의 및 지침에서 제시된다.

각 장은 시작 부분에서 **요점**이라는 표기로 묶어 유용한 요소들을 제시한다. **차이를 만들어 낸 연구** 및 **차이를 만들어 낸 사건**이라고 표시된 상자의 글은 독자들에게 이 분야의 역사적 변화 과정에서 중요한 역할을 한 정보를 제공한다. 독자들의 이해를 돕기 위해 개념 및 실제를 설명하고 그에 관한 논의를 위해 **다시 생각해보기** 상자가 모든 장에 포함되어 있다. 각 장의 끝부분에는 **요약 체크리스트**를 두어 독자들이 각 장의 핵심 내용에 집중할 수 있도록 각 장 및 체크리스트의 주요 용어를 굵은 글씨체로 표시하였다. **토론**은 각 장의 내용에 대해 한 번 더 심사숙고하는 데 활용될 수 있을 뿐 아니라 논술식 문제로 평가하는 데 따른 영감을 줄 수 있다. 각 장의 개념 및 실제를 일상생활의 맥락에서 탐색하고 적용하는 데 초점을 맞추고 있는 **활동**은 정보의 조직 및 원천에 대한 더 깊이 있는 조사를 안내하는 역할이 되도록 몇 가지 **인터넷 자료**와 함께 제공된다.

다음은 각 장에 대한 간단한 개요이다.

제1부 : 지적장애의 소개

1장은 지적장애와 관련한 고대로부터 가장 최근까지의 경향 및 실제에 대한 역사적 변천의 관점에 초점을 두어 집필되었다. 독자들은 지적장애인들이 과거에서 지금에 이르기까지 어떻게 치료를 받아 왔으며, 치료 방법을 제공하는 데 있어 어느 분야의 전문가들이 기여하여 왔고, 궁극적으로 시간이 지날수록 더 나은 서비스 전달 방법으로 귀결되도록 한 법적 움직임과 옹호 운동에서의 변화를 추적 제시한다. 물론 현재의 관점 또한 요약되었다.

2장은 지적장애의 정의와 그 분류에 초점을 맞춘다. 현재의 미국 지적장애학회의 정의로 귀결된 정의의 진화와 같은 역사적 경향이 포함된다. 현재의 미국 지적장애학회 정의와 그 영향도 포함된다. 개별화된 지원 수준의 관점을 포함한, 분류에 있어서의 역사적 그리고 현재 경향이 논의되며, 미국 및 다른 지역에서의 지적장애 출현율이 검토된다.

3장은 판별을 위한 사정평가에 초점을 맞춘다. 미국의 법률 제정 근거를 참조하여 법적 그리고 윤리적 고려 사항들이 검토된다. 규준참조 평가에 대한 개요에는 판별에 영향을 미치는 개념들과 그 실제들이 포함된다. 지능의 개념적 모형은 물론 일반적으로 활용되는 지능검사도 포함될 것이다. 적응행동/기술 사정평가와 이를 위해 일반적으로 사용되는 도구들에 대한 논의도 있을 것이다.

제2부 : 지적장애의 원인

4장은 염색체 및 유전적 요인에 집중한다. 유전에 있어 유전학의 역할에 대해 간단한 논의가 있을 것이고 뒤이어 상염색체와 성염색체 장애, 염색체의 수 및 구조 관련 장애, 그리고 원인이 여러 가지이거나 알려지지 않은 장애 등에 대한 설명과 검토가 있을 것이다. 유전자 검사 및 유전 상담의 역할 또한 논의될 것이다.

5장은 환경적 그리고 심리사회적 원인들에 초점을 맞출 것이다. 이러한 원인들은 출생 전, 출산 시, 그리고 출생 후 원인들로 논의될 것이다. 빈곤한 생활환경과 같은 사회적 상관관계가 검토될 것이다. 심리사회적 상관관계에는 아동양육 실제, 학대와 방임 등과 같은 요인들이 포함된다. 마지막으로 조기 중재 및 의학적 중재 모두가 지적장애 예방과 관련해서 논의될 것이다.

제3부 : 지적장애의 특성

6장은 인지 그리고 학습 특성들에 초점을 맞출 것이다. 또한 지적장애인들이 나타내는 주의집중, 기억, 그리고 말과 언어의 특성들에 대한 논의가 포함될 것이다.

7장은 교육, 심리, 행동, 그리고 적응행동의 특성들에 집중할 것이다. 여기에는 비전형적인 그리고 발달의 지체, 기술 발달, 심리 및 행동에서의 강점 및 과제, 그리고 이들 능력의 수행과 습득 등이 포함된다.

8장은 사회, 가족, 그리고 다문화 요인들에 초점을 맞출 것이다. 지적장애 개개인들이 어떻게 인식되고 취급되며, 이러한 점들은 다양한 사회 체제와 어떻게 상호작용하는지 등이 고려될 것이다. 가족들이 영향을 받는 방식과 양육 및 양육자에 대한 영향 등이 논의될 것이다. 개인과 가족, 그리고 교육자들에 대한 사회학적 그리고 다문화적 요인들의 영향도 포함될 것이다.

제4부 : 교수적 고려사항

9장은 교수적 사정에 초점을 맞출 것이다. 교수적 사정의 다차원적 속성, 법적 명령, 의사결정 및 진전 점검을 위한 비형식적 사정의 활용, 사정 조절의 제공, 그리고 기능적 기술 영역들에 대한 사정 등을 포함한, 교수적 사정에 영향을 미치는 다양한 요인들이 검토될 것이다. 학교와 지역사회 등과 같은 서로 다른 맥락에서의 사정평가 또한 논의될 것이다.

10장은 교수 내용에 집중할 것이다. 이 장은 모든 학생들이 배울 필요가 있는 것에 대한 관점, 모든 지적장애 학생들이 배울 필요가 있는 것에 대한 관점, 교수 내용 의사결정에 적용되는 원칙들, 그리고 교수 내용을 계획하는 데 유용한 원천들을 제공한다. 핵심표준교육과정(Common Core State Standards)과 개별화교육프로그램에 대한 정보가 포함될 것이다.

11장은 교수 전달을 안내하는 전제들을 포함한 교수 절차, 교수 프로그램을 조직하는 방법, 교수를 전달하는 방법은 물론 교수 평가 등에 초점을 맞출 것이다. 특수교육 및 지역사회 맥락에서뿐 아니라 일반교육 환경에서 사용되는 교수 전략들이 검토되고 설명될 것이다.

12장은 교수 환경에 초점을 맞출 것이다. 교수 환경 결정의 중요성이 해당 사회 내에 있는 개인들에게 미치는 영향, 기술들을 배우고 적용할 기회, 어떤 개인의 일생 동안 환경이 어떻게 변화할 수 있는지, 그리고 조절이 어떻게 더 나은 교수 환경을 제공할 수 있는지 등에 관하여 논의될 것이다.

제5부 : 지적장애의 미래 방향

13장은 철학적, 사회적, 법적, 의학적, 그리고 교육적 관점에서의 미래 방향에 집중할 것이다. 이 장의 독특한 점으로는 앞으로 10여 년 동안 그리고 그 이후에 발생할 수 있는, 지적장애인들과 지적장애 분야에 긍정적인 영향을 시사하는 연구와 사건에 관한 글상자들을 들 수 있다.

독자들은 역사적 참고자료와 연구는 물론 현재의 참고자료와 연구를 제공하는 이 책을 쉽게 활용할 수 있음을 알게 될 것임에 틀림없다. 학생들과 교수 및 강사들은 제시된 목적을 이해하고 지식을 평가하고 주제와 관련한 보다 심층적인 조사를 촉진하는 데 있어 각 장 말미에 제시된 내용들과 연구 사건들, 그리고 반성적으로 검토하여야 할 특성들이 유용하다는 것을 알게 될 것이다.

| 차 | 례 |

제5부   지적장애의 미래 방향

제1부

지적장애의 소개

역사적 개념 및 관점¹⁾

요점

➤ **초기 암흑기** - 비록 고대 이집트 시대에는 인지 및 지적장애(cognitive/intellectual disabilities, CIDs)²⁾인들에게 관용적이었음에도 불구하고 고대 로마와 그리스 시대에는 오히려 종종 지적장애를 지닌 영아들의 살해를 지지했었다. 지적장애인에 대한 태도들은 후에 종교 및 의학적 현실에 의해 영향을 받았다.

➤ **보살핌으로의 전환** - 19세기 전반기는 지적장애인들의 치료에 긍정적인 방식을 제공하였다. 비록 수용시설들이 일반적인 형태이었기는 하여도 Itard와 그의 제자였던 Seguin 같은 사람들의 노력은 교육을 위한 시도로 연결되었다.

➤ **갈등의 시대** - 19세기 중반 및 후반과 20세기 초반은 다시 지적장애인에 대한 부정적 고정 관념을 낳게 하였다. 당시는 구금의 보호시설과 우생학이 대중적이었다.

➤ **지적장애인들의 인간화** - 20세기 중반부터 후반까지 의학 및 교육에서 많은 진전이 있었다. 탈시설 수용화와 정상화 원리가 권장되었고 이와 관련한 법률이 통과되었으며, 여러 판례들로 인해 지적장애인들의 권리가 보장되기 시작하였다.

➤ **현재의 관점** - 지적장애와 관련하여 다루어진 그리고 다루어질 현재와 미래 영역들에는 법적 문제들, 의학적 진전, 교육적 고려사항들, 그리고 관련 용어의 사용 등에 관한 내용이 포함된다.

지적장애 분야에서 변화의 역사는 오래되었을 뿐만 아니라 때로는 격동적이었다. 지적장애인들을 대하는 비장애인들의 태도는 친절함, 야만스러움, 방치, 계몽,

---

1) 이 장에서 사용된 용어는 논의되는 특정 기간 동안 사용된 것에 따른다.

2) 역자 주 : 이 책의 원서에는 제목과 본문 전체에 걸쳐서 지적장애를 'CID'로 표현하고 있다. 저자들은 그 이유를 미국의 여러 주에서 지적장애(intellectual disability) 대신 인지장애(cognitive disability) 혹은 인지지체(cognitive delay)를 사용하고 있기 때문이라고 밝혔다(13장 '철학적 관점' 참조). 한글 번역판인 이 책에서는 제목에서만 그 취지를 살렸고 이후 본문에서는 편의상 '지적장애'로 통일했다.

보호의 과정을 거쳐, 결국에는 교육으로 과정이 전개되었다. 최근에는 당사자들이 스스로를 옹호하고 자신의 목표와 미래의 삶을 결정하는 과정에 능동적으로 참여할 수 있다는 인식을 가졌음은 물론 이들이 이러한 태도를 가질 수 있도록 권장하는 점까지 강조되었다. 지적장애인들을 설명하는 데 사용되는 용어들은 비슷한 진화의 과정을 보여 주었다. 비록 오늘날의 사회적 관점에서 볼 때는 매우 무례한 표현이긴 하지만 당시에는 백치, 얼간이, 멍청이, 그리고 정신박약 등의 용어가 다양한 시대에서 그 시대의 학자들에게 사용되었었다. 나중에 정신박약 및 저능과 같은 용어들이 정신지체라는 용어의 사용으로까지 변화되었다. 이러한 용어의 사용은 결국 문제점으로 지적받게 되었고 지적장애라는 용어로 대체되었다. 지적장애라는 용어는 지금까지 많은 사람들에 의해 사용되고 있다. 흥미롭게도 여러 주에서는 각기 다른 용어들(예 : 인지장애, 인지적 지체, 지적장애 등)의 사용을 허용했다 하더라도, 여전히 정신지체라는 용어가 2004년 개정된 장애인교육법(Individuals with Disability Education Act of 2004; IDEA 04)에서 사용되고 있다. 하지만 2010년 오바마 대통령은 정신지체라는 용어를 지적장애로 대체한다는 공식적인 선언인 Rosa법에 서명을 함으로써, 앞으로 제정되는 법에서는 지적장애라는 용어를 사용하게 될 것이다. 이 책에서도 정신지체라는 용어를 사용한 이전의 연구물들을 참조할 때 지적장애라는 용어를 사용할 것이다. 용어가 다소 불분명한 연구물의 경우 해당 연구물에 기술된 용어를 그대로 사용할 것이다.

초기 암흑기

비록 초기 역사가 잘 기록되어 있지 않고 특정 부분에서는 어느 정도의 추측에 의해 결론을 내린 연구물 자료들이 존재한다 하더라도(연구상자 1.1 참조), 지적장애의 역사는 반세기 동안 수많은 연구자들(예 : Kanner, 1964; Scheerenberger, 1983; Trent, 1994; Winzer, 1993)에 의해 연대순으로 기록되었다. 지적장애에 대한 최초의 실질적 설명은 아마도 기원전 1500년경 테베(이집트)에서 이루어졌을 것이지만(Grossman, 1983) 이는 다소 불분명하다. 1862년에 당시의 진료 기록(검진기록부) 두 장이 한 무덤에서 발견되었다. 이 기록지는 비록 번역의 어려움으로 인하여 메시지가 정확히 전달되지는 못하였지만, 지적장애인들에 대한 당시의 어떤 언급을 보여 주었다. 역사속에서 나타난 또 다른 예는 서기 4세기에 무라(지금의 터키 남부 지역)의 주교 성 Nicholas Thaumaturgos의 역할에 관한 것이다. 그 주교는 지적장애인들(비록 그때 이 용어가 사용되지 않았음이 확실하기는 하지만)의 보호자이자 성인으로 묘사되었다. 그러나 성 Nicholas는 모든 아이들의, 선원들의, 그리고 사실상 전당포 주인들의 수호성인으로도 간주되

차이를 만들어 낸 연구 **1.1**

Scheerenberger, R. (1983). *A history of mental retardation.* Baltimore : Paul H. Brookes.

비록 지적장애인들에 대한 많은 역사들이 편찬되어 왔지만 Scheerenberger야말로 지적장애의 역사를 주제로 가장 포괄적인 연구를 시도하였고 그에 버금가는 결과물을 제시한 전문가일 것이다. Scheerenberger의 책은 두 부분으로 구성되어 있다. 첫 부분은 선사시대에서부터 20세기까지 지적장애 분야에 지속적으로 영향을 미친 유럽의 영향을 검토한 것이고, 두 번째 부분은 1600년대 초부터 1800년대 중반까지 지속된 Scheerenberger가 '형성기'라고 부르는 시기로서 미국의 지적장애 역사에 초점을 맞추고 있다. 그러고 나서 Scheerenberger는 다툼, 복원, 그리고 대호황 시대(5장), 진보 시대(6장), 정상, 대공황, 뉴딜(7장), 그리고 갈등과 변화의 시기(8장) 등에 대한 장별로 배치하고 있다. 마지막 장은 1980년대 초부터 현재까지의 지적장애 위상을 강조한 후기이다.

어 왔다(Kanner, 1964). 오늘날 성 Nicholas는 산타클로스의 원형으로 가장 잘 알려져 있다.

고대 이집트

Scheerenberger(1983)는 인류의 역사가 시작된 때부터 지적장애가 존재했음에 틀림없다고 주장하였다. Scheerenberger는 어느 사회에서도 평균 이상의 능력자와 그 이하의 사람들이 존재해 왔다고 지적하였다.

고대사를 살펴보면 그 시대의 사회마다 지적장애인들을 각기 다른 방식으로 대했음을 알 수 있다. 예를 들어, 고대 이집트에서는 아이들을 가치 있는 존재로 여겨 종교와 의학을 통해 그들의 다양한 질병들을 '치료'하려는 노력이 이루어졌다. 성직자들은 영적 치유 방식의 활용을 권장하였고 부적(符籍)과 주문(呪文)의 사용이 널리 퍼져 있었다. 의학 또한 점차 대중적인 것이 되었다. 앞서 언급한 테베에서 발견된 기록지 중 하나는 '셀 수 없이 많은 인간의 질병을 다루는 의사들을 위한 고대 처방전 모음집을 대표한다'(Scheerenberger, 1983; p.10). 이와는 반대로 나중에 그리스와 로마 문명이 성하고 쇠하는 시기에는 **영아살해**(infanticide)가 만연하게 되었다.

그리스와 로마 문명

그리스에서는 아동들을 부모의 소유가 아닌 국가의 소유물로 간주하였다(Winzer, 1993). 예를 들어, 스파르타에서는 신생아의 신체적 능력을 결정하기 위해 원로 회의에 데려갔다. 만약 어떤 아동이 장애(지적장애 포함)를 지니고 있는 것으로 간주되면 그 아동은 에우로타스 강에 던져지거나 산기슭에 버려졌다. 또 다른 형태의 영아살해도 활용되었다.

긍정적인 측면에서 의학의 지속적 발전으로 인하여 장애인들이 고문을 받기보다는 치료를 받는 기회로 이어졌다. 히포크라테스는 모든 사람들을 위한 인도주의적인 치료라는 개념을 옹호하였다. 불행히도 히포크라테스와 미래의 여러 세기에 걸쳐 활동한 의사들은 신체적 질병과 통증에 대한 관심은 있었지만 마음과 정신의 문제는 철학자들에게 남겨 놓았다(Scheerenberger, 1983). 플라톤과 아리스토텔레스 또한 장애인들에 대해서는 매우 부정적인 태도를 표출하였다.

로마 문명 시대는 BC 800년부터 AD 476년까지 이어졌다. 고대 로마인들은 그리스인들처럼 장애유아들에 대해 유사한 믿음을 갖고 있었다. 다만 로마와 그리스의 주요 차이는 로마에서는 아동을 부모의 소유물로 여겼다는 점이고, 따라서 아동이 태어났을 때 그 아동을 거부하고 말고는 전적으로 부모, 특히 아버지의 결정에 따랐다(Winzer, 1993). 사실상 아동은 그의 미래를 선택할 수 있는 아버지의 소유물이었던 것이다. 강력한 가족 간 유대와 높은 출생률, 그리고 가족의 자급자족 속성으로 인해 많은 지적장애 아동들(특히 지적장애가 심하지 않은 아동들)은 살아남을 수 있었다. 이 아동들은 천한 일과 육체노동을 보조하였다. 그러나 1세기 무렵 로마는 제국이 되었고 태도와 요구는 변화하였다. 이 당시 영아살해는 만연하였고 그 영향력은 기독교가 보다 인도주의적 입장을 갖기 시작한 4세기까지 계속되었다(Scheerenberger, 1983).

중세

로마의 멸망에서부터 르네상스의 시작까지를 중세로 볼 때, 그 시기는 종교와 미신, 그리고 공포의 시대였다. 기대 수명에 영향을 미친 수많은 역병과 전쟁도 있었다. 소년들은 16세가 되면 성인 남자로, 25세가 되면 중년으로 간주되었다(Scheerenberger, 1983). 하지만 중세시대에는 특정 분야에서의 의학적 진전이 이루어졌다. 아마도 이 시대의 가장 유명한 의사로는 Avicenna를 들 수 있을 것이다. 히포크라테스로부터 많은 영향을 받은 Avicenna의 저작물은 실제로 뇌막염과 뇌수종 등과 같이 지적장애와 연관된 증상들에 대한 처치 방법에 대해 설명하고 있다.

르네상스와 종교개혁

르네상스(1300년대 시작된)와 종교개혁(1500년대 시작된) 시대에는 몇몇 의사들이 지적장애 분야에 영향을 미쳤다. 그중 한 사람이 1493~1541년까지 생존하였던 스위스 국적의 의사인 Paracelsus였다. Paracelsus는 아마도 지적장애와 정신질환을 최초로 구분한 인물일 것이다. Paracelsus의 공으로 돌릴 수 있는 두 가지 진술은 "많은 사람들이 정신적인 질병이 아닌 것으로 보이는 아픔을 겪고 있다. 바보들(얼간이, 정신박약)이 많은 유형으로 분류되었듯이 한 가지 종류와 방식이 아닌 많은 종류와 방식, 많은 패턴과 형태의 미친 사람들이 존재한다."와 "'정신박약'인들은 '건강한 동물들이 하는 것처럼' 행동하지만 정신병자들은 '비이성적인 동물들'처럼 행동한다."(Galston, 1950, Scheerenberger, 1983에서 인용)이다. 이 시기에 지적장애에 영향을 준 또 다른 사람은 역시 스위스 의사인 Felix Platter로, 1536~1614년까지 생존하였다. Platter가 사망한 해인 1614년에 그는 다음과 같이 언급했다.

> 이제 우리는 유아기 때에도 동작 및 웃음에서 단순함을 보였던, 쉽게 주의를 기울이지 못했던, 혹은 유순하지만 학습이 안 됐던 많은 사람들(처음부터 바보 같거나 단순했던)을 보게 되었다. 만일 누군가 그 사람에게 어떤 종류의 과제를 하라고 요청한다면, 그들은 웃고 농담을 하며, 속이고 기분을 상하게 한다. 그들은 이와 같은 단순한 행동들의 습관에 커다란 즐거움을 느끼고 만족해하는 것으로 보이기에 각자의 가정에서 가르치게 된다.
>
> 우리는 덜 바보 같아 삶의 많은 과제를 정확하게 수행하고 특정 기술을 수행할 수 있지만 아둔해 보이는, 칭찬을 간절히 원하면서도 바보 같은 일들을 말하고 행하는 사람들을 알고 있다.
>
> (Platter, 1614; pp.35-36; Scheerenberger, 1983에서 인용)

종교개혁 시대는 Martin Luther가 Wittenberg 교회 정문에 기성 교회의 권력 남용과 관련한 95개 조의 문제점을 제기하는 것으로부터 시작되었다. 하지만 역설적이게도 지적장애에 대한 Martin Luther의 견해는 매우 부정적이었다. Luther는 자신의 **탁상담화**(Table Talks) 중 하나에서 "정신박약인들은 그저 영혼이 없는 **살덩어리**(massa carnis)에 불과하다. 그것은 악마의 힘 안에 있기 때문이며, 악마는 이성과 영혼을 지닌 사람들을 타락시킨다."(Luther, 1652; p.387; Kanner, 1964에서 인용)라고 진술하였다.

17세기와 18세기

유럽이 이성과 계몽의 시대로, 그리고 미국이 식민지 시대로 간주되던 17세기와 18세기에는 많은 의학적 발전이 이루어졌다. 그러나 불행하게도 지적장애인들에 대한 처우(특히 17세기에)는 더 비인간적이었다. 유럽의 사회는 극단적으로 양분되었다. 한쪽은 매우 부유했고 다른 한쪽은 완전히 궁핍했다. 구걸은 공공의 골칫거리였는데, 30년 전쟁 동안 파리에만 10만 명 이상의 거지들이 살았던 것으로 추산된다. 이 시기에 지적장애인들은 사망률이 75~80%를 넘는 병원이나 감옥 등과 같은 시설에 수용되었다(Hickson, Blackman, & Reis, 1995). Giordani(1961)는 구걸이 너무나 일반화되다 보니 전문 거지들이 고아원 등의 어린 아이들을 사서 그들이 더 많은 돈을 벌 수 있도록

차이를 만들어 낸 사건 1.1

1692~1693년 – 매사추세츠 주 살렘에서 있었던 살렘 마녀재판

1692년에 들어서는 무렵 식민지 미국의 청교도들은 매우 불안한 상태였다. 이러한 불안의 원인으로 추측된 것은 천연두의 발병과 인디언들의 잦은 공격으로 인한 지속적인 공포, 그리고 찰스 2세에 의한 매사추세츠 식민지 헌장의 폐지 등 세 가지의 얽힘이었던 것 같다. 청교도들은 이러한 사건들을 신의 형벌로 믿었다. 이러한 잘못된 믿음은 미신에 대해 과하게 의존하게 되었고 주변의 누군가가 마녀일 것이라는 믿음으로까지 이어졌다. 특히 이상하거나 신경질적으로 행동하는 사람들이 그 표적이 되었다. 그 정점이

1692년 중반에 시작되어 1693년 초까지 계속된 살렘 마녀 재판이었다. 기록에 따르면 남녀 합쳐서 19명이 교수형에 처해졌고, 한 명은 암살되었으며 최소한 13명이 재판을 기다리다 감옥에서 죽은 것으로 나타났다. 일반적인 믿음과는 달리 주술이 중범죄로 간주되는 미국에서는 화형은 처형의 형태로 여겨지지 않았다. 왜냐하면 주술이 이단으로 간주되는 유럽에서 화형이 사용되었기 때문이다.

출처 : www.salemwitchtrials.com/faqs.html

장애아로 만들기까지 하였다. 따라서 이들의 활용성이 다하면 이들은 버려졌고 이들의 상당수는 죽고 말았다.

미국에서의 이 시기는 종교적 믿음과 미신의 영향을 받고 있었다. 따라서 많은 지적장애인들이 마녀로 몰렸고 박해의 대상이 되었기에 이들의 상당수는 처형되기도 하였을 것이다(Hickson et al., 1995). 가장 잘 알려진 사건은 살렘 마녀재판이었다(사건상자 1.1 참조).

이 시기 동안 모든 것이 부정적인 것은 아니었다. 장애인들을 인도적인 방식으로 대해야 한다든지 이들도 교육받을 수 있고 또 받아야 한다고 느꼈던 사람들도 있었다. 유럽에서 18세기 말 이러한 대의명분을 대변했던 두 사람은 Jacob Rodrigues Periere (1715~1780)와 Phillipe Pinel(1745~1826)이었다. Periere는 주로 듣지도 말하지도 못하는 사람들에게 관심이 있었다. 그는 이 사람들이 배울 수 있다고 생각했던 첫 번째 인물로 실제로 의사소통이 가능하도록 간단한 수화를 만들기도 하였다. 비록 Periere가 직접적으로 지적장애인들과 함께 하지는 않았다 하더라도 그는 지적장애인들과 함께 했던 Itard와 Seguin과 같은 후세 사람들에게 많은 영향을 미쳤다(MacMillan, 1985). Pinel은 정신질환(그때는 정신이상으로 불렸던)을 지닌 사람들에게 보다 인도적인 대우를 하려는 움직임에 관여했던 정신과 의사였다. Pinel은 파리의 남성 정신이상자 수용소인 Bicetre의 환자들을, 나중에는 여성 수용소인 Salpetriere의 환자들을 풀어준 것으로 가장 잘 알려져 있다. Pinel의 보다 인도적인 접근방식은 **윤리적 치료**(moral treatment)로 일컬어졌고 악마에게 사로잡혔다는 추측을 기반으로 한 치료를 종식시키

고 더 긍정적인, 심리학적으로 지향된 요법들을 시도하려는 것이었다. 지적장애와 Pinel의 연관성은 매우 분명하다. Pinel은 Jean Marc Gaspard Itard의 멘토로서 지적장애인들을 교육하려 한 첫 번째 인물로 간주되었다.

> 다시 생각해보기
>
> 18세기 전반까지의 역사적 과정에서 지적장애인들은 어떠한 대우를 받았으며 그러한 서로 다른 태도를 형성하는 데에는 어떠한 요인들이 영향을 미쳤는가? 이러한 태도들이 오늘날의 사회 속에서 여전히 존재한다면 그 증거로 어떤 사례를 들 수 있는가?

보살핌으로의 전환

19세기 전반기에는 많은 사람들의 노력을 통해 드디어 지적장애인들에 대한 긍정적인 태도가 형성되었다. 의학적 진전이 이루어졌고, 아마도 이보다 더 중요한 것은 그들에게 교육을 시도하는 것뿐만 아니라 교육을 통해 성과를 가져올 수 있음을 받아들이는 것의 중요성을 깨달았다는 것이다.

이와 동시에 비록 처음에는 지적장애인들을 위한 것이 아니었다 하더라도, 유럽과 미국 모두에서 장애인들을 위해 수용소 및 시설을 활용하는 방향으로의 움직임이 있었다. 사실 1700년대 후반부터 유럽에서는 맹인들을 위한 수용소 및 시설이 만들어졌다. 불행하게도 이러한 시설들, 특히 정신질환자들을 위한 시설들의 여건이 대부분 비인간적이었다. 이러한 사정은 당시 수용소의 여건 및 서비스를 향상시키기 위한 법률 제정, 즉 1828년과 1844년의 영국 정신병 법안(English Lunacy Act)과 같은 법들이 마련되도록 하였다. 이어지는 결과로 1845년 이후에는 공립 수용소가 나타나게 되었다(Winzer, 1993).

미국에서는 맹인들과 농인들을 위한 수용소들 또한 만들어졌다. 예를 들어, 1818년 New York Institution for the Deaf and Dumb이 설립되었다. 1817년에는 Connecticut Asylum for the Education and Instruction of Deaf and Dumb Persons가, 그리고 1832년에는 New England Asylum for the Blind가 설립되었다. 오래지 않아 이러한 움직임은 지적장애 분야에도 영향을 미치게 되었다.

지적장애인들의 교육 및 거주 보호를 지원하려는 움직임에 영향력을 미친 사람들이 있었다. 유럽에서는 Itard, Esquirol, 그리고 Guggenbuhl 등이, 미국에서는 Howe 등이, 그리고 유럽과 미국 양쪽에서 Seguin 등이 이에 해당한다.

차이를 만들어 낸 사건 **1.2**

1800년 – Itard는 아베롱의 야생 소년 빅터와의 작업을 시작했다.

역사적 기록물에 따르면 빅터라는 이름은 Itard에 의해 지어진 것이었다. 빅터는 1799년 끈느 숲에서 벌거벗은 채 세 명의 사냥꾼들에게 발견되었다. 이들은 빅터를 생포했고 라 끈느로 데려가 나이 많은 미망인과 함께 머물게 하였다. 빅터는 여기서 탈출했으나 다시 잡혔다. 그는 고아원으로 보내졌지만 그곳에서도 몇 차례 탈출을 시도하였다. 결국 그는 다시 잡혀서 Itard가 그 '야생 소년'을 교육하려는 도전을 받아들인 파리로 가게 되었다.

출처 : www.ling.lancs.ac.uk/monkey/ihe/linguistics/LECTURE4/4victor.htm

Jean Marc Gaspard Itard(1774~1838)

아마도 가장 강력한 영향은 주로 청각장애인들을 위해 일했던 프랑스 의사 Jean Marc Gaspard Itard가 지적장애에 관심을 갖게 되면서부터일 것이다. Itard는 아베롱의 야생 소년(사건상자 1.2 참조)인 빅터와 함께 한 것으로 가장 잘 알려져 있는데, 빅터는 '야생 소년'으로 프랑스 아베롱의 한 숲에서 산 채로 발견되었다. 빅터를 대상으로 한 Itard의 작업은 본질적으로 지적장애를 지니고 있을 것으로 생각되는 사람을 교육하려한 첫 공식적 시도였다. 흥미롭게도 Itard의 멘토인 Phillipe Pinel은 빅터가 치료될 수 없으며 어떠한 교육적 시도도 성공을 거둘 수 없을 것이라는 의견을 냈다. 그러나 Itard는 동의하지 않았고 빅터를 가르치려는 과제를 받아들였다. Itard는 빅터의 지적장애가 사회적 그리고 교육적 방임에 의한 것이며, 따라서 되돌릴 수 있을 것이라고 느꼈다. Itard는 빅터를 위해 그의 감각과 지능, 그리고 정서적 상태를 발달시키는 데 초점을 맞춘 다섯 가지 목표를 개발하였다. Itard는 빅터와 5년간 함께 했고, 그 후 자신의 작업이 실패라고 생각하게 되었다. 그러나 Itard는 교육이 차이를 만들어 낼 수 있음을 실제로 주었다. 빅터는 사물을 인식할 수 있게 되었고, 알파벳에서 문자들을 가려낼 수 있게 되었으며, 몇몇 단어의 뜻을 이해할 수 있게 되었고, 어떤 사물들에 이름을 적용할 수 있게 되었다. Itard의 빅터와의 작업이 있은 후 프랑스 과학원(French Academy of Science)은 그의 성취에 찬사를 보냈다(Kanner, 1964).

Jean Etienne Esquirol(1772~1840)

Esquirol은 정신질환자들과 함께 한 것으로 가장 잘 알려진 프랑스의 정신과 의사이다. 그는 적극적으로 정신질환과 지적장애를 구분하려 했던 최초의 사람들 중 한 명이었다. Esquirol은 지적장애가 연속선으로 존재한다는(즉, 지적장애에 정도가 있다는), 구체적인 견해 또한 지니고 있었다. Esquirol은 지적장애를 심한 '백치(idiot)'와 그만큼 심하지 않은 '얼간이(imbecile)'로 구분하였다. 이것은 지적장애의 수준을 확립하려는 초기의 노력들 중 하나였다. 2장에서 논의되겠지만, 여러 전문가들은 오랫동안 이러한 견해에 찬반으로 나뉘었다. Itard와 Esquirol은 서로 다른 철학을 지니고 있었지만, Esquirol 또한 Itard처럼 Pinel의 제자였다. Esquirol은 지적장애인들이 교육을 받을 수 없다는 Pinel의 견해에 동의한 반면 Itard는 이들이 교육을 받을 수 있다고 생각함으로써 Pinal의 견해에 동의하지 않았다.

Johan Jacob Guggenbuhl(1816~1863)

Guggenbuhl은 스위스의 의사로 지적장애인들을 위한 시설을 운영한 첫 번째 인물로 알려져 있다. 그는 주로 갑상선 결함에 의한 신체적 기형과 지적장애로 귀결되는 **크레틴병**(cretinism)에 관심이 있었다. 20세가 되었을 때 Guggenbuhl은 '도로변에 있는 십자가에서 주기도문을 중얼거리는 왜소한, 불구의 어리숙한 행색의 백치'(Kanner, 1964; p.17)와 우연히 만나게 되었다고 전해진다. 그는 그 남자의 어머니와 얘기했고 그녀가 자신의 아들을 교육할 형편이 못 된다는 것을 알게 되었다. 그 결과 Guggenbuhl은 이러한 상황에 처한 사람들을 교육하고 보살피는 데 일생을 바쳤다. 그는 이 사람들에게 주거 보호가 매우 중요하다고 생각했다. 흥미롭게도 Guggenbuhl은 연구를 통해 크레틴병이 어쩌면 고도가 낮은 지역(저지대)과 관련되어 있을 수 있음을 발견하였다. 사실 크레틴병을 지닌 스위스 사람들의 비율은 꽤 높았다. 크레틴병은 삶의 후기에 나타나고 요오드의 부족으로 발병한다. 어떤 환경적 조건이나 식습관이 예상보다 더 많은 크레틴병 환자들이 나타나는 지역들과 관련되어 있을 수 있다. 이에 따라 그는 해발 4,000피트가 넘는 지역인 스위스 Abendberg에 자신의 시설을 설립하였다. 거주민들에게 단순히 거처를 제공하는 대신 Guggenbuhl은 적절한 건강관리, 신체적 운동, 적당한 식습관 등을 권장하였고 약물과 감각, 기억, 언어 훈련 등과 같은 교육 기법들을 활용하였다(Scheerenberger, 1983). Abendberg는 곧 명성을 떨치게 되었고 유럽 전역의 전문가들이 방문하게 되었다. Guggenbuhl과 Abendberg는 시설이 성장하는 데 있어서 상당한 영향을 미치게 되었다(이 장 후반에서 논의됨).

　불행하게도 결국 Abendberg를 폐쇄하게 만든 사건들이 발생하였다. Guggenbuhl은 그가 사용한 기법과 성공에 대해 매우 많은 강연 요청을 받았다. 그 결과 그의 양아버지가 Abendberg의 주 관리자 역할을 맡게 되었는데 그곳의 상황을 더 악화시켜 버린 것이다. 더 중요한 것은 많은 전문가들이 크레틴병 치료에 대한 Guggenbuhl의 주장에 회의적이고 의구심을 갖게 되었다는 것이다. 1858년 정부는 Guggenbuhl과 Abendberg

에 대한 조사를 승인하였다. 부정적인 보고서에는 Guggenbuhl의 성공과 Abendberg의 여건에 대한 많은 비판들이 포함되었다. 비판들 중에는 Abendberg의 거주자들 중 단 1/3만이 실제 크레틴병으로 진단받았고, 그 환자들 중 누구도 치료되지 않았으며, 수 년 동안 Abendberg에서 어떠한 의학적, 교육적 감독도 없었으므로 Guggenbuhl이 사람들을 속였다는 얘기도 있었다(Kanner, 1964). 비록 Abendberg가 1868년까지는 폐쇄되지 않았다 하더라도 1863년 타계할 때까지 Guggenbuhl은 '경멸의 대상이었고 사기꾼, 야바위꾼, 돌팔이, 횡령자, 편협한 사람 등의 꼬리표가 붙여졌다'(Scheerenberger, 1983; p.73). 그럼에도 Guggenbuhl을 광범위하게 연구한 Kanner(1964)는 '하지만 Guggenbuhl은 정신박약인들을 위한 시설 보호라는 아이디어와 실제의 명백한 창시자로 받아들여져야 한다. 오늘날 존재하는 수많은 시설들이 Abenberg에서 파생된 것이다.'(p.30)라고 진술했다. 이러한 진술이 탈시설화를 향한 움직임(이 장 후반에서 논의됨)이 아직 완전한 영향력을 발휘하지 못했던 1964년에 이루어졌음을 언급하는 것은 중요하다.

Samuel Gridley Howe(1801~1876)

Howe는 주로 뉴잉글랜드 지역 시각장애인들과의 작업으로 알려져 있다. Howe는 1832년 New England Asylum for the Blind를 설립했고, 이 시설의 명칭은 1877년 Perkins Institution for the Blind로, 결국 1955년 Perkins School for the Blind로 바뀌었다. 하지만 Howe는 지적장애 분야에도 영향을 미쳤다. 그는 매사추세츠에서 쟁점이 되는 것을 연구하는 위원회의 의장을 맡아 1848년 10명의 지적장애 아동들에 대한 실험연구를 진행하기 위해 자신의 시설에 건물 한 동을 지었다(MacMillan, 1985). 나중에 이러한 노력은 1855년 Massachusetts School for Idiotic and Feebleminded Children의 설립으로 이어지게 된다.

Edouard Seguin(1812~1881)

Seguin은 Esquirol의 제자였고 프랑스 비세트르에서 수많은 정신질환자들을 감독하는 책임을 부여받았다. 1826년 지적장애 아동들을 위한 학교가 비세트르에 문을 열었다. 1837년 Seguin은 Itard를 만나게 되었고, Itard는 곧 Seguin의 멘토가 되었다. 같은 해 Seguin은 지적장애인들을 위한 사립학교를 설립하였고 알려진 바에 의하면 그는 그곳에서 많은 영역에서 진전을 보였던 한 아동과 함께 작업했다. Seguin은 Pinel과 Itard의 작업을 확장한 **생리적 방법**(physiological method)이라고 일컬어지는 것을 활용하였다. 나중에 Seguin은 생리적 방법을 설명한 고전적 저서를 쓰게 되었다(연구상자 1.2 참조). Esquirol은 그 소년이 '외관상 백치'였음에 틀림없다고 암시함으로써 치료가 불가

차이를 만들어 낸 연구 1.2

Seguin, E. (1866). *Idiocy and its treatment by the physiological method*. New York : William Wood.

Seguin의 생리적 방법은 Itard가 빅터에게 사용했던 접근방식들의 일부를 확장한 것이었다. 이 방법은 시각, 청각, 미각, 그리고 후각 등을 포함하는 감각훈련과, 일반적인 아이디어 가르치기, 추상적 사고기술 계발하기, 그리고 윤리적 훈련 등 근육체제 및 신경체제 훈련의 중요성에 그 기반을 두고 있다. 목표는 자조기술의 계발부터 시작하여 지각, 모방, 기억, 그리고 일반화 등을 활용한 직업기술로 진행한다 (Biasini, Grupe, Huffman, & Bray, 2002). Seguin은 이 방법을 설명하면서 '하나의 단위가 되는 사람은 연구를 위해 서 활동, 지능, 그리고 의지 등 세 가지 중요한 필수 표현들로 인위적으로 분석된다. 우리는 백치를 그 세 가지 표현에서 병약한 인간으로 간주하고, 백치들 혹은 인류를 훈련하는 이 방법을 세 가지의 분석을 통해 오늘날 실현 가능 정도까지 인류의 통합을 달성할 수 있는 철학적 작용으로 이해한다.'(Seguin, 1866, Scheerenberger, 1983; p.78에서 인용)고 썼다. 그러므로 Seguin에 따르면 목표는 인간의 활동과 지능, 그리고 의지를 일제히 교육하는 데 있다.

능하다는 자신의 입장을 옹호하기는 했다 하더라도 Seguin의 성취를 칭찬하였다 (Kanner, 1964). 1844년, 파리 아카데미는 Seguin이 지적장애인들의 교육이라는 딜레마를 해결했다고 선언하였다(Kanner, 1964).

영국 출신 의사인 John Conolly는 비세트르에서 행해지는 Seguin의 프로그램을 참관했고 그의 성취에 대해 다음과 같이 적었다. '어떤 수정도 할 수 없는 사례는 없으며, 모든 사례가 어느 정도 개선되거나 치료될 수 있다는 점은 치료에 있어서 매우 일반적인 원칙이다'(Conolly, 1845; p.293 Trent, 1994에서 인용). '백치들'을 교육하는 데 있어 Seguin의 성공 뉴스는 재빨리 미국으로 퍼져 나갔다. Seguin은 나중에(1850년) 미국으로 이주하였고 지적장애 분야에 훨씬 더 강력한 영향을 미치기 시작했다. 그는 매사추세츠 주 바르의 Institution for Feeble-minded Youth를 포함한 몇몇 시설들의 설립에 도움을 주었다. Seguin은 또한 Howe의 시설에서도 근무했다. 1876년 그는 다른 다섯 명과 함께 백치 및 정신박약자를 위한 미국 의료담당자협회(Association of Medical Officers of American Institution for Idiotic and Feebleminded Persons)를 결성하였는데 Seguin이 첫 번째 회장으로 선출되었다. 이 조직은 후에 미국 정신결함협회(American Association on Mental Deficiency)와 미국 정신지체협회(American Association on Mental Retardation)로 불리게 되었고 현재는 미국 지적장애 및 발달장애협회(American Association on Intellectual and Developmental Disabilities)로 불리고 있다. Seguin은 죽기 전에 자신의 아내와 함께 Seguin Physiological School for Feeble-minded Children을 설립하였다. 이 학교는 집에서 살 수 있는 아동들을 위한 주간 학교로 설계되었다.

19세기에 지적장애인들을 시설에 수용한 것이 정당화될 수 있다고 생각하는가? 오늘날에도 여전히 정당화될 수 있는가? 만약 그렇다면 어떤 환경하에서 정당화될 수 있다고 보는가?

갈등의 시대

교육에 초점을 맞춘 시설들을 설립하려는 Guggenbuhl과 Seguin의 노력이 있은 후에 종종 학교 혹은 훈련학교라는 용어가 시설이라는 용어 대신 사용되었다. 이러한 훈련학교들의 목적은 거주자들이 사회의 생산적인 구성원이 되도록 하는 데 있었다. Hervey Wilbur는 1848년 Seguin의 훈련 기법들을 활용하는 사립학교 한 곳을 열었다. 후에 다른 학교들이 펜실베이니아(1852)에, 뉴욕(1855)에, 그리고 오하이오(1857)에도 설립되었다. 불행히도 불황과 남북전쟁의 영향은 기숙 시설들의 교육적 특성에 부정적인 영향을 미쳤다. 지적장애인들의 고용은 어려웠고 전쟁에서 부상을 입은 사람들을 포함하여 빠르게 늘어가는 장애인들에게 보호를 제공하려는 요구가 있었다. 그 결과 자급자족에 유용한 기술 위주로 훈련시키는 구금 보호시설들이 증가하였다. 이들이 지역사회로 돌아갈 수 있도록 시장성 있는 기술들을 계발하는 훈련을 받을 필요는 없었다. 학교라는 용어는 시설의 이름에서 없어지기 시작했고 다시 한 번 그 시설들의 양육적 특성을 더 정확히 반영하는 수용소, 병원 등과 같은 용어들이 사용되었다. 흥미로운 것은 이 시설들이 애초에 지적장애인들을 다른 사람들로부터 보호하려고 만들어졌지만 격리, 확장, 그리고 절약 등 세 가지 부정적인 요소들의 대상이 되면서 이후에 시설들의 초점은 비전형적인 사람들로부터 전형적인 사람들을 보호하는 것으로 바뀌었다 (Wolfensberger, 1975).

1880년대 들어서 또 다른 시설인 농장 마을이 발달되었다. 이러한 마을들은 자급자족(거주자들이 자신들에게 필요한 음식을 재배하였고, 유제품을 얻기 위해 가축을 길렀다)하도록 설계되었고 더 도시적인, 더 인구가 많은 지역 시설들의 과밀함을 덜어주었다. 첫 번째 농장 마을은 1881년 매사추세츠 주에서 문을 연 'Howe 농장'이었다 (Trent, 1994).

앞서 언급했던 것처럼 시설의 역할은 '사회에 대한 위협'으로 보였던 지적장애인들을 분리하고 격리하는 방향으로 변화하였다(Lazerson, 1975). 그 결과 시설들은 규모가 커졌고, 더욱 비인격적인 것이 되었으며, 그 수가 증가했다. 20세기 전반부에 걸쳐 공공시설들의 수가 증가하였다. 게다가 걱정스러운 것은 우생학이 1800년대 후반에 시작되어 1900년대 전반부까지 지속되었다는 것이다.

우생학의 움직임

우생학의 개념은 Frances Galton에 의해 '인종의 유전적 특질을 개선시켜 주는 것으로 추정되는 다양한 요소들을 고려하는 과학'(MacMillan, 1985; p.23)으로 소개되었다. 이 운동은 쥬크가 : 범죄, 빈곤, 질병, 유산에 관한 연구(*The Juke : A Study in Crime, Pauperism, Disease, and Heredity*, 1877)가 출판된 이후 지지를 얻게 되었다. Dugdale은 여섯 명의 친척들이 모두 동시에 투옥된 것을 발견했던 뉴욕 주의 교도소 검사관이었다. Dugdale은 그 가족의 역사를 추적하였고 여섯 세대에 걸친 790명을 조사하였다. Dugdale은 이들 중 18명이 매춘굴을 운영했고 128명이 창녀였으며, 200명이 구호 대상자였고, 그리고 76명이 범죄자였음을 발견하였다(Blanton, 1975). Juke가에 대한 연구는 사회적으로 부정적인 특질들의 유전 가능성을 암시하는 것이었다. 비록 이 시기에 Juke가 사람들의 지능 수준을 기록할 지능검사가 없었다 하더라도, Dugdale 연구의 추수 연구를 진행한 Estabook(1916)은 "Juke가 사람들 모두가 범죄자는 아니지만, 나는 내가 알고 있던 Juke가 출신의 범죄자들 모두가 정신적으로 결함이 있다고 본다." 그리고 "Juke가 사람들 중 절반 정도는 정신적으로 결함이 있었고 현재도 결함이 있다." (Kanner, 1964; p.128)라고 결론지었다. 이러한 고정관념은 수십 년간 지속되었다. 영국 우생학회(British Eugenics Society)의 회원이었던 Tredgold는 지적장애인들의 90%가 유전에 의한 것으로 추산하였다. 이들에 대한 가장 영향력이 있는 처치는 어머니가 지적장애인인 사생아와 정상적인 지능의 여자와 결혼해서 낳은 아이도 있는 한 남자의 후손에 대한 계보를 추적했던 Henry Goddard 경에 의해 1912년에 작성되었다(사건상자 1.3 참조).

　Goddard의 연구 및 다른 우생학 옹호자들의 우려스러운 연구 결과는 앞서 서술했던 더 분리된 시설로의 움직임을 부채질하는 데 도움이 되었다. 동일한 시설 내에서 남성들과 여성들은 분리되었고 가임기의 여성들이 임신하지 않도록 이들을 위한 별개의 시설들이 만들어졌다.

　또 다른 충격적인 결과는 강제 불임의 활용이었다. 몇몇 주에서 불임을 허용하는 법들이 통과되었다. 흥미롭게도 저명한 대법원 판사인 Oliver Wendell Holmes는 버지니아 법정 소송과 관련해서 불임 시술이 합헌이라고 옹호하였다. 훨씬 더 급진적인 권고는 안락사의 활용이었다. Smith(1997)는 '결함이 있는' 신생아를 죽게 만드는 것을 허용했을 뿐 아니라 그 신생아들의 죽음을 촉진하기 위해 약물을 사용하기도 했던 의사 Harry Haiselden의 이야기를 보고하였다. 그의 시술은 안락사의 활용을 권장하는 *The Black Stork*라는 영화로 만들어졌다. *The Black Stork*는 1916~1920년대까지 공공 영화관에서 상영되었다(Pernick, 1996).

차이를 만들어 낸 사건 **1.3**

1912년 — Henry Goddard는 자신의 책, *The Kallikak Family : A Study in the Heredity of Feeblemindedness* 를 출판했다.

Henry Goddard는 자신이 심리학자로 일했던 뉴저지의 Vineland Training School에 살던 한 여자(그가 데버러 칼리카크라는 이름을 붙여 준)의 가족사를 연구하기로 결정하였다. 칼라카크는 사실 허구의 이름으로 '좋은'과 '나쁜'이라는 뜻의 희랍어를 결합한 것이다. 아마 데버러의 할아버지의 할아버지는 독립전쟁의 병사였을 것이며 어머니가 '정신박약'인 사생아와 그가 결혼했던 정상적인 지능의 여자와의 사이에서 낳은 아이 모두의 아버지였다. Goddard는 사생아의 후손 480명을 찾아냈고, 그중에 143명이 지적장애를 지니고 있었다. 이러한 수치를 기반으로 Goddard는 지적장애가 유전되는 것이라고 결론지었다. Goddard가 내란 다른 결론은 사생아의 후손들이 높은 비율로 범죄행동, 알코올중독, 매춘, 그리고 기타 부정적인 특질을 보였다는 것

이었다. 다른 한편으로 정상적인 지능을 지닌 그의 아내의 후손들은 교육 수준이 높았고 다양한 직업에 고용되었다. Goddard의 연구 결과의 출판은 지적장애인들이 위험하며 정상에서 벗어나 있고 만일 그들이 아이를 갖는다면 그 아이들도 비슷한 특질을 갖게 될 것이라는 그 당시의 생각을 강화하는 결과를 가져왔다. 나중에 Goddard의 연구는 과학적으로 부정확하며 타당하지 않은 것으로 비판을 받았다. 예를 들어, Smith와 Wehmeyer(2012)는 데버러 칼리카크의 진짜 이름은 엠마 울버턴이었고 시설에서 사는 것과 연계된 몇 가지 행동상의 문제에도 불구하고 그녀는 사실 글을 읽고 쓸 줄 알았으며 잘 읽었다고 보고하였다.

출처 : www.mnCIDs.org/parallels/four/4d/8.html

지적장애인들에 대한 공포는 널리 퍼져나가게 되어 '결함이 있는 계층의 번식을 통제하기 위해' 우생학에 전념하는 분과가 있는 미국 육종협회(American Breeder's Association)가 1907년 설립되었다(*American Breeder's Magazine*, 1909; p.235; Winzer, 1993; p.301에서 인용). 아이러니하게도 장애인들을 옹호하던 사람들조차 시류에 편승하였다. 1915년 헬렌 켈러는 "내가 보기에 할 수 있는 가장 간단하고 가장 현명한 일은 기형의 백치 아기와 관련한 소송들을 전문적인 의사들로 구성된 배심원단에 의해 판결하도록 하는 것입니다. … 정신적 결함은 … 잠재적인 범죄자가 될 것이 거의 확실합니다. 백치의 소송을 고려하는 의사들로 구성된 배심원단 앞에서 증거는 정확하고 과학적인 것입니다"(Keller, 1915; p.174; Smith, 1997; p.139에서 인용). 또한 1915년 Fernald는 지적장애인들에 대한 사람들의 견해가 그렇게 급격하게 바뀌게 된 몇 가지 이유들을 제시하였다. 첫째, 지능검사의 개발과 광범위한 활용은 더 많은 지적장애인들, 특히 신체적으로 인식이 덜 되는 지적장애인들을 규명하는 일을 더 쉽게 해 주었다(이 주제에 대한 논의는 2장과 3장 참조). 둘째, 지적장애의 유전 가능성에 대한 Goddard와 다른 사람들의 해결책은 지적장애인들이 아이를 갖지 못하게 하는 것이라고 했다. 셋째, Fernald는 지적장애가 다른 바람직하지 않은 특질들 중 범죄와 비행, 매춘, 그리고 사생의 원인이라는 증거가 있다고 주장하였다. 마지막으로 Fernald는 지

적장애의 유병률이 증가하고 있다고 언급하였다. Wolfensberger(1975)는 지적장애인들이 비 지적장애인들보다 아이들을 더 많이 낳는다는, 따라서 불균형적으로 높은 수치로 귀결된다는 것이 지배적인 생각이었다고 지적하였다.

1920년대와 1930년대 시설들은 계속해서 그 수와 규모가 증가되었고 질은 떨어졌다. 대공황이 영향을 미쳤는데, 이는 더 많은 사람들을 수용할 필요성이 증가하였고 시설들을 뒷받침할 자금의 부족으로 여건은 훨씬 더 나빠졌기 때문이다. Wolfensberger(1975)는 시설의 성장에 대한 실질적인 준거가 없었고 시설들이 지적장애인들에 대한 더 커다란 비인간화를 야기하였다고 주장하면서, 시설화의 증가를 '가속도의 연속성'이라고 불렀다.

> 우생학 운동이 왜 발생할 수 있었을 것이라고 생각하는가? 어떤 사람들은 열등하고 그들의 자유가 제한되어야 한다는 증거가 오늘날의 사회에 존재하는가?

지적장애인들의 인간화

20세기의 첫 20~30년이 지난 후 수많은 철학적, 교육적, 의학적, 그리고 법적 요인들이 지적장애인들에게 긍정적인 영향을 미치게 되었다.

1920~1940년대

Kanner(1964)는 1920~1940년까지의 시기를 지적장애에 대한 지식이 정체되었을 뿐 아니라 시설이 늘어나는 지적장애인들을 위한 단순한 거주 단위가 된 '대 소강상태(great lull)'라 불렀다. 그러나 Scheerenberger(1983)는 이 시기에 긍정적인 변화들(비록 반드시 시설들의 수와 초점에 대한 것은 아니라 하더라도)을 낳은 몇 가지 사건들이 있었다고 시사하였다. **철학적으로**, Fernald 및 Goddard 등과 같은 사람들이 자신의 지적장애인들에 대한 견해를 완전히 뒤집게 되었다. 그러므로 지적장애에 대한 인식은 다소 바뀌게 되었고 우생학에 대한 강조는 무시되었다. **정치적으로**, 미국 대통령으로서 프랭클린 델러노 루스벨트에게 지적장애인들을 포함한 모든 미국 시민들을 위해 더 많은 정부 차원의 지원을 제공하라는 독려도 있었다.

교육적으로, Edgar Doll과 같은 사람들은 적응기술들을 규명하고 계발하는 것의 중요성을 언급하면서 영향력을 갖기 시작하였다(연구상자 1.3 참조).

비록 특수교육 프로그램이 수년 동안 개발되어 왔다 하더라도, 1920년대와 1930년대

차이를 만들어 낸 연구 1.3

Doll, E. A. (1936). Current thoughts on mental deficiency. *Proceedings and Addresses of the American Association on Mental Deficiency, 41, 33-49.*

Doll의 미국 정신결함협회 의장 취임 연설문에서 그는 정신박약 분야의 현 상태를 비판적으로 요약하였다. 특히 중요한 것은 사회적 역량에 대한 그의 견해였다. Doll은 사회적으로 능숙한 정상 이하의 지능을 가진 사람들은 정신박약으로 간주될 수 없다고 진술하였다. Doll은 또한 정신박약의 개선은 사회적 그리고 노동 관련 기술의 체계적인 처치를 통해 다루어져야 한다고 주장하였다. 다른 말로 하자면, 목표는 지적장애인들이 그들의 환경에 적응할 수 있도록 해 주는 사회적 기술들을 포함하여 기술들을 그들에게 가르치는 것이 되어야 한다는 것이다.

는 많은 주들이 그 프로그램들을 공개적으로 지지한 시대가 시작된 때였다. 1930년까지 16개 주가 비록 교사 자격을 위한 준거가 느슨하긴 했다 하더라도 특수교육을 뒷받침하는 법률들을 갖게 되었다(Scheerenberger, 1983). 불행하게도 더 심한 장애를 지닌 사람들은 여전히 관례대로 배제되었다. 시설들은 계속해서 사람들을 너무 많이 수용하고 있었으며 대기자가 넘쳐났다.

장애 아동들과 함께 하는 부모들 및 전문가들에게 지원을 제공하는 특수아동협회(Council for Exceptional Children)와 같은 옹호집단들이 설립되었다. 미국 정신결함협회(현재는 미국 지적장애 및 발달장애협회로 알려진)와 같은 조직들은 계속해서 정의와 분류, 그리고 지적장애인들의 교육 등에 대한 정보를 제공하였다(지적장애의 다양한 정의 및 분류 체계에 대한 역사는 2장 참조). 또한 1930년대에 자극이 되는 환경을 제공하는 것의 교육적 이점을 보여 주는 연구들이 나타나기 시작했다(예 : Skeels & Dye, 1939). **의학적으로,** 여러 연구들이 지적장애에 대한 특정 생물학적 원인과 심지어 예방법에 대한 중요한 발견을 제공하기 시작하였다. 일례로 Folling이라는 이름의 연구자는 상당수가 형제자매인 10명의 지적장애인들을 연구하였고 그들의 소변에서 페닐피루브산의 수준이 높아져 있음을 관찰하였다. 이것은 결국 오늘날 출생 직후 발견될 수 있는 그리고 예방될 수 있는 신진대사 장애인 페닐케톤뇨증(phenylketonuria, PKU)의 판별로 그리고 더 중요한 것은 원인의 규명으로 이어졌다(4장은 지난 50년간 이루어진 많은 의학적 진보를 다룰 것이다).

1940∼1950년대

철학적/정치적 분위기

제2차 세계대전은 지적장애인들에게 영향을 미친 정치적 그리고 경제적 변화를 가져왔다. 한 가지 예를 든다면, 제2차 세계대전은 모든 시민들이 기여할 것으로 기대되는 매우 높은 수준의 통합된 국가로 귀결되었다. 여기에는 입대 기회, 방위 산업체에의 취업, 그리고 기타 전쟁 수행 노력을 지지하기 위한 취업 기회 등이 포함되었다. 이는 지적장애인들은 자신의 국가를 위해 복무해서는 안 된다는 것이 지배적인 태도였던 제1차 세계대전 동안의 기회와는 상당히 다른 것이었다(Scheerenberger, 1983). 제2차 세계대전이 끝난 후 시설들의 대단히 충격적인 여건들에 대한 폭로들이 출판되었다. 한 가지 예가 1948년에 출판된 Haverman의 일련의 사진들로 그 사진들은 뉴욕 리치우드 빌리지의 개탄스러운 여건을 보여 주었다. 비록 1950년대 시설에 거주하는 사람들의 수가 증가하였다 하더라도, 대다수의 시설들이 적절치 않다고 느낀 옹호 조직들의 수 또한 증가하였다. 1959년 미국 정신결함협회는 이 시설들의 여건들을 연구하기 시작했고 1964년 시설들이 다룰 필요가 있는 구체적인 표준의 개요를 제공하는 보고서를 출판하였다. 분명히 탈시설화 운동이 시작될 여건들이 마련되고 있었다.

법률의 제정과 소송

특히 1950년대 장애인들에게 지원을 제공하는 수많은 입법 행위들이 있었다(표 1.1 참조). 비록 표 1.1에 요약된 법률 제정으로부터 나온 기금은 제한적이었다 하더라도 이는 정말로 지적장애 및 특수교육 서비스에 대한 증가된 관심을 의미하는 것이었다. 부모들은 또한 정신지체시민전국연합(National Association of Retarded Citizens)을 구성하여 더 큰 옹호자가 되었는데, 이 단체는 강력한 로비 집단이 되었고 1953년 '정신지체아동교육권법안(Educational Bill of Rights for the Retarded Child)'을 출판하였다 (Winzer, 1993).

지적장애 분야에 영향을 미치기 시작한 또 다른 요인은 소송이었다. 흥미롭게도 나중에 지적장애 학생들을 대리한 법률 행위를 자극하게 된 것은 시민권 법정 소송이었다. Brown 대 Board of Education of Topeka(1954) 판례에서 미연방 대법원은 인종을 근거로 학생들을 교육적으로 분리하는 것에 반대하는 판결을 내렸다. 이 판결은 부모들로 하여금 교육에 대한 동등한 접근이라는 동일한 원칙이 왜 그들의 지적장애 자녀들에게도 적용되지 않았는지 묻게 만들었다(Heward, 2013).

표 1.1	1950년대의 선택된 법률 제정	
연도	법적 조치	결과
1950	National Mental Health Act	훈련 및 연구를 위한 기금을 제공하는 National Institute of Mental Health 설립
1954	협력 연구 및 교육법	정신지체 연구를 위한 기금 제공
1957	사회보장법 개정	'정신적으로 성숙하지 않은 장애 아동들'에게 지불금을 제공하는 조항 추가
1958	공법 85-926	정신지체인들과 함께 하는 사람들을 훈련시키기 위해 대학 수준의 교수들에게 기금 제공

교육에 있어서의 진전

특수교육은 1950년대 일상적인 것이 되기 시작했고 서비스를 제공받는 학생들의 수는 계속해서 증가했다(Winzer, 1993). 그러나 더 심한 지적장애(그 당시에는 '훈련가능 정신지체'라고 불렸다)를 지닌 학생들을 위한 프로그램은 덜 심한 정신지체(그 당시에는 '교육가능 정신지체'라고 불렸다)를 지닌 학생들보다 먼저 자리를 잡았다(MacMillan, 1985). 이 프로그램들 중 대부분은 학생들이 함께 배우는 장소가 구분되었으며 따라서 장애 아동들은 그들의 비장애 또래들로부터 분리되었다.

대학들은 교사들이 지적장애 학생들과 함께 할 수 있도록 훈련하는 교육 프로그램 개발에 점점 더 많이 관여하게 되었다. 이는 부분적으로 그와 같은 훈련에 자금을 제공하는 공법 85-926에 의해 조장되었다. 특정 교육적 기법들을 설명하는 교재들이 이 교사 훈련 프로그램에 통합되었다. 일례로 나중에 '학습장애'라는 어구를 만든 것으로 알려진 Samuel Kirk가 공동 집필한 *Educating the Retarded Child*(Kirk & Johnson, 1951)가 있었다.

1940년대와 1950년대에는 지적장애 분야에 영향을 준, 특히 환경적 원인들과 관련된 새로운 정보를 이용할 수 있었다. 이 정보들에는 무산소증 혹은 분만 과정에서 태아의 산소 부족 등과 같은 출산 전후 위험 요인들은 물론 산모의 영양 부족과 산모의 풍진 감염 등과 같은 출산 전 위험 요인들에 대한 더 많은 이해가 포함되었다(Stevens, 1954). 5장에는 지적장애의 이러한 그리고 다른 환경적 요인들에 대한 논의가 포함될 것이다.

1960년대

철학적/정치적 분위기

1960년대는 쿠바 미사일 위기부터 베트남 전쟁에 이르기까지 많은 혼란스러운 사건들을 특징으로 한다. 이 시기는 또한 저항의 그리고 증가된 사회적 인식의 시기이기도 했다. 그 자신에게 지적장애 누이가 있는 케네디 대통령은 대통령 직속 정신지체 위원회를 구성하였다. 이 집단의 책임은 국가 정책을 권고하는 것이었다. 이 집단의 권고에는 더 많은 연구의 필요성, 예방 수단의 증가, 더 강력한 교육 프로그램, 증가된 시민권 보호, 지역사회 중심 프로그램의 활용, 그리고 지적장애에 대한 대중의 인식을 향상시키려는 노력 등이 포함되었다. 케네디 대통령은 또한 Division of Handicapped Children을 구성하고 Samuel Kirk를 위원장으로 임명하였다. 이는 훨씬 더 특별한 교육 재정 지원으로 귀결되었다.

비록 주립 시설에서 사는 사람들의 수가 1967년에 거의 20만 명으로 안정기에 이르렀다 하더라도(Anderson, Lakin, Mangan, & Prouty, 1998), 탈시설화는 계속되었고 *Christmas in Purgatory*(Blatt & Kaplan, 1966)라는 책에 의해 가속화되었다. 이 책에는 수많은 시설들의 개탄스러운 여건들에 대한 사진들과 간단한 설명들이 포함되어 있었다. '우리는 아주 많은 웃음소리를 들었지만 생기는 거의 못 보았다. 생기 있는 것은 거의 없었다. … 심지어 주간 휴게실 몇 곳에 있는 TV들은 침울함을 없애고자 하는 운동의 공모자인 것 같았다. 이 TV들은 제대로 작동하지 않았다. 슬프게도 시설에 거주하는 사람들은 계속 의자에, 줄을 맞춰 앉아서는 텅 빈 브라운관을 쳐다보고 있었다'(p.47). 탈시설화 운동은 북유럽에서 유래한 **정상화**(normalization) 개념의 도입에 의해 더욱 강화되었는데, 이 개념은 지적장애인들에게도 비장애인들과 동일한 삶의 기회와 여건들이 허용되어야 한다는 아이디어를 지지하는 것이었다(Kugel & Wolfensberger, 1969; Nirje, 1969). Nirje(1969)에 따르면 정상화는 '주류 사회의 규범과 패턴에 가능한 한 가까운 일상생활의 패턴과 조건들을 정신지체인들이 이용할 수 있게 해야 하는'(p.181) 것을 일컫는다.

법률의 제정과 소송

법률의 제정과 소송은 1960년대에도 계속되었다. 1963년 The Mental Retardation Facilities and Mental Health Centers Construction Act가 통과되었다. 이 법은 연구 및 연구 훈련을 위한 협력적인, 학문 영역 간 프로그램들에 지원과 시설을 제공한 Mental Retardation Research Center의 설립으로 귀결되었다. 하지만 1960년대 주요 법률 제정은 Elementary and Secondary Education Act의 통과와 이 법의 많은 개정들이었다. 이 법 및 개정판들은 사회적 혜택을 받지 못한 아동들 및 장애 아동들을 위한 기금을 제공하였고 현재 워싱턴에 있는 Office for Special Education Programs의 별개의 특수교육 부서인 Bureau of Education for the Handicapped를 창설하였다. 한 가지 주목할 만한 법정 소송은 Hobson 대 Hansen(1967)이었다. 이 소송은 소수집단 학생들을 하급 교육 트랙에 배치하게 만드는 검사 점수의 오용 혹은 차별적 사용에 초점을 맞춘 첫 번째 사례였다. 이 소송은 소수집단 학생들이 지적장애 학생들의 수업에 과잉 대표된 다른 많은 사례들의 근거가 되었다.

교육에 있어서의 진전

비록 1960년대 초에는 분리 프로그램들이 여전히 지지되었다 하더라도 다른 철학적 견해들이 진화하기 시작했다. 낮은 사회경제적 지위 환경 출신 아동들을 지적장애를 지닌 것으로 분류하는 것의 적절성은 도전을 받았고 이 학생들을 위한 분리 프로그램들의 효과에 의문이 제기되기 시작했다. 사실 분리 교육 프로그램을 반대하는 움직임은 그 당시 존재했던 인종에 기반을 둔 분리에 반대하는 운동과 연결되어 있었다 (Blanton, 1975). 앞서 언급한 것처럼 Hobson 대 Hansen 법정 소송은 소수집단 학생들의 부적절한 분류에 관심을 갖게 했다. 분리 프로그램 및 소수집단 학생들의 분류에 반대하는 움직임에 대한 한 가지 예로는 *Exceptional Children*의 한 호에 게재된 'Special Education for Mildly Retarded—Is Much of It Justifiable?'(Dunn, 1968; 연구상자 1.4 참조)이라는 제목의 논문의 출판을 들 수 있다.

주목을 끈 또 다른 영역은 조기중재, 특히 사회경제적으로 낮은 환경 출신의 위험군

차이를 만들어 낸 연구 1.4

Dunn, L. (1968). Special education for mildly retarded—Is much of it justifiable? *Exceptional Children*, *35*, 5-22.

이 논문은 특수아동협회의 전 회장이었던 Lloyd Dunn이 썼다. Dunn은 서론에서 이것이 현재로는 자신의 '마지막 글'임을 명시하였다. 이 글에서 Dunn은 '교육가능 정신지체로 분류된, 가벼운 학습문제를 지닌 사회문화적으로 박탈된 아동들'(p.5)에게 심한 몹쓸 짓이 가해졌다고 주장하였다. Dunn은 이 아동들을 분류하고 분리된 교실에 배치하는 것

에 반대하는 주장을 폈다. Dunn은 분리된 특수학급 및 학교들은 최근 법적으로 맹렬한 비판을 받게 된 동질적 집단 구성 및 능력별 학급 구성의 한 가지 형태라고 지적하였다. 흥미롭게도 Dunn의 견해는 '주류화(mainstreaming)' 및 장애 학생들의 일반 학급에의 통합에 대한 초기 생각을 대표하는 것이었다.

학생들이었다. 이 프로그램들의 한 가지 묵시적 목적은 지적장애를 예방하는 데 있었다. 비록 1950년대 필라델피아 프로젝트(Philadelphia Project)와 조기 훈련 프로젝트 (Early Training Project) 등과 같은 소규모 프로그램들이 존재했더라 하더라도 헤드스타트와 같은 대규모 프로그램들은 수많은 위험군 아동들에게 조기중재 및 예방 서비스들을 제공하는 데 있어 실질적인 헌신을 대표하는 것이었다. 1965년 첫 헤드스타트 하계 프로그램에 50만 명 이상의 아동들이 등록되었다. 불행하게도 이 프로그램들의 효과에 대한 연구는 불분명하였다. 특히 Westinghouse/Ohio University 연구(Cicirelli, 1969)와 같은 연구는 비록 IQ의 향상이 있었다(즉, 조기중재가 효과적이었다) 하더라도 이러한 향상이 학령기에 유지된 것은 아니라고(즉, 예방이 일어나지 않았다) 지적하였다. Hodges와 Cooper(1981)가 언급했던 것처럼 "어떤 과학자들이 헤드스타트가 성공적이었다고 주장했던 반면, 많은 과학자들이 헤드스타트가 실패라는 결론을 내렸다. 두 견해 모두 분명한 용어들로 표현되었음을 알 수 있다"(p.228).

1970년대

철학적/정치적 분위기

1970년대는 소수집단에 속한 사람들을 위한 시민권이 진전을 보인 1960년대를 반영하면서 법정과 미국 의회를 통해서 지적장애인들이 향상된 권리를 부여받은 시기였다. 이 시기는 또한 성을 기반으로 한 차별에 초점을 맞춘 Equal Rights 개정판에 상응하는 시기였다. 교육에 관하여 이전에는 주로 분리된 학급에서 있었던 지적장애 학생들을 위한 교수 프로그램들이 비장애 학생들이 있는 일반학급으로 통합되는 방향으로 움직이기 시작했다. 이러한 움직임은 많은 부분 연방법에 의해 촉진되었고 새로운 영역이 탐색되면서 불확실성 및 신중한 낙관론의 시기와 연결되었다.

법적 명령에 더하여 변화하는 철학들 또한 이 사람들의 권리를 증진하려는 시도에 영향을 미쳤다. 한 가지 예로 1960년대 도입되어 1970년대 주요 초점이 된 정상화 개념에 대한 점증하는 강조를 들 수 있다. 철학에 있어 또 다른 변화는 Winzer(1993)에 의해 언급되었다. Winzer는 장애인들에 대한 인식이 질적인 관점에서 양적인 관점으로 바뀌었다고 지적하였다. 질적 입장은 장애인들은 근본적으로 다르며 비장애인들과는 다른 방식으로 학습하고 생각한다는 견해를 대표한다. 다른 한편으로 양적 입장은 차이가 정도의 문제라는 입장을 견지한다. 즉, 장애인들은 더 느리고 더 제한적인 진전을 보일 수 있으나 비장애 또래들과 근본적으로 다른 것은 아니라는 것이다.

법률의 제정과 소송

방금 언급했던 것처럼 1970년대는 지적장애인들의 교육권 향상을 이끌어 온 의미 있는 법률의 제정과 주요 소송들이 있었던 시기였다. 1970년대는 학생들을 적절한 교육 프로그램으로부터 배제시키는 문제가 다뤄진 두 가지 획기적인 법정 소송들로 시작되었다. PARC(Pennsylvania Association of Retarded Citizens) 대 Commonwealth of Pennsylvania (1972) 소송에서 지적장애 학생들을 위한 교육 서비스의 부족을 이유로 집단 소송이 제기되었다. PARC 판례에서 법원은 지적장애 학생들이 무상의 공교육을 받을 권리가 있다고 판결하였다. 이 판례에 바로 뒤이어 Mills 대 Board of Education of District of Columbia(1972) 소송이 제기되었는데, 이 소송은 학습 및 행동의 문제로 인해 교육 서비스를 거부당한 일곱 명의 아동들을 대리한 것이었다. 법원은 다시 원고의 손을 들어주었는데, 이번에는 장애와 관계없이 모든 학생들에게 무상의 적절한 공교육을 제공할 것을 학교구에 요구하였다. 이 판례는 지적장애 학생들에 국한되지 않는 모든 장애 학생들을 위한 권리의 기초를 닦았다는 점에서 선례를 만든 것이었다.

다른 소송들 또한 적절한 교육 프로그램의 부족에 초점을 맞추었다. LeBanks 대 Spears(1973)는 루이지애나 법정 소송으로 주 정부가 지적장애 아동들 집단에 교육 프로그램들을 제공하지 않았다는 이유로 제기되었다. 이 소송은 학생들이 더 자기충족적이고 고용이 가능하도록 만드는 교육 프로그램을 주 정부가 제공하는 것으로 귀결되었다. 이 소송은 또한 학생 시절 교육 프로그램을 받지 못했던 성인들에게 교육 프로그램이 제공되어야 할 것을 요구하였다. 또 다른 소송으로는 Maryland Association for Retarded Citizens 대 Maryland Equity(1974)가 있다. 이 소송은 적절한 교육을 거부당한 지적장애 및 다른 장애 아동들을 대리한 또 다른 소송이었다. 법원은 주 정부가 서비스를 제공하도록 요청하면서 다시 원고의 손을 들어주었다. 법원은 또한 만일 모든 장애 학생들이 적절한 교육을 받아야 한다면 그 교육의 목적은 다시 정의될 필요가 있음을 언급하였다(Turnbull, Stowe, & Huerta, 2007). 이 소송은 어느 정도 '적절한' 것이 실제로 의미하는 것이 무엇인지에 대한 어려운 질문을 해결하기 위해 노력하기 시작했다.

역설적이게도 이전에 논의되었던 소송들이 학생들이 특수교육을 받지 못하도록 배제시키는 문제를 다룬 반면 또 다른 일련의 소송들은 학생들이 지적장애 학생들을 위한 특수교육 프로그램에 잘못 배치되었다는 이유로 제기되었다. 다른 말로 하자면 이러한 소송들은 차별을 근거로 한 것이었다. 표 1.2는 1970년대 제기된 차별 소송을 요약해서 보여 주고 있다.

지적장애인들에게 직접적인 영향을 미친, 특히 시설화와 관련된 다른 법정 소송들

표 1.2 1970년대 차별에 초점을 맞춘 법정 소송들

소송	쟁점	결과
Diana 대 State Board of Education(1970)	영어로 실시된 IQ 검사를 근거로 정신지체로 분류된 스페인어 사용 학생들을 대리한 집단소송	주로 사용하는 언어를 결정하고 그 언어로 검사들을 실시해야 함
Guadalupe 대 Tempe (1972)	Diana 소송과 유사	유사한 결과뿐 아니라 어떤 학생을 정신지체로 분류하기 전 적응행동을 고려하는 것의 중요성
Larry P. 대 Riles (1972)	IQ 검사의 문화적 편견 의혹	판사는 IQ 검사에 편견이 있으며 아프리카계 미국 학생들이 정신지체를 지니고 있는 것으로 판별하는 데 사용될 수 없다고 판결함

로는 Wyatt 대 Stickney(1972)와 Halderman 대 Pennhurst(1977) 등이 있었다. Wyatt 소송은 앨라배마 주 터스컬루사의 Partlow State School이라는 이름의 시설에 거주하고 있는 일군의 사람들을 대리하여 제기되었다. 법원은 거주자들의 기본권이 미국 연방 헌법 수정 제14조에 따라 침해되었다고 판결하였다. 이러한 판결은 거주자들에게 단지 양육 프로그램만이 아닌 적절한 교육 프로그램들을 제공할 것을 요구하는 포괄적 기준들 및 모니터 절차로 귀결되었다. 이 판결은 또한 특히 분리의 정도가 덜한 환경에서 기능할 수 있고 또 기능해야 하는 사람들을 위한 탈시설화의 문제 또한 다루었다. Pennhurst 소송에서 시설들이 부적절하고 지역사회 기반 시설들로 대체되어야 한다는 주장들이 재청되었다. 비록 이 판결들이 대법원에서도 인정되지는 않았다 하더라도 이 판결들은 덜 제한적인, 보다 더 지역사회에 기반한 거주 선택권으로의 움직임을 촉진하게 되었다. 몇 가지 다른 판결들도 시설 및 지적장애인들의 권리에 대한 쟁점들을 다루었다(표 1.3 참조).

1970년대에 제정된 법률은 많은 부분 '권리 지향적'인 것이었다. 1973년 애초에 세계 제1차 대전 후에 통과된 직업재활법(Vocational Rehabilitation Act)이 개정되었다. 그 개정본의 일부인 Section 504는 연방 정부의 재정 보조를 받는 어떠한 프로그램에서도 장애인들이 비장애인들과 동일하게 교육 및 고용 기회에 접근할 수 있어야 함을 확고히 하였다. 대체로 이전에 언급된 소송의 결과로 1975년 의미 있는 법률인 공법 94-142 혹은 전장애아동교육법(Education for All Handicapped Children Act)이 통과되었다[장애인교육법(Individuals with Disabilities Education Act, IDEA)으로 소급적으로 개명됨]. 사실 이 법률은 어쩌면 지적장애인들을 포함한 장애인들의 교육에 대한 모든

표 1.3 시설 관련 쟁점들과 연관된 추가 소송들

소송	쟁점	결과
Burham 대 Georgia(1972)	시설에서 적절한 치료를 받을 권리	시설 거주자들은 치료를 받을 권리가 있으나 주 정부는 Wyatt 소송에 법률적으로 반박하지 않았음
Jackson 대 Indiana(1972)	범죄를 저지른 후 시설에 구금된 정신지체인들의 권리	만일 구금이 재활을 위한 치료 및 노력이 포함되지 않은 채 지시되었다면 정당한 법 절차가 침해된 것임
New York Association for Retarded Citizens 대 Rockefeller(1975)*	Willowbrook Developmental Center의 끔찍한 여건(잘 알려진 폭로 후)	판결 결과 중에는 거주자 수의 급격한 감소, 생활환경의 개선, 그리고 적절한 치료를 받을 권리 등이 있음
O'Connor 대 Donaldson (1975)	위험하지도 않고 시설의 보호가 필요하지도 않은 시설 수용자의 비자발적 시설 수용	법원은 전보 배상(compensatory damages)을 지급할 것을 명령하였고 개인을 불필요하게 시설에 수용한 것의 불법성을 규명하였음
Youngberg 대 Romeo(1982)	비자발적으로 시설에 수용된 사람들의 권리	이 사람들의 권리는 자발적으로 시설에 수용된 사람들의 권리와 동일한 것임

* 이 소송은 실제로 해당 시설이 사실상 폐쇄된 1987년까지 계속되었음.

법에 가장 실질적인 영향을 미쳤을 것이다. 이 법은 장애인들에게 교육권과 안전장치를 제공하는 데 덧붙여 그 실행을 돕기 위한 상당한 재정지원도 제공하였다. 공법 94-142는 처음에는 각 주들에 1978년 9월까지 3~18세까지의 학생들을 위한 그리고 1980년 9월까지는 3~21세까지의 학생들을 위한 명령에 따를 것을 요구하였다. 하지만 연방법은 주법에 부합하지 않는다면 3~5세까지 그리고 18~21세까지의 학생들을 위한 서비스들은 명령하지 않았다. 공법 94-142에는 여섯 가지 원칙들의 개요가 서술되어 있었다.

1. 완전 취학(Zero Reject) : 이 원칙은 모든 장애 학생들에게는 무상의 적절한 공교육이 제공되어야 함을 요구하였다. 이 원칙은 무상의 적절한 공교육으로 언급되었다.

2. 비차별적 평가(Nondiscriminatory Evaluation) : 이 원칙은 다른 무엇보다 학생들이 자신의 주 언어로 검사받아야 하며, 평가에는 한 명 이상이 참여해야 하고, 검사들은 의도된 평가 목적에 타당하게 사용되어야 함을 요구하였다.

3. 개별화교육프로그램(Individualized Education Program, IEP) : 이 원칙은 모든 장애 학생들이 그들의 개인적 요구를 충족시키도록 설계된 구체적인 교육 프로그

램을 지녀야 할 것을 요구하였다. 개별화교육프로그램 구성요소들의 몇 가지에
는 현재 수행 수준, 연간 목적들, 단기목표들, 필요한 서비스들, 그리고 이러한
목적들 및 목표들의 성취를 결정하기 위한 평가 절차와 일정 등이 포함되었다.

4. 최소제한환경(Least Restrictive Environment, LRE) : 이 원칙은 장애 학생들이 적절
   한 한 최대한 비장애 또래들과 함께 배울 것을 요구하였다.

5. 정당한 절차(Due Process) : 이 원칙은 어떤 학생에 대해 내려지는 교육적 결정이
   공정함을 보장하기 위해 견제와 균형 체제를 제공하였다. 이 원칙은 장애 학생은
   물론 부모와 전문가 모두를 보호한다.

6. 부모 참여(Parental Participation) : 아마도 처음으로 부모들은 구체적인 방식으로
   자녀의 교육 프로그램에 관한 결정을 하는 데 참여하도록 권장되었을 것이다
   (예 : 개별화교육프로그램 회의에 참여하여 자녀에게 적절한 목적들 및 목표들에
   관한 조언 제공하기).

이러한 원칙들은 (추가 및 수정과 함께) IDEA 2004를 포함하여, 여러 번에 걸친 해
당 법의 재인증에 통합되었다.

교육에 있어서의 진전

장애인들에게 적절한 교육 프로그램이 제공되었는지 그렇지 않은지에 대한 관심에 덧
붙여 또 다른 쟁점은 장애 학생들의 교육 프로그램을 실시하기 위한 이들의 배치와
관련 있다. 다른 말로 하자면, "장애 학생들이 교육을 받아야 하는 가장 적절한 환경은
무엇인가?"라는 질문이 제기되었다는 것이다. 이 영역에 대한 관심은 1975년 IDEA의
제정에 앞서 1970년대 초 'Special Education as Developmental Capital'(연구상자 1.5 참
조)로 명명된 Evelyn Deno의 선행 논문의 출판과 함께 시작되었다. 비록 Deno가 연구
상자에 제시한 모형이 비판을 받았다 하더라도 이 모형은 나중에 공법 94-142와 후속
법률에 통합된 최소제한환경 조항의 근거를 형성하는 데 도움이 되었다.

1970년대 교육 실제들 중 많은 부분이 공법 94-142의 법적 명령들의 직접적인 결과
였다. 어떤 의미에서 이 법은 장애인들의 교육에 관한 다소 엇갈리는 메시지들을 보내
주었다. 한편으로 최소제한환경이라는 개념은 학생의 개인적 요구를 고려하면서 장애
인들이 비장애인들에게 가장 전형적인 환경에서 최대한 적절하게 교육받아야 함을 암
시하는 것이었다. 다른 한편으로 많은 전문가들은 사실상 1960년대 실행되기 시작했
지만 공법 94-142의 통과와 함께 그 정신이 공식화된(Skrtic, 1992) **주류화**(mainstream-
ing)라는 용어에 대해 계속해서 논의하였다. 이 철학을 지지하는 사람들은 장애 학생

차이를 만들어 낸 연구 1.5

Deno, E. (1970). Special education as developmental capital. *Exceptional Children, 37*, 229-237.

이 논문은 특수교육 역사에서 장애 학생들을 분리된 학급이 아닌 다른 환경에서 가르치는 방향으로 독려했던 시기에 작성되었다. Deno는 특수교육이 더 유연해야 하고 조정 가능해야 한다고 느꼈으며 많은 전문가들이 이전 학년도에 비해 얼마나 더 많은 학생들이 일 년 동안 특수교육 서비스를 받는지에 의해 그 성공을 판단하는 데 우려를 나타냈다. 이에 따라 Deno는 'Deno의 폭포수 모형'(Deno's Cascade)으로 알려진 것을 개발하였는데, 이 모형은 장애 학생들을 위한 다양한 배치 선택권의 필요성을 강조한 유동 모형이었다. Deno의 모형은 7개의 수준들로 구성되었다.

수준 1 : 학생들은 일반학급에서 교육을 받는다. 학생들은 지원이나 치료가 있는 혹은 지원이나 치료가 없는

일반교육 조정과 함께 교육을 받을 수 있다.

수준 2 : 학생들은 추가적 교수 서비스와 함께 일반학급에서 교육을 받는다.

수준 3 : 학생들은 시간제 특수학급에서 교육을 받는다.

수준 4 : 학생들은 전일제 특수학급에서 교육을 받는다.

수준 5 : 학생들은 특수학교에서 교육을 받는다.

수준 6 : 학생들은 가정에서 교육을 받는다.

수준 7 : 학생들은 병원이나 가정, 혹은 교육 환경이 아닌 곳(의학 그리고/혹은 복지)에서 교육을 받는다.

이 모형을 활용하는 목적은 해당 학생을 가능한 한 많이 그리고 가능한 한 빨리 위 수준으로(수준 1쪽으로, 즉 덜 제한된 환경으로) 이동시키는 데 있다.

들은 최소한 하루에 일부라도 일반학급에서 또래의 비장애 아동들과 함께 교육을 받아야 한다는 것을 옹호하였다. 불행하게도 이 용어는 전문가들 사이에서는 매우 다르게 해석되었다. 어떤 전문가들은 장애 학생들이 비장애 또래들과 점심을 같이 먹거나 버스를 같이 타는 것만으로도 주류화가 발생한다고 느꼈다. 다른 전문가들은 주류화를 하루 종일 일반학급에 배치하는 것으로 보았다. 그 초기 구상에서 주류화는 학생에게 이득을 가져다주는 교육 지원체제보다는 교육적 배치로 더 많이 생각되었던 것으로 보인다. 많은 전문가들, 특히 장애 학생들과 함께 하기 위한 훈련이 전혀 혹은 거의 되어 있지 않았던 일반학급 교사들에게 주류화 개념은 다소 우려스러운 태도로 귀결되었다.

역시 1960년대 시작되었던 유사한 움직임인 정상화는 1970년대 계속해서 많은 주목을 받았다. 간단히 말해서 정상화는 장애의 심각성과 관계없이 모든 장애인들이 '가능한 한 문화적으로 정상인 개인적 행동들을 확립하고/하거나 유지할'(Wolfensberger, 1972; p.28) 자격이 있다는 믿음을 일컬었다. 다른 말로 하자면 정상화는 장애인들이 비장애인들과 다를 바 없이 생활하고 대우받는 그리고 이 두 집단 사이의 모든 차이가 되도록 줄여야 한다는 목적을 말하는 것이었다. 정상화는 교육적으로 최소제한환경 운동으로 해석될 수 있다. 정상화는 또한 특히 지적장애를 지닌 나이 많은 사람들에게 더 넓은 의미로 해석될 수도 있다. 이는 지역사회 생활 선택권, 동등한 고용, 그리고

심지어 아이들을 낳고 기르는 것 등과 같은 쟁점들을 일컫는 것일 수 있다(Field & Sanchez, 1999). 불행하게도 비록 분명히 복잡하지 않은 것이라 하더라도 정상화 개념은 서로 다른 해석의 대상이 된다(Hallahan, Kauffman, & Pullen, 2012). 하지만 정의하기 어렵기는 하지만 이 개념은 지적장애인들에 대한 인식에 있어 의미 있는 철학적 변화를 대표하는 것이었다.

1980년대

철학적/정치적 분위기

정치적으로 1980년대는 로널드 레이건과 조지 H. W. 부시의 대통령 임기하에서 더 보수적인 정책들로의 확실한 이동으로 대표된다. 다른 여러 법들 가운데 규제 완화 및 세금 경감 프로그램들은 1960년대의 진보적 정책들과 1970년대의 법적 확산으로부터 실질적인 변화가 있었음을 나타내는 것이었다. 일반교육주도(Regular Education Initiative, 추후 논의)로 알려진 철학적 움직임조차 부분적으로 재정적으로 책임감 있는 방식으로 더 많은 학생들에게 서비스를 제공한다는 전제에 근거를 두고 있었다. 이 시기의 장애인들을 위한 진보의 상당 부분은 어느 정도 이미 이전 시기에 시작되었던 철학들 및 정책들의 진전 및 해명에 근거를 두고 있는 것이었다. 그러나 미국 장애인법(Americans with Disabilities Act)은 1990년 부시 행정부에서 통과되었다.

법률의 제정과 소송

1980년대 소송의 많은 부분은 공법 94-142의 다양한 측면들을 해석하는 것과 관련되어 있었다. 이 소송들 중 많은 사례들이 청각장애인(예 : Hendrick Hudson Central School District 대 Rowley, 1982)과 지체 혹은 건강장애인(예 : Irving Independent School District 대 Tatro, 1984) 등을 포함한 다양한 장애를 지닌 사람들에게 초점이 맞춰져 있었다. Rowley 소송은 무상의, 적절한 공교육의 의미에 대한 매우 중요한 검증이었고, 결국 미국 대법원에 의해 검토되었다. 비록 이 소송이 지적장애인들을 포함하고 있지는 않았다 하더라도 이 소송은 모든 장애 학생들에게 직접적인 영향을 미쳤다. 쟁점은 청각장애 학생인 Amy Rowley에게 교육 프로그램의 일환으로 수화 통역자가 제공되어야 하는가에 초점이 맞춰졌다. 비록 하급심의 판결이 Amy에게 수화 통역자가 제공되어야 한다고 하였더라도, 대법원은 Amy가 이전에 수화 통역자의 보조 없이도 만족할 만한 진전을 보였고 진급도 했다는 정보를 바탕으로 하급심 판결을 뒤집었다. 이 판결은 적절한(appropriate) 교육이 최적의(optimal) 교육으로 해석되어서는 안 됨을 의미하는 것이었다. 오히려 적절한 교육은 학생에게 합리적인 학습 기회를 제공하는 것으로 귀결되어야 함을 의미하는 것이었다(Turnbull et al., 2007). 어떤 의미에서 적절한 교육이란 장애 학생들을 위해 '공평한 경쟁의 장을 만들어 주는 것이었다.'

Tatro 소송은 특히 잠재적으로 모든 장애 학생들에게 영향을 미치는 영역인 관련 서비스를 받을 권리라는 쟁점을 다루었다. 이 소송에 있어 대법원 판결은 궁극적으로 학교구가 이분척추로 하지마비가 된 학생 Amber Tatro를 위한 명확하고 간헐적인 도뇨관 삽입이라는 비의료적 절차를 제공해야 한다고 요청하였다. 그 준거는 이 절차가 없다면 Amber는 학교에 갈 수가 없고 이로 인해 무상의 적절한 공교육을 받을 권리가 거부되는 것이라는 점이었다. 무상의 적절한 공교육을 다루는 또 다른 흥미로운 사례로는 지방법원 판사가 지역 학교구는 중도 중복장애(중도 지적장애 포함)를 지닌 한 소년에게 이 소년이 교육으로부터 이익을 볼 수 없기 때문에 서비스를 제공할 의무가 없다고 판결했던 Timothy W. 대 Rochester School District(1988)가 있다. 그러나 미국 상소법원은 이 판결을 기각하였으며 모든 장애 아동들에게 장애의 정도와 관계없이 적절한 교육 프로그램을 제공할 것을, 따라서 공법 94-142에 내재하는 무상의 적절한 공교육 원칙을 지지하는 요구를 하였다.

파급범위가 광범위하며 계속해서 논란이 되고 있는 한 가지 법정 소송으로는 Honig 대 Doe(1988)가 있다. 이 사례는 훈육이라는 논란이 많은 쟁점을 다루었다. 본질적으로 대법원은 만일 학생들이 저지른 비행이 그들이 지닌 장애와 관련되어 있다고 결정이 되면 해당 학생들은 무상의 적절한 공교육 원칙에서 배제될 수 없다는 판결을 내렸다. 이 사례 및 다른 사례들은 사실상 추후 개정된 IDEA에 개요가 서술된 법적 정책들로 이어졌다. 어떤 학생의 비행이 장애의 표시인지 그렇지 않은지에 따라 학교는 비록 교육 서비스가 완전히 종료되는 것은 금지된다 하더라도 훈육의 다양한 선택권을 활용할 수 있게 된다. Honig 판결은 지적장애 학생이 관련된 하나의 사례인 S-1 대 Turlington (1981, 사건상자 1.4 참조)을 포함한 하급심 판결의 논증을 따른 것이었다(Turnbull et al., 2007). 흥미롭게도 IDEA의 최신 개정판은 드러난 행동에 따라 장애 학생의 훈육을 더 쉽게 함으로써(예 : 학교에 마약이나 무기 가져오기) 이러한 입장을 뒤집었다.

다른 사례들은 생활 시설들에 관한 쟁점들과 관련되어 있었다. Abrahamson 대 Herschman(1983) 소송에서 학교구는 한 중복장애 아동이 포괄적인 훈련을 요청했으므로 사립학교에 기숙형 배치를 위한 비용을 지불하도록 명령받았다. 또 다른 Cleburne 대 Cleburne Living Center(1985) 소송에서 대법원은 용도지역 조례(zoning ordinance)를 활용하여 지적장애인들에게 지역사회 생활시설(즉, 그룹홈) 설립을 막는 것에 반대하는 판결을 내렸다.

차이를 만들어 낸 사건 1.4

1981년 – S-1 대 Turlington : 지적장애 학생들에 대한 훈육 행위와 관련된 법정 소송

이 플로리다 소송은 비행으로 인해 1977~1978학년도 초부터 1978~1979학년도 전체 동안 고등학교에서 퇴학당한 일곱 명의 지적장애 학생들을 대리하여 제기되었다. S-1로 언급된, 이 학생들 중 한 학생은 비행이 장애로 인한 것인지 그렇지 않은지에 따라 결정이 내려져야 한다는 요청을 하였다. 감독관은 해당 학생이 중도정서장애를 지닌 것으로 분류되지 않았기 때문에 그 학생이 저지른 비행이 장애로 인한 것이 '아니라'는 판단을 하였으며 따라서 학생의 퇴학은 정당한 것으로 인정되었다. 다른 학생들에 있어 이 상황은 비록 여전히 퇴학이 쟁점이었다 하더라도 몇몇 학생

들에게는 장애 관련성을 밝힐 청문회가 주어지지도 요청하지도 않았다는 측면에서 S-1의 상황과는 다른 것이었다.

법원은 학생들을 퇴학시킨 것이 공법 94-142의 무상의 적절한 공교육 개념을 침해한 것이었음을 밝혀냈다. 더욱이 법원은 퇴학이 교육적 배치의 변화이기 때문에 법원은 학교 위원회가 아닌 훈련받은 전문가들이 장애 관련성 결정의 판정을 내렸어야 함을 발견하였다. 법원은 또한 비행이 단지 정서장애를 지닌 학생들에 대한 것이 아니라 지적장애를 포함한 어떤 장애의 결과일 수 있음 또한 확인하였다.

소송과 유사한, 1980년대 법률의 제정 또한 몇몇 개정판 형태의 IDEA와 주로 관련되었다. 1983년 중등학교 학생들이 학교에서 학교 이후의 환경(예 : 독립생활 시설, 고용 환경, 고등교육 등)으로 옮겨갈 때 이들의 전환 요구를 다루도록 주정부에 요청한 공법 98-199가 의회를 통과하였다. 이 법에는 또한 장애 영 · 유아에게 서비스를 제공하는 데 대한 인센티브도 포함되었다. 이는 1986년 3~5세의 학령 전 아동들을 위한 프로그램의 확대와 0~2세의 장애 영 · 유아를 위한 프로그램의 개발을 명령한 공법 99-457의 통과로 이어졌다. 이 법은 또한 개별화가족서비스프로그램(Individualized Family Services Plan, IFSP)의 형태로 부모들을 그들 자녀의 교육에 적극적으로 참여하게 하였다. 재활법(Rehabilitation Act)도 1986년에 개정되었다. 그 결과로 장애를 지닌 성인들을 위한 지원고용 기회를 촉진하기 위한 프로그램들로 이어진 일련의 규정들이 만들어졌다.

교육에 있어서의 진전

부분적으로는 1970년대 주류화 현상의 확장으로 그리고 어쩌면 그 의미에 대한 합의 부족의 반동(Skrtic, 1992)으로 1980년대 중반 주요 철학적 움직임이 제안되었다. 그 당시 미국 교육국 특수교육 및 재활 서비스부 차관보였던 Madeline Will은 특수교사와 일반교사가 그들의 자원 및 전문지식을 합쳐 일반학급에서 학교생활에 어려움을 지니고 있는 모든 학생들과 함께 해야 한다는 권고를 했다. Will은 학생들 중 대략 10%만이 특수교육 서비스를 받고 있는 반면, 10~20%는 특수교육에는 적격하지는 않지만 추가

적이고, 더 집중적인 교육 프로그램을 요구한다고 추산하였다. 특수교사들과 일반교사들 모두의 자원들을 한데 모음으로써 교육적 문제를 지닌 더 많은 학생들의 요구가 충족될 수 있을 것이다. 이 운동은 **일반교육주도**(Regular Education Initiative, REI)로 알려졌고 많은 주에서 시험 삼아 실행되었다. 일반교육주도는 주류화의 개념을 교육 프로그램이 일반학급에서 학생들의 요구를 충족하도록 수정될 수 있는 방식에 초점을 맞춤으로써 일반학급에 학생들을 단지 신체적으로 통합시키는 것 이상으로 나아간 것이었다. 비록 일반교육주도가 여러 혼합된 비평을 겪게 되었다 하더라도 일반교육주도는 교육 실제에 정말로 영향을 주게 되었다. 다른 무엇보다 일반교육주도는 일반교사와 특수교사 사이의 더 많은 협력으로 귀결되었다.

정상화의 개념 또한 Wolfensberger(1983)가 개념적 틀을 제공하고 그 용어에 대한 명칭 변경을 제안했을 때 진화하였다. Wolfensberger는 "정상화 원칙의 최고 목적은 사람들의 사회적 이미지와 개인적 역량의 향상을 통해 개인이나 집단의 사회적 역할(들)을 확립하거나 개선하고, 혹은 방어하는 것으로 최근 밝혀졌다. 그 결과 지금부터 **정상화를 사회적 역할 가치**(social role valorization)로 부르자는 제안이 있었다."(p.234)라고 썼다. 따라서 사회적 역할 가치의 목적은 사회적 이미지의 향상 그리고 개인적 역량의 향상을 통해 지적장애인들이 지닌 사회적으로 가치 있는 역할의 긍정적 계발인 것이다. 중요한 것은 Wolfensberger가 물리적 환경, 관계 및 집단 구성, 그리고 언어와 기타 상징들 및 이미지들 등과 같은 변인들을 다룸으로써 목적들이 이러한 목적들이 충족될 수 있는 방식들을 제안했다는 것이다.

1990~2000년대

철학적/정치적 분위기

통합과 정상화의 원칙은 1990년대 그 정점에 이르게 되었다. 교육적으로 지적장애 학생들이 일반학급에 통합되어야 한다는 기대는 이례적인 것이기보다는 일반적인 것이 되었다. 철학적 관점에서 그 긍정적 진화가 학대와 방임에서 호의와 보호로, 그리고 결국 교육과 존중으로 나아간 지적장애의 역사는 20세기에 매우 인도적이고도 긍정적인 방식으로 끝을 맺게 되었다. 지적장애 분야에 대해 1990년대는 **새로운 패러다임**(New Paradigm)으로 일컬어지는 것을 포괄하였다. Holburn(2000)은 새로운 패러다임의 다양한 철학들을 요약하면서 그것이 자기결정(self-determination), 소비자 역량강화(consumer empowerment), 그리고 사람 중심 계획 등의 개념을 통합한다고 언급하였는데 이 개념들 모두는 지적장애인들을 위한 향상된 의사결정, 개인적 독립성, 그리고 삶의 질로 연결되는 것이다(이 개념들은 다음 장에서 논의될 것이다). Butterworth (2002)는 이 가치들의 많은 부분이 장애만을 기반으로 한 고용에 있어서의 차별금지는 물론 개인적 선택과 소비자 통제의 중요성을 강조한 ADA(Americans with Disabilities Act)와 같은, 1990년대 제정된 법률에 내포되어 있다고 언급하였다(ADA는 다음 절에서 논의된다).

법률의 제정과 소송

비록 IDEA의 두 번의 주요 개정을 포함하여 의미 있는 법률이 통과되기는 하였더라도 1990년대는 1970년대와 1980년대보다 소송이 적었다. 법정 소송들은 계속해서 주로 기존 법들의 다양한 측면들을 명확하게 하는 데 그리고 이전 법원 판결들을 다시 검토하는 데 초점을 맞추었다. Doe 대 Withers(1993) 소송에서 무상의 적절한 공교육의 의미가 다시 한 번 검증되었다. 이 소송에서 한 학습장애 학생의 부모가 학교구, 특히 해당 학생의 IEP에 언급된 조절(accommodation, 지필시험보다는 구두시험)을 제공하기를 거부한 교사를 상대로 소송을 제기하였다. 원고는 이 무상의 적절한 공교육 위반에 대해 금전적 보상을 청구하였고 보상을 받게 되었다. 관련 서비스의 속성은 Cedar Rapids Community School District 대 Garret F.(1999) 소송에서 다시 검증되었다. Tatro 소송과 유사한 이 소송은 대법원까지 갔고 판결은 Tatro 판결과 비슷하게 학교구는 의사의 참여가 요구되지 않는다면 필요한 관련 서비스(이 경우 간호사의 지속적인 관리)를 제공하여야 한다는 것이었다.

법원에서 검증된 IDEA의 또 다른 측면은 최소제한환경의 의미였다. 한 가지 예가 Sacramento City Board of Education 대 Rachel H.(1994)였다. 이 소송은 본질적으로 장애 학생을 위한 적절한 교육적 배치를 고려할 때 다루어져야 하는 네 가지 질문들로 이어졌다.

1. 무엇이 해당 학생에게 학문적 이익이 될 것인가?
2. 일반교사에게는 어떤 영향을 미칠 것인가?
3. 일반학급 학생들에게는 어떤 영향을 미칠 것인가?
4. 해당 학생을 일반학급에 통합시키는 데 드는 비용은 무엇이 될 것인가?

법률의 제정에 관해 1990년대는 1990년에 통과된 두 가지 의미 있는 법률들, 즉 ADA(Americans with Disabilities Act; 공법 101-336)와 공법 94-142의 개정(공법 101-476)으로 시작되었다. ADA는 장애인 차별에 대한 전면적인 보호를 제공하였다. Turnbull 등(2007)은 ADA의 목적이 연령이나 장애의 속성, 혹은 장애의 정도와 관계없이 장애인들에 대한 차별을 금지하는 분명하고, 강력한, 그리고 일관성 있고 강제할 수 있는 표준을 제공하는 데 있다고 언급하였다. ADA는 교통 수단 조정, 접근성(예 : 건물에 휠체어 접근을 위한 경사로 등), 전기 통신, 그리고 고용 차별의 종식 등과 같은 쟁점들을 다루었다. 궁극적인 목적은 장애인들에게 동등한 기회, 완전한 참여, 독립적 생활, 그리고 경제적 자기충족 등을 제공하는 데 있었다.

공법 101-476은 공법 94-142의 명칭을 전장애아교육법(Education of All Handicapped Children Act)에서 장애인교육법(Individuals with Disabilities Education Act, IDEA)으로 바꾸었다. 새로운 법은 모든 언급을 'handicaps'에서 'disabilities'로 바꿨고 '사람 먼저'(person first) 용어의 중요성을 강조하였다. 이러한 이유로 'mentally retarded student'라는 문구 대신 'student with mental retardation'이라는 문구로 대체되었다. 지적장애인들과 특히 관련된 IDEA의 다른 변화에는 진로/직업교육과 전환 서비스 등이 포함되었다. IDEA는 학생이 16세가 될 때까지 **개별화 전환 프로그램**(individualized transition program)을 개발할 것을 요구하였다. 이 문서는 학생의 교육 프로그램이 공교육 경험 이후의 삶을 위한 학생의 준비를 구체적으로 어떻게 다룰 것인지를 보여 주는 것이었다.

IDEA는 1997년 공법 105-17(IDEA 1997로도 불린다)의 형태로 재승인되었다. 이 법은 장애 학생들의 교육에 대한 변화하는 철학들을 반영하였다. 무엇보다도 이 법은 교육의 과정에서 부모의 참여 정도를 향상시켰고 장애 학생들이 주 전체 및 대규모 프로그램에 참여할 것을 요구하였으며, 그리고 (만 14세까지 전환 요구에 대한 진술을 IEP에 포함시킬 것을 요구함으로써) 장애 학생들의 전환 요구를 다루는 것의 중요성을 재차 강조하였다. 아마도 가장 의미가 있는 것은 IDEA 1997이 장애 학생들은 반드시 일반교육과정 참여에 접근할 수 있어야 한다고 요구했다는 것일 것이다. 사실 IEP의

법의 번호는 어떻게 붙여지는가

공법들은 예를 들어, 94-142, 101-476, 그리고 105-17처럼 하이픈으로 분리되는 두 숫자들로 표시된다. 이 숫자들은 무엇을 의미하는가? 첫 번째 숫자는 해당 법이 제정된 미국 의회의 회기를 일컬으며 1789년 3월 4일부터 1791년 3월 3일까지 개최되었던 1차 연방의회로 거슬러 올라간다. 이 1차 의회는 권리장전과 정부의 삼권 확립에 책임을 지고 있었다. 2년간의 후속 회기 각각은 그다음의 일련번호로 대표된다. 그러므로 2차 의회는 1791~1793년까지, 3차는 1793~1795년까지 등등이었다. 의회 회기의 번호에 주목함으로써 어떤 법이 통과된 때를 추정할 수 있게 된다. 두 번째 번호는 해당 의회 회기 내의 공법 번호를 의미한다. 따라서 ADA, 공법 101-336과 IDEA 공법 101-476은 동일 의회 회기에 통과된 별개의 법안들이었다.

일부로 장애가 어떻게 일반교육과정에의 참여와 진전에 영향을 미칠 것인가에 대한 그리고 이러한 참여와 진전을 가능케 하는 데 필요한 서비스들은 무엇인지에 대한 진술이 포함되어야 한다. 이 법은 또한 필요하다면 학생이 일반교육과정에 참여하지 못하는 정도에 대한 설명도 제공될 것을 요구하였다. 분명히 교육적 통합의 정신은 요구조건은 아니라 하더라도 IDEA 1997에 승인된 것이었다.

IDEA를 가장 최근에 재승인한 것은 2004년이었다. 이 재승인은 몇 가지 이유에서 의회에 의해 권고된 것이었다. 의회는 공법 94-142와 후속 재승인들이 장애 학생들을 위한 서비스의 개선으로 귀결되었음을 인정하였다. 하지만 의회는 이러한 노력들이 낮은 기대와 연구 기반 방법들을 적용할 필요성 등에 의해 방해받았음을 언급하였다 (Taylor, Smiley, & Richards, 2009). IDEA 2004는 일반교육과정에의 참여를 포함한 IDEA 1997의 원칙들 대부분을 유지하였다. IDEA 2004는 또한 주 전체 사정에의 참여를 간소화하고 다른 기준을 기반으로 한 추가적인 사정 선택권들을 제공하는 낙오방지법(No Child Left Behind Act)과 딱 들어맞았다. 평가 절차와 관련된 몇 가지 차이점들이 존재하였으며 공법 94-142의 비차별 조항은 이 절차들에 통합되었다. 기본적으로 IDEA 2002는 일반교육과정 및 주 전체 사정 모두에 참여하는 것을 더욱 강조하는 것으로 귀결되었다.

교육에 있어서의 진전

교육적 인종차별이 진화하는 동안 내내 다양한 용어들과 문구들이 사용되었다. 앞서 언급되었던 것처럼 주류화 및 최소제한환경은 일반학급에서 장애 아동들에게 교육을 제공하려던 시도였다(Hardman, Drew, & Egan, 2003). 1990년대 **통합**(inclusion)이라는 용어는 이러한 개념을 일컫는 일반적인 용어가 되었다. 불행하게도 이 용어는 정의하기가 다소 어려운데, 이는 이 용어가 매우 다른 철학을 지닌 사람들에 의해 사용되었기 때문이다. 어떤 사람들에게 장애 학생들을 위한 실행 가능한, 바람직한 교육적 선택권으로 주류화라는 용어가 더 맞는 것이다. 다른 사람들에게는 이 용어가 장애의 유형과 정도와는 관계없이 모든 장애 학생들이 또래의 비장애 학생들과 함께 일반학급에서만 교육을 받아야 한다는 것을 의미한다. **완전 통합**(full inclusion)으로 알려진 이러한 입장은 처음에 장애 학생들, 특히 중도 장애 학생들은 소수집단이며 그들의 일반학급에의 접근을 거부하는 것은 시민권 침해라는 주장(예 : Stainback & Stainback, 1985)을 바탕으로 한 시민권에 대한 문제로 시작되었다. 다른 용어들에는 장애 학생들이 교육의 대부분을 일반학급에서 받지만 적절한 경우 다른 교수 환경에서 교육을 받는 **부분 통합**(partial inclusion)이 포함된다(Hardman, Drew, & Egan, 2003).

Lewis, Doorlag, 그리고 Lewis(2011)는 모든 학생들이 일반학급에 참여해야 하지만 그들이 하는 참여의 속성과 정도는 개인적 요구에 바탕을 두어야 한다는 그들 자신의 신념을 언급할 때 통합에 대한 다양한 해석에 의미 있는 타협안을 제공하였다. 이러한 입장은 IDEA 2004의 법적 요구에 일치하는 것 같다.

이전에 언급하였듯 교육적 진보에 덧붙여 지적장애인들에 대한 사회적 인식의 변화에 있어 지적장애인들에게 그들 자신의 선택을 할 그리고 그들의 삶의 질을 향상시킬 기회를 제공하면서 많은 진보가 이루어졌다. Butterworth(2002)는 이를 서비스 지향 패러다임에서 지역사회 지원 패러다임으로의 변화라고 했다. 서비스 지향 패러다임은 중재의 목적이 개인을 변화시키는 데 있다면, 지역사회 지원 패러다임은 그 목적이 개인과 개인의 환경 사이의 조화를 만들어 내는 데 있는 것이다. Butterworth가 말했던 것처럼 'New Support Paradigm'은 개인들이 어떠한 제한 없이 그들이 선호하는 생활양식과 그들이 접근하고자 하는 환경을 정의해야 한다. 그러고 나서 이들의 목적과 우선순위는 이들이 그러한 환경에서 성공하는 데 필요한 지원의 강도 및 유형들을 위한 기반이 된다'(p.85).

또 다른 관련 영역은 지적장애인들을 지역사회에 통합시키는 것이다. 여러 연구들은 지역사회 기반 서비스들이 거주 시설이나 시설 환경보다 더 낫다는 것을 일관성 있게 보여 주었다. Kozma와 Mansell, 그리고 Beadle-Brown(2009)은 10여 년간의 전문 문헌들을 검토하여 보고하였고 다른 무엇보다 소집단 배치(예 : 그룹홈)가 분리 배치보다 더 낫고, 의미 있는 개선에도 불구하고 지적장애인들은 여전히 사회에서 가장 불이익을 받는 집단들 중 하나라고 결론지었다. 하지만 이들은 종종 약물과용으로 이어지는 까다로운 행동들을 다루는 데 있어 지역사회 기반 서비스들이 특별히 효과적이지는 않았다고 지적하였다. 거주 시설 환경에서 사는 지적장애인들의 수를 줄이려는 적극적인 노력이 있어 왔다. Thorn과 Pittman, 그리고 Myers와 Slaughter(2009)는 거주 환경이 지역사회 통합에는 전혀 초점을 맞추지 못한 채 분리의 역할을 하고 있다고 주장하였다. 이들은 이 사람들을 대규모 거주 시설에서 지역사회 기반 생활환경으로 전환시키고자 고안된 한 모형에서 지역사회에 존재, 지역사회에 참여, 지역사회에 통합(integration), 그리고 전환이 일어난 후 지역사회에 통합(inclusion) 등이 증가하였음을 발견하였다.

사실 지역사회 기반 환경에서 생활하는 지적장애인들의 증가된 수에 관한 자료는 또한 철학에서의 이러한 변화를 입증하였다. Polister와 Lakin, Smith, 그리고 Prouty와 Smith(2002)는 1982년부터 2001년까지 주립 거주 시설이 63% 감소했고 같은 기간 지역사회 거주는 증가했다고 보고하였다. Wagner(2002)는 1990년대 말 8개 주와 워싱턴

DC는 주립 시설을 활용하지 않고 지적장애인들에게 서비스를 제공했다고 언급했다. 하지만 Wagner는 비록 주립 시설의 수가 줄었다 하더라도 사립 거주 시설의 수는 증가했음을 지적하였다. 지역사회 기반 거주 선택권을 위하여 주립 및 사립 형태의 시설들 모두를 줄일 필요성은 12장에서 논의될 것이다.

> 1940년대부터 1960년대까지 지적장애인들에 대한 개선된 태도로 귀결된 어떤 중요한 사건이 있었는가? 지적장애인들을 대하는 방식에 영향을 줄 수 있는 어떤 사건들이 오늘날의 교육적 상황에서 발생할 것이라 생각하는가?

현재의 관점

말할 필요도 없이 21세기는 지적장애인들에게 엄청난 가능성을 지니고 있다. 이러한 낙관주의의 많은 부분은 10여 년 전에 나온, 지적장애 분야에서 이루어진 진전들을 요약하는 다음의 진술에 반영되어 있다.

> 우리는 정신박약, 백치, 얼간이, 멍청이 등과 같은 용어들로부터 인지장애로 옮겨 왔다. 우리는 일탈 및 결함의 관점으로부터 자연스러운 차이로 때로는 심지어 다양성 축하하기로 이동했다. 우리는 시설화에서 지역사회 생활로의 진전을 목도했다. 우리는 두려움으로부터 수용으로 옮겨 가고 있다. 대다수의 장애인들에게 제공되는 엄청나게 많은 잠재력과 기회들이 새로운 삶의 선택권이라는 세상을 열었다.
>
> (Black & Salas, 2001; p.14)

지난 10여 년 동안 훨씬 더 많은 것들이 성취되었다. 계속해서 다뤄질 영역들 중에는 사회적 쟁점들, 법적 관심 사항들, 의학적 진보, 그리고 교육적 고려 사항들 등이 있다. 미래의 법률 제정은 이러한 쟁점들 중 많은 것에 영향을 줄 것이다. 여기에는 지역사회 통합(integration), 자기결정 및 의사결정, 사법체제, 의학적 예방, 윤리, 그리고 교육개혁 운동 등이 포함된다.

> 다음 10년 동안 가장 중요한 두 가지 쟁점들은 무엇이라고 생각하는가? 그 쟁점들이 지적장애인들을 위한 교육 프로그램, 지역사회 생활, 고용, 혹은 삶의 다른 영역들에 영향을 미칠 가능성이 높다고 생각하는가?

요약 체크리스트

✓ 지적장애를 나타내기 위해 사용된 용어들은 시간이 지나면서 바뀌었고 계속해서 변화하고 있다.

초기 암흑기

✓ 지적장애에 대한 설명은 기원전 1500년까지 거슬러 올라간다.

✓ 초기 이집트인들은 수많은 인간의 질병을 치료하려 노력하였다.

> **영아살해-장애를 지닌 영아들에 대한 살해 행위는 고대 그리스와 로마에 널리 퍼져 있었다.**

✓ 르네상스 시기 동안 Paracelcus와 Platter 등과 같은 의사들은 정신지체와 정신질환을 구분하기 시작했다.

✓ 비록 17세기에 의학적 진보가 이루어졌다 하더라도 사회적 요인들은 유럽과 미국에서 지적장애인들의 비인간적 치료를 이끌어 왔다.

✓ 18세기에 Periere와 Pinel 등은 더 인간적인 접근방식을 옹호하기 시작했다.

> **윤리적 치료-긍정적이고 심리학적으로 지향된 요소들을 강조한 Pinel에게서 기인된 접근방식**

보살핌으로의 전환

✓ Jean Marc Gaspard Itard-아베롱의 야생아인 빅터와의 작업으로 가장 잘 알려진 프랑스 의사. Itard는 중도 지적장애인들이 교육받을 수 있다고 믿었다.

✓ Jean Etienne Esquirol-지적장애의 수준을 확립한 최초의 인물들 중 한 사람. '백치(idiot)'와 '얼간이(imbecile)'를 구분하였다.

✓ Johan Jacob Guggenbuhl-스위스의 Abendberg에 지적장애인들을 위한 시설을 처음으로 만든 사람으로 여겨진다.

> **크레틴병-신체적 기형 및 지적장애로 귀결되는 갑상선 결함 상태. Guggenbuhl은 이러한 유형의 사람들에게 연구의 초점을 맞췄다.**

✓ Samuel Gridley Howe-미국에서 시각장애 분야로 연구를 시작했으나 지적장애인들을 위한 시설 설립에 영향을 미쳤다.

✓ Edouard Seguin-초기에는 프랑스에서 나중에는 미국에서 연구하였다. 시설들을 발달시키는 데 매우 중요한 역할을 하였고, 현재는 미국 지적장애 및 발달장애협회인 조직의 첫 회장이 되었다. Itard는 그의 멘토였다.

갈등의 시대

✓ 훈련학교라는 용어가 19세기에 시설이라는 용어를 대체하기 시작했다.

✓ 남북전쟁과 불황기 이후에 시설들은 되살아났고 교육보다는 보호를 목적으로 하게 되었다.

> **우생학 – 유전적 요인의 통제를 통하여 인간을 개선하려는 노력**

✓ 우생학 운동 – 주로 19세기 말과 20세기 초에 일어났다. 지적장애의 유전적 기반과 사회적으로 부정적인 특질들을 강화한 두 가문, 즉 Juke가와 Kallikak가에 대한 책들에 의해 뒷받침되었다.

✓ 1920년대와 1930년대 시설들의 수는 증가하였고 질은 떨어졌다.

지적장애인들의 인간화

✓ 정치적 분위기, 철학에 있어서의 변화, 그리고 교육적 · 의학적 진보 등과 같은 특정 요인들은 1930년대 변화를 위한 더 긍정적인 환경으로 귀결되었다.

1940~1950년대

✓ 제2차 세계대전은 더 많은 고용 기회들로 귀결되었다.

✓ 시설들에 대한 폭로가 시작되었다.

✓ 여러 법률들의 제정은 지적장애에 대한 관심의 증가를 촉진하기 시작했다.

✓ Brown 대 Board of Education은 인종에 따른 분리에 반대하는 결정을 내렸고 지적장애 소송을 위한 장을 마련했다.

✓ 비록 주로 분리된 학급에 포함되는 것이기는 했더라도 특수교육이 정례적인 것이 되었다.

1960년대

✓ 케네디 대통령은 지적장애인들을 돕기 위해 많은 프로그램들을 시작하였다.

> **정상화 – 지적장애인들에게 비장애인들과 동일한 기회 및 삶의 여건들이 주어져야 한다는 개념**

✓ Hobson 대 Hansen – 소수집단 출신 학생들에게 검사 정보를 잘못 활용한 것에 초점을 맞춘 법정 소송. 지적장애인들에 대한 유사 소송의 기반이 되었다.

✓ Lloyd Dunn은 경도 지적장애 학생들을 일반학급에 배치할 것을 주장하였다.

✓ 헤드스타트와 같은 조기중재 프로그램이 실시되었다.

1970년대

✓ 1970년대는 수많은 소송과 의미 있는 법률 제정의 시대였다.

✓ PARC 소송과 Mills 소송 – 장애와 관계없이 어떤 학생도 적절한 공교육에서 배제되어서는 안 된다는 조항으로 이어진 법정 소송들

✓ 다른 법정 소송들은 학생들이 지적장애를 지닌 것으로 판별하는 데 검사 점수들이 차별적으로 활용된 것에 초점을 맞췄다(표 1.2).

✓ 시설들과 관련된 소송들(예 : Wyatt와 Pennhurst 등)은 여건의 개선과 거주자들의 기본권 향상 등으로 귀결되었다.

✓ 장애인들에 관한 가장 의미 있는 법률인 것이 거의 틀림없는 공법 94-142가 1975년 의회를 통과하였다. 이 법은 다른 무엇보다 개별화교육프로그램과 무상의 적절한 공교육, 그리고 최소 제한 환경에의 교육적 배치 등을 요구하였다.

> **최소제한환경 – 장애 학생들이 가능한 한 최대한 비장애 또래들과 함께 교육받을 수 있는 교육적 배치**

> **주류화 – 장애 학생들이 최소한 하루의 일부 동안 또래의 비장애 학생들과 함께 일반학급에서 교육을 받아야 한다는 철학**

✓ 정상화 개념이 확장되었다.

1980년대

✓ 1980년대는 좀 더 보수적인 정책들의 시대였다.

✓ 소송은 공법 94-142의 여러 측면들을 분명히 하는 데 초점을 맞추었다. Rowley 소송은 무상의 적절한 공교육을 정의하는 데 도움이 되었고 Tatro 소송은 관련 서비스의 쟁점들을 검토하였다.

✓ Honig 대 Doe – 장애 학생들의 훈육(예 : 퇴학)을 다뤘던 대법원 소송

✓ 공법 94-142는 서비스를 영아, 유아, 그리고 학령 전 아동들로 확장했던 공법 99-457을 포함하여 몇 번의 개정을 거쳤다.

> **일반교육주도 – 특수교육과 일반교육이 그들 자신의 자원과 전문지식을 한데 모아 일반교육 환경에서 어려움을 지닌 모든 학생들을 대상으로 함께 작업할 것을 제안했던 운동**

> **사회적 역할 가치 – Wolfensberger가 정상화를 대체할 것으로 제안한 용어로, 지적장애인들이 지닌 사회적으로 가치 있는 역할의 긍정적 계발을 일컫는다.**

1990~2000년대

➢ **새로운 패러다임**─새로운 패러다임의 다양한 철학들을 요약하면서 그것이 자기결정, 소비자 자율권, 사람 중심 계획, 그리고 지적장애인들의 향상된 삶의 질 등을 포함하는 철학

  ✓ 공법 94-142하에 제공되는 권리들을 지지한 법정 소송들이 있었다.

  ✓ 1990년 미국 장애인법(Americans with Disabilities Act)이 의회를 통과하였다. 이 법은 장애인들에 대한 차별을 방지하는 강력하고 집행 가능한 기준들을 제공하였다.

  ✓ 1990년 공법 94-142가 재승인되어 장애인교육법(IDEA)이 되었다. 이 법은 장애 학생들을 위한 추가적인 보호 및 서비스들을 제공하였다.

  ✓ IDEA는 1997년 재승인되었고, 장애 학생들이 일반교육 교육과정에의 참여를 허용할 필요성을 강조하였다.

  ✓ IDEA는 2004년 다시 재승인되었고 IDEA 1997의 원칙들 중 많은 부분들, 즉 일반교육 교육과정 및 주 전체 사정에의 참여를 강화하였다.

➢ **통합**─장애 학생들을 또래의 비장애 학생들과 일반학급에 함께 배치하는 것을 서술하는 데 활용되는 일반적 용어. 통합은 서로 다른 사람들에게 서로 다른 의미를 지니고 있다.

➢ **완전 통합**─장애의 유형 및 정도에 관계없이 모든 장애 학생들은 또래의 비장애 학생들과 함께 일반학급에서만 교육받아야 한다는 입장

➢ **부분 통합**─장애 학생들이 교육의 대부분을 일반학급에서 받지만 적절한 경우 다른 교수 환경에서 교육을 받는 상황

  ✓ 새로운 패러다임의 철학을 통합한 지역사회 지원을 위한 더 많은 움직임

  ✓ 주 정부의 지원을 받는 시설의 지속적인 감소 및 이에 따른 지역사회 기반 시설의 증가

현재의 관점

  ✓ 사회적, 법적, 의학적, 그리고 교육적 관심사항들과 관련된 쟁점들을 포함한 많은 영역들이 21세기에 가능성을 보인다.

추가 제안/자료

토론

1. 역사를 통틀어 지적장애인들을 위한 시설의 진화를 추적하라. 이러한 움직임에 가

장 큰 영향을 주었다고 생각하는 세 가지 요인들/사건들은 무엇인가?

2. 공법 94-142(IDEA)에 서술된 여섯 가지 원칙들 중 아무 것이나 두 가지를 선택하고 그 원칙들이 지적장애 학생들에게 미친 영향을 논의하라.

3. 최근 지적장애 학생들의 교육적 배치에 관해 모순으로 보인 것이 있었다. 한편으로 법적 명령은 학생들이 최소제한환경에서 교육을 받아야 한다고 요구하고 있다. 다른 한편으로 완전 통합을 지지하는 사람들은 모든 학생들이 일반학급에서 교육을 받아야 한다고 생각한다. 이 두 가지 입장들의 찬반 양론을 논의하라.

활동

1. 지적장애인들은 여러 문헌들과 매체들(예 : 영화, TV쇼 등) 모두에서 많은 방식으로 묘사되었다. 부정적으로 정형화된 이미지의 예 하나와 더 긍정적인 시각으로 이 사람들을 묘사한 것 한 가지를 찾아내라. 어떤 역사적 요인들이 이 묘사들과 연결되어 있는가?

2. 교육을 그리고 지적장애인들의 삶을 형성하는 데 있어 법정이 한 역할들을 보여 주는 연대표를 만들라. 이 연대표는 해당 정보에 대한 공부 가이드로도 기능할 수 있다.

3. Lloyd Dunn의 논문 'Special Education for Mildly Retarded—Is Much of It Justifiable?' (연구상자 1.4)을 읽어라. Dunn의 입장에 동의하는가? 동의하는 이유 혹은 동의하지 않는 이유는 무엇인가?

인터넷 자료

http://cirrie.buffalo.edu/encyclopedia/en/article/143/

International Encyclopedia for Rehabilitation 웹사이트이다. 여기에는 공중보건 전공인 두 연구자가 쓴 'History of Intellectual Disability'라는 제목의 논문이 포함되어 있다. 여기에는 여러 주제들 중 역사 초기, 분리, 우생학, 그리고 시설화, 법적 보호 및 서비스, 그리고 탈시설화 및 전반적 관점 등에 대한 논의가 포함되어 있다.

www.disabilitymuseum.org/lib

Disability History Museum의 일부인 논문, 팸플릿, 서간문, 책 발췌본 사진, 그림, 그리고 엽서 등이 포함되어 있다. 이 박물관은 미국의 장애 역사와 관련된 자료들의 탐색 가능한 주제를 기반으로 한 디지털 자료집이다.

제2장

지적장애의 정의와 분류

요점

> **명명하기, 정의하기, 분류하기** - 이 세 과정은 지적장애의 특성을 개념화할 때 중요하다.

> **정의의 변천** - 지적장애에 대한 초기 설명은 기원전 1500년 전으로 거슬러 올라간다. 정신병과 지적장애를 차별화하고 가능한 원인을 규명하고자 하는 시도가 시작되었다.

> **AAMD/AAMR/AAIDD 정의** - 지난 시간 동안 여러 이름으로 불려졌던 이 기관은 1921~2010년까지 지적장애를 정의하여 왔다.

> **지적장애의 분류** - 지적장애는 원인론, 지적 능력, 교육적 요구, 최근에는 필요한 지원 수준에 따라 분류되어 왔다.

> **출현율** - 지적장애인의 수는 일반적으로 인구의 1%로 보고되어 왔지만 연령, 지리학적 영역, 사회경제적 지위, 민족적 배경에 따라 달라진다.

1장에서 지적한 바와 같이 지적장애의 영역은 다양하고 흥미로운 역사를 갖고 있다. 지적장애에 대한 태도와 실제는 지난 2세기 동안 분명한 발전을 보여 왔다. 이 같은 태도의 변화는 지속적으로 이루어져 왔는데, 현재도 지적장애에 대한 묘사 및 정의의 변화와 발전에 대한 시도는 이어지고 있다. 이 같은 변화에 대한 시도는 태도와 실제에서 똑같이 나타나고 있다. 지난 10여 년 동안 **정신지체**라는 용어의 삭제를 위한 강력한 움직임이 지적장애에 관심이 있는 여러 전문가 단체를 중심으로 있어 왔다. 예를 들어, 미국의 특수아동협회(Council for Exceptional Children)의 정신지체 및 발달장애 분과에서는 2002년 단체명에서 **정신지체**라는 용어를 삭제하고 현재는 '자폐 및 발달장애 분과'로 명명하고 있다. 유사하게, 미국 정신지체협회(AAMR)도 미국 지적장애 및 발달장애협회(AAIDD)로 기관명을 변경하였다.

명명하기, 정의하기, 분류하기

다음에서 제시하는 세 가지 주제는 전문 용어와 관련되어 있으며, 부분적으로는 오랜 기간 동안 사용되어 왔던 정신지체 용어에 대한 우리의 관점을 변화시키는 데 사용되었다. Lucksson과 Reeve(2001)는 정신지체라는 용어를 현재 AAIDD에서 사용하고 있는 **지적장애 및 발달장애**라는 용어로 궁극적으로 변화시키고자 명명하기, 정의하기, 분류하기와 같은 세 가지의 주제를 영향력 있는 논문에서 언급하였다.

명명하기

이 같은 맥락에서 명명하기는 어떤 조건이나 장애에 대한 구체적인 용어나 꼬리표를 다는 것을 의미한다. "이름에는 모든 것이 있다."는 상투적 표현에서처럼, 명명하기는 어떤 조건에 대한 지각과 태도에 영향을 미칠 수 있는 조건을 표현하고자 특정한 용어를 사용하는 것이기 때문에 매우 중요하다. 사실, 명명하기나 꼬리표 달기 행위는 오랜 시간 동안 전문가들의 비판을 받아 왔다. 역사적으로 다양한 연구자들이 '정신지체'라는 꼬리표가 낮은 교사 기대와 그렇게 명명된 사람들의 열악한 자아개념을 가져 왔다고 보고하고 있다(예 : Algozzine & Sutherland, 1977; Jacobs, 1978; Taylor, Smiley, & Ziegler, 1983). 또 다른 쟁점은 그러한 꼬리표가 달린 사람들을 판별하는 과정이 사람들을 편협하게 묘사하고 가치절하 한다는 점이다. 이러한 이유로 1990년 제정된 미국의 장애인교육법(IDEA)은 용어의 사용에서 사람을 먼저 기술하는 '사람 먼저(person first)'로의 변화를 요구하였다. 정신지체라는 용어가 여전히 2004년 장애인교육법에서 사용되고 있지만, 적어도 '사람 먼저'에 관한 내용을 강조하고 최우선시 하고 있다. 1장에서 언급했던 것처럼, 미래의 법에서는 의심할 여지없이 정신지체에 대한 용어로서 지적장애나 또 다른 적절한 용어로 대치될 것이며, 장애인교육법도 지금은 각 주에서 대안적 용어를 사용하는 것을 허용하고 있다.

또한 1장에서는 언급한 백치와 정신박약과 같은 장애에 관련하여 역사적으로 사용되어 왔던 이름들은 오늘날 사회적으로 볼 때 매우 부정적이고 부적절한 것으로 보인다. 하지만 그러한 용어들은 당시에 지적장애를 어떠한 관점에서 바라보았는가를 잘 보여 준다. 다시 말해 이름의 변화는 관점과 태도에 따라 변화한다. 예를 들어, AAIDD가 처음 만들어졌던 1878년의 공식 이름은 '백치 및 정신박약자를 위한 미국 의료담당자 협회(Association of Medical Officers of American Institutions for Idiotic and Feebleminded Persons)'였다. 이후 1906년에 '미국 정신박약연구협회(American Association for Study of the Feebleminded)'로 바뀌었다가, 1933년에 '미국 정신결함협회(American Association on Mental Deficiency, AAMD)'로, 1987년에 '미국 정신지체협회(American Association on Mental Retardation, AAMR)'를 거쳐 현재는 '미국 지적장애 및 발달장애협회(American Association on Intellectual and Developmental Disabilities, AAIDD)'로 바뀌었다.

어떤 장애를 표현하기 위기 위한 이름의 선택은 매우 신중하게 이루어져야 하며, 분명한 목적이 있어야 한다. 다음은 이름이나 용어를 고려할 때 되짚어 볼 만한 질문들이다(Luckasson & Reeve, 2001; pp.48-49).

- 이 용어 외에 다른 용어는 없는가?
- 이 용어는 명명하는 데 일관성을 제공하는가?
- 이 용어는 의사소통을 용이하게 하는가?
- 이 용어는 현재의 지식을 통합하고, 미래의 지식을 통합할 수 있는가?
- 이 용어는 제시된 목적을 충족하는가?
- 이 용어는 이 같은 장애를 지닌 사람들을 긍정적으로 묘사하는가?

Luckasson 등(1992)은 1992년 AAMR **정의 및 분류 편람**을 통해 이 같은 명명하기에 대한 쟁점을 언급하였다. "정신지체는 당신이 가진 파란 눈 혹은 나쁜 심장과 같이 어떤 것이 아니다. 키가 작거나 마른 것 같은 것도 아니다. … 정신지체는 기능성에 대한 특별한 상태를 언급한다. 어린 시절에 발견되며, 지적인 한계와 적응기술의 한계가 공존한다. 이런 의미에서, 이것은 발달장애보다 더 특별한 용어이다. 기능 수준은 지적인 제한과 필연적으로 관련되어 있기 때문이다"(p.9). 이 같은 진술은 **지적장애**라는 용어 사용의 가능성을 높였고, 아마도 부분적으로는 **지적·발달장애**라는 현재의 용어를 낳는 계기가 되었을 수도 있다.

웹스터 사전에는 정의하기가 "무엇인가에 대한 진술" 또는 "단어, 구 등의 의미에 대한 진술"이라고 기술되어 있다. Luckasson과 Reeve(2001)는 정의의 주요 역할이 어떤 것을 이름 지어진 다른 어떤 것에서 분리하는 것이라고 보았다. 따라서 지적장애를 정의하는 것은 용어의 의미와 경계에 대한 정밀한 기술을 포함한다. 그들은 정의를 내릴 때 고려해야 할 여덟 가지 질문을 제시하였다.

- 이 정의는 용어의 경계를 나타내는가? 즉, 누구 혹은 무엇이 경계 안에 있고 누구 혹은 무엇이 경계 밖에 있는가를 나타내는가?
- 이 정의는 대상이 속해 있는 특정한 부류를 나타내는가?
- 이 정의는 대상을 동일한 부류 안의 다른 구성원들과 차별화할 수 있는가?
- 이 정의는 용어 자체보다 덜 복잡한 단어들로 기술되는가?

- 이 정의는 정의가 담고 있는 무엇인가와 그렇지 않은 것을 정의하는가?
- 이 정의는 용어에 의해 명명된 개인이나 집단의 특성에 대해 일반화되는가?
- 이 정의는 바람직한 이론적 틀과 일관성을 지니는가?
- 이 정의는 용어에 포함된 사람들을 긍정적으로 묘사하는 데 도움이 되는가?

Haywood(1997a)는 새로운 정의를 찾기 위해 현장의 전문가들에게 "정신지체인의 행동과 발달에 관해 알려져 있는 사실들을 통합하기 위하여 현재의 개념과 정의가 지닌 부적절성을 인식하라고(p.5)" 강력히 권고했다. Schlock(2002)는 정신지체의 역사 및 미래와 관련한 용어의 개념화와 정의에 영향을 미쳐 왔고 앞으로도 미칠 것으로 예상되는 여섯 가지의 요인을 자신의 관점에서 제시하였다. 지적장애인들에게 있어서 생화학적 진보는 장애의 예방과 치료를 가능하게 할 것이며, 유형 분류학적 사고의 종말도 가져오게 될 것이다. 특히 유형 분류학적 사고 종말의 예로서, Schlock는 지적장애인이 2002년 정의에서 다루지 못했던 사람들과는 본질적으로 차이가 있으며 지적장애의 치료가 불가능하다는 생각에 주목하였다. 그는 새로운 정의를 위한 연구가 다음의 세 가지 방식으로 이루어질 것이라고 정확하게 예측하였다. 첫째, 기본 용어, 개념, 실제에 대한 지속적인 의문이 제기될 것이다. 둘째, 과학적 요건과 지적장애인의 요구 간의 잠재적 충돌이 해소될 필요가 있다. 셋째, 장애인의 문화와 장애인의 자존심에 대해 점차 민감해질 필요가 있으며 강력한 자기옹호 운동도 지속적으로 수용해야 한다. 분명 지적장애를 정의하기와 관련된 쟁점은 지적장애인의 교육과 복지에 관심을 가진 사람들뿐만 아니라 지적장애인으로 판별된 사람들에 대해 유의미한 함의를 지니며, 동시에 복잡하고 다면적이다.

분류하기

분류하기는 특정 준거에 따라 정의되어진 집단 내에서 하위 집단을 규명하는 것을 의미한다. 예를 들어, 개인은 의학적 진단에 의해 분류되거나(예 : 다운증후군), 지능지수 수준에 따라 분류되거나(예 : 경도, 중등도, 중도, 최중도), 필요한 지원 수준에 의해 분류될 수 있다(예 : 간헐적 지원이 필요한 경우). 분류하기의 목표는 동일하게 분류된 개인들이 유사한 속성이나 특성을 지닐 수 있도록 정밀함을 제공하는 것이다. 그리고 재정 투자와 교육적 및 서비스 전달 요구에 필요한 정보까지 제공해야 한다.

여기서 우리가 짚고 넘어가야 할 질문은 바로 "개인을 무엇에 근거하여 분류해야 하는가?"이다. 이 장의 이후 부분에서 논의되겠지만 **원인론**에 근거하여 분류하고자 하는 시도가 19세기 말부터 두드러지기 시작하였다(사건상자 2.1 참조).

차이를 만들어 낸 사건 **2.1**

1898년－William W. Ireland Develops Classification System Based on Medical Causes

William W. Ireland는 의사로서 지적장애의 진단과 분류에 관한 연구에 많은 시간을 보냈다. 1989년, 그는 '아동의 정신적 애정 : 백치, 저능, 정신이상'이라는 제목의 책을 출판하였다. 그는 책에서 원인론에 근거한 열 가지의 분류 체계에 대해 기술하고 있다. (1) 태생기 원인(genetous), (2) 소두증(microcephalic), (3) 자간(eclampsic), (4) 간질(epilectic), (5) 뇌수종(hydrocephalic), (6) 마비(paralytic), (7) 크레틴병(cretinism), (8) 정신적 외상(traumatic), (9) 염증(inflammatory),

(10) 박탈에 의한 백치(idiocy). Ireland는 실제로 그의 초기 연구에서 이 같은 범주를 많이 언급한 바 있다. 예를 들어, 그는 1882년 발행된 *Edinburgh Medical Journal*에서 태생기의 백치에 대해 "백치는 알려져 있는 모든 질병 중에서 유전에 의한 가장 흔한 질병이다"(Ireland, 1882; p.1072)라고 언급하고 있다. '백치와 저능의 진단과 예후'라는 논문의 전문은 웹사이트에서 찾을 수 있다.

Luckasson과 Reeve(2001; p.51)는 인지장애의 명명하기, 정의하기, 분류하기와 관련된 쟁점과 관련된 일련의 질문에 답하기 위해 다음과 같은 질문들을 제시하였다.

- 이러한 분류 체계는 몇몇 일관성 있고 의미 있는 준거에 따라 집단을 부호화할 수 있는가?
- 이러한 분류 체계는 기록의 유지를 용이하게 하는가?
- 이러한 분류 체계는 일관된 명명법을 제공하는가?
- 이러한 분류 체계는 개인이나 집단에 대해 일반화되는가?
- 이러한 분류 체계는 새로운 지식을 통합하기 위한 구조화된 원칙 체계를 만들어 내는가?
- 이러한 분류 체계는 자원의 계획과 할당을 촉진하는가?
- 이러한 분류 체계는 개인이나 집단을 위한 의미 있는 예측을 가능하게 하는가?
- 이러한 분류 체계는 바람직한 이론적 틀과 일관성을 보이는가?
- 이러한 분류 체계는 개인이나 집단을 묘사하는 데 긍정적으로 기여하는가?

아마도 부분적으로는 이러한 질문의 결과로서, 최근에 AAIDD는 지능지수 수준에 따른 분류보다 필요한 지원 수준에 의해 지적장애를 분류하는 체계를 강조하고 있다. 이는 더욱 긍정적이고 변화 주도적인 접근이다. 하지만 학교들은 여전히 지능지수와 연결된 경도, 중등도, 중도, 최중도 등의 용어를 사용하고 있다. 실제로 지적장애의 정의는 시간의 흐름을 반영하고 영향을 받고 있다.

정의의 변천

1장에서 열거한 것처럼, 지적장애를 묘사하기 위한 노력은 기원전 1500년 고대 그리스에서 시작되었다. 하지만 약 16세기까지 어떠한 정의도 내려지지 않았다. 한 예로 1534년 Fitz-Hebert는 다음과 같이 말한 바 있다.

> 태어나면서부터 바보(이를 테면 얼간이)나 백치라고 불리는 사람은 20펜스를 계산하거나 기억할 수 없고, 자신의 나이도 말할 수 없는 사람을 말한다. 그래서 무엇이 자신에게 이득이 되고 손해가 될 것인가도 이해하지 못하거나 이유를 알지 못하는 것처럼 보일 수 있다.
>
> (Grossman, 1983; p.8에서 인용)

19세기

Blanton(1975)은 지적장애의 역사에 대한 고전적 논의(연구상자 2.1 참조)에서 1845년 정신과 의사 Esquirol이 제시한 첫 번째 정의에 대해 언급하였다. 첫 번째 정의는 다음과 같다.

> 백치는 질병이 아니라 지적 능력이 명백하게 드러나지 않는 어떤 상태를 의미한다. 또한 백치는 자신의 또래만큼, 사람들이 받아들일 수 있을 정도로 유사한 환경에서 살아가는 사람들만큼 지식을 획득할 정도로 발달하지는 못한다.
>
> (Esquirol, 1845; p.446)

1장에서 언급한 것처럼, Esquirol은 지적장애를 정신병과 구별하고자 공식적으로 시도한 첫 번째 사람이다. 이 같은 그의 생각은 이후의 생각에 많은 영향을 미쳤다. 예를 들어, 그는 지적장애가 양자택일의 문제가 아니라 연속체 안의 특정한 상태로 이해했다. 즉, 지적장애는 사람들이 보여 주는 여러 지적 수준 가운데 하나로 나타나는 것이다. 또한 Esquirol은 Edouard Seguin과 함께 '백치'를 위한 학교도 설립하였다. Seguin은 지적장애를 특정 원인에 의한 것으로 본 첫 번째 사람 중 하나이다.

> 백치는 뇌 척수축의 특정한 병약 상태로서, 자궁이나 신생아 영양 결핍에 의해 발생한다. 이는 반사적, 본능적, 의식적 생존 현상을 일으키는 기능을 대부분 무력화한다. 이로 인해 백치는 움직이고 느끼고 이해하고 바라지만 결국 불완전하다. 극단적인 경우 아무것도 하지 않고 아무 것도 생각하지 않고 아무 것도 걱정하지 않는다. 그는 법적 책임이 없고 고립되어 있고 다른 사람과 형성된 관계도 없다. 영혼은 결백하지만 불완전한 기관에 갇혀 있다.
>
> (Seguin, 1866; p.39)

차이를 만들어 낸 연구 2.1

Blanton, R. (1975). Historical perspectives on classification of mental retardation. In N. Hobbs (Ed.), *Issues in the classification of children*(Vol. 1). San Francisco : Jossey-Bass.

Hobb의 지적장애의 분류에 관한 고전적 저서의 이 장은 지적장애의 분류에 관한 쟁점뿐만 아니라 지적장애의 역사를 거슬러 기술하고 있다. Blanton은 정신 검사 운동과 장애의 분류에서 정신 검사의 역할에 대해 충분히 언급하였다. 또한 그는 Goddard가 Kallikak 가족(1장 참조)에 관한 논문에서 서술한 우생학 운동과 영향에 대한 탁월한 논의를 보여주었다. 이에 더하여 그는 '본질-양육 문제'라는 부분에서

지적장애의 원인으로서 유전 대 환경의 역할에 관한 상반된 쟁점에 대해 언급하였다. 마지막 부분에서는 특수교육과 교사 훈련에 관해 간략하게 논의하였다. 1970년대에 이처럼 중요한 분야에 대해 알려진 바가 별로 없다는 것은 흥미로운 일이다. 하지만 그는 지적장애 학생이 일반학급에 다녀야 한다고 거의 30년 가까이 통합의 개념을 내다본 연구(예 : Dunn, 1968)를 언급하고 있다.

20세기 초

지적장애에 대한 개념적 이해와 묘사들을 보면, 1장에서 언급한 바와 같이 비록 지적장애에 대한 태도가 우생학 운동과 같은 경향으로 입증된 것처럼 여전히 부정적이라고 할지라도 20세기 동안 새로운 변화가 일어나기 시작하였다. 20세기에 들어서면서 **정신지체**(mental retardation) 또는 **정신결함**(mental deficiency)과 같은 눈에 띄는 용어가 사용되기 시작하였다. 영향력을 지닌 20세기 초기 정의는 Tredgold(사실 그는 영국의 우생학협회의 회원이었다)에 의해 제안되었다.

> 개인이 감독(supervision), 통제(control), 외부의 지원(external support)으로부터 벗어나 독립적으로 존재하기 위하여 스스로 정상적인 주변 환경에 적응할 때 적응하지 못하는 방식 및 정도와 같은 불완전한 정신 발달 상태
>
> (Tredgold, 1937; p.4)

이 같은 초기 정의가 '스스로 적응하지 못하는'이라는 문구를 사용하고 있고, 사회적 발달과 독립성과 같은 쟁점에 대해 언급하고 있다는 점을 주목할 필요가 있다. 이러한 개념은 이후, 심지어 현재 정의에 주요한 영향을 미쳤다. 같은 시기에 Edgar Doll(1941)의 연구도 미국 지적장애 및 발달장애협회(AAMD/AAMR/AAIDD)에 의해 제안되었던 다양한 지적장애의 개념에 영향을 미쳤다(연구상자 2.2 참조).

당신은 지적장애가 '치료 불가능'하다는 Edgar Doll의 가정에 동의하는가? 알려진 의학적 원인이 없다고 할지라도 개인의 전반적 기능은 '치료'가 가능한가?

차이를 만들어 낸 연구 2.2

Doll, E. (1941). The essentials of an inclusive concept of mental deficiency. *American Journal of Mental Deficiency, 46,* 214-219.

미국 정신결함협회(AAMD)에서 발행한 이 논문에서 Doll은 정신결함을 정의하기 위한 여섯 가지 준거를 제시하였다. 여섯 가지 준거는 (1) 사회적 무능력, (2) 정상 이하의 지능, (3) 발달의 정지, (4) 성장기에 발현, (5) 기질적 원인, (6) 치료의 불가능 등이다. Tredgold처럼 Doll도 정의의 특정 부분으로 사회적 무능력에 대해 언급하였다. 사실, Doll은 최근까지도 개정되고 있으며, 적응기술 사정을 위해 광범위하게 사용되고 있는 바일랜드 사회성숙도 검사(Vineland Social Maturity Scale)의 개발자로 잘 알려져 있다. 사회적 성숙의 개념은 이후 오늘날 지적장애 정의의 중요한 구성요소인 적응행동으로 발전하였다. 또한 Doll은 장애가 성장기에 나타나는 발달적 현상이라고 언급하였다. 현재의 정의는 지적장애가 발달기(18세 이전) 동안 나타난다고 명시하고 있다. 하지만 지적장애가 치료 불가능하다는 Doll의 준거는 현재는 받아들여지지 않고 있다. 사실 오늘날 지적장애의 정의는 이와 반대의 입장을 강조한다.

AAMD/AAMR/AAIDD의 정의

AAIDD(AAMD, AAMR)가 지적장애를 정의하는 데 선두주자였다는 점은 의심할 여지가 없다. 여기서 발행한 용어와 분류에 관한 편람은 이러한 정의를 포함하고 있다. 1921년에 첫 번째 편람이 발행된 이래 10년에서 15년마다 새로운 정의를 제시하고 있다. 예를 들어, 1933년과 1941년에 새로운 정의가 발표되었고, 1957년에는 원인론에 근거한 분류 지침이 개발되었다. 그때 AAMD는 '정신지체 용어 및 분류에 관한 포괄적 편람 개발'을 권고하였다(Grossman, 1983; p.5). 이 같은 권고는 의학 및 행동의 이중 분류 체계를 포함하는 제5차 정의(Heber, 1959)를 이끌어냈다. 이 정의는 지적장애를 정의하고 분류하는 방법에 중요한 영향을 미쳤다. Heber는 지적장애의 판별에 필요한 지능지수 수준을 판단하는 데 도움을 주는 지능검사의 평균과 표준편차의 사용을 제안하였다(다음 글상자 참조). Heber는 평균보다 1 표준편차 아래에서 지능지수 절사점수를 확립하고(대략 IQ 85) 지능의 결함에 더하여 적응행동의 결함을 필수조건으로 제안하였다. **적응행동**(adaptive behavior)은 정의하는 데 어려움이 있지만 일반적으로 개인과 사회적 요구 및 기대를 효과적으로 다룰 수 있는 개인의 능력을 의미한다(Taylor, Smiley, & Richards, 2009). 지적장애의 판별에서 적응행동의 역할이 지닌 중요성은 3장에서 구체적으로 논의할 것이다. Heber는 정신지체의 정의를 다음과 같이 정의하였다.

발달기 동안에 나타나며 적응행동의 결함과 연합되어 있는 평균 이하의 일반적 지적 기능

(Schalock, 2002; p.30에서 인용)

지능검사 점수의 해석

평균(치)은 검사 점수의 평균값을 의미하는 반면 표준편차는 검사 점수의 분산을 나타낸다. 대략 모집단의 68%(2/3)가 평균에서 −1 표준편차와 +1 표준편차 사이의 점수를 차지한다. 예를 들어, 검사의 평균이 100이고 표준편차가 15라면, 대략 모집단의 2/3가 85~115점 사이가 될 것이며, 96%가 70~130점 사이에 분포하게 될 것이다.

이 같은 정의의 표현 방식은 지난 50년 이상 유지되었다. 이 같은 정의는 지적 결함, 적응행동의 결함, 발달기 동안의 발현이라는 세 가지를 지적장애의 특성으로 확립하였다. 하지만 이 같은 특성을 구성하는 **준거**(criteria)들을 시간이 지나면서 상당한 변화를 보였다.

Heber(1961)는 정의를 조금 수정하였지만, 1973년까지 그가 제시한 정의의 준거는 큰 변화가 없었다(Grossman, 1973). 많은 논쟁 끝에 지능지수 절사점수가 더 낮아지게 되었고 표준편차의 평균 이하 2 표준편차로 수정되었다. 이 같은 정의의 변화로 인해 이전에 지적장애로 판별되었던 지능지수 70~85 사이의 사람들(이전의 편람에서 경계선급 정신지체로 언급되었던)이 지적장애의 굴레를 벗어날 수 있게 되었다. Grossman은 85라는 지능지수 절사점수가 많은 사람들을 지적장애로 판별하게 되었음에 관심을 갖게 되었다. 이에 따르면 모집단의 16% 정도가 지능지수 85 이하로 기대된다. 하지만 Heber는 지능지수와 적응행동이라는 이중 필수조건을 이 같은 쟁점에서 언급할 것을 제안한 바 있다. 그럼에도 적응행동의 개념, 측정 방법, 결함의 구성요소에 대한 분명한 이해의 부족이 문제를 가져왔다. 또한 Grossman은 '평균 이하의 지적 기능' 앞에 유의한이라는 낱말을 추가하였다. 사실, 지능지수 준거가 평균 이하 2 표준편차로 수정됨으로써 −1 표준편차와 −2 표준편차 사이에 해당하여 지적장애로 판별되었던 사람들의 비율이 16%에서 2%로 감소하였다. 또한 지적장애의 발현기(이전에는 출생에서 16세까지)가 출생에서 18세까지로 수정되었다. 다음은 Grossman(1973)의 정의이다.

> 정신지체는 유의하게 평균 이하의 지적 기능과 적응행동의 결함이 동시에 존재하는 것으로 발달기에 나타난다.
>
> (Grossman, 1973; p.5)

분명한 것은 1973년 정의는 정신지체로 판별된 사람들의 구성에 영향을 미쳤다. 다음 AAMR의 정의는 1977년에 출판되었다(Grossman, 1977). 실제 정의는 1973년 정의와 동일하지만 지적장애를 판별하기 위한 또 다른 준거가 추가되었다. 이 정의는

임상적 판단(clinical judgment)에 대한 쟁점을 포함하고 있다(글상자 참조). 이는 지적장애의 정의에 융통성을 제공하였으며, 순전히 양적 관점에서 정의를 수정하였다. 예를 들어, 적응행동의 극단적 결함을 지닌 사람이 지능지수가 70 이상일지라도 지적장애로 간주될 수 있음을 의미한다. 사실, Grossman은 지능지수가 80 이상인 사람조차 적응행동으로 인해 지적장애로 간주될 수 있다는 희귀한 사례도 제시하였다. 하지만 그는 적응행동을 사정하는 것이 쉽지 않다는 사실도 알고 있었다.

> ## 임상적 판단이란 무엇인가
>
> AAIDD(2010)는 이전 정보에 기초하여 임상적 판단의 정의를 제공하였다. 높은 수준의 임상적 전문성과 경험에 토대를 둔 특별한 판단 유형으로, 광범위한 자료에 직접적으로 근거한다.

Grossman이 제시한 AAMR의 마지막 정의는 1983년에 출판되었다. 일반적 정의는 1973년과 1977년과 동일하였다. 1977년 정의와 비슷하게 지능지수의 한계를 신중하게 사용하도록 권고하고 있다. 사실, 평균 이하로 유의한 일반적 지적 기능은 "지능의 표준화된 측정치로서 지능지수 70 이하로 정의되었다. 이 같은 상한 절사점수는 일종의 지적장애의 판별을 위한 지침으로서 만들어진 것으로 사용된 지능검사의 신뢰도에 근거하여 지능지수 75 이상까지 확장될 수도 있다(Grossman, 1983; p.11)." 이는 지능지수가 지적장애를 위한 유일한 준거이지만 하나의 점수만으로 진단할 수는 없음을 재차 강조한 것이다. 1983년 지적장애 정의에서 미묘하지만 주목할 만한 변화는 발달기에 관한 것이다. 지적장애의 태아기 원인이 밝혀지면서 발달기가 '출생에서 18세까지'에서 '임신에서 18세까지'로 변화하였다. Denning, Chamberlain, 그리고 Polloway(2000)는 1983년 AAMR 정의에 관한 한 가지 흥미로운 사실을 보고하였다. 그들은 미국의 50개 주와 컬럼비아 특별구를 대상으로 지적장애 학생들의 정의와 분류에 사용될 실제적인 지침에 관하여 조사하였다. 조사 결과, 최근의 정의가 존재함에도 불구하고 1983년 정의를 그대로 사용하거나 수정하여 사용하는 주가 44개 주로 나타났다.

Luckasson 등(1992)은 다음 AAMR 정의를 개발하였다. 이 정의는 처음으로 적응행동 영역을 구체적으로 규명하였지만, 이전의 정의의 기본적인 요소를 유지하였다. 아마도 적응행동의 결함을 구체적 준거 없이 30년 이상 지적장애 판별의 필수조건으로 유지해 온 것에 대한 좌절이 이 같은 변화를 이끈 것으로 보인다. Luckasson 등(1992)의 정의는 다음과 같다.

정신지체는 현재의 기능상에 실질적인 제한성이 있는 경우를 말한다. 정신지체는 지적 기능이 평균 이하로 유의하게 낮고, 동시에 다음과 같은 적응기술 가운데 두 가지 이상에서 관련된 제한성이 나타나는 경우로서, 18세 이전에 나타난다. 적응기술 영역으로는 의사소통, 자기관리, 가정생활, 사회적 기술, 지역사회 이용, 자기주도, 건강과 안전, 기능적 학업, 여가, 일이라는 열 가지가 있다.

또한 Luckasson 등은 정의의 적용과 관련된 네 가지 가정을 제시하였다.

1. 의사소통과 행동적 요인뿐만 아니라 문화와 언어적인 다양성을 고려해야 한다.
2. 지역사회 환경의 맥락 안에서 적응기술 영역이 나타난다.
3. 특정한 적응기술 결함이 다른 적응기술 영역의 강점과 함께 공존할 수 있다.
4. 지속적이고 적절한 지원이 제공될 경우 삶의 기능성은 일반적으로 향상될 것이다.

또한 1992년 지적장애 정의는 아주 과감한 변화를 보여 주고 있는데, 경도, 중등도, 중도, 최중도와 같은 정신지체의 수준을 삭제하고 필요한 지원 수준으로 대체하였다(이번 장의 뒷부분에서 추가로 논의될 것이다. 사건상자 2.2 참조). 그러한 변화는 학생들에게 더 나은 대우를 하기 위한 수단으로 지지받고 장려될 수 있지만, 실제로 학교 현장에서는 한계를 드러냈다. Denning 등(2000)의 연구에 의하면 대다수의 주에서 여전히 수준에 따른 분류 체계로 지적장애를 분류하고 있는 것으로 나타났으며, 오직 4개 주만이 1992년 분류 체계를 사용하고 있었다. 하지만 지난 10여 년 동안 점점 더 많은 주에서 지원 체계를 사용하는 새로운 분류 체계를 채택하고 있다.

2002년에 미국 정신지체협회(AAMR)는 **정신지체 : 정의, 분류, 지원 체계**(Luckasson et al., 2002)라는 10차 편람을 발간하였다. 이 정의는 적응행동에 대해 다소 다르게 기술된 점과 열 가지의 적응기술 영역이 개념적, 사회적, 실제적 등의 세 가지 영역으로 나뉘어졌다는 점에서 차이가 있지만, 근본적으로는 1992년 정의와 유사하다.

> 정신지체는 지적 기능과 개념적, 사회적, 실제적 적응기술로 표현되는 적응기술의 유의한 제한성을 특징으로 한다. 이 장애는 18세 이전에 나타난다.
>
> (p.1)

2002년 정의도 1992년 정의에서 진술되었던 가정과 유사한 몇 가지 가정이 있다.

1. 현재 기능성의 한계는 개인의 동년배 또래와 문화에 전형적인 지역사회 환경의 맥락에서 고려되어야 한다.
2. 타당한 사정은 의사소통, 감각, 운동, 행동상의 요인의 차이뿐만 아니라 문화적

차이를 만들어 낸 사건 **2.2**

1992년－American Association on Mental Retardation Eliminates Levels of Retardation

1992년에 미국 정신지체협회(AAMR)는 커다란 영향력을 지니고 논란을 일으킬 만한 변화를 보였다. 이전의 지침(예 : Grossman, 1983)에서 개인은 지적 수준에 의해 분류되었다. 경도(IQ 50~55에서 약 70), 중등도(35~40에서 50~55), 중도(20~25에서 35~40), 최중도(20~25 이하) 등은 지적 준거에 따른 분류 체계이다. 하지만 이 같은 접근은 개인의 실질적인 교육 및 기타 지원 요구를 거의 나타내지 못한다

고 비판받았다. 또한 그들이 지닌 지적 결함을 강조하는 느낌이 강하다. 1992년 AAMR이 지침을 개정하면서(Luckasson et al., 1992) 지적 수준을 간헐적, 제한적, 확장적, 전반적 등의 지원 수준(예 : 필요한 지원 강도)으로 대체하였다. 이에 따라 개인은 어떠한 지원을 필요로 하는 정신지체로 분류되었다. 그러나 이러한 변화에도 새로운 체계가 충분한 설명을 제공하지 못했다는 비판을 받게 되었다.

및 언어적 다양성을 고려해야 한다.

3. 개인 내의 제한성은 흔히 강점과 함께 존재한다.

4. 제한성을 묘사하는 중요한 목적은 필요한 지원 프로파일을 개발하는 데 있다.

5. 지속적으로 개인에 맞는 적절한 지원이 제공될 경우, 정신지체인의 삶의 기능성은 일반적으로 향상될 것이다.

이 정의는 지적 기능의 결함, 적응행동의 결함, 18세 이전의 발현이라는 이전 정의의 세 가지 기본 요소들을 유지했다. 하지만 적응행동 영역은 열 가지 구체적 기술에서 개념적, 사회적, 실제적 기술과 같은 세 가지 광범위한 영역으로 줄었다. 이러한 변화는 세 가지 영역의 존재를 지지하는 통계적 연구(예 : 요인분석)에 기초를 둔다. 게다가 Luckasson 등은 적응행동이 (a) 지적 능력, (b) 참여, 상호작용, 사회적 역할, (c) 건강, (d) 맥락과 같은 네 가지 차원에 비추어 고려되어야 한다고 제안하였다. 또한 처음으로 적응행동에 대한 **구체적 준거**를 "(a) 개념적, 사회적, 실제적 등의 세 가지 적응행동 유형 가운데 한 가지가 평균보다 적어도 2 표준편차 이하이거나 (b) 개념적, 사회적, 실제적 기술의 표준화 검사 측정치의 전체 점수가 평균보다 적어도 2 표준편차 이하인 경우"(p.14)라고 규명하였다. 표 2.1은 AAMD, AAMR, AAIDD 정의의 세 가지 주요 준거를 비교하였다.

2010년, AAIDD는 11차 편람(이 편람은 이 책에서 AAIDD, 2010으로 언급되었다)을 발간하였다(Schalock et al., 2010). 11차 정의 이전에 Schalock 등(2007)은 **정신지체**라는 용어를 변경해야 하는 이유의 정당성을 제시하였다. 그들은 여러 용어 가운데 **지적장애**라는 용어를 사용했는데, (a) 기능적 행동과 맥락적 요인에 초점을 맞춘 최근의 전문

| 표 2.1 | AAMD, AAMR, AAIDD 정의의 비교 |

정의	IQ 수준	적응행동 결함	발달기
Heber (1961)	<85	필수조건 동기, 학습, 사회화와 관련될 수 있다는 점에 주목	16세 이전
Grossman (1973)	<70	필수조건 자신의 연령 및 문화적 집단에서 기대되는 개인의 독립성과 사회적 책임감의 기준에 부합하는 개인의 효과성이나 정도	18세 이전
Grossman (1983)	<약 70	필수조건 개인의 연령 및 문화적 집단에서 기대되는 성숙, 학습, 개인의 독립성, 사회적 책임감의 기준에 부합하는 개인의 효과성에서의 유의한 한계	18세 이전
Luckasson et al. (1992)	<70~75	열 가지 적응기술 영역 확인 : 의사소통, 자기보호, 가정생활, 사회적 기술, 지역사회 이용, 자기관리, 건강 및 안전, 기능적 학업, 여가, 일	18세 이전
Luckasson et al. (2002)	측정상의 표준오차를 고려하여, 평균 약 2 표준편차 이하	개념적, 사회적, 실제적 등과 같은 적응행동의 세 가지 영역 확인 결함이 존재하는 네 가지 차원 확인	18세 이전

적 실제에 더욱 부합하며, (b) 사회-생태학적 틀에 근거하여 개별화된 지원을 제공하기 위한 논리적인 토대를 제공하였고, (c) 장애를 가진 사람들에게 덜 공격적인 표현이며, (d) 최근의 국제적 용어와 높은 일관성을 보인다. 2010 AAIDD의 정의는 다음과 같다.

> 지적장애는 지적 기능과 개념적, 사회적, 실제적 기술로 표현되는 적응행동의 유의한 한계를 특징으로 한다. 이 장애는 18세 이전에 나타난다.　　　　　　　　　　　　　(p.5)

2010 정의는 이전의 정의와 큰 변화는 없지만 **지적장애**라는 용어를 사용하고 있다. 이 정의는 정의를 적용하는 데 중요한 다섯 가지의 가정을 제시하고 있다.

● 현재 기능상의 제한성은 개념적, 사회적, 실제적 기술을 포함하며, 개인의 생활 연령과 문화적 측면에서 동년배들의 전형적 지역사회 환경 안에서 고려되어야 한다.
● 현재 기능상의 제한성에 대한 사정은 사정 결과나 현재의 기능성에 영향을 미칠 수 있는 의사소통, 감각, 기타 요인뿐만 아니라 문화적 및 언어적 다양성을 고려해야 한다.

● 제한성뿐만 아니라 강점도 모든 개인에게 존재한다.
● 제한성을 규명하는 중요한 이유는 개인별 지원을 계획하는 데 있다.
● 적절히 개별화된 지원이 생애 전반에 걸쳐 제공될 때, 개인의 기능성은 전형적으로 향상될 것이다.

결국, AAIDD(2010)는 정신지체로 진단되었거나 진단될 모든 이를 포함하는 **지적장애**라는 용어를 사용하여 새로운 정의와 다섯 가지 가정을 강조하였다.

또한 두 가지 다른 기관에서 정신지체와 지적장애의 정의를 제공하고 있다. 세계보건기구(WHO)는 1993년에 **국제질병분류, 10판**(International Statistical Classification of Diseases-10th Edition, ICD-10)을 발간하였고(2010년에 ICD-10 임상 개정판으로 다시 발간), 미국정신의학회(American Psychiatric Association)는 2013년에 **정신장애의 진단 및 통계 편람, 5판**(Diagnostic and Statistical Manual of Mental Disorders-5th Edition, DSM-V)을 발간하였다. DSM-V는 현재 정신지체보다는 **지적장애**와 **지적발달장애**라는 용어를 사용하고 있다. AAIDD와 유사하게 DSM-V는 전반적 기능성이 지능검사뿐만 아니라 진단에서 고려되어야 한다고 강조한다. 그리고 2015년에 출간되는 ICD-11도 정신지체에서 지적장애나 유사한 다른 용어로의 변경을 고려하고 있다.

지적장애를 지닌 사람의 판별에 '임상적 판단'이 반드시 필요한 것인가?

지적장애의 분류

지적장애를 정의하는 데 사용된 용어 및 준거의 발전과 더불어 지적장애를 의미 있는 범주로 분류하기 위한 관점의 변화도 꾸준히 이어져 왔다. 오늘날 분류는 주로 "재정 투자, 연구, 서비스와 지원의 제공, 개인의 선택된 특성과 그들의 환경에 관한 의사소통"(AAIDD, 2010; p.73)을 위해 주로 사용된다. 아마도 분류에 관한 첫 번째 시도 가운데 하나는 1672년 Willis의 시도였다. 그는 다음과 같이 기록하였다. "어떤 사람들은 철자를 배울 수는 없지만 기계와 관련된 기술은 다룰 수 있다. 기계와 관련된 기술을 다룰 수 없는 사람이 농업은 쉽게 이해할 수도 있다. 어떤 사람들은 먹는 것과 자는 것 외에는 모두 하지 못한다. 어떤 사람들은 단지 멍청하거나 바보스러울 뿐이다"(Grossman, 1983에서 재인용). 또한 법적 정의가 분류의 기초를 제공한다. 예를 들어, 1913년 정신결함법은 다음과 같이 분류하고 있다.

- 백치 : 공공의 위험에서 자신을 보호할 수 없다.
- 우둔 : 공공의 위험에서 자신을 보호할 수 있으나 스스로를 돌볼 수 없다.
- 정신박약 : 자신을 지키기 위한 보호가 필요하다.
- 도덕적 결함 : 범죄나 부도덕한 인격

이후의 분류 체계는 원인론에 더욱더 초점을 맞추기 시작하였다. Blanton(1975)은 1866년 Duncan과 Millard가 선천적과 비선천적이라는 두 가지 부류로 나누었던 제안에 주목하였다. 더욱이 선천적 유형은 설 수 있고 걸을 수 있으며, 먹고 기계를 다루기 위해 손을 사용할 수 있으며, 감독이 필요할 만큼 정신이 박약한 사람인 '최중도 백치'로 판별되었다. Grossman(1983)은 많은 초기 분류 체계의 인과적 경향성을 지적하였다. 예를 들어, 1866년에 Langdon Down(나중에 다운증후군을 명명했던)은 선천적 백치(소두증, 뇌수종, 마비와 간질), 불안에 기인한 발달적 백치(이 갈기 또는 사춘기와 관련된), 우발적(이차적) 백치(상해나 질병에 기인한)와 같은 세 가지 범주의 체계를 제시하였다. 19세기 후반이 되면서 분류 체계는 더욱 의학적 경향성을 띠게 되었으며 뇌 병리학과 지적장애에 초점을 맞추게 되었다. 사건상자 2.1에서 제시했던 것처럼, 1898년까지 아일랜드가 사용했던 것처럼 더욱 분류 체계가 정교화되었다(Blanton, 1975). MacMillan(1985)은 가장 완전한 의학적 분류 체계가 AAMD와 AAMR의 다양한 편람을 통해 발간되었음을 지적하였다.

현재 AAIDD(2010)의 편람은 '인간 기능성과 지적장애의 표현이 지적 능력, 적응행동, 건강, 참여, 맥락, 개별화된 지원 간의 역동적이고 호혜적인 연동을 어떻게 포함하고 있는가를 묘사'한 다차원적 분류 체계를 강조한다(p.13). 또한 분류 체계는 필요한 지원 수준을 나타낸다. AAIDD(2010)에서는 분류 체계의 다섯 가지 차원을 다음과 같이 기술하고 있다.

- 지적 능력은 단순히 학업적 기술을 학습하는 것이 아니라, 주변을 이해하고, 무슨 일이 일어나고 있는가에 대한 이해, 어떻게 반응할 것인가에 대한 문제해결을 위한 광범위하고 심도 있는 능력을 의미한다.
- 적응기술 능력과 제한성은 지역사회 환경 안에서 전형적인 일상의 맥락에서 고려되어야 하며, 필요한 지원과 연결되어야 한다.
- 신체적 및 정신적, 사회적 안녕을 포함하는 건강은 개인의 기능에 영향을 미친다.
- 전형적 일상 활동(사회적 활동을 포함하는)에 대한 참여는 인간 발달에 중요하다.
- 맥락은 인간의 기능성, 서비스 등에 영향을 미치는 개인 환경, 이웃과 지역사회 환경, 문화와 관련된 사회적, 국가적, 지정학적 영향력을 포함한다.

다섯 가지 렌즈를 통해 지적장애를 개념화하는 것은 인간 발달과 특성의 복잡성과 다양성을 인식하는 것을 돕는다(AAIDD, 2010).

병인론에 의한 분류

언급했던 것처럼 AAMD, AAMR, 현재의 AAIDD는 지적장애의 원인이나 병인론을 위해 분류 체계를 개발하는 것을 주도하였다. 지적장애의 다양한 원인은 4장과 5장에서 심도 있게 다루어질 것이다. 각 분류 체계들이 환경적 원인에 기초한 범주를 포함하고 있지만 주로 의학적 원인을 포함하고 있음을 주목할 필요가 있다.

1961년 편람(Heber, 1961)은 지적장애를 여덟 가지 집단으로 범주화하였다.

1. 감염
2. 중독
3. 외상 또는 신체적 사고
4. 신진대사, 성장, 영양의 장애
5. 새로운 종양
6. 알려지지 않은 태아기의 영향
7. 구조적 반응이 명백한 알려지지 않았거나 불확실한 원인
8. 기능적 반응이 명백한 불확실한(또는 심리적인 것으로 추정되는) 원인

Grossman(1973)은 유사한 용어를 사용하여 여덟 가지 집단 대신에 열 가지 집단을 포함하는 범주를 제시하였다.

1. 감염과 중독
2. 정신적 외상 또는 신체적 사고
3. 신진대사 또는 영양
4. 뇌질환(출생 후)
5. 알려지지 않은 태생기 영향
6. 염색체 이상
7. 임신성 장애
8. 정신장애
9. 환경적 영향
10. 기타 조건

1983년 분류 체계(Grossman, 1983)는 (a) '염색체 이상'이 '염색체 변칙'으로 변화하

| 표 2.2 | Luckasson 등(1992)에 의한 병인론에 따른 분류 체계 |

출생 전	출생 중	출생 후
염색체 이상	태아기 장애	뇌손상
증후군 장애	신생아기 장애	감염
신진대사의 선천적 이상		탈수초성 장애
뇌 형성의 발달적 장애		퇴행성 장애
환경적 영향		발작 장애
		독성-대사 장애
		영양실조
		환경적 박탈
		저연결 증후군

였고, (b) '임신성 장애'가 삭제되고 '태생기에 나타난 기타 조건'으로 대체되었으며, (c) '정신장애'가 '정신장애로 인한 결과'로 변화하였다. 이 밖의 내용은 1973년 분류 체계와 동일하다. 더욱 커다란 변화는 1992년에 나타났다(Luckasson et al., 1992). 대표적으로 임신 전, 중, 후 원인에 대해 분명하게 기술하고 있다.

2002년 AAMR의 편람에서, Luckasson 등은 이전에 언급되었던 ICD-9 **임상개정판**(Medicode, 1998), **국제장애분류기준**(International Classification of Functioning, Disability, and Health)(WHO, 2001)뿐만 아니라 ICD-10과 DSM-IV를 포함한 기타 분류 체계에 대해 실질적인 논의를 제시하였다. 병인론과 예방에 관한 장에서 Luckasson 등(2002)은 사정 전략뿐만 아니라 '병인론적 위험 요인'에 대해서도 기술하였다. 또한 가장 최근의 편람(AAIDD, 2010)도 병인론적 위험 요인을 규명하고 있다. 이 같은 위험 요인들은 표 2.2에 제시되어 있다. 하지만 AAIDD(2010)는 개인을 정의하고 분류하는 것이 생애 전반에 걸쳐 기능성을 향상시키기 위해 필요한 개인적 지원과 연결되어야 함을 강조하고 있다.

정신능력에 의한 분류

20세기 초가 되면서 발달과 지능검사의 사용이라는 또 다른 요인이 분류에 영향을 미치기 시작하였다. 아마도 지능검사에 가장 큰 영향을 미친 사람은 Alfred Binet이다. 그는 Theodore Simon과 함께 프랑스 교육부로부터 지적장애를 가진 사람을 구별하기 위한 검사 개발을 의뢰받았다. 비네-시몬 검사(Binet-Simon test)는 1905년 영어로 번역되었고, 1908년에는 정신연령의 개념을 포함하여 개정되었으며, 1916년에는 Terman에 의해 **스탠퍼드-비네 지능검사**(Stanford-Binet Intelligence Scale)로 다시 개정되었다. 이는 Stern의 **지능지수**(intelligence quotient)라는 용어를 사용한 첫 도구였다(Bryant, 1997).

가장 최근의 스탠퍼드-비네 지능검사와 기타 지능검사들에 대해서는 3장에서 논의할 것이다. Kallikak 가족에 대한 견해로 잘 알려진 Goddard(1장 참조)는 Binet-Simon의 정신연령에 토대를 둔 분류 체계를 개발하였다. 12세 이상의 정신연령을 지닌 사람은 '정상'으로 간주되었고, 8~12세 사이는 '멍청이(moron)', 3~7세 사이는 '저능(imbecile)', 2세 이하는 '백치(idiot)'로 간주되었다.

20세기 초반에는 지능의 본질과 지능의 측정 방법에 대한 여러 이론들의 결과로서 정신검사에 대한 다양한 진보가 있었다(예 : Spearman, 1927; Thurstone, 1938). 하지만 오늘날 지능검사와 관련하여 가장 큰 영향을 미친 사람은 David Wechsler이다. 그는 1939년에 웩슬러-벨뷔 지능검사(Wechsler-Bellevue Intelligence Scale)를 개발하였다(사건 상자 2.3 참조). 이 검사는 오늘날 사용되고 있는 웩슬러 검사의 시초 격이 된다. 오늘 날 사용되고 있는 웩슬러 검사로는 유아용 웩슬러 지능검사(Wechsler Preschool and Primary Scale of Intelligence-IV, WPPSI-IV), 아동용 웩슬러 지능검사(Wechsler Intelligence Scale for Children-IV, WISC-IV), 성인용 웩슬러 지능검사(Wechsler Adult Intelligence Scale-IV, WAIS-IV) 등이 있다. 웩슬러 검사는 평균이 100이고 표준편차가 15인 지능지 수를 제공한다(스탠퍼드-비네-5 검사 또한 평균이 100이고 표준편차가 15이다). 앞에서 언급한 것처럼, 검사의 평균은 평균 점수를 나타내며, 표준편차는 점수의 분산을 의미 한다. 예를 들어, 전체 대상의 약 68%가 평균으로부터 -1 표준편차와 +1 표준편차 사이의 점수에 해당한다. 웩슬러 검사의 평균과 표준편차를 감안할 때 모집단의 약 68%는 지능지수 85~115 사이에 해당한다. Wechsler는 자신이 개발한 지능검사의 지 능지수를 해석하기 위한 지침을 권고하였다(표 2.3 참조). 부차적으로 Wechsler는 자 신의 지침에 표준편차를 기초로 사용하였다. 예를 들어, '매우 우수'는 평균 이상 2 표 준편차를 의미하는 반면, '정신결함(정신박약)'은 평균 이하 2 표준편차를 의미한다. 앞에서 언급한 것처럼 AAMD/AAMR/AAIDD의 대부분 정의는 평균과 개인의 지능지수

표 2.3 웩슬러 검사의 지능지수 해석을 위한 지침

지능지수 범위	해석
130+	매우 우수(영재)
120~129	우수
110~119	높은 평균
90~109	평균
80~89	낮은 평균
70~79	경계선급
69 이하	정신결함(정신박약)

간의 편차에 기초하여 지적장애의 수준을 판단할 수 있도록 표준편차를 사용한다(표 2.4 참조). 가장 최근의 AAIDD의 정의는 지적 기능의 유의한 한계를 "사용하는 도구의 표준오차와 강점 및 제한점을 고려하여 약 평균 이하 2 표준편차에 해당하는 지능지수"로 정의하였다(AAIDD, 2010; p.31). 이 같은 기준은 Luckasson 등(2002)의 정의 이후 변하지 않았다.

또한 ICD-10 분류 체계는 지적 수준에 기초한 지침을 포함한다. ICD-10은 장애를 F70(경도, IQ 50~69), F71(중등도, IQ 35~49), F72(중도, IQ 20~34), F73(최중도, IQ 20 이하)과 같이 네 가지 수준으로 나누고, F78(기타 정신지체)과 F79(명시되지 않은 정신지체)와 같은 추가적인 범주를 포함하고 있다. F78은 신체 또는 감각적 손상으로 인해 지적 수준을 명확히 하는 데 어려움이 있을 때 사용하며, F79는 지적장애의 증거는 있지만 기능성 수준을 명확히 하는 데 충분하지 못한 경우에 사용한다(아동이 어려서 지능지수를 정확하게 파악할 수 없는 경우와 같이). 다시 이 분류 체계는 ICD-11이 출판되면서 변화하였다. 앞에서 언급한 것처럼, 현재 DSM-V에서는 지적장애라는 용어를 사용하고 현재의 기능성을 강조한다.

표 2.4 AAMD/AAMR/AAIDD의 정신능력 분류 체계

저자	수준(명칭)	수준(지능지수 범위)*
Heber(1961)	경계선급	68~84
	경도	52~67
	중등도	36~51
	중도	20~35
	최중도	<20
Grossman(1973)	경도	52~67
	중등도	36~51
	중도	20~35
	최중도	<20
Grossman(1983)	경도	50~55에서 약 70
	중등도	35~40에서 50~55
	중도	20~25에서 35~40
	최중도	<20~25
Luckasson 등(1992)	수준 삭제	<70~75
Luckasson 등(2002)	무수준 보류	특정 도구의 강점 및 약점과 측정의 표준오차를 고려하고 평균 이하 약 2 표준편차

* Grossman(1973)의 편람은 사용된 검사의 표준편차에 기초한 지능지수의 수준에 근거한다. 각 수준은 검사가 지닌 표준편차 15에 기초한다.

차이를 만들어 낸 사건 **2.3**

1939년—David Wechsler Develops the Wechsler-Bellevue Intelligence Scale

David Wechsler는 1896년 루마니아에서 태어나서 1902년에 미국으로 이민하였다. 그는 뉴욕에 있는 Bellevue 정신병원의 수석 심리학자가 되었는데, 이 시기 동안 Wechsler Bellevue 지능검사를 개발하였다. 이 검사는 오늘날 사용되고 있는 지능검사 중에서 가장 광범위하게 사용되는 지능검사의 시초 격이 되었다. Wechsler는 주로 성인에 초점을 맞추어 검사를 개발했는데, 스탠퍼드-비네 검사가 성인들에게 적절하지 못하다고 느꼈기 때문이다. 그는 스탠퍼드-비네 검사의 항목이 아동들을 위해 구안되어 있고 수행 속도를 너무 강조한 나머지 성인들에게 불리하게 작용한다고 주장했다. 또한 하나의 지능지수만을 제시하는 것도 부적절하다고 생각했다. 그래서 그는 동일한 검사(이러한 특징이 가장 최근의 Wechsler 검사에서는 삭제되었지만) 안에 언어성 지능지수와 동작성 지능지수를 제시하였다.

교육적 분류

학교에서 지적장애 학생을 위한 프로그램이 더욱 형식화된 1960년대에는 일반적이고 교육적인 기대에 근거한 분류가 더욱 인기를 얻었다. 한때 일반적으로 사용되던 예전의 교육적 분류 체계는 **교육가능 정신지체**(educable mental retardation, EMR), **훈련가능 정신지체**(trainable mental retardation, TMR), **중도 및 최중도 정신지체**(severe and profound mental retardation, SPMR)라는 용어를 사용하였다. 정신능력에 근거한 분류 체계와 유사하게 지능지수는 학생들을 특정 교육 범주에 배치하기 위한 전형적인 수단으로 사용되었다. 교육가능 정신지체는 지능지수가 약 50∼75이며, 훈련가능 정신지체는 약 25∼50이고, 중도 및 최중도 정신지체는 약 25 이하 수준이다.

몇몇 분류 체계는 아직도 분류의 중요한 수단으로 지능지수를 사용하고 있으며, **경도**(IQ 50∼70), **중등도**(IQ 35∼50), **중도**(IQ 20∼35), **최중도**(IQ 20 이하)라는 용어를 사용한다. 역사적으로 지능지수에 대한 의존은 교육적 기대가 제한된 정보에 근거한다는 점에서 이 같은 분류 체계에 대한 가장 큰 비판거리였다. 게다가 이러한 분류 체계는 지능지수가 필요한 지원의 수준이나 유형을 결정하는 데 가장 적절한 요인(그리고 불변의 요인)임을 암시한다.

필요한 지원에 의한 분류

앞에서 언급한 것처럼 1992년 AAMR의 편람은 지능지수에 의한 지적장애의 수준을 최초로 삭제하고 대신에 필요한 지원을 추가하였다. 이 같은 접근은 이후에 2002년과 2010년 편람에도 유지되었다. 이 같은 이론적 근거는 지적 수준에 따라 지적장애를 분류하는 이전의 분류 체계에서 벗어나 더욱 주도적이고 중재에 기반을 둔 분류 체계를 제공한다. 지원에 근거한 분류 체계는 중재 계획을 돕는 정보를 제공하는 것을 목적으로 하면서 개인의 **결함**보다는 개인의 **요구**에 초점을 맞춘다. 앞에서 언급한 것처럼, 개인이 지적장애로 진단받았을 때, 필요한 지원의 수준은 지적 능력, 적응행동, 참여, 상호작용 및 사회적 역할, 건강, 맥락(환경과 문화)을 고려하여 판단되어야 한다. 다음은 네 가지 지원 수준에 대한 정의이다(Luckasson et al., 2002; p.152). 이러한 지원과 관련된 더 많은 정보는 8장에서 제시할 것이다.

간헐적 : '필요에 기초한' 지원으로서 일시적(항상 지원을 필요로 하지 않는다) 또는 단기간(실직이나 급성 의학적 위기와 같은 생애 전환기 동안에 필요한 지원) 동안 제공되는 지원이다. 간헐적 지원은 강도가 높을 수도 있고 낮을 수도 있다.

제한적 : 지원 강도가 일관성을 지니며, 간헐적이지는 않지만 시간 제한적이다. 보다 높은 강도의 지원 수준(예 : 시간 제한적 고용 훈련 또는 학교에서 성인기로의 전환기 동안의 지원)보다 지원인력의 수가 적고 비용이 적게 든다.

확장적 : 적어도 몇몇 환경(학교, 직장, 가정과 같은)에서 정기적으로 참여(예 : 매일)하고 사실상 시간 제한적이지 않은(예 : 장기 지원, 장기 가정생활 지원) 지원을 의미한다.

전반적 : 잠재적으로 삶을 유지하는 본질로서 지원의 성격을 띠며, 모든 환경에서 지속적이고 높은 강도를 지닌다. 전반적 지원은 확장적이나 시간제한적 지원 유형보다 전형적으로 많은 지원인력을 필요로 하고 지원의 강도가 높다.

최근에 AAIDD(2010)는 지원이 개별화되어야 하고 생애 전반에 걸쳐 기능성의 향상을 조장할 수 있게 설계되어야 한다고 강조하였다. 사람들이 지적으로 기능하는 방식과 적응기술 영역(개념적, 사회적, 실제적 적응기술)에서 기능하는 방식이 지적장애인의 판별에 사용되기 때문에 "지적장애인의 이해에서 지원이 갖는 중심적 역할은 이러한 점을 고려할 때 분명하다(p.110)." 다시 말해, 개인을 분류할 때 필요한 지원이 있는가 혹은 지원을 받고 있는가를 고려하지 않고 어떤 수준의 지적장애로 분류하는 것은 그 사람이 지닌 주요한 측면을 무시하는 것이다.

다시 생각해보기

지적장애인을 지능지수 수준과 필요한 지원 수준 중 어떤 것에 근거하여 분류하는 것이 더 나은가? 더 나은 이유는 무엇이고, 그렇지 않은 이유는 무엇인가?

출현율

중요하지만 놀랄 만큼 복잡한 쟁점 가운데 하나가 지적장애인의 수를 결정하는 것이다. 이유 가운데 하나가 용어와 관련된 것인데, 일반적으로 두 가지의 용어가 구체적 상태의 사람들의 수를 묘사하기 위해 사용된다. **발생률**(incidence)은 특정 기간 동안 처음으로 특정 범주에 속하게 된(이 경우는 지적장애) 개인의 수를 의미한다. 발생률을 계산하기 위한 기간은 달라질 수 있지만, 대개 1년이 사용된다. 예를 들어 발생률은 2013년에 처음으로 지적장애로 확인된 개인의 수를 가리킨다. 또 다른 용어인 **출현율**(prevalence)은 특정 시점에 특정 조건을 지닌 개인의 전체 수를 의미한다. Grossman(1983)은 발생률과 출현율을 구별해야 하는 좋은 예를 제공하였다. 그는 개발도상국의 지적장애 발생률이 열약한 영향과 태아기 보호와 같은 요인으로 인해 높다고 지적하였다. 즉, 지적장애의 새로운 사례 수가 매우 많다. 한편, 광범위한 유아 사망으로 인해 **출현율**은 비교적 낮다. 사망률로 인해 특정 시점에 나타나는 지적장애인의 수는 적다.

일반적으로 출현율이 흔히 사용되며, 지적장애인의 수는 전체 인구의 1% 정도로 보고되고 있다. 국가 수준 조사를 분석한 결과, Larson 등(2001)은 출현율을 0.78%로 보고하고 있고, 또 다른 국가 수준 조사를 분석한 결과, Oswald, Coutinho, Best, 그리고 Nguyen(2001)은 1.33%로 보고하고 있다. 지적장애 출현율을 보고한 52개 조사 연구에 대한 최근의 메타 분석에서 Maulik, Mascarenhas, Mathers, Dua, 그리고 Saxena(2011)는 1.04%로 보고하였다.

지적장애 학생을 위한 학급에 실제로 재학하는 학생의 비율은 비교적 일정하게 유지되고 있다. 미국장애인교육법(IDEA)의 실행에 관한 의회 보고서는 6~21세 사이 학생의 0.9%가 1997~2003년 사이에 재학하였다고 보고하였다. 2004년과 2005년에는 0.8%가 재학하였으며, 2007년에는 0.7%가 재학하였다(U.S. Department of Education, 2008).

지적장애의 출현율은 민족, 사회경제적 지위, 성, 나이, 지리적 특징, 심지어 사법 체계까지 여러 변수에 영향을 받는다. 이는 특히 전체 지적장애인들의 75~85%를 차지하는 경도 지적장애에서 두드러진다. 지적장애 학생의 학급 내에는 소수 인종의 학생이 과도하게 많이 포함되어 있다(더 이상의 논의는 8장 참조). 예를 들어, Larry P. 대 Riles의 법정 사례(더 많은 정보는 3장 참조)를 보면, 경도 지적장애 학생을 위한 학급에 아프리카계 미국인 아동들이 과도하게 많이 재학하고 있다는 사실에 관심을 집중시켰다. 예를 들어, 2007년, IDEA 2004 아래에서 12.8%의 6~21세 사이의 아프리카계 미국인 학생이 경도 지적장애 학생을 위한 학급에 재학한 반면, 백인 학생들의 경우는 7.1%만이 재학하였다. 이 같은 현상은 비주류 집단에 속한 아동일수록 우선적으로 특수교육에 의뢰되었기 때문으로 보인다. Hosp와 Reschly(2003)는 학생의 인종에 따른 특수교육 의뢰율에 대한 메타분석을 실시하였는데, 아프리카계 미국 학생들이 백인 학생들보다 더 많이 의뢰된 것으로 나타났다.

    또한 성별에서도 차이가 나타났다. 예를 들어, 흔한 유전적 장애인 약체 X증후군(4장에서 논의 예정)에 기인한 지적장애의 출현율은 여성보다 남성에서 많이 나타난 반면, 레트 증후군(4장에서 논의 예정)의 경우는 거의 대부분 여성에서 발생하였다. 그리고 성별은 민족성과 상호작용하여 출현율에 영향을 미친다. Oswald 등(2001)은 아시아 여성의 경우 0.44%이지만, 흑인 남성의 경우에는 3.15%까지 나타난다고 보고하였다. 또한 나이도 출현율에 영향을 미치는 변수이다. 거의 20년 전에 MacMillan, Siperstein, 그리고 Gresham(1996)은 "공립학교 내에서 경도 지적장애로 발견되는 경우로 인해(퇴학한 경우를 제외한 나머지 사례들) 6~17세(이를 테면 학령기)의 출현율은 다른 연령층의 출현율을 상대적으로 작아보이게 만든다(p.366)." 사실, Larson 등(2001)은 6~17세 사이의 아동 및 청소년들의 출현율이 성인들의 4배 가까이 된다는 사실을 발견하였다. Maulik 등(2011)의 메타분석 결과는 출현율이 많은 변인에 영향을 받는다는 사실에 한층 더 힘을 실어준다. 그들은 지적장애의 출현율이 가난하거나 중도국에서 높게 나타나고, 성인에 비해 아동과 청소년층에서 높게 나타난다고 보고하였다.

당신은 왜 지적장애의 출현율이 사회경제적으로 낮은 지위 또는 소수 민족에게서 높게 나타난다고 생각하는가?

요약 체크리스트

명명하기, 정의하기, 분류하기

➢ 명명하기 – 장애에 대해 특정 용어와 명칭을 부여한다.

➢ 정의하기 – 용어의 의미와 경계에 대한 상세한 묘사를 제공한다.

➢ 분류하기 – 몇몇 준거에 따라 정의된 집단 안의 하위 집단인 개인을 판정한다.

정의의 변천

✓ 1534년 Fitz-Hebert

✓ 1845년 Esquirole

✓ 1866년 Seguin

✓ 1937년 Tredgold

✓ 1941년 Doll

AAMD/AAMR/AAIDD

✓ 1921년에 첫 편람을 발간하다.

✓ 1933년, 1941년, 1957년에 후속 편람을 발간하다.

✓ Heber(1959)는 지능지수에 근거하여 지적장애의 수준을 소개하였다. 지능지수 85
  는 '경계선급 정신지체'를 위한 절사점수였다. 적응행동의 결함을 필수조건으로 소
  개하였다.

> 적응행동-개인 및 사회적 요구와 기대에 효과적으로 대처하는 능력을 의미
  한다.

> 평균-검사의 평균적인 점수

> 표준편차(SD)-검사 점수의 분산을 표시한다. 모집단의 약 68%가 검사의 평균
  점수의 +1 표준편차와 -1 표준편차 사이에 존재한다.

✓ Grossman(1973)은 지능지수의 절사점수를 IQ 85(평균 이하 1 표준편차)에서 IQ 70
  (평균 이하 2 표준편차)으로 하향 조정하였다.

✓ Grossman(1977)은 정의에 관한 임상적 판단을 소개하였다.

> 임상적 판단-아동에 대한 주관적/추가적 정보를 사용하여 정의를 더욱 융통성
  있게 해석할 수 있게 한다.

✓ Grossman(1983)은 발달기를 '출생~18세까지'에서 '수정~18세까지'로 확대하였으
  며, 지침으로서 지능지수를 계속해서 권고하였다.

✓ Luckasson 등(1992)은 열 가지의 적응기술 영역을 조작적으로 정의하고 지능지수에
  기초한 지적장애의 수준을 삭제하였다.

✓ Luckasson 등(2002)은 여전히 지적장애의 수준을 삭제하였으며 적응행동의 준거를
  개념적, 사회적, 실제적 기술로 변경하였다.

✓ Schalock 등(2010)(AAIDD, 2010)은 2010년 정의를 유지하면서 '정신지체'라는 용어
  를 '지적장애 및 발달장애'로 변경하였다.

✓ ICD-10과 DSM-V-이따금 사용되는 오늘날의 두 가지 정의이다.

분류

✓ Duncan과 Millard(1866)는 선천적과 비선천적이라는 용어를 사용하였다.

✓ Ireland(1898)는 주로 생물학적 원인에 기초한 의학적 분류 체계를 제안하였다.

병인론에 의한 분류

✓ Heber(1961)는 여덟 가지 범주를 제시하였다.

✓ Grossman(1973)은 열 가지 범주를 제시하였다.

✓ Grossman(1983)은 1973년 체계를 부분적으로 수정하였다.

✓ Luckasson 등(1992)은 출생 전, 출생 중, 출생 후 원인으로 나누어 병인론적 위험 요인을 군집화하였다.

✓ Luckasson 등(2002)은 1992년 편람에서 제시된 원인과 유사한 '병인론적 위험 요인'에 대해 기술하였다.

✓ AAIDD(2010)는 병인론적 위험 요인을 그대로 제시하고 있다(표 2.4).

정신능력에 의한 분류

✓ Alfred Binet는 지능검사에 대해 가장 큰 영향을 미친 사람이다.

✓ 1905년 – 비네-시몬 지능검사가 영어로 번역되었다.

✓ 1916년 – Terman은 영어로 번역된 비네-시몬 지능검사를 개정하여 스탠퍼드-비네 지능검사를 개발하였다.

✓ Goddard는 비네-시몬 지능검사의 정신연령에 기초한 분류 체계를 개발하였다.

✓ Wechsler는 1939년에 웩슬러-벨뷰 지능검사를 개발하였다.

✓ 후속되어 개발된 Wechsler의 검사들은 가장 널리 사용되는 지능검사이다(WPPSI-IV, WISC-V, WAIS-IV).

✓ ICD-10은 열 가지의 지침을 포함한다.

✓ AAMD/AAMR의 1992년 이전의 편람은 지적장애의 수준을 결정하기 위해 지능지수를 사용하였다.

✓ AAIDD의 2002년 이후의 편람은 개인의 지원을 고려할 것을 강조하였다.

요구에 의한 분류

✓ 교육 체계 – 경도 IQ 50~75, 중등도 IQ 35~50, 중도 IQ 20~35, 최중도 IQ 20 이하

✓ 지원 수준에 따른 분류 체계 – Luckasson 등(1992, 2002)은 간헐적, 제한적, 확장적, 전반적과 같은 네 가지 수준의 지원 수준을 제시하였다.

✓ AAIDD(2010)는 개인의 장애를 이해하는 데 필수적인 지원을 강조한다.

출현율

➤ **발생률－특정 기간 동안(대개 1년) 처음으로 특정 범주에 속하게 된 개인의 수를 의미한다.**

➤ **출현율－특정 시점에 특정 조건을 지닌 개인의 전체 수를 의미한다.**

　✓ 출현율은 전제 인구의 1%로 추정된다.

　✓ 민족, 사회경제적 지위, 성, 연령 등 다양한 변인이 출현율에 영향을 미친다.

추가 제안/자료

토론

1. 지적장애 분야에서 명명하기, 정의하기, 분류하기의 중요한 역할에 대해 토론해 보자.

2. 1983년, 1992년, 2002년 미국 정신지체협회와 2010 미국 지적장애 및 발달장애협회의 정의와 분류 체계 간의 유사점과 차이점은 무엇인가? 어떤 정의가 더 적절하며, 그 이유는 무엇인가?

3. 지적장애의 출현율이 학령기에 비해 학령 전이나 성인기에 낮게 나타나는 여러 가지 이유를 규명해 보자.

활동

1. 지적장애의 정의에 대한 교사, 소아과 의사, 심리학자의 관점을 판단하기 위해 면접을 해 보자.

2. '백치와 저능의 진단과 예후에 관하여'(사건상자 2.1 참조) 원본을 읽어 보자. 1880년대 이후 지적장애에 대한 태도는 어떻게 변해 왔는가?

3. 지역 학교구에서 지적장애 학생을 정의하고 분류하기 위해 어떤 정의와 분류 체계를 사용하는지 점검해 보자. 이 장에서 제시된 정보에 근거하여 그 유래를 판단할 수 있는가?

인터넷 자료

www.ibis-birthdefects.org/start/mr.htm

세계 출생 결함 정보 체계 사이트로서, AAIDD, ARC를 포함한 여러 단체의 웹사이트와 링크되어 있다. 또한 지적장애의 정의 및 분류 체계에 관한 서적의 장과 주석 목록처럼 학문적 성과물이 링크되어 있다.

http://www.aaidd.org

미국 지적장애 및 발달장애협회의 웹사이트로서 AAIDD의 정의를 제공하고 있으며, 정의에 관해 자주 묻는 질문-답변 및 영상 정의를 제공하고 있다. 또한 2010 매뉴얼 전체에 접근할 수 있는 링크도 제공하고 있다.

http://nichy.org/disability/specific/intellectual

국립 장애 아동 및 청소년 정보센터의 웹사이트로서 IDEA의 정의, 출현율, 간략한 사례 연구 등을 포함하여 지적장애에 관한 다양한 13개의 사이트가 링크되어 있다.

제3장

판별을 위한 사정

요점

> **법적 · 윤리적 고려사항** - 장애인교육법(IDEA)은 비차별적인 사정의 실행을 강조하는 여러 지침을 제공한다.

> **규준참조 검사의 개관** - 규준참조 검사는 개인의 수행을 표집된 특정 준거집단의 수행과 비교하기 위해 사용한다. 여기서는 타당도 및 신뢰도와 관련되는 쟁점이 중요하다.

> **지능의 개념적 모형** - 초기 이론가들(J. Cattell, Spearman, Thurstone)과 최근의 이론가들(R. Cattell, Horn, Carroll, Das, Naglieri)은 현재 사용되는 지능검사의 지능모형에 영향을 주었다.

> **지능검사의 개관** - 지능검사는 19세기 말부터 시작되었다. 현재 대중화된 지능검사는 **스탠퍼드-비네 지능검사-5**와 **웩슬러 아동용 지능검사-IV**이다. 이러한 검사는 전통적 지능검사의 대안으로 제안되어 왔다.

> **적응행동 검사** - 적응행동은 개인적·사회적인 요구를 다루는 개인의 능력과 관련이 있다. 적응행동의 결함은 미국 지적장애 및 발달장애협회(AAIDD)에서 지적장애 진단을 내리기 위해 필요하다. 가장 널리 사용되고 있는 적응행동 척도는 AAMR 적응행동 척도-2와 바인랜드 적응행동 척도-II이다. 이와 관련 있는 도구로는 지원강도 척도가 있다.

어떤 사람들은 생물학적인 원인으로 태어날 때부터 지적장애로 판별되기도 하지만, 대다수의 사람들은 더 늦게 판별이 되는 편이다. 몇몇 아동들의 경우에는 부모가 자녀의 발달이 느리다는 것을 알아차리면서 처음으로 확인된다. 다른 경우에는 소아과 의사에 의해 최초로 진단을 받을 수도 있다. 의학적 · 발달적 내력은 이러한 진단 과정을 돕는 데 사용된다. 또한 부모와의 면담도 도움이 된다. 한 가지 예로, 옴니버스 면담은 주로 비체계적이고 광범위한 정보를 모으기 위해 고안되었다(Beaver & Busse, 2000).

많은 아이들이 학교에 입학하기 전까지는 확인되지 않다가, 학교에 가게 되면서부터 또래들에 비해 뒤처지게 된다. 비생물학적인 요인을 가진 대부분의 지적장애 아동들은 교육적·심리학적 사정을 통해 판별이 된다. 지적장애에 관한 적격성 기준이 주(state)마다 다양하지만, 대부분은 지능의 결함뿐만 아니라 적응행동의 결함이 같이 나타나는 것을 근거로 한다. 학령기 학생들이 교육적 수행에서 보이는 부정적 결과는 문서화되어야 한다. 이 장에서는 지능 및 적응행동 사정 영역에서 나타나는 쟁점과 구체적인 검사 도구들에 관해 논의하고자 한다. 수업 사정에 초점을 맞추는 성취검사는 9장에서 간략히 설명하였다. 판별에 사용되는 특정 도구들을 설명하기 전에, 절차에 영향을 주고 반드시 고려되어야 하는 법적, 윤리적 쟁점에 대해 먼저 논의하고자 한다.

법적·윤리적 고려사항

정신지체(여전히 많은 주에서 이 용어가 사용됨)는 현재 장애인교육법(IDEA)으로 알려진 연방법에서 정의내리고 있는 여러 장애 영역 중 하나이다. IDEA는 장애인을 판별하기 위해 사용되는 사정 정보를 얻기 위한 사정 절차에 관하여 아주 구체적인 제안을 제시한다. 이러한 내용은 다음과 같다.

1. 아동의 장애 여부를 판단하는 데 단일한 절차만을 하나의 기준으로 사용해서는 안 된다. 1970년대 연방법 이전에는 지능지수(IQ)에만 근거하여 학생이 지적장애가 있는지 판별하고 특수교육을 제공하였다. 현재 법률에서는 여러 가지 정보를 활용해야 한다고 명시하고 있다.

2. 신뢰롭고 타당한 도구를 사용해야 한다. 신뢰도와 타당도와 같은 검사의 특성을 고려하여 검사를 선택하고 아동에게 적용해야 한다. 검사 매뉴얼에서 기술적인 정보를 제공하더라도, 평가를 받는 아이의 의심되는 장애와 특성들을 고려해야 한다.

3. 인종, 문화적 배경을 차별하지 않는 검사를 선택하고 실시해야 한다. 안타깝게도 이러한 요건은 실행되는 데 어려움이 있어 왔다. 번안된 검사, 통역사 활용, 문화적 보편성 검사, 심지어 검사를 완전히 금지하는 등의 많은 일들이 시도되었다(사건상자 3.1 참조).

4. 검사는 정확한 정보를 가장 잘 이끌어 낼 수 있게 하는 언어와 유형으로 실시되어야 한다. 초창기 법원의 사례를 살펴보면, 스페인어를 지배적인 언어로 사용하는 아동들을 위해 제기된 소송이 있었다(예 : Diana 대 State Board of Education, 1970, Guadalupe

대 Tempe, 1972). 해당 아동들은 오직 영어로만 되어 있는 지능검사를 받았고, 결과 점수에 기초하여 지적장애 학생들을 위한 학급에 배치되었다. 현재는 이러한 경우가 발생하면 확실하게 법적 요구사항으로 이어져서 도움을 받을 수 있다. 비슷한 관점으로, 운동 지향적인 검사를 지체장애가 있는 학생에게 시행하는 것은 부적절하다.

5. 검사는 숙련된 지식을 가진 사람이 실시해야 하며, 검사 절차의 지침을 그대로 따라야 한다. 사실상 평가에는 많은 윤리적인 쟁점이 있다. 교육·심리 검사에 관한 표준화(American Educational Research Association, 1999; 2014년에 개정됨)에서는 검사를 선택하고, 시행하고 해석하는 데 필요한 윤리적 고려 사항을 기술하였다. 검사를 잘 알고 있고 훈련이 된 사람이 검사를 실시하는 것은 검사의 절대적인 전제조건이다.

차이를 만들어 낸 사건 3.1

1971년 – Larry P. 대 Riles 소송이 시작되었다.

Larry P. 사례는 사정과 관련된 쟁점에서 가장 잘 알려지고 가장 복잡한 소송이다. 이는 캘리포니아에서 흑인 소년을 지적장애 학생들을 위한 학급에 배치한 것에 대한 집단소송이다. 원고들은 문화적 편향성이 있는 지능검사를 사용했고, 따라서 그 소년의 능력을 정확하게 나타내는 지능지수(IQ)가 아님을 주장했다. 8개월 만에 재판이 열렸을 때 1977년까지 여러 법원의 명령을 살펴보았다. 그리고 1979년에 다음과 같은 결정을 내렸다. (1) 지능검사는 편향되었다. (2) 지능검사를 사용하여 흑인 학생들을 정신지체로 분류하는 것을 금지한다. (3) 경도 정신지체를 대상으로 하는 학급에서 흑인 학생들이 과하게 나타나는 것은 없어져야 한다. 1986년, 원고는 다시 법정에 가서 흑인 학생들이 과도하게 정신지체로 분류된 것들이 크게 바뀌지 않았다고 주장했다. 그 결과 부모의 동의가 있더라도 어떤 이유에서든 흑인 학생들에게 지능검사를 실시하는 것은 철저하게 금지되었다. 아이러니하게도 Larry P. 판결의 결과로 인해 Crowford 대 Hong(1990)의 사건이 나타났다. 이는 자신의 자녀가 지능검사를 통한 평가를 받지 못해 차별을 받았다고 주장하는 흑인 부모가 소송을 건 사건이다.

당신은 캘리포니아 주가 흑인 학생들의 지능검사를 금지하는 것이 정당하다고 생각하는가? 왜 정당하다고 생각하는가? 또는 왜 그렇지 않은가? 당신의 지역에서 지적장애를 가진 학생을 판별하기 위해 지능검사의 사용을 허락하는지 여부를 알고 있는가?

규준참조 검사의 개관

일반적으로 지적장애가 있는 사람을 판별하기 위해 사용되는 도구의 유형을 **규준참조 검사**(norm-referenced tests)라고 한다. 규준참조 검사는 개인의 수행을 연령이나 학년 수준을 지닌 특정 준거집단과 비교하는 것이다. 이 준거집단은 **표준화된 표본**(standardization sample)이라고 불리고 비교의 기초가 되는 규준을 제공한다. 이러한 유형의 검사는 특정 영역에서 다른 사람과 비교했을 때 개인이 어떻게 수행하는지를 알아내는 데 사용된다. 개인의 검사 결과가 규준 집단과 비교되기 때문에 표준화된 표본의 특징을 아는 것은 중요하다. 예를 들어, 영어를 배우는 학생을 사정할 때 모집 단은 문제의 소지가 있는 표준화된 표본을 포함해서는 안 된다. 판별의 목적으로 사용되는 규준참조 검사는 지역, 사회 경제적 지위, 민족성, 성별 등과 같은 특성을 고려하여 전국적으로 대표성이 있는 표본을 포함해야 한다.

　일반적으로 규준참조 검사를 점수화하고 해석하는 데 있어 첫 번째 단계는 원점수를 아는 것이다. 대개 원점수는 전체 정반응 수이거나 응답의 질에 따른 가산점으로 결정이 된다. 예를 들어, 웩슬러 아동용 지능검사 IV(WISC-IV)의 하위검사인 빠진 곳 찾기(Picture Completion)에서는 학생이 연속된 그림을 보고 어떤 중요한 부분이 빠졌는지를 말하거나 가리켜야 한다. 정답일 경우에는 1점을 주고 오답이면 0점을 준다. 이 하위검사에서 원점수는 정반응의 총 개수이다. 반면 WISC-IV의 이해 하위검사는 연속된 질문들로 구성되어 있다(예 : 당신의 친구 중 한 명의 공을 발견한다면 무엇을 할 것인가?). 응답의 질(구체적인 준거는 검사 매뉴얼에 나와 있음)에 따라, 점수가 0점, 1점, 2점까지 매겨진다. 총 가산점의 합이 원점수가 된다. 원점수 그 자체로는 의미가 없고 표준화된 표본 내에서 각 개인이 얻은 점수를 비교하여 환산점수로 변환한다.

점수의 유형

환산점수(derived scores)로는 등가 연령 점수, 등가 학년 점수, 백분위 점수, 스테나인 점수 등이 있다. 이 점수들은 원점수를 변환한 것이다. 적격성을 판단하는 것과 같은 중요한 교육적 의사결정을 할 때 사용하기 가장 적절한 환산점수는 **표준점수**(standard score)이다. 표준점수는 같은 평균과 표준편차를 가지고 원점수를 변환한 점수이다. 평균(mean)은 점수의 평균을 나타내고, 표준편차(SD)는 전체 점수의 변산도(variability)를 반영한다. 규준 검사일 때, 대상자 점수의 34%는 1 표준편차 안에 있고, 14%는 1 표준편차와 2 표준편차 사이에 있다. 겨우 2% 점수만이 2 표준편차와 3 표준편차 사이에 있다(그림 3.1 참조). 즉, 규준참조 검사에서 약 68%는 +1 표준편차와 −1 표준편차

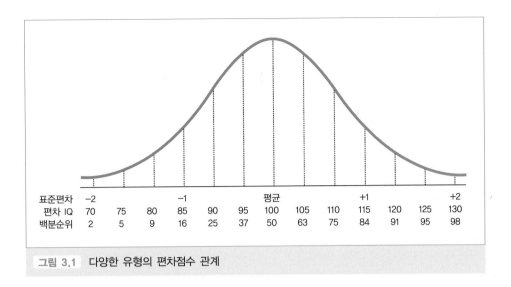

표준편차	−2			−1			평균			+1			+2
편차 IQ	70	75	80	85	90	95	100	105	110	115	120	125	130
백분순위	2	5	9	16	25	37	50	63	75	84	91	95	98

그림 3.1 다양한 유형의 편차점수 관계

사이에 있고, 약 96%는 +2와 −2 표준편차 사이에 점수가 있다는 의미이다(Pierangelo & Giuliani, 2009). 전부 그런 것은 아니지만, 도구에 상관없이 대부분의 표준점수는 평균 100, 표준편차 15를 사용한다. 그러므로 편차 IQ를 해석할 때 약 68%는 85점과 115점 사이이고, 약 96%는 70점과 130점 사이인 것으로 추측할 수 있다. 또한 약 2%는 70점 이하인 것으로 예상할 수 있다(Pierangelo & Giuliani, 2009). 이러한 이유로 2장에서 언급하였듯이, 흔히 지적장애를 판단하는 기준 중 하나로 IQ 70점을 사용한다.

기술적인 특징

규준참조 검사는 타당도 및 신뢰도와 같은 적절한 기술적인 특징을 가지는 것이 중요하다. **타당도**(validity)는 검사 도구가 측정하려는 목적에 맞게 측정한 정도를 나타낸다. 즉, 검사 도구가 실제로 측정하려는 것을 측정했는가? 이 글의 범위를 넘어서는 이야기지만, 검사의 타당도를 결정하는 데는 많은 방법이 사용된다. **신뢰도**(reliability)는 검사의 일관성을 말한다. 신뢰도의 한 종류인 검사-재검사 신뢰도(test-retest reliability)는 검사의 결과가 시간이 흐른 뒤에도 여전히 일관성 있게 나타나는 것이다. 비교적 짧은 시간이 지난 후에 같은 검사를 실시했을 때 점수가 근접하게 나타난다는 것을 뜻한다. 신뢰도를 결정하기 위한 다양한 신뢰도 유형과 방법이 있다. Pierangelo와 Guiliani(2009)는 다양한 유형의 신뢰도와 타당도를 논의한 바 있다.

검사의 해석(특히 판별을 목적)과 관련이 있는 또 다른 용어로는 **측정의 표준오차**(standard error of measurement, SEM)가 있다. 측정의 표준오차는 검사의 실시와 점수에 있어 변산도나 오차를 설명하기 위한 것이다. 어떠한 검사도 절대적으로 신뢰할 수는 없으므로, 검사에서 개인의 **진점수**(true score)는 결코 알 수가 없다. 그러므로 검사를 통해 획득한 점수는 진점수의 추정치라고 할 수 있다. 측정의 표준오차를 이용해서 **획득점수**가 진점수를 얼마나 근접하게 추정하는지를 알 수 있도록 하는 범위를 정할 수 있다. 대략 68%일 때 진점수는 획득점수의 +1과 −1 SEM 사이 값이 된다. 비슷하게 대략 96%일 때 진점수는 획득점수의 +2와 −2 SEM 사이에 속할 것이다. 예를 들어, 만일 제시된 검사 점수의 SEM이 5(표준편차 또한 5)이고, 개인의 획득점수가 90점이라면, 대략 68%일 때 진점수는 85점과 95점 사이에 속하고, 대략 96%일 때는 80점과 100점 사이에 속하게 된다. 이는 검사 점수는 절대적인 점수보다는 점수 **범위**로 해석해야 한다는 것을 시사한다. SEM은 지적장애를 판별하는 데 있어 영향을 미친다. 2장에서 언급하였듯이, 지적장애의 초기 정의에서는 종종 IQ 70~75의 절사기준과 같은 범주를 제공하였는데 이것은 SEM의 해석을 반영한 것이다. 최근의 AAIDD의 매뉴얼에서는 IQ 절사기준을 정할 때 SEM을 고려할 것을 제안한다. 또한 적응행동 결함의 기준은 표준편차(SD)와 도구의 측정 표준오차(SEM)를 고려하여 만들어졌다.

적격성 여부를 결정하기 위해 검사 점수를 해석할 때 검사의 측정 표준오차를 고려하는 것이 왜 중요한가? 측정의 표준오차는 적격성 여부를 결정하는 데 어떤 영향을 주는가?

지능의 개념적 모형

지능의 구성요소와 지능검사 도구에 관한 이론들은 100년이 넘게 제안되고 논쟁이 있어 왔다. 지적장애인을 판별하는 데 도움을 주는 지능검사는 여러 개념적 모형에 근거하기 때문에 다양한 이론을 이해하는 것은 중요하다. 특히 James McKeen Cattell은 다양한 지능의 정의에 근거하여 지능을 **측정**하는 데 관심을 갖도록 도움을 주었다. 현재 널리 사용되고 있는 지능검사에 직접적으로나 간접적으로 영향을 끼치고 개념적 모형을 제공한 학자들은 James Cattell, Spearman, Raymond Cattell, Hone, Carroll, Das, Naglieri 등이다. 또한 영향력이 있는 다른 연구자들도 전통적인 지능검사의 개발에 영향을 미치거나, 지능을 측정하는 대안적인 방법의 개념을 지지하는 지능의 정의와 이론들을 제시하였다(표 3.1 참조).

1800년대 후반에, James McKeen Cattell은 최초로 지능을 조작하고 측정하려는 시도를 하였고, **정신검사**(mental test)라는 용어를 처음으로 제안하였다(Anastasi & Urbina,

표 3.1 영향력이 큰 지능 이론가들과 기여

이름	연구	기여점
E. L Thorndike	*The measurement of intelligence*(1927). New York : Bureau of Publications, Teachers College, Columbia University	사회적 지능, 기계적 지능, 추상적 지능을 포함한 지능의 다요인설을 개발함
J. Piaget	*The origins of intelligence in children*(1952). New York : International University Press. (Originally published in 1936)	발달의 4단계 : 감각운동기, 전조작기, 구체적 조작기, 형식적 조작기
J. Guilford	*The nature of human intelligence*(1967). New York : McGraw-Hill.	120개 요인을 포함하는 지능의 삼차원적 구조를 개발
H. Gardner	*Frame of mind : The theory of multiple intelligences*(1983). New York : Basic Books.	지능의 여덟 가지 유형을 제안함 : 언어, 논리-수학, 공간, 신체-운동, 음악, 개인 간, 개인 내, 자연친화적
R. Sternberg	*Beyond IQ : A triarchic theory of human intelligence*(1985). New York : Cambridge University Press.	삼원이론에서는 지능의 세 가지 구성요소를 보여 줌 : 구성적, 경험적, 상황적

1997). Cattell은 지능이 신체적, 지각적, 정신적인 기술의 조합이라고 보았다. 많은 검사 결과와 후속되는 검사 결과들이 만들어지면서, 구체적인 지능의 프로파일을 구하여 분석할 수 있었고, 지능에 관한 이론적 뼈대를 만드는 것이 가능하게 되었다. Spearman(1927)은 요인분석으로 알려진 통계적 절차를 이용하여 지능의 2요인설을 제안하였다. 일반요인(g)은 개인의 지적 활동에 있어 동일한 정도로 나타나는 것이고, 특수요인(s)은 지적 활동의 종류에 따라 달라진다. 어떤 의미에서 g 요인은 오늘날의 포괄적인 지능 또는 일반지능과 같은 개념이다(Taylor, 2009).

Thurstone(1938; 1941)은 요인분석을 사용하였는데, Spearman의 일반요인과 몇몇 특수요인에 대해 동의하지 않았다. 그는 사실상 **주요 정신능력**(primary factor, 기본정신능력으로 알려진)을 믿었다. 그의 다요인설이론은 다음의 요인들을 포함하였다. (1) 언어 이해력, (2) 언어 유창성, (3) 수리력, (4) 공간 지각력, (5) 기억력, (6) 지각 속도, (7) 귀납적 추론. 오늘날 사용되는 많은 지능검사들은 이러한 영역의 점수를 산출할 수 있는 구성요소들을 포함한다.

일반 지능을 경시한 Thurstone의 연구를 Raymond Cattell이 반영하여 1941년에 **유동성 지능**(fluid intelligence, Gf)과 **결정성 지능**(crystallized intelligence, Gc)의 2-요인 이론을 제안하였고, 1943년에는 상세한 내용을 기술하였다. 유동성 지능은 초기에는 전적으로 일반적인 능력으로 정의되었고, 반면에 결정성 지능은 오랜 기간 형성된 습관으로 정의되었다. 이 용어들은 결과적으로 기술적인 개념으로 발전하였다. 일반적으로 유동성 지능(Gf)은 추상적 사고, 추리력, 귀납적/연역적 추리, 그리고 정신적 조작과 관련이 있다. 아래는 유동성 지능(Gf) 과제의 예이다.

유동성 지능 과제의 예

연속되는 숫자를 보고 패턴을 발견하라.
3, 6, 9, 15, 24
4, 8, 12, 20, 32

바로 다음에 오는 숫자를 찾아라.
5, 10, 15, 25, ____

참고 : 답은 40이다. 첫 번째 숫자 다음에 오는 숫자는 배수였다. 나머지 두 숫자는 덧셈을 하였다(5×2=10, 5+10=15, 15+20=40).

반면에 결정성 지능(Gc)은 습득된 지식과 관련된다(예 : 학습된 정보). 하나의 예로 개인의 어휘 지식을 측정하는 과제를 들 수 있다(Taylor, 2009).

Cattell의 제자인 Horn은 Cattell의 모형을 더 발전시켰고, 그 모형은 나중에 Cattell-Horn 모형으로 알려진다. 그는 Gf/Gc 모형으로 박사학위를 받았다. 이 연구와 후속 연구(예 : Horn, 1965; Horn & Cattell, 1966)에서 이분법적인 Gf/Gc 모형이 더 이상 고려되지 않도록 단기기억(Gsm), 처리 속도(Gs), 그리고 시각-공간 지각력(Gv)과 같은 여러 요인들을 추가하였다. Cattell과 Horn은 사실상 8~9개의 요소를 정의하였다 (Taylor, 2009).

Carroll은 가장 마지막에 Cattell-Horn의 모형을 수정하였다. Carroll은 Cattell-Horn 모형의 강력한 지지자였을 뿐만 아니라 Spearman의 일반지능(g) 연구가 이점을 가지고 있다고 믿었다. Carroll(1993)은 1925년 이후로 이용 가능한 450개 이상의 데이터를 요인분석하였다(Shrank, McGrew, & Woodcock, 2001). 이것들은 3계층 모형으로 나타났다. 1계층은 69가지의 협소한 과제와 특정 능력을 포함한다. 2계층은 여덟 가지 광의의 능력 요인들을 갖는다(Gf와 Gc를 표현하는). 그리고 3계층에는 일반능력(g)을 포함한다. Cattell-Horn 모형과 Carroll 모형이 결합되어 Cattell-Horn-Carroll 모형이 되었다.

현재 검사에 직접적인 영향을 미친 지능의 개념은 Das가 만들었다. 그는 일찍이 지능은 두 가지의 중요한 처리 과정을 포함한다고 제안하였다(Das, 1973). 첫 번째는 **동시처리**(simultaneous processing)로, 공간 정보 또는 유추적 정보를 통합하고 종합하는 것을 요구한다. 그 예로 그림의 일부분만 있는 불완전한 그림을 보여 주고, 완전한 그림으로 식별하도록 하는 것이다. **순차처리**(successive processing)는 순차적이거나 연속적인 자극을 처리하는 능력이다. 채점관이 연속적인 단어나 숫자를 반복해서 읽는 것이 그 예이다. Das와 동료들은 두 가지 요소(계획과 집중)를 추가하여 모형을 확장하였다(Taylor, 2009).

지능검사의 개관

앞서 말한 바와 같이 정신검사는 1890년대에 Cattell에 의해 처음으로 사용되었다. 그리고 검사에 포함되어야 하는 척도를 처음 설명하였다(연구상자 3.1 참조). 그러나 현재 지능검사로 불리는 것에 가장 많은 영향을 끼친 것은 프랑스 심리학자 Alfred Binet의 연구이다(Bryant, 1997). 2장에서 논의하였듯이 파리의 교육부 장관은 Binet에게 학습지진아를 판별하는 지능검사를 개발해 달라고 요청하였다. 그는 1905년도에 Theodore Simon과 한 팀을 이뤄 30개의 문항으로 구성된 척도를 개발하였다. 시각 협응, 두 가지 무게의 식별, 연속되는 수의 반복, 그리고 추상적인 용어 사이의 구분을 초창기 척도에 포함하였다. 1908년도에 척도를 개정하였고 그리고 1916년에는 Terman과 함께 스탠퍼드-비네 지능검사 척도를 만들었다. 이것은 지능검사의 시조로 인식된다(Taylor, 2009). 가장 최근의 개정판은 **스탠퍼드-비네 지능검사, 5판**이다(Roid, 2003).

홍미롭게도 1917년에는 지능검사의 사용이 군대로 확장되었다. **아미 알파**(Army Alpha)와 **아미 베타**(Army Beta) 검사는 지원자들을 모집하고, 분류하고, 병사들을 다양한 직무에 배정하고, 장교 훈련학교에 입학할 수 있는 잠재적 지원자를 판별하기 위해 개발되었다(Bryant, 1997; p.19). 이것이 사실상 집단용 지능검사의 첫 번째 예이다.

1939년에는 스탠퍼드 비네 지능검사에 불만을 갖고 있었던 Wechsler가 웩슬러-벨뷔 지능 척도(Wechsler-Bellevue Scale)를 만들었다. Wechsler는 그와 가장 가깝게 일했던 성인 모집단이 사용하는 검사 도구를 개발하는 데 관심이 있었다. 이 검사 도구는 현재의 웩슬러 지능검사인 웩슬러 아동용 지능검사-IV, 웩슬러 성인용 지능검사-IV, 웩슬러 유아지능검사-IV의 이전 모형이었다. 그는 "목적의식을 갖고 행동하기 위한 개인의 종합적이거나 포괄적인 능력, 합리적인 생각, 그리고 환경을 효과적으로 다루는 것"으로 지능을 정의하였다(Wechsler, 1958; p.7). Wechsler는 포괄적인 지능의 개념을 유지하였지만 처음에는 다양한 기술들을 포함하는 여러 하위검사를 통해 별도의 언어성과 동작성 영역을 확인하였다.

지능검사 도구로 개발되어 널리 사용되고 있는 다른 검사로는 Das와 Cattell-Hone-

차이를 만들어 낸 연구 3.1

Cattell, J.M. (1890). Mental tests and measurement. *Mind, 15,* 373-381.

1890년에 Cattell은 지능검사를 개발하기 위한 시도를 하였다. 그는 정신검사의 본질을 반영할 것으로 기대되는 10개의 척도를 제안하였다. 이러한 열 가지 척도들은 (1) 근육 강도(dynamometer pressure), (2) 움직임의 속도, (3) 감각-범위(sensation-area), (4) 고통에 대한 예민성, (5) 최소한의 무게의 차이를 인식, (6) 소리에 대한 반응속도, (7) 색깔을 명명하는 속도, (8) 50cm 선의 이등분, (9) 10초의 판단, (10) 한 번 들었을 때 기억하는 문자의 개수이다. 그는 이 척도들은 신체적인 것부터 시작하여 정신적인 척도로 진행해 간다고 지적하였다. 열 가지 척도의 특성을 기술하였다.

Carroll 모형에 근거한 카우프만 아동용 지능검사-II와 Cattell-Hone-Carroll 모형에 근거한 우드콕-존슨 검사-III(Woodcock-Johnson-III)가 있다.

지능검사

카우프만 아동용 지능검사-II

카우프만 아동용 지능검사(Kaufuman Assessment Battery for Children-II, KABC-II)(Kaufuman & Kaufuman, 2004a)는 3~18세 아동들이 사용하도록 개발되었다. 이 검사 도구는 순차처리와 동시처리를 포함하는 Das 모형을 기초로 한다. 이것은 또한 Cattell-Hone-Carroll 모형을 기반으로 한다.

순차처리

● **수 회상**(Number Recall) : 연속적으로 숫자를 불러주면 다시 반복해서 말하도록 요구한다.

● **단어배열**(Word Order) : 검사자가 일련의 단어를 불러주고 학생은 검사자가 불러준 순서대로 그림을 가리킨다.

동시처리

● **삼각형**(Triangles) : 삼각형퍼즐 조각을 사용하여 다양한 모양을 똑같이 만든다.

● **개념적 사고**(Conceptual Thinking) : 4개 또는 5개의 그림의 세트를 보고 다른 것에 속하지 않는 하나를 선택한다.

● **블록세기**(Block Counting) : 부분적으로 또는 완전히 가려진 블록의 수를 센다.

● **로버**(Rover) : 장애물이 있는 체크판에 장난감 강아지를 움직여 최소한의 움직임

으로 뼈다귀를 얻는다.

학습

- 아틀란티스(Atlantis) : 검사자가 제공하는 난센스 게임과 관련된 물건을 확인하는 것
- 글자 조합 수수께끼(Rebus) : 다른 그림 그리기와 연관된 단어나 개념을 배운 다음 학생은 그림을 읽는다.

계획

- 형태 추론(Pattern Reasoning) : 선 형태의 패턴으로부터 빠진 자극을 찾는다.
- 이야기 완성(Story Completion) : 연속적으로 말하는 이야기에서 빠진 그림을 찾는다.

지식

- 수수께끼(Riddles) : 검사자가 여러 특성을 나열하면 개념의 이름을 말한다.
- 언어지식(Verbal Knowledge) : 수용 어휘와 일반적인 정보를 측정한다.
- 표현어휘(Expressive Vocabulary) : 어휘 단어에 해당되거나 일반적인 정보에 대한 질문의 답으로 6개의 사진 중 하나를 고른다.

요약 : 카우프만 아동용 지능검사-II

- 연령 수준 : 3～18세
- 용도 : 언어적, 문화적 배경을 고려하여 인지기술로서 언어능력이 포함되는 것을 원하는지 아닌지에 따라서 지능의 두 가지 모형이 적용될 수 있다.
- 표준화 표본 : 39개 주에서 대략 3,000명의 아동
- 점수 산출 : 하위척도 점수(X＝10, SD＝3), 정신 처리과정 지표, 유동성-결정성 지표, 동시처리 지표, 순차처리 지표, 학습 지표, 계획 지표, 지식 지표(X＝100, SD ＝15)(WPS Publishing Company, n.d.; Taylor, 2009).

스탠퍼드 비네 지능검사-5판

스탠퍼드 비네 지능검사, 5판(Stanford-Binet Intelligence Scale-Fifth Edition, SBIS-5)은 역사적으로 중요한 지능검사의 최근 버전이다(Roid, 2003). 이것은 2세부터 성인기까지 폭넓은 연령대에서 사용될 수 있다. 이 검사는 전체 척도, 언어성 IQ, 비언어성 IQ, 다섯 가지 요인(유동적 추론, 지식, 양적인 추론, 시각-공간 처리과정, 작동기억)의 지표 점수를 산출한다. 열 가지 하위검사의 발달적 시작점을 결정하는 두 가지의 특별한

표 3.2	스탠퍼드-비네 지능검사, 5판	
요인	비언어적 하위검사	언어적 하위검사
유동적 추론	비언어적 유동적 추론	언어적 유동적 추론
지식	비언어적 지식	언어적 지식
양적인 추론	비언어적 양적 추론	언어적 양적 추론
시각-공간 처리과정	비언어적 시각-공간 처리과정	언어적 시각-공간 처리과정
작동기억	비언어적 작동기억	언어적 작동기억

하위검사가 있다(표 3.2 참조).

다섯 가지 지표와 관련되는 하위검사는 다음과 같다.

유동적 추론 지표

- 비언어적 유동적 추론 : Object Series/Matrices 활동을 포함한다.
- 언어적 유동적 추론 : 추론, 언어적 모순 그리고 언어적인 비유 활동이다.

지식 지표

- 비언어적 지식 : 절차적 지식과 모순된 그림을 포함하는 두 가지 활동이다.
- 언어적 지식 : 어휘 하위검사이며 절차 하위검사 중 하나로 언급된다.

양적 추론 지표

- 비언어적 양적 추론 : 네 단계 수준의 활동이 있다.
- 언어적 양적 추론 : 다섯 단계 수준을 포함하는 하위검사이다.

시각-공간 처리과정

- 비언어적 시각-공간 처리과정 : 형태 보드와 형태 패턴 활동을 포함한다.
- 언어적 시각-공간 처리과정 : 위치와 방향과 관련된 5단계의 활동을 포함한다.

작동기억 지표

- 비언어적 작동기억 : 반응 지연과 블록 시간 활동이 포함된다.
- 언어적 작동기억 : 문장과 마지막 단어를 기억하는 활동을 사용한다(Johnson & D'Amato, 2012; Pierangelo & Giuliani, 2009; Taylor, 2009).

요약 : 스탠퍼드 비네 지능검사, 5판

- **연령 수준** : 2세부터 성인
- **용도** : 개인 인지, 지능검사
- **표준화 표본** : 전국적으로 대표성을 지닌 5,000명의 표본
- **점수 산출** : 하위검사(X=10, SD=3), IQ와 종합점수(X=100, SD=15)(Johnson & D'Amato, 2012; Taylor, 2009).

웩슬러 아동용 지능검사-IV

웩슬러 아동용 지능검사-IV(Wechsler Intelligence Scale for Children-IV, WISC-IV)(Wechsler, 2003)는 웩슬러가 개발한 세 가지 지능검사 중 하나이고, 학교에서 지능검사로 가장 널리 사용된다. 이것은 6세부터 16세 11개월까지 사용된다. WISC-IV는 일반적 IQ나 전체 IQ뿐만 아니라 네 가지 지표점수(언어이해, 지각추론, 작동기억, 처리속도)를 제공한다. 10개의 하위검사와 5개의 부가적인 검사가 있다. 하위검사는 다음에 언급되어 있다.

언어이해 지표

- **공통성** : 하위검사는 학생이 두 용어의 공통된 요소를 설명하도록 요구한다(예 : 그림 그리기와 조각)
- **어휘** : 학생이 그림의 이름을 말하거나 다른 말로 단어를 정의한다.
- **이해** : 사회적, 도덕적, 윤리적 판단을 측정한다(예 : 만약 다른 사람의 지갑 또는 돈을 발견했다면 어떻게 할 것인가?).
- 정보와 단어 추리는 부가적인 하위검사이다.

지각추론 지표

- **행렬 추리** : 학생은 부분적으로 채워진 격자 칸을 보고 행렬의 빠진 칸에 들어가는 것을 찾는다.
- **토막 짜기** : 빨간색과 흰색 토막을 이용하여 학생은 제시된 모형이나 그림과 같은 모양을 만든다.
- **공통 그림 찾기** : 일련의 그림을 보고, 학생은 공통 특성으로 묶일 수 있는 그림을 골라야 한다(예 : 동물).
- 그림 이해는 보충 하위검사이다.

작동기억 지표

- 순차 연결 : 학생은 섞여서 제시되는 숫자와 문자를 기억하고 있다가 숫자와 문자의 철자 순서대로 반복해야 한다.
- 숫자 : 일련의 숫자를 똑바로 혹은 반대로 반복해야 한다.
- 산수는 보충 하위검사이다.

처리속도 지표

- 동형 찾기 : 학생은 목표 기호를 찾기 위해 기호 모음을 시각적으로 훑는다.
- 기호 쓰기 : 주어진 시간 내에 숫자들과 짝을 이루는 기하학적 기호를 베낀다.
- 선택은 보충 하위검사이다(Maller, 2012).

요약 : 웩슬러 아동용 지능검사-IV

- 연령 수준 : 6~16세
- 용도 : 유동적 추론을 좀 더 강조하는 개인용 지능검사
- 표준화 표본 : 전국적으로 대표성을 지닌 2,200명의 표본
- 점수 산출 : 하위검사(X=10, SD=3), 전체 척도 IQ와 구성요소 점수(X=100, SD=15)(Maller, 2012; Taylor, 2009)

우드콕-존슨 인지능력 검사-III

우드콕-존슨 검사-III(Woodcock-Johnson-III-Normative Update, WJ-III-NU)(Woodcock, McGrew, & Mather, 2007)는 일반적인 지능과 특정 인지능력을 모두 측정하기 위해 고안된 종합적인 검사 도구이다. 이것은 아주 넓은 연령 범위(2~90세 이상)에서 사용되도록 만들어졌다. 이 인지검사는 이전에 기술되었던 Cattell-Horn-Carroll의 개념적 모형에 기초해서 만들어졌다. 추가적인 정보가 요구될 때 표준 검사와 확장된 검사 모두를 사용할 수 있다. 다음은 표준 검사에서 포괄적인 인지 요인과 수반되는 하위검사를 기술하였다.

이해-지식

- 언어 이해 : 사물 정의, 언어적 유추 완성, 반의어와 동의어 이해하기가 있다.

장기기억 인출

- 시각-청각 학습 : 시각적 상징으로 구성되는 단어와 문장을 읽고 새로운 시각적 상

징을 연상하는 능력을 측정한다.

- 시각-청각 학습 지연 : 이전 하위검사 실시 후 30분이 지난 다음 시각 상징을 회상하고 재학습하는 능력을 측정한다.

시공간 사고

- 공간 관계 : 완전한 모양의 형태를 갖추는 데 필요한 조각을 찾도록 요구한다.

청각 처리과정

- 소리 조합 : 합성된 말소리의 조합을 포함한다.
- 미완성 단어 : 하나 또는 그 이상의 소리가 빠진 단어를 식별한다.

유동적 추론

- 개념 형성 : 논리적 원리에 근거하여 범주에 속하는 이유를 말한다.

처리속도

- 시각적 매칭 : 6개의 숫자가 나열되어 있을 때 2개의 동일한 숫자를 찾아 동그라미 표시한다.

단기기억

- 숫자 반전 : 역순으로 제시되는 일련의 숫자들을 반복한다.
- 청각적 작동기억 : 일련의 단어와 숫자를 기억하고 재배열한다(Taylor, 2009).

요약 : 우드콕-존슨 검사-III(인지 검사)

- 연령 수준 : 2~90세 이상
- 용도 : 종합적인 지능검사보다는 선별에 더 유용하다.
- 표준화 표본 : 전국적으로 대표성을 지닌 8,000명 이상의 표본
- 점수 산출 : 하위검사, 군집점수, 일반적인 인지 능력(X=100; SD=15)(Riverside Publishing n. d.)

지능검사 : 쟁점과 경고

이전에 일반적으로 사용되었던 지능검사는 평가 기술 유형에 관한 좋은 아이디어를 제공한다. 검사 도구들 간에는 유사점이 있지만, 몇 가지 차이점도 있다. 이것은 타당

도에 관한 질문과 중요하게 연결된다. 이 검사 도구가 실제로 측정하려는 것은 무엇인가? 지능검사는 '지적 잠재력'을 측정하는 것이라는 오해가 있다. 이는 낮은 IQ가 선천적으로 낮은 지적 잠재력을 갖고 있다는 것을 암시하기 때문에 인종 편견과 관련된 논란을 가져왔다. 그러나 이 검사는 개인이 어떤 것을 배웠는지, 그리고 무엇에 노출되고 경험했는지를 반영한다(예 : 지적인 수행). 더 정확히 말하자면 비언어적, 분석적인 과제 수행은 개인이 경험한 유사한 과제 수행에 영향을 받을 수 있다. 30년 전에 Reschly(1979)는 "IQ검사는 단지 사람의 지능과 관련된 능력의 일부만을 측정한다…. IQ검사는 선천적-유전적 능력을 측정하지 않고 점수는 고정적인 것이 아니다. 일부 사람들은 측정된 IQ의 유의미한 증가 또는 감소를 보인다."고 주의를 주었다(p.24). 이 말의 요점은 지적장애가 반드시 평생 적절하고 개별화된 지원을 제공받아야 하는 상태는 아니라는 AAIDD의 입장과 일치한다.

적격성 판별과 같은 중요한 의사결정을 내리기 위한 목적으로 지능검사에서 규준참조 검사를 사용한다면 일반적으로 고려해야 할 것이 있다. Pierangelo와 Giuliani(2009)는 검사를 받는 피험자, 검사자, 검사자와 피험자의 상호작용, 그리고 검사 그 자체와 관련된 고려사항들에 관한 논의를 제공한다. 또한 AAIDD(2010)는 전문가들에게 지능검사를 실시하기 위한 고려사항을 제공한다.

피험자와 관련된 몇 가지 쟁점에는 불안과 동기, 검사요령, 피험자의 건강과 감정상태 그리고 개인이 가지고 있을 장애의 종류 등과 같은 요인들의 영향이 있다. 마지막에 제시된 요인의 예로, IQ는 지적장애를 판별을 돕는 데 이용되나 모방이나 블록 쌓기와 같은 운동능력과 관련된 문항이 포함된 지능검사를 뇌성마비인의 IQ를 결정하기 위해 사용하는 것은 적절하지 않다.

또 다른 쟁점으로는 검사자들 간에 검사를 실시하는 데 차이가 있다는 것이다. 규준참조 검사가 표준화된 구성 방식에 의해 시행된다고 할지라도 검사자마다 실행한 결과에는 차이가 있을 수 있다(Pierangelo & Giuliani, 2009). 예를 들어, 강화나 격려가 제공되는 양이나 검사자와 피험자 사이에 라포가 형성된 정도는 검사 결과에 영향을 미친다. 이와 마찬가지로 반응을 해석하는 데도 차이가 있을 수 있다. 즉, 특정 반응에 관한 점수 기준이 있더라도, 애매모호한 반응을 했을 때는 어느 정도의 주관적 해석이 필요하다. 검사자의 문화와 언어뿐만 아니라 피험자와 검사자의 친밀감도 영향을 미친다. 유감스럽게도 하나의 요인이 채점의 오류와 관련될 수 있고, 중요한 교육적 결정에 영향을 미칠 수 있다. 검사를 채점하는 과정에서 오류는 흔히 나타나고, 이 오류들이 결과에 큰 영향을 미칠 수 있다는 연구도 있다(Taylor, 2009).

검사와 관련된 쟁점을 아는 것은 매우 중요하다. 검사 결과를 해석할 때는 검사 도

차이를 만들어 낸 연구 3.2

Flaugher, R. (1978). The many definitions of test bias. *American Psychologist, 33*, 671-679.

이 논문은 검사 편견(test-bias)의 다양한 측면에 초점을 두었다. Flaugher는 많은 사람들이 오직 한 종류의 검사 편견만을 고려한다고 주장하면서, 모든 다양한 유형의 편견을 유념하는 것이 중요하다고 말했다. 그는 편견에 대한 관점을 단순히 검사 도구 자체에 대한 편견보다는 검사 결과를 해석하고 사용하는 방법을 포함하는 오류 전반에 관해 관심을 두었다. 또한 편견을 오직 한 가지의 선택적인 편견으로만 정의를 한다면 오히려 그 특성에 대한 혼란만을 초래할 것이라고 강하게 경고했다. 논의된 편견의 종류는 (1) 평균 차이 편견, (2) 확대해석에 따른 검사 편견, (3) 한 집단 또는 타당도 차이에 따른 검사 편견, (4) 내용에 관한 검사 편견, (5) 모형 선택에 따른 검사 편견, (6) 잘못된 기준에 따른 검사 편견, (7) 분위기에 따른 검사 편견이 있다.

구의 기술적인 특성이 고려되어야만 한다. 지능검사에서 가장 논란이 많은 쟁점은 소수민족에게 불리하게 작용되는 편견이다. 이 장의 앞에서 언급하였듯이, 결과는 다를지라도 잠재적 편견은 법적 소송의 근원이 되어 왔다. 검사의 편견과 관련하여 경험적 연구의 기초가 되는 자료들이 있다. Valencia와 Suzuki(2001)는 62개 연구의 검사에서 문화적 편견을 밝혀냈다. 놀라울 것도 없이, 대부분의 연구들(92%)은 차별적인 검사 소송이 유명하던 시절인 1970년대와 1980년대에 주로 실시되었다.

왜 그렇게 많은 혼란과 논쟁이 이 영역에서 있는가에 대한 한 가지 이유는 실제로 여러 종류의 편견이 존재하기 때문일 것이다. Reschly(1979)는 *American Psychologist*에 실린 Flaugher(1978)의 논문에 근거하여 검사를 선택하고, 실시하고, 해석할 때 반드시 고려해야 하는 몇 가지 종류의 편견들을 밝혀냈다(연구상자 3.2 참조). Reschly가 제시한 편견의 세 가지 유형은 이 논의와 관련이 있다. 평균 차이 편견, 문항 편견, 심리측정의 편견이 있다.

평균 차이의 편견(mean difference bias)은 가장 많은 주목을 받는다. 개별 집단이 다른 특성(예 : 남자와 여자, 도시 지역과 농촌 지역에 사는 사람들, 인종 배경이 다른 학생)을 가지고 있는가의 여부에 따라서 같은 검사에서도 서로 다른 점수를 얻을 수 있다는 것을 의미한다. 인종과 관련된 평균 차이는 지능검사와 편견에 관한 문제로 많은 법적 소송의 기초가 되었다. 오래 전부터 백인 학생보다 소수민족의 학생들이 전통적인 지능검사에서 더 낮은 점수를 받는다고 보고되어 왔다(예 : Reschly & Ross-Reynolds, 1980; Taylor & Partenio, 1983). 그러나 이런 차이에 대한 해석이 옳은 것은 아니다. 이러한 차이의 의미에 대해 판단을 내리기 전에 교육적 기회, 사회 경제적 지위(SES), 영양, 건강, 그리고 다른 요인들을 먼저 고려해야 한다. 예를 들어, Valencia와 Suzuki

(2001)는 "사회 경제적 지위가 통제되었을 때, 지적인 수행에서 백인과 소수 민족 간의 평균 차이는 감소했고, 일부 사례는 무시해도 될 만한 수준이었다."라고 지적하였다 (p.143).

문항 편견(item bias, Flaugher의 내용 편견과 비슷함)은 문항의 정반응이 학생에게는 적절한 반응이 아닐 때 발생한다. 예를 들어, "우유는 어디서 오는가?"와 같은 문항이 있다. 만일 바른 대답이 '소'인데 도시 지역에 사는 학생이 '식료품가게'라고 하면 적절한 반응이 아닌 것이다. 이것은 어떤 문항에 대한 주관적 결정은 다른 사람들에게는 불리한 편견이 되고, 매우 신뢰할 수 없는 절차라는 것을 유의해야 한다(예 : Sandoval & Miile, 1980).

세 번째 편견의 유형은 심리 측정의 편견(psychometric bias)이다. 이것은 타당도, 신뢰도와 같은 검사의 기술적 측면이 다른 특성을 지닌 사람들에게도 비슷하게 나타나는지를 묻는다. 예를 들어, 히스패닉 학생과 백인 학생에게 같은 기술을 측정하는 특정 검사를 실시하는가(Taylor, 2009)?

쟁점과 경고의 요약

지적장애인의 판별을 결정하기 위해 지능검사 점수를 사용할 때는 많은 쟁점들이 논의 되어야만 한다. 이러한 쟁점들에서 고려해야 하는 것은 검사 점수가 특정 영역에서 개인의 능력을 절대적으로 나타내는 게 아니라는 것을 깨닫고, 적절한 관점으로 검사 결과를 설명해야 한다는 것이다. 검사는 너무 자주 소수민족 학생들을 지적장애로 과 잉판별 한다는 비난을 받는다. 검사가 적절하거나 부적절하게 사용될 수 있는 도구라는 것을 깨달을 필요가 있다. 많은 변수들(검사자, 피험자, 둘 사이의 상호작용과 관련되는 변수)은 검사 자체와 관련된 것인 만큼 중요하다. 또한 IQ에 많은 의미와 가치를 두게 되면 잠재적인 실수를 갖게 된다. AAIDD(2010)는 다음 사항을 강조했다.

- "지능의 기능적 준거에 있어 유의미한 제한이 있는 불변의 절사점수는 없다." (p.35) 검사자/팀은 측정의 표준 오차를 고려해야 하고, 검사 도구의 강점과 약점, 연습 효과, 피로 효과, 사용되는 규준을 고려해야 한다.
- 지적 기능의 제한성을 나타내는 IQ 준거는 평균의 2 표준편차 이하의 근사치 점수이고, 지적장애의 진단을 결정할 때는 임상적 판단이 있어야 한다.
- 마지막으로, 지적장애의 진단은 적응기술의 결함과 18세 이전에 나타나야 한다 (AAIDD, 2010).

앞에서 말했듯이, 전통적인 지능검사는 지적인 잠재력보다는 지적인 수행을 더 정확하게 측정한다. 학생들이 이미 배운 것을 주로 측정하고, 수업에서 얼마나 많은 이점을 얻었는지를 모르기 때문에 이것을 **정적인 사정 절차**(static assessment procedures)라고 한다. 이는 **역동적 사정 절차**(dynamic assessment procedure)로 언급되는 많은 기술들을 이끌었다. 이 절차는 보통 검사자와 학생 간의 상호작용을 포함한다. 검사자는 학생들이 어떻게 생각하는지를 끌어내기 위해 시도한다(Pierangelo & Giuliani, 2009). 다시 말해, 학생은 배웠었던 특정 자료나 전략으로 사전검사를 받게 되고, 그런 다음 통제된 상황에서 실제로 자신이 얼마나 배웠는지를 결정하기 위한 사후검사를 받는다. 또한 역동적 사정은 시간이 지난 후에 진전된 학습을 사정하는 데도 사용할 수 있다(Pierangelo & Giuliani, 2009). 역동적 사정은 전통적인 규준참조 검사보다 검사자와 피험자 간의 더 적극적인 관계를 맺게 하는 일반적인 상호작용 사정의 범주 안에 든다(Haywood, 1997b). 그러나 역동적 사정 절차는 기술적 특징의 결함으로 인해 판별의 목적을 위한 도구가 맞는지에 대한 의심을 받아 왔다(예 : Frisby & Braden, 1992). 또한 역동적 사정 특성상 분류나 적격성을 결정하는 점수를 제공할 수 있는 표준화된 형식이 부족하다. 대안적인 접근법이 전통적인 지능검사를 대체하기는 어려울지 몰라도, 융통성 없는 방식으로 IQ 검사가 사용될 때 그것의 한계를 지적할 수 있다(Taylor, 2009).

IQ를 해석할 때 개인의 지적인 능력 이외에 어떤 요인들이 고려되어야 하는가? 교육적 서비스나 다른 서비스를 받기 위한 적격성에 대해 결정하는 데 이러한 요인들이 영향을 미치는가?

적응행동 검사

2장에서 논의한 것처럼, 적응행동의 개념은 지적장애의 역사에서 매우 중요한 역할을 했고 오늘날까지도 아주 분명한 영향을 미친다. 1937년 초에 Tredgold는 적응행동이 정신지체를 정의하는 데 아주 중요한 고려사항이라는 것을 제안했다. 현재 가장 많이 사용되는 적응행동 검사 도구인 바인랜드 적응행동 검사-II의 이전 도구인 바인랜드 사회 성숙도 검사의 저자였던 Doll(1941)은 정신지체를 정의하는 하나의 준거로 사회적 무능력이라는 용어를 사용하였다. 1959년도부터, 적응행동 결함은 AAIDD에서 지적장애를 가진 학생들을 판별하는 준거의 하나로 사용되어 왔다(사건상자 3.2 참조). 최근에 이르러서야 결함의 구성요소에 대한 특정한 준거가 나타났다(Luckasson et al., 2002; AAIDD, 2010). 그러나 적응행동을 조작적으로 정의하고, 평가하기 위한 가장 좋

차이를 만들어 낸 사건 **3.2**

1959년−Heber는 적응행동의 결함이 정신지체의 진단을 위한 하나의 준거가 되어야 한다고 요구했다.

AAIDD(이전에는 AAMD)는 이 분야를 한 세기 이상 이끌어 왔고, 1921년 이후로 정의와 분류 체계에 대한 매뉴얼을 제공해 왔다. 1959년도까지 '적응행동'이라는 용어는 정신지체 정의에 포함되지 않았다. AAMD 매뉴얼의 저자 Heber는 '적응행동'이라는 용어를 소개하였고, 정신지체로 고려되기 위해서 나타나야 하는 결함임을 밝혔다. 적응행동 결함의 구성요소에 대한 특정한 준거를 제시하지는 못했지만, 이것은 아주 중요한 개념으로 주목을 끌었고, 이 분야에 확실한 영향을 미쳤다.

은 방식을 결정하는 것은 간단하지가 않다.

적응행동이란 무엇이고, 어떻게 측정되는가

적응행동은 일반적으로 개인적 요구와 사회적 요구를 다루는 개인의 능력으로 언급된다. AAIDD(2010)는 "사람들이 일상생활 속에서 기능하기 위해 학습하여 왔던 개념적, 사회적, 실제적 기술들의 집합체이다."(p.43)라고 정의하였다. 적응행동이 특별히 정의하기 어려운 한 가지 이유는 개인의 연령에 따라 서로 다른 구성요소를 가지기 때문이다. 예를 들어, 3살 아동의 적응행동은 운동 기술, 의사소통 기술, 그리고 독립적인 생활기술을 포함한다. 반면에 21살 성인의 적응행동은 사회적, 가정적, 그리고 직업과 관련된 기술들을 포함한다. 또한 적응행동의 정의는 문화적 기대와 같은 쟁점들을 다뤄야 한다. 한 문화에서는 가치 있는 것이 다른 문화에서는 부적절한 것으로 여겨질 수 있다. 또한 개인이 갖고 있는 행동이지만, 문화적 이유로 인해 나타나지 않을 수도 있다.

적응행동을 정의한 후에 적응행동 기술을 정확하게 사정하는 도구를 개발하는 것이 필요하다. 몇 가지 쟁점은 특별히 이 논의와 관련이 있다. 예를 들어, 일반적으로 적응행동 기술을 사정하는 데 다양한 **방법**들이 사용된다. 어떤 도구들은 직접적으로 개인의 행동을 관찰하고, 다른 도구에서는 부모나 교사와 면담을 하고, 또 일부는 부모나 교사가 독립적으로 완성해 준다. 이런 서로 다른 사정 방법들이 항상 같은 결과를 산출하는 것은 아니다(Pierangelo & Giuliani, 2009). 게다가 어떤 연구에서는 서로 다른 평가자(예 : 부모, 교사, 학생 자신)가 같은 사람을 평가해도 서로 다른 정보를 제공할 것이라고 나타냈다(Bennett, Frain, Brady, Rosenberg, & Surinak, 2009; Boan & Harrison, 1997; Brady, Frain, Duffy, & Bucholz, 2010).

또 다른 관심사는 적응행동 도구의 기술적인 측면과 관련이 있다. 이전에 논의한 것처럼, 표준화된 표본의 특성은 개인의 점수를 집단과 비교하여 사정 정보를 해석하기 때문에 매우 중요하다. 적응행동 척도는 일반적으로 표준화된 표본의 유형과는 다르다. 어떤 척도는 전국적으로 대표성을 지닌 표본을 기초로 하는 반면에, 또 다른 척도는 지적장애인만을 모집단으로 하는 좀 더 제한적인 규준을 가진다. 판별(적격성) 목적을 위해 정보를 사용할 때는 앞에서 언급한 표준화된 표본을 사용해야 한다. 대규모 인원에서 대표성을 지닌 표본을 사용하게 되면, 좀 더 '전형적인' 모집단과 비교가 되는 적응행동 수준을 알 수 있을 것이다. 다음으로 자주 사용되는 적응행동 척도 몇 가지를 소개하고자 한다.

적응행동 척도

AAMR 적응행동 척도 : 2(학교판)

AAMR 적응행동 척도-학교판 : 2(AAMR ABS-S : 2)(Nihira, Leland, & Lambert, 1993)는 3～21세 학생들에게 사용된다. 학교판은 실제로 주거 및 지역사회 시설에서 사는 사람들을 위해 설계된 AAMR 척도의 다른 간소화 버전으로 만든 것이다. 저자에 따르면, AAMR ABS-S : 2는 전문적인 임상 서비스를 필요로 하는 사람들을 판별하고 중재 프로그램의 진전 정도를 문서화하는 등의 다양한 목적을 위해서 사용할 수 있다(Nihira et al., 1993). 이것과 이전의 AAMR 척도는 AAIDD에서 현재 정의 내린 적응행동 결함의 구성요소를 설명하기 위해 특별하게 고안되었다.

AAMR ABS-S : 2는 두 부분으로 구성된다, 1부는 주로 개인의 독립과 일상생활기술에 초점을 맞췄다. 9개의 영역과 세 가지 요소를 포함한다. 2부는 사회적 행동의 측정에 관한 것이며, 7개의 영역과 두 가지 요소를 포함한다. 두 파트 모두 두 가지 방법 중 하나를 사용해서 정보를 모을 수 있다. **첫 번째 개인 사정**(first-person assessment)은 개인과 매우 친밀한 평가자가 문항을 완성할 수 있을 때 사용된다. 또 다른 방법은 **제3자 평가**(third-party assessment)로 평가자가 학생과 친밀한 사람에게 문항을 주고 완성하는 것이다. 결과는 개인의 강점과 약점을 나타내는 시각적인 프로파일로 제시될 수 있다. 다음은 1부와 2부에 포함되는 영역이다.

1부 대부분의 문항에서 행동은 의존적인 것에서부터 독립적인 것까지 연속적으로 기술된다. 예를 들어, 목욕에 관한 문항의 범주는 "혼자서는 씻거나 말리는 것을 시도하지 않는다."(0점)에서부터 "누구의 도움 없이 목욕을 준비하고, 끝낼 수 있다."(6점)까지이다. 점수가 낮을수록, 적응행동의 결함이 더 심각함을 나타낸다.

- 독립 기능 : 식사, 화장실 사용, 옷 입고 벗기, 옷 관리, 청결, 기타 독립적인 기능 영역의 기술을 포함한다.
- 신체발달 : 시각, 청각 그리고 큰 운동, 작은 운동 발달을 측정한다.
- 경제적 활동 : 화폐 다루기, 예산 세우기, 쇼핑기술을 포함한다.
- 언어발달 : 표현 및 언어 이해, 사회적 언어발달 기술을 측정한다.
- 수와 시간 : 수 조작, 시간 개념을 이해한다.
- 취업 전/직업 활동 : 일, 학교, 직업 수행을 측정한다.
- 자기지시 : 자주성, 인내심, 여가시간의 사용과 같은 영역을 포함한다.
- 책임감 : 개인적 소속감과 개인적 책임감이 포함된다.
- 사회화 : 협동, 다른 사람에 대한 배려, 사회적 성숙 같은 영역이 포함된다.

2부 이 영역의 각 문항을 판단하는 지침은 없지만 평가자는 학생들이 행동을 전혀 안 하는지, 가끔 하는지, 자주 하는지를 판단하여 표시해야 한다. 다음 영역을 포함한다. 사회적 행동, 순응성, 신뢰성, 상동행동과 과잉행동, 자해행동, 사회적 약속, 대인관계 행동 방해를 포함한다. 이러한 영역을 사정하는 내용에는 타인을 위협하는 것, 신체적인 폭력 행위, 지시에 대한 저항, 거짓말, 도둑질, 상동행동, 성적인 행동, 자해, 무기력, 위선적인 성향 등이 있다(Taylor, 2009).

요약 : AAMR 적응행동 : 2(학교판)

- 연령 수준 : 6~21세
- 용도 : 적응행동 결함 또는 부족을 사정
- 표준화 표본 : 전국적으로 대표성을 지닌 정신지체가 아닌 사람 1,000명 이상, 정신지체인 2,000명을 표집
- 표준점수 산출 : 요인과 영역(X = 100, SD = 15)(Harrington, 2012, Taylor, 2009)

독립적 행동 척도 개정판

독립적 행동 척도 개정판(Scale of Independent Behavior-Revised, SIB-R)은 아주 넓은 연령 범위(3개월~성인기)에서 사용하도록 설계되었다(Bruininks, Woodcock, Weatherman, & Hill, 1996). 이 검사 도구는 다른 검사 도구들과는 선다형 문항 형식을 사용한다. 면접자가 질문을 하면(예 : "크래커와 같은 음식을 집어서 먹어라.") 평가자는 피험자가 나타내는 행동 빈도에 따라 '전혀 하지 않거나 거의 하지 않음', '시간의 약 4분의 1', '시간의 약 4분의 3', '항상/거의 항상'으로 표시해야 한다. 또한 평가자는 문항을

간단히 읽고, 검사 양식에다 직접 평가하여 완성하는 것도 가능하다. 250개 이상의 문항은 14개의 하위검사와 3개의 영역으로 분류되어 있다. SIB-R의 한 가지 장점은 선별, 체크리스트, 관련 교육과정을 포함하는 다른 구성요소들이 이용 가능하다는 것이다. 다음은 14개의 하위검사와 이를 포함하는 영역의 목록이다.

운동 기술군

- 큰 운동
- 작은 운동

사회적 상호작용과 의사소통 기술군

- 사회적 상호작용
- 언어 이해
- 언어 표현

개인 생활 기술군

- 식사
- 화장실 이용
- 옷 입기
- 자기관리(personal self-care)
- 가정기술

지역사회 생활 기술군

- 시간 엄수
- 돈과 가치
- 작업 기술
- 가정/지역사회 적응

요약 : 독립적 행동 척도 개정판(SIB-R)

- 연령 수준 : 3개월~44세
- 용도 : 적응행동, 문제행동, 언어능력과 같은 기타 영역을 위한 종합적 진단 체계
- 표준화 표본 : 전국적으로 대표성을 지닌 2,100명 이상의 표본
- 표준점수 산출 : 하위검사, 영역, 광범위한 독립성(X = 100, SD = 15)(Maccow, 2012)

차이를 만들어 낸 연구 **3.3**

Doll, E. (1935). A genetic scale of maturity. *American Journal of Orthopsychiatry, 5*, 180-190.

이 논문은 직업적, 산업적, 행동적 척도에 관한 저자의 경험을 기초로 한 최초의 사회 성숙도 측정 도구 개발과 관련된 내용을 담고 있다. 이 도구는 정보를 수집하는 데 보고 기법을 사용했고(직접 검사, 관찰과는 대조적), 유아에서 성인까지 사용할 수 있도록 고안하여 117개 문항으로 구성되어 있다. 뉴저지에 있는 Vineland Training School에 재학 중인 정신지체 학생 50명과 일반 학생 15명에게 최초로 실시되었다. 이 데이터로부터 Doll은 사회적 성숙과 정신연령 사이에 정적인 관계가 있음을 확인할 수 있었다. 이후에 바인랜드 사회 성숙도 검사의 예비 형태와 신뢰도와 타당도에 관한 정보가 처음으로 실린 논문이 *Journal of Mental Science*에 게재되었다.

바인랜드 적응행동 검사-II

바인랜드 적응행동 검사-II(Vineland Adaptive Behavior Scales-II, VABS-II)(Sparrow, Cicchettim, & Balla, 2006)는 Doll이 최초로 바인랜드 사회 성숙도 척도(Vineland Social Maturity Scale)(연구상자 3.3 참조)를 개발했던 1935년부터 이어진 오랜 역사를 가지고 있다. VABS-II는 생후부터 90세 연령까지 사용될 수 있고 개별적으로 또는 조합하여 사용할 수 있는 여러 구성요소를 포함한다. 한 구성요소는 조사 면담형과 부모/양육자 평정형의 두 가지 조사 형태를 지닌다. 또한 확장 면담형은 0~5세 아동과 낮은 기능을 지닌 성인에게 유용하고, 교사 평정형은 3~21세 연령에게 유용하다(Pierangelo & Giuliani, 2009). 조사 형태는 반구조화된 면담 양식을 사용하여 실시한다. 반구조화된 면담은 실행이 어렵고 연습이 요구된다. 검사 출판사가 면담의 실행 절차를 설명하기 위해 제작한 비디오를 이용한다. 판별과 적격성 확인이 목적일 경우에는 조사형이 가장 적절하다. 부모/양육자 평정형은 3점 척도를 사용한다. 다음은 영역과 대표적인 하위 영역이다.

- 의사소통 기술 : 수용 언어, 표현 언어, 문자 언어가 포함된다.
- 일상생활 기술 : 개인 기술(예 : 먹기), 가정 기술(예 : 집안일), 의사소통 기술(예 : 화폐의 사용, 직업 기술)을 포함한다.
- 사회화 기술 : 대인 관계, 놀이와 여가 시간 그리고 대처 기술을 포함한다.
- 운동 기술 : 큰 운동과 작은 운동 기술을 측정한다(일반적으로 6세 이하 아동 대상).
- 교사 평정형은 학업적, 학교 공동체 하위 영역을 포함한다.
- 부적응 행동의 하위 영역은 조사형과 확장형만 선택하여 이용할 수 있다(교사 평정형은 안 됨)

요약 : 바인랜드 적응행동 검사-II

- 연령 수준 : 생후~90세
- 용도 : 전 생애에 걸쳐 적응행동과 스스로 할 수 있는 것들을 사정
- 표준화 표본 : 전국적으로 대표성을 지닌 3,000명 이상의 표본
- 표준점수 산출 : 영역(X=100, SD=15), 하위 영역(X=16, SD=3), 구성요소(X=100, SD=15)(Stein, 2012)

AAMR/AAIDD 판별과 관련된 다른 도구들

수년간 AAMR에서 정의했던 적응행동의 개념은 주로 통계 분석을 기반으로 한 일반적이고 더 추상적인 지침에서부터 특정 적응행동 기술 영역까지 다양하다. 최근까지 개발된 대부분의 적응행동 척도는 더 일반적인 개념을 측정하기 위해 설계되었다. 앞에서 논의했었던 도구들을 보면 알 수 있듯이 대부분의 도구에서 평가 범위나 영역이 많이 유사하고, 개념의 특성을 포괄적으로만 반영하였다. 그러나 2장에서 언급하였던 Luckasson 등(1992)은 적응행동을 열 가지 특정 기술 영역으로 정의하였다. 특정 기술 영역은 의사소통, 자기관리, 가정생활, 사회적 기술, 지역사회 이용, 자기주도, 건강 및 안전, 기능적 학업, 여가 그리고 일이다. 그 당시 적응행동 척도에서는 열 가지 영역을 구체적으로 다루지 않았다. 결과적으로 이러한 영역을 점수화할 수 있는 도구가 개발되었다. **적응행동 사정 체계**(Adaptive Behavior Assessment System, ABAS)(Harrison & Oakland, 2000)는 열 가지 영역의 점수를 제공한다. 또한 ABAS는 가장 최근에 AAIDD (2010) 매뉴얼에서 제시한 세 가지 영역(개념적, 실제적, 사회적)을 점수화할 수 있다. ABAS의 한 가지 더 추가적인 특징은 웩슬러 검사의 표본과 관련이 있는데, 사람들의 IQ와 적응행동은 동일한 표준화 표본으로 비교할 수 있다. 2002년 AAMR 매뉴얼에는 새로운 적응행동 정의에 맞춰 열 가지 적응기술 영역을 어떻게 재조정하였는지를 표로 설명하고 있다. 따라서 ABAS는 여전히 가장 최신의 AAMR/AAIDD의 정의에 따라 사용될 수 있다.

지원강도 척도[Support Intensity Scale, SIS(Tuompson et al., 2002)]

SIS는 적응행동을 포함한 많은 영역에서 개인에게 필요한 지원 정도를 평가한다. 이 척도는 현재 AAIDD에서 강조하고 있는 전 생애에 걸쳐 지적장애인에게 필요한 개인적 지원을 결정하는 것과 일치한다. 강도는 빈도(지원이 활동에 얼마나 자주 요구되는가?), 하루의 지원 시간(이 영역을 지원할 때마다 얼마나 많은 시간이 소요되는가?), 그리고 지원의 유형(어떤 유형의 지원이 제공되어야 하는가?)에 따라 1~4점 척도로

기록한다.

SIS는 생활 활동, 행동적, 의학적 영역을 포함하는 87개의 특정 영역에서 필요한 지원 요구를 평가하는 여덟 쪽에 달하는 면담과 프로필 양식이다. 문항은 가정생활, 지역사회 생활, 평생학습, 고용, 건강, 안전, 사회적 활동, 보호와 옹호의 영역을 포함한다. 가정생활 활동의 예는 '음식 준비하기'가 있으며, 보호와 옹호 문항의 예로는 '자기 옹호'가 있다. 각각의 활동은 빈도(지원이 활동에 얼마나 자주 요구되는가?), 하루의 지원 시간(이 영역을 지원할 때마다 얼마나 많은 시간이 소요되는가?), 그리고 지원의 유형(어떤 유형의 지원이 제공되어야 하는가?)에 따라 1~4점 척도로 기록된다. 빈도의 1=없음, 4=매시간 이상, 하루의 지원 시간은 1=없음, 4=4시간 이상, 지원의 유형은 1=없음, 4=모든 신체적 보조를 의미한다. 지원 강도의 수준은 총 지원 요구 색인에 근거하여 결정되고, 표준점수는 모든 문항 반응에 기초한다.

쟁점과 경고의 요약

지능검사의 활용보다는 논란이 더 적지만, AAIDD(2010)는 많은 중요한 쟁점들과 경고를 보여 준다. 이는 다음과 같다.

- 검사 도구는 개념적, 사회적, 실제적 적응기술을 종합적으로 측정해야 하고 개인과 집단에 적용 가능해야 한다.
- 검사 도구는 서비스가 필요한 사람을 판별하고자 할 때 지적장애인과 비장애인의 규준을 포함해야 한다.
- 검사 도구의 관리 지침, 적절한 상태, 전문 규칙에 따라 검사자가 잘 훈련되어 있는지 확인한다.
- 검사 도구는 반드시 신뢰도와 타당도가 보장되어 있어야 한다.
- 채점 소프트웨어는 불가능한 답이나 결측치와 같은 오류도 잡아내거나 예방할 수 있어야 한다(AAIDD, 2010).

AAIDD(2010)는 측정의 표준오차를 고려해서 적응기술 점수를 해석해야 한다고 강조하였다. 덧붙여 확인된 세 가지 핵심 개념은 다음과 같다. "(a) 적응행동은 개인의 최대치가 아닌 일반적인 수행을 사정해야 한다, (b) 적응기술의 제한점은 흔히 강점과 공존한다, (c) 적응기술의 강점과 제한점은 지역사회의 맥락, 같은 연령의 사람들이 일반적으로 공유하는 문화적 환경, 개인이 필요로 하는 개별화된 지원과 연관 지어 기록해야 한다."(p.45)

지적장애의 판별은 적절하고 기술적인 도구를 선택하고, 훈련이 된 검사자와 팀을 활용하여 검사를 실시하고 결과를 해석해야 하며, 개인의 수행에 영향을 미치는 많은 요소를 고려하는 것을 포함하는 다면적인 절차이다. 마지막으로 지적장애를 판별하기 위해 사용되는 사정에서 더 중요하게 여겨야 할 것은 효과적으로 학생의 강점을 확인하고, 개별화된 지원을 제공하는 것이다. 지적장애는 부족한 맥락 안에서만 보는 것이 아니라, 기술 개발을 향상시킬 수 있고, 삶의 활동 안에서 참여의 기회를 갖고, 자기결정적이고, 삶의 질을 충족할 수 있는 맥락에서 보아야 한다,

> 적응행동 사정은 왜 중요한가? 적응행동 사정은 어떻게 IQ 검사의 결과를 강화하거나 반박할 수 있을까?

요약 체크리스트

✓ 지적장애에 관한 대부분의 준거는 지능과 적응행동의 결함을 포함한다.

법적 · 윤리적 고려사항
✓ 단지 하나의 사정 방법만을 활용하지 마라.
✓ 기술적으로 적절한 도구를 사용해라.
✓ 비차별적인 사정 방법을 사용해라.
✓ 가장 적절한 언어와 검사 양식을 사용해서 검사해라.
✓ 잘 훈련된 사람이 검사를 실시해야 한다.
✓ 캘리포니아 소송 사례(Larry P. 대 Riles)의 결과로 흑인 학생들의 지능검사가 금지되었다.

규준참조 검사의 개관
➢ **규준참조 검사** – 개인의 수행을 특정 준거집단과 비교하는 검사이다.
➢ **표준화된 표본** – 규준참조 검사에서 이용하는 준거집단이다.
➢ **변환점수** – 표준화된 표본의 수행과 개인의 수행을 비교하기 위해 변환된 원점수이다.
➢ **표준점수** – 원점수를 알려진 평균과 표준편차로 변환하는 것이다.
　✓ **평균** – 점수의 평균이다.
　✓ **표준편차** – 검사 점수의 변동성을 나타낸 것이다.
➢ **타당도** – 검사가 측정하려는 목적에 맞게 측정한 정도이다.
➢ **신뢰도** – 검사의 일관성이다.

> **측정의 표준오차-검사에 포함되는 오차 또는 변동성이다.**

지능의 개념적 모형

✓ James MacKeen Cattell - 정신검사라는 용어를 최초의 사용한 사람이다.

✓ Spearman - 일반요인(g)과 몇 가지 특수요인(s)의 구성으로서 지능을 바라본다.

✓ Thurstone - 지능은 몇 가지 주요 정신능력으로 구성되는 것으로 본다.

✓ Raymond Cattell - 유동성 지능과 결정성 지능이라는 용어를 만든다.

> **유동성 지능-추상적 사고, 추리력, 귀납적/연역적 추론과 같은 능력이다.**
> **결정성 지능-학습된 정보의 획득이다.**

✓ Horn - 더 많은 요인을 추가하여 Cattell 모형을 확장하였다.

✓ Carroll - Cattell-Horn 모형을 확장하였다.

> **동시처리-공간 정보나 유추적 정보를 통합하고 종합하는 것이다.**
> **순차처리-연속적이거나 순차적인 자극을 배열하는 것이다.**

✓ Binet - 지능검사에 주요한 영향력을 끼친 프랑스의 심리학자이다.

✓ Wechsler - 최근에 사용되는 지능검사의 저자이다.

지능검사

✓ 카우프만 아동용 지능검사-II - Das의 동시처리 및 순차(연속적)처리 모형과 Cattell-Horn-Carroll 모형을 기초로 한다.

✓ 스탠퍼드 비네 지능검사-5판-1990년대 초에 검사 도구의 최종판이 나왔다.

✓ 웩슬러 아동용 지능검사-IV-학령기 학생들에게 가장 널리 사용되는 지능검사이다.

✓ 우드콕-존슨 검사-III - Cattell-Horn-Carroll 모형을 기초로 성취 구성요소를 포함한다.

✓ 지능검사는 지적 잠재력이 아닌 지적 수행을 측정한다.

✓ 피험자와 관련된 쟁점-불안, 검사 요령, 장애 상태 등의 요소는 검사 수행에 영향을 미친다.

✓ 검사자와 관련된 쟁점-검사 관리, 해석 차이, 채점 오류 등의 요소는 검사 결과에 영향을 미친다.

✓ 검사 편견(test bias)-평균 차이, 문항, 심리 측정 등 많은 유형이 있다.

✓ AAIDD에서는 지능검사는 판별의 세 가지 주요 요소 중 하나일 뿐이며 점수를 해석하는 데 영향을 미치는 요인들은 많다고 주장한다.

✓ 전통적 지능검사의 대안-Piaget, Sternberg, Gardner 등의 이론을 기초로 한 여러 검사들이 있다.

> ➤ 정적 사정 절차-개인이 이미 배운 것을 측정한다.
> ➤ 역동적 사정 절차-개인이 통제된 상황에서 배울 수 있는 정보의 양을 결정하는 데 도움이 되는 검사-연습-재검사의 형식을 사용한다.

적응행동의 개념

✓ 적응행동은 1959년부터 지적장애를 정의하는 구성요소였다.

✓ 적응행동은 조작적으로 개념을 내리기가 어렵다.

적응행동 척도

✓ AAMR 적응행동 척도(학교판)-적응행동 및 부적응행동을 측정한다.

✓ 독립적 행동 척도(개정판)-선별 요소와 관련 있는 교육과정 등 기타 구성요소를 포함한다.

✓ 바인랜드 적응행동 검사-Ⅱ-조사면담형, 부모/양육자 평가형, 확장된 면접형, 교사 평가형을 포함한다.

✓ 적응행동 사정 체계는 2002년 AAMR과 2010년 AAIDD의 정의 모두에서 사용될 수 있다.

✓ 지원강도 척도는 현재의 AAIDD의 분류 체계에서 적절한 지원 수준을 판별하는 데 사용되도록 고안되었다.

추가 제안/자료

토론

1. 학생이 받은 IQ 점수를 해석할 때 고려해야 할 요소는 무엇인가?
2. 평균, 표준편차 그리고 측정의 표준오차를 정의하라. 적격성을 결정하는 데 각각 어떤 역할을 하는가?
3. 적응행동의 개념을 정의하기가 왜 어려운가? 적격성을 결정하는 데 부적응적 행동 (예 : 절도, 기물 파손, 폭력과 같은 행동)을 어느 정도 고려해야 하는가?

활동

1. 당신의 지역에 있는 학군 또는 주의 교육기관에서 지적장애 학생을 판별하기 위해 사용되는 기준을 찾아라. 어떤 도구를 추천하는가?
2. 추천하는 지능검사에 대해서 학교심리학자들과 면담해라. 추천하는 이유는 무엇

인가?

3. 적응행동의 정의를 당신이 만들어 보아라. 적응행동을 사정하는 데 가장 좋은 방법은 무엇이라고 생각하는가? (예 : 면담 대 관찰)

인터넷 자료

http://daddcec.org/Home.aspx

자폐성 장애와 발달장애 분야를 다루는 특수아동교육협회의 홈페이지이다. 지적장애에 대한 기본 정보와 가족 및 전문가들을 위한 정보를 담고 있다.

http://www.aafp.org

미국 가정의학 아카데미 사이트로, 세 명의 의사가 공동연구 한 '정신지체의 판별과 평가(Identification and Evaluation of Mental Retardation)'라는 논문을 제공한다. 이 논문에서는 인지/지적장애에 관한 일반적인 정보를 제공하고 발달적 역사의 중요성을 강조하는 사례 연구를 보여 준다. 지적장애에 관한 정보를 교육자에게 받는 것과 비교하여 의사들에게 받는 정보도 참고하면 흥미로울 것이다.

제2부

지적장애의 원인

제4장

유전 및 염색체 요인

요점

> **유전에 있어서의 유전자와 염색체의 역할** - 염색체는 DNA 사슬들로 구성되어 있고, 22쌍의 상염색체와 1쌍의 성염색체가 있다. 유전자는 염색체에 위치하고 유전적 특성들을 지정한다.

> **상염색체 유전장애** - 이 장애들은 우성(예 : 결절성 경화증과 신경섬유종증)일 수도, 열성(예 : 페닐케톤뇨증, 테이 삭스병)일 수도 있다.

> **성염색체 유전장애** - 유약 X 증후군은 지적장애의 가장 일반적인 유전적 형태이다. 다른 성염색체 유전장애들로는 레쉬-니한 증후군과 레트 증후군이 있다.

> **염색체의 수와 관련된 장애** - 이 장애들은 염색체의 비분리, 전위, 그리고 섞임증 등으로부터 나타날 수 있다. 가장 일반적인 장애는 다운증후군이다.

> **염색체의 구조와 관련된 장애** - 가장 보편적인 원인은 염색체의 일부가 없는 것이다. 예를 들어 프래더-윌리 증후군은 15번 염색체의 장완이 일부 결실되어 발생한다.

> **원인이 여러 가지이거나 알려지지 않은 장애** - 여러 가지 원인을 지닌 상태에는 뇌수종과 소두증 등이 포함된다. 원인이 알려지지 않은 장애의 예로는 스터지-웨버 증후군이 있다.

> **유전 검사 및 유전 상담** - 유전 검사 절차에는 양수천자, 장막 융모 검사, 그리고 알파 태아단백 검사 등이 있다.

다음 장에서 논의될 것처럼, 지적장애는 기본적으로 환경적이거나 알려지지 않은 원인들의 결과이다. 그러나 지적장애를 일으키는 유전 및 염색체 원인들 또한 많다. 40여 년 전 '정신지체에 대한 대통령 직속 위원회'(the President's Commission on Mental Retardation, PCMR)는 2000년까지 지적장애 발생률을 50%가량 줄이고자 하는 대담한 도전을 발표했다(PCMR, 1972). 비록 이 일이 성사되지는 않았지만 특히 지적장애의 생물학적 원인에 대해서는 상당한 진전이 있었다. 이제 우리는 인간의 유전적 구성에 대하여 훨씬 더 많은 것을 알게 되었고, 여러 가지 장애에 관계된 유전자들을 분리해 낼 수 있게 되었다. 연구에 있어서의 진전은 그 원인 및 치료에 상당히 커다란 통찰을 주었다.

유전 및 염색체 장애들에 대해 이해하는 것은 적어도 세 가지 이유에서 중요하다. 첫째, **예방**에 대한 몇 가지 함의들이 있다. 유전자 요법과 같은 기법들을 통해, 많은 장애들을 예방할 가능성이 존재한다. 예를 들어, 심각한 복합 면역결핍['거품소년 (bubble boy)' 장애]은 이와 같은 기법으로 성공적으로 제거되었다(Warren, 2002). 또 다른 이유는 **치료**와 관련되어 있다. 예를 들어 한때 수많은 지적장애의 원인이 되었던 유전장애인 페닐케톤뇨증은 이제 성공적으로 치료할 수 있다. 조기 선별과 발견으로 태어난 지 며칠 되지 않은 신생아에게 특정 식이요법을 할 수 있게 되었고, 따라서 이 장애의 심각한 결과를 회피할 수 있게 되었다. 세 번째 이유는 유전 상담이다. 개선된 진단 절차는 태아의 속성에 대해 부모들에게 더 많은 지식을 주게 되었고, 유전 상담가는 그 부모들에게 정보와 지원을 제공하는 데 도움을 줄 수 있다. 더욱이 곧 부모가 될 사람들은 장애와 관련된 것으로 알려진 유전자의 보인자일 수 있다. 유전 검사 및 후속 상담은 부모들에게 아이가 장애를 갖게 될 가능성에 대해 더 나은 생각을 제공한다.

지적장애와 연관된 구체적인 장애들에 대해 논의하기 전에 우선, 유전에 대한 유전자와 염색체의 중요한 역할을 이해할 필요가 있다.

유전에 있어서의 유전자와 염색체의 역할

남자의 정자와 여자의 난자가 결합하여 수태가 될 때, **접합체**(zygote)라 불리는 단일 세포가 만들어진다. 이 시기에 한 개인의 유전자 청사진이 결정된다. 이 접합체 자체가 결국 계속해서 복제되고 독특한 특성을 지닌 살아있는 유기체가 된다. 이러한 발달 과정에서 유전자와 염색체는 핵심적인 역할을 한다. 지적장애와 연계되는 특성들을 포함하여, 이러한 특성들의 결정에 있어 유전자와 염색체가 하는 역할을 이해하기 위해 먼저 유전자와 염색체의 구조 및 기능에 대해 숙지할 필요가 있다. 앞으로 논의될 것처럼 지적장애는 유전자로 인해 그리고 염색체 자체와 관련된 이상으로 인해 야기될 수 있다.

세포들과 그 구조

세포에는 **체세포**(somatic cell 또는 body cell)와 **생식세포**(germ cell 또는 sex cell), 두

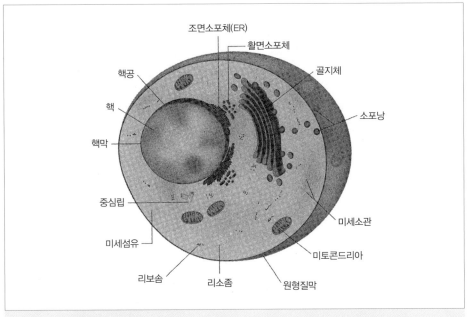

조면소포체(ER)

활면소포체

핵공

골지체

핵

소포낭

핵막

중심립

미세소관

미세섬유

미토콘드리아

리보솜

리소좀

원형질막

그림 4.1 동물 세포의 일반적 구조

가지가 있다. 각각의 세포는 궁극적으로 결국에 독특한 유전자 청사진을 지닌 인간이 되는 서로 다른 형태의 세포분열과 관련되어 있다. 모든 세포들의 구조는 같다(그림 4.1 참조). **세포막**(cell membrane)이 **세포질**(cell matter 또는 cytoplasm)을 둘러싸고 있다. 세포질 내에는 (핵막으로 둘러싸인) 세포의 **핵**(nucleus)이 있다. 세포핵에는 유전자가 위치해 있는 염색체가 들어 있기 때문에, 세포핵은 유전에 있어 중추적인 역할을 한다. 염색체는 세대 간에 전달되는 모든 유전물질들을 포함하고 있다(Papalia & Feldman, 2011). 유전자는 유전에 있어 기본적인 혹은 가장 작은 단위로 간주되고 인체의 특성과 기능에 대한 청사진을 제공한다. 특정 기능/특성들을 담당하는 유전자들은 염색체에서 특정한 위치를 차지하고 있으며 유전의 화학적 결정인자들이다. 이러한 유전자 청사진을 **유전자형**(genotype)이라 부른다. 따라서 유전자들과 염색체들에는 유전을 결정하는 데 필요한 모든 물질들이 담겨 있다.

염색체와 유전자의 구성

염색체는 DNA(deoxyribonucleic acid, 데옥시리보핵산) 사슬들로 이루어져 있다. 약 60여 년 전까지 DNA의 구조에 대해서 알려진 것은 별로 없었다. 노벨상을 수상한 Watson과 Crick은 DNA의 구성을 처음으로 기술하였다(연구상자 4.1 참조). 그들은 DNA가 비

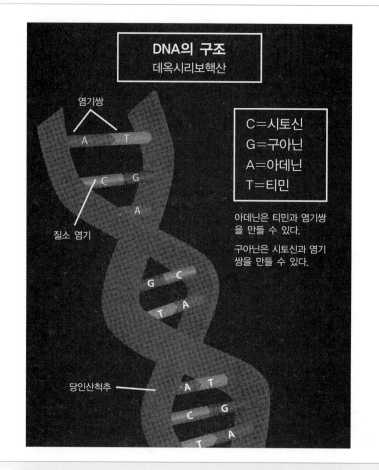

그림 4.2 DNA의 구조

틀어진 사다리 모양과 유사한 이중 나선 형태로 되어 있으며 인산염(phosphate), 당, 그리고 질소 염기(nitrogenous base) 등과 같은 몇몇 화학물질들로 이루어져 있다고 제안하였다(그림 4.2 참조). 인간에게는 **아데닌**(adenine, A), **티민**(thymine, T), **구아닌**(guanine, G), 그리고 **시토신**(cytosine, C)이라는 4개의 염기가 있다. DNA의 기능에서 중요한 것은 이러한 염기들이 수소결합을 통해 **염기쌍**(base pair)을 구성하기 위하여 함께 결합하는 독특한 방식이다. 아데닌은 티민하고만, 그리고 구아닌은 시토신하고만 결합된다. 사다리와 유사한 것이 계속되는 사슬들은 인산염과 당으로 구성되는 반면에, 가로대는 한쪽 사슬의 염기를 다른 쪽 사슬의 대응되는 염기와 연결하면서 형성된다. 가로대는 AT, TA, GC, 혹은 CG 등 모두 네 가지의 가능한 조합을 이룬다.

차이를 만들어 낸 연구 4.1

Watson, J. D., & Crick, F. H. C. (1953). A structure for deoxyribonucleic acid. *Nature*, 171, 737.

각각 DNA의 구조모델을 제안했던 Pauling(또 다른 노벨상 수상자)과 Coring, 그리고 Fraser의 연구를 인용하면서 Watson과 Crick은 '근본적으로 다른 구조'를 제안하였다. 이 논문에서 논의되고 있는 그들의 모델은 수용된 DNA의 분자구조를 기술하고 있다. 이 논문에는 복제와 같은 미래의 실제에 대해 Watson과 Crick이 한 예언적 진술이 담겨 있다. "우리가 가정해 왔던 특정 짝짓기(pairing)가 가능한 복제 메커니즘을 즉각적으로 제안한다는 우리의 경고를 벗어나지 못했다"(p.737).

다시 말하면, 왼쪽 사슬에 있는 아데닌은 항상 오른쪽 사슬에 있는 티민과 결합하는 식이다. 인간의 염색체에는 거의 30억 개의 DNA 염기쌍이 들어 있는 것으로 추산된다.

염색체에 위치한 유전자들은 실질적으로 수천 개의 염기쌍들을 포함하고 있다. 유전자들은 발달의 여러 단계들에서 인체에 요구되는 특정 단백질들을 합성하는 과정을 통해 유전적 특성들을 지정한다. 이러한 과정은 DNA가 생산하는 리보핵산에 의한 화학물질 전달을 통해 발생한다. 달리 말하면, 유전자들이 어떤 시기에 어떤 단백질들이 생성되어야 하는지에 대한 메시지를 전달하는 것이다(유전자들이 그 메시지를 전달하는 구체적인 메커니즘은 이 장의 범위를 벗어난다).

최근 다양한 유전자들의 구체적인 위치(유전자 지도 만들기) 및 염기쌍들의 서열을 결정하고자 하는 시도가 있었다. **인간 유전체 프로젝트**(Human Genome Project)는 3만 개 이상의 유전자들의 지도를 만들고, 인간의 DNA를 구성하는 약 30억 개 이상의 화학적 결합을 서열화하는 것과 관련되어 있는 십여 년에 걸친 연구를 대표하고 있다(사건상자 4.1 참조). 분명히 우리는 인간의 특성을 결정하는 매우 구체적인 유전 표지들을 규명하기 직전인 것이다.

염색체의 수와 종류

인간은 서로 짝 지워진 46개의 염색체를 가지고 있다(각각의 짝 중 하나는 친모로부터 다른 하나는 친부로부터 물려받는다). 이 염색체들 중 22쌍은 **상염색체**(autosome)라고 하고 23번째 쌍은 자녀의 성을 결정하는 **성염색체**(sex chromosome)이다. 여성은 2개의 X 염색체를, 남성은 하나의 X 염색체와 하나의 Y 염색체를 갖는다. 수태되는 동안에, 남성이 여성이 제공한 X 염색체와 결합할 X 염색체를 주게 되면 자녀는 여성이 될 것이지만, 남성이 Y 염색체를 제공하면 아이는 남성이 될 것이다(이 과정은 세포분열

차이를 만들어 낸 사건 **4.1**

1990년 – 인간 유전체 프로젝트의 시작

1990년 미국 자원부와 국립건강센터는 인간의 DNA 구성을 분석하려는 체계적인 연구를 시작하였다. 연구 기간은 처음에 15년 정도로 예상되었으나, 2000년 미국 정부와 민간단체인 Celera Genomics는 사실상 이 프로젝트를 5년 먼저 완성했다고 발표하였다. 이 프로젝트는 모든 인간 유전자가 염색체 내 어디에 있는지 그 정확한 위치를 가려내고 건강 및 질병에 관해 유전자들이 하는 기능을 결정짓도록 설계되었다. 또한 인간 유전체에 있는 30억 개의 염기를 완전히 서열화하는 것이 목적이었다. 인간의 유전자(유전체) 전체의 구조를 이해한다는 것은 지적장애의 생물학적 원인에

엄청난 통찰을 가져다 줄 것이다. 이 정보는 인지적 장애들뿐 아니라 신체적 장애들 또한 진단하고, 치료하며, 예방하는 데 활용될 것이다. 흥미롭기는 하지만 놀랍지 않은 사실은, 인간 유전체 프로젝트 예산의 일부가 이 프로젝트로부터 수집된 정보의 결과에 따라 발생할 수 있는 윤리적 · 법적 문제들을 다루는 데 할당되었다. 인간 유전체 프로젝트의 결과에 대한 작업 초안은 2001년 네이처와 사이언스지를 통해 출판되었다. 미국 자원부는 현재 '삶을 위한 유전체(Genomes for Life)'라 불리는 추수 프로젝트에 자금을 대고 있다.

과정을 논의할 다음의 절에서 설명될 것이다). 염색체 쌍은 번호로 지정되고(1~23), 문자 호칭에 따라 분류된다(상염색체의 7개 그룹에 각각 A에서 G까지의 문자로 붙인다). 특정한 화학 절차를 통해 염색체들을 분리하고, 착색하고, 촬영할 수 있다. 그렇게 하면, 한 쌍씩 놓인 염색체들을 확대한 **핵형**(karyotype)을 볼 수 있다. 상염색체는 길이에 따라 배열되고(첫 번째 쌍이 가장 길고, 22번째 쌍이 가장 짧다), 22번째 쌍 다음에 성염색체 한 쌍이 나타난다(그림 4.3 참조). 핵형 한 가지가 지적장애나 다른 특성들(나중에 이 장에서 논의됨)과 연계될 수 있는 뚜렷한 비정상성을 나타낼 수 있다. 지적장애를 일으키는 장애들은 상염색체나 성염색체와 관련된 문제들에서 발생할 수 있다.

세포분열

유전자들과 염색체들은 두 가지 과정 즉, 감수분열 및 유사분열(mitosis)을 통해서 발생하는 세포분열에서 중요한 역할을 한다. **감수분열**(meiosis)은 성세포(sex cells) 내에서 일어난다. 이 과정은 핵에 있는 46개의 염색체들이 반으로 줄어들기 때문에[반수염색체 상태(haploid state)라 일컬어짐] 환원적인 것으로 기술된다. 이로 인해 남성에게서는 정자가, 여성에게서는 난자가 발달하며, 각각의 정자와 난자는 23개의 염색체를 갖고 있다. 즉, 수태될 때 자녀는 염색체의 반은 남성으로부터, 나머지 반은 여성으로부터 물려받는다. 앞서 밝혔듯이, 남성이 X 염색체를 주게 되면 자녀는 여성이 되고, Y 염색체를 물려받게 되면 자녀가 남성이 된다. 아주 유사한 방식으로, 남성과 여성으

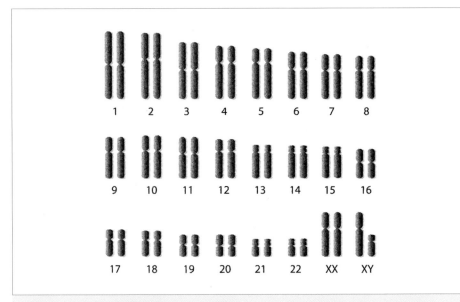

그림 4.3 정상적인 인간의 핵형

로부터 물려받은 염색체에 있는 유전자들은 자녀의 다른 특성들을 지정하게 된다. 사실상, 아이가 물려받는 모든 유전자들의 약 75%가 모든 다른 아이들의 유전자들과 동일하다. 무작위로 변형되어 발생하는 나머지 25%의 유전자들이 각각의 아동을 독특하게 만드는 것이다(Papalia & Feldman, 2011).

유사분열(mitosis)은 핵에 있는 염색체들은 분열되기 전에 스스로를 복제하는 체세포 분열을 일컫는다. 즉, 임신을 통해 유전부호(genetic code)가 설정된 후에, 새로이 형성된 접합체의 46개 염색체 각각의 염기쌍들이 '나누어지게' 됨으로써 분열된다. 이는 때때로 DNA 사슬들이 '풀리는 것'으로 생각되기도 한다. 그리고 나서, 각각의 염기(예 : 아데닌)가 유사한 염기(즉, 티민)와 결합되어야 할 필요성으로 인해 분리된 각각의 사슬은 새로운 사슬들의 발달을 위한 하나의 원형으로서 작용한다. 모세포라 불리는 세포가 분열될 때 2개의 새로운 세포(딸세포)는 46개의 염색체들을 갖게 된다[두 배수 염색체 상태(diploid state)라 일컬어짐]. 감수분열과 유사분열의 과정을 통해 태아의 발달이 일어나며, 이 발달은 태아 자신의 미리 결정된 유전자 구성으로 완성된다.

다시 생각해보기

인간 유전체 프로젝트가 지적장애 분야에 어떠한 영향을 줄 것이라 생각하는가?

상염색체 유전장애

유전장애는 22쌍의 상염색체나 한 쌍의 성염색체에 있는 유전자들과 관련될 수 있다. 서로 다른 특성들을 산출하는 유전자들은 **대립유전자**(allele)로 일컬어진다. 아이는 각각의 생물학적 부모로부터 하나의 대립유전자를 물려받는다. 다시 말하자면 아이는 아버지와 어머니로부터 부모의 염색체 쌍들에 있는 2개의 대립유전자 중 하나씩 물려받는다는 것이다. 2개의 대립유전자를 G와 g로 가정해 보자. 아이가 각각의 부모로부터 주어진 특성에 대한 같은 대립유전자를 물려받았을 경우, 그 결과는 **동종접합**(homozygous) 짝짓기로 나타난다(GG나 gg). 아이가 서로 다른 대립유전자를 물려받았을 때는 그 결과가 **이형접합**(heterozygous) 짝짓기로 나타난다(Gg).

최근에, 특질(traits)의 유전에 있어 유전자의 역할에 관한 더 많은 정보가 수집되었다. 유전자 유전에 대해 수용되고 있는 두 가지 설명으로는 단일 유전자(single-gene) 입장 혹은 하나의 유전자-하나의 장애(one gene-one disorder, IGOD) 입장과 양적 특질 유전자 자리(quantitative trait loci, QTL) 입장이 있다. IGOD 설명은 단일 유전자의 존재가 장애를 일으킬 것이라는 점을 제안하고 있다. QTL 설명은 여러 유전자들이 함께 장애의 원인이 된다는 점을 제안하고 있다(즉, 하나의 분리된 유전자가 원인이 아니다). **다요인 전파**(multifactorial transmission)의 문제 또한 존재하는데, 다요인 전파란 유전에 있어 유전자 및 환경 요인들이 복합적으로 작용한다는 입장을 말한다. 지적장애와 관련된 어떤 장애들은 단일 유전자 혹은 IGOD 장애로, 또 다른 장애들은 QTL 장애로 간주되고 있다. 더욱이 지능 및 적응행동 등과 같은 특정한 특질들은 다요인 전파에 의해 영향을 받는다. 단일 유전장애들은 **우성**(dominant)이거나 **열성**(recessive)일 수 있다.

상염색체 우성장애

상염색체 우성장애(autosomal dominant disorder)라면, 부모 중 **한쪽**이 어떤 장애에 대한 대립유전자를 물려주었을 때, 아이가 그 장애를 갖게 될 것이다. 보통 상염색체 우성장애를 갖고 있는 아동은 부모 중 한 사람이 혹은 부모 모두 같은 장애를 갖고 있다. 하지만 그 상태가 새로운 변이의 결과일 경우 예외가 발생한다. 드문 경우지만 아이가 우성장애를 물려받지 않기도 한다. 이를 **비침투**(nonpenetrance)라고 한다. 만약 자녀가 우성 대립유전자(D)가 존재하는(U는 영향을 받지 않은 유전자를 가리킨다) 동종접합(DD)이나 이형접합(DU) 짝을 물려받았다면, 우성 대립유전자의 특질이 유전될 것이다. 이를 보여 주는 한 가지 방법은 1800년대 케임브리지 대학의 유전자학 연구를 확립시키는 데 도움을 준 Reginald Punnett 경의 이름을 딴 **퓨넷 바둑판법**(Punnett square)을 활용하는 것이다. 퓨넷 바둑판법은 알려진 대립유전자쌍들을 가지고, 어머니와 아버지로부터 물려받은 다양한 유전자 결합을 보여 준다. 비록 이것이 어떤 개인이 장애(혹은 어떤 성향)를 물려받을 확률을 산출해 주겠지만, 이는 정확한 과학이 아니다. 퓨넷 바둑판법은 사실상 이 방법을 사용했을 때 어떤 장애가 어느 정도 유전될 수 있는지 그 이론적 확률을 의미할 뿐이다(MacMillan, 1985). 이는 특히 이형접합 쌍들의 경우에 사실이다.

아버지가 우성 유전자의 동종접합 쌍을, 어머니가 이형접합 쌍을 지닌 4명의 아이들에게 나타날 수 있는 다음의 가능한 결합을 생각해 보라. 다음의 예에서 D는 주어진 장애의 우성 유전자를, U는 영향을 받지 않은 유전자를 나타낸다.

퓨넷 바둑판법 1

여성
D　U
D DD DU

남성
D DD DU

이 경우, 네 명의 아이들 모두 우성 유전자(D)를 갖게 되고 따라서 장애를 물려받게 될 것이다. DD/UU의 경우도 마찬가지이다.

이제 각각 우성 유전자를 지닌 부모 모두 이형접합인 경우를 생각해 보자.

퓨넷 바둑판법 2

여성
D　U
D DD DU

남성
U UD UU

이 경우 네 명의 아이들 중 세 명이 장애를 물려받게 된다. UU형 결합의 아이는 장애를 갖지 않는다. 이는 주어진 아이들이 장애를 유전 받을 가능성은 75%라는 뜻이 된다.

다음은 우성 유전자를 갖지 않은 이형접합 어머니와 동종접합 아버지의 예이다.

퓨넷 바둑판법 3

여성
D U
U UD UU

남성
U UD UU

여기에서는, 두 아이만이 장애를 물려받는다(다시 말해서, 주어진 아이들이 장애를 유전 받을 가능성이 50%이다).

분명히, 두 부모 모두 우성 대립유전자를 가진 동종접합 짝들을 지니고 있다면(DD), 모든 아이들은 장애를 물려받는다. 지적장애를 가져올 수 있는 상염색체 우성장애의 예로는 결절성 경화증, 신경섬유종증이 있다.

결절성 경화증

결절성 경화증(tuberous sclerosis, TS)은 9번 혹은 16번 염색체에 있는 비활동성 유전자에 의해 야기된다. 이 유전자들은 보통 인체에 종양들이 발달하는 것을 억제하는 활동을 한다. 따라서 이 상태는 뇌를 포함한 여러 기관에 영향을 줄 수 있는 종양들을 특징으로 한다. 종양들은 돌기(감자) 모양으로 형성되고 나이가 들어감에 따라 굳어져 가므로(경화된다), 이름을 **결절성 경화증**이라 한다. 이러한 종양들은 뇌전증 및 지적장애를 가져올 수 있다. 또 다른 일반적인 특성들로는 얼굴에 붉은색의 혈관 덩어리가 생기는 것을 포함해서 몇 가지 형태를 띠는 피부 손상이 있다. 비록 결절성 경화증이 상염색체 우성장애이지만, 대부분의 경우는 새로운 변이에 의해 발생한다. 지적장애가 항상 나타나는 것은 아니고 지적장애가 발생한 경우에라도 그 정도는 경도에서 중도에 이르기까지 다양한 양상을 보인다. 흥미로운 것은 결절성 경화증을 지니고 있는 사람들에게 있어 자폐성 장애의 빈도가 대략 25~50% 정도로 꽤 높다는 것이다(Tuberous Sclerosis Alliance, 2013).

신경섬유종증

결절성 경화증처럼, 신경섬유종증(neurofibromatosis, NF)도 종양의 성장을 가져온다. 신경섬유종증에서 종양의 출현은 말초신경계 혹은 중추신경계에서 발생할 수 있다. 지적 장애는 있거나 없을 수 있다. 신경섬유종증에는 두 가지 형태가 있다(NF1과 NF2). NF1은 한때 **말초 신경섬유종증**(peripheral neurofibromatosis) 혹은 이를 처음으로 규명해 낸 사람의 이름을 따라 Von Recklinghausen 병으로 불리기도 했다. 그러나 중추신경계 종양이 NF1에서도 나타날 수 있기 때문에 '말초 신경섬유종증'이라는 용어는 더 이상 적절한 것이 아니다[National Institute on Neurological Disorders and Stroke(NINDS), 2002]. NF2는 한때 중추 신경섬유종증(central neurofibromatosis) 혹은 종양들이 청신경에 영향을 미친다고 생각되었기에 양측성 청신경 섬유종증(bilateral acoustic neurofibromatosis)으로 알려졌었다. 현재 종양들이 전정신경에 영향을 준다는 증거가 존재한다. 다른 뇌 신경들과 가까이 있기 때문에 NF2는 때때로 생명에 위협이 된다(NINDS, 2002). NF1은 다발성 종양[신경섬유종(neurofibroma)], '카페오레' 반점(연한 갈색 출생모반), 말초신경 위에 나타나는 피부의 손상, 그리고 눈의 작은 결절 등으로 나타난다. NF1은 또한 대두증(macrocephaly)과 **뼈**의 기형(bone malformation) 등을 일으키기도 한다. Kahl과 Moore(2000)는 NF1의 특징이 인지적 곤란, 학습장애, 그리고 정서·행동상의 어려움이라는 점을 지적하였다. NF2는 청각 손상을 불러일으키는 종양들로 나타난다. NF1이나 NF2를 가진 부모는 항상 같은 유형의 NF를 지닌 아이들을 갖게 될 것이지만, 그러한 특성들의 심각성은 같은 가족 내에서도 매우 다양할 수 있다.

상염색체 열성장애

만일 상염색체가 본질적으로 열성이라면, 상염색체 열성장애라 불리는 장애가 유전되기 위해서는 부모 모두 그 특정 대립유전자를 아이에게 전달해야 한다. 앞에서 제시한

퓨넷 바둑판법을 이용하면 아이가 열성장애를 물려받을 이론적 확률을 결정할 수 있다. 이러한 상황에서 R은 열성장애 유전자로, U는 영향을 받지 않은 유전자로 가정해 보자. 만일 부모 모두 이형접합 짝들을 지니고 있다면(부모 모두 보인자들) 한 아이는 장애를 갖게 될 것이고(RR), 두 아이들은 보인자이며(UR 및 RU), 한 아이는 아무런 영향을 받지 않은 상태일 것이다(UU). 따라서 아이가 장애를 갖게 될 확률은 25%, 보인자가 될 경우는 50%, 그리고 장애를 갖지도 보인자가 되지도 않을 확률은 25%가 될 것이다. 만약 부모 중 한 사람이 동종접합(RR : 장애를 가짐)이고 다른 한 사람이 이형접합(RU : 보인자)이라면 확률적으로 두 아이는 장애(RR)를 갖게 되고, 두 아이는 보인자(UR 및 RU)가 될 가능성이 있다. 부모 모두 동종접합 짝들을 지니고 있는 상황(부모 모두에게 장애가 있음)에서는 **모든** 아이들이 장애를 갖게 될 것이다. 한 가지 다른 상황도 가능하다. 부모 중 한 사람이 보인자이고(이형접합, UR), 다른 한 사람이 동종접합이지만 열성장애 유전자를 갖고 있지 않은 경우(UU)는 어떻게 될 것인가? 이런 경우에는 어떤 아이도 장애를 갖지 않지만 50%는 보인자가 될 것이다.

시도해 보기

19세기에 지적장애인들을 시설에 수용한 것이 정당화될 수 있다고 생각하는가? 오늘날에도 여전히 정당화될 수 있는가? 만약 그렇다면 어떤 환경하에서 정당화될 수 있다고 믿는가?

지적장애를 초래하는 많은 상염색체 열성장애는 인체에서 특정 물질들(예 : 단백질이나 당)을 분해하지 못하게 되는, 효소 결핍으로 인한 신진대사 장애이다. 그 결과 그러한 물질들이 과도하게 축적되고 이는 파괴적인 영향을 가져올 수 있다. 이러한 상태는 종종 **선천성 대사이상**(inborn error of metabolism)으로 불린다. 다행히도 이러한 상태들 중 많은 부분들이 규명되고 조기에 치료될 수 있으므로, 최소한 어느 정도의 인지적·신체적 결과는 피할 수 있다. 이러한 장애들은 또한 민족적인 배경과 빈번하게 연계되고 유전 상담에 중요한 함의를 지니고 있다(이 장의 뒷부분에서 논의). 몇 가지 신진대사 장애들에 대한 설명을 제시하자면 다음과 같다.

갈락토스혈증

갈락토스혈증은 탄수화물(당) 갈락토스를 분해하는 갈락토스-1-포스페이트우리딜 전이효소(galactose-1-phosphate uridyl transferase)가 부족하거나 상당한 정도로 감소했을 때 나타난다. 이로 인한 문제는 갈락토스나 유당을 함유하고 있는 식품(예 : 유제품과 이집트 콩 등과 같은 콩류 식품 등)을 소비할 때 발생한다. 보통 이러한 당들은 에너지로 사용하기 위해 인체에서 글루코스로 변환되지만 효소 부족은 이러한 과정이 일어나지 못하게 한다. 갈락토스의 축적은 지적장애로 귀결되는 뇌 손상, 백내장, 간 및 신장 등을 포함하는 내장 기관의 기능 이상 등을 포함한 심각한 결과를 초래한다. 갈락토스혈증은 생후 1주일 내에 혈액검사를 통해 발견할 수 있고, 그 즉시 치료를 시작할 수 있다. 치료로는 갈락토스와 유당을 함유하고 있는 음식물 섭취를 피하는 것이 포함된다. 비록 조기 치료가 지적장애를 포함한 특성들을 상당한 정도 감소시켜 주는 것과 관련되어 있지만 갈락토스혈증으로 치료받은 많은 사람들이 일반인들보다 여전히 IQ 수준이 더 낮고 더 많은 말(speech) 문제를 가지고 있다는 몇몇 증거들을 찾아볼 수 있다(Hoffmann, Wendel, Schweitzer-Krantz, 2011). 또한 두아르테(Duarte) 갈락토스혈증이라고 불리는 형태의 갈락토스혈증 변이도 있다. 이 장애를 지니고 있는 사람들은 많은 증상들을 보이지 않는데, 이는 효소가 어느 정도 활동을 하고 있으며 식이요법이 항상 엄격하지는 않기 때문이다.

헐러 증후군

헐러 증후군은 점액다당류(mucopolysaccharide, 복합 탄수화물)를 분해하는 lysosomal alpha-L-iduronase라 불리는 효소가 부족해서 발생한다. 따라서 인체에 축적되면 결합 조직, 뼈와 피부, 간 및 비장 등과 같은 주요 내장기관에 영향을 주게 되고, 이 부분들이 눈에 띄게 확장된다. 헐러 증후군은 사실상 점액다당류 신진대사와 관련된 몇 가지 증후군들 중 하나이다. 이 상태는 한때 이 증후군을 지닌 사람들의 안면 특성 때문에 '지방연골이영양증(gargoylism)'으로 알려졌었다. 그 특성들로는 심한 지적장애, 단구(short stature), 혼탁한 각막, 농(deafness), 그리고 커다랗고 검은 눈썹, 두터운 입술, 커다란 혀, 낮은 콧등 등을 포함하는 뚜렷한 안면 특성 등이 있다.

현재 치료법은 없고 보통 십 대 초반에 사망에 이르게 된다. 그렇지만, 골수로부터 줄기세포를 이식하는 것이 유망하다(National Institute of Mental Health, 2011).

단풍당뇨증

단풍당뇨증(maple syrup urine disease)을 갖고 있는 사람들의 소변에서는 단풍시럽과 같은 달콤한 냄새가 난다. 이 질환은 아미노산 류신(amino acids leucine), 이소류신(isoleucine), 그리고 발린(valine) 등을 인체가 분해하지 못해서 발생한다. 단풍당뇨증의 합병증은 비록 가장 가벼운 형태에서도 지적장애가 나타날 수 있지만, 그 정도에 있어 다양한 수준을 보여 준다. 다른 특성들로는 산증(acidosis, 혈액에 과도한 산이 포함되어 있음), 섭식 및 구토 문제, 그리고 뇌전증이 있다. 한 가지 문제는 높은 수준의 아미노산의 존재는 매우 강한 독성을 지니고 있어서 뇌 손상을 초래할 수 있다는 것이다. 따라서 이 질병이 발견되면, 인체에서 아미노산의 수준을 가능한 한 신속하게 감소시키는 것이 가장 중요하다. 이러한 아미노산들을 피할 수 있는 식이요법 또한 시작될 것이다. 더 쉽게 식이요법을 통제할 수 있게 해 주는 유아용 처방이 있다.

테이 삭스병

테이 삭스병(tay sachs disease)은 아쉬케나지(Ashkenazi) 유태인(동유럽 유태인들을 포함한 두 분파 중 하나)들 사이에서 주로 발견된다. 테이 삭스병은 진행성의 신경학적인 문제들(운동 기능의 상실, 뇌전증, 맹, 그리고 일반적인 마비 등을 포함)과 심한 지적장애를 야기하는 심각한 장애이다. 불행히도 테이 삭스병에는 치료법이 없고 보통 5세 즈음에 사망에 이른다. 이 질환은 Ganglioside-GM2라고 불리는 지질을 분해하기 위한 효소가 부족하여 이 지질이 결국 뇌에 축적됨으로써 발생한다. 또한 성인기에 테이 삭스병이 발병하는 경우가 보고되어 왔는데, 이 경우에는 정신병을 일으킨다(U. S. National Library of Medicine, 2013b).

페닐케톤뇨증

페닐케톤뇨증(phenylketonuria, PKU)은 일과적인 신생아 선별을 위해 사용되는 단순한 혈액검사로 생후 일주일 안에 발견할 수 있는 치료 가능한 상태이다(연구상자 4.2 참조). 하지만 실험실 및 병원의 실수로 인해 몇몇 유아들은 확인되지 않은 채 생후 6개월 즈음 증상들을 보이기 시작한다(Waisbren, 1999). 이 상태는 아미노산 페닐알라닌을 티로신(tyrosine)으로 분해하는 페닐알라닌 수산화 효소(phenylalanine hydroxylase)가 부족한 사람들에게서 나타난다. 티로신은 멜라닌(피부색을 제공하는 화학물질)을 포함한 다른 물질들로 다시 분해된다. 그 결과, 페닐케톤뇨증에 걸린 사람들은 피부색이 옅다. 치료받지 못한 채 방치되면 중추신경계에 심각한 손상을 가져오고, 결과적으로 지적장애를 일으킨다.

페닐알라닌을 함유하고 있는 음식물의 섭취를 피하는 식이요법을 통해 페닐케톤뇨증을 치료한다. 한 가지 논쟁의 대상이 되는 쟁점은 얼마나 오랫동안 식이요법을 해야 하는가와 관련되어 있다. 이전에는, 청년기에 들어서게 되면 식이요법을 중단할 수 있다고 생각해 왔다. 그러나 대부분의 전문가들은 이제 식이요법이 성인기까지 지속되어야 한다고 주장하고 있다. 식이요법은 페닐케톤뇨증을 앓고 있는 여성들, 특히 곧

차이를 만들어 낸 연구 4.2

Guthrie, R., & Susi, A. (1963). A simple phenylalanine method for detecting phenylketonuria in large populations of newborn infants. *Pediatrics, 32*, 338-343.

Guthrie와 Susi는 신생아의 발뒤꿈치를 찔러서 얻은 혈액을 이용한 간단한 검사를 개발했다. 이것이 대규모의 아동들을 정확하게 선별할 수 있는 첫 번째 절차였고, 이제는 미국 전역에서 이 검사를 요구하고 있다. 그들은 위에 제시한 논문에서 아이가 대략 생후 4일이 될 때까지는 이 검사를 해서는 안 된다고 하였는데, 이는 '혈중 페닐알라닌 수준은 태어날 당시에는 정상이고 이 수준이 상승하는 것은 단백질 섭취량에 전적으로 의존하기 때문'이다(p.341). 현재 이 검사는 보통 생후 이틀 후에 한다.

임신할 것으로 기대되는 여성들에게 중요하다. 왜냐하면, 모체의 높은 수준의 페닐알라닌은 태아의 발달에 심각한 결과를 초래할 수 있기 때문이다(Koch, Trefz, & Waisbren, 2010). 조기발견 및 식이요법이 가능하기 때문에 예후가 좋지만, 이는 식이요법을 얼마나 엄격하게 지키는가에 달려 있다. 예를 들어, Smith와 Klim, 그리고 Hanley(2000)는 조기에 치료받는 사람들은 얼마 후 인지적인 문제들을 갖게 되고, 그 정도는 그들이 검사받았을 당시 혈중 페닐알라닌 수준과 관계가 있다고 하였다. Fitzgerald 등(2000)은 한 가지 고무적인 결과를 보고하였는데, 이들은 이전에 치료받지 못한 사람들에게 식이요법을 실시하는 것이 집중력, 기분, 그리고 적응행동 등을 포함하는 몇 가지 영역들에서 이로운 결과로 나타났음을 발견하였다. 또한 조기치료가 지적장애를 예방하는 데 도움이 되기는 하지만, 치료를 받은 사람들도 여전히 실행적인 정신적 처리, 시각-공간적 기술, 소근육 운동 기술, 및 정보처리 속도의 영역에서 문제를 가지는 것으로 나타났다(Janzen & Nguyen, 2010).

찾아보기

다음에 다이어트 코카콜라나 다이어트 펩시 등과 같은 다이어트 음료를 보게 되거든 그 캔이나 병을 자세히 보라. 그 캔이나 병에는 페닐케톤뇨증을 지니고 있는 사람들에게 그 음료에 페닐알라닌이 함유되어 있음을 알려주는 경고문이 있을 것이다. 이 페닐알라닌은 감미료로 사용되는 아스파탐에 들어있다.

만약 부모 중 한 사람이 특정 상염색체 열성장애를 지니고 있고 다른 한 사람이 이 장애의 보인자일 경우, 아이에게 미칠 수 있는 영향에 대해 당신은 그 부모에게 어떻게 설명할 것인가?

성염색체 유전장애

이 장의 앞부분에서 언급한 것처럼, 염색체의 23번째 쌍은 한 사람의 성을 결정한다. 여성은 부모 모두로부터 X 염색체를 물려받고, 남성은 어머니로부터 X 염색체를 아버지로부터는 Y 염색체를 받는다. 상염색체 장애와 마찬가지로, 이러한 성염색체들에 관련된 문제들 또한 나타날 수 있는데, 주로 X 염색체와 관련되며, X 염색체는 Y 염색체에 비해 훨씬 더 크고 더 많은 유전자들을 가지고 있다.

비록 우성 및 열성이 상염색체 장애에서와는 다소 다르게 결정되기는 하지만, 반성 유전 장애의 대다수는 본질적으로 열성이다. 우성 성염색체 유전장애에서 장애 유전자를 지니고 있는(비활동성 유전자) 여성은 장애를 갖게 되겠지만, 열성 성염색체 유전장애에서는 비활동성 유전자를 지닌 여성은 보인자가 될 것이다(Schanen, 1997). 여성이 X 연관 열성장애를 유전 받는 경우는 드물다. 더욱이, 여성들은 일반적으로 남성들만큼 심각한 특성을 갖지 않는다. 그 이유는 여성들이 비활동성 유전자는 물론 활동성 유전자를 지니기 때문이다. 유전학자인 Mary Lyon의 이름에서 유래된 **라이온화**(lyonization)로 알려진 과정을 통해 단 하나의 X 염색체만이 주어진 세포에서 무선적으로 활성화되고 다른 하나는 비활성화 상태에 있게 된다. 활동성('온전한') 유전자가 활성화되면 비활동성('결손된') 유전자는 활성화되지 않을 것이다. 이에 비해 비활동성 X 염색체를 유전 받은 남성들은 그에 따라 Y 염색체만을 갖게 될 것이고, 따라서 비활동성 X 염색체는 자동적으로 활성화될 것이다.

유약 X 증후군

유약 X 증후군(fragile X syndrome)은 사실상, 지적장애의 가장 일반적인 **유전적으로 물려받은** 형태이다. 1943년 처음으로 그 특성들이 주목을 받았고, 최초로 이를 발견한 두 사람의 이름을 따라 Martin-Bell 증후군이라고 불렸다. 1991년이 되어서야 비로소 그 구체적인 유전적 원인이 확인되었다(연구상자 4.3 참조). 추산율은 다양하지만 허약 X 증후군은 남성의 경우 대략 1,000～2,000명당, 여성의 경우 대략 2,000～4,000명당 한 사람 꼴로 나타나는 것으로 보인다. 만일 여성 보인자가 유약 X 염색체를 자신의 아들에게 물려주게 되면 이 아이는 유약 X 증후군을 유전 받게 될 것이다. 반면에, 라이온화로 인해 여성들은 활동성 유전자를 지닌 X 염색체를 무작위로 물려받으므로 모든 여성들이 이 장애를 유전 받는 것은 아니다. 더구나, 증상들이 일반적으로 여성들보다는 남성들에게 더 심하다.

이 증후군은 X 염색체에 눈에 띄는 집게 모양 혹은 약한 영역(유약한 곳이라 부름)

차이를 만들어 낸 연구 4.3

Verkerk, A., Pieretti, M., Sutcliffe, J., Fu, Y., Kuhl, D., Pizzuti, A., et al. (1991). Identification of a gene (FMR-1) containing a CGG repeat coincident with a breakpoint cluster region exhibiting length variation of Fragile X syndrome. *Cell, 65*, 905-914.

비록 X 염색체의 유약한 부분의 존재가 1977년에 규명되었지만(Sutherland, 1977), 1991년이 되어서야 비로소 유약 X 증후군의 원인이 되는 유전자가 발견되었다. Verkerk 등(1991)은 이 증후군을 활성화시키는 유전자와 그 기제를 규명해 냈다. 이 발견 이전에는 염색체 검사가 사용되었으나 유약한 부위를 가져서 이 증후군 자체를 지닌 사람들을 확인할 때만 도움이 되었다. 지적장애는 아니면서 유약 X 증후군을 지닌 사람들은 때때로 음성 판정을 받았고, 염색체 검사를 바탕으로 보인자들은 거의 항상 음성 판정을 받았다. 특정 유전자를 분리해 냄으로써 DNA 검사가 가능해졌고 정확성이 향상되었으며 유약 X 증후군 보인자들도 가려낼 수 있게 되었다(Hagerman & Lampe, 1999). 이는 유전 상담에 아주 중요한 함의를 갖는다.

이 있기 때문에 이러한 이름을 붙이게 되었다. 이는 그 유약한 곳에 있는 FMRP(Fragile X Mental Retardation Protein)라 불리는 단백질의 생산을 담당하는 유전자 FMRP1이 활동하지 않음으로 인해 생긴다. 이 단백질의 부족은 유약 X 증후군과 관련된 특성들로 귀결된다. 뇌 세포에 FMRP가 부족한 것이 지적장애를 초래한다.

유약 X 증후군의 원인은 설명하기에 다소 복잡하다. 이 장의 앞부분에서 언급했듯이, 인간의 DNA에는 시토신(C), 구아닌(G), 아데닌(A), 그리고 티민(T)의 다양한 결합체가 존재한다. FMRP1 유전자 자리에는 보통 6~54개에 이르는 일련의 특이한 삼중결합체(CGG)가 있다. 그러나 유약 X 증후군에서 CGG 결합체는 반복이라 불리는 몇 번의 복제를 통해 유전자가 더 길어지게 된다. 이 더 긴 유전자는 메틸화(methylation)라고 하는 화학적 과정에 쉽게 영향을 받아 FMRP1 유전자가 비활성화되어 버린다. 반복의 횟수가 많지 않을 경우(대략 55~199회, 변이 전으로 간주됨)에는 보통 이 증후군을 갖게 되었음을 보여 주는 표시가 아무 것도 없다. 그러나 반복의 횟수가 그보다 더 커지면(>200, 완전한 변이로 간주됨), 메틸화가 일어나고 이 증후군의 특성이 존재하게 된다. 한 가지 중요한 점은 유전자 반복의 횟수는 보통 가계의 세대가 연속됨에 따라 증가한다는 것이고, 결과적으로 완전한 변이가 일어날 확률이 증가할 것이다. 비록 유약 X 증후군에 대해 알려진 치료법은 없지만 유전자 요법, 유전자 복구, 그리고 정신약리학(psychopharmacology) 등을 포함하는 몇몇 치료법들이 수행되고 있다. FRAXA 연구재단(2000)은 다음과 같은 치료 목적들을 규명하였다.

1. 유전자를 고쳐서 그 유전자가 정상적인 단백질을 만들게 하기 위해

2. 어떤 다른 방법들을 통해 단백질을 만들어 전달하기 위해

3. 단백질의 기능을 대체하기 위해

유약 X 증후군을 지닌 남성들은 몇 가지 전형적인 신체적 특성들을 보인다. 여기에는 크거나 튀어나온 귀, 큰 고환(거대고환증, macroorchidism), 길고 좁은 얼굴, 관절의 유연성, 평발 등이 포함된다. 유약 X 증후군을 지닌 여성들은 일반적으로 크고 튀어나온 귀를 가지고 있다. 인지적 손상 또한 성과 관계가 있다. 전부는 아니라 하더라도 대부분의 남성들은 주로 경도에서 중등도에 이르는 지적장애를 갖고 있다. 반면에, 여성들은 학습장애나 경도 지적장애로 판별받을 가능성이 더 높다. 유약 X 증후군을 가진 사람들의 인지적 결함 이외에도, 열약한 눈맞춤, 촉각 방어, 충동성뿐만 아니라 주의 결함/과잉행동 장애, 자폐증, 및 기타 사회정서적인 문제들이 보고된다(Hagerman et al., 2009). 손을 위아래로 흔드는 것과 같은 이상한 손동작은 물론 언어 지연과 반복적인 발화(반향어), 발화 속도 및 소리의 크기 증가[동어반복증(palilalia)] 같은 언어장애 또한 빈번하게 발견된다(Turk & Graham, 1998). 이전에 보고되었던 한 가지 흥미로운 특성으로는 이상한 인사 행동을 들 수 있다. Wolff와 Gardner, Paccia, 그리고 Lappan (1989)은 상체 전체를 구부리고 시선을 돌리면서 손을 흔드는 상동적인 형태의 시선 참여(gaze involvement)에 관해 기술하였다. 이것은 자폐적이라고 기술되어 온 유약 X의 핵심적인 특징인 사회적 회피의 일례이다(Roberts, Weisenfeld, Hatton, Heath, & Kaufmann, 2007).

사실상, 유약 X 증후군의 많은 특성들은 자폐성 장애와 유사하다(예 : 빈약한 눈맞춤, 반향어, 손 흔들기 등). 이로 인해 많은 사람들은 유약 X 증후군을 지닌 사람들에게 자폐성 장애가 나타날 가능성이 높다거나 유약 X 증후군이 사실상 자폐성 장애를 일으킨다는 결론을 내렸다. Moss, Oliver, Nelson, Richards, 그리고 Hall(2013)은 사회적 의사소통 질문지를 사용하여, 유약 X 집단의 45.6%가 자폐증 기준에 부합하고 78.6%가 자폐 범주성 장애의 기준에 부합한다고 하였다. 마찬가지로, Hall, Lightbody, 그리고 Reiss(2008)는 그들이 조사한 유약 X 남성의 50%가 자폐증의 진단 기준에 부합한다고 하였다. 흥미롭게도, 여성은 단 20%만이 진단 기준에 부합하였다.

레쉬-니한 증후군

레쉬-니한 증후군(Lesch-Nyhan syndrome, LNS)은 X 염색체의 장완에 있는 유전자에 영향을 미치는 열성장애이다[염색체의 완(arm)에 대해서는 이 장의 뒷부분에서 논의됨]. LNS는 거의 항상 소년에게만 발생하는 유전장애이다. LNS의 가장 두드러진 특성

은 자해행동(머리 부딪히기, 스스로 물기 등)으로 매우 심각할 수 있고 사실상 생명에 위협이 될 수도 있다. 흥미롭게도 비록 사람들이 자해행동을 스스로 멈추지는 못하더라도, 이를 예측할 수 있고 종종 못하게 해달라고 요청을 하기도 한다는 점이다. LNS는 효소결핍으로 요산(uric acid)이 축적됨으로써 발생한다. 이 문제는 또한 신장과 관절에 문제를 일으킬 수도 있다. 또한 음식물의 삼킴, 섭식, 및 구토 등의 문제도 자주 있다.

레쉬-니한 증후군을 지닌 사람들은 공격성에 대해 충동적인 경향을 보이는 것으로 보고되고 있다. 사실 설문지를 이용하여 레쉬-니한 증후군을 갖고 있는 아동들의 부모들을 조사한 Anderson과 Ernst(1994)는 공격성이 자해행동만큼 빈번하게 보이고 있음을 발견하였다. 또한 경직 등과 같은 신경학적 합병증과 의미 없고 반복적인 행동 등도 보인다. 지적장애의 수준은 비교적 심한 편이지만, 병존하는 신체적·행동적 특성들 때문에 실제보다 더 심하게 보인다(Nyhan, 1994). 자해행동으로부터 보호하기 위한 장비가 빈번하게 사용되고, 요산의 수준 및 몇몇 신경학적 문제들의 통제를 돕기 위해 약이 처방되기도 하지만, 알려진 치료법은 없다.

레트 증후군

1999년에, 연구자들은 레트 증후군(Rett syndrome, RS)을 일으키는 유전자를 발견했다. X 염색체의 유전자 변이는 단백질 MeCP2의 부족을 초래한다. 이 단백질 결핍은 다른 유전자들의 '발현(expression)'에 영향을 미친다. 보통 이 발현은 정상적인 발달을 위해 필수적인 다른 단백질들을 다른 시기의 다른 조직에서 유발한다. 결과적으로, 이와 같은 붕괴는 신경발달 장애를 초래한다. 거의 모든 사례들이 새로운 변이로 인한 것으로 생각되며, 레트 증후군을 지니고 있는 아이를 둔 가족이 이 장애를 지닌 또 다른 아이를 갖게 될 가능성은 1%에 미치지 못한다[International Rett Syndrome Association(IRSA), 연도 미상]. 레트 증후군은 한때 여성들에게만 생기는 것으로 여겨졌으나 이 장애를 지닌 극소수의 남성들의 사례가 보고되고 있다(IRSA, 연도 미상; Kerr, 2002).

레트 증후군의 특성들은 이 장애의 신경발달적 속성을 다시 보여 준다. 유아들은 대략 생후 6~18개월경까지는 정상적으로 발달하지만, 이 정도의 시기가 되면 이들은 퇴보하기 시작하여 말과 언어 및 운동 기능을 상실한다. 근 긴장도의 상실이 일반적인 첫 번째 징후이다(NINDS Rett Syndrome Fact Sheet, 2014). 또한 머리의 성장이 줄어들고 사회적으로 상호작용하는 능력 또한 잃게 된다. 운동 기능 문제에는 손이 빈번하게 관련되어 손을 비틀고 꽉 쥐는 행동 등과 같은 목적이 없는, 반복적인 손의 움직임을 보인다. 걷기 또한 영향을 받아 다리를 넓게 벌린 채 걷고 때에 따라 발끝으로 걷기도 한다. 어떤 사람들은 걷는 능력을 상실할 수도 있다. 레트 증후군이 있는 사람들 중 어떤 사람들은 뇌전증 및 척추만곡 등을 보일 수 있고, 호흡이 지나치게 많고 일시적으로 정지될 수도 있다. 지능도 영향을 받기는 하지만, 심각한 발화 및 운동 기능 문제들로 인해 지능에 미치게 되는 상대적인 심각성을 신뢰롭게 추정하는 것은 어렵다 (Brown & Hoadley, 1999). 레트 증후군의 치료 방법은 없으며, 처치는 증상에 따라 이루어진다(National Institute of Neurological Disorders and Stroke, 2002).

왜 유약 X 증후군을 갖고 있는 여성들은 같은 장애를 갖는 남성들에 비해 일반적으로 덜 영향을 받는가?

염색체의 수와 관련된 장애

지적장애의 원인이 되는 장애들은 어떤 사람이 너무 적거나 너무 많은 염색체를 갖고 있을 경우에도 발생할 수 있다. 앞에서 말했듯이, 보통 23쌍, 46개의 염색체가 있다. 염색체 수와 관계있는 장애들의 대부분은 염색체의 수가 47개이고(삼염색체 장애), 훨씬 드물기는 하지만 45개의 염색체만이 있는 경우도 있다(홑염색체 장애). 이러한 장애의 주원인은 **비분리**(nondisjunction)이다. 비분리의 가장 일반적인 형태에서, 염색체들은 감수분열 시 분리되지 않고, 따라서 2개가 한꺼번에 하나의 딸세포에 전달되고 다른 딸세포에는 아무 것도 전달되지 않는다. 다른 원인들로는 **전위**(translocation) 및 **섞임증**(mosaicism)을 들 수 있다. 전위의 한 가지 유형은 하나의 염색체 일부가 다른 염색체의 유사한 부분과 결합될 때[중심-융합 전위(centric-fusion translocation)] 발생한다. 여기에는 특정한 모양을 지닌 염색체들, 즉 끝끝매듭 염색체(acrocentric chromosome)(13, 14, 15, 21, 22번)들만이 포함된다. 다른 형태의 전이로는 분절(segment)들을 주고받는 두 염색체들이 포함된다[상호 전위(reciprocal translocation)]. 이것은 그림 4.4에 잘 나타난다. 섞임증에서는 염색체의 분리 실패가 보통 유사분열을 하는 동안에, 나중에는 세포분열 때 발생한다. 이는 어떤 세포에는 46개의 염색체, 어떤 세포에는 47개의 염색체 등으로 나타난다. 얼마간의 '정상'세포들이 있기 때문에, 섞임증으로 인한 장애를 갖게 된 사람들은 덜 심각한 특성들을 보인다. 상염색체 쌍들은 그 크기에 따라 숫자가 매겨짐을 기억해야 한다. 그러므로 염색체의 숫자가 작을수록 더 많은 유전물질들이 영향을 받을 가능성이 있다(비록 어떤 염색체들은 다른 염색체들보다 더 '유전자가 풍부'하지만). 일반적으로 유전물질이 영향을 많이 받으면 받을수록 장

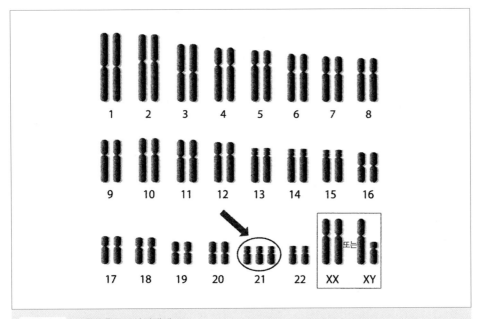

그림 4.4   다운증후군-삼염색체 21

애의 특성은 더 심각해질 것이다. 많은 경우에 있어, 너무 많은 유전물질이 관련된다면 태아는 유산될 것이다. 염색체의 수와 관련된 장애들은 상염색체나 성염색체와 관련될 수 있다.

상염색체 장애

다운증후군

다운증후군(down syndrome, DS)은 지적장애의 가장 흔한 생물학적 원인이다. 1866년 영국의 의사인 Langdon Down이 처음으로 이 증후군에 대해 기술했고, 그의 이름에 따라 다운증후군으로 불리게 되었다. 한때 아시아 사람들과 비슷한 안면 특성으로 인해 몽골리즘이라고 잘못 언급되기도 했었다. 다운증후군 사례의 대다수는 비분리로 인해 21번째 염색체가 3개가 된 결과이다. 전위 및 섞임증으로 인한 경우는 그 비율이 더 적다. 전위로 인한 다운증후군은 21번 염색체의 일부가 다른 염색체(보통 13번이나 15번)로 옮겨질 때 발생한다. 섞임증으로 인한 다운증후군에서는 몇몇 세포들이 여분의 21번 염색체를, 다른 세포들은 단 2개의 염색체를 갖게 된다. 다운증후군이 산모의 연령과 관계있고(나이 많은 산모들에게서 출현율이 더 높음) 그래서 어머니와의 관련성을 주장하지만, 이제 적은 비율의 다운증후군은 아버지와 관련되어 있다는 사실이 받아들여지고 있다(Jyothy et al., 2001).

50가지 정도의 신체적 특성들이 다운증후군과 관련되어 있는데, 모든 사람들이 다 이러한 특성을 지니고 있는 것은 아니다. 대부분의 사람들은 다운증후군의 일반적인 신체적 특성들에 익숙하고, 심지어 이러한 특성들은 대중매체를 통해 일반인들의 주의를 끌기도 하였다. 예를 들어, '삶은 지속된다(Life goes on)'라는 TV 프로그램은 다운증후군을 지니고 있는 콜키라는 소년이 고등학교 생활에 대처하려는 그의 경험에 대한 이야기를 들려주고 있다. 보다 최근에는, 다운증후군을 가진 치어리더가 '글리(Glee)'에 출연하였다. 다운증후군의 가장 일반적인 특성들에는 위쪽으로 올라간 눈꼬리, 작은 코, 평평한 뒤통수, 작은 손과 발, 두터운 혀, 눈의 안쪽 가장자리에 있는 작은 주름[내안각 주름(epicanthal folds)], 작은 키, 그리고 지적장애 등이 포함된다. 비록 그 윤리적 문제는 의문시되고 있지만, 다운증후군과 관련된 안면 특성을 바꾸기 위해 성형수술이 이용되었다. 예를 들어, 미국 다운증후군협회(n. d.)는 다운증후군을 가진 사람들의 외관을 바꾸기보다는 오히려 사회적 관점에서 수용하도록 노력해야 한다고 제안하였다.

다운증후군과 연계된 지적장애의 정도는 다양하지만 보통 경도에서 중등도에 이른다. 더욱이 이 사람들은 주로 심장 이상과 같은 어떤 건강 문제들을 갖게 되는 경향이 있고, 호흡기, 시각 및 청각의 장애를 갖기 쉽다. 생애 초기의 심장 결함과 백혈병, 그리고 알츠하이머와 명백한 조기 노화 경향성 때문에 평균보다 기대 수명이 더 짧다(Zigman & Lott, 2007). 의학의 진보로 인해 기대 수명이 증가되었지만 연령 증가에 따라 골다공증 같은 다른 의학적 문제도 발생하였다. 앞서 언급했듯이, 다운증후군을 지닌 사람들은 또한 이른 나이에 알츠하이머 병을 갖게 될 가능성이 더 높고, 이는 다른 사람들에게 있어서보다 다운증후군을 갖고 있는 사람들에게서 더 많이 나타난다(Lai et al., 1999). 21번 염색체는 사실상 유전자 변이가 알츠하이머 병과 관련되는 몇몇 염색체들 중 하나이다(Van Gassen & Van Broekhoven, 2000). 한 연구에서 Chapman과 Hesketh(2000)는 50세 이상의 다운증후군을 지닌 사람들의 거의 절반가량이 알츠하이머 병의 특성을 지니고 있음을 발견하였다.

에드워즈 증후군(삼염색체 18)

에드워즈 증후군(Edwards syndrome)은 18번 염색체가 3개이기 때문에 발생한다. 부수적인 염색체를 갖는 대부분의 태아는 유산될 것이다. 다운증후군과 비슷하게 에드워즈 증후군은 산모의 연령과 관계가 있다. 신체적 특성으로는 소두증, 처지고 기형인 귀, 그리고 구순열/구개열 등이 있다. 지적장애의 정도는 상당히 심하고, 이 증후군을 지니고 있는 아동들은 심장혈관 및 신경학적 문제들을 포함하여 많은 다른 문제들을 가지기 쉽다. 건강과 관련된 많은 문제들로 인해, 이 증후군을 지니고 있는 대부분의 아동들은 생후 1년이 되기 전에 사망한다.

파타우 증후군(삼염색체 13)

에드워즈 증후군처럼, 부수적인 13번 염색체를 갖는 대부분의 태아는 유산될 것이다. 경사진 이마, 소두증, 여분의 손가락 및 발가락(합지증, syndactyly), 작거나 결여된 안구 등 많은 신체적 기형이 이 증후군과 관련되어 있다. 종종 청신경과 시신경은 물론 전뇌의 발달이 불완전한 경우도 발견된다. 지적장애는 극단적으로 심하다. 에드워즈 증후군과 비슷하게, 수많은 건강문제가 조기 사망을 초래한다.

성염색체 유전장애

클라인펠터 증후군

클라인펠터 증후군(Klinefelter syndrome, KS)은 남성이 여분의 X 염색체를 갖게 되어 염색체의 결합이 XXY가 될 때 발생한다. 여분의 X 염색체를 지닌 모든 남성들이 실제적으로 클라인펠터 증후군을 갖게 되고 그 증상을 보이는 것은 아니다. 사실 여분의 염색체가 발생하는 것은 비교적 흔한 일로, 어떤 추정에 따르면 500명당 1명 꼴이라고 한다. 하나 이상의 여분의 X 염색체 또한 발견 가능하다(예 : XXXY). 클라인펠터 증후군의 특성에는 생식샘저하증(hypogonadism, 작은 고환), 불임, 큰 가슴, 비교적 큰 키 등이 포함된다. 클라인펠터 증후군을 지니고 있는 사람들의 대부분은 지능이 평균 수준이지만, 적은 수의 사람들은 경도의 지적장애를 갖는다. 또한 언어와 관련된 학습문제와 사회적 적응과 행동에 영향을 미치는 의사소통 결함의 출현율이 비교적 높은 편이다(Verri, Cremante, Clerici, Destefani, & Radicioni, 2010). 남성이 여분의 Y 염색체를 갖게 되는 일 또한 가능하다(XYY). 또한 공격성과 같은 행동 특성이 더 자주 나타나지만, 이러한 상태는 때때로 지적장애를 가져온다. 남성에게 있어 여분의 Y 염색체는 많은 논쟁의 원천이 되어 왔다(다음 페이지 '범죄 유전자' 글상자 참조).

터너 증후군

클라인펠터 증후군이 남성에게 영향을 미치는 반면에, 터너 증후군(Turner syndrome, TS)은 여성에게만 영향을 미친다. 터너 증후군의 경우, 여성은 단 하나의 X 염색체만

범죄 유전자?

XYY 염색체 결합을 갖는 남성에 대한 오해가 오랜 기간 동안 널리 퍼져 있었고, 어떤 것은 아직도 지속되고 있다. 한때는 여분의 Y 염색체가 '범죄 유전자'이고 죄수들 중 상당수가 XYY 염색체를 지닌 남성이라고 생각되었다. 이러한 논쟁은 1968년 Lancet에서 출판된 논문에 의해 촉발되었는데, 이 논문에는 투옥된 사람들 중 XYY 염색체를 지닌 남성들의 높은 발생률을 언급하고 있었다. 그러나 이러한 지식은 아주 작은 표본에 그 근거를 두고 있었다. 7명의 간호사들을 죽인 연쇄살인범 Richard Speck은 비

록 그 자신이 XYY 염색체 결합을 지니지 않았지만 그의 변론에서 XYY 염색체에 대한 주장을 이용하였다. 이러한 오해는 대중매체를 통해 일반 대중들에게 퍼졌다. 영화 'Alien 3'는 XYY 염색체 결합을 지닌 사람들을 가둬놓는 죄수 유형지에 대한 것이다. 문헌을 살펴 본 Ike(2000)는 XYY 결합과 관련된 일반화는 멈춰져야 한다고 주장했다.

출처 : The Pathology Guy(n. d.) *XYY-Stereotype of the karyotype*, www.pathguy.com/xyy.htm에서 발췌.

갖고 태어나고 그 결과 염색체의 결합이 XO가 된다. 이는 난소가 발달되어 있지 않거나 없는 상태를 포함하는 비정상적인 성적 발달을 가져온다. 터너 증후군을 지닌 사람들은 또한 아주 작은 키, 물갈퀴 목(webbed neck), 신장 및 심장 등과 같은 내장기관의 문제, 운동 결함, 그리고 주의집중 및 시지각 기술에서의 문제점 등을 가진다. 사회적 적응 및 자아존중감 영역에서의 심리사회학적 문제점 또한 터너 증후군과 관련되어 있다. 일부는 지적장애를 동반하기도 하지만 일반적으로는 지능이 정상적이다. 이 증후군은 때때로 어린 여성이 사춘기에 들어서지 못할 때에야 비로소 발견된다.

5 염색체 X 증후군

이전의 클라인펠터 증후군에 대한 논의에서, 남성이 여러 개의 X 염색체들을 유전 받을 수 있음을 언급하였다. 5 염색체 X 증후군(pentasomy X syndrome)에서 여성은 3개의 X 염색체를 더 물려받아 그 결합이 XXXXX가 된다. 이는 감수분열 기간에 염색체가 여러 번 비분리되기 때문으로 생각되고 있다. 특성들로는 소두증, 처지고 기형인 귀, 척추 만곡, 물갈퀴 목, 그리고 비정상적인 난소 등이 포함된다. 지적장애 및 운동능력 지체가 있고, 성장 및 사춘기가 지연될 수 있다. 한 여성이 3개나 4개의 X 염색체를 가질 수 있는 다른 상태도 있다. 일반적으로, X 염색체가 많을수록 지적장애는 더 심해진다.

다시 생각해보기

다운증후군을 지닌 사람들의 안면 특성을 바꾸기 위한 성형수술에 대해 어떻게 생각하는가?

염색체의 구조와 관련된 장애

너무 적거나 너무 많은 염색체로 인해 발생하는 장애 이외에도, 문제점들은 염색체의 구조가 바뀔 때도 발생할 수 있다. 전위에 대해 앞서 기술된 과정은 염색체의 구조가 어떻게 바뀔 수 있는지를 보여 주는 하나의 예이다. 그러나 이러한 문제점들 중 가장 일반적인 원인은 염색체의 일부 **결실**(deletion)이다. 결실된 부분이 클 수도 있고 작을 수도 있는데, 결실로 인한 결과는 없어진 유전물질의 양과 종류에 달려 있다.

염색체에서 위치 찾아내기

염색체들은 장완과 단완을 갖고 있는 것과 같은 방식으로 형성된다. 염색체들에는 또한 양완을 분리하는 영역인 **동원체**(centromere)가 있다. 염색체들에는 고해상(high resolution) 기술을 활용한 염색 기법을 통해 규명될 수 있는 띠(band)들이 포함되어 있다. 염색체의 위치를 확인하기 위해 사용하는 국제적인 체계가 있다. 장완은 소문자 q로 단완은 소문자 p로 표기된다. 예를 들어, 9q는 9번째 염색체의 장완을 의미한다. 띠들은 두 자리의 숫자로 언급되는데, 첫 번째 자리는 그 띠가 위치하는 염색체의 자리를 일컫는다. 따라서, 9q11은 9번 염색체 장완의 11번째 띠를 의미한다. 하위 띠(subband)들 또한 띠 번호 다음에 지정될 수 있다. 9q11.2로 지정된 경우는 9번 염색체 장완 11번째 띠의 두 번째 하위 띠를 말한다. 결실은 마이너스 부호(−)로 표시된다. 그러므로 앞서 언급된 부분의 결실은 9q11.2−로 표시될 것이다.

　특정 장애들이 장완과 단완들, 그중에서도 특히 끝부분의 결실과 연계되어 있다. 또한 그리 흔한 경우는 아니지만, **사이질**(interstitial)이라 불리는 결실은 염색체의 가운데쪽에서 발생할 수도 있다. 사이질은 '사이에 서 있다.'는 것을 의미한다. 염색체 결실로 인한 장애 몇 가지가 논의될 것이다. 논의는 결실이 일어난 염색체 번호 순서에 따라(작은 번호에서 큰 번호로) 제시될 것이다.

울프-허쉬호른 증후군

울프-허쉬호른 증후군(Wolf-Hirschhorn syndrome)은 4번 염색체의 단완이 부분 결실(4p-)된 결과이다. 특성의 정도는 결실의 정도, 따라서 관련된 유전물질의 양에 달려 있다. 일반적으로 소두증, 넓은 양미간, 구순열/구개열, 넓고 큰 코, 뇌전증, 심장 문제, 그리고 최중도 지적장애 등이 그 특성에 포함된다.

묘성 증후군

묘성(Cri-Du-chat)이란 '고양이 울음소리'라는 의미로, 이 증후군을 지니고 있는 사람들이 내는 고음의 울음소리에서 유래한다. 이 증후군은 5번 염색체의 단완에 부분적인 결실이 있음(5p−)으로 인해 발생한다. 고음의 울음소리는 5p15.3 영역과 관련되어 있는 것으로 보인다. 고양이 같은 울음소리에 덧붙여, 이 증후군을 지닌 사람들이 보이는 특성들로는 작은 키, 아동기의 낮은 근긴장도[근긴장저하증(hypotonia)], 출산 시 저체중, 그리고 심각한 지적장애 등이다. 거의 모든 사람들이 소두증과 함께, 빈약하게 형성된 귀, 넓은 양미간, 그리고 내안각 주름 등의 신체적 비정상성을 지니고 있다.

윌리엄스 증후군

윌리엄스 증후군(Williams syndrome)은 혈관에 힘과 탄력성을 제공하는 탄력소(elastin) 단백질의 생산을 담당하는 유전자가 포함된 7번 염색체 장완에 있는(7q11.23) 물질의 결실로 인해 발생한다. 이로 인한 특성들로는 작은 들창코, 큰 입, 작고 많이 벌어진 이, 두터운 입술, 작은 턱, 그리고 부어오른 눈 주위 등 '꼬마요정 같은' 안면 특징들이 나타난다. 이 증후군을 지닌 사람들은 충동적이고 매우 외향적이며, 발달상 많은 문제들을 지니고 있다. 이 증후군은 경도에서 중등도 지적장애를 가진다. 연령이 들어감에 따라 퇴행하는 기억 문제가 언급되어 왔다(Krinsky-McHale, Kittler, Brown, Jenkins, & Devenny, 2005). 윌리엄스 증후군을 가진 사람들은 극도로 사교적이고, 공감적이며, 의사소통이 표현적이지만, 다른 사람의 감정적 표현을 이해하는 데 어려움이 있다 (Plesa-Skwerer, Faja, Schofield, Verbalis, & Tager-Flusberg, 2006). 또한 그들은 비교적 양호한 언어 구성 능력과 어휘 능력을 가지고 있지만, 언어의 화용적 측면에 약간의 어려움을 가지고 있다(John, Rowe, Mervis, & Abbeduto, 2009).

제이콥슨 증후군

제이콥슨 증후군(Jacobsen syndrome)은 11번 염색체 장완의 부분적 결실(11q−)에 의해 야기된다. 이 증후군은 극단적으로 느린 성장, 비정상적인 눈 등과 같은 안면 기형을 포함하는 신체적 특성을 나타낸다. 지적장애와 더불어, 손 그리고/또는 발의 기형, 말과 언어의 손상, 그리고 심장 문제도 보인다.

프래더-윌리 증후군

프래더-윌리 증후군(Prader-Willi syndrome, PWS)은 15번 염색체의 장완에 결실(15q−)이 생겨 발생한다. 흥미롭게도 프래더-윌리 증후군과 관계된 동일한 띠들(15q11-13)이 또한 안젤만 증후군(Angelman syndrome, 다음에서 논의됨)과 관련되어 있는데, 두 증후군의 특성들은 서로 판이하게 다르다. **유전체 날인**(genome imprinting)이라 알려진 현상이 이 차이점을 설명해 준다. 유전체 날인은 대립유전자가 부모의 성을 바탕으로 자녀에게 서로 다른 영향을 미칠 때 발생한다. 다시 말하자면, 같은 유전자가 그 부모의 기원에 따라 다른 영향을 갖는다는 것이다. 현재 프래더-윌리 증후군은 아버지 쪽과, 안젤만 증후군은 어머니 쪽과 관계되어 있다고 알려져 있다(Everman & Cassidy, 2000). 사실상, 프래더-윌리 증후군은 유전자 날인과 관련된 최초의 인간 장애이다 (Dykens & Cassidy, 1999).

　프래더-윌리 증후군은 1956년 처음 확인되었고, HHHO 증후군으로 불렸다. HHHO 라는 문자는 근긴장저하증(hypotonia, 빈약하거나 낮은 근긴장도), 생식샘저하증(hypo-gonadism, 작은 고환), 정신발육장애(hypomentia, 지적장애), 그리고 비만(Obesity) 등 그 당시 이 증후군과 관련되어 있는 주요 특성들을 나타낸다. 비록 적어도 몇몇 사례에 있어서는 15번 염색체가 관련되어 있다는 얼마간의 증거가 있기는 하지만(Hawkey & Smithes, 1976), 25년 동안 프래더-윌리 증후군의 진단은 주로 관찰 가능한 특성들을 바탕으로 내려졌다. 1991년 고해상도 염색체 분석기법에서의 발전 덕분에 15번 염색체의 단완 쪽에 결실이 있음이 확인되었다(사건상자 4.2 참조). 일반적으로 그 특성들에 대한 더 많은 정보들이 알려져 있고, 프래더-윌리 증후군에 대한 추가 정보들 또한 연계되고는 있지만, HHHO 특성들이 오늘날에도 언급되고 있다. 근긴장저하증은 일찍 시작되어 '축 쳐진 아기(floppy baby)'로 일컬어지는 상태가 된다. 유아기의 근긴장저하는 또한 빈약한 빨기반사를 일으키는데, 아이러니하게도 생후 첫해 동안 체중이 서서히 증가한다. 생식샘저하증에 덧붙여, 고환이 밑으로 처지지 않는 잠복고환증 (cryptorchidism)이 종종 나타난다. 프래더-윌리 증후군을 지닌 사람들의 IQ 수준은 초기에 보고되기로는 주로 40~60의 범위였다(Zellweiger & Schneider, 1968). 그러나 좀 더 최근의 정보에 의하면, 다수가 경도 지적장애(IQ 60~70)이고, 약 40%가 경계선급 지적장애이며, 20%가 중등도의 지적장애를 보인다(Prader-Willi Syndrome Association, 2012). 실제로 측정된 IQ는 매우 다양하다.

　프래더-윌리 증후군에서 보이는 극단적인 비만은 그 가장 두드러진 특성들 중 하나이다. 이 사람들은 채울 수 없는 식욕을 지닌 것으로 그리고 음식물이 아닌 것을 먹는 것(이식증, pica) 등과 같은 이상한 음식 관련 행동들을 지니고 있는 것으로 생각되고 있다.

　또한 이 사람들은 음식에 대한 기호가 없는 것으로 가정되고 있는데, 이는 실제로 아무런 구별 없이 거의 모든 것을 먹기 때문이다. 그러나 어떤 연구는 프래더-윌리

1982년 – 프래더-윌리 증후군에서 염색체 결실이 발견되었다.

1982년에, 주로 고해상도 염색체 분석이라 불리는 새로운 과정을 사용할 수 있게 됨으로 인해 Ledbetter 등은 15번 염색체에 작은 결실(15q12)이 있음을 규명할 수 있었다. 이 부분은 이제 15q11-13으로 확대되었다. 이 신기술은 전형적으로 보이던 띠들을 확대하였고 표준 핵형을 사용해서는 발견하지 못했던 염색체 이상을 찾아낼 가능성을 열게 되었다. 1982년에는 모든 실험실에서 고해상도 분석을 위한 기술을 가지고 있지는 않았지만, 현재는 일상적으로 사용할 수 있게 되었다.

증후군을 지닌 사람들이 사실 음식에 대한 기호가 있지만 아마도 음식을 심하게 제한하기 때문에(예 : 자물쇠를 채운 냉장고와 캐비닛 등), 손에 닿는 것은 어떤 것이든 먹는 것이라고 지적하고 있다(Caldwell & Taylor, 1983; Taylor & Caldwell, 1985). 보고된 또 다른 특성인 음식 훔치기 또한 음식물이 제한되어 있는 환경과 관련이 있을 수 있다.

프래더-윌리 증후군과 관련된 또 다른 특성들로는 작은 키, 자신의 신체를 스스로 후벼 파내고, 긁어서 상처를 내는 행동 등이 있다. 그리고 비만으로 인해 호흡 기능이 손상되어 폐 속에 산소가 감소하고, 이는 다시 무기력, 졸림, 그리고 잠재적인 심장이상을 가져온다. 공격성 및 분노발작(temper tantrum)도 보고된 특성인데, 특히 청소년기 및 음식과 관련하여 발생한다.

안젤만 증후군

프래더-윌리 증후군처럼, 안젤만 증후군(Angelman syndrome, AS)도 15번 염색체 장완의 일부가 결실(15.11-13q−)된 것이다. 이미 언급했듯이, 안젤만 증후군의 결실은 어머니 쪽과 관련되어 있다. Williams(2010)는 안젤만 증후군의 특징들을 요약하였다. 여기에는 발달지연, 소두증, 뇌전증, 말 손상, 균형 및 보행문제가 포함된다. 신체적 특징들로 큰 입, 옅은색의 피부와 눈, 두터운 혀, 그리고 편평한 뒤통수 등이 포함된다. 그들은 보통 혀 내밀기와 지나친 침흘리기 같은 구강 행동을 나타낸다. 안젤만 증후군과 빈번하게 연계되는 한 가지 독특한 특징은 눈에 띄게 부적절한 웃음을 포함하는 특이하게 행복해하는 행동과 손을 흔드는 것과 같은 흥분된 행동 등을 들 수 있다. Clarke와 Marston(2000)은 그들이 연구대상으로 삼았던, 안젤만 증후군을 지닌 73명 중 절반을 약간 웃도는 사람들에게서 부적절한 웃음을 발견할 수 있었다. Williams(2010)는 성인들이 안젤만 증후군을 가진 사람에게 이야기하거나, 터치하거나, 눈맞춤을 할 때 웃음소리가 커졌다고 보고하였다. 또 다른 독특한 특성은 물 그리고 물과 관련된 활동들에 이상할 정도로 몰두한다는 것이다. Ishmael, Begeleiter, 그리고 Butler(2002)는 얕은 물놀이 터에서 익사한 한 안젤만 증후군 아동의 사례를 보고하였고 이런 지역에서도 방심하지 않아야 할 필요성에 대해 경고하였다.

당신이 프래더-윌리 증후군을 지닌 아동의 부모라면 음식물이 있는 곳에 자물쇠를 채워 놓을 것인가? 왜 그렇게 하는가? 혹은 왜 그렇게 하지 않는가?

원인이 여러 가지이거나 알려지지 않은 장애

이전에 논의된 장애들은 유전적 혹은 염색체 원인이 알려져 있다. 지적장애를 야기하는 다른 장애들의 원인은 알려져 있지 않거나 다양한 원인들에 귀인할 수 있다. 여러 가지 원인을 갖고 있는 상태의 예로는 뇌수종, 대두증, 그리고 소두증 등이 포함되고 모두 2개의 장애(cranial disorder)로 간주되고 있다(사실 원인이 알려져 있는 몇 가지 장애들이 이러한 상태를 야기한다). 원인을 알 수 없는 장애의 예로는 스터지-웨버 증후군이 있다.

뇌수종

뇌수종(hydrocephaly)은 때때로 '뇌에 물이 차 있는' 상태로 잘못 이해되기도 한다. 사실은 뇌에 뇌척수액(cerebrospinal fluid, CSF)이 축적되어 이것이 머리를 크게 만드는 것이다. 보통 뇌척수액은 뇌와 척수를 통해 흐르고 순환계에 흡수된다. 뇌척수액의 흡수가 어떤 이유에 의해 막히게 될 때 뇌척수액이 축적되어 뇌에 압력을 가하고 이것이 뇌 조직과 세포를 파괴한다. 치료되지 않은 상태로 방치되면 심각한 뇌 손상, 지적장애, 그리고 궁극적으로는 사망에 이르게 될 수 있다.

비록 뇌수종이 신경섬유종증 등과 같은 특정 장애와 관련되어 있지만, 실제로는 모체의 감염, 외상, 구조적 결함, 그리고 종양 등을 포함하는 수많은 요인들에 의해 나타날 수 있다. 뇌수종의 주요 원인 중 한 가지는 등 아래쪽에 열려진 부분으로 척수의 일부가 나와 척수수막류(myelomeningecele)라고 불리는 낭을 형성하는 신경관 결함인 이분척추이다.

다행히도 **분류기**(shunt)의 활용을 포함하여 뇌수종에 효과적인 치료법이 있다. 분류기는 피부 밑에 삽입하는 작은 관으로, 뇌척수액을 정상적인 순환계로 넘겨 주어 복강 (abdominal cavity) 등과 같은 다른 영역으로 보내 그곳에서 흡수될 수 있게 해 준다. 사용 가능한 또 다른 기법으로는 **내시경 뇌실조루술**(endoscopic ventriculostomy)이 있다. 뇌실에 작은 구멍을 내어 작은 카메라(내시경)가 삽입되고, 이를 통해 장애물을 보고 뇌척수액의 흐름을 바꾸게 된다. 이 기법은 분류기의 사용보다 더 영구적인 해법으로 간주되고 있다. 비록 뇌수종이 치료될 수 있지만, 그 원인을 밝히고 이와 연계된 다른 모든 의학적 문제들을 다루는 것이 중요하다.

대두증

대두증(macrophaly)은 머리가 그 사람의 연령과 성을 고려해 볼 때 예상보다 더 큰 상태를 일컫는다. 기술적으로 보면 뇌수종은 대두증을 일으키는 한 가지 원인이 된다. 큰 머리가 곧 바로 치료를 요하는 상태나 지적장애와 연결되는 것은 아니다. 그러나 이는 보통 어떤 규명할 수 있는 원인이 있을 것임을 알려주는 징후가 된다. 대두증의 가능한 원인들을 조사하는 데 사용되는 두 가지 기법들로는 자기공명영상(magnetic resonance imaging, MRI)과 컴퓨터단층촬영(computed tomography, CT) 스캐닝이 있다. 뼈(두개골)가 관련되어 있다는 의심이 들 때는 CT 스캐닝이 사용된다.

소두증

소두증(microcephaly)은 그 사람의 연령과 성을 고려할 때 머리 둘레가 평균보다 작은 상태를 일컫는다. 대두증처럼 소두증도 다양한 원인을 가질 수 있고, 반드시 치료를 요하는 상태나 지적장애를 가져오는 것은 아니다. 예를 들어, 키가 작고 작은 키와 관련된 가족력을 지닌 아동은 소두증을 지닐 수 있다.

이전에 논의했듯이, 묘성 증후군이나 울프-허쉬호른 증후군 등과 같은 장애들은 흔히 소두증을 가진다. 치료되어야 할 특정 원인이 있는지를 알아내는 것이 중요하기는 하지만, 치료법은 없다. 가능한 원인들로는 의학적 장애들과 임신기의 모체 감염 등이 포함된다(이 원인들 중 많은 부분들이 다음 장에서 논의될 것이다).

스터지-웨버 증후군

스터지-웨버 증후군(Sturge-Weber syndrome)에 대해 알려진 원인은 없다. 이 증후군을 규명할 수 있게 하는 주요 특징은 얼굴에 있는 자줏빛 반점으로(포트와인 얼룩이라고 불림), 보통 위 눈꺼풀 한쪽과 이마, 뺨, 코, 그리고 윗입술 등에 나며, 이러한 반점들은 피하 모세혈관이 지나치게 많아서 생긴다. 다른 특성들로는 나이가 들어감에 따라 점점 더 빈번하게 일어나는 뇌전증, 종양, 그리고 지적장애 등을 들 수 있다. 편측부전마비(hemiparesis, 신체 한쪽의 기능 약화 혹은 상실)도 발견된다.

> 한때 뇌수종을 지니고 있는 사람들을 설명할 때 사용된 '뇌에 물이 차 있는'이라는 구절은 왜 부적절한가?

유전 검사 및 유전 상담

진단절차가 정교화되고 많은 장애의 유전적 기초 정보를 사용 가능하게 되었기 때문에, 우리는 이제 중요한 결정의 근거가 되는 점점 더 많은 정보를 갖게 되었다. 몇 가지 기법들은 아직 태어나지 않은 아이의 건강 상태를 결정하는 데 도움을 주도록 사용되고 있다. 예를 들어, 간단한 혈액검사인 **알파태아단백 검사**(alpha fetoprotein testing)는 이분척추와 다운증후군 같은 장애들과 연계된 비정상적인 수준을 가려내는 데 사용될 수 있다. **바트 테스트**(Bart's test) 또한 활용될 수 있다.

바트 테스트

바트 테스트는 이 기법이 처음으로 사용된, 런던의 성 바르톨로뮤 병원에서 그 이름을 따온 것으로, 한편으로는 3부 테스트(Triple test)로도 일컬어진다. 어머니의 혈액에서 알파태아단백의 수준을 측정하는 데 덧붙여 에스트리올(oestriol)과 사람 융모성 성선자극호르몬(human chorionic gonadotropin) 등 두 가지 호르몬 또한 측정한다. 이 호르몬들의 비정상적인 수준은 태아의 문제와 관련되어 있다.

양수천자(amniocentesis)는 태아를 둘러싸고 있는 양수를 소량 추출해 내는 것이다. 이 기법은 태아나 태반을 건드리지 않도록 초음파 기술과 함께 이루어진다. 뒤이어 태아의 세포를 함유하고 있는 양수는 화학적 처리를 거쳐 현미경을 사용하여 분석된다. 이 절차는 감염 및 유산 등을 포함하여 얼마간의 위험성을 지니고 있다. 유산의 경우 이 기법을 사용한 경우 대략 0.5~1% 정도 발생한다. 이러한 위험성은 이 절차를 사용하여 얻게 되는 정보에 따라 평가되어야 한다. 또 다른 절차로는 **융모막 검사**(chorionic villus testing)가 있는데, 이 검사에서는 태반조직(융모막)의 일부가 분석된다. 양수천자처럼, 태아의 위치를 판단하기 위해 초음파 기술이 사용된다. 이 절차는 양수천자보다 더 일찍 실행될 수 있지만(융모막 검사는 대략 10~11주에, 양수천자는 대략 16~18주), 유산을 할 위험성이 다소 높기도 하다.

다른 절차들이 표준 핵형으로는 발견할 수 없는 염색체 이상을 규명하기 위해 개발되었다. 한 가지 예로는 **형광동소교잡법**(Flourescent In-Situ Hybridization, FISH technique) 혹은 염색체 착색(chromosome painting)이 있는데, 이 기법은 문자 그대로 염색체의 DNA 서열에 따라 색칠된 것으로 나타난다. 또 다른 기법은 복제 수 변이[DNA의 한 가지 이상의 절(section)에서 비정상적인 복제 수를 가지는 세포가 되는 유전체의 DNA 변경]를 찾아내는 **ACGH**(assay comparative genomic hybridization)이다. 복제 수 변이를 찾아내기 위한 또다른 기법은 **MLPA**(multiplex ligation-dependent probe amplification)이다.

이상의 모든 절차들은 부모들에게 그들의, 아직 태어나지 않은 아이에 대한 정보를 제공하기 위해 만들어진 것이다. 그렇지만, 부모들에게 임신 '전'에 정보를 제공하기 위해 활용되는 다른 기법들도 있다. 이 중 하나가 **보인자 검사**(carrier testing)로 부모들이 특정 장애의 보인자인지 알아보기 위해 설계되었다. 더욱이, 상세한 가족력은 곧 부모가 될 사람들에게 중요한 정보를 제공할 수 있다.

유전 검사를 통해 얻어진 정보는 부모 및 곧 부모가 될 사람들을 대상으로 유전 상담을 제공하는 사람들에게 유용하다. 유전 상담가들은 의학적 정보를 해석하고 어떤 장애를 지닌 아이를 갖게 될 확률을 제시하며, 곧 부모가 될 사람들이 어떤 위험을 다룰 대안들을 이해할 수 있도록 돕고, 궁극적으로는 내려진 결정에 대해 심리적·정서적 지원을 제공한다. 유전 상담가의 역할은 부모들에게 그들이 무엇을 해야 하는지 권고하는 데 있는 것이 아니라, 오히려 정보와 지원을 제공하는 데 있다.

다시 생각해보기

유전 상담가의 역할은 무엇이어야 한다고 생각하는가?

요약 체크리스트

유전자와 염색체의 역할

➤ **접합체 – 단일 수정세포**

➤ **체세포 – 몸 세포**

➤ **생식세포 – 성세포**

　✓ 세포 구조 – 세포질을 둘러싸고 있는 세포막 포함, 세포 중앙의 세포핵에는 염

색체가 들어 있다.

➢ 데옥시리보핵산 – 삶의 청사진을 함유하고 있는 물질로 인산염, 당, 그리고 질소염기로 구성되어 있다.

➢ 인간 유전체 프로젝트 – 모든 인간 유전자의 염색체상의 정확한 위치를 규명하기 위해 설계된 10년 프로젝트

   ✓ 23쌍의 염색체에는 유전과 관련된 모든 인간 유전자가 담겨 있다.

➢ 상염색체 – 첫 22쌍의 염색체

➢ 성염색체 – 23번째 염색체 한 쌍으로 여성은 XX, 남성은 XY 결합

➢ 핵형 – 23쌍의 염색체를 확대한 그림

➢ 감수분열 – 성염색체 내에서의 세포분열

➢ 유사분열 – 세포핵의 염색체들이 분열되기 전 스스로 복제되는 세포분열

상염색체 유전장애

➢ 대립유전자 – 서로 다른 특성들을 만들어 내는 유전자로, 자녀는 부모 각각으로부터 특정 대립유전자를 물려받는다.

➢ 동종접합 – 부모 모두로부터 같은 대립유전자를 물려받음

➢ 이형접합 – 각각의 부모로부터 서로 다른 대립유전자를 물려받음

➢ 유전자 유전은 단일 유전자(IGOD 입장)나 여러 유전자들(QTL 입장)로부터 물려받을 수 있다.

➢ 다요인 전파 – 유전자 요인들과 환경요인들 간의 상호작용

➢ 상염색체 우성장애 – 만일 부모 중 한 사람이 해당 장애에 대한 대립유전자를 지니고 있다면 그 자녀가 물려받게 되는 장애 유형

➢ 비침투 – 자녀가 우성장애를 물려받지 않는 드문 경우

➢ 퓨넷 바둑판법 – 알려져 있는 대립유전자 쌍을 지닌 부모의 자녀가 갖게 되는 다양한 유전자 결합을 보여 주는 방법

   ✓ 결절 경화증 – 상염색체 우성장애의 하나로, 종양의 성장을 막는 역할을 하는 유전자가 제대로 기능하지 않는다. 결과적으로 뇌를 포함한 내장기관에 종양이 생기게 된다. 지적장애가 나타날 수도, 그렇지 않을 수도 있고 증상의 정도는 사람에 따라 다르다.

   ✓ 신경섬유종증 – 말초신경계와 중추신경계에서의 종양의 성장과 관련된 상염색체 우성장애로, NF1과 NF2 두 가지 유형이 있다. NF1은 신체적인 기형을 초래한다. 지적장애는 나타날 수도, 그렇지 않을 수도 있고 증상의 정도는 사람에

따라 다르다.

➢ **상염색체 열성장애**−부모 모두 해당 장애에 대한 대립유전자를 지니고 있을 때에만 자녀에게 유전되는 형태의 장애

➢ **선천성 대사이상**−특정한 물질들을 정상적으로 분해시키는 효소의 부족으로 인한 상염색체 열성장애

   ✓ 갈락토스혈증−갈락토스 당을 분해시키지 못하는 것으로 귀결되는 상염색체 열성장애로, 갈락토스의 축적은 뇌 손상과 내장 기관의 기능 이상을 초래할 수 있다. 이 사람들은 유당 및 갈락토스가 함유된 음식물은 반드시 피해야 한다.

   ✓ 헐러 증후군−점액다당류라 불리는 복합 탄수화물을 분해시키지 못하는 것으로 나타나는 상염색체 열성장애로, 뚜렷이 구별되는 신체적 특성들과 심한 지적장애를 야기한다. 보통 십 대 초반에 사망한다.

   ✓ 단풍당뇨증−아미노산 류신, 이소류신, 그리고 발린 등을 분해시키지 못하는 것으로 귀착되는 상염색체 열성장애로 소변에서 단풍시럽과 같은 달콤한 냄새가 뚜렷하게 나타난다. 치료받지 않으면 뇌 손상을 초래한다. 해당 아미노산들을 억제하는 식이요법이 활용된다.

   ✓ 테이 삭스병−주로 아쉬케나지 유태인들 사이에서 발견되는 상염색체 열성장애로, 특정 지질을 분해시키는 효소의 부족으로 초래되고, 이로 인해 해당 지질이 뇌에 축적된다. 심각한 합병증이 나타나면 어린 나이에 사망에 이르게 된다.

   ✓ 페닐케톤뇨증−아미노산 페닐알라닌을 분해하는 효소의 부족으로 생기는 상염색체 열성장애로, 일상적인 혈액 선별검사를 이용하여 생후 일주일 내에 발견할 수 있다. 특정 아미노산을 피하는 식이요법이 사용된다.

성염색체 유전장애

   ✓ 23번째 염색체 쌍(보통 X 염색체)과 관련되는 장애

➢ **라이온화**−주어진 세포에서 단 하나의 X 염색체의 무선적 활성화를 말하며 다른 하나의 염색체는 활성화되지 않는다.

   ✓ 유약 X 증후군−X 염색체의 FMR-1 유전자가 단백질을 생산하지 못하여 지적장애로 귀결된다. 이 장애는 여성들보다는 남성들에게서 더 많이 나타나며, 일반적으로 남성들이 더 심한 특성을 보인다. 이 장애는 지적장애의 가장 흔한 유전적 형태이다.

   ✓ 레쉬-니한 증후군−X 염색체에 있는 유전자와 관련된 열성장애로 자해행동, 공격성, 지적장애 등의 특성을 보인다.

✓ 레트 증후군－X 염색체와 관련된 우성 신경발달 장애로 감퇴된 머리의 성장, 운동기능 및 언어기술 상실, 그리고 지적장애 등으로 나타난다. 거의 여성들에게만 발생한다.

염색체 이상

염색체의 수에 관련된 장애－이 장애들은 보통 정상적인 46개의 염색체 대신 염색체의 숫자가 47개(세 염색체)일 때 발생한다. 이보다는 적은 경우이기는 하지만 염색체 수가 45개(홑 염색체)인 경우도 있다.

➢ **비분리－감수분열 시 염색체가 분리되지 않은 경우로, 두 염색체가 한꺼번에 하나의 딸세포에 전달되고 다른 딸세포에는 아무 것도 전달되지 않는다.**
➢ **전위－두 염색체들 사이의 물질의 교환이나 한 염색체의 일부가 다른 염색체의 비슷한 부분과 결합되는 것**
➢ **섞임증－어떤 세포에는 46개의, 또 어떤 세포에는 47개의 염색체가 있는 상황**
  ✓ 다운증후군－지적장애의 가장 일반적인 생물학적 원인으로, 21번째 염색체에 여분의 염색체가 생김으로 인해 발생하는 경우 가장 흔하다. 이 증후군은 두드러진 안면 특징, 빈번한 심장 및 기타 건강 문제, 그리고 경도에서 중증도에 이르는 지적장애 등의 특성을 지니고 있다.
  ✓ 에드워즈 증후군－이 증후군은 18번 염색체에 여분의 염색체가 생김으로써 발생한다. 소두증(작은 머리), 건강 문제, 그리고 심한 지적장애 등으로 귀결된다.
  ✓ 파타우 증후군－이 증후군은 13번 염색체에 여분의 염색체가 생김으로써 발생하고, 많은 신체적 기형, 매우 심한 지적장애, 조기 사망 등을 초래한다.
  ✓ 클라인펠터 증후군－남성이 여분의 X 염색체를 갖게 될 때 발생한다(보통 염색체 결합이 XXY). 모든 남성들이 지적장애를 갖게 되는 것은 아니지만, 많은 사람들은 언어와 관련된 학습장애를 보인다.
  ✓ XYY 남성－한때 범죄행동과 관계가 있다고 하여, 선정적 보도의 대상이 되었던 상태
  ✓ 터너 증후군－여성이 단 하나의 X 염색체만 갖고 있을 때(XO) 발생한다. 모든 여성들이 지적장애를 갖는 것은 아니다.
  ✓ 5 염색체 X 증후군－3개의, 여분의 염색체에 의해 초래되어 염색체 결합이 XXXXX가 된다. 일반적으로 X 염색체가 많으면 많을수록 지적장애도 더 심

해진다.

염색체 구조와 관련된 장애－이 장애는 염색체의 기본 구조가 바뀔 때 발생한다.

➢ **결실－염색체의 크거나 작은 부분이 없는 상태**
➢ **동원체－염색체의 장완(q)과 단완(p)을 구분하는 영역**
➢ **사이질－염색체의 중앙 부분에 발생하는 결실**
  ✓ 울프-허쉬호른 증후군－4번 염색체 단완의 부분적인 결실로 인해 발생하며 보통 소두증 및 심한 지적장애로 귀착된다.
  ✓ 묘성 증후군－고음의 울음소리를 내는 특성에서 유래한 이름으로 5번 염색체 단완의 부분적 결실로 인해 발생한다. 보통 소두증과 심한 지적장애를 동반한다.
  ✓ 윌리엄스 증후군－7번 염색체 장완의 부분적인 결실로 인해 발생하며 '꼬마 요정' 같은 얼굴 특성과 지적장애로 귀결되지만 언어 및 대인관계 기술 등에서의 상대적인 강점이 관찰되고 있다.
  ✓ 제이콥슨 증후군－11번 염색체 장완의 부분적인 결실로 인해 발생하며 느린 성장, 비정상적인 신체, 그리고 지적장애 등으로 나타난다.
  ✓ 프래더-윌리 증후군－15번 염색체 장완의 부분적인 결실로 인해 발생한다. 작은 키, 만족을 모르는 식욕 및 비만, 그리고 다양한 정도의 인지적 문제들 등을 특성으로 하며, 아버지 쪽에서 유전된다.
➢ **유전체 날인－대립유전자가 그 유전자를 전달한 부모의 성을 바탕으로 자녀에게 서로 다른 영향을 미칠 때 발생한다.**
  ✓ 안젤만 증후군－프래더-윌리 증후군처럼 15번 염색체의 같은 부분이 결실되었을 때 발생하지만 어머니 쪽에서 유전 받는다. 행동문제뿐 아니라 소두증, 뇌전증, 지적장애 등의 특성들이 동반된다. 두 가지 독특한 특성들로는 부적절한 웃음 및 물에 대한 집착 등이다.

원인이 여러 가지이거나 알려지지 않은 장애

  ✓ 어떤 장애들은 원인이 여러 가지가 있다고 알려져 있거나, 아직은 규명되지 않은 생물학적 원인을 지니고 있다고 추측된다.
  ✓ 뇌수종－뇌에 뇌척수액이 축적되어 결과적으로 머리가 커진다.
➢ **분류기 및 내시경 뇌실조루술－뇌수종에서 뇌척수액의 흐름을 뇌로부터 멀리 바꾸는 데 활용되는 두 가지 절차**

✓ 대두증-머리가 그 사람의 연령과 성을 고려해 볼 때 예상보다 더 큰 상태로, 그 원인은 여러 가지이다.

✓ 소두증-그 사람의 연령과 성을 고려할 때 예상보다 더 작은 머리로 그 원인은 여러 가지가 있다.

✓ 스터지-웨버 증후군-얼굴에 포트와인빛 반점, 뇌전증, 그리고 지적장애 등의 특성들이 포함된다.

유전 검사 및 유전 상담

➤ 알파태아단백 검사-특정 장애들과 연계되어 있는 알파태아단백의 비정상적인 양을 찾기 위해 산모에게 행하는 혈액검사

➤ 바트 테스트-알파태아단백과 함께 산모의 두 가지 호르몬의 양이 비정상적인지 선별하는, 산모에게 행하는 혈액검사

➤ 양수천자-소량의 양수를 추출하여 조직에 있는 태아의 세포들을 분석하는 절차

➤ 융모막 검사-소량의 태반조직을 추출하여 조직 내 태아의 세포들을 분석하는 절차

➤ 형광동소교잡법-형광동소교잡법 혹은 염색체 착색은 DNA를 서열에 따라 색칠함으로써 포착하기 힘든 염색체 문제를 발견하는 데 도움을 준다.

➤ MPLA와 ACGH-복제 수 변이(DNA의 한 가지 이상의 절에서 비정상적인 복제 수를 초래하는 변화)를 탐지하는 데 사용하는 기술

➤ 보인자 검사-부모들이 특정 장애의 보인자인지 결정하기 위해 사용되는 절차

➤ 유전 상담-부모들에게 의료 정보를 해석해 주고 지원을 제공하는 것으로, 어떤 아동이 특정 장애를 지니게 될 확률을 부모에게 알려준다.

추가 제안/자료

토론

1. 상염색체 우성장애와 상염색체 열성장애의 차이점은 무엇인가? 보인자인 두 부모가 장애 아동을 가지거나 장애의 보인자인 아이를 갖게 될 확률을 제시하라.

2. 염색체의 수 또는 구조의 이상을 초래할 수 있는 다양한 유형의 문제들(예 : 비분리 등)을 열거하고 정의하라.

3. 다운증후군과 유약 X 증후군은 가장 많은 수의 지적장애를 가져오는 두 가지 생물학적 장애들이다. 이 증후군들 각각이 어떻게 야기되는지 논의하라. 왜 여성들보다 남성들이 유약 X 증후군의 영향을 받는가?

활동

1. 인간 유전체 프로젝트에 대한 정보를 얻기 위해 인터넷을 검색하라(그와 같은 웹
   사이트의 보기는 아래의 인터넷 자료 참조). 중요한 발견 내용에 대해 개념 지도를
   만들어 보자.

2. 귀하가 사는 지역에서 유전 상담 서비스를 받을 수 있는지 체크하라. 정보 및 부모
   지원을 제공하는 서비스들 중 어떤 서비스를 이용할 수 있는지 판단해 주는 기관
   과 연락해 보자(귀하를 도울 수 있는 조직에 대한 정보는 아래의 인터넷 자료 참조).

3. 대부분의 증후군들과 장애들은 부모의 제공 및 부모 지원에 대한 정보와 수단을
   제공하는 단체와 관련되어 있다. 앞으로 사용할 수 있도록 이 단체들의 웹사이트
   목록을 개발하라(그 보기는 아래의 인터넷 자료 참조).

인터넷 자료

www.ornl.gov/hgmis

미 연방 자원부가 제공하는 이 사이트는 인간 유전체 프로젝트에 대한 매우 충실한
설명을 제공하고 있으며 연구 · 교육 · 의료 및 민족적 · 법적 · 사회적 쟁점들에 대한
정보와 연결해 주는 기능을 포함하고 있다. 또한 *Nature and Science*에 출판되는 보고
서의 원본을 볼 수 있다. 그리고 '유전체 과학 프로그램(Genomic Science Program)'이
라 명명된, 미 연방 자원부의 가장 최신의 프로젝트도 설명하고 있다.

www.nads.org

'미국 다운증후군협회(the National Association for Down Syndrome)'의 사이트로 1961년
부모들이 결성한 단체이다. 단체에 대한 설명 및 그 역사와 목적에 대한 진술에 덧붙
여, 다운증후군에 대한 다른 웹사이트들과의 연결과 이용 가능한 자원들, 그리고 뉴스
와 행사뿐만 아니라 다운증후군 일반, 다운증후군 청소년 및 성인에 대한 정보 등을
제공하고 있다. 다운증후군 아기를 가진 새 부모, 조부모를 위한 지원, 그리고 토론을
위한 게시판 또한 설치되어 있다.

www.nsgc.org

'미국 유전 상담가 학회(the National Society of Genetic Counselors)'의 사이트이다. 이
사이트에는 단체에 대한 설명과 빈번한 질문에 대한 답변, 그리고 유전 상담가가 되는
방법, 거주하는 지역의 유전 상담가를 찾을 수 있는 자원링크 등에 대한 정보를 제공
하고 있다.

제5장

환경적 · 심리사회적 원인

요점

> **출생 전 원인** - 감염 및 방사선 등과 같은, 임신 기간 동안에 발생하는 다양한 요인들에 관해 논의한다.

> **출생 시 원인** - 무산소증, 미숙, 신진대사 장애, 그리고 출산 문제 등 출산 과정 중 혹은 출산 직후에 발생하는 요인들을 검토한다.

> **출생 후 원인** - 지적장애의 위험을 증가시키는 심각한 질환, 중독, 영양실조 그리고 사고로 인한 외상 등을 포함하는 출생 후에 발생하는 다양한 요인들을 검토한다.

> **사회적 연관요인** - 빈곤, 어머니의 낮은 교육 수준, 그리고 언어 환경 등의 요인들로 지적장애의 직접적인 원인은 아니지만 지적장애의 위험성을 증가시키는 것으로 알려진 요인들이 포함된다.

> **심리적 연관요인** - 아동 양육 습관, 학대, 그리고 방임 등과 같은 요인들로 지적장애의 위험성을 증가시키는 것으로 알려져 있거나 증가시키는 것으로 의심받고 있는 요인들이 포함된다.

> **예방적 조치** - 지적장애를 예방하거나 치료하기 위한 일차적, 이차적, 그리고 삼차적 수단이 활용 가능하다.

지적장애는 수많은 원인을 가지고 있다. 비록 대다수의 경우에 있어 그 원인이 알려져 있지 않지만, 많은 경우 생물학적 원인을 지니고 있다. 대신에, 많은 발달 영역에서 또는 모든 발달 영역에서 심각한 지연을 나타내기 전까지는 발달지체라고 부른다(Shapiro & Batshaw, 2013). 결국에 지적장애로 진단받게 되는 많은 사람들은 출산 전, 출생 시, 혹은 출생 후에 발생하는 요인들로 인해 일반적인 성장과 발달이 저해될 가능성이 있다. 이러한 요인들은 환경적인 것(예 : 임신 기간 동안 어머니의 약물 또는 알코올 남용)일 수도 있고, 사회적 연관요인(예 : 영양실조와 같이, 빈곤한 상태에서 살아가는 것과 관련된)으로 인한 것일 수도 있으며, 혹은 심리적 연관요인

차이를 만들어 낸 연구 5.1

Tredgold, R. F., & Soddy, K. (1956). *A handbook of mental deficiency*. Baltimore : Williams & Wilkins.

이 책은 Tredgold의 아버지인 A. F. Tredgold 박사가 편집한 내용을 바탕으로 두 명의 영국 의사가 저술하였고, 지적장애를 포괄적으로 조사하고자 한 초기 노력을 대표한다. A. F. Tredgold 박사는 1908년 초판을 시작으로 7번의 이전 판들을 단독으로 편집했다. 이 획기적인 일련의 책들은 지적장애에 관한 국제적 · 역사적 관점을 제공하고 있다. 지적장애는 이 책의 제목에서 알 수 있듯이 이 시기에는 사용되지 않던 용어였다는 점에 주목해야 한다.

(예 : 학대 및 방임) 때문일 수도 있다. 예방 가능한 지적장애를 지닌 사람들의 수에 대한 추정치는 다양하다. 하지만 이 장에서 논의되는 많은 원인들은 최소한 중재될 수 있다. 이러한 원인들은 모든 사람들이 가능한 한 독립적으로 살아가기 위해 궁극적으로 필요한 지원의 정도를 결정하는 개개인의 특성으로 귀착될, 다양한 정도의 지적장애로 나타날 것이다(AAIDD, 2012). 많은 경우에 있어서, 이러한 요인들은 지적장애를 전혀 초래하지 않거나, 다른 발달장애(예 : 뇌성마비, 자폐성 장애 등)를 가져올 수도 있다. Simon(2010)은 비전형적으로 발달하는 두뇌의 인지적 기능과 내재된 기질을 찾는 것은 하나의 도전이며 지적장애인의 신경인지적 기능에 대한 연구자들은 그들의 행동과 능력이 전형적인 발달을 보이는 또래들과 어떻게 다르며, 왜 다른가를 설명해야 하는 상황에 직면하고 있다고 언급하였다. 많은 경우에 있어서, 정확한 생물학적 원인이 쉽게 확인되지 않기 때문에, 지적장애의 영역은 과학적/의학적으로 정의되는 장애인 동시에 사회적으로 정의되는 장애로 바라보아야 한다(AAIDD, 2010).

이 장에서 논의되고 있는 요인들의 영향은 4장에서 다루어진 요인들의 영향보다는 덜 예측 가능하다. 우리는 먼저 환경적인 출생 전, 출생 시, 출생 후 원인들을 논의하고, 그러고 나서 사회적 연관요인과 심리적 연관요인에 대해 논의할 것이다. 또한 예방 수단들 몇 가지에 대해서도 논의할 것이다.

연구상자 5.1에는 20세기 중반에 나타난 지적장애의 원인 및 속성에 대한 의학적 관점들에 대한 통찰을 제공하는 역사적인 참고 도서가 소개되어 있다. 특히, 현대 도서에서 일반적으로 기대할 수 있는 것에 비해 사회적 및 심리적 연관요인들에 대한 내용이 매우 적은 편이다.

환경적 원인들은 출생 전(임신 기간 동안), 출생 시(분만 과정 동안), 그리고 출생 후(태어난 이후) 발생하는 원인들로 다시 나눠볼 수 있다. 일반적으로 아동이 어리면 어릴수록 이러한 원인들의 영향은 더욱 더 커진다. 예를 들어, 영양실조는 12살짜리

아동에게보다는 생후 6주 된 아이에게 더 심각한 영향을 미칠 수 있다. 또한, 미국 지적장애 및 발달장애협회(AAIDD)의 정의를 염두에 둔다면, 출생 후 요인들에 대한 우리의 논의는 발달기(18세까지)에 발생하는 것에만 국한될 것이다. 마지막으로 비록 어떤 요인들(예 : 두뇌에 대한 외상)은 어떤 개인의 인지적 또는 지적 능력에 기능적으로 영향을 미칠 수 있지만, 이러한 요인들은 지적장애로 분류되지 않는 장애(예 : 뇌손상)들과도 연합될 수 있다. 우리는 여기에서 두 가지 종류의 뇌손상을 구분한다. (1) 이미 전형적인 발달을 경험한 사람에게 영향을 미치는 외상성 뇌 손상(traumatic brain injury), 그리고 (2) 전형적인 발달단계의 시작점에 영향을 미쳐서 지적장애의 원인으로 간주되는 유형의 뇌 손상.

출생 전 원인

기형유발물질

기형유발물질(teratogen)은 발달하고 있는 배아(embryo)/태아에게 결함을 일으키는 모든 물질들을 말한다(National Institutes of Health, http://ghr.nlm.nih.gov). 여기에는 감염, 방사선, 산모의 영양실조, 그리고 출산 시 저체중 등이 포함된다(표 5.1 참조). 다른 출생 전 위험요인들로는 산모의 연령, 출생 전 관리 부족, 산모의 건강 문제, 임신 기간 중의 약물남용 등이 포함된다. 이러한 요인들은 발달상 어려움의 증가된 위험성과 연계되어 있을 수 있지만 반드시 지적장애를 초래하는 것은 아니다. 하나 이상의 출생 전 요인들이 아동에게 심각한 영향을 미칠 수 있거나, 어떤 경우에 있어서는 눈에 띄는 영향을 전혀 미치지 않을 수 있기 때문에 이러한 구분은 중요하다. 이러한 요인들은 지적장애가 생기는 것을 초래할 수 있거나 혹은 적어도 지적장애가 생길 조건을 만들 수 있다. 앞서 밝혔듯이, 대부분의 경우에 경도 지적장애 학생의 대부분에서 지적장애의 원인은 직접적으로 알려져 있지 않다. 하지만 보다 중증의 지적장애를 가진 학생들의 장애 원인은 보다 흔히 알려져 있다.

감염

지적장애를 가져오는 일반적인 감염에는 톡소플라즈마증, 풍진, 거대세포바이러스(cytomegalovirus), 그리고 성관계를 통해 전달되는 감염들이 있다. 이러한 감염들은 임신 중에 언제 발생하느냐에 따라 다른 영향을 미칠 수 있다.

톡소플라즈마증(toxoplasmosis)은 날고기나 고양이의 배설물을 통해 전염될 수 있는 감염증이다(Best & Heller, 2009). 이것은 선천성일 수도 후천성일 수도 있지만, 임신

| 표 5.1 | 장애를 발생시킬 위험성이 있는 출생 전 원인 |

기형유발물질	기타 요인
감염	모 또는 부의 연령
방사선	출생 전 관리 부족
산모의 영양실조	산모의 건강 문제
출생 시 저체중	약물남용

중에 걸렸을 때 가장 위험하다. 선천성 감염이 치료되지 않으면 눈과 망막의 질환, 뇌성마비, 뇌수종, 소두증, 정신운동 발달의 장애, 경련, 음식 섭취에의 어려움, 그리고 지적장애 등과 관련되어 있다. 인지적 및 신경학적 영향을 줄이거나 제거할 수 있는 출생 시에 사용 가능한 처치 방법들이 있지만 이 분야에 대한 연구는 여전히 제한적이다(Best & Heller, 2009).

풍진(rubella 또는 German measles)은 특히 산모가 임신 3개월 내에 감염될 때 지적장애 그리고 눈의 문제, 농, 자극 과민성, 작은 머리 크기, 경련, 및 심장결함 같은 다른 신생아 문제의 위험성 증가와 관련될 수 있다(U. S. National Library of Medicine, 2011b). 태아는 태반을 통해 풍진에 감염된다. 따라서 어머니의 임신 전 예방 접종 또는 감염된 다른 사람들과의 접촉을 피하는 것이 최선의 예방책이다(U. S. National Library of Medicine, 2011b). 1960년대부터 예방 접종을 통해 선천성 풍진의 수는 극적으로 감소되었다.

성관계를 통해 전달되는 감염들 거대세포바이러스(cytomegalovirus)는 출생 전에 감염된 약 10명 중 1명의 아기가 증상을 나타낼 수 있는데, 태어날 때 증상을 나타내는 아기의 90%가 신경학적 장애를 가지게 된다(U. S. National Library of Medicine, 2011a). 이 바이러스는 엡스타인-바 바이러스(epstein-barr virus), 단순 헤르페스 바이러스(herpes simplex virus), 그리고 수두대상포진 바이러스[varicella-zoster virus, 수두(chicken pox)와 대상포진(shingles) 등을 초래함] 등과 함께 헤르페스 바이러스군에 포함된다(Widerstrom & Nickel, 1997). 태아에게 나타나는 증상으로는 확대된 간이나 비장, 소두증, 농, 그리고 기타 건강 문제 등이 있을 수 있다. 이 바이러스는 주변 환경에서 매우 흔하게 있는 것으로서, 아기의 신경학적 결함을 일으킬 가능성이 매우 높다(U. S. National Library of Medicine, 2011a).

매독(syphilis)은 산모가 감염되면 태반을 타고 태아에게 감염되는 성병으로, 감염된 신생아의 거의 절반 정도가 출생 시나 출생 직후에 사망하게 된다(U. S. National Library of Medicine, 2012b). 항생제를 처방함으로써 치료할 수 있지만 매독에 걸린 산모의 수가 증가하여 감염된 아동의 증가를 가져오고 있다. 치료하지 않으면 아동은 생존하지 못하거나 다양한 건강 관련 문제를 나타내어 신경학적 장애, 얼굴 기형, 그리고 감각 장애를 초래할 수 있다(U. S. National Library of Medicine, 2012b).

임신한 여성의 **HIV 감염**(HIV infection)은 이 바이러스를 아동에게 물려주어, 아동은 나중에 신경학적 결함을 갖게 된다(Merck Manual, 2003). HIV에 감염된 지구상의 아동의 수는 현재 급속하게 증가하고 있다(Best & Heller, 2009). 아동들이 빈곤한 환경에 있을 때 자궁 내에서 HIV에 감염될 위험이 더 커진다(Best & Heller, 2009).

성관계를 통해 전달되는 감염증은 무수히 많은데, 그중에는 클라미디아, 생식기 헤르페스, 임질, B형 간염, 그리고 HPV(인간 유두종 바이러스)가 포함된다. 성관계를 통해 전달되는 질병들은 조산과 출생 후 자궁 감염을 일으킨다. 일부는 태반을 통하여 아직 태어나지 않은 아기에게 전달되거나 분만하는 동안에 아기가 산도를 통과할 때 전달된다. 아이에게 발생할 수 있는 해로운 결과로는 출생 시 저체중, 뇌 손상, 감각 결함, 그리고 건강을 손상시키는 질환들이 있다(U. S. Department of Health and Human Services, 2009).

세계보건기구(2011b)에 의하면, 성관계를 통해 전달되는 감염증들은 개발도상국에서 성인들이 치료를 필요로 하는 상위 5종의 질병 유형을 차지하고 있다. 임신과 신생아에 미치는 영향은 충격적이다. 치료되지 않은 초기 매독과 관련된 임신의 25%가 사산되고 또다른 14%는 신생아 사망을 가져온다. 치료받지 않은 임질을 가진 여성의 35%가 자연 유산 또는 조산을 경험한다(World Health Organization, 2011b). 지적장애의 출현율에 대한 구체적인 통계치는 없지만, 이러한 통계에서는 개발도상국 아동의 건강, 발달, 그리고 안녕에 대한 심각한 위협이 특히 성관계를 통해 전달되는 감염으로부터 존재하고 있음을 명확히 보여 주고 있다.

방사선

히로시마와 나가사키의 원폭 투하 당시 생존자들에 대한 연구에 따르면 방사선은 출생 시 결함과 관계있다(Graham & Morgan, 1997). 의료용 방사선과 같은 상당히 적은 양의 방사선에 노출되었던 여성들의 태아들에게서도 문제점들이 발견되었는데, 특히 임신 2~18주 사이에 노출되면 그렇다(Centers for Disease Control and Prevention, 2011). 임신 후기에도 태아에 대한 방사선 노출로부터의 영향이 있을 수 있지만, 높은 비율의 뇌 손상이 임신 2~18주 사이에 발생한다(Centers for Disease Control and Prevention, 2011).

산모의 영양실조

영양실조는 출생 전과 출생 후에 모두 해로운 영향을 미친다. 출생 후 환경적 박탈과 결합된 영양실조는 세계적으로 지적장애의 가장 일반적인 원인이다(Merck Manual, 2003). 이 문제는 기근과 기아가 더 자주 일어나는 개발도상국에서는 주요 걱정거리이다(Merck Manual, 2003). Abu-Saad와 Fraser(2010)는 산모의 영양실조가 적어도 세 가지의 주요한 출산 부작용을 가질 수 있다고 강조하였는데, 여기에는 출생 시 저체중, 조산, 그리고 자궁 내 성장 제한이 포함된다. 결국 이러한 출산 결과는 신생아 사망, 장단기 건강 문제, 이후의 만성 질환, 그리고 장애를 가져올 수 있다.

출생 시 저체중(low birth weight)은 임신기의 열악한 영양과 부적절한 산모의 체중 증가와 매우 높은 관련성을 지니고 있는, 입증된 위험요인이다(Widerstrom & Nickel, 1997). (2,500그램 이하의 몸무게를 가지는 것으로 정의될 수 있는) 출생 시 저체중은 신생아 사망과 연관되어 있는데, 특히 개발도상국에서 그러하다(Abu-Saad & Fraser, 2010). 선진국과 개발도상국에서, 출생 시 저체중은 장기적 장애의 위험 증가와 깊이 연관되어 있다(Abu-Saad & Fraser, 2010). Horvath 등(1993)은 출생 전후의 영양실조는 40~60%의 뇌 세포 감소로 귀착될 수 있고 이 사람들은 풍부한 영양을 공급받은 또래들의 수준을 결코 따라잡을 수 없을 것이라고 강조했다. 비록 많은 변인들이 인간 (예 : 감염 및 영양불량과 연계되어 있는 빈곤 등과 같은 환경적 요인들)에 대한 연구와 혼합되어 있지만, 동물을 대상으로 한 연구들은 출생 전의 영양불량이 인지적 수행, 정서적 반응, 그리고 사회적 상호작용에 영향을 미친다는 것을 보여 주었다(Abu-Saad & Fraser, 2010). 영양과 빈곤, 그리고 아동에게 미치는 영향에 대해서는 이 장의 후반부, 지적장애의 출생 후 원인들에 대한 부분에서 논의될 것이다. 몇 가지 요인들이 서로 얽혀 있어서 그 요인들의 개별적인 영향을 조사하는 것은 전체적인 영향을 알아보는 것보다 어려울 수 있다. 특히, 빈곤상태에서의 생활과 연계된 것일 때 그렇다(Abu-Saad & Fraser, 2010).

출생 전 발달에 영향을 미치는 기타 요인들

출생 전 발달에 영향을 미치는 일부 요인들은 기형유발물질이 아니지만 출산 결과에 다양한 영향을 미칠 수 있다. 예를 들어, 산모의 연령은 부정적인 영향을 미칠 수도 있고 아닐 수도 있다. 임신 기간 동안의 심각한 알코올 섭취는 부정적인 영향을 미치기 쉽다.

부모의 연령

산모의 연령은 신생아의 의학적 문제에 대한 높은 위험과 관련되어 있다. 아기 임신 연령의 양 극단(20세 이하 또는 40세 이상)에 있는 어머니는 출생 시 결함의 더 큰 위험과 연관되어 있다(Gill, Broussard, Devine, Green, Rasmussen, & Reefhuis, 2012). 또한 나이가 어린 어머니들은 조산의 가능성도 더 높다(Widerstrom & Nickel, 1997). Robinson과 Gonzalez(1999)는 조산 아동들은 인지, 운동 발달, 행동, 그리고 언어에 있어 지체될 위험이 있다고 강조했다. 3장에서 논의했듯이, 부모의 연령은 다운증후군 같은 장애에 대한 위험 요인으로서도 주목을 받고 있다. Yang, Wen, Leader, Chen, Lipson, 그리고 Walker(2007)는 아동의 일반적인 출생 결함, 그리고 다운증후군과 기타 염색체 이상들은 아버지가 나이가 들었을 때(29세 이상) 태어나는 것과 연관되어 있다. 그렇지만 아버지의 연령과의 연관성은 어머니의 연령에 비해서는 적은 편이다 (Yang et al., 2007).

출산 전 관리의 부족

출산 전 관리 부족은 아기를 낳는 것에 잠재적으로 영향을 미치는 또 다른 요인이다. Widerstrom과 Nickel(1997)은 부적절한 산전 관리는 양막의 조기파열(premature rupture of amniotic membrane, PROM)은 물론 조산 및 저체중의 위험성을 증가시킨다고 주장하였다. 미국 산부인과 의사 회의(ACOG, 2012)는 미국 영아 사망률이 생애 첫해 안에 1,000명당 거의 7명 수준이라고 하였다. ACOG는 또한 산전 관리가 임신과 출산에 영향을 미치는 문제들을 확인하고 처치하기 위한 기본적인 수단이라는 점을 강조하였다. 2008년에, 미국에서는 8명 중 1명이 조산으로 태어났다. 조산은 미국 내에서 신생아 사망과 장애의 주요 원인이다(ACOG, 2012).

산모의 건강 문제 또한 출생 시 결함 및 이에 따른 발달지체의 높은 위험성과 연관되어 있다(Widerstrom & Nickel, 1997). 질병 통제 및 예방 센터(CDC, 2012)는 약물 섭취, 비만, 잘 통제되지 않은 당뇨병, 그리고 알코올과 불법 약물 노출이 출생 시 결함을 가져올 수 있다고 하였다. 아기 33명당 약 1명이 출생 시 결함을 가지고 태어난다 (CDC, 2012).

임신 중 약물남용은 배아 및 태아에게 대표적인 주요 위험요인이 된다. 미국 의료 구호 재단인 March of Dimes(2008)는 미국 임산부의 4%가 임신 중에 불법 약물을 사용한다고 추정했다. 엑스터시, 메타암페타민, 그리고 기타 암페타민 같은 약물에 노출되면, 머리 크기의 감소, 출생 시 저체중, 그리고 학습 문제를 초래할 수 있다. 학습 문제는 헤로인에 대한 자궁 내 노출로부터 초래될 수 있다. 다른 약물들(예 : PCP)도 자궁 내에서 노출된 아동에게 금단 증후군 그리고 학습 또는 행동적 문제들을 가져올 수 있다(March of Dimes, 2008).

한 여성이 자기가 임신 중이라는 것을 잘 모를 수도 있는 최초 단계를 포함하여, 알코올 소비는 발달의 모든 단계에서 태아 발달을 방해할 수 있다(National Institute on Alcohol Abuse and Alcoholism, 2012). 태아 알코올 스펙트럼 장애(Fetal Alcohol Spectrum Disorder, FASD)에는 태아 알코올 증후군(Fetal Alcohol Spectrum, FAS, 가장 심각한 장애), 부분적 태아 알코올 증후군, 알코올 관련 출산 시 결함, 그리고 알코올 관련 신경발달적 장애가 포함된다. FAS는 얼굴 비정상, 출생 전 또는 후의 성장 결함, 중추신경계 장애, 소뇌, 및 기타 문제들을 초래할 수 있다. FAS는 임신 중의 과음(술을 마실 때마다 4잔 이상을 마시는 것으로 정의함)으로부터 초래된다. 그렇지만 더 적은 양의 알코올도 위에서 열거한 다른 장애들을 가져올 수 있다. 부분적 FAS는 대부분의 증후들이 FAS와 연관되어 있는 것이다. 스펙트럼상의 다른 장애들도 신체적 비정상, 학습과 기억의 문제, 주의, 이해 및 지시 따르기, 의사소통 및 사회화의 문제들을 가져올 수 있다(National Institute on Alcohol Abuse and Alcoholism, 2012). 조사에 의하면, 또한 어머니가 음주를 하고 가난한 조건에서 살았으며 낮은 사회경제적 지위에 있고 높은 수준의 스트레스를 경험했을 때, 아동이 더욱 심각한 영향을 받을 수 있다고 제안한다(National Institute on Alcohol Abuse and Alcoholism, 2012).

끝으로, 자궁 내 니코틴 노출 또한 조산, 유산의 가능성 증가, 태반의 조기 분리, 그리고 구개 파열, 구순열 같은 확실한 출산 시 결함을 초래할 수 있다(Centers for Disease Control and Prevention, 2013). 비록 흡연이 지적장애와 직접적인 연관은 없다 해도 조산이 발달지체를 유발하는 잘 알려진 요인임을 염두에 두어야 할 것이다.

언급된 모든 요인들이 지적장애의 직접적인 원인은 아니다. 그리고 앞서 밝힌 대로 직접적인 원인은 알려진 것보다 알려지지 않은 것이 더 많다. 아마도 논의된 요인들이 결합하여 발생할 때 태아의 위험이 증가되는 것으로 귀결된다는 것을 기억하는 것이 중요할 것이다. 사실상, 많은 태아들은 다양한 요인들에 대한 노출(예 : 열악한 산전 관리, 출생 시 저체중, 조산, 니코틴과 알코올 노출)을 경험하고 있다. 수많은 출생 전 요인들에 덧붙여 다양한 출생 시 요인들 또한 존재한다. 표 5.1은 다양한 출생 전 원인들을 요약한 것이다.

다시 생각해보기

임신한 여성의 생활방식 선택이 자녀의 출산에 어떠한 영향을 미칠 수 있는가? 출생 전 요인들에 대한 노출을 피할 수 있는 방법에는 어떤 것들이 있는가?

출생 시 원인

출생 시 원인들에는 질식, 미숙, 출생 시 저체중, 호흡기 문제, 출혈(hemorrhage), 황달, 저혈당(hypoglycemia) 등 신진대사 문제, 발작, 그리고 선천성 기형 등이 포함된다. 분만 자체 또한 다산(multiple birth), 비정상적인 태아의 위치(abnormal presentation), 탯줄 탈출증(prolapsed umbilical cord) 등을 포함한 위험요인들을 보일 수 있다. 미숙과 저체중은 앞부분에서 다루어졌으나 이 두 요인들은 출생 시 요인으로도 매우 일반적인 것이기 때문에 여기서 다시 논의할 것이다.

무산소증과 질식

세포 조직에 산소가 부족해지는 **무산소증**(anoxia)은 뇌 손상이나 사망을 초래할 수 있다. **질식**(asphyxia) 또한 산소의 부족을 의미하지만 일반적으로 무산소증보다 더 갑작스럽게 일어나고 더 심각하다. 충분한 산소의 부족은 아프가 점수(Apgar score)가 낮을 때 눈에 띄게 된다. Gaitatzes, Chang, 그리고 Baumgart(2013)는 아프가 점수가 신생아의 색/외관, 심장 박동 수, 호흡, 자극했을 때의 반사 감수성, 그리고 휴식할 때의 근 긴장도 측정을 통해 도출된다고 진술했다. 이런 것들은 아동의 활동(activity, a=근 긴장도), 맥박(pulse, p), 찡그린 표정(grimace, g=반사 감수성), 외관(appearance, a=색/외관), 호흡(respiration, r)을 사정하면서 반영된다. 신생아의 상태에 따라 각각의 측정에는 0~2까지의 점수가 할당된다. 전체 점수는 0~10점까지이며 출생 후 1분과 5분에 각각 측정된다. 만일 합병증이 있다면 생후 10분과 15분에도 측정된다. 아프가 점수는 건강관리 전문가들이 신생아의 상태에 대한 의견을 나눌 때 가장 도움이 되며 반드시 장기적인 결과를 나타내는 것은 아니다(Gaitatzes et al., 2013). 그렇지만 아동이 심각한 산소 부족을 경험한다면, 장애의 위험이 존재한다.

저산소성 허혈성 뇌병증(Hypoxic Ischemic Encephalopathy, HIE)은 두뇌에 대한 부적절한 산소 및 혈액 순환의 결과이다(Gaitatzes et al., 2013). HIE에 걸린 신생아는 비정상적인 신경학적 기능, 줄어든 활동 수준, 열약한 빨기와 섭식, 호흡기 문제, 불안정한 신체 온도, 그리고 경련 같은 증상들을 나타낼 것이다. 심각한 HIE를 가진 아동들은 1~2세가 될 때까지 지적장애를 가질 위험이 더 높다(Gaitatzes et al., 2013).

미숙

앞서 논의한 것처럼, 미숙(prematurity)은 중요한 위험요인이다. Rais-Bahrami와 Short (2013)에 따르면 조산은 임신 36주 또는 그 이전에 발생한다. 조산 아기의 신체적 외관은 달을 채우고 태어난 아기와 차이가 있다. 하지만 보다 중요한 것은 신경학적 및 행동적 차이일 것이다. 조산아는 낮은 근 긴장도, 행동적 수동성, 그리고 신경학적 부 조직화를 나타낼 수 있다. 세계적으로 출산의 약 13%가 조산이고 그 13%의 거의 반 정도가 신생아 신경발달적 장애(예 : 뇌성마비)를 초래한다(Rais-Bahrami & Short, 2013). 또한 조산은 백인보다 아프리카계 미국인에게서 두 배 정도 자주 발생한다. 추가해서 말하자면, 조산은 호흡곤란증후군, 산소 보충 요구, 뇌출혈, 산소 부족 또는 혈류 부족 으로 인한 뇌 손상, 청각 손실의 위험 증가, 그리고 무호흡 등의 문제를 일으킬 수 있 다(Rais-Bahrami & Short, 2013).

출생 시 저체중

출생 시 저체중(low birth weight)은 아주 많은 변인들이 이 상태를 촉진할 수 있으므 로, 아마도 가장 '보편적인' 위험요인일 것이다. 이것은 또한 조산과도 밀접히 연관되 어 있지만 반드시 그런 것은 아니다. 출생 시 저체중은 2,500그램(5.5파운드) 이하로 정의될 수 있다. 매우 낮은 출생 시 체중은 1,500그램(3.33파운드) 정도이고 극도로 낮 은 출생 시 체중은 1,000그램(2.25파운드) 이하이다. 조산 또는 만삭에 낳은 아기가 출 생시 체중이 10퍼센타일 이하에 해당할 때 저체중아에 해당한다(Rais-Bahrami & Short, 2013). 출생 시 저체중은 흔히 영양 부족으로 인해 자궁 내 성장 제한이 발생한 결과이 다. 이것은 어머니의 질병, 흡연, 알코올 소비, 감염, 영양 부족, 그리고 일부 염색체 장애 때문에 발생할 수 있다(Rais-Bahrami & Short, 2013). 저체중아들은 신생아 합병 증, 장기적인 성장의 문제, 그리고 발달장애의 위험이 있다. 출생 시 저체중 아기는 이제는 더 나은 생존율을 보이고 있지만 이로 인해 신경발달 장애를 가지게 될 가능성 도 증가되었다. 1,500그램 이하의 출생 시 체중을 가진 아동은 학교에 들어갈 나이가 되었을 때 발달장애를 나타낼 위험이 더 크다(Rais-Bahrami & Short, 2013).

신진대사 장애

신진대사 장애는 종종 치료하거나 예방할 수도 있지만, 장애의 위험성을 증가시킨다. 신진대사 장애는 세포 안에서 중요한 생화학적 반응을 촉진하기 위해 필요한 효소 중 의 하나가 결핍되었을 때 발생한다(Batshaw & Lanpher, 2013). 이러한 생화학적 세포 반응의 실패로 인해서 뇌 또는 다른 기관들이 손상될 수 있다. Batshaw와 Lanpher (2013)는 다음과 같은 세 가지 종류의 선천적 신진대사 문제가 있다고 하였다.

- 시간이 지남에 따라 발달장애를 가져올 수 있지만 비교적 장기간 동안 뚜렷히

드러나지 않는 페닐케톤뇨증과 선천성 갑상선 기능 저하증 같은 침묵의 장애들
- 요소회로질환 같은 일시적이지만 치명적인 증후군을 일으키는 급성 신진대사 위기를 가져오는 장애들
- 시간이 지남에 따라 신체적 그리고/또는 신경학적 퇴행을 일으키는 테이 삭스병 같은 점진적 신경학적 장애를 가져오는 장애들

침묵의 장애들이나 급성 증후군을 가진 장애들은 흔히 치료가 가능하지만, 점진적 장애에 대해서는 전체적으로 치료 기법의 진전이 덜했다. 일부 점진적 장애 또는 치료되지 않은 장애에서, 혼합물의 치명적인 누적 또는 불충분한 종합으로 인해 지적장애를 가진 다양한 장애를 초래할 수 있고 뇌성마비가 빈번하게 나타날 수 있다(Batshaw & Lanpher, 2013).

저혈당

저혈당(hypoglycemia 또는 low blood sugar)은 당뇨병을 앓고 있는 어머니에게서 태어난 아기에게서 흔히 발생하지만 또한 임신 기간이 짧았거나, 자궁 내 성장 제한, 질식, 또는 저산소증을 겪은 아기에서도 발생할 수 있다(Gaitatzes et al., 2013). 치료를 받지 못하면, 저혈당은 뇌 손상을 가져오지만 일반적으로 치료가 가능하다(Gaitatzes et al., 2013). 치료가 되면, 그 예후는 저혈당 자체보다는 저혈당을 일으켰던 질환에 의해 일반적으로 결정된다.

경련

신생아 경련(seizure)은 임상적으로 존재(예 : 팔과 다리가 뻣뻣해지고 뒤틀림)하거나, 존재하지만 미미(예 : 입맛을 다시거나 혀를 내밈)하거나, 또는 단지 EEG상에서만 비정상성을 나타낼 수도 있다(Gaitatzes et al., 2013). 경련은 저혈중칼슘, 저혈당, 뇌손상 또는 뇌출혈, 감염, 그리고 어머니의 약물남용의 결과로서 나타나는 금단 증상에서 초래될 수 있다. EEG 패턴이 개선되지 않고 보다 비정상적으로 되면, 보다 더 장기적인 신경학적 문제들이 발생할 위험성이 커진다. 항간질약을 처방할 수도 있지만 신생아에게 사용해도 되는지는 대해서는 논쟁의 소지가 있다(Gaitatzes et al., 2013).

선천적 이상/결함

선천적 이상/결함들이 지적장애를 초래할 수 있는 출혈, 저혈당, 그리고 감염 같은 여기서 논의된 수많은 장애를 가져올 수도 있다. 뇌수종은 뇌척수액 과잉으로 뇌손상을

일으킴으로써 발생한다. 뇌수종은 분류기를 심어서 남는 뇌척수액을 다른 신체 부위로 보내는 외과수술을 통해 치료 가능하다(Yaun, Keating, & Gropman, 2013). 뇌수종은 무뇌증처럼 신경관 결함으로 여겨지고 있다. 무뇌증은 뇌간 위의 신경 발달이 없는 두개골과 뇌의 심각한 선천성 기형이다(Liptak, 2013). 소두증(비정상적으로 작은 두개골과 뇌의 크기) 또한 지적장애를 가져온다.

출산 시의 문제

출산 시의 문제들 또한 위험성을 증가시킬 수 있다. 분만하는 동안에 발생하는 문제들은 추가적인 위험이 되는데, 여기에는 비정상적인 태아의 위치 및 제대탈출증이 포함된다. 적은 수의 임신에서, 아기가 엉덩이 또는 다리가 먼저 나오거나 얼굴이 먼저 나온다. 일반적으로, 미리 확인을 하고 제왕절개 수술을 하면, 이러한 것들이 큰 위험이 되지는 않는다. 그렇지만, 아기의 산소 공급이 위태로워지면 다른 문제의 위험이 증가된다. 표 5.2는 지적장애의 출산 전후 원인들을 요약한 것이다.

지금까지, 장애의 위험성 증가를 초래하는 일반적으로 생리학적인 속성을 지닌 질환들에 대해서 논의해 왔다. 이러한 질환들은 출생 후 기간 동안에도 지속될 것이다. 또한, 출생 후 기간과 연계된 다른 많은 요인들이 아동에게 닥칠 위험을 증가시킨다. 비록 많은 연구자들이 심리사회적 연관요인(예 : 학대와 방임, 부모의 낮은 교육 수준 등)과 출생 후 요인들을 같은 논의 내에서 다루기도 하지만, 여기에서는 이 두 가지 요인들을 구분하여 살펴보려 한다.

전 세계적으로, 미국과 비교하여 신생아에 대한 출생 전과 출생 시 요인들이 미치는 영향은 어떠한가? 개발도상국들에서는 그러한 영향이 얼마나 심각한가?

표 5.2 장애가 생길 위험성이 있는 출생 시 원인

질식	조산	출생 시 저체중
선천성 신진대사장애	경련	선천적 이상
출산 시의 문제		

출생 후 원인

출생 후 원인들에 대한 논의에는 애착의 질, 심각한 질병, 중독, 출생 후 영양실조, 그리고 사고로 인한 손상 등이 포함된다. 또한, 미숙 및 출생 시 저체중으로 인한 위험은 출생 후 기간에도 지속되고 결과적으로 발달장애를 초래할 수 있다. Shapiro와 Batshaw (2013)는 경도 지적장애 학생의 절반 이하가 확인 가능한 원인을 가지고 있지만, 출생 후의 환경적 영향으로 인해 신경학적 문제의 출현에 영향을 미칠 수 있다고 제안하였다. 지적장애의 출현율이 10~14세의 연령대에서 가장 높은 경향이 있는데, 이것은 많은 경우에 성장과 발달에 영향을 미치는 요인들 사이에 상호작용이 있을 수 있다는 것을 보여 준다(Shapiro & Batshaw, 2013).

애착의 질

애착의 질이란 부모와 유아가 서로 만족스러운 상호작용을 가져오는 상보적 관계를 계발한 정도를 일컫는다. 이 출생 후 원인은 애착이 나중에 사회적 연관요인에 포함될 수도 있다는 점에서 여기에서 논의되는 다른 원인들과는 다르다. 그러나 아동의 신체적 상태(예 : 심한 신체장애, 병원에 장기입원 등)를 포함한 많은 변인들이 성장과 발달에 영향을 미치기 때문에 애착의 질이 항상 환경의 사회적 측면들에 관련된 문제라고 명확히 말하기는 어렵다.

아기들이 전형적인 신생아의 행동을 보일 때, 부모들은 상호작용 및 상호 강화를 증가시키면서 아동에게 반응한다. 장애가 있을 때(예 : 뇌성마비), 상호작용은 부모들과 유아들 모두에게 더 어려운 일이 될 것이다. 그러나 부모의 우울, 학대와 태만, 기질, 성격, 양육 기술의 수준, 사회적 망 지원, 결혼의 질, 그리고 가족이 문제를 해결하고 일상 과제를 수행하는 방법 같은 덜 명확한 다른 요인들이 애착의 질에 영향을 미칠 수 있다(Martin, Brady, & Kotarba, 1992). Zajicek-Farber(2013)는 장애 아동의 부모는 다음을 경험할 수 있다고 지적하였다.

- 아동의 장애, 치료, 그리고 잠재적 영향들에 대한 정보를 통합하기 위해 그들에게 요구되는 지적 스트레스
- 아동의 요구에 대한 재정 지원, 보험 문제 다루기, 그리고 아동과 다른 가족 기능을 위해서 필요한 노동의 관리와 같은 도구적 스트레스
- 상황과 아동의 미래의 불확실성 다루기, 아동의 전환(예 : 초등학교 입학하기, 초등학교에서 중학교 가기), 가능한 행동 문제, 그리고 지역사회에서의 다른 사람들

로부터의 고립과 같은 정서적 스트레스

부모의 우울 또한 존재할 수 있고 아동에 대한 애착의 질에 영향을 미칠 수 있다. 장애 진단에 따른 우울은 드문 것이 아니며 부모의 화, 책임 전가, 또는 필요한 결정에 대한 부동의를 초래할 수 있다(Martin et al., 1992; Zajicek-Farber, 2013).

심각한 질병

심각한 질병은 자궁에 있는 태아뿐만 아니라 영아와 유아들의 일반적인 발달에 위협이 된다. 감염을 초래하는 두 가지 심각한 질병으로는 뇌염과 수막염이 있다. 뇌염은 출생 후 뇌에 발생하는 염증으로 여러 가지 감염원(예 : 홍역, 폐렴, 풍진, 수두 등)에 의해 유발된다. 지적장애는 지속적인 고열의 결과로 발생할 수 있다. 가장 흔한 감염원은 앞서 논의된 단순 헤르페스이다(Baroff, 1999). 그 영향은 즉각적으로 발생하거나 몇 년 동안 지연될 수도 있다(Horvath et al., 1993).

현재의 사건

보초병 닭(sentinel chickens)은 낯선 용어처럼 보이지만, 중요한 기능을 한다. 닭은 모기가 운반하는 감염원들과 접촉할 수 있다. 미국을 비롯한 여러 나라에서는 뇌염을 일으킬 수 있는 감염 바이러스의 존재 여부를 살펴보기 위해 이러한 닭들의 혈액을 주기적으로 점검한다. 그리고 검사 결과를 종종 지방 정부 웹사이트에 공고한다. 닭은 일반적으로 그러한 바이러스로부터 병에 걸리지 않으며 단지 아주 작은 구멍의 형태로 살짝 피가 날 뿐이다. 어떤 경우에는, 일정 기간이 지난 후에 '은퇴'해서 농장 또는 비슷한 생활환경으로 돌아가게 된다.

수막염은 수막 혹은 뇌의 내막에 염증이 생기는 것으로 출생 전, 출생 시, 혹은 출생 후 언제든지 발생할 수 있다. 수막염은 바이러스나 박테리아 등에 의해 생길 수 있고, 청각 손상, 경련, 신경운동 문제, 그리고 말장애 등뿐만 아니라 지적장애를 초래할 수도 있다(Horvath et al., 1993).

중독

지적장애의 출생 전 원인으로서, 우리는 태아에게 영향을 미칠 수도 있는 알코올, 코카인, 그리고 기타 약물들의 자궁 내 노출에 관해 논의했었다. 출생한 후에는 납 또는 수은에 의한 중독이 관심 사항이 된다.

납은 많은 재료 속에 존재하는데, 특히 오래된 집의 페인트(1978년 이전), 1976년 이

전에 페인트 칠을 한 장난감과 가구, 미국 밖의 다른 나라에서 온 장난감과 기타 물건들, 그리고 납땜한 오래된 파이프에 남아 있다(U. S. National Library of Medicine, 2013a). 일반적으로, 납 중독은 반복적인 노출을 통해 서서히 생긴다. 그렇지만 낮은 수준의 납 노출조차 아동의 정신 발달에 영향을 미칠 수 있다. 납 중독으로 인한 합병증에는 행동과 주의 문제, 학교 실패, 청각 장애, 신체 성장 지연, 그리고 IQ 감소가 포함된다(U. S. National Library of Medicine, 2013a).

수은도 삼키게 되면 중추신경계에 영향을 미칠 수 있다. 수은은 아직 태어나지 않은 아이에게 가장 위험하지만 출생 후에도 뇌 및 신경계에 손상을 일으킬 수 있다. 또한 수은은 대부분의 경우 수은이 함유된 씨앗을 먹은 동물을 고기로 먹거나 수은으로 오염된 물에 있는 물고기를 먹음으로써 우리 몸에 들어온다(U. S. National Library of Medicine, 2012a). 수은에 심하게 노출되었을 경우의 증상은 뇌성마비의 증상과 비슷하다. 불행하게도, 한 번 손상이 발생하면 되돌릴 수 없다. 일부 연구자들은 일부 백신에 포함된 수은을 염려하지만, 조사에 의하면 아동기 백신은 위험한 수준까지 수은을 증가시키지는 않는다고 한다(U. S. National Library of Medicine, 2012a).

영양실조

영양실조는 출생 전에 그 영향력이 가장 파괴적이지만, 출생 이후 시기에도 근본적인 영향을 미칠 수 있다. 적절한 영양의 부족은 방임이나 빈곤한 환경에서 생활한 결과일 수 있다. 산모와 아기의 영양실조는 저소득 및 중간 소득 국가에서 좀 더 일반적이다(Black et al., 2008). Black 등(2008)은 아동기 사망의 약 35%와 전 세계 질병의 11%가 영양-관련 요인들 때문이라고 보고하였다. 영양실조의 영향은 많은 경우에 영양 개선과 치료를 통하여 회복될 수 있다. 그렇지만 심각한 아동기 영양실조 또는 기아는 지적장애와 더불어 영구적인 신체적 장애를 초래할 수 있다. 영양실조는 저개발 국가나 선진국에서도 나타날 수 있다. 그것은 빈곤, 자연재해, 정치적 격변, 그리고 전쟁의 결과로서 나타날 수 있다(U. S. National Library of Medicine, 2011c).

외상

외상은 지적장애를 초래할 수 있다. Horvath 등(1993)은 두 가지 주요 원인으로 학대(나중에 논의됨)와 사고를 들고 있는데, 두 가지 모두 예방이 가능하다. 머리 가격, 뼈의 관통이나 뇌 속의 이물질, 뇌부종(부풀어오름), 혈종(hematoma, 혈액 축적), 그리고 혈전증(thrombosis, 응혈 혹은 폐쇄) 등 또한 뇌 손상의 원인이 될 수 있다(Horvath et al., 1993). 그러나 외상성 뇌손상(traumatic brain injury, TBI)은 미국의 장애인교육법

표 5.3 장애가 생길 위험성이 있는 출생 후 원인

애착의 질	질병	중독	영양실조	외상

(IDEA)에서는 별개의 범주이고, 더 나이가 있는 아동들이나 청소년들의 경우 지적장애가 아닌 외상성 뇌손상으로 진단될 수 있다. 출생 후 그리고 발달기 전반에 걸쳐(출생부터 18세까지) 수많은 요인들이 성장에 영향을 미치고 결국 지적장애로 규명되게 할 수 있다. 일반적으로, 이러한 요인들은 조기중재, 유치원, 그리고 학령기 서비스들로 효과를 볼 수 있는, 예방 가능한 원인들 및 요인들로 생각되고 있다. 또한 지금까지 이 장에서는 뇌 손상과 같은, 확인 가능한 기질적 결과를 가질 수 있는 환경요인들에 초점을 맞추었다. 출생 후 원인들을 요약하기 위해서는 표 5.3을 보기 바란다. 다음 부분에서는, 지적장애의 원인이 되는 것으로 추정되지만 개개인에 대한 그 영향이 직접적인 방식으로는 사정하기가 더 어려운 요인들에 대해 논의할 것이다.

다시 생각해보기

미국이나 전 세계적으로 영양실조 그리고/또는 기아를 가지고 올 수도 있었던 최근의 사건들에 관해 생각해 볼 수 있겠는가? 이러한 것들은 근본적으로 자연재해인가 아니면 인재(빈곤, 정치적 격변, 전쟁)인가?

심리사회적 요인들

인간 유전체를 이해하는 데 있어서의 진전에도 불구하고, 유전학은 "지적장애의 원인을 명확하게 설명하지 못한다. 완벽하게 정상적인 DNA를 가진 사람들이 여전히 …을/를 발달시킨다." 지적장애는 "아동 학대 또는 극단적인 사회적 박탈의 결과로서…"(AAIDD, 2010; p.59). 사회적 그리고/또는 심리적 요인들은 서로 배타적이지 않다. 앞서 언급한 것처럼, 다른 연구자들은 이 요인들을, 유사하지만 어느 정도 다른 방식으로 범주화해 왔다. 예를 들어, AAIDD(2010)는 (우리가 이미 논의한 다른 많은 것들, 생물의학적 요인들뿐만 아니라) 사회적 요인들, 행동적 요인들, 그리고 교육적 요인들을 포함시킨다.

사회적 연관요인들은 출생 전 관리, 빈곤, 그리고 영양을 포함하는 사회경제적 지위를 포함하는데, 이것들은 이 앞의 내용에서도 논의되어 온 것들이다. 다른 사회적 연관요인들에는 어머니의 교육 수준과 언어 환경이 포함된다. 심리적 연관요인은 아동 양육 습관, 학대와 방임, 폭력을 포함한다.

연관요인(correlates)이라는 용어는 유용한 것이다. 인간의 발달에 있어 심리사회적

요인들의 영향은 종종 직접 측정되기보다는 추론된다. 이러한 요인들은 종종 인지, 사회, 운동, 언어발달, 그리고 학교에서의 성취와 관련된 측정도구와 관련되어 있거나 상관관계를 갖는다. 비록 많은 심리사회적 요인들이 삶의 초기 단계에서 규명될 수 있다는 것을 이해하는 것이 중요하지만, 종종 그 영향은 오랜 기간에 걸쳐 나타나는 것으로 추정되고 많은 경우에 있어서는 해당 아동의 발달적 진전을 또래와 비교할 수 있는 더 형식적인 교육환경에 들어갈 때까지 확실히 드러나지 않을 수 있다.

사회적 연관요인

장애의 발달에 영향을 미치는 아동의 환경에 대한 사회적 연관요인들에는 사회경제적 지위, 가족 상호작용, 부모의 부재, 그리고 부모의 교육수준 등이 포함된다. 많은 위험 요인들과 마찬가지로 이러한 요인들이 반드시 지적장애를 초래하는 것은 아니다. 하지만 위험요인들의 수가 증가함에 따라, 장애를 갖게 될 위험성 또한 증가할 것이다. 이러한 요인들은 많은 경우에 있어 중재가 가능하다는 것을 이해하는 것 또한 중요하고, 심리사회적 위험요인들과 연계된 지적장애 중 최소한 어느 정도는 예방이 가능하다고 널리 알려져 있다. AAIDD(2010)는 몇 가지 요인들은 세대 간에 고려될 수 있다고 강조하였다. 즉, 그러한 사회적 요인들의 영향을 예방하거나 줄이기 위해서 그 개인 및 가족의 지원을 사용할 수 있다. 많은 사회적 요인들은 서로 연계되어 있다. 예를 들어, 사회경제적 지위가 낮은 어머니에게서 태어난 아동들은 보잘 것 없는 산전 및 산후 관리를 받게 될 위험이 더 크고 따라서 발달장애를 갖게 될 위험성이 그만큼 더 증가한다. 우리는 각 요인들에 관해 다소 독립적으로 논의하지만, 그 요인들은 종종 공존하므로 그것들의 영향은 혼재될 수 있다.

과거 한때, 세대 간 요인들과 공존 요인들을 '예방 가능하다.'고 보았던 견해는 사건 상자 5.1에서처럼 우리를 다소 혼란스럽게 만들었다.

낮은 사회경제적 지위

낮은 사회경제적 지위(socioeconomic status, SES)는 지적장애를 포함한 많은 발달문제의 위험요인이 된다. 빈곤과 장애 사이의 관계를 조사한 연구들에 따르면 일반 인구의 39%가 연소득 $2만 5,000 이하인 가정에서 살고 있는 반면, 특수교육을 받는 학생의 68%가 그러한 가정에서 생활하고 있다고 한다(Birenbaum, 2002). 비록 인과관계가 확립되지는 않았지만, 다른 여러 연구들 또한 전체 인구에 빈곤이 증가할수록 장애 아동들의 숫자도 증가함을 보여 주고 있다(Birenbaum, 2002). 우리는 이 장의 앞부분에서, 낮은 SES가 산전 관리가 열악하거나 없는 것(Child Trends Data Bank, 2012), 영양의

차이를 만들어 낸 사건 5.1

1927년 – *Buck 대 Bell* 미국 대법원 사례

1924년 17세의 Carrie Buck은 간질 환자 및 정신박약아들을 위한 버지니아 요양소(Virginia Colony for Epileptics and Feebleminded)에 위탁되었다. 그녀의 어머니는 그녀보다 3년 먼저 위탁되었다. 결혼은 하지 않았지만 임신한 상태였던 Carrie는 시설에서 딸을 출산하였다. 관리들의 생각에는 그녀의 딸이 할머니와 어머니에 이은 정신박약아로 보였다. 버지니아 주 관리들은 같은 해 발효된, 새로 제정된 버지니아 주 법령에 의거하여 Carrie에게 불임시술을 해야 한다는 요지의 청원을 하게 되었다. 결국 이 사건은 미국 대법원에까지 올라가게 되었다. 그리고 대법관 Oliver Wendell Holmes는 자신의 견해를 다음과 같이 피력하였다.

"우리는 공공복지를 위해서 최고의 시민이 되어 줄 것을 요구할 수 있다는 것을 여러 차례 봐 왔습니다. 만일 우리가 무능력에 휩쓸리는 것을 막을 수 있도록, 이미 버지니아 주의 힘을 서서히 약화시켜 온 제물과 같은 이 사람들에게 공공복지가 위의 요구를 할 수 없다는 것은 이상한 일입니다. 만약 그들의 타락한 자녀들이 범죄로 인해 사형에 처해지

고, 우둔함으로 인해 그들이 굶주릴 때까지 기다리는 것 대신, 사회가 영속하는 그들의 종족들과는 분명히 걸맞지 않는 사람들을 예방할 수 있다면 그것이 모든 사람을 위해서 더 나은 일입니다. 강제적인 예방접종을 승인하는 방침은 나팔관 절개를 포함할 만큼 광범위합니다… 백치는 3대까지면 족합니다." Holmes 판사는 계속해서 다음과 같이 말하였다.

"이러한 추론은… 대다수의 사람들에게 적용되지 않고 시설에 있는 소수의 사람들에게 제한적으로 시행될 때 실패합니다"(Trent, 1994; pp.198-199).

비록 오늘날의 우리는 이와 같은 견해에 충격을 받을지라도, 사회가 어떻게 하면 빈곤에 관련된 문제들, 가족 내에서 반복되는 장애, 어린 미혼모 그리고 이 사람들을 지원하기 위한 수단을 가장 잘 안내할 수 있는가에 대한 정치학은 거의 사라지지 않았다. '문화, 가족성 지체'라는 용어가 이러한 현상을 기술하기 위해 일상적으로 사용되었던 것은 그리 오래 전 일이 아니다.

감소(Black et al., 2008), 그리고 약물남용의 증가(National Institute of Alcohol Abuse and Alcoholism, 2012)와도 연관되어 있음을 지적하였다. 분명히, 낮은 사회경제적 지위는 또한 일반적으로 빈약한 건강관리의 원인이 되고, 그로 인해 지적장애의 발생을 야기할 수 있는 진단되지 않은 만성적인 상태(예 : 신진대사 장애 등)는 물론 감염 및 질병의 위험을 증가시킬 수 있다. 마찬가지로, 낮은 사회경제적 지위는 더 적은 교육 서비스를 받게 함으로써, 열악한 발달적 성과에 기여할 수 있다. 낮은 사회경제적 지위는 이 모든 요인들과 연계되어 있을 수 있지만, Ramey와 Ramey(1992)는 "가정 환경의 실질적인 발달의 질은 빈곤 수준에 있는 가족들 사이에서조차도 극적으로 다른 차이를 보일 수 있다."고 하였다(p.337).

부모의 낮은 지능과 교육 수준

특히, 어머니의 낮은 지능과 교육 수준은 자녀의 빈약한 인지적·행동적 성과와 연계되어 있다. 이러한 관계에 대하여 수년 동안 연구되었다. Feldman과 Walton-Allen(1997)은 경도의 지적장애를 갖고 있거나 갖지 않은 어머니를 대상으로 어머니의 낮은 IQ와

빈곤이 아동들에게 미치는 영향에 대해 연구했다. 이들은 모두가 빈곤 상태에 있는 경우에도 어머니가 경도 지적장애인인 아동들이 그렇지 않은 아동들에 비해 더 낮은 IQ와 학업 성취, 그리고 더 많은 행동문제를 갖고 있음을 발견하였다. 또한 가정환경과 어머니의 사회적 지원의 질이 어머니가 지적장애인인 집단에서 더 낮았다. 이들은 지적장애 어머니가 양육하는 아동들은 빈곤 한 가지에만 귀인할 수 없는 영향을 지니고 있다고 하였다(Feldman & Walton-Allen, 1997). Ramey와 Ramey(1992)는 효과적인 조기중재 서비스에 대한 논의에서, 비록 조기중재에 따라 달라질 수는 있다고 하더라도, 어머니의 검사된 지능 수준이 3세 때 발달이 지체될 수 있는 위험을 예측케 해 주는 강력한 예측 요인임을 언급했다. Kelley, Morisset, Barnard, 그리고 Patterson(1996)은 학습기회의 제공, 반응적인 보살핌, 그리고 아동의 지능이 어머니의 지능과 상호관련되어 있다고 하였다. 이들은 환경적 요인들은 차지하고라도 일부 생물학적 기원도 있는 것은 아닌가에 대한 약간의 논란이 있다고 언급하였다.

보다 최근에, Chapman, Scott, 그리고 Stanton-Chapman(2008)은 어머니의 낮은 교육 수준으로 인해서 아동이 지적장애를 가질 위험이 매우 크다는 점을 발견하였다. 어머니의 낮은 교육 수준은, 특정한 개별 가족이 아닌 광범위한 모집단에 걸쳐서, 출생 시 저체중보다 더 큰 위험이라는 것이 지적되었다. 어머니의 교육과 지적장애를 가진 아동을 가질 위험 사이의 이러한 연관성은 최중도 수준의 장애를 가진 아동을 포함하여 모든 수준의 지적장애에 걸쳐서 나타난다. 그렇지만 어머니의 낮은 교육이 낮은 사회경제적 지위 및 건강 관리와도 연관되어 있다는 점을 기억해야 한다(Chapman et al., 2008). 이 연구자들은 일부 유전적 연관성이 있을 수 있지만, 또한 어머니의 낮은 교육 수준이 어떤 출생 전의 위험 요인들과 연관될 수 있음도 지적하였다. 우리는 임신 기간 동안의 불법적인 약물 사용과 알코올 소비가 열악한 출생 전 및 출생 후 건강 관리, 열악한 영양, 열악한 생활환경뿐만 아니라 낮은 사회경제적 지위에 있는 여성들에게서 보다 흔히 발생할 수 있음을 지적해왔다.

Farber(1968)는 지적장애의 위험에 대한 어머니의 지능과 교육 수준의 역할과 관련해서 Skeels와 Dye의 고전적 연구를 논의한 바 있다. 이 논의의 일부가 연구상자 5.2에 요약되어 있다.

언어 환경

언어는 어린 아동들의 발달에 있어 결정적인 것이다. Tredgold와 Soddy(1956)는 말과 언어의 결손과 지체는 지적장애인들 사이에서 흔한 일이라는 점에 주목하였다. 그와 같은 지체와 손상은 수년 동안 분명해졌다. 말장애와 언어지체(장애)를 구분하는 것은

차이를 만들어 낸 연구 5.2

Skeels, H. M., & Dye, H. B. (1939). A study of the effects of differential stimulation on mentally retarded children. *Proceedings of the American Association of Mental Deficiency, 44*, 114-136.

지적장애를 가진 어머니에게 양육되는 것과 연계된 위험들로서 우리가 생각할 수 있는 것에도 불구하고, 초기의 한 연구가 지적장애 어머니를 양육자로 활용하였다. Skeels와 Dye는 13명의 지적장애 아동들(생후 7~30개월)을 찾아냈는데, 그들은 고아원에서 지적장애인들을 위한 시설로 옮겨진 아동들이었다. 조금 더 나이 든 장애를 가진 소녀들이 아기들 개개인을 위한 양육자로 배정되었다. 2년 후 이 아동들은 중앙치로 계산하였을 때 사전검사에 비해 약 27점 정도 IQ가 향상되었다(범위 7~58). 지능지수가 다소 더 높은 아동들 12명은 고아원에 남겨졌고, 그곳에서 아동들에게는 그렇게 많은 주의가 기울여지지 않았다. 2년 후 이 아동들의 지능지수는 중앙치로 약 26점 정도 하락하였다. 뒤이어 수년간에 걸친 추수 연구 결과, 시설에서 여성들에 의해 양육된 아동들은 모두 성인으로서 스스로를 지지할 수 있었고 중앙치로 약 12년간의 학교생활을 완수해 냈다. 고아원에 남겨진 아동들의 성과는 훨씬 더 보잘 것 없었다(Farber, 1968). 비록 이 초기 연구에 포함된 윤리적 문제가 오늘날 의문시되기는 하지만, 이러한 연구 결과는 환경 요인들이 지적 성장과 미래의 적응에 영향을 줄 수 있다는 초기 지표로 사용될 수 있다. 또한 이 결과는 환경적인 요인들이 유전적인 유산과 관계없이 IQ에 영향을 미칠 수 있다는 근거가 된다.

유용하다. 어떤 사람은 말을 할 수 있지만 언어적 의사소통을 생성하고, 전달하며, 이해하는 데 여전히 어려움을 가지고 있을 수 있다. 우리의 조기 학습은 많은 부분 양육자에 의한 음성언어적 중재에 의존하고 있으며(Baroff, 1999), 지적장애를 지닌 부모들은 그러한 중재를 제공하는 데 덜 준비되어 있을 수 있다. Ramey와 Ramey(1992)는 부모들의 지능 수준과 관계없이, 아동들에게는 풍부하고 민감한 언어 환경이 필요하다는 점을 강조했다. 그들은 "정보를 전달하고, 사회적 보상을 제공하며, 새로운 자료와 기술들을 학습하도록 격려하기 위해서 언어를 사용하는, 예측 가능하고 포괄적인 언어 환경을 어른들이 제공하게 하는 것"(p.343)이 얼마나 중요한 일인가에 대해 언급했다. 언어는 삶의 초기에 아동에게 가장 중요한 영향을 미치고, 의사소통 환경은 글자 자료들로 강화될 수 있다(Ramey & Ramey, 1992).

네덜란드에서 수행된 한 연구에서, van der Schuit, Peters, Segers, van Balkom 그리고 Verhoeven(2009)은 지적장애 아동의 가정 언어 환경은 생활연령이 같은 비지적장애 또래들과는 다름을 발견하였다. 지적장애 아동은 "읽기, 쓰기, 및 그림 그리기 자료에 대한 경험이 적었고, 이야기책 읽기 활동에 흥미를 덜 보였다. ⋯ 이야기책 읽기 시간에, 그들은 이야기, 그림, 및 단어 찾기 활동에 덜 참여하였다"(p.1031). 그렇지만, 이 연구자들은 인지적 장애 및 말장애와 같은 아동 변인 때문에 가정 언어 활동을 부분적으로 적합화하였다고 언급하였다. 그러므로 가족이 제공하는 언어발달 환경과 지적장애 아동의 언어 반응성 및 활동 시도 사이에는 상호작용 효과가 있을 수 있다(van der Schuit et al., 2009). 또한, 다른 연구에서는 4세 및 5세의 지적장애 아동이 정신 수준에 부합하는 수준에서 어휘를 발달시키고 있었지만, 음운론적 작업 기억과 문법에서는 여전히 비장애 또래들에 비해 의미 있게 뒤떨어진다고 하였다(van der Schuit, Segers, van Balkom, & Verhoeven, 2011).

비록 논의를 하기 위해서 사회적 연관요인과 심리적 연관요인을 구분하는 것이 유용하더라도, 사회적 요인들 또는 연관요인들이 이어서 다루게 될 심리적 요인들 또는 연관요인들과 명확하게 구별되지는 않는다. 다시 말해서, 이러한 요인들은 서로 결합된 상태로 빈번하게 발생하는 것으로 그리고 이 요인들의 누적된 영향이 발달장애의 위험성을 증가시키는 것으로 고려되어야 한다.

> 지적장애의 사회적 연관요인의 영향을 조정하거나 감소시키기 위해 사회는 어느 정도의 책임을 져야 하는가? 사회가 치루어야 할 대가(예 : 세금, 서비스 제공)와 가능한 혜택(예 : 특수교육 및 관련 서비스의 요구 감소, 보다 긍정적인 학교 및 성인기 성과)은 무엇이겠는가?

심리적 연관요인

심리적 연관요인들은 기본적으로 (언어 환경 외에) 가정 환경과 관련되어 있으며, 가족 상호작용 및 학대와 방임이 포함된다.

가족 상호작용

일반적으로 사람들은 장애 아동을 가진다는 것이 스트레스 요인으로 작용할 것이라고 단정하지만, 장애 아동의 가족들은 흔히 기능적이고, 생산적이며, 행복하고, 안정되어 있다(Martin et al., 1992). 그러나 양육자들에게 스트레스가 생겨서 가족 상호작용에 영향을 미칠 수 있다(Guralnick, 2005). Hassall, Rose, 그리고 McDonald(2005)는 스트레스가 지적장애 아동의 어머니에게 발생했을 때, 그것은 아동의 능력 또는 기술 수준보다는 아동의 행동 문제와 분명히 연관됨을 발견하였다. 더 강력한 사회적 지원을 해 주면 부모 스트레스 수준이 낮아지는 관계도 있다. 부모가 받은 지원의 유익성을 어떻게 느끼고 있는가가 지원의 범위 또는 숫자보다 중요한 것으로 나타났다. Martin 등(1992)은 스트레스를 줄 것이라고 예측되는 많은 요인들(예 : 장애의 심각성)이 반복적이고 재미없는 허드렛일들과 일상적인 일들보다는 가족의 스트레스 요인으로서 덜 중요한 것으로 나타났는데, 특히 가족에게 기초적인 생활 사건들을 다룰 수 있는 능동적인 문제 해결 전략들이 부족할 때 그렇다.

일반적으로, 부모들은 그들이 높은 수준의 양육 자존감과 내적 자기통제에 대한 강한 신념을 가지고 있을 때 낮은 수준의 스트레스를 경험하였다(Hassall et al., 2005). 또한, Emerson, Hatton, Llewellyn, Blacker 그리고 Graham(2006)은 사회경제적 지위가 부모 스트레스의 주된 요인이며, 적어도 부분적으로는, 사회경제적 지위가 지적장애 아동을 가지는 것이 삶의 스트레스 요소라는 성향을 설명해 준다고 제안하였다. Guralnick 은 다양한 스트레스 요인들(정보에 대한 요구, 경제적 및 다른 자원들에 대한 요구, 가족 목표와 일상생활을 재평가하고 싶어 하는 요구, 그리고 이러한 요구들의 중복)이 어느 특정한 시기에 가족 상호작용에 부정적인 영향을 미칠 수 있다고 하였다. 그러므로 이러한 스트레스 요인들을 조기에 식별하고 그 영향을 완화하거나 줄이기 위한 중재가 가족에 대한 종합적 접근의 한 부분으로 포함되어야 한다(Guralnick, 2005). 당신은 '출생 후 원인'에 포함된 '애착의 질' 부분에서, 부모-아동 상호작용에 관한 논의를 찾을 수도 있을 것이다.

학대와 방임

'학대와 방임'은 지적장애의 여부와 관계없이 발생한다. 역사적으로, 학대당하거나 혹사당한 유아들은 안정 애착을 형성할 가능성이 낮고 이러한 부적응 형태는 지속될 것이며 지체된 발달을 초래한다고 알려져 왔다(Widerstrom & Nickel, 1997). 학대는 신체적이거나 성적이거나 혹은 정서적인 것일 수 있다. 학대(예 : 유아를 심하게 흔드는 등)는 아동의 발달 및 적응에 영향을 미칠 수 있는 손상을 가져올 수 있다. 학대는 또한 불안장애, 우울, 약물남용, 공격성, 그리고 세대를 거듭해서 계속되는 학대의 악순환 등 다른 여러 가지 상태를 초래할 수 있다. Merck Manual(2012)에 따르면, 일반적으로 아동 학대는 남아와 여아에게 똑같은 영향을 미치며 대부분 학대와 방임 둘 다 문제가 된다. 학대는 몇 가지 기여 요인들과 연관되어 있다. 부모의 성격 특성은 부모들 자신의 아동기의 애정이나 온정의 부족과 학대로부터 발생한다. 그러한 부모들은 자신의 아동기에 부족했던 애정을 제공하기 위해 아동들에게 비현실적인 기대를 갖는다. 충동 조절의 상실 및 좌절 등이 발생할 수 있다. 약물 및 알코올 남용이 조절 상실에 기여하거나 원인이 될 수 있다. 짜증을 잘 내거나 부모들에게 더 큰 부담이 되는 아동들(발달적 또는 신체적 장애를 가진 사람들을 포함하여)은 분노를 일으키거나 부모와 아동 사이의 정서적 유대의 탄력을 약화시킬 수 있다. 고립된 부모들 그리고 지원체제가 없는 부모들은 훨씬 더 큰 스트레스를 느낄 수 있다. 신체적 학대, 정서적 학대, 그리고 방임은 낮은 SES 및 빈곤한 삶과 연관되어 있는 반면에, 성적 학대의 위

표 5.4 장애가 생길 위험과 관련된 심리사회적 요인

사회적 연관요인	심리적 연관요인
낮은 사회경제적 지위	가족 상호작용
영양 및 빈곤	학대 및 방임
어머니의 낮은 지능 및 교육 수준	
언어 환경	

험은 양육자가 여러 명인 경우 또는 양육자가 여러 명의 섹스 파트너를 가진 경우에 증가된다(Merck Manual, 2012). 방임은 따로 발생할 수 있으나 종종 학대와 함께 나타난다. 방임은 신체적, 심리적, 혹은 약물남용의 문제를 지닌 가족들, 특히 부모에게 정신장애가 있는 경우에 더 자주 볼 수 있다(Merck Manual, 2012). 신체적 보살핌의 부족이나 학대로 유발된 외상 등은 신체적, 심리적, 혹은 정서적 성장의 지체를 가져올 수 있다. 장애를 지니고 태어난 아동들 또한 부모와 가족에게 더 큰 스트레스를 만들어낼 수 있고, 학대나 방임의 위험성은 증가한다. 지적장애 아동들의 부모들은 지원 서비스들을 필요로 한다. 부모옹호 서비스들과 지원 단체들은 일반적으로 대부분의 도시 지역에서는 이용 가능하다. 이 장의 끝부분에 제시되어 있는 '인터넷 자료'에는 부모들이 이용 가능한 지원 단체의 웹사이트들이 실려 있다. 표 5.4에는 심리사회적 요인들이 요약되어 있다.

우리는 태아, 유아, 또는 아동을 지적장애를 발달시킬 위험에 처하게 할 수 있는, 환경적이고 심리사회학적인 다양한 요인들을 논의해 왔다. 이러한 논의는 독자로 하여금 그와 같은 문제점들은 어떻게 극복하거나 중재할 수 있는지 생각하게 할 수도 있을 것이다. 사실, 수많은 위험요인들이 있음에도 불구하고 지적장애는 비교적 드물게 발생하는 장애라는 점을 기억하는 것이 중요하다. 그동안 그와 같은 요인들이 존재할 때 지적장애의 발달 위험성을 완화시키거나 줄이기 위한 여러 수단들이 개발되어 왔다. 4장에서 논의한 것처럼, 신진대사 장애들을 위한 검사들뿐만 아니라 이미 존재하거나 발생 가능한 장애들을 태아기에 진단하기 위한 다양한 절차들이 있다. 이 장의 앞부분에 제시된 논의에서, 우리는 출산 전, 출산 중, 그리고 출산 후 원인들과 관련된 예방적 조치들(예 : 아프가 점수의 조사, 신진대사 장애의 치료)을 제시하였다. 다음으로, 우리는 지적장애의 발달 위험성을 예방하거나 줄이기 위한 부가적인 수단에 초점을 맞출 것이다.

어떤 아동 양육 실천 방법들이 발달을 향상시키는가? 어떤 실천 방법들이 발달을 방해하는가?

예방적 조치

언젠가부터, 전문가들은 지적장애가, 적어도 어떤 경우에는 예방 가능하다는 점에 동의해 왔다. 예를 들어, Coulter(1992)는 지적장애 예방에 대한 생태학적 접근 방식의 필요성을 다루었다. 그는 다음과 같이 진술하였다.

> '예방에 대한 이 새로운 관점은 2개의 별개이지만 관련된 요소들을 지니고 있다. (a) 사람들과 환경 사이의 상호작용에 대한 생태학적 이해, 그리고 (b) 다양한 차원의 위험요인들(생의학적, 사회적, 행동적, 그리고 교육적)이 어떻게 세대 사이에 상호작용을 하여 지적장애를 일으키는지에 대한 생태학적 이해… 이 접근 방식은 개인적 기능에 대한 지적 제한의 영향을 결정적으로 수정할 수 있는 환경적 변인들에 주목하고 있다'(p.365).

임신 기간 중, 출산 시, 그리고 출산 직후에 발생하는 이러한 요인들을 다루기 위해서는 생태학적 접근 방식이 반드시 활용되어야 한다. 보다 최근에, AAIDD(2010)는 (이 장의 앞부분에서 논의되었듯이) 일차적, 이차적, 또는 삼차적일 수 있는 예방 지원에 관해 지적하였다. 또한 AAIDD는 예방 지원이 어떻게 개발될 수 있는지에 대해서도 규명하였다.

일차적 예방

일차적 예방 전략들은 질병 또는 장애 자체의 발달을 실제로 예방하는 것들이다(AAIDD, 2010). 이것들은 좋은 출생 전 건강 관리에 관련될 수 있다. 좋은 산전 관리는 아마도 가장 근본적인 예방적 조치이다. 임신 기간 동안의 영양실조, 조산, 그리고 출생 시 저체중은 모두 심각한 위험 요인들이라는 상당한 증거가 있다. 또한 약물남용과 감염 질환의 존재는 좋은 산전 관리를 통해 피할 수 있는 다른 요인들이다. 예방 주사 접종, 안전 예방 조치, 그리고 가족 계획, 피임, 및 유전 상담 같은 다른 전략들은 장애를 가지고 태어나거나 발달시킬 아동의 위험을 감소시키기 위한 서비스들이다.

이차적 예방

이차적 예방 전략들은 장애를 가져올 수 있는 조건이 존재할 때 장애의 출현을 예방하기 위해 사용되는 전략들이다(AAIDD, 2010). 좋은 산전 관리는 장애의 발달 위험을 줄이기 위해 매우 중요한 것이다. 역사적으로, 신생아 집중 관리에 대한 가족 중심 접근방식들은 가족들과 전문가들 사이의 협력을 증가시켜 왔다. 그와 같은 접근 방식들에서, 부모는 일차적인 양육자이다. 또한 그러한 프로그램들에서 더 많은 정보가 부모들에게 제공될 수 있다. 부모들은 추후 신생아 관리에도 의뢰될 수 있고, 마찬가지로 아동들의 발달상 진전은 추후 신생아 관리를 통해 추적될 수 있다(Widerstrom, 1997). 신진대사 장애에 대한 출생 시 표준 선별(이런 것들이 존재해도 치료의 부족으로 인한 장애가 나타나는 데에 시간이 걸릴 수 있다는 점을 기억해야 한다), 조기 발달적 선별과 그에 따른 조기 개입이 이차적 전략들의 예이다(AAIDD, 2010). 출생 시 저체중 아동들과 조산 아동들은 특수교육을 필요로 하고 발달지체를 경험할 가능성이 더 높다는 사실이 발견되었다. 이러한 아이들이 살아남아서 발달적 이정표를 만족할 수 있도록 하기 위한 추수 연계 서비스(follow along service)를 실시하는 것 또한 중요하다.

일단 아동들이 집에 있게 되면, 장애를 갖고 있거나 장애를 갖게 될 위험이 있는 아동을 양육하는 것과 관련된 어려움은 분명해진다. 예를 들어, 조산 아동들은 짜증을 잘 내고, 많은 시간 울기만 할 수도 있으며, 잠들어 있는 시간과 깨어 있는 시간의 주기가 불규칙할 수도 있고, 자주 먹이거나 비싼 특수 분유를 먹일 필요가 있을 수 있으며, 먹은 후 자주 토할 수도 있고, 이러한 사건들은 가족에게 스트레스 요인들이 될 수 있다. 그와 같은 아동들을 양육하는 가족들의 다른 스트레스 요인들은 앞부분에서 논의되었다. 가족 내의 지원체제가 제한되어 있거나 부적절할 수 있기 때문에, 조기중재 서비스 체제가 매우 필요할 수 있다.

'조기중재 서비스들'은 이제 장애인교육법(IDEA)에 의해 의무화되어 있다. 공식적인 서비스 체제(가정 또는 센터 중심) 그리고 비공식적인 서비스 체제(예 : 일시 위탁, 학부모 단체, 그리고 상담)는 제공하는 중재와 서비스에 대한 이론적인 접근 방법이 근본적으로 다를 수 있다. 그래도 조기중재 프로그램들의 일부 요소들은 연구되어 왔고 자료에 의해 지지되었다. 다음은 그러한 요소들에 대한 설명이다. 특히 박탈된 환경에 처해 있거나, 교육 수준이 낮거나, 그리고/또는 자신이 인지적인 어려움을 지니고 있는 어머니들에 관련된 것이다. 조기중재와 장애예방 분야에 있어서 중요한 연구들이 Garber(1988)에 의해 논의되었다(연구상자 5.3 참조).

Ramey와 Ramey(1992)는 Carolina Abecedarian Project, Project CARE, 그리고 Infant Health and Development Program으로부터 도출된 결과들을 보고하는 논문을 발표하였다. 이 연구자들과 동료들은 '조기중재를 하지 않았을 때, 어머니의 IQ가 낮은 아동들은 특히 열악한 지적 성과를 보일 위험에 처해 있고, 그러한 아동들은 집중적이고 체

차이를 만들어 낸 연구 5.3

Garber, H. L. (1988). *The Milwaukee Project : Preventing mental retardation in children at risk.* Washington, DC : American Association on Mental Retardation.

Garber(1988)는 지적장애가 장애위험 아동으로부터 예방 될 수 있는지에 관한 밀워키 프로젝트(Milwaukee project) 에 관해 보고하였다. Garber는 결론 부분에서 다음과 같이 기술하였다. "밀워키 연구 결과는 환경이 낮은 IQ, 낮은 언 어적 기술을 가진 어머니에 의해서 효과적으로 매개되지 않으며, 어머니가 만드는 가정 안의 빈곤한 심리사회적 초 기 미세환경이 자녀의 IQ 수행 감소에 연관된 주요 요인이

라는 점을 암시한다. 조기 개입을 통하여, 이러한 효과는 완 화될 수 있고, 그리하여 IQ의 감소를 막을 수 있다"(p.403). 밀워키 프로젝트는 연구에서 내린 결론에 대하여 비판을 받았다. Zigler와 Hodapp(1986)은 밀워키 프로젝트에 관한 동료-검토 논문 발표가 매우 제한적이었다고 하였다(한 가 지 예는 Heber와 Garber, 1970).

계적인 조기중재에 매우 긍정적인 반응을 보임을 보여 주는 … 증거'(p.337)를 발견했 다. 이러한 연구들은 발달장애의 위험성에 영향을 주는 심리사회적 요인들이 매개될 수 있음을 의미하고 있다. Ramey와 Ramey(1992)는 어린 아동들의 삶에 있어 '핵심적 인 매일의 구성요소들'에 대한 일련의 제안들을 제공하였다. 여기에는 다음과 같은 사 항들이 포함된다.

- 탐색 격려하기
- 명명하기, 분류하기, 순서 정하기, 비교하기, 그리고 수단-목적 관계에 주목하기 등과 같은 기초 기술들을 지도하기
- 발달에 있어서의 진전 축하하기
- 새로운 기술들의 안내된 연습과 확장하기
- 부적절한 비난, 괴롭힘, 혹은 처벌로부터 보호하기
- 풍부하고 반응적인 언어 환경 제공하기

삼차적 예방

끝으로, 삼차 전략들을 통해 학교, 가정, 그리고 지역사회에서의 개인의 기능성에 관한 장애의 영향을 완전히 제거하지는 못하지만 줄일 수는 있다. 신체적 장애는 치료 및 선별(예 : 보행을 개선하고 전동 휠체어의 필요성을 피하기 위해서 물리치료를 하기) 을 통해 예방될 수도 있다. 문제 행동을 줄이고 (직업 기술과 같은) 다른 기술 영역들 을 개선하기 위한 행동적 지원은 또 다른 예이다. 마찬가지로, 통합을 증진하고 고립 과 전체적 기능의 감소를 예방하기 위한 교육 및 사회적 전략들 역시 삼차적 전략들이

다(AAIDD, 2010).

일차적, 이차적, 및 삼차적 전략들을 연결하여 사용하는 것은 장애를 완전히 예방하거나, 시간 경과에 따른 발생을 예방하거나, 장애의 가장 부정적인 영향을 예방하는 데 도움이 될 수 있다. 예방 전략들이 이러한 3수준 지원 체계 모형으로 받아들여질 때, 누구나 범환경 및 범생애적으로 출생 전, 중, 후에 가족과 개인을 위해 필요할 것이라는 점을 확인할 수 있다.

이 장에서는, 장애의 출현 위험 및 지적장애에 영향을 미치는 환경적 및 심리사회적 요인들을 그에 대한 예방적 조치들과 더불어 논의하였다. '추가적인 제안/자료'와 '인터넷 자료' 부분에서, 당신은 이러한 주제들을 더욱 깊이 탐구할 수 있는 방법들을 찾을 수 있다.

조기 교육적 중재가 지적장애를 예방하는 데 얼마나 효과적이라고 생각하는가?

요약 체크리스트

➤ **환경적 요인들**－출생 전, 출생 시, 혹은 출생 후에 발생할 수 있다.

출생 전 원인

출생 전에 발생하는 것들

➤ **기형유발물질**－발달하고 있는 태아에 결함을 일으키는 모든 물질
  ✓ **감염**
    ● **톡소플라즈마증**－날고기나 고양이의 배설물을 통해 전달되는 원충 감염
    ● **풍진**－임신 첫 3개월 내에 감염되면 특히 문제가 될 수 있는 감염
    ● **HIV 감염**－어머니에게서 아동에게 전염될 수 있으며, 장차 신경학적 결함을 초래한다.
  ✓ **방사선**－히로시마와 나가사키에 원자폭탄 투하 이후 처음으로 출생 시 결함과 관련되었다. 특히 초기 임신 기간에, 의료용 방사선에 노출되면 태아에게 문제를 일으키는 것으로 발견되었다.
  ✓ **영양실조**－개발도상국에서 주요 우려사항이다.
  ✓ **산모의 영양실조**－출생 이전 아기에게 영향을 미칠 수 있다. 그리고 출생 후의

환경 박탈과 결합되어, 지적장애의 가장 일반적인 원인이 될 수 있다.

- 출생 시 저체중 – 임신 기간 동안의 열악한 영양 및 산모의 부적절한 체중 증가와 밀접하게 관련된, 확인된 위험요인으로 임신 기간 동안 아이의 체중이 적은 상태로 될 수 있다.

➤ **출생 전 발달에 영향을 미치는 기타 요인들** – 기형유발물질 이외의 다른 변인들을 포함한다.

  ✓ **부모의 연령** – 신생아의 의료적 문제의 높은 위험성과 관련되어 있다.

- 어머니의 연령 – 조산의 가능성을 증가시키는 가장 큰 단일 요인이다.
- 아버지의 연령 – 3장에서 깊이 있게 논의된 위험요인이다.

  ✓ **출생 전 관리의 부족** – 정상적인 발달에 중요하지만 흑인 여성들, 빈곤한 여성들, 십 대 어머니들, 독신 여성들, 그리고 성병에 걸린 여성들에게는 덜 적절하게 행해지고 있을 것이다.

- 산모의 건강 문제 – 빈혈은 물론 내분비, 심장혈관, 류마티스성 장애 등을 포함하며, 아동에게 조산 및 자궁 내 성장 지체의 위험을 야기할 수 있다.
- 임신 중 약물남용 – 사회경제적 지위 및 인종과 관계없이 발견되며, 발생률이 점점 증가하고 있고, 태아에게 주요 위험요인이 된다.
  - ✓ 메타암페타민, 헤로인, 및 PCP 사용 – 출생 시 저체중과 다른 문제들이 발생할 위험을 증가시킨다.
  - ✓ 태아 알코올 증후군 – 임신기 동안 알코올 소비로부터 귀결된 태아 알코올 영향은 물론 저체중, 발달지체, 그리고 다양한 다른 상태들
  - ✓ 니코틴 사용 – 유산 및 저체중의 위험성을 증가시킨다.

출생 시 원인들

출산 직전과 분만 과정에서 발생하는 것들

➤ **무산소증과 질식** – 무산소증은 뇌에 산소가 부족한 것으로 뇌 손상이나 사망을 초래한다. 질식은 일반적으로 무산소증보다 더 갑작스럽고 더 심각하다.

- 아프가 점수 – 신생아의 심장박동 수, 호흡계 노력, 근 긴장도, 구역 반사, 그리고 신체의 색깔을 측정한 것으로부터 도출된다. 각각의 측정치에는 0~2까지의 점수가 배정된다. 출생 후 5분에 측정된 전체적인 점수가 4점 이하인 경우 장애의 위험 증가와 관련된다.
- 저산소성 허혈성 뇌병증 – 뇌에 대한 부적절한 산소 및 혈액 순환으로 인한 결과

✓ **미숙**─임신 36주 이전의 출생으로 다양한 질환에 대한 심각한 위험요인

✓ **출생 시 저체중**─출생 시 체중이 2,500그램이나 5.5파운드 이하인 상태로, 다양한 질환들과 관련된다. 1,500그램은 매우 낮은 출생 시 체중이고 1,000그램 이하이면 극단적으로 낮은 출생 시 체중이다.

✓ **신진대사 장애**─고빌리루빈혈증(hyperbilirubinemia) 또는 황달(jaundice)을 포함하며, 신생아일 때 치료되지 않으면 뇌성마비와 뇌 손상 등의 결과를 가져올 수 있다.

✓ **저혈당**─혈당이 낮은 상태로, 치료되지 않는다면 뇌 손상을 초래할 수 있다.

✓ **경련**─뇌 손상을 초래할 수 있다.

✓ **선천성 이상/결함**─출혈, 저혈당, 그리고 감염 등을 초래할 수 있다.

✓ **출산 시의 문제**─다산, 둔위 출산(breech birth)과 같은 비정상적인 태아의 위치, 그리고 탈출증 등과 연관된 위험요인들이 포함된다.

출생 후 원인들

출생 직후나 태어나서 첫 몇 주 동안 발생하는 것들

➤ **애착의 질**─부모와 유아가 서로 만족스럽고 호혜적인 관계를 개발하는 정도

➤ **심각한 질병**─뇌염(감염원들에 의해 발생되는 뇌에 발생하는 염증)과 수막염(바이러스나 박테리아 등에 의해 초래되는 뇌의 수막 혹은 내막에 생기는 염증)

➤ **중독**─납이나 수은 등과 같은 중금속, 시안화물, 알코올 또는 바비튜레이트 등과 같은 화학물질, 제초제, 비료 등과 같은 유기물질 등에 의해 발생될 수 있으며, 뇌 손상을 초래할 수 있다.

➤ **영양실조**─출생 전에 가장 큰 영향을 미치지만, 출생 후 결정적으로 중요한 뇌 성장 시기에 경험하게 될 경우 뇌 세포의 수가 감소될 수 있다.

➤ **외상**─학대와 방임 둘 다 뇌손상을 초래하는 두뇌 외상을 가져올 수 있다.

심리사회적 요인들

사회적이거나 심리적일 수 있으며, 이러한 요인들은 물리적 환경, 언어 환경, 그리고 학대와 방임 등을 포함하는 가족 상호작용과 연관되어 있다.

➤ **사회적 연관요인**─사회경제적 지위, 부모의 낮은 지능 및 교육 수준, 가족 상호작용, 부모의 부재가 포함된다.

✓ **낮은 사회경제적 지위(SES)**─특히 다른 환경적 요인들과 결합할 때 일반적이고 심

각한 위험요인이 된다.

- 낮은 SES 하나만으로도 가족들에게 스트레스 요인이 되지만 그것 하나만으로는 이후 아동의 발달문제들을 설명할 수 없다.
- 낮은 SES는 가족의 전반적인 기능과 부모의 대처능력, 그리고 우수한 건강관리 및 교육서비스의 이용에 영향을 주고, 이는 다시 전반적인 발달에 영향을 준다.
  - ✓ **부모의 낮은 지능과 교육 수준** - 위험요인들로 광범위하게 연구되었다.
    - 낮은 SES와 건강관리 - 부모의 낮은 교육 수준의 결과로서 아동기 성과에 영향을 미치는 연관요인일 수 있다.
    - 이러한 요인들과 연관된 위험들은 조기중재를 통해 매개될 수 있다.
  - ✓ **언어 환경** - 학습이 음성언어에 의해 매개되고 의사소통이 격려되는 풍부하고 반응적인은 언어 환경은 발달에 있어 매우 중요하다.
- ➤ **심리적 연관요인** - 가족 상호작용 및 학대와 방임을 포함한다.
  - ✓ **가족 상호작용** - 가족 구성원들과 환경 사이의 복잡한 상호작용을 말하며, 가족 및 부모 스트레스에 대한 활용 가능한 지원 수준을 포함한다.
  - ✓ **학대와 방임** - 학대는 정서적, 성적, 혹은 신체적인 것일 수 있다. 방임은 학대를 하는 가족들에게서만 나타나는 것은 아니지만 이러한 가족들에게서 더 자주 나타난다.
    - 학대 - 불안, 우울, 약물남용, 폭력, 세대에 걸친 학대의 순환 등을 초래할 수 있다. 약물 및 알코올 남용과 같은 다양한 부모 요인으로부터 발생할 수 있고, 부모가 자녀에게 비현실적인 기대를 지니고 있을 수 있다.
    - 방임 - 어머니의 만성적 우울은 물론 학대 및 약물남용과 연관되어 있다.
    - 장애를 지니고 태어난 아동들 - 가족들에게 커다란 스트레스를 줄 수 있다.

예방적 조치

다수의 요인들에 대한 생태학적 접근을 필요로 한다. 일차적, 이차적, 또는 삼차적 조치들이 있다.

- ➤ **일차적 예방** - 장애 조건 또는 질병의 발달을 실제로 예방하는 전략들
  - 좋은 출산 전 관리 - 아마도 가장 근본적인 예방적 조치일 것이다.
  - 예방접종, 안전 주의, 가족 계획, 그리고 피임 - 질병이나 장애 조건들을 피하기 위한 다른 기본적 지원 조치이다.

➤ **이차적 예방**－장애를 일으킬 수 있는 조건이 존재할 때 장애의 출현을 예방하기
위하여 사용하는 전략들

- 출생 시 표준 선별－신진대사 및 다른 장애들을 찾을 수 있다.
- 추수 연계 서비스(follow along service)－출생 시 저체중 또는 조산 영아에게 흔히
제공된다.
- 조기중재 서비스－가정이나 센터 중심으로 이루어질 수 있으며 장애 예방에 효
과적인 것으로 나타났다.

➤ **삼차적 예방**－개인의 기능성에 장애가 미치는 영향을 제거하기는 어렵지만 감소시
키기 위한 전략들

- 신체적 장애의 처치, 행동적 지원, 교육 및 사회적 전략들－장애의 영향을 줄일 수도
있는 삼차적 전략들의 예들이다.

추가 제안/자료

토론

1. 앞서 논의된, 지적장애의 가능한 원인들의 수를 고려할 때, 지적장애를 지닌 사람
들의 수가 왜 그렇게 적다고 생각하는가? 개발도상국에서는 어떤 변인들이 지적장
애의 발생에 영향을 미치는가?
2. 사회가 어느 정도까지 환경적으로 박탈된 시민들, 특히 아동들을 보살필 의무와
관심을 가져야 하는가?
3. 사회가 '시민들 자신의 최선의 이익을 위해' 어느 정도까지 시민들의 삶에 개입할
권리를 지니는가?

활동

1. 귀하가 거주하는 지역에서 가장 가까운 신생아 집중 치료실과 연락하거나 그곳을
방문하라. 신생아 집중 치료실(NICU)에 있는 신생아들이 일반적으로 어떤 유형의
문제들을 나타내는지, 문제점들이 진단되었을 때 어떻게 치료하는지, 그리고 아동
들과 그 양육자들은 어떤 유형의 추후 사정 및 서비스들을 이용할 수 있는지 등과
관련된 질문들의 목록을 미리 작성하라.
2. 귀하가 사는 지역의 조기중재 서비스 제공자와 연락을 하거나 제공자를 방문하라.
다루어져야 할 가족들과 아동들에게는 어떠한 유형의 문제들이 있는지와 관련된
질문들의 목록을 미리 작성하라. 학령기에 경험될 수 있는 성과들로는 어떤 것들

이 있으며 문제점들이 발견되지 않거나 치료되지 않고 있는가? 귀하는 Ramey와 Ramey(1992)가 열거한 어린 아동들을 위한 '필수적인 매일의 구성요소들'의 증거를 알고 있는가?

3. 우수한 출산 전 관리를 확보하기 위해 어떤 특별한 예방법이나 강의를 받은 적이 있는지 어머니에게 물어보라. 어머니에게 이러한 예방법이나 강의가 장애의 특정 원인들이나 위험요인들을 예방하도록 설계된 것이었는지 물어보라. 임신한 여성들을 위한 우수한 출산 전 관리법에 대해 더 조사해 보라. 목록을 하나의 묶음으로써 종합하고 목록에 있는 문항들을 의료/산부인과 혹은 다른 조직에서 제공한 것들과 비교해 보라.

인터넷 자료

www.cec.sped.org

Council for Exceptional Children의 공식 웹사이트이다. 이 웹사이트는 the Division on Autism and Developmental Disabilities를 포함하여, 현재의 연구 및 출판물에 대한 광범위한 정보를 제공한다. 이 사이트에는 또한 미국 장애인교육법에 관련된 정보들과 조기중재 서비스 영역을 탐색하기 위한 정보들에 대한 링크도 포함되어 있다.

www.fpg.unc.edu

Chapel Hill에 있는 노스캐롤라이나대학교의 Frank Porter Graham 아동 발달 연구소의 공식 웹사이트. 이 사이트에는 Carolina Abecedarian Project를 포함하여, 현재 진행 중인 그리고 종료된 연구 프로젝트 사이트와의 링크가 포함되어 있다. 이 사이트는 조기 중재 프로그램들의 중요성 및 영향에 대한 정보를 제공한다.

www.nih.gov

The National Institutes of Health 웹사이트는 장애의 세부 유형에 관한 다양한 연구소에 대한 링크를 포함하며 여러 장애들의 예방, 처치, 그리고 특성에 관한 풍부한 정보를 제공한다. NIH는 또한 기아 및 산전 관리와 같은 변인들, 그리고 이런 변인들이 어떻게 아동에게 영향을 미칠 수 있는지에 관한 정보도 제공한다.

제3부

지적장애의 특성

제6장

인지적 특성과 학습 특성

요점 ....

➢ **인지적 특성** - 인지발달의 지체 및 차이라는 의미에서 Piaget와 Vygotsky의 발달이론 관점을 논의한다.

➢ **학습 특성** - 기술의 전이와 일반화, 학습 전략의 사용, 초인지 기술에 대해 논의한다.

➢ **주의력** - 관련 자극과 무관 자극에 대한 집중의 어려움과 시간 흐름에 따른 주의력 유지의 어려움에 대해 검토한다.

➢ **기억력** - 일반적으로 단기기억, 작동기억 등과 관련된 문제가 빈번하다. 반면에 장기기억은 좋은 편이다. 정보 인출과 관련된 어려움도 또한 논의한다.

➢ **말과 언어** - 언어 지체는 보통 말의 장애와 동반된다. 보완대체 의사소통장치에 대해서도 논의한다.

3부에서는 지적장애인의 특성에 대해 검토한다. 편의에 따라, 경도 지적장애(즉, 지원이 덜 필요한)와 중도 지적장애(즉, 지원이 더 필요한) 사이의 특성에 따른 차이를 고려한다.

지적장애를 '단일' 상태로 인식할 수도 있다는 것을 이해하는 것이 중요하다. 하지만 정의와 판별 절차, 그리고 다양한 전문적 시각 등을 고려할 때는, 이 상태가 사람들에게 매우 많은 결과를 나타낼 수도 있다는 것을 분명히 해야 한다. 마찬가지로, 지적장애와 관련하여 많은 잠재적 원인요소가 있으며, 또한 이러한 요인들은 개개인의 특성을 나타내는 다양한 결과로 이어진다. 많은 가능한 특성들을 설명하는 동안, 이러한 특성들은 주어진 대상에게서 명확하게 나타나거나 혹은 명확하게 나타나지 않을 수도 있다. 가능한 특성들을 배우고 이해하는 것이 우선이지만, 각각의 개인은 그들만의 독특함을 가지고 있음을 유념해야 한다. 또한, 지적장애인들을 상태와 관련된 특성을 보이는 집합체로 간주하기보다는 먼저 하나의 인격체로 고려하는 것이 우선이다. 다시 말하자면, 그 어느 누구도 어떤 상태의 전형적인 표본적 예시로 간주되고 싶지는 않을 것이다. 오히려 자신에게 주어진 운명을 성장시키고 채워 나갈 자질과 기회가 주어질 수밖에 없는 그런 사람으로 간주되고 싶을 것이다. 또한 미국 지적장애 및 발달장애협회(AAIDD, 2010)는 장애 수준이나 원인 또는 지적장애를 강조하기보다는 생활환경, 주어진 상황, 생활기술 영역, 그리고 수명 등 전반적으로 고려하여 인간으로서의 기능을 향상시키기 위한 지원 체계 필요에 바탕을 두고 개별화되고 구성되어야 한다는 것을 강조한다.

이 장에서는 인지, 학습, 주의력, 기억력, 그리고 말과 언어에 관련된 특성에 대해 논의할 것이다. 먼저 인간의 발달에 있어 지체와 차이라는 용어의 사용과 관련하여 간단히 논의해 볼 필요가 있다. 기억할 점은 지적장애는 발달기에 발현되는 장애로 정의되고 있다는 것이다. 발달지체가 있는 사람도 비록 속도가 느리거나 늦은 나이이기는 하지만 지적장애가 없는 사람이 가지고 있는 지식과 기술의 많은 부분을 습득하거나 발현할 수도 있다. 예를 들어, 지적장애 아동은 대부분의 아동들보다 늦게 말을 시작하거나 또는 보통의 나이에 시작하였다 하더라도 좀 더 복잡한 언어적 기술을 발달시키는 데는 시간이 더 걸린다. 다양한 기술과 지식을 습득하는 과정에서 아동들 간에는 상당한 차이가 있다. 그래서 이 글에서는 발달지체라는 용어가 고려되어야 한다. 발달에 차이를 보인다는 것은 한 개인이 아동 혹은 청소년이 보이는 이례적인 행동을 보이는 경우이다. 예를 들면, 개인이 취학 연령이나 청소년기에 '반향어' 증상(다른 사람이 말하는 것을 따라 말하는 경향이 있는 발화 유형)을 보일 수 있다. 다시 말하지만, 그럼에도, 차이는 발달 체계 범위 안에서 고려되어야 한다. 많은 아동들은 말과 언어 기술을 습득할 때 그들에게 들려오는 말들을 반복한다. 하지만 나중에는 많은 아동들에게서 이러한 발화 유형은 사라지고, 좀 더 성인이 사용하는 언어 유형으로 발달된다(대부분의 지적장애 아동을 포함하여). 그렇다면 차이라는 것은 어떤 면에서는 인간의 발달 과정의 전형적인 행동이라고 볼 수 있다. 하지만 발달지체의 단계를 넘어서야 하는 어려움에 직면하는 경우도 있다. 발달지체와 발달차이는 경우에 따라서는 두 가지가 동시에 꼭 나타나는 것은 아니지만 지적장애인들에게서 분명하게 나타난다. 앞 장에서 논의되었던 것처럼, 미국 지적장애 및 발달장애협회(AAIDD, 2010)의 정의에 따르면 개인의 적응기술 결핍은 잠재적으로 지적장애 요인이 있다고 간주된다. 그러나 AAIDD는 일단 영구적이라고 결론지어진 특성일지라도 개별화된 적절한 지원만 제공된다면 변화할 수 있다고 강조한다.

인지적 특성과 학습 특성이 지적장애를 사정하고, 판별하고 그리고 정의하는 데 가장 우선적으로 고려될 수 있는 것으로 처음에는 논의되었다. 게다가 20세기 중반(1950 ~1970년대)에는 지적장애 특성 영역에 있어 많은 중대한 연구가 실시되었다. 그러므로 이 장의 몇몇 참고문헌은 비록 오래되었지만 그만큼 중요하고 지속되어 왔다는 뜻을 의미하기도 한다.

인지적 특성

미국 지적장애 및 발달장애협회(AAIDD)는 지적 기능은 (a) 적응행동(개념적, 사회적, 실용적 기술), (b) 참여, 상호 작용, 사회적 역할, (c) 건강(신체 및 정신 건강과 병인적 요소), (d) 맥락(환경과 문화)을 포함한 여러 차원의 맥락에서 고려되어야 한다고 고시하고 있다.

다시 말해, 인지와 그 밖의 다른 특성들은 다양한 차원의 요인들 간에 상호작용적이며 상호의존적이라는 점이 반드시 고려되어야 한다는 것이다. 지적장애인의 인지적 특성과 학습 특성을 (인지발달의 지체 및 차이도 포함) 이해하려면, 우선, 적어도 인지발달과 관련된 두 가지의 주요 이론에 대한 기본적인 이해가 있어야 한다. 두 가지 이론은 구성주의 교육을 지향하는 Piaget와 Vygotsky에 의해 개발되었다. 각 이론은 개인은 자신의 생각과 행동뿐만 아니라, 점점 복잡해지는 인지기능, 환경 및 사건에 대한 이해력, 그리고 타인과의 상호작용 등을 통해 구성되어 가고 있음을 강조하고 있다.

Piaget(1952)는 아동의 사고 내 도식(schema) 또는 체계는 감각과 경험을 통해 받아들인 자극을 해석하고 조직화함으로써 형성된다고 했다. 아동의 도식은 동화(아동이 기존의 지식에 새로 습득한 기술이나 지식을 통합할 때)와 조절(아동이 새로운 지식에 기초하여 생각과 행동을 조절할 때)을 통해 수정된다. Piaget는 또한 인지발달을 크게 4단계로 구분했다. 그 세부 내용은 연구상자 6.1과 같다. 아동의 도식은 그들의 발달단계를 기반으로 하여 다음 단계로의 성장으로 이어지는 것이 분명하다.

Santrock(2001)은 Piaget 이론 비평에서 구분된 단계들이 아동의 기술 발현과 꼭 일치하는 것은 아니라고 지적했다. 몇몇의 경우 Piaget가 제시한 시기보다 더 일찍 발생하거나 더 늦게 발생할 수도 있다. 비평가들은 각 단계가 Piaget가 제시한 것과 일치하지 않으며, 아동들이 특정 단계에 있는 것이 아니라, 서로 다른 시기와 단계에서 기술과 지식을 발전시켜 나가는 것이라고 주장했다. 또한 몇몇 사람들은 아동들이 좀 더 나중 단계에서 터득할 수 있을 것이라 보았던 행동들을 실제로 수행함으로써 예상보다 일찍 배울 수 있다고 주장했다. 결국, Santrock(2001)은 아동의 발달에 있어 문화와 교육은 본래 Piaget가 생각했던 것보다 더 큰 영향력을 지니고 있을 것이라고 말했다.

차이를 만들어 낸 연구 6.1

Piaget, J. (1952). *The origins of intelligence in children.* New York : International Universities Press.

Piaget는 관련된 특성들과 함께 인지발달의 주요 4단계를 설명했다. Piaget는 또한 여기에서 논의되지 않았던 아류 단계도 밝혔다.

감각 운동기(Sensorimotor Stage, 출생~2세까지)

아동은 감각적 경험과 신체 활동을 통해 세상의 기본 개념을 형성한다. 유아의 경우 2세까지 (동화를 통해) 반사적 행동과 좀 더 본능적인 반응에서 상징적 사고의 초기 단계 (예 : 실제 사물과 행동을 표현하는 단어들)로까지 진전하게 된다.

전조작기(Preoperational Stage, 2~7세까지)

아동은 점차적으로 상징적 사고를 반영하는 단어나 행동의 표상적인 사용까지 진전한다. 예를 들면, 아동은 물체가 사라졌다가 나타날 수 있다는 것과 자신과 다른 이의 관점에 차이가 있다는 것에 대해 이해한 것을 설명하기 시작한다. 그리고 자신의 물음에 대한 답을 원한다. 아동들은 자기중심적이며 직관적으로 생각하는 경향이 있다(그들은 '알고' 있지만 어떻게 '알고' 있는지는 모르고 있음에도 여전히 알고 있다고 확신한다).

구체적 조작기(Concrete Operational Stage, 7~11세까지)

아동은 '구체적'인 사건에 대해 논리적으로 사고한다(예 : 비록 한쪽 컵의 높이가 높고 컵의 둘레가 좁은 것과 다른 한쪽 컵의 높이는 낮고 컵의 둘레가 넓더라도, 두 유리컵에 담긴 물의 양이 동일하다고 아동은 인식한다). 이것이 바로 조작적 사고이다. 즉, 아동이 추상적 사고하기는 여전히 문제가 될 수 있음에도 불구하고, 행동과 심적 표상들 간에는 가역적일 수 있다는 것을 인식한다. 아동들은 물체를 유목화할 수 있으며, 사물들 간의 구체적인 관계도 이해가 가능하다.

형식적 조작기(Formal Operational Stage, 11~15세까지)

아동/청소년기에는 (동화와 조절을 통해) 좀 더 추상적이고 이상적이며, 논리적으로 생각할 수 있고, 구체적 사건 이상으로 추측이 가능하다.

추가 자료 : O'Donnell, A.M., Reeve, J., & Smith, J.K. (2007). *Educational psychology : Reflection for action.* Hoboken, NJ : Wiley and Sons.

Vygotsky의 인지발달이론이 그동안 주목을 받아 왔던 이유를 이해하는 데는 최근의 개념들이 중요하다. Vygotsky는 개인의 정신적 기능 발달에 있어 사회적, 문화적 과정을 상당히 강조했다(O'Donnell et al., 2007). 언어와 담론을 통한 잦은 매개는 인지기능을 수정하거나 대체할 수 있는 방법이다. 매개는 사회적, 역사적, 문화적 맥락 안에서 발생한다(Daniels, 2001). 매개(지도 및 지원)는 아동의 **근접발달영역**(zone of proximal development, ZPD) 내에서 발생하여야 한다. Santrock(2001)은 이 영역을 "아동들 혼자서 해내기엔 어렵지만, 성인이나 더 숙달된 아동의 지도와 지원을 통해 학습할 수 있는 과제의 범주"로 정의한다(p.60). **비계**(scaffoding)는 다양한 기술과 정신기능에서 아동이 점차적으로 더 효과적이며 효율적일 수 있도록 돕는 지도 및 지원의 수준을 대체할 수 있는 과정이다. 따라서 Vygotsky의 이론에 입각해 가르치고 배우는 것에 있어서, 아동의 발달 수준에 기초한 매개의 수준에 대한 역동적인 사정과 검토는 중요한 과정

이다(Daniels, 2001).

비록 인지발달에 대한 다른 이론들이 알려졌지만, Piaget와 Vygotsky 이론은 서양의 문화와 사회에 널리 수용되고 있다(이미 알려진 다양한 수정 사항 및 비평과 함께). 이런 이론들은 여러 부분에서 우리가 논의하고자 하는 것과 관련이 있다. 첫째, 우리는 인지발달은 지체되거나 혹은 차이가 있을 수 있다는 점에 대해 논의했다. 이러한 잠재적 장애의 각각을 이해하기 위해서는 기준이 되는 틀이 필요하다. 둘째, 인지발달의 결핍은 지적장애를 정의하는 필수적인 부분이다. 따라서 전형적인 발달을 표현하는 것과 인간발달에 영향을 주는 과정들을 이해할 필요가 있다. 마지막으로, 이러한 이론들은 (예 : 행동주의 포함) 개인이 어떻게 학습하고 발달하는지에 대한 방법을 이해하는 데 도움을 주며, 또한 어떤 것에 의해서 특성들이 형성되고 또 대체되는지에 대한 교육과정을 이해하기 위한 몇 가지 기초를 제공한다. 1960년대 초에, 연구자들은 인간 발달에 관한 Piaget의 이론이 어떻게 지적장애인과 관련된 연구에 통찰력을 줄 수 있는지에 대해 탐구했다(Woodward, 1963을 참조). 다음은 인지발달의 지체나 차이를 나타내는 경향이 있는 지적장애인의 특성에 대한 논의이다.

인지지체

인지지체는 지적장애인에게서 관찰된다. 그러나 지체 및 차이의 개념을 검토할 때에는 지적장애가 무엇인지를 고려해야 한다. 혹자는 경도 지적장애인의 경우 기본적으로 인지지체를 보이지만 인지차이는 보이지 않는다고 주장한다. 역사적으로, Zigler (1969a)는 발달지체 상태라는 것은 "인지 수준이 동일하다면, 지능지수(IQ)와 관련있는 인지기능에도 차이는 없어야 한다."는 것을 시사한다고 말했다(p.541). 즉, 지적장애인의 행동을 비슷한 정신연령대(동일 생활연령일 필요는 없음)의 사람들과 비교한다면, 두 그룹 간에는 비슷한 결과를 도출해야 한다. Zigler는 "차이 또는 결함 상태는 일반적인 인지 수준을 보이는 개인일지라도 지능지수(IQ)와 관련이 있는 인지 수행에 있어 차이를 보일 수 있다는 것을 말한다."고 좀 더 상세히 기술하였다. 경도 지적장애인은 주로 인지지체의 특성을 가지고 있다는 생각에 동조하는 사람들은 한 개인이 환경이나 상황에 적응하는 것에 문제가 있을 때 '상태'가 분명해진다고 주장한다. 적응이 이루어진 다른 상황에서, 타인은 발달지체 혹은 발달차이에 대한 지각을 할 수 없을 수도 있다. 이에 동조하는 사람들은 경도 지적장애인들은 비록 인지기능이 덜 효율적이고 정교하지 않을 수 있더라도 지적장애가 없는 사람과 상당히 유사한 방법으로 학습하고 생각한다고 주장한다. 비효율성이나 정교함의 부족은 모든 순간은 아니지만 어떤 경우에는 분명하게 드러난다. 예를 들면, 게임을 하거나 다른 아동과 상호작용하는 상황에서는, 이웃 아동과 함께 있는 상황이 지극히 일상적인 것으로 간주될 수 있다. 하지만 이 아동이 학교에서 읽기 요구량이 많거나 읽기가 난해한 상황일 때는 학습에 있어 지체를 보일 수가 있는 것이다. 현재 미국 지적장애 및 발달장애협회(AAIDD, 2010)의 견해에서도 이러한 관점이 분명하게 드러나고 있다.

그러나 Zigler(1969a)가 제시했던 것처럼, 다른 의견을 가지고 있는 사람들은 인지차이는 분명한 것이고, 이러한 차이는 비교적 고정적이라고 주장한다(연구상자 6.2 참조). 즉, 인지지연은 다른 때가 아닌 특정 순간이나 특정 상황에서 더 명확하게 눈에 띌 수 있지만, 지적장애인의 경우, 다양한 상황(학교, 지역사회, 가정 등)과 더불어 다양한 영역의 적응과 조절(학습, 언어발달, 자기만족 등)에 영향을 받을 것이다. 그리고 이러한 어려움은 시간이 흘러도 남아있을 것이다. 그래서 인지발달에 있어서 인지지체가 인지발달 차이보다 더 확실하게 드러난다고 주장하는 사람들은 아동들이 예측 가능한 방법으로 Piaget의 발달단계를 거칠 수는 있겠지만 속도가 더디고, 비장애인과 같은 높은 수준의 추상적, 이상적, 논리적 추리를 해낼 수 없을지도 모른다고 주장한다.

반면, **인지발달 차이**가 **인지발달 지체**보다 더 확실하게 드러난다고 주장하는 사람들은 지적장애인이 다른 사람들과는 다르게 이해하고, 수용하고, 학습한다고 주장할 수도 있다. 인지발달 차이는 중도 지적장애인이나 특정 병인을 가지고 있는 사람에게서 더 확연히 드러난다. 예컨대, 유전적 문제나 영양실조, 임신 중 약물남용, 뇌염, 독극물 노출 등의 문제는 뇌의 성장과 발달, 그리고 뇌의 기능에 악영향을 끼칠 수 있다.

지적장애가 없는 사람에게서 전형적으로 일어날 수 있는 단계들이 분명치 않거나 혹은 적절한 매개와 지원이 있음에도 해당 단계에서 기능과 지식이 현저하게 악화되거나 또는 동시성(단계의 순서)이 뒤바뀌었을 때, 인지발달에서 차이를 보인다고 특징 지워질 수 있다. 예를 들어, 아동이 구술 기능을 전혀 보이지 않거나 또는 음성과 사물의 숫자와 문자를 연관 지을 수 없고, 하루, 일주일, 일 년과 같은 시간의 흐름을 이해할 수 없는 경우이다. 그러나 이 아동은 일상생활에 필요한 대근육과 고급 동작 기능은 계속 발달한다.

Danielsson, Henry, Messer, 그리고 Ronnberg(2012) 등은 실행 기능 측면에서는 지적장애 아동은 지적장애가 없는 아동이지만 정신연령이 비슷한 아동들과 어떤 측면(예 : 전환하기, 유창성 과제, 언어 수행-임무 작동기억 과제)에서는 매우 유사하다고 말한다. 다른 측정(예 : 억제하기, 계획하기)에서는 지적장애 아동들이 같은 정신연령 또래보다 수행도가 낮았다. 지적장애 아동들은 모든 수행기능 과제에서 생활연령 또래보다 낮은 점수를 기록했다. 저자들은 지적장애 아동들은 수행기능에 대한 특정 약력을 갖고 있으며, 다른 수행기능 기술의 발달은 아동의 정신 및 생활 경험과 연관

차이를 만들어 낸 연구 6.2

Zigler, E. (1969b). Development vs. difference theories of mental retardation and the problem of motivation. In E. Zigler & D. Bulla (Eds.), *Mental retardation : The developmental difference controversy* (pp.163-188). Hillsdale, NJ : Erlbaum.

이 장에서, Zigler는 지적장애인이 주로 발달에 있어 지체를 경험한다는 이론과 지적 결함으로 인하여 동일한 발달단계에서 그것이 실제로 작용하는지 여부와는 상관없이 지적장애가 없는 사람에 비하여 지적장애인이 기능과 습득 차원에서 차이를 보인다는 이론에 대하여 검토하였다. Zigler는 동기부여, 인과 관계, 정신연령의 개념과 같은 변인과 이러한 변인들이 각 이론에 대하여 어떻게 영향을 주는지에 대하여 논의했다.

지을 수 있다고 말했다(Danielsson et al., 2012). 비슷한 경우로, Lindblad, Gillberg, 그리고 Fernell(2011) 등은 경도 정신지체 아동의 부모/보호자 그리고 교사 55~85%가 아동들이 다른 기술 영역 중에서도 '수행기능장애'를 가지고 있다고 보고한다는 것을 알았다.

Van Nieuwenhuijzen과 Vriens(2012)에 따르면 경계선 급의 경도 지적장애 아동들을 대상으로 한 조사에서 아동들이 감정 인식, 해석, 작동기억, 억제 기술 등에서 어려움을 보였을 때, 아동들은 사회적 정보 처리과정 및 문제해결 과정에서 역시 어려움을 보인다. 그러나 작동기억과 감정인식기능이 잘 발달되었을 때, 아동들은 주어진 상황과 새로운 사회적 상황으로부터의 정보를 해석하는 데 있어 정보와 지식을 더 잘 활용한다.

마지막으로, Thirion-Marissiaux와 Nader-Grosbois(2008)는 발달 연령을 기준으로 지적장애 아동과 일반 아동을 비교했을 때 마음 이론의 믿음 영역과 일부 마음 이론 과제에서 발달적 차이와 유사성을 보였음을 밝혔다. 일반적 개념에서 보면, 마음 이론은 개인의 인지 능력과 자신의 믿음, 의지, 열망 등을 이해하는 것, 그리고 타인은 자신과는 다른 마음 상태를 가지고 있음을 이해하는 것과 관련이 있다(Thirion-Marissaiuax & Nader-Grosbois, 2008). 예를 들면, 일반적으로 발달기에 있는 아동은 특정 행동에 대해 불공평하다고 인식할 수 있어야 하지만, 다른 한편으로는 타인(예 : 아동의 부모)은 그 행동을 공평하다고 생각할 수 있다는 점을 인식해야 한다.

인식기능에 있어 지체와 차이는 둘 다 지적장애인들에 있어 전반적으로 존재하는 것 같다. 이러한 특성들이 주어진 상황 혹은 문맥에서 어떻게 개인에게 영향을 미치는지 그리고 그러한 맥락에서 지원은 어떻게 제공되는지에 대하여 생각해 보는 것은 많은 도움이 될 것이다. 미국 지적장애 및 발달장애협회(AAIDD, 2010)는 "인간의 기능은 일반적으로 개별화된 지원을 통해 강화된다. 여기서 [개별화된 지원]이라는 것은 인간의 발달과 교육, 흥미와 개인적인 삶의 질을 향상시키는 것을 목표로 하고 개인의 기능을 강화시킬 수 있는 자원과 전략을 말한다(p.18)."고 언급했다. 우리가 말과 언어발달뿐만 아니라 특정 인지기능, 특히 학습, 주의력, 그리고 기억기능 등을 검토하게 되면, 인간이 어떻게 적응하고 성장하는지를 더 잘 이해할 수 있다. 다음 부분은 전략적 학습에 밀접하게 관련된 인지와 초인지 과정에 관한 토의이다.

일반 아동의 발달을 이해하는 것이 지적장애 아동의 특성을 이해하는 데 어떻게 도움이 되는가? 발달지체와 발달차이를 이해하는 것이 어떻게 도움이 되는가?

학습 특성

지적장애인에 영향을 미치는 학습 영역은 여러 가지가 있다. 이러한 영역에는 전이할 수 있는 능력, 지식 및 기능을 일반화하는 능력 그리고 학습 전략을 사용할 수 있는 능력 등이 있다. 결과적으로, 학습 전략 사용의 결핍은 인지와 초인지 과정에도 영향을 미칠 수 있다. 논의의 목적을 위해, 명확성과 체계성을 더하기 위해 발달영역과 관련 특성들을 분리하는 것이 도움이 된다. 그러나 그것들이 개인에게 영향을 주고 있다는 점에서 실제 생활 속에서 이러한 영역들을 분리한다는 것은 불가능하다. 학습에서 전이와 일반화에 문제가 있는 개인은 인지기능에 장애를 가지고 있다. 그리고 유사하게 주의력, 기억력, 말과 언어발달에 장애가 있을 수 있다. 역사적으로 보면, 지적장애의 본질과 이로 인해 표출되는 특성들을 사회가 어떻게 보느냐에 있어서, 어떤 환경과 장소에서 개인이 성공하고 실패하는지 오래 동안 고려되어 왔다. Tredgold와 Soddy(1956)는 **정신박약**에 대해 다음과 같이 서술했다.

정신박약 아동의 기본적 특성은 사회적으로 무능력하거나 주변 환경에 독립적인 적응이 불가능한 것으로 묘사되어 왔다. 앞에서도 언급된 것처럼, 이러한 장애는 학업지체를 수반하는 빈도가 아주 높다. … 사실 학교는 성인이 사회 생활하는 것보다 아동에게 더 힘든 환경이다. 학교에서, 아이는 엄격하게 감독하는 분위기에서 빈번한 진도 평가에 시달리며, 어른의 생활과는 다르게, 새로운 것을 배우고, 새로운 기술을 습득하고 새로운 태도에 적응하기를 강요당한다(p.349).

지식 및 기술의 전이와 일반화

지식 및 기술의 전이와 일반화는 지적장애인들에게 어려운 영역이다. 전이와 일반화라는 것은 주어진 상황이나 환경에서 학습한 지식이나 기술을 사용하거나 시간이 지나서 학습된 지식과 기술을 새로운 상황이나 환경에서 동일한 방법 혹은 다른 방법으로 혹은 관련된 지식과 기술의 표현으로 적용할 수 있는 사람의 능력을 말한다(Alberto & Troutman, 2013).

시대를 막론하고, 지적장애인들은 전이 및 일반화에서 자주 어려움을 보였다는 것은 분명하다(Falvey, 1989). 예를 들면, 아동이 학교에서 금액 더하기(예 : 1달러, 1.25달러, 2.45달러 더하기)를 위해 계산기를 사용하는 것을 배울 수 있다. 하지만 아동이 현장학습을 위해 동네 생필품 가게를 갔을 때, 품목 계산을 위해 계산기를 사용할 수 있도록 명확하게 교육받지 않는 한 계산기를 사용할 수 없을지도 모른다. 지식과 기술의 전이 및 일반화하는 능력은 아동이 다양한 환경과 상황에 적응하는 능력을 갖추는 데 중요한 영향을 미친다. 만약 각 상황과 환경에서 사용되어야 할 기술 하나를 활용하기 위해서 명시적 교수가 요구된다면, 학습 과정은 천천히 진행되어야 하고 학습의 난이도도 명시적으로 교수될 수 있을 만큼 기술 내용을 제한하여야 한다. 이전의 논의에서, Vygotsky이론에 따르면 학습은 전후 상황과 관계가 있다고 했다. 지식과 기술의 전이 및 일반화 문제는 다양한 환경에서 지도와 지원에 대한 보다 더 큰 필요성을 야기하며, 비장애인의 경우도 개인적으로 직면하게 되는 도전에서는 마찬가지이다(Luckasson et al., 2002).

전이와 일반화에는 다른 환경과 상황에서 더 높은 수준의 사고하기와 특정 지식 및 기술 사용하기 또한 포함되며, 또 다른 방식으로 그것들을 사용하는 것도 포함된다. 쇼핑하는 데 이용되는 계산기 사용 기술을 통장을 확인하고 맞춰보는 데도 사용될 수 있다. 지적장애를 가지고 있지 않은 사람들은 일상생활에서 다른 방식(예 : 요리법 사용하기, 길이 측정하기)으로 덧셈과 뺄셈이 사용될 수 있는 곳에서 독자적으로 여러 가지 방법을 결정할 수 있을 것이다. 반면에 지적장애인 특히 중도 수준의 지적장애인의 경우는 좀 더 명시적인 교수를 요구하게 될 것이다. 따라서 지적장애인의 장애영역이 점차적으로 밝혀짐에 따라 전이와 일반화를 위한 교수에 대한 강조와 교수 기술들이 문헌에서 계속 증가하고 있다(Alberto & Troutman, 2013).

예를 들면, 지적장애 학생들은 수학 기술의 일반화(Calik & Kargin, 2010)와 생필품 구매 기술(Hansen & Morgan, 2008), 대화 기술(Hughes, Golas, Cosgriff, Brigham, Edwards, & Cashen, 2011)과 대중교통 이용 방법(Mechling & O'Brien, 2010) 등을 배워 왔다. 이것은 지적장애 학생들이 기술을 일반화시킬 수 있도록 가르칠 수 있다는 것을 보여 주는 연구들의 극히 일부분에 해당한다. 이러한 지적은 매우 중요하다. 왜냐하면 지적장애인에게 전이와 일반화는 중요한 쟁점이 되어 왔고, 시간이 경과한 후에도 환경과 상황, 그리고 관련 기술에 상관없이 학생이 지식과 기능을 일반화할 수 있도록 교육자가 가르쳐야 하기 때문이다.

지식과 기술의 최종적인 전이와 일반화의 습득(특히 학문적 기술)은 학습 전략에 달려 있다. 즉, 각 개인은 효과적이고 효율적인 학습을 위한 방법이나 전략을 발달시키기 위해 노력한다. **학습 전략**(learning strategies)은 지식을 획득하고, 유지하고, 검색하고, 최종적으로 사용할 수 있게 도울 수 있는 방법(즉, 인지적 도구)이다. 학습 전략은 좀 더 자기조절적인 학습자, 독립적인 학습자가 되도록 도와준다(Polloway, Serna, Patton, & Bailey, 2013). 예를 들어, 한 아동에게 자신의 집 주소를 기억해 두라고 요구할 수 있다. 그 아동은 아마도 자연스럽게 주소를 어딘가에 적어 놓을 것이다. 이러한 행위는 주소를 기억하고, 기억으로부터 주소를 회상할 수 있게 하고, 최종적으로 주소를 말하거나 쓸 수 있게 하기 위해서 필요한 것이다. 대다수의 아동들이 주소를 반복적으로 인용하고 말로 시연하는 것은 주소를 기억하고 나중에 주소를 회상하기 위한 효과적인 방법이라고 배운다. 언어적 시연은 대부분의 사람들이 정보를 학습하고, 기억하고, 회상하는 많은 전략들 중 하나일 뿐이다.

몇몇 연구에서는 비록 사용하는 전략이 구체적이지 못하고, 비장애 또래들이 전이하거나 또는 일반화하는 정도는 할 수 없을지라도 지적장애인들도 학습 전략을 이용하고 사용할 수 있다고 주장한다. 예를 들면, 문제 해결 과제와 기억 관련 과제 수행은 전략 교수법을 통해 향상될 수 있다(Hughes & Rusch, 1989). Kwong(1998)은 경도의 지적장애 청소년은 비록 기억을 위한 전략을 사용하더라도 비장애 연구 표본보다는 사용 빈도가 낮고 전략의 수도 적게 사용한다는 것을 알아냈다. 또한 적어도 기억 전략의 초기 단계를 결정하는 데 있어서는 관찰, 자기보고, 조사자 사정 등을 포함한 다중의 사정 방법이 유용하다고 주장했다(Kwong, 1998). Baldi(1993)는 지적장애 청소년을 대상으로 한 연구에서, 기억훈련프로그램을 통해 연구에 참여했던 지적장애인 대부분이 일련의 이름을 장기기억에 유지시키는 능력을 보이는 긍정적 경향이 있음을 알아냈다.

많은 전략들이 학습장애가 있는 학생을 일반교육 과정에 접근시키는 데 성공적이었지만, 학업의 내용 영역에 있어서 지적장애 학생에게 충분히 사용할 수 있음을 입증하기 위해서는 여전히 추가적인 연구가 필요하다고 했다(Lee et al., 2006). 이들은 그래픽 조직자, 단위화(의미 덩이 짓기), 기억 전략, 목표 설정 그리고 문제 해결 방법 등의 사용은 지적장애 학생들에게 유용한 방법이 될 수 있다고 주장한다. 또한 전략의 사용은 귀인과 관련이 있다.

Turner(1998)는 아프리카계 미국 지적장애 학생의 귀인(자신의 성공이나 실패를 어떤 탓으로 돌리는 것)은 기억전략의 사용 및 회상과 관련이 있다는 것을 알아냈다. 성공하는 데 있어 노력과 능력이 더 중요하다는 강한 믿음을 가지고 있는 사람들은 전략의 사용과 회상에서 보다 더 긍정적인 결과를 얻었다. 반대로, 외부 요인(예 : 행운, 힘 있는 사람, 알려지지 않은 요인 등)이 성공의 결정적 요인이라고 믿는 사람들은 전략 사용과 회상에서 덜 긍정적인 결과를 얻는 경향이 있었다. Kwong(1998)은 경도 지적장애인 소집단을 대상으로 한 연구에서, 청소년들은 성공을 노력 탓으로 그리고 실패는 능력이나 노력 부족, 운이 없어서라고 탓하는 경향이 있다는 것을 알아냈다. 누군가 자신의 성공을 돕는 적절한 귀인(예 : 가장 효율적이고 효과적인 노력 등)을 갖고 있다면, 그는 고난도의 지식 및 기술일지라도 계속적으로 학습하려 할 것이며, 그 과정에서 요구되는 전략들을 다양하게 적용할 것이다. 덜 적절한 귀인(예 : 성공은 운에 달려 있다거나 실패는 학습 능력이 없기 때문이라고 생각하는 것 등)을 가진 사람은 학습 전략을 사용하는 데 있어 더 큰 어려움을 겪을 수 있으며, 특히 업무가 점점 더 어려워질수록 더 힘들어 할 것이다.

학습 전략은 새로운 정보에 동화시킬 수 있고 현재와 미래의 환경과 상황에 적응할 수 있도록 하는 인지적 도구를 인간에게 제공한다. 서로 다른 환경과 상황은 서로 다른 학습 전략을 요구하기 때문에 학습 전략 목록을 소유하는 것은 바람직하다.

초인지 과정은 자신의 학습 전략과 적응능력 관리에 중요한 영향을 미친다. **초인지**(metacognition)는 자신이 알고 있는 것에 대하여 알기 위한 또는 자신이 학습한 것에 대하여 학습하기 위한 개인의 능력과 관련이 있다(Reid, 1988). 예를 들면, 어떤 학생은 이 장의 일부를 읽고 시간이 잠시 흐른 후, 실제로 읽은 단어들 중 기억나는 것이 별로 없다는 것을 깨닫게 될 것이다. 이와 유사하게, 시험에 필요한 정보를 암기하기 위해 언어적 시연을 사용하기로 결정할 수 있다. 그렇지만 그 과정 중에 필요한 정보가 기억이 나지 않거나 회상할 수 없는 때가 있다는 것을 인식할 수도 있다. 이러한 것들이 바로 초인지 과정이다. 이러한 인지 수준은 학습 전략을 사용하는 것보다 높은 수준임에 틀림없다. 초인지는 자신의 마음이 작동하는 방법, 즉 인지 처리를 위한 최선책, 기억하기, 정보 검색하기와 학습 과제에서 사람이 어떻게 과정을 진행하는지를 이해하는 것이다. 지적장애인들이 지닌 외부 지향성과 전략 전이의 결여가 문제의 핵심일 때 그리고 자기결정과 같은 바람직한 성과가 문제의 핵심일 때 초인지 능력은 지적장애인에 있어 매우 중요한 과정이 된다(Moreno & Saldana, 2005).

일반적으로, 경도 지적장애인들은 전략을 학습하고 초인지를 사용할 수 있다. 학습해야 할 자료나 수행할 과제가 추상적일수록 더욱 도전적인 일이 된다. 중도 지적장애인의 경우, 학습 전략을 습득하는 것은 매우 도전적인 일이 될 수 있다. 이들의 인지

학습 전략과 초인지의 관련성

학습 전략

일부 과제에서 활용하기 위해 정보를 이해하고, 저장하고, 향후 회상하는 것을 가능하게 하는 인지적 도구

초인지

어떻게 학습하는지에 대한 인지적 인식과 이해-초인지 과정은 학습할 필요가 있는 것을 학습하고 있는지 여부를 이해하는 것과 관련된다. 전략에 적응하고, 수정하고, 조절하는 것을 가능하게 하며, 더 나아가 그 지식과 기술이 어떻게 사용되어야 하는지를 토대로 효과를 평가하는 인지 과정.

결함으로 인해 초인지 과정 발달 또한 도전적인 일이 될 수 있다. 그럼에도 Moreno와 Saldana(2005)는 중도 지적장애를 가진 사람들이 초인지 능력을 발전시키고, 시간이 흐른 후에도 이를 유지할 수 있다는 것을 발견하였다. 또한 말 및 언어능력의 결함은 초인지 기술의 학습을 더 어렵게 만들 수 있지만, 적절한 훈련을 받은 성인의 경우 일부 상황에서 제한적이기는 하지만 여전히 자기조절 능력을 촉진시킬 수 있었다 (Moreno & Saldana, 2005).

지적장애인의 학습과 인지적 특성은 정보를 얼마나 잘 수용하고 그리고 필요한 정보를 얼마나 잘 기억하는지와 관련이 있다. 특히, 학습과 관련된 것에 집중하는 능력과 관련 특성을 기억하는 능력은 방금 논의한 과정에 있어 굉장히 중요하다. 많은 지적장애인은 주의력과 기억력 영역에서 어려움을 보인다.

아동이 초등학교 저학년에서 고학년, 중학교로 올라갈 때 학습지체는 아동에게 어떤 영향을 주는가? 어떤 영역에서 성취도 격차를 관찰할 수 있으며, 결국 이러한 차이가 성인으로서의 역할에는 어떤 영향을 미치는가?

주의력

지적장애인은 주의력에 있어 여러 가지 어려움을 보일 수 있다. 그 어려움들 중 하나는 관련성이 있거나 혹은 관련성이 없는 자극에 집중하는 것과 관련되고, 또 다른 하나는 시간이 지나도 주의력을 유지하는 것과 관련이 있다. 각 영역은 극복해야 할 과제들이며, 일반적으로 장애 정도가 심할수록 어려움은 더 증가한다.

시각 지향

4~14세까지의 지적장애 아동 88명을 대상으로 한 연구에서, 연구자들은 아동들이 시각 지향(Visual Orienting) 반응(예 : 안구 움직임과 주시)을 보이며, IQ가 낮거나 다운증후군이 있는 아동은 일부 시각적 자극 과정에서 더 많은 시간을 필요로 하는 것을 알았다(Boot, Pel, Evenhuis, van der Steen, 2012). 안진(안구진탕증)이나 사시로 알려진 안구운동 손상은 시각 지향에도 영향을 준다. Boot 등의 연구진은 시각적 정보처리 과정의 기능장애를 가진 지적장애 아동의 수가 이전에 추정했던 것보다 더 많을 수 있다고 주장했다. 그러나 IQ, 성별, 장애의 원인 등과 같은 요인과 특정 시각 기능장애 간의 어떤 특정한 관련성을 밝히기 위해서는 추가적인 연구들이 요구된다(Boot et al., 2012). 시각 지향은 시각적 주의력을 형성하고 유지하는 데 있어 하나의 기본적인 기술이다.

관련 자극과 무관 자극

강화 전략의 사용(정확한 선택과 반응을 유도하기 위한 보상 제공 및 부정확한 선택과 반응에 대한 보상 제거)은 과거부터 현재까지 정확한 반응을 유도하는 단서들에 주의력을 기울일 수 있는 능력을 향상시켜 왔다(Alberto & Troutman, 2013; Zeaman & House, 1963). 예를 들면, 어떤 아동이 안전하게 길을 건너는 방법을 교육받는다고 해 보자. 이 과제를 수행하는 데 중요한 것 중 하나는 '횡단 가능/횡단 불가' 신호에 주의를 기울이는 것이 될 것이다. 교사는 반복적으로 신호를 짚어 주고, 개개인에게 어떤 신호가 켜져 있는지 그리고 그 신호는 무엇을 의미하는지를 말하도록 하고, 마지막으로 신호등에 따른 안전 행동에 대해 설명한다. 이를 통해 아동은 자신의 선택에 확신을 갖고 수행할 수 있게 될 것이다. 그러나 '횡단 가능'일 때는 초록색, '횡단 불가'일 때는 빨간색이어야 하는 두 신호의 색깔이 다른 색이라고 가정해 보자. 나중에 교사가 다른 지역에서 '앞서 가정한 조건에 따른 시험'을 실시할 때, 학생의 수행력은 상당히 저하될 것이다. 그때 교사는 이 시험을 통해 두 신호가 모두 같은 색상일 때, 학생은 불이 들어온 신호의 단어 형태보다 색상에 더 치중하고 있다는 것을 알게 된다. 그래서 교사는 아동이 다양한 교차로 위치에서 횡단할 때 관련 사항에 주의할 수 있도록 하기 위해서는 신호등의 색깔뿐만 아니라 글자의 조합과 단어의 위치에도 주의를 기울여야 한다는 것을 안다. Krupski(1977)는 지적장애인은 특정 자극 또는 과제에서의 단서보다는 과제 또는 자극을 설명하는 사람에게 주의를 기울이는 경향이 있다고 주장한다. 앞의 예시에서 아동이 두 가지(횡단 가능/횡단 불가) 중 하나를 선택할 때 실제로는 스스로 신호에 집중하기보다는 하고자 하는 선택에 대한 단서를 얻기 위해 교

차이를 만들어 낸 연구 6.3

Zeaman, D., & House, B.J. (1963). The role of attention in retardate discrimination learning. In N. R. Ellis (Ed.), *Handbook of mental deficiency*. New York : McGraw-Hill.

David Zeaman과 Betty J. House는 '지능발달이 느린 사람들'의 변별 학습에 있어서 주의력의 역할에 대해 수행했던 연구를 보고했다. 학습의 주의력 이론에서, Zeaman과 House는 주의력은 선택의 순간에 개인이 이용할 수 있는 많은 가능한 자극들 중에 기껏해야 1개 또는 소수에 국한된다는 것과 개인은 강화전략의 효과로 자극을 무시하거나 혹은 집중하는 것을 배울 수 있고, 단서는 사람이 집중하고 있는 자극의 한 단면이라는 것을 강조한다. Zeaman과 House는 새로운 자극은 주의력을 증가시키기도 하며, "보통의 지체아

동의 경우 변별력이 요구되는 훈련 과제에서 성공적인 훈련의 열쇠는 주의력을 유도하는 기술에 달려 있다고 할 수 있는데, 즉 관련 단서의 중요성에 대한 주의력을 증가시킬 수 있는 방법들을 찾아야만 한다는 점을 강조한다"(p.218).

비록 교수 방식들이 이 장의 주요 관심사항은 아니지만, 이 연구는 지적장애인들이 과제(자극)에 집중하는 능력에 관해 그리고 학습을 촉진하기 위해 과제 또는 자극의 중요한 것에 집중하는 것을 어떻게 강화하거나 또는 수정할 수 있는지를 이해하는 데 도움이 된다.

사의 얼굴과 눈을 응시하는 경향이 있다. Alberto와 Troutman(2013)은 지적장애인은 무관 자극에 주의하는 데 어려움을 보일 수 있을 뿐만 아니라 하나의 특별한 자극에 강하게 집착함으로써 주의하는 데 어려움을 겪을 수도 있다는 점을 지적했다(예 : 빨간 원을 '빨간색'으로 배운 뒤 모든 원을 '빨간색'으로 여기는 것).

Zeaman과 House(1963)는 주의는 일단 더 강한 단서(예 : 크게 쓴 글자)에 초점이 맞춰진 후, 점차 약한 단서(예 : 일반 인쇄 크기의 글자)로 이동할 것이라고 했다. 단서의 강도를 조절하는 것은 환경 내의 일반적인 자극 차원(대부분의 인쇄물에서 볼 수 있는 평범한 문자)에서 주의력을 유도하고 유지하는 데 도움을 준다. 또한 3차원적 자극은 주의력을 조절하는 데 도움이 될 수 있다(Zeaman & House, 1963). 연구상자 6.3은 Zeaman과 House의 연구를 간단히 요약·정리한 것이다.

주의력 유지

무엇에 대하여 집중해야 할 것인지를 알고 있다고 하더라도, 시간이 지날수록 그 집중력을 유지하는 데는 어려움이 있다. Richard Lavoie는 'How Difficult Can This Be? The F.A.T. City Workshop(1989)'이라는 비디오 영상에서 주의력과 관련된 문제들을 다루었다. Lavoie는 주의력과 관련해서 흥미로우면서도 그럴 듯한 변별력을 보여 준다. 그는 주의력 산만함(distractible)과 주의집중 시간 없음(no attention span)이라는 용어를 자주 혼용해서 결국 부정확하게 사용되는 것을 보여 준다. 그는 주의가 산만한 사람은 너무 많은 자극이나 주변 환경의 문제(예 : 교사의 옷차림, 교실에 걸린 그림들, 복도에서

들리는 소리)를 의식하기 때문에 필요한 것에 주의력을 집중하는 데 어려움을 겪는다고 주장한다. 주의력에 문제가 있는 사람은 주어진 일정한 시간 동안 어떤 자극에 대하여 주의력을 유지하는 데 어려움을 보인다. 지적장애인은 두 가지 형태의 어려움을 모두 겪을 수 있다. 즉, 짧아진 주의력 시간과 주의력 산만은 지적장애인에게서 보일 수 있는 특성들인 것이다.

Burack, Evans, Klaiman 그리고 Iarocci(2001)는 주의력에 대한 연구에서, 같은 정신연령대에서 개개인의 기능을 비교할 때 지적장애와 주의력 결핍 간의 중요한 연관성을 지지할 만한 실험적 증거는 없다고 말했다. 다시 말하면, 지적장애인이 주의력 결핍을 보이는 것으로 알려져 있지만, 주의력 손상의 본래의 성격 그리고 그 원천에 대해서는 아직도 완전히 밝혀지지 않았다는 것이다. 그러나 일반적으로는 강화 전략과 과제와 관련된 자극의 통제를 통해 주의집중 시간은 증가할 수 있고 주의력 산만은 감소될 수 있는 것으로 알려져 있다.

문헌 검토에서, Deutsch, Dube 그리고 McIlvane(2008) 등은 많은 지적장애인들이 조절되지 않는 집중력, 충동성 그리고 지속적인 행동의 어려움 증상을 보인다고 지적했다. 그러나 이들 연구자들은 이러한 주의력의 어려움이 발달지체나 혹은 비전형적 발달의 결과인지의 여부를 확인하는 것은 현재로서는 어려운 일이라고 말했다. 또한 지적장애의 원인과 주의력 결핍의 관련성은 연구가 더 필요한 영역으로 남아 있다(Deutsch et al., 2008). Reilly와 Holland(2013) 등도 주의력 결핍이나 과잉행동 장애의 대한 출현이 지적장애인들에게서 더 많은 것은 사실이지만, 증상을 진단하고, 치료하고 그리고 학생들을 지원하기 위한 학교를 설계하는 최선의 방법은 충분히 연구되지 못한 영역에 속한다고 했다.

Serna와 Carlin(2001) 등은 지적장애인의 주의력을 지도함에 있어 주의력 문제를 해결하고 과제와 연관된 자극에 몰입하고 궁극적으로는 전이가 이루어지게 하기 위해서는 조기중재가 매우 중요하다고 했다. 일반적으로 새로운 자극과 실생활에 연관된 자극은 주의를 집중하는 데 도움이 된다고 알려져 있다(Alberto & Troutman, 2013). 예를 들면, 고등학교 학생이 지질학 수업에서 독도법을 배울 경우 흥미를 거의 갖지 못하고, 학업 성취를 위한 주의집중 시간 또한 짧을 것이다. 그러나 돈벌이를 위한 구직을 위해 이리저리 도시를 경유하기 위한 길을 알기 위해 독도법이 필요하다면, 개인의 주의집중 시간과 흥미도는 증가할 것이다. 이후의 내용들에서 논의된 다양한 전략들은 교육자들이 주의력 결핍 극복을 위해 도움을 주는 데 활용될 수 있는 것들이다. 일단 주의를 유지하고 집중하게 되면, 적응에 영향을 미치는 다른 특성들이 잇따라 발현될 것이다.

정보를 기억하고 회상하는 능력은 학습 및 인지 발달에서 아주 중요하다. 이러한 논의를 통해, 인지 과정 문제, 가능한 학습장애, 그리고 주의력에 있어 잠재적인 문제 등 이러한 모든 것들이 사람의 기억 능력을 저해하는 것으로 나타났다. 특성상 지적장애인들에게 일반적으로 나타나는 것인데, 지적장애인은 기억과 관련된 몇 가지 특이한 장애를 경험하는 경우가 있다. 이것에는 정보저장, 정보인출, 정보조직화, 그리고 요구되는 수행에 효과적인 반응을 보이는 것 등과 관련한 문제들을 다루는 작동기억 및 단기기억에 있어서의 장애들이 포함된다.

과제에서 가장 핵심적인 면에 주의를 집중하지 못한다는 것이 시사하는 것은 무엇인가? 학교, 집, 지역사회에서 주의를 유지하는 데 더 어려움을 보인다는 것이 시사하는 것은 무엇인가?

기억력

일반적으로 대부분의 사람들은 지적장애인에게 기억 결함이 있다고 생각해 왔다. 사실, 이는 많은 지적장애인에게 있어서는 정확한 추측이다. 그러나 시간이 지나면서 많은 연구를 통해, 손상된 기억의 방식이나 기능을 세밀하게 다룰 수 있게 되었고 개인이 학습하거나 인간으로서 전반적인 기능을 하는 데 지원하기 위한 방법을 좀 더 이해하는 데 도움을 줄 수 있게 되었다.

작동기억과 단기기억

작동기억은 동일한 혹은 서로 다른 정보를 처리하면서 동시에 정보를 보관하는 제한된 용량의 처리 장치로 정의할 수 있다(Swanson, 1999). Numminen, Service, 그리고 Ruoppila(2002) 등은 지적장애를 가지고 있는 성인은 장기기억에 있는 지식을 이용할 수 있기 때문에 지적 수준이 비슷한 비교집단의 아동들보다도 몇몇 과제에서의 수행도는 더욱 높을 수 있을 거라고 가정했다. Henry와 MacLean(2002)은 생활연령과 정신연령에 의한 대응 집단을 비교했을 때, 11~12세 지적장애인이 다른 통제집단보다도 작동기억 시간 과제에서 낮은 점수를 기록했으며, 이는 인지기능에서의 차이를 보여 주는 것이라고 했다. 또한 Vicari(2004)는 윌리엄스 증후군이나 다운증후군을 겪는 사람들은 본질적으로 다른 기억기능 양식을 갖고 있을 수 있다고 주장했다. 그러나 Henry와 MacLean(2002)은 연구에서 지적장애인 집단이 정신연령 대응 집단의 수행도와 아주 근접했다는 몇 가지 증거를 제시했는데, 이는 더욱 발전적 전망을 시사하는 것이었다. 몇몇 증거 역시 지적장애인에 의한 수행도가 정신연령 대응 통제집단보다 더 우수함을 보여 주었는데, 이는 전반적인 연구 결과들을 더욱 복잡하게 만들었다 (Henry & MacLean, 2002). Schuchardt, Gebhardt, 그리고 Maehler(2010)는 음운정보처리 장애에 대하여 언급하면서 음운정보처리 장애는 지능지수(IQ)가 낮아짐에 따라 더 심해지며, 정신연령 또래와 비교했을 때 좀 더 분명하게 나타난다고 했다.

Van der Molen, van Luit, Jongmans, 그리고 van der Molen(2007) 등은 경도 지적장애인은 음운저장과 특히 분절수행기능에 손상을 보이며, 일반적으로 중복의 작동기억 손상이 있다고 주장했다. 또한 Van der Molen 등(2007)은 이와 같은 손상들은 발달차이보다는 발달지체의 정도와 일치하는 경향이 있음을 지적했다. Numminen 등(2002)은 기존의 연구들이 병인론에 관계없이 모든 수준의 지적장애가 작동기억에 손상이 있다고 주장했음을 또한 지적했다.

단기기억은 많은 지적장애인의 문제 영역으로 널리 알려져 있다. 오래전부터, 지적장애인의 단기기억 문제는 학문적으로 상당한 주목을 받았다. 단기간 동안 정보를 기억하는 데 어려움을 보이는 것은 주의력 결핍(Agran, Salzberg, & Stowitchek, 1987)뿐만 아니라 학습 전략의 부재(Borkowski & Day, 1987)와도 관련이 있을 수 있다.

흥미롭게도 어떤 사람들은 일단 정보가 단기기억에 충분하게 적용이 되면 장기기억 능력은 지적장애에 의해 덜 영향을 받는다는 사실을 느낌으로 알고 있다(McCartney, 1987). 즉, 다양한 교수 중재 방법(예 : 반복 제시, 반복 시도와 분할 실행, 이 책 후반부에서 논의될 다른 중재들)의 성공적인 활용은 일단 과제가 작동기억에서 적당하게 적용되어 왔다면, 비장애인에 필적할 만큼으로 장기기억에 저장되어 남는다는 것이다. Van der Molen, van Luit, van der Molen, Klugkist, 그리고 Jongmans(2010) 등은 훈련을 통해, 작동기억과 단기 언어기억은 단련될 수 있고, 눈에 띄게 향상될 수 있음을 발견했다. 또한 Connors, Rosenquist, Arnett, Moore 그리고 Hume(2008) 등도 비록 청각언어 영역에서의 향상이 문장 기억이나 언어 작동기억 향상으로 전이된다고 할 수는 없지만, 청각언어 기억은 훈련을 통해서 향상될 수 있음을 밝혀냈다. 분명한 것은, 지적장애인이 작동기억과 단기기억에서 결손을 보이는 이유와 그 기재의 본질은 아직 완전하게 이해되지 못하고 있다는 것이다.

정보의 저장 및 인출 문제

정보 저장에 있어서의 문제들은 많은 사람들이 겪고 있는 특성이다. 단기 및 장기기억에서 정보의 저장은 여러 요인들에 달려 있다. 방해요소가 많을수록 저장은 더 어려워지게 된다. 인지적으로 정보를 처리하는 데 어려움이 있는 사람이 있다면, 관련된 내용에 주의를 유지하는 것이 더 어려워지고, 단기기억과 장기기억에 확실하게 적용시키기 위한 학습 전략 활용에도 더 큰 어려움을 겪게 된다. 시험공부를 할 때 생활 주변의 일들을 생각해 보자. 아마도 주변의 소음에 의해 산만해질 수 있을 것이며 몸 상태가 별로 좋지 않을 수도 있을 것이고 걱정이 되는 생활 속의 다른 일들이 주의를 분산시킬 수도 있을 것이다. 학습한 것이 완전히 새롭게 느껴지고, 어떻게 공부하는 것이 필요할 때 확실히 기억할 수 있는 최상의 방법인지 확신이 서지 않을 수도 있다. 당신 스스로나 다른 사람이 당신이 학습하게 될 것으로 예상한 것을 학습하지 않음으로 인해 좌절이나 실망을 경험한 적도 있을 것이다. 비록 지적장애인의 경험과 정확하게 비슷하지는 않더라도, 이러한 예시는 정보를 저장하는 데에는 적절한 처리 과정, 학습전략, 주의력, 그리고 초인지 과정에 의해 처리되는 모든 기억 등이 필요하다는 것을 설명하는 데 도움이 된다. 학습활동에 더 많은 힘과 노력을 들일수록(예 : 교재의 단어들을 해독하는 것), 정보를 저장하기가 그만큼 더 어려울 것이다. 예를 들면, 많은 지적장애인들이 복잡한 자료일수록 읽는 것을 더 어려워한다. 새로운 어휘, 어려운 문단, 그리고 외국 정보 등을 접할 때 글자들을 해독하기 위해선 그만큼 더 많은 노력과 집중력이 요구되기 때문에 나중에 기억(회상)을 위해서 이해되고 저장될 정보는 그리 많지 않게 될 것이다. 더욱이, 저장은 정보를 저장할 위치를 아는 개인의 능력에 달려 있다. 비록 이 개념은 규정하기 힘든 것처럼 보이지만, 이러한 목적을 달성하기 위해 기존의 지식과 새로운 지식을 서로 연관시킬 수 있도록 하는 것이 중요하다. 예를 들면, '원'이라는 단어와 개념에 대하여 배울 때, 일반적으로 기하학 모양들이라는 측면에서 삼각형과 사각형을 함께 배운다. 이와 비슷하게, 주소에 대해 배울 때, 전화번호와 엮어서 함께 배우는 일도 자주 있다. 기존 지식이 새로 배운 것과 무엇이 연관되는지를 아는 것은 기억과 유지에 매우 도움이 된다. 결국, 지적장애 학생의 작동기억 손상은 방향을 기억하지 못하거나 과제를 완성시키지 못하는 것과 같은 행동상의 특성이 될 수 있다(Alloway, 2010).

정보 인출의 어려움 또한 지적장애인들의 특성이다. 저장된 정보가 유용성을 가지려면, 필요한 때에 인출할 수 있어야 한다. 어떤 학생이 자신의 주소를 학습할 수 있고 상투적 방식으로 암기해서 질문에 대답할 수 있다고 해 보자. 이 학생은 일상생활에서 누군가 물어보면 연락 주소를 말할 수 있어야 한다. 교수 중재가 있었던 초기 상황과 나중의 상황이 서로 다를 때 정보 인출이 하나의 문제가 될 수 있다. 간단한 예시는 다음과 같다. 한 학생이 수업에서 교사가 "너의 주소가 어떻게 되니?"라고 물었을 때, 적절한 대답을 하도록 배웠다. 다른 시간과 장소에서 누군가 "어디 사니?"라고 다르게 물었을 때, 학생은 새로운 환경 또는 개개인에 맞춰 알고 있는 기술을 전이하거나 또

| 표 6.1 | 기억 관련 요인 |

주의
관련 자극에 대한 주의   주의 유지

기억
단기기억
작동기억
장기기억
정보 저장   정보 인출

는 다른 단어를 이용한 질문에 정확한 응답을 할 수 있도록 일반화하는 것에 어려움을 가질 수 있다. 전이와 일반화를 촉진하기 위해 다양한 상황과 환경에서 교수와 중재가 이루어지면 정보 인출에도 도움이 될 수 있다(Taylor, Smiley, & Richards, 2015). 표 6.1 은 기억과 관련된 요인들을 요약·정리했다.

보다 최중도의 장애 학생들은 대개 중복 장애를 가지고 있다. 그래서 경도장애 학생들보다도 인지, 학습, 주의, 그리고 기억 영역에 있어 더 심각한 문제를 경험하게 된다. 중복 장애(예 : 뇌성마비)는 아는 것을 표현하는 데 필요한 언어적·신체적 능력이 제한되는 경향이 있을 수도 있다. 일반적으로, 보다 중도 지적장애인은 경도나 중등도의 지적장애인과 동일한 어려움은 가지고 있더라도 그 어려움의 정도는 보다 확연히 드러난다. Henry와 Gudjonsson(2003)은 경도 지적장애 학생들은 생활연령 또래들과 거의 비슷한 수행을 보이는 반면에, 중도 지적장애 학생들은 같은 생활연령 또래들에 비하여 직접 본 정보를 회상하고 인출하는 데 덜 효과적이었다고 한다. 그러나 중도 지적장애인들이 배울 수 있는 인지기술이 없을 것이라고 가정하는 것은 잘못된 것이다. 예를 들면, Bonnaud, Jamet, Deret, 그리고 Neyt-Dumesnil(1999)은 중도 지적장애인으로 구성된 소규모 집단을 대상으로 한 연구에서, 중도 지적장애인들도 장애가 없는 성인과 마찬가지로 얼굴을 인식할 수는 있었으나, 중도 지적장애인들의 단기기억 능력에는 한계가 있었다고 한다. 사람들은 지적장애인과 관련해서 많은 기술이 교수될 수 있고 또 그럴 것이라고 보지만, 학습되는 기술의 수나 다양성에 있어서는 대부분의 비장애인과는 비교할 수 없을 거라고 흔히들 생각할 수 있다.

중도의 지적장애인은 정보(예 : 청각적 및 시각적 자극)를 인지적으로 처리하는 것과 제공되는 매개체를 이해하는 데 있어 어려움(예 : 언어발달 지체나 음성 언어 이해)을 겪는 경우가 많다. 또한 관련 자극에 대한 주의와 주의의 유지에 어려움을 보이며 (예 : 어떤 과제에서 교사의 단서나 관련된 차원을 바라보는 것), 일상생활이나 독립성을 위해 필요한 중요한 자료를 나중에 인출하기 위해 기억하려 할 때도 어려움을 보인다(Westling & Fox, 2009). 새로운 학습과 기존 기술의 전이와 일반화는 광범위한 중재를 필요로 할 수 있다. 결국, 보다 중도의 지적장애인들을 위한 학습의 많은 부분은 가정과 지역사회에의 생활, 의사소통, 사회화, 고용 그리고 오락 및 여가와 같은 독립적 생활을 위해 필요한 기능적 정보와 기술에 초점이 맞추어져 있다. 아직도, 어떤 이는 중도 지적장애인을 동일 모집단의 한 구성원이 아닌 능력과 무능력 차원에서 상당한 정도의 차이가 있는 존재로 인식하고 있다. 비록 보다 중도의 지적장애인은 자신의 행동을 조절하거나 학습과 관련된 좀 더 복잡한 인지 과제에서는 어려움을 보이고 있지만, 이러한 것들은 그들이 생활하는 환경에서 다른 사람들에 의해 지나친 외적 통제가 가해지고 있다는 사실에도 부분적으로 기인한다(Westling & Fox, 2009).

작동기억과 단기기억 기술이 매우 부족하다는 것이 시사하는 바는 무엇인가? 학생에게 시사하는 바는 무엇인가? 지역사회에서 생활하고 일하는 성인에게 시사하는 바는 무엇인가?

말과 언어

인지와 사회적 발달에 영향을 미치는 또 다른 발달 분야는 말과 언어이다. 말 또는 기호 언어를 사용하는 능력과 특히 언어의 수용적 이해는 성장과 학습을 위한 개인의 능력에 상당한 영향을 준다. 말과 언어의 전형적인 발달을 이해하는 것은 지적장애인에게서 보일 수 있는 지체와 차이를 이해하는 데 유용할 수 있다. 이 장 뒷부분의 '인터넷 자료'에 미국 말-언어-청각 협회의 웹사이트 주소가 있다. 이 웹사이트에는 말과 언어의 전형적인 발달 과정에 대한 요약 내용이 있고 교사, 부모, 언어치료사에 유용한 다른 정보들도 담고 있다.

경도 지적장애인

경도 지적장애인의 경우 말, 특히 언어발달의 지체가 차이보다 더 눈에 띄게 드러날 수 있다. 이것은 경도 지적장애인이 지적장애가 없는 일반인과 동일한 단계들을 경험할 수 있지만 늦은 연령에 경험하거나 혹은 속도 측면에서 느릴 수 있다는 것을 말한다(Cardoso-Martins, Mervis & Mervis, 1985). Tager-Flusberg와 Sullivan(1998)에 의하면 발달 아동은 일반적으로 약 4세까지 언어의 필수 요소를 습득하는 반면에, 지적장애 아동은 일상생활에서 중요한 사람 이름이나 사물의 이름에 대한 몇 가지 단어를 배우거나 사회적 상호작용을 유지하기 위해 몇 가지 표현을 사용하는 것과 같은 발달과정도 늦게 진행된다고 한다. 또한 Bernabei, Camaioni, Paolesse, 그리고 Longobardi(2002)에 의하면 지적장애 아동은 6~24세 사이에 의사소통 능력을 점차적으로 습득한다고 한다. Snell과 Luckasson(2009)은 사회적 고립과 필요한 지원의 결핍은 지적장애를 가졌거나 혹은 높은 지능지수를 가진 사람들 모두에게 일어날 수 있는 문제임을 강조했다.

Fowler(1998)에 의하면 지적장애인의 언어발달 가변성은 인지적 요인으로 완전하게 설명할 수 없다고 한다. 즉, 언어의 구성 요인들(예 : 음운론, 화용론)이 언어발달 단계의 초기에 서로 다르게 손상되었거나 영향을 주지 않을 수도 있다고 한다. 최근에, Levy(2011)는 단어 해독(읽기 기술 향상을 위한 필수 요소)은 음운과 청각의 단기기억에 영향을 받는다고 주장했다. Vandereet, Maes, Lembrechts, 그리고 Zink(2010) 등은 지적장애인들 간에도 어휘발달에 상당한 상이성을 보이고 있으며, 언어 이전 의사소통 기술(예 : 손가락으로 가리키기), 생활연령, 인지기술, 어휘 이해력 등은 모두 이러한 상이성을 설명하는 요인으로서 추가적인 연구가 필요하다고 지적하였다.

말장애 또한 일반인보다는 지적장애인에게서 더 보편적으로 발견된다(Taylor et al., 2015). 말장애에는 조음 문제(예 : 'th'나 's' 같은 어떤 소리를 발음하는 데 어려움), 음성 장애(예 : 쉬거나 탁한 목소리, 비정상적으로 카랑카랑하거나 낮은 목소리, 비정상적인 목소리 크기), 혹은 유창성 장애(예 : 말더듬기) 등이 있다. 경도 지적장애인들의 경우 대부분 일상생활에서 일반적으로 사용되는 적절한 말과 언어를 습득할 수 있다. 앞서 언급한 가정 내 문해환경 문제 역시 말의 발달에 영향을 미칠 수 있다(van der Schuit et al., 2009). 지체(보다 추상적이고 복잡한 언어의 이해 및 획득의 결함)는 아동의 독해와 작문을 하기 위한 학습 그리고 학교에서 배운 정보의 이해를 위한 학습에 영향을 미칠 수 있다. 물론 이전 장에서 언급한 것처럼, 읽기와 쓰기학습에서의 장애는 장애 가능성이 있는 아동으로 사정된 경우에 흔히 볼 수 있는 특성이다. 학교에서 많은 학습이 언어적으로 매개되고 있다. 따라서 좀 더 높은 수준의 말과 언어를 이해하는 데 있어서의 결손 또는 지체는 학교 생활 기능과 궁극적으로는 타인이 자신의 능력과 가치를 인식하는 데 있어 상당 부분 영향을 미칠 수 있다.

Byrne(2000)은 다음과 같이 언급했다.

> 인류를 다른 창조물과 차별화하며, 의미를 부여할 수 있는 식별 가능한 속성은 … 지성 그리고 인류 자산의 흐름이며 … 인류는 이것이나 저것을 이미 했거나 하려고 한다는 식으로 자신을 과거나 미래에 둘 수 있다. 개인의 생각과 열망을 그와 같이 둘 수 있는 것은 인류가 가진 자산

차이를 만들어 낸 사건 6.1

1925년 – ASHA 설립

미국 말-언어-청각 협회(ASHA)는 1925년에 설립되었다. ASHA는 11만 1,000명 이상의 청각학자, 언어치료사, 말 및 언어 청각 과학자들을 대상으로 한 국가적 차원의 전문적이며 과학적인 그리고 관련 자격증을 수여하는 조직이다. 또한 ASHA는 의사소통장애인을 위해 봉사하고 의사소통장애인을 옹호하는 조직이다. 특히 청각학자와 언어치료사는 말, 언어 그리고 청각에 장애가 있는 지적장애인들을 위해 봉사도 자주 하고 있다.

출처 : ASHA website(www.asha.org)

인 언어가 있기 때문이다. … 오직 언어라는 수단이나 혹은 이와 유사한 일부 상징체계에 의해서만, 일부 자극에서 일시적으로 나타나는 것이 아닌 하나의 가능성을 나타낼 수 있다. 기억력에도 똑같이 적용된다. 그래서 세상 또한 '인간성의 기준'을 내세우는 것이다. … 지적발달에 장애나 지체가 있는 인간들에게 인간성의 기준은 의문을 제기하는데, 자기 스스로나 세상이 완전히 자기 의식적이고 주체적이며 합리적인 창조물로서 살아갈 수 있도록 허용해 주는 언어를 습득하지 못하고(pp.3-5).

분명한 것은, 말, 기억, 그리고 다른 언어능력들은 지적장애인이 중재를 필요로 할 것인지에 대해 중요한 영향을 미친다. 사건상자 6.1은 이 분야의 해박한 지식인들로 구성된 미국 말-언어-청각 협회(American Speech-Language-Hearing Association, ASHA)의 설립에 관한 정보이다.

중도 지적장애인

중도 장애인의 경우, 경도 지적장애인의 경우보다 언어발달에 있어 더 심한 차이와 지체가 나타난다. 중도 지적장애인이나 중복 장애인의 경우 말장애가 함께 나타나는 경향이 있다. 일부 지적장애인은 언어를 습득하지 못하거나 말장애가 너무 심해서 보완(지원) 의사소통장치(예 : 합성언어)나 대체 의사소통장치(예 : 그림 의사소통체계, 신호언어) 사용이 필요하다. 일반적으로, 보완장치는 의사소통장애가 없는 사람과 비슷한 방식으로 개인이 타인과 의사소통을 하도록 지원하는 데 사용된다. 예를 들면, 개인은 타인이 읽을 수 있도록 말이나 문자를 만들어 낼 수 있는 보조 기술(예 : 전산화된 프로그램이나 장치)을 사용할 수 있다. 신호언어나 그림 장치 같은 대체 장치는 개인이 이것만을 사용하는 것은 아니지만 주로 이 체계에 익숙한 사람들(예 : 교사, 가족)과 의사소통을 가능하게 한다. 일반적으로, 장치에 익숙하지 않은 사람들(예 : 버스기사,

식당 종업원)이 사용되는 의사소통장치를 잘 이해하면 할수록, 더 바람직하게 사용될 수 있다. 말과 언어의 발달이 필요한 것, 원하는 것을 가리키거나 감정 표현과 같은 기본적인 의사소통 기능에 한정될 수 있기 때문에, 교육 프로그램에서는 일반적으로 기능적 의사소통기술이 강조된다(Westling & Fox, 2009). 보완·대체 의사소통장치는 이러한 기본적인 요구 사항에 부합해야 한다. 그러나 이러한 장치는 개인이 발달하고, 성숙하고, 새로운 지식과 기술들을 습득함에 따라 세련됨과 정교함이 함께 향상될 수 있어야 한다. 또한 개인이 사회적 상황(예 : 가족 모임, 친구와의 시간)에서 소통할 수 있게끔 해 주는 장치 또한 유익을 줄 수 있다. 그러한 장치는 가능한 넓고 다양한 의사 소통 욕구를 만족시키게끔 설계되어야 할 것이다. Wilkinson과 Hennig(2007)은 중도 지적장애인을 위한 대체 의사소통장치 사용을 평가하는 연구가 더 필요하며, 이는 이 분야에서 아주 중요한 방향 중 하나라고 주장했다. 전형적인 표준화 검사를 통해서 확인된 말과 언어 특성을 지적장애인에게 적용하기에는 제한점이 있을 수 있다는 것 도 주목할 가치가 있다(Cascella, 2006). 끝으로, van der Schuit, Segers, van Balkom, 그 리고 Verltoeven(2011)에 의하면 비언어적 지능(예 : 개념 발달, 작동기억, 집중능력)은 지적장애 아동의 진행 중인 언어발달에 매우 중요하다고 한다.

중도장애를 가졌거나 매우 제한적인 의사소통 능력을 보이는 사람들을 위해 환경 내 타인들이 그들의 의사소통 하고자 하는 노력을 잘 해석할 필요가 있다. 예를 들면, 겉보기에 지시에 따르기를 거부하는 등의 부적응 행동이나 '나 좀 내버려 둬.'와 같은 신체적인 반응 표현은 의사소통적 맥락에서 관찰할 필요가 있다. Grove, Bunning, 그 리고 Porter(2001)는 중도장애인의 의사소통 의도를 다른 사람이 잘 이해할 수 있도록 하는 세 가지의 관점을 제시하였다. 이 세 관점은 의사소통을 역동적이고, 협조적이 며, 상호적인 과정으로 인식하는 것, 의사소통에서 추론의 역할과 관련성을 강조하는 것, 아동 개개인은 성인들의 비계역할을 통하여 의사소통자로서 성장한다는 구성주의 자의 관점을 포함한다(Grove et al., 2001). 통상적인 방식의 의사소통을 적게 하면 할 수록, 의사소통의 기능을 도와주는 부수적인 행동을 해석할 필요성이 그만큼 많아진 다. 이것이 보완·대체 의사소통장치 사용의 이유이기도 하다. 이 장치는 의사소통기 능을 확장시켜 주고, 타인에게 접근할 수 있는 메시지를 만들 수 있도록 해 주며, 사회 적 상호작용을 많게 해 주고, 생활 전반에 걸쳐 스스로 제어를 할 수 있도록 해 주기도 한다. 또한 한 개인으로서 삶의 질과 위엄을 갖출 수 있게 하는 데도 도움이 된다.

몇몇 중도 지적장애인은 말과 언어 발달에 있어 독특한 차이를 보여 주기도 한다. 이전 장에서 언급한 바 있는 반향어가 그 예이다. 이들은 스스로 응답하기 직전에 자 기들에게 말했던 것을 따라 말하는 경향이 있다. 예를 들면, 누군가가 한 개인에게 "어떻게 지내니?"라고 물었을 때, 그 사람이 "어떻게 지내니?"라고 응답할 수도 있다. 또 다른 예로는 개인이 의사소통 기능으로서 특이한 몸동작, 신호, 소리, 단어들을 만들어 내는 경우이다(예 : 어떤 사람이 어딘가 가고 있다는 표시로 바퀴가 굴러가는 시늉을 하는 것). 일반적으로 이러한 독특한 차이는 지적장애가 있는 사람들 사이에서도 비교적 흔하지 않다.

비록 두 능력이 상호작용적이고 상호의존적이지만, 인간 발달에 있어서 수용적 이해력(즉, 타인의 표현을 이해하는 것)이 표현능력(즉, 언어나 이와 유사한 상징체계를 통해 타인에게 의사소통할 수 있는 것)을 앞서 가는 경향이 있다는 것을 기억하는 것은 중요하다. 지적장애인은 자기 스스로 의사소통적 반응을 하는 것보다 타인의 말을 훨씬 더 잘 이해한다. 또한, Roberts와 Kaiser(2011)는 문헌에 대한 메타분석을 통해 부모참여 언어중재가 긍정적인 언어발달 결과를 가져올 수 있음을 밝혀냈다. 부모들은 사회적 의사소통의 상호작용에 초점을 맞추고, 언어 유형 사용을 확장시키며, 평상시 의사소통을 촉진하는 방법을 배울 수 있다. 이러한 중재는 지능 및 언어 기술의 영역에 걸쳐 효과적일 수 있고, 언어 결과를 향상시키기 위한 이러한 중재에서 부모 훈련이 주당 1회 정도는 필요하다고 한다(Roberts & Kaiser, 2011).

다시 생각해보기

> 말과 언어에 문제가 있는 사람들을 지원하는 데 효과적인 기술 장치나 소프트웨어 프로그램이 있는가? 타인과 의사소통할 수 있는 능력이 없는 사람이 학교, 가정, 그리고 지역사회에서 겪을 수 있는 예상되는 결과에는 어떤 것이 있는가?

마무리

이 장에서는 경도에서 중도에 이르는 지적장애인들의 특성을 논의했다. 전체적으로 볼 때 특정 개인에게서 주어진 몇 가지 예시에서, 일부 혹은 대다수 지적장애인에게서 조차도 이러한 특성들이 반드시 나타나는 것은 아니다. 우리는 각기 다른 개성을 가지고 있다. 지적장애인에 대한 정의와 사정을 할 때 결함에 초점을 맞추는 경향이 있다. 즉, 정의를 할 때 **지적장애**라는 용어는 인지적 기능과 적응행동의 결함을 강조한다. 그러므로 개인이나 집단의 특성에 대한 논의에서도 역시 결손에 초점을 맞추는 경향이 있다. 모든 사람들처럼, 지적장애인도 능력과 기질이라는 두 측면에서 강점들을 가지고 있다. 많은 지적장애인들이 실제의 어떤 기준으로 봤을 때 장애가 없는 다른 사람들의 삶보다도 더 성공적인 삶을 영위하고 있기도 하다. 지적장애인에게도 직업, 가족, 가정, 친구, 취미, 관계, 목표, 그리고 포부가 있다.

이어지는 두 장에서는 지적장애와 관련된 사회, 가족, 문화 내에서 규명된 특성들을 포함해 지적장애인의 특성들을 계속적으로 조사할 것이다.

요약 체크리스트

인지적 특성

✓ 지적 기능은 (a) 적응행동, (b) 참여, 상호작용, 사회적 역할, (c) 건강, (d) 맥락(환경과 문화)에 비추어 고려되어야 한다.

✓ 발달에 대한 구성주의 이론은 개인이 점점 복잡해지는 인지기능을 통하여 자신의 생각과 행동뿐만 아니라 환경, 사건, 타인과의 상호작용에 대한 이해를 구성한다는 점을 강조하고 있다.

✓ Piaget는 발달단계를 감각 운동기, 전조작기, 구체적 조작기, 형식적 조작기의 네 가지로 구분하였다.

  ➢ Vygotsky의 발달이론에서 **근접발달영역**은 개인이 혼자 터득하기에서는 너무 어려워 지도와 지원을 통해 학습할 수 있는 과제의 영역이다.

✓ 비계설정 – 아동의 여러 가지 기술과 정신적 기능이 점차 효과적이고 효율적이 됨에 따라 상황을 고려하여 주어지는 지도와 지원의 수준을 변경하는 과정

✓ 발달지체 – 개인이 비장애인과 동일한 발달순서로 동일한 지식과 기술을 학습하지만 속도가 더딘 것

✓ 발달차이 – 사람이 아동이나 청소년기에 비전형적인 행동을 보일 때

✓ 인지지체와 인지차이 – 지적장애인들에게서 명백히 나타남

학습 특성

✓ 지식 및 기술의 전이와 일반화는 새로운 환경 또는 상황에서 같은 방식 혹은 다른 방식으로 지식과 기술을 사용하는 능력을 말한다.

✓ 전이와 일반화는 종종 다양한 환경에서의 지도와 지원을 더 필요하게 만드는 어려움의 영역이다.

  ➢ **학습 전략** – 지식을 습득하고, 유지하고, 인출하고, 궁극적으로는 사용할 수 있도록 스스로를 돕는 데 사용할 수 있는 방법

✓ 몇몇 연구에서는 지적장애인이 사용하는 전략이 정교하지 못하고, 그 수도 적으며, 비장애인들이 사용하는 것과 같은 전이와 일반화는 아닐지라도 학습 전략을 사용

하고 있으며 사용할 수 있다고 주장한다.

✓ 귀인－성공과 실패의 탓으로 여기는 것이며, 전략 사용과 관련이 있다.

➤ **초인지**－자신이 아는 것을 이해하고, 자신의 학습을 학습하는 개인 능력과 관련이 있다.

✓ 일반적으로 경도 지적장애인에게는 학습 자료나 수행 과제가 추상적일수록 학습하고 활용하는 것이 더 어려울 수 있지만, 전략을 학습할 수 있고 초인지를 사용할 수도 있다.

주의력

✓ **시각 지향**－아동이 시각적 주의에 얼마나 잘 집중할 수 있는지 보여 주는 초기 지표

✓ **자극과 무관 자극**－많은 지적장애인들이 학습과 관련 있는 자극에 주목하거나 관련이 없는 것을 걸러 내거나 무시하는 데 어려움을 보인다.

✓ **주의력 유지**－몇몇 지적장애인들은 일정 시간에 지속적으로 주의를 유지하는 데 어려움을 보인다.

기억력

✓ **작동 및 단기기억**－같은 혹은 다른 정보를 동시에 처리하는 동안 정보를 저장하는 제한된 용량의 처리 기관. 단기기억은 짧은 시간 동안 작은 양의 정보를 저장하는 능력이 있다. 작동기억은 단기기억에서 정보를 가져와서 다른 정보와 연관 짓는 능력이 있다.

✓ **정보의 저장 및 인출 문제**－관련 자극에 대한 주의력 부족, 짧은 집중 시간, 학습 전략 결핍, 단기 및 장기 기억 결함의 결과. 인출 장애는 정보를 기억하거나 저장된 정보를 필요할 때 사용하는 것에 어려움을 보일 때 나타난다.

✓ 중도 지적장애인은 중복 장애를 가지고 있을 수 있다. 그리고 경도 지적장애인보다 인지, 학습, 집중, 기억 등에서 더 심한 문제를 보인다.

말과 언어

✓ 언어 사용 능력은 인지, 학습, 주의력, 그리고 기억 등의 발달에 있어 매우 중요하다.

✓ 언어는 말하고, 쓰고, 신호하는 의사소통의 한 형식이며, 이는 상징체계에 기초한 것으로 유한한 상징과 규칙 조건에서 무한한 메시지를 생성할 수 있도록 사용될 수 있다.

✓ 경도 지적장애인에게 있어, 말과 언어의 지체는 차이보다 더 뚜렷하게 드러난다.

✓ 말장애는 일반적으로 비장애인보다 지적장애인에게 더 흔하게 발견된다.

✓ 언어 사용과 지능은 많은 사람들의 지각 속에 연계되어 있다.

✓ 중도 지적장애인들의 경우, 경도 지적장애인들보다 말과 언어 발달의 차이가 더 뚜렷하게 나타난다.

✓ 보완·대체 의사소통장치는 말 및 언어적 결함이 있는 사람(의사소통 장애인)을 지원하는 데 유용할 수 있다.

✓ 반향어, 또는 타인의 말을 따라하는 것은 인지차이의 한 예다.

추가 제안/자료

토론

1. 지적장애인의 특성 중 학교에 적응하는 데 가장 많은 영향을 미치는 능력은 무엇이라고 생각하는가? 일상생활은 어떠한가?

2. 기억해야 하는 중요한 것들에 대하여 교사 혹은 교재가 여러분의 주의를 끌어내는 방법들에는 어떤 것들이 있는가? 교재에서 주의를 산만하게 하는 것들은 무엇인가?

3. 말과 언어를 통하여 자신 스스로를 표현하는 능력은 자신의 전반적인 인지능력에 대한 타인의 인식에 어떻게 영향을 줄 수 있는가? 만약 누군가 '단순한' 언어로 의사소통을 한다면, 그 사람의 지능이 낮다고 생각하는가? 그렇다면 그 이유는 무엇인가? 그렇게 생각하지 않으면 그 이유는 무엇인가?

활동

1. 인간발달에 관한 다른 이론(예 : 행동주의, 정신분석이론)뿐만 아니라 Piaget와 Vygotsky의 업적에 대한 정보를 포함한 본문 내용을 복습하라. 이러한 발달이론들을 비교 및 대조하라. 지적장애인의 특성과 발달에 대한 여러분의 인식 중에서 어떤 것이 '적절'한지 결정하고 토의하라.

2. 지역사회의 교육 진단학자 또는 학교심리학자, 특수교육교사, 학부모를 인터뷰하라. 지적장애인에게 일반적으로 나타나는 특성의 유형에 대해 물어보라. 개개인마다 다른 특성의 정도에 대해 물어보라. 지적장애인에게 지대한 영향을 미치는 특성이 있는지 물어보라.

3. 지적장애가 있다고 확인되거나 그 과정에 있다고 판단된 유치원과 초등학교 저학년(1~2학년) 아동을 방문 및 관찰하라. 관찰한 특성에는 어떤 것이 있으며, 비장애인이나 그들 주변의 발달 기준이 되는 사람에 비해 질적으로 다른 특성을 보이

는지 관찰하라. 만약 그렇다면, 어떻게 다르게 나타나는가? 발달지체를 나타내는 특성을 관찰한 적이 있는가?

인터넷 자료

http://www.thearcpub.com
광범위하고 다양한 출판물과 영상, 그리고 많은 지적장애 양상을 설명하는 미디어를 보유하고 있는 The ARC의 국립 출판 웹사이트이다.

http://www.acl.gov/Programs/AIDD/Programs/PCPID/index.aspx
지적장애인을 위한 대통령 위원회 웹사이트이다. 이 사이트에서는 중요 자문 단체부터 미국 대통령까지 이용 가능한 사업, 역사, 간행물에 대한 정보가 있다. 또한 지적장애인의 요구사항을 볼 수 있는 다양한 국가기관 주소도 링크된다.

http://www.asha.org/
미국 말-언어-청각 협회의 웹사이트이다. 전문인뿐만 아니라 일반인도 알파벳 순으로 링크된(주로 말 및 언어 전문가를 위한 홈페이지의 정보가 많다) 광범위하고 다양한 주제에 관한 정보를 이용할 수 있다. 말과 언어발달, 장애에 관련된 설명 및 요약정리 내용이 있고, 치료와 중재에 관한 정보도 있다.

제7장

교육적, 심리적, 행동적 특성

요점

- **교육적 특성** - 학문적 기술, 추상적 개념, 이해, 기능적 교과는 모두 교육 프로그램에서 관심 영역이다.
- **심리적 특성** - 비전형적 심리적 특성은 차별로 이어진다. 많은 사람들이 그들이 적응할 수 있는 정도보다 잘 적응하지 못하고 있다.
- **행동적 특성** - 대다수의 사람들은 의미 있는 관계를 형성할 수 있음에도 불구하고, 행동 및 심리적 장애가 비장애인보다 지적장애인들에게 더 흔하게 나타난다.
- **적응기술 특성** - 비록 교수와 지원이 해당 개인의 수행과 습득 결함 특성을 상당 부분 개선시킬 수 있음에도 불구하고, 이들 결함은 뚜렷하게 나타난다.

앞장에서 논의한 바와 같이, 적응기술 특성은 서로 독립적인 특성이 아닌, 상호작용적이고 상호의존적인 특성으로 인식되어야 한다. 또한 이러한 특성들은 대부분의 지적장애인들에게 보이지만, 이 특성들을 모두 가진 사람은 없을 것이다. 6장에서 인지 및 학습과 관련된 많은 특성들을 점검하였다. 이 장에서는 학습 기술, 이해 기술, 그리고 기능적 교과 기술 등을 포함한 교육적인 특성들에 초점을 맞춘다. 심리적 특성은 학습된 무기력, 자아개념과 자기조절, 통제소, 자기결정과 자기지시, 동기, 그리고 정신장애와의 이중진단 등을 포함한다. 행동 특성은 행동장애, 상동행동과 자해행동, 대인관계와 관련된 문제를 포함한다. 마지막으로, 적응기술 특성 부분에서는 여가, 직업, 지역사회, 그리고 자기관리와 가정생활과 관련된 문제들에 대해 논의한다. 6장에서와 같이, 경도 지적장애와 중도 지적장애의 특성도 적정 수준에서 논의할 것이다.

교육적 특성

지적장애인의 교육적 특성은 매우 다양하며 많은 요인들에 의해 영향을 받는다. 예를 들면, 장애의 심각성은 학생이 받는 교육 프로그램의 유형에 영향을 미칠 수 있다. 학교, 가정, 지역사회에서 이용할 수 있는 지원 유형은 지적장애인의 지원 효과에 상당히 영향을 줄 수도 있다(AAIDD, 2010). 학생의 나이는 다양한 요인 중에 신체적 환경, 교수 내용 및 교수 자료, 교수 전략, 교육과정, 그리고 적응 및 대체 시설 사용 등을 포함한 교육적 특성들에 영향을 미친다. 다음 장에서는, 가장 최선의 결과를 만들어 내기 위해 적용되는 교수 절차에 대하여 논의한다. 하지만 교수 절차가 특정 개인과 모집단 전체에 영향을 주기 때문에 특성을 논의하기 위해서는 교수 절차 자체에 대한 고려를 해야 한다.

교육적 특성은 6장에서 다룬 인지 및 학습 특성에 의해 영향을 받을 수 있다. 이 논의에서는 정규 교육기간 동안 나타나는 특성들을 이해하기 위한 검토에 대해 알아 볼 필요가 있다. 그리고 5장에서 제시한 것처럼, 이 특성들은 가장 첫 번째로 또래의 발달로부터의 발달지체 및 차이에 관한 문제를 야기할 수 있다. 학업적 기술 결함은 초등학교 저학년 시기에 주로 나타나기 때문에, 지적장애인을 위해 조정되거나 수정된 교육과정뿐만 아니라, 일반교육과정으로의 접근 필요성이 많은 이들에게 제기되고 있다. 사건상자 7.1은 지적장애인의 평가에 대한 중요한 문제와 관련된 정보를 담고 있다.

차이를 만들어 낸 사건 7.1

1997년−IDEA는 장애 학생들이 주(州) 전체에 적용되는 평가를 받도록 명령했다.

1997년 IDEA 개정에서 장애 학생이 주 전체에 적용되는 평가를 받도록 한다는 정책을 포함했다. 예전에는, 인지기능에 영향을 주는 지적장애와 그 밖의 장애가 있는 학생들이 이런 검사에서 때때로 배제되었다. IDEA는 지적장애 학생이 일반교육과정 그리고 연관성 있는 평가에 참여할 수 있는 기회가 많아지도록 의도하였다.

이권이 걸린 중요한 평가에 대한 강조 그리고 학업에 책무성을 지고 있는 교사들의 확보와 함께, 일부에서는 지적장애인에게도 이러한 방법을 적용하는 것이 적절한 것인지 의심하기도 한다. 그럼에도 낙오학생 방지법(NCLB) 통과와 2004년 개정안은 모든 장애 학생이 일반교육과정과 이후의 핵심표준교육과정(Core Curriculum State Standards, CCSS), 그리고 교과과정에서 학습에 대한 주와 지방의 사정을 받도록 해야 한다는 점을 강화하였다.

IDEA는 주 및 지역 사정에 통과하지 못한 개별 학생의 경우 장애 학생들이 대체방법으로 평가받는 것과 배제시키는 것을 허용하고 있다.

학업기술

6장에서 다룬 내용처럼, 지적장애에 대한 정의는 지원의 필요성뿐만 아니라 결함과 문제에 초점을 맞추는 경향이 있다. 지적장애인은 학업기술을 배울 수 있고, 실제로도 배우고 있다. 지적장애인이 추상적인 개념 학습, 인지기능 문제, 주의력 문제, 언어발달 문제 등의 어려움을 가지고 있음을 감안해서 많은 교육자들은 이것이 학교생활 동안 수정된 기능적 학업, 직업, 교육, 진료 교육과정을 운영할 필요성을 느끼게 된다.

개념적 사고

개념(concept)은 "사물, 사람, 생각 또는 경험을 범주화시킨 추상적 결과"이며(p.262), 이것은 다시 하나의 개념을 정의하기 위한 절차 혹은 규칙(예 : 삼각형은 3개의 변, 정사각형과 직사각형은 4개의 변을 가지는 것)을 제공함으로써 학습의 복잡성을 감소시킬 수 있다(O'Donnell, Reeve, & Smith, 2007). 6장에서 논의한 것처럼, 정보의 기억 및 인출은 많은 지적장애인의 문제 영역이다. 또한 O'Donnell 등에 의하면 개념 형성은 핵심적 속성과 개념의 특성을 학습할 수 있는 능력에 의해 크게 신장된다고 지적했다. 과제, 사물, 사건에서 관련 자극에 집중하고 주의력을 유지하는 것은, 6장에서 언급한 것처럼, 또 다른 문제 영역이다. 결과적으로, 개념을 발달시키는 것은 어려움을 드러내는 일이 될 수 있다. 일반적으로, 추상적인 개념은 학습이 어려운 반면[예 : 급료(지불 수표)는 세금과 공제액을 뺀 돈을 나타낸다], 구체적 개념은 좀 더 쉽게 학습할 수 있다(예 : 동전과 지폐는 둘 다 돈의 형태이다). AAIDD(2010)에서 제공한 개념적 기술에 관한 예시를 보면 언어능력, 독해와 작문, 돈, 시간, 그리고 숫자 개념 등이 있다.
　추상적 개념 학습은 흔히 기억 능력과 더불어 초인지 능력의 사용에 달려 있다. 시

개념은 왜 중요한가

Santrock(2001)은 다음과 같이 말한다. "개념이 없는 세상을 상상해 보라. 우리는 각각의 사물을 다 특이한 것으로 볼 것이며, 그 어떤 일반화도 할 수 없을 것이다. 개념이 없다면, 가장 사소한 문제를 푸는 데에도 많은 시간이 걸리고, 심지어는 해결하지 못할 수도 있다. 책의 개념에 대해 생각해 보라. 만약 한 학생이 책이 낱장의 종이들로 구성되고, 하나의 가장자리를 따라 한데 엮고, 어떤 순서에 따라 인쇄된 단어와 사진으로 채워져 있다는 것을 인식하지 못한다면, 새로운 책을 맞닥뜨리는 매 순간마다 학생은 그것이 무엇인지 알아내야 할 것이다. 그렇다면 어떤 면에서, 개념은 매 순간마다 새로운 정보를 이해하느라 '시간 낭비'하지 않을 수 있게 해 주는 셈이다"(p.291). Santrock은 개념학습 능력이 환경과 상황에 따라 일반화를 돕고, 세상에 대해 점점 정교하고 복잡하게 이해할 수 있도록 돕는 이유에 대한 간단한 통찰력을 제공한다.

간이 흐르면서 좀 더 복잡하고 추상적인 개념을 발달시키는 위해서는 과거와 현재 학습 간의 연결점을 만들 수 있어야 한다. 지적장애 학생들은 지능지수가 낮을수록 기억의 어려움이 더욱 분명해지는 경향을 가지고 있다(Schuchardt, Gebhardt, & Maehler, 2010). 수행기능의 결함 또한 효율적이고 효과적인 학습능력에 영향을 줄 수 있다(Danielsson, Henry, Messer, & Ronnberg, 2012).

Hayes와 Conway(2000)는 9~14세까지의 경도 지적장애 아동들 그리고 이들과 생활연령 및 정신연령으로 매칭시킨 또래들의 범주화 능력을 비교했다. 이들은 지적장애인이 개념 습득과 저장에 어려움을 보이면, 새로운 개념들(범주)에 반응하는 것도 어려움을 보일 것이라고 주장했다. 지적장애인의 학습개념에 대한 또 다른 잠재적 문제 영역은 많은 개념들이 다른 개념들과 구분되는 규칙이나 특징들로 정의되어 있지 않다는 사실에 기인한다(예 : 과일, 가구, 그리고 친구 등의 각 개념은 개념 내에서 서로 다른 많은 예시들을 가지고 있다)(Hayes & Conway, 2000). 한 범주의 일부 예시는 개념 습득을 더 복잡하게 만드는 다른 예시들보다 그 개념에 더 잘 부합하는 경향이 있다(예 : 개는 고래가 포유동물이라고 하는 것보다 더 전형적인 포유동물의 예시이다). Hayes와 Conway(2000)에 의하면 또래들과 비교할 때, 지적장애 아동들이 비장애 아동들이 하는 것처럼 원형이 되는 범주유형에 대한 추상적 개념을 형성할 수 있었다고 한다. 일반 아동들은 예시들에 더 많이 노출될수록, 각 예시의 독특한 특징이 있음에도 불구하고 원형의 특징을 더 잘 추상화할 수 있었다. 반면에, 장애 아동들은 범주화를 위해 예시의 독특한 특징을 사용하는 데 그다지 성공적이지 못했다. 요약하면, 이러한 결과는 지적장애인이 예시(예 : 대다수의 포유류는 육지에 산다)로부터 원형정보를 얻고 유지할 수 있다고 기대할 수 있지만, 비전형적인 특징(예 : 몇몇 포유류는 바다에 산다)을 가진 경우에는 어려움이 크다는 것을 의미한다. 실제로 예시 특정적 정보의 제공은 9~14세 지적장애 아동들이 자극에 부합하는 범주를 찾는 데 반응의 변화를 주지 못했다(Hayes & Conway, 2000). 이것은 교수 기술에 기인한 것일 수도 있지만 이 문제 영역에서 어느 정도 안정성이 있음을 제시하는 것이다. 하지만 더 최근에, Jimenez, Browder, 그리고 Courtade(2009)는 3명의 중등도 지적장애 학생이 지식의 회상 및 적용이 요구되는 자기주도 학습 프롬프트를 통해 같은 재료 및 실험이 사용되는 일반과학 수업에서 과학 개념을 배울 수 있었다고 한다. 이는 적절한 교수가 주어지면 지적장애인들도 개념을 학습할 수 있다는 것을 의미한다.

20세기 초 중반 연구의 초점은 지적장애인이 얼마나 범주화를 잘 할 수 있느냐에 관한 것이었다. 연구상자 7.1은 그 내용을 담고 있다.

Wemer, H., & Strauss, A.A. (1943). Impairment in thought processes of brain-injured children. *American Journal of Mental Deficiency, 47*, 291-295.

이 연구에서(다른 연구에서도), 저자들은 뇌 손상 아동들과 '문화가족성 정신지체'가 있는 아동들의 사고 과정을 조사했다. 아동들에게 56가지의 작고 익숙한 사물을 서로 연관성이 있는 것끼리 묶어 보라고 하였다. 뇌 손상 아동은 문화가족성 지적장애 집단이나 비장애집단에 비해 더 많은 비정상적인 결합을 만들어 냈다.

뇌 손상 아동은 더 비정상적이고, 우발적이며, 관계가 없는 사항에 근거하여 사물을 고르는 경향이 있었다. 이 연구자들은 뇌 손상과 지적장애가 있는 아동에게서 개념 형성이 어떻게 지체되고 차이를 보이는지에 대한 이해에 도움을 주었다.

이해기술

개념, 특히 비전형적 범주에 속하는 개념들을 학습할 때에는 명시적 교수와 학습 전략의 적용이 요구된다. 지능 역량의 감소는 정보와 기술의 적절한 사용(수행결함)뿐만 아니라 정보와 기술의 습득(습득결함)에서도 결함을 가져올 수 있다(Luckasson et al., 2002). 6장에서 논의한 것처럼, 말 및 언어장애는 뚜렷하게 나타날 수 있으며, 이는 듣기, 독해, 쓰기 표현과 같은 언어기술에서의 이해에 좋지 않은 영향을 미칠 수 있다. 분명한 것은, 이해기술은 교육 환경에서 필수적이라는 것이다. Taylor, Smiley, 그리고 Richards(2015)는 읽기와 쓰기 이해기술에 종종 결함이 있다고 한다.

그러나 van den Bos, Nakken, Nicolay, 그리고 van Houten(2007)은 지적장애 성인의 이해력이 전략적 교수를 통해 향상할 수 있다고 한다. 특히 설명문의 경우가 그렇다. 이들은 지적장애인이 다른 학생들처럼 장기적이며 상보적인 교수 전략을 통해 이해기술을 배울 수 있어야 한다고 주장했다.

Katims(2001)는 많은 교육 프로그램이 '의미 있는' 문해 교수법(예 : 적절한 언어와 내용으로 잘 구성되고 연결된 쓰기자료를 학생에게 적용하기)을 갖추지 않았다고 한다. 오히려 문해기술은 일견단어나 기능 및 '안전'과 관련된 단어들에 대한 인지와 이해로 더 한정되기도 한다(예 : 멈춤, 비상구). 초등학교, 중학교, 고등학교에 해당하는 경도에서 중등도에 이르는 지적장애 학생 132명을 대상으로 한 연구에서, Katims(2001)은 적어도 기초 단계에서는 해당 학생들 중 41%가 단어인지기술을 성취했다고 한다. 이와 비슷하게, 읽기이해에서는 해당 학생들 중 26%가 적어도 기초 단계의 교수 수준을 성취했다. 그러나 아무도 6학년 단계까지 올라가지는 못했다. 소리 내서 읽기능력은 초등학교 저학년부터 고등학교 기간 동안 상당히 향상되었으며, 어휘 인지에 있어서도 일정한 패턴이 보였다. 상대적 강점은 더 높은 단계인 언어기반 독해능력인 인과관계, 추론적 이해, 그리고 결론 도출 등의 어려운 영역에 대한 해독에 있었다. 쓰기언어기술은 일반적으로 학년이 올라갈수록 함께 향상된다. Allor, Mathes, Roberts, Cheatham, 그리고 Champlin(2010) 등은 종단적 연구에서, 경도에서 중등도 지적장애 학생들이 소집단(1~4명) 방식으로 매일 40~50분 동안 읽기지도를 받았을 때 다중의 읽기능력 평가에서 중요한 진전을 보였다고 한다.

지적장애인에게 적당한 지원과 강조가 제공되면 읽기 및 이해 기술은 향상될 수 있을 것으로 보인다. 전반적인 인지기능 그리고 말과 언어의 지체와 차이에서의 손상은 이러한 과정들을 어렵게 만들 수 있다. 많은 전문가들은 학업이나 다른 기술을 발달시키는 데에 있어 기능적(예 : 현재와 미래의 환경에서 성공적으로 기능할 수 있는 것) 도움이 학습의 초점이라는 점을 주장해 왔다. 그러나 최근의 연구들에 의하면, 지적장애 학생들에게 필요한 지원을 제공할 경우 시간이 경과할수록 읽기와 이해기술이 향상될 수 있고, 실제로 향상되었다고 한다.

Henley, Ramsey, 그리고 Algozzine(2002)에 따르면, 지적장애 학생들이 학업 성취하기, 지식 및 기술 숙달시키기, 환경과 상황에 맞게 학습을 일반화하기 등에 있어 시간이 많이 소요됨에도 불구하고 비장애 학생들에게 사용하는 것과 같은 교수 방법에 종종 반응한다고 한다. 경도에서 중등도 지적장애인들은 앞에서 논의한 것처럼 기초적인 학업기술을 습득할 수 있다. 적절한 의사소통기술뿐만 아니라, 기초적인 문해력 및 수학계산 기술은 일반인들의 경우처럼 흔히 학교에서 학습된다. 학생이 학업기술을 습득하게 되면 현재와 향후 성인으로서 역할과 관련 있는 방식으로 그 기술을 선보일 필요가 있다(Henley et al., 2002). 현재와 미래의 성공적인 삶과 직업생활, 그리고 여가에 필요한 기술에 대하여 강조하면 할수록 학습의 타당성은 그만큼 더 커진다. 사용되는 자료가 실생활과 가까울수록 일상 기능과의 관계도 그만큼 더 명확해진다.

기능적 기술

Katims(2001)의 주장처럼, '기능적' 학습은 단순하고 비교적 어렵지 않은 학습으로 전환될 수 있다. 따라서 기능적인 것이 무엇인지를 정의하는 것이 중요하다. Snell과 Brown(2011)은 기능적인 기술을 "만약 학생이 부분적으로 혹은 완전히 수행하지 못한다면 학생은 누군가의 도움을 받아 완수해야 하는 기술 … 한 학생에게 기능적이라는 것은 다른 학생에게는 해당되지 않을 수도 있다. 왜냐하면 … 기능성은 개인의 특성에 좌우되며, 생태학적 혹은 환경적 사정을 통하여 결정되어야 한다."고 정의한다(p.123). 많은 지적장애인이 학교나 지역사회 환경에서 성공하려면 기능적 학업이 필요한 것처럼, 학업기술도 이 정의 안에 포함될 수 있다.

앞에서는 주로 경도 지적장애인에 초점을 맞추었다. 일반적으로 중도 지적장애인(더 많은 지원이 필요한 사람)은 교과지도가 여전히 적절히 이루어지고 있음에도 불구하고, 복잡한 교육적 지식을 보다 적게 습득하고 선보일 수 있는 학업기술은 더 적다.

교수 전략이 이 장의 초점은 아니지만, 개념학습, 이해기술, 그리고 기능적 학업이 가능하고 중요하다는 철학을 받아들이는 것이 매우 유용하다. 일반적으로 중도 장애인의 교육적 특성은 이러한 기술을 습득하는 것이 어려울 수 있다.

중도 장애인은 정보와 기술을 조직적이고 유용한 방법으로 합성하는 능력에 제한이 있으며, 세부 정보 간 관계성을 인지하는 데 실패할 수도 있다(Westling & Fox, 2009). 더욱이, 일반화 능력에서의 결함 또한 그러한 합성을 복잡하게 만든다. 6장에서 논의한 바와 같이, 말과 언어기술 장애는 기능적 학업과 이해기술을 학습하는 데 더 많은 시간이 걸리게 할 수 있다.

중도 지적장애 학생은 관찰을 통한 학습에 더 큰 어려움을 겪는다. 이는 부족한 주의 기술의 결과일 수 있다(Westling & Fox, 2009). 기억과 인출기술은 문제 영역이기 때문에, 많은 중도 지적장애인들은 기술을 습득하기 위해 반복연습을 위한 더 많은 시간을 필요로 한다. 자기조절 기술(즉, 자신의 행동을 모니터링 하는 능력, 행동에 대한 정확성 평가, 자기강화)의 결여는 학교환경에서 교수되는 전형적인 기술 개발에 있어 어려움을 가중시킨다.

여전히, 장애가 확실히 드러나지 않았거나 또는 장애를 가지고 있다고 진단된 어린 아동들에 대하여 보다 일반적인 교육기술의 학습을 위한 접근을 부정하는 것은 부적절한 처사라고 볼 수 있다. 중도 지적장애인이 점차 나이가 들면서 직업, 여가, 가정과 지역사회 생활뿐만 아니라 학업에 있어 기능적 기술을 학습할 필요성은 더 분명해진다. 마지막으로, 몇몇 사람들은 그들의 진정한 학습 능력 전반을 가려버릴 수 있는 중복 장애(예 : 신체적 혹은 건강 장애)를 겪고 있다.

교육적 특성은 개인이 학교 환경에 적응하는 방법에 영향을 준다. 차례로, 학교에 적응하는 방식은 가정과 지역사회에서의 삶, 그리고 인생 전반에 걸쳐 영향을 준다. 뿐만 아니라 개인의 심리적 특성은 적응을 하는 데 영향을 주기도 하고 그러한 적응으로부터 영향을 받기도 한다.

지적장애 학생의 교육적 특성은 분리된 교실에서 그들에게 교육을 제공하는 것을 정당화시킬 수 있는가? 그렇다면 그 이유는 무엇인가? 그렇지 않다면 그 이유는 무엇인가?

심리적 특성

다른 논의와 마찬가지로, 심리적 특성은 교육적, 행동적 또는 적응기술 특성들과 따로 분리하여 볼 수 없다. 앞에서 지적한 바와 같이, 이러한 특성들은 서로 상호적인 영역 이어서 서로에게 영향을 끼친다(AAIDD, 2010). 이 절에서는, 학습된 무기력, 자아개념, 자기조절, 통제소, 자기결정 및 자기주도, 동기와 관련된 특성들에 대하여 논의할 것이 다. 이들 영역 중 일부(예 : 자기조정, 동기)는 6장에서 간단히 언급된 반면, 특성들 간 상호의존성은 이번 논의에서 명확하게 다룰 것이다.

학습된 무기력

학습된 무기력은 쉽게 포기하거나, 새롭고 어려운 작업에 직면했을 때 시도하지 않으려고 하는 습득된 성향이다. 더 이상 학습을 스스로 조절할 수 있다고 믿지 않거나, 성공이나 실패를 자신의 학습노력이 아닌 다른 요소 때문이라고 생각할 때, 학습된 무기력은 더 커질 것이다(Taylor et al., 2015). 학습된 무기력은 반복된 실패(예 : "계속 노력해도 실패하니 무슨 소용이 있을까?")나, 외부적 요인(예 : "선생님이 나를 싫어하니 노력이 다 무슨 소용이람.")에 관한 잘못된 믿음이나, 필요 이상의 도움(예 : "기다리다 보면 누군가 와서 도와주겠지.")을 기대하는 것의 결과일 수 있다. 그 근본 원인에 상관없이, 학습된 무기력은 유년기에서 성년으로 적응하는 것에 영향을 미치는 신념이다. 학습된 무기력은 타인이 볼 때 게으르고, 동기가 결여되어 있고, 학습에는 신경 쓰지 않는 것처럼 보일 수 있다. 이러한 자신과 타인의 관점은 개인 경험을 익숙한 것으로 한정시킬 수 있으며, 새롭거나 어려운 작업에서 성공하는 것이 불가능하다는 신념체계를 더욱 촉진시킬 수 있다. 무기력해지는 것이 학습되면 될수록 강한 자아개념을 갖는 것은 그만큼 어려워진다.

자아개념 관련 특성

자아개념은 과제의 시작 그리고 과제의 완료 양쪽에서 모두 중요하다(Varsamis & Agaliotis, 2011). 자기 자신을 어떻게 인식하는가 또한 장기적인 발달에 중요하다 (Jones, 2012). 효과적인 지도는 성공을 경험했을 때 어떻게 자신을 인식하는지 그리고 어떻게 긍정적 자아개념을 표현하거나 형성하는지에 영향을 줄 수 있다(Varsamis & Agaliotis, 2011). Jones(2012)에 따르면, 청소년들 사이에서 장애의 명칭은 사회적 배제 혹은 기회 제한 등과 연관된 자아개념의 틀을 형성하게 한다.

좀 더 큰 지역사회로의 통합은 자아개념에 영향을 미칠 수 있다. Duvdevany(2002)에 의하면 지적장애인이 분리된 여가 프로그램과는 반대로 통합적 여가 프로그램에 참가할 경우 총체적 자아개념에 대한 만족도 그리고 신체적 자아개념이 더 양호하게 나타났다고 한다. Hodapp와 Zigler(1997)는 지적장애인의 비전형적인 생애 이력들(예 : 실패 경험, 보호시설)은 자아개념과 부적응 성향 유무에 영향을 미치는 경향이 있다고 한다.

자아개념이 약화된다면 자기조절에도 어려움을 겪을 수 있다. 6장에서는 인지 및 초인지 과정과 연관된 자기조절을 논의했다. 여기에서는 타인에게 의존하려는 성향, 그리고 좀처럼 자기 자신의 생각, 감정, 행동을 통해 조절하려 하지 않는 성향에 초점을 맞춘다.

자기조절 관련 특성

자기조절은 계획하고, 시간을 관리하고, 과제에 집중하거나 참여하고, 정보를 전략적으로 조직화하고, 생산적인 환경을 만들고, 다른 기술의 자원들을 이용할 수 있는 능력을 말한다(Santrock, 2011). 한 연구에서 지적장애 아동과 정상적으로 발달·성장하고 있는 아동의 수행을 비교한 결과, 자기조절에서 몇 가지 차이를 보였다. 특히, 지적장애 아동은 과제의 목적을 인식하는 것, 낮은 자기조절 집중력, 그리고 자기조절적 요구하기에서 더 어려움을 보였다(Nader-Grosbois & Vieillevoye, 2012).

Santrock(2011)에 의하면 자기조절은 타인을 통해 자주 학습된다고 한다. 인간은 타인을 모델링함으로써 점점 더 복잡해지는 이런 능력들을 배운다. 자기조절을 잘할수록, 자기효능감을 더 많이 획득하는 것 같다. 자기효능은 더 나은 기술 습득과 행동, 더 많은 노력, 더 긴 시간 동안의 인내, 더 많이 그리고 높은 성취 결과를 가져온다. 자기조절 행동을 강조하는 교사는 학생으로 하여금 자신의 학습과 행동에 대하여 책임을 지도록 장려하여 학생으로서 성공하고 사회구성원으로서도 성공하도록 격려한다(Santrock, 2011). 예를 들면, 과학 과제를 하는 학생은 시간을 정하고 그에 따른 일정계획을 세울 필요가 있다. 다음으로, 과제를 완수하는 데 도움이 되도록 주변 환경을 선택하고 구성해야 한다. 학생은 과제에 집중할 수 있어야 하고, 주어진 과제(예 : 교재 읽기, 문제지 완성하기)에 집중할 필요가 있다. 그래서 학생은 숙제를 완성하는 데 그리고 현재와 미래의 이해에 도움이 되는 방법으로 획득된 정보를 조직해야 한다. 마지막으로, 학생은 과제에 어려움을 느낄 경우, 타인에게 도움을 요청해야 한다. 이런 모든 자기조절 능력을 갖추고 그것을 효과적으로 사용할 때, 추가적으로 자기효능감도 향상될 수 있는 것이다. 또한 과제 지향적 능력뿐만 아니라 정서적 반응을 자기조절할 수 있도록 학습해야 한다.

중복 장애인들이나 중도 지적장애인들도 교수를 통해서 자기조절 행동을 향상시킬 수 있다는 것은 지극히 당연한 것이다(Westling & Fox, 2009). 자기조절은 스스로를 자신의 삶과 학습에 '책임 있는' 존재로 인식하는지의 여부에 의해 영향을 받는다. 통제소의 개념은 자기조절과 관련이 있다.

통제소 관련 특성

통제소는 자기효능감 및 동기와 함께 심리적 권한 부여의 한 요소이다. 외적 통제소를 갖고 있는 사람은 결과와 안내의 인과관계에 대해 타인에게 시선을 돌리는 경향이 있다. 내적 통제소를 가진 사람은 자기안내에 더 의존하는 경향이 있으며, 결과에 대해 개인적 책임으로 돌리는 경향이 있다. 또한 과제와 활동에 참여하는지의 여부는 외현적 혹은 내현적인 동기화 여부에 따라 영향을 받는다고 생각한다.

개인의 행동이 외적 혹은 내적 동기화에 따른 것인지 그리고 그 결과로 외적 혹은 내적 통제소에 의한 것인지를 결정하는 것은 어렵다. 그러나 Shogren 등(2010)은 8세 전후의 지적장애인은 비장애 학생 또는 학습장애가 있는 학생들보다도 외부 지향적 경향이 있다는 결과를 얻었다. 또 Shogren 등(2010)은 이러한 외부 지향적 인식은 시간이 지나도 변화가 적다고 한다. 그럼에도 지적장애인은 여느 사람들과 같이, 과제에 대한 지식, 이전의 성공 경험, 그리고 내적 소재를 촉진하는 지원 등과 같은 다른 요소에 의존하는 통제소의 두 유형 사이에서 변화를 거듭하는 경향을 보일 것이다. 낯선 환경이나 상황에서 행동을 조절하기 위해 외적 통제를 찾는 사람에게는 꽤 일반적인 현상이다. 예컨대, 아동이 학교에 처음 입학하면 다른 아이들을 관찰하고 기대하는 행동에 부응하기 위해 어른들의 말을 잘 들으려고 한다. 사람이라면 심지어 어른일지라도, 스스로에 대해 확신이 서지 않을 때 따라갈 안내를 찾게 된다. 이와 유사하게, 자신감이 생기면 외부 통제는 등한시하고 내부 통제에 더 의존하는 경향이 있다. 연구상자 7.2는 통제소를 다룬 논문에 대한 설명이다.

Shogren 등(2010)은 향후 연구에서 통제소에 대한 선택하기, 교육 환경, 교수 실제, 개인의 성격과 같은 변인들의 기여도를 반드시 조사해야 한다고 지적하였다. 통제소는 자기결정과도 관련이 있다.

자기결정 관련 특성

전략 사용 및 초인지와 관련된 특성들은 자기주도적이기 위한 개인의 능력을 저해할 수 있다. 스스로의 노력과 동기화(외적 보상이나 통제소에 반대되는 것으로서)의 결과로 목표를 달성하겠다는 신념은 자기결정의 지표이다.

차이를 만들어 낸 연구 7.2

Lawrence, E.A., & Winschel, J.F. (1975). Locus of control : Implications for special education. *Exceptional Children, 41*, 483-490.

이 논문에서, Lawrence와 Winsehel은 통제소에 관련된 다양한 사람들과 함께 이전 연구의 시사점들을 검토하였다. 그리고 그들은 일반적인 장애 학생과 특히 경도 지적장애 학생에 대한 시사점들을 제시했다. 흥미롭게도, 논문 저자들이 언급한 영역들 중 하나는 경도 지적장애 학생들의 주류화를 위한 함의점들이다. 통합에 대한 오늘날의 시각을 통해 보면, 그들의 주장은 1975년도의 인식과는 달리 인식되고 있는 것들이 일부 있다. 논문에서는 통제소 개념에 대한 훌륭한 개관과 함께 장애 학생 교사들을 위한 잠재적 시사점들을 제시하였다.

Wehmeyer(2001)는 자기결정의 개발은 유아기에 시작되고 발달기를 거쳐 성인기까지 계속되는 하나의 과정이라고 한다. 자기결정이 가능한 개인은 자율적이며(스스로의 기호, 흥미, 능력에 따라, 독립적이고 자유롭게 행동하는 것), 자기조절적이고(과제, 자신의 능력에 맞춰 상황을 어떻게 다룰 것인가에 대하여 선택을 하고, 계획을 세우고 실행할 수 있는 능력), 심리적 역량을 가지고 있으며(삶의 결과에 영향을 미치는 능력과 기술을 가지고 있다는 신념에 기반하여 행동하는 것), 자아실현(행동을 고안하고 선택하는 데 있어 꽤 정확하고 종합적인 자아개념의 사용)을 할 수 있다(Wehmeyer & Schwartz, 1998; Marks, 2008). 이러한 특성의 습득은 다양한 기술 개발의 결과인 자기조절, 자기결정, 자기주도적이 되는 것과 연관이 있다. 이러한 기술은 선택하고 결정하는 능력, 문제해결 능력, 목표를 설정하고 성취하는 능력, 자기관찰, 자기지도, 자기옹호와 리더십, 내적 통제소, 자기효능감과 결과 예상 능력, 자아의식과 자기이해 능력을 포함한다. Sheppard와 Unsworth(2011)에 따르면, 지적장애 및 발달장애가 있는 청소년의 경우 자기결정은 교수 절차를 통해 향상될 수 있다고 한다. 또한 지적장애인의 경우, 자기결정 행동 표현에 있어 그들의 생활 속에서 도움의 중요성이 강조된다는 연구들도 있다(Shogren & Broussard, 2011). 분명한 것은, 자기결정 발달과정은 복잡하며 이것은 기회, 학습능력, 그리고 적절한 비계와 학습 지원에 달려 있다. 일부 지적장애인들의 경우 이러한 것들이 발달의 결정적 시기뿐만 아니라 그 이후에도 제한적일 수 있기 때문에 그들의 자기결정 또한 제한이 있을 수 있다.

의사소통 능력이 떨어짐으로 인해서, 타인에게 자신의 욕구와 필요사항들을 표현하기 어려운 경우 발달이 더욱 저해하게 될 수도 있다. 특히 중도 지적장애인의 경우가 그렇다. 그럼에도, 자기결정은 적절한 지원을 통해 발달될 수 있다. 이는 지원을 받는 장소와도 관련이 있을 수 있다. 예를 들면, Wehmeyer와 Bolding(2001)은 지적장애 성인 31명을 대상으로 한 연구에서 지적장애인들이 자기결정과 자율기능 방향으로 적응하는 중요한 변화를 보였고, 강제성이 적은 작업이나 생활환경쪽으로 선택하는 움직임을 보였다고 주장했다. 이 연구자들은 제한된 환경에서 선택하기와 결정하기를 위한 기회가 제한되어 자기결정에 영향을 주었을 것이라고 추측했다. 최근에, Nota, Ferrari, Soresi, 그리고 Wehmeyer(2007)는 선택하기 기회와 자기결정 행동에 참여하는 것이 지능지수나 사회적 기술보다도 향상된 자기결정을 더 잘 예측할 수 있다고 주장했다. 또한 이 연구자들은 자기결정이 삶의 질을 높이는 중요한 요소라고 강조했다.

자기결정과 자기주도는 지금까지 논의된 다른 심리적 특성뿐만 아니라, 지적장애인의 동기적 특성과도 관련 있다. 여기서 우리는 이 중요한 특성에 대해 좀 더 세밀하게 조사해 볼 것이다.

동기 관련 특성

일반적으로, 동기는 행동을 유발하고, 지시하고, 유지하는 내적 상태로 정의된다(Woolfolk, 2013). 내재적 동기는 호기심이나 흥미와 같은 요소에 기인하는 경향이 있다. 또한 내재적으로 동기화된 사람은 흥미를 좇아서 도전 과제를 찾아내고 극복하는 성향이 있다. 내재적 동기를 가진 사람은 외적 보상이나 처벌에 덜 의존하는 성향이 있다(Woolfolk, 2013). 외재적 동기는 과제 자체의 본질보다는 노력의 결과(보상, 처벌)에 기인하는 경향이 있다. 모든 사람은 두 가지 특성을 모두 보이는 경향이 있다. 사실, Woolfolk는 사람들은 완전히 타인에 의해 결정된 것(매우 외재적으로 동기화되거나, 외적 통제소를 가진)보다는 완전한 자기결정의 연속체(매우 내재적으로 동기화되거나 내적 통제소를 가진)를 따라가는 경향이 있다고 지적한다.

6장에서 우리는 성공과 실패, 능력과 무능력, 지원 등의 경험들이 동기적 성향에 영향을 준다고 논의했다. 사람들이 외부 동기적 성격을 가지고 있는 과제를 찾으면서도 내적으로 동기화할 수 있는 또 다른 과제를 찾으려고 하는 것은 매우 자연스러운 일이다. 예를 들면, 교재를 완독하기 위해서는 외재적 동기가 요구되는 반면, 밖에서 산책하는 것은 매우 내적으로 동기화된 것임을 알게 된다. 지적장애인에 대하여 몇 가지 일반론을 만들 수 있으나 모든 특성이 그런 것처럼, 이러한 것들도 어떤 사람에게서 나타날 수도 혹은 나타나지 않을 수도 있다. 예를 들면, 다운증후군이 있는 사람은 과제의 특성이라기보다는 오히려 개인의 특성으로서 과제 지속성(동기의 지표들 중 한 가지)을 보이는 경향이 있다(Gilmore & Cuskelly, 2009). 연구상자 7.3은 지적장애인과 관련된 동기 구성에 관한 논문 한 편을 담고 있다.

어느 누구도 내재적 동기화의 개발이 바람직하지 못하다든지 또는 자기결정적인 그

차이를 만들어 낸 연구 7.3

Switzky, H. (1997). Mental retardation and the neglected construct of motivation. *Education and Training in Mental Retardation, 32,* 194-196.

이 논문은 중요한 하나의 주제에 대한 간략한 개관 그리고 Harvey Switzky 및 다른 사람들의 다년간의 연구와 생각들에 대하여 요약한 것이다. 다음은 이 논문에서 발췌한 것이다.

"지난 26년 동안, Carl Haywood, 그리고 우리 학생들과 동료들은(나의 글에서 Peabody-Vanderbilt Group이라고 부르는) 정신지체는 자체적인 동기 체계를 포함한다는 작업 가설을 가지고 있었다. 즉, 자기조절은 사람을 비효율적 학습자가 되게 할 수 있는 인지 및 초인지 요인과의 상호작용에 영향을 준다. 이 같은 증거는 거듭된 연구에서 수행이 인지 및 동기의 복잡한 기능임을 보여 준다. 바람직한 양과 종류의 동기를 가진다는 것을 문제해결 과제에 대한 내재적 동기 지향이라고 부르는데, 사람을 더 효율적인 학습자로 만들고 좀 더 높은 성취 결과를 끌어낸다. 문제해결 과제를 위한 외재적 동기 성향이 클수록 사람을 덜 효율적인 학습자로 만든다…"(p.194).

Switzky는 'Yale Group'에 대하여 계속해서 상세하게 설명하고 있는데, 'Yale Group'은 Edward Zigler와 그의 학생 및 동료들로 구성되어 있다. 여기에서는 지적장애인들을 대상으로 동기화에 대하여 폭넓은 연구를 해 왔다(예 : Hodapp & Zigler, 1997).

리고 자율적인 인간이 되는 데 도움이 되지 않는다고 타당하게 주장할 수 없을 것이다. 앞으로의 연구 과제는 이른 나이에 시작되는 지적장애 아동의 내재적 동기화 과정을 어떻게 최상으로 촉진할 수 있는지 그리고 남은 인생 동안에도 지속적으로 개발할 수 있도록 어떻게 충분히 지원해야 하는 것인지일 것이다. 또 선택하기, 어렵지만 성공할 수 있는 기회와 활동, 목표 설정, 자기점검과 평가 수행, 문제해결에 참여하는 것은 모두 내재적 동기화를 지원한다. 이러한 자원을 제공할 때 IQ가 지적장애인이 내재적으로 동기화되는 결정요인일 수 있다고 가정하지 않는 것 또한 중요하다.

교육적 그리고 심리적 특성들의 발달에 관한 많은 쟁점들을 논의해 왔다. 이것들은 결국 행동 특성과 상호관련된 것들이다. 어떤 이들은 문제가 있는 교육적 및 심리적 특성이 행동 문제를 야기한다고 주장할 수도 있다. 다음 절에서는 문제행동과 지적장애의 연관성, 지적장애의 이중진단과 정신장애, 고정관념과 자해행동, 그리고 지적장애인의 대인관계 특성에 대해 논의한다.

어떤 활동을 통해 당신은 내재적으로 혹은 외재적으로 동기화되는가? 무엇이 당신의 동기 소재에 영향을 주는가?

행동적 특성

지적장애인의 행동적 특성은 일반 사람들의 그것만큼이나 다양하다. 미국 지적장애 및 발달장애협회(AAIDD, 2012)는 도전적이고, 난해하고, 위험한 행동이 있을 경우 중재를 설계할 때 그 사람의 인생 경험, 현재 상황, 성격, 그리고 건강 상태에 대한 분석이 있어야 한다고 강조한다. 신체 및 정신 건강은 해당 개인의 기능을 촉진할 수도 혹은 방해할 수도 있다. 뿐만 아니라, 사람이 일하고, 놀고, 살아가는 등의 환경과 같은 맥락적 요인은 행동 적응에 영향을 준다. 위험과 괴로움을 완화시키는 지원 또한 삶에 있어 적절한 적응을 위해 중요하다. 미국 지적장애 및 발달장애협회(AAIDD, 2010)는 난해한 행동이 다음의 항목에 기인할 수 있다고 강조한다.

- 고통, 압박, 감각적 경험, 두려움 또는 정신적 상태 등과 같은 내부 원인
- 타인의 협박, 환경적인 자극(예 : 불편한 옷이나 신발), 안전의 부재(예 : 주변의 무관심한 환경) 등과 같은 외부 원인
- 신체적, 성적 혹은 외상 후 스트레스성 장애 등과 같은 외상성 신경증
- 제한된 표현 범위
- 증후군(예 : 레쉬-니한 증후군), 학습된 행동, 매너리즘(틱 또는 무의식적인 습관), 그 밖의 질병의 진행과정(예 : 신진대사 장애, 질병 증후군을 조절하기 위해 사용되는 약물의 치료 효과) 등과 같은 정신질환 진단들(조건과 행동의 겹침)의 차이

개인의 행동 기능은, 특히 학교에서 자신 혹은 타인의 학습을 방해할 때 중요한 고려 사항이 된다. 개인이 특정한 방식으로 행동하는 이유는 개인적 동기, 주변 환경에 대한 반응, 그리고 개인의 행동에 대한 타인의 반응 등을 이해함에 있어 중요하다. 예를 들면, 수업을 자주 방해하는 사람은 수업에서 내 준 과제에서 벗어나거나 회피하고 싶어 하는 것일 수 있다. 그러나 사람은 자기가 과제를 할 수 없다고 의사를 전달할 수 있고 학습하고 적용하기 위해 만들어진 자료나 요구사항들 때문에 좌절을 경험할 수도 있다. 사람 행동의 기능은 타인으로 하여금 그 사람의 요구 사항이나 감정을 더 잘 이해할 수 있도록 하는 데 도움을 줄 수 있고, 동시에 좀 더 행동적으로 적절한 방법으로 이러한 요구 사항을 해결할 수 있는지에 대한 통찰력을 제공할 수 있다. 기능적 행동 사정(functional behavioral assessment, FBA)은 하나 이상의 환경에서 개인의 적응성을 향상시키기 위한 중재프로그램을 결정하는 데 유용하다. 표 7.1은 FBA에 일반적으로 사용되는 단계를 요약한 것이다.

표 7.1 기능적 행동 사정에 일반적으로 사용되는 단계

단계 1−브레인스토밍 하기, 관심행동(혹은 여러 행동) 알아보기(예 : 산만한 행동) : 학생을 포함한 이해관계자 모두가 적절하게 참여했는지 확인하기

단계 2−행동(예 : 읽고 쓰는 표현이 포함된 언어과목 활동 시작) 이전에 일어난 일 사정하기

단계 3−행동 발생(예 : 오히려 학생을 질책) 이후에 일어나는 일 사정하기

단계 4−관찰 및 측정이 가능한 관심행동(예 : 허락 없이 이야기하기, 부적절한 소음 내기) 명시하기

단계 5−행동의 발생 빈도 사정하기(종종, 해당 학생의 행동이 다른 학생들의 행동과 비교해 문제의 심각성이 어느 정도인지 결정하기 위해 한 명 이상의 또래가 사정될 수 있음)(예 : 시간당 8회 발생)

단계 6−또래들의 수행 정도와 해당 학생의 현재 수행능력을 기초로 행동의 향상을 위해 합리적이면서 다소 높은 기대 수준 결정하기(예 : 시간당 1회 이하)

단계 7−바람직한 변화를 촉진하기 위한 중재 결정하기(예 : 학생이 문제를 일으킬 때 질책하는 대신 지장을 주지 않기 위해 학생을 칭찬하는 것, 읽기와 쓰기 표현활동 동안 추가적인 학습 도움을 제공하는 것)

단계 8−필요에 따라 계획을 수정하고 데이터를 수집해서 진전 과정을 모니터한다.

비록 이러한 단계들이 학생 중심적이더라도, 기능적 행동 사정은 생태학적 구조 내에서 일어나는 것임을 기억하는 것이 중요하다. 즉, 발생할 수 있는 문제가 무엇이든 간에 교사, 또래, 학교 체계, 의료적 요구사항, 그리고 그 밖의 다른 변인 등은 모두 학생에게 영향을 미칠 수 있다. 중재는 배타적으로 학생 중심적일 필요는 없으며 다른 사람들과 체계들이 포함될 수 있다.

1장에서 언급된 것처럼, 예전부터 비정상적 행동을 하는 개인의 치료에 관심을 가지고 있던 사람들은 지적장애와 정신질환 사이의 구별에도 관심을 가지고 있었다(Braddock, 2002). 다음 절에서는, 지적장애와 행동문제 간의 관계 전반에 대해 논의한다.

지적장애와 행동장애의 관계

전체적으로 보면, 지적장애인은 비장애인보다 더 많은 행동문제를 보이며, 특히 중도 지적장애인의 경우 문제가 더 심각하다는 것이 일반적으로 받아들여지고 있는 내용이다. 원인에 대한 구체적 진단과 문제의 유형(예 : 중복으로 발생하는 정신장애)조차도 중도 지적장애의 특성(예 : 매우 제한된 의사소통 능력)에 의해 복잡하고 혼란스러워진다(AAIDD, 2010).

우선, 정신의학적 과정과 지적장애의 발달에서 정신의학적 과정의 역할에 대한 연구가 아직 해결되지 않고 있다는 것을 인정할 필요가 있다(Myrbakk & von Tetzchner,

2008). Myrbakk와 von Tetzchner에 따르면, 지적장애인의 일부 문제행동은 정신장애의 증상일 수도 있다고 한다(비록 해당 증상이 지적장애가 없는 사람과의 비교에서 비전형적일 수 있지만). 또한 경도에서 중등도 지적장애인은 우울증이 있을 경우 자해행위를 보일 수 있다. 반면에 중도 지적장애인은 다양한 상황에서 소리를 지르거나 공격적인 행동을 보일 수 있다(Myrbakk & von Tetzchner, 2008). 이것은 나아가 부적응이나 문제행동, 심리학적 또는 정신의학적 장애, 그리고 주변 환경 상황에 대한 행동 반응 등에 대한 이해를 복잡하게 만든다. 이러한 요인들은 또한 중복되거나 상호작용하여 행동 관련 쟁점들을 만들기도 한다.

미국 지적장애 및 발달장애협회(2010)는 다음과 같은 경우 특별한 행동적 요구가 발생한다고 한다.

- 타인을 해치고, 도둑질하고, 소유물을 손상시키는 것과 같은 외현적 파괴 행위
- 자해, 이식증(담배꽁초 같이 부적절한 물질을 먹는 것), 자살 행동
- 성적 공격, 부적절성(예 : 만지기, 노출하기)
- 텐트럼, 돌아다니기, 알콜이나 약물남용, 정신건강 치료법 이행의 실패 등과 같은 그 밖의 행동

그러나 지적장애인의 모습을 행동적으로 어수선한 것으로 묘사하는 것은 잘못된 것이다. 대부분의 지적장애인들은 정신건강 서비스나 집중적 행동지원을 반드시 받아야 하는 행동상의 문제들을 보이지 않는다. 이러한 문제들이 발생하면, 지적장애와 정신질환이라는 이중진단이 가능해진다. 다음은 이중진단과 관련된 쟁점들이다.

이중진단

Westling과 Fox(2009)는 지적장애와 정신질환은 서로 다른 조건들임을 인식하는 것이 중요하다고 지적했다. 이중진단(dual diagnosis)의 한 가지 곤란한 점은 관찰된 문제행동이 지적장애의 결과인지 아니면 정신질환에 의한 것인지를 결정하는 것이다. Hodapp과 Dykens(2009)는 행동 표현(취약 X증후군이나 레트증후군과 같은 유전 조건에 의해 발생되는 것 같은 것)에 대한 연구가 좀 더 필요하다고 지적했다.

2013년에 출판된 DSM-V(다음의 글상자 참조)에는 정신장애의 다양한 형태가 명시되어 있다. 즉, 정신분열증, 정신이상, 조울증, 전반적 우울장애, 강박 신경증, 외상후 스트레스성 장애, 지적장애를 포함한 많은 질환들이 담겨 있는 것이다.

지적장애인이 비지적장애인보다 정신적 장애를 많이 가질 수 있다는 것은 명확한 사실이다. Westling과 Fox(2009)에 의하면 대부분의 이중진단 환자는 경도에서 중등도

> ## 심리적 장애는 어떻게 진단되는가
>
> '정신장애 진단 및 통계 편람(DSM-V, 2013)'은 다양한 심리 및 정신 장애의 발병 여부 결정을 돕는 참고 자료로 광범위하게 사용된다. DSM-V는 미국 정신의학협회(American Psychiatric Association)에 의해 출판되었고, 광범위하고 다양한 장애에 대한 진단기준을 제공한다.

지적장애를 갖는다고 주장했다. 상동행동과 자해는 중도 지적장애인에게는 흔한 편이다.

파괴적이거나 공격적인 행동

파괴적이거나 공격적인 행동은 소리 지르기, 울기, 물건 부수기, 타인 공격하기뿐만 아니라 불순종, 불렀을 때 도망가기, 그리고 그 밖의 유사한 행동으로 나타날 수 있다(Westling & Fox, 2009). 앞에서 언급한 바와 같이, 연구에 의하면 소리 지르기와 공격하기는 중도장애인의 우울증과 연관성을 보이는 경향이 있다(Myrbakk & von Tetzehner, 2008). Tsiouris, Kim, Brown 그리고 Cohen(2011)은 연구를 통해 충동 조절장애와 조울증은 지적장애인의 공격적인 행동과 관련성이 매우 높은 정신과적 진단임을 밝혔다. 원인이 무엇이든 간에, 그러한 행동을 줄이거나 없애기 위해 긍정적 행동 지원과 함께 가능한 의료/정신과적 중재가 필요하다는 것은 매우 중요하다(AAIDD, 2012; Westling & Fox, 2009). Tsiouris 등(2011)에 의하면, 자해행동은 불안, 충동조절, 중도 지적장애, 아주 어린 연령, 그리고 우울함과 연관성이 있다고 한다.

자해행동

자해행동에는 자신의 머리를 때리거나, 의도적으로 넘어지고, 자기 자신을 물어뜯고, 살갗을 뜯고, 그리고 패부에 상처를 내는 것 등이 있다. 자해행동(self-injurious behavior, SIB)은 출현율이 알려지지 않았음에도 불구하고, 중도 지적장애인들에게 자주 발생하는 경향이 있다(Kahng, lwata, & Lewin, 2002). Witter와 Lecavalier(2008)는 자해행동이 지적장애의 심각성 수준과 연관성을 보이는 경향이 있다고 한다. 4장에서 논의된 바와 같이, 의학적 증후군들(예 : 레쉬-니한 증후군)도 자해행동과 관련이 있다. Kahng 등(2002)은 35년에 걸친 396편의 논문을 대상으로 양적 분석을 실시하여 자해행동이 잘 알려진 현상이 아님에도 광범위하게 연구되었음을 밝혔다. Westling과 Fox(2009)는 이식증 또한 자해행동으로 간주할 수 있다고 지적했다.

Kahng 등(2002)은 그들이 검토한 문헌 대부분에서 처치를 통해 자해행동을 줄이는 데 성공했다는 것을 알아냈다. 처치들을 살펴보면, 수년에 걸쳐 강화전략은 증가하고 처벌 프로그램은 소폭 감소하였다. 비록 치료 선택 사항들에 대해 조사해 왔고, 그것들이 성공적이었음에도 불구하고, 상황은 지속되고 있다. 이것은 많은 노력들이 자해행동 예방에 초점을 맞출 필요가 있다는 것을 시사한다(Kahng et al, 2002). Furniss와 Biswas(2012)에 따르면, 향후 연구를 통해 심각해지고 만성화되는 자해행동과 관련된 요인들에 대해 조사할 필요가 있다고 한다. 조작적 모형(강화와 처벌 패러다임)이 자해행동의 상당 부분을 설명해 주고 있지만, 행동중재와 더불어 약물치료가 요구되는 일부 사람들의 경우에는 생물학적 요인들이 중요한 역할을 할 수도 있다(Furniss & Biswas, 2012). 또한 자해행동은 일부 증후군(예 : 뚜렛 증후군, 프레더-윌리 증후군, 레쉬-니한 증후군)에서 더 자주 나타난다(Muehlmann & Lewis, 2012). 자해행동을 보이는 사람은 보다 중도의 지적장애를 가졌을 수 있고, 상동행동을 보일 가능성 또한 높다.

상동행동

상동행동(stereotypic behavior)은 신체적으로 해가 되지 않지만 적응에 방해가 되는 반복적인 행동을 말한다. 상동행동은 (여러 증상들 가운데) 머리를 좌우로 흔들거나, 몸을 흔드는 행동, 손이나 손가락을 흔들어대는 것 등이 있지만, 개인에 따라서 매우 기이한 움직임을 보일 수도 있다(Newell, 1997). 상동행동 발생과 방지에 관한 최근의 많은 연구들이 자폐 범주성 장애와 함께 진행되고 있다는 점에 주목할 필요가 있다. 또한 일부 전문가들은 자기자극 행동의 기능이 항상 분명한 것은 아니지만, 이러한 행동들을 자기자극 행동으로 언급하기도 한다(Westling & Fox, 2009).

Matson, Kiely, 그리고 Bamburg(1997)에 따르면, 중도 지적장애인 가운데 상동행동 지수가 높은 사람은 적응행동 점수가 더 낮으며, 자신의 생각을 표현하는 것과 타인의 말을 이해하는 것, 생존이나 삶의 질을 위해 매일 필요한 일상생활의 수행, 안전하고 깨끗한 가정환경의 유지, 대인관계의 발달, 그리고 스스로 혹은 타인과 기능적이고 즐길 수 있는 활동에 참여하는 것 등에서 또래들에 비해 더 제한이 있었다고 한다. 분명한 것은, 반복행동이 해롭지는 않더라도 적응하는 데 해로운 영향을 미칠 수 있다는 것이다. 최근에, Joosten, Bundy, 그리고 Einfeld(2008)는 74명의 아동을 대상으로 한 연구에서, 이중진단을 받은 아동의 경우 불안은 내재적 동기요인으로, 회피 그리고 상품과 같은 물건의 획득은 외재적 동기요인으로 작용할 가능성이 높다는 것과, 지적장애로만 진단받은 아동의 경우 주의와 회피가 동기요인으로 작용하기 쉽다는 것을 알아냈다. 이 연구에서 흥미로운 점은, 자폐로 진단받은 연구 대상 아동들에게도 감각자극이 유력한 동기 요인은 아니었다는 것이다(Joosten et al, 2008). 그러나 Rojahn, Zaja, Turygin, Moore, 그리고 van Ingen(2002)은 115명의 성인 지적장애인을 대상으로 한 연구에서, 상동행동은 공격적인 행동보다는 비사회적이고 우발적인 자기자극에 의해 더 오래 유지되는 경향이 있었다고 한다. 분명한 것은 상동행동과 자해행동의 전반적인 원인에 대한 숙고와 이해는 아직도 완전히 이뤄지지 않았다는 점이다.

상동행동은 중재에 쉽게 반응하는 편이다. Saunders, Saunders, 그리고 Marquis(1998)는 각기 다른 활동 유형과 강화 일정이 4명의 지적장애 청소년에게서 보이던 상동행동의 정도에 영향을 주었음을 밝혔다. 이와 유사하게, Emerson, Hatton, Robertson, Henderson, 그리고 Cooper(1999)는 중도 지적장애와 감각장애를 가진 한 집단을 통해, 지원 그리고 기타 형태의 접촉이 좀 더 높은 수준의 참여 및 상동행동 감소와 연관성이 있음을 알아냈다. 이 연구는 상동행동에 대한 성공적인 중재들을 예로 제시했다. 흥미롭게도, 이러한 연구들은 일반적으로 참여자의 숫자가 적다. 이것은 지적장애인 집단에서 상동행동이 비교적 낮은 출현율을 보인다는 것을 의미할 수도 있다. 게다가 긍정적 행동지원은 치료환경 제공 및 문제행동 치료에 대단히 중요하다(AAIDD, 2012).

대인관계와 성적 관계

지적장애인의 대인관계 특성은 정도와 범위 면에서 매우 다양할 수 있다. 좀 더 제한적인 환경에서 거주하고 일하는 일부 지적장애인들은 그들의 관계에서 많은 부분 혹은 대부분이 금전적 보수를 받고 상호작용하는 사람들(예 : 의사, 교사, 거주하는 서비스 직원)과의 사이에서 발생한다. 반대로, 지적장애인들 중 상당수는 풍요로운 가족 관계를 즐기고 우정을 쌓고 유지하며 지역사회의 더 넓은 주류에 있는 사람들과 상호작용하고 있다. 그들은 소비, 교육, 취미 및 여가, 연애, 취업, 그리고 생활 여건 등에 자연스럽게 기초해 다양한 관계를 갖고 있다.

Storey(1997)는 지적장애인들의 삶의 질은 그들의 사회 네트워크의 질과 정도에 직결되어 있음을 강조했다. 일반적으로, 지원을 아끼지 않는 주변 환경에서 다른 사람과 상호작용하고 공통된 관심사를 공유하는 기회가 많아질수록, 관계의 질은 더 향상된다. 그러나 지적장애인이 이웃들과 통합될 때, 지적장애의 정도와 통합되는 지적장애인 집단의 크기는 지적장애가 없는 사람들의 반응에 영향을 준다(Dijker, van Alphen, Bos, van den Borne, & Curfs, 2011).

비록 지적장애인에 대한 낙인화 가능성에 대한 우려가 있지만, 대인관계를 나타내는 광범위한 자료에 의하면 관계는 통합교육 환경에서 아동들 사이에서 발전할 수 있고 실제로도 발전하고 있다. 중도 지적장애인들의 경우, 행동장애와 다른 요인들(예 :

의사소통 능력 부족)의 중복 발현은 대인관계 발달에 영향을 미칠 수 있는데, 특히 가까운 지인들(예 : 가족이나 교사)과의 모임 이외의 관계에서 그렇다. 관계 발달에서의 문제점은 지적, 신체적 발달과 관련이 있을 수 있지만, 또 한편으로는 학습 기회, 주변 환경의 지원, 그리고 타인의 태도에 의해 영향을 받을 수도 있다(Westling & Fox, 2009).

Geisthardt, Brotherson, 그리고 Cook(2002)은 다양한 장애를 가진 3~10세의 아동에 대해 예비적 조사를 실시한 바 있다. 이들은 아동의 가정 내 친구관계에 대하여 조사를 실시했는데, 많은 어린 아동들이 가정 환경에서 친구들이나 또래들과 어울리는 시간이 제한적이었다. 행동 및 인지적 제약이 있는 아동들은 일차적으로 신체적 제약이 있는 아동들보다 적은 상호작용을 했다. 비록 고립이 심한 환경에서 지낸다는 것이 그렇지 않은 경우보다 상호작용이 더 적은 경향을 보였지만, 다른 아동들과 물리적으로 가까이 지낸다 하더라도 빈번한 상호작용을 보장해 주지는 않았다(Geisthardt et al., 2002).

Miller와 Chan(2008)에 따르면, 지적장애인의 경우 타인과의 사이에서의 사회적 지원, 대인관계 기술, 그리고 여가 기술 등이 삶의 만족도에 기여한다고 한다. 이 연구 결과는 "대인관계 상호작용이 특히 지적장애 아동의 삶에 대한 만족도에 매우 크게 기여한다."고 주장했다(p.1044).

한편, 지적장애인들은 때때로 자신들의 행동 특성이 사회에서 바람직하지 않거나 위험하다고 인식되었을 때 고통을 경험했다. 사건상자 7.2는 사회적 인식이 어떻게 사람들에게 부정적으로 영향을 주는가에 대한 예시를 보여 준다.

성적 관계에 대해서는 지적장애인들과 그들의 보호자 모두가 우려를 하고 있다. Hollomotz(2008)는 학습장애가 있는 사람은 타인으로부터 어린애 취급을 받아 왔고 그래서 성교육은 필요치 않았다고 지적했다. 이와 반대로, 어떤 경우에는 이들을 성도착자나 성적 '욕구'를 조절할 수 없는 사람들로 인식하는 경우도 있었다(Hollomotz, 2008).

불행하게도, 지적장애 아동은 아동 및 성적 학대라는 위험에 더 크게 노출되어 있다. 한 연구에 의하면 장애가 없는 아동도 최대 4번까지 성적 학대를 당할 수 있다고 한다. 성적 학대의 위험 증가는 다음과 관련될 수 있다.

- 보호자에 대한 의존도와 빈번한 집중적인 상호작용(예 : 목욕, 옷 입히기)
- 그들은 학대를 신고하기 위한 적절한 어휘 및 언어기술이 부족할 수 있다.
- 특수교육은 순응적 행동을 가르치는 경향이 있으며, 순응은 동의로 인식될 수 있다.
- 옳은 행동과 옳지 않은 행동을 구별하는 능력에 영향을 미치는 부족한 사회적

차이를 만들어 낸 사건 7.2

1908년 – 도덕적 결함에 기반한 격리

1908년, 아동 기관의 한 관리자는 다음과 같이 말했다.

"그들이 가정이나 사회생활의 평범한 교류에서 지역사회 복지의 골칫거리이기도 하지만 정신적 결함은 거의 항상 도덕적 본능의 결핍을 수반한다. … 가정이나 거리의 통제 불가능한 놀이의 위험 등 바람직하지 않은 주변 환경과 결부된 불행한 경향은 학교에서 배운 도덕적 교훈이나 감명을 무효화하기 쉽다. 그러므로 그들 자신의 안전뿐만 아니라 공공의 이익을 위해 가장 중요한 것은, 비정상적인 성격을 가진 사람이 부정적으로 반응하게 만들지 않기 위해 비전형적인 아동들이 일반적인 정신을 가진 사람들과 접촉하는 것을 말아야 한다는 것이다"(Trent, 1994: p.153).

개인이 가질 수 있는 '덜 바람직한' 특성들이 적어도 부분적으로 타인으로부터 분리시키고 떨어져 있게 하는 이유가 되고 사회의 주류로 살기 위해 얻어야 할 지식과 기술을 배우기 위한 적절한 지원도 받지 못하게 한다는 것은 얼마나 불행한 일인가.

출처 : Trent (1994).

기술

- 학교나 그 밖의 기관에서 제공하는 성 교육 프로그램으로부터 제외(Kim, 2010).

그러므로 장애 아동의 성 교육 프로그램 참여도 중요하지만, 개별적 안전 프로그램에서 자기보호 기술, 의사결정 기술, 사회적·성적 기술(예 : 사회적·성적 관계에서 해야 할 말과 행동), 그리고 일반적인 성 지식 등을 가르치는 것 또한 중요하다(Kim, 2010).

특히, 기숙 환경에서 살고 있는 사람의 경우, 사생활의 부족으로 인해 사생활과 낭만적인 관계를 가질 권리가 방해받고 있다(Hollomotz, 2008). 이러한 사생활 부족은 성적 활동의 방지하기보다는 오히려 공공장소에서 안전하지 않은 행동을 함부로 하도록 부추길 수 있다. 지적장애인들 간의 사생활과 성적 관계의 필요성은 오랜 시간 동안 골치 아픈 문제로 남아 있다(Hollomotz, 2008). 탐색적인 한 연구에서 Dukes와 McGuire (2009)는 개인의 의사결정 능력은 개별화된 성교육을 통해 향상될 수 있음을 발견했다. 연구원들은 연구 참가자들 중 성교육을 받지 못한 이들에게서 부적절한 성적 행동의 증가가 있었다고 했다. 이와 유사하게, 한 연구에서 지적장애인들은 가족과 서비스 제공자들에게 '지적장애인의 성적권리 인정 및 존중' 의사를 알리는 데 주저했다고 한다(Healy, McGuire, Evans, & Carley, 2009, p.910). 그러나 이 연구자들에 의하면 지적장애 참여자들은 관계(신뢰, 동료애, 상호적 성격, 자부심의 긍정적 효과)를 명확하게 이해하고 있으며, 결혼해서 아이를 갖기를 갈망했다고 한다(Healey et al., 2009).

마지막으로, 지적장애인에 대한 성적 학대 및 아동학대의 영향 그리고 그들의 성인으로서의 행동에 대하여 연구는 지속하는 것이 중요하다. 일각에서는, 성적 학대를 경험한 지적장애인은 타인에게 이러한 행동을 따라할 개연성도 있다고 우려할 수도 있다. 왜냐하면 그러한 행동이 학대라고 이해할 수 있는 추상적 사고 능력이 부족하기 때문이다(Lindsay, Steptoe, & Haut, 2012).

마지막 절에서는, 적응행동과 관련된 특성이 논의된다. 적응행동은 지적장애의 정의, 사정, 진단 등에 있어 주요 고려 사항들 중 하나이다(AAIDD, 2010). 적응행동 장애는 하나 이상의 환경에서 기능할 수 있는 개인의 능력과 평생 동안 지속되는 결과에 영향을 준다. 적응행동 발달은 학교와 지역사회와 같은 덜 제한적인 환경에 적응하는 것과 심리적 및 행동 특성을 안전하고 건강하게 유지하는 것, 그리고 타인과 의미 있는 관계를 정립하는 것에 있어 매우 중요하다.

가족, 친구, 동료 등과의 사회적 네트워크는 개인의 삶을 어떻게 향상시키는가? 사회적 네트워크의 부족은 삶에 어떤 영향을 미치는가? 지적장애가 있는 사람이 연애를 하고 있다는 소식을 들으면 사회적 네트워크의 일원으로서 당신은 어떻게 반응할 것인가?

적응기술 특성

2장에서 논의한 바와 같이, 적응행동은 인간의 학습과 기능의 많은 영역에 걸친 폭넓은 행동들을 포함한다. 지적장애인에 관한 AAIDD의 정의에 적응행동이 포함되어 있다는 사실은 적응행동의 중요성을 시사하는 것이다. 2002년, Luckasson은 적응기술의 습득뿐만 아니라 적응기술의 수행도 점차 강조되고 있음을 알렸다. "따라서 적응기술의 제한 사유에는 (a) 기술 수행 방법을 모르고(습득 결함), (b) 학습된 기술을 언제 사용할지 모르며(수행 결함), (c) 기술 표현에 영향을 미칠 수 있는 다른 동기적 요인 등이 있을 것이라 예상된다(수행 결함). 지적 능력이 제한될 때, 습득 및 수행 결함은 모두 정신지체 때문인 것으로 볼 수 있다"(Luckasson et al., 2002; pp.73-74). 2장에서 지적한 바와 같이, AAIDD의 정의에 따르면 적응행동은 일상에서 기능하기 위해 학습된 개념적, 사회적, 실제적 적응기술들이다. 지적장애인 역시 제한점뿐만 아니라 강점도 갖고 있으며, 강점과 약점은 매일매일의 지역사회 생활과 경험의 맥락 내에서 반영될 것이라 추정된다.

2010년 AIDD의 정의에서는 세 가지 고려 사항이 있다. 개념적(예 : 추상적 개념과 이해기술의 학습)이고 사회적인 기술(예 : 행동문제와 대인관계)은 논의되었다. 실제

차이를 만들어 낸 연구 7.4

Edgar, E. (1987). Secondary programs in special education : Are many of them justifiable? *Exceptional Children, 53*, 555-561.

1987년, Eugene Edgar는 교육자들에게 지적장애인 및 다른 장애인의 학령기 후 성과와 관련된 대책을 강구하는 경고와 요청을 했다. 그는 결론에서 다음과 같이 언급했다. "… 이 학생들은 중등 특수교육 프로그램에 등록했으며, 30%가 넘는 다수의 학생이 도중에 낙오되었다. 학교에 남아 있거나 졸업하는 학생들 중, 최소임금보다 높은 금액을 받는 직업을 얻는 비율은 15%가 채 안 된다. 자기에게 맞는 직업을 찾고 있는 학생들의 경우, 교육 프로그램 이외의 요인이 성공의 원인이 되는 것 같다…."

Edgar는 장애 학생이 더 기능적이고 직업적인 '트랙'으로 향하기 위해서는 중등 교육과정에 대하여 다시 생각하고 설계해야 할 필요성이 있다는 것을 제시한다고 결론을 내렸다. 그는 계속해서 다음과 같이 언급했다. "제안에 대한 최소의 생각만으로도 사람들은 교육과정의 변화가 별도의 교육 트랙을 가져올 것이라는 결론에 성급하게 도달한다. 그리고 이러한 트랙은 일차적으로 열등한 소수의 남학생들에 의해 정착될 것이다. 똑같이 끔찍한 두 가지 대안들이 모두 딜레마가 될 수 있는데, 참혹한 성과(적은 직업 수, 높은 자퇴율)를 가져오는 비기능적 교육과정을 통한 주류화 혹은 우리 민주주의 사회에서 이미 혐오적 사상으로 결론이 난 분리 프로그램이 바로 그것들이다"(p.560).

Edgar의 기사로 인해 어떤 부분에서는 성과가 향상된 반면, 지적장애인은 아직도 고용, 생활 방식, 그리고 사회참여 등의 면에서 시민으로서의 충분한 지위를 성취하지 못하고 있다.

적 기술 또한 기능적 학업과 관련하여 논의하였다. 여기에서 우리는 여가, 일, 지역사회 생활에 대해 이야기할 것이다. 마지막으로, 자기관리와 가정생활 기술을 중점적으로 다룰 것이다.

모든 사람들을 위한 주요 적응 영역으로는 여가, 일, 지역사회 생활을 들 수 있다. 이 영역들은 시간, 노력, 돈을 벌고 소비하는 원천이라는 면에서 중요한 시도로서 서로 연관되어 있다. 지적장애인의 경우, 여가 및 직업 활동에 건설적으로 참여할 기회에 대한 지원 부족은 가정, 학교, 지역사회에서의 적응 문제를 야기할 수 있다. 일과 경력을 쌓을 기회는 많은 이들에게 있어 달성하기 힘들다는 것이 증명되어 왔다. 그 같은 원인은 꼭 능력 결함 때문이라 할 수는 없으며, 준비 부족 혹은 성공적으로 채용될 사람의 능력에 대한 사람들의 태도 때문인 경우가 많다. 연구상자 7.4는 보다 긍정적인 성과를 창출하기 위한 경도 장애인의 교육적 요구와 그들의 특성 사이에서 균형 맞추어야 하는 딜레마에 대해 설명한다.

여가 관련 특성

지적장애인의 경우, 여가 활동과 주변 환경에의 참여가 성장, 발달, 건강에 도움을 준다. 여가 환경은 장애가 없는 또래와 함께 연령에 맞는 활동에 참여할 기회 또한 제공한다(Luckasson et al., 2002). 어떤 사람들(일반적으로 중복 장애가 있는)은 여가활동을 상당히 억제하고 있는 반면에, 일부 사람들은 왕성한 여가생활을 한다. 또한 여가환경은 매우 도움이 될 수도 있고 반대가 될 수도 있는데, 개인의 여가 특성에 영향을 많이 줄 수 있다(Luckasson et al., 2002). 예컨대, 여가활동의 빈도와 본질은 주변 환경의 이용 가능성, 개인의 능력, 단독 활동 혹은 집단 활동 여부, 타인의 도움과 비용의 가용 여부, 참여를 높이는 데 필요한 지도와 지원 여부 등에 의해 영향을 받는다. 지적장애인은 넓고 다양한 여가활동에 참여한다. Devine과 Lashua(2002)는 사회적 수용과 여가 경험에서 자신의 역할에 대한 장애인의 인식을 조사했다. 인터뷰 자료를 살펴보면, 청소년과 청년들은 관계, 활동 빈도, 우정의 발달, 차이 수용을 통해 사회적 수용을 구축하는 데 있어서 자신이 맡은 역할을 해낸 것으로 인식하고 있었다. 그러나 Zijlstra와 Vlaskamp(2005)는 네덜란드에서 실시한 한 연구에서 최중도 장애가 있는 사람들의 경우, 여가 활동에 집중하는 것이 중요하지만 여가 활동의 전반적인 지속 시간과 유형(예 : 음악 듣기, 텔레비전 시청)이 제한적이었다고 주장했다.

Browder, Cooper, 그리고 Levan(1998)은 중도 장애인들은 도움을 받을 경우, 여가 환경에서 선택의사 표현을 학습할 수 있다고 했다. 특히 이것은 중도 장애인들의 일정과 환경이 구조화되지 않은 환경에서, 여가활동의 지원 및 지도가 현저하게 부족하면 바람직하지 않은 행동(예 : 상동행동)에 의존할 수 있다는 점에서 중요하다.

O'Reilly, Lancioni, 그리고 Kierans(2000)는 중등도 지적장애가 있는 소수의 성인에 관한 연구에서, 여가의 사회적 기술을 가르치는 중재를 통해 목표로 설정한 사회적 기술들에 즉각적인 긍정적 변화를 가져왔고 그 기술들은 다른 환경으로도 일반화되었다고 주장했다. 이와 유사하게, 캐나다의 연구자들은 지적장애 아동이 일반 또래들에 비해 또래와 함께하는 사회적 활동에는 더 적게 참여했으며, 성인과 함께하는 사회적 활동에는 더 많이 참여한다고 지적하였다(Solish, Perry, & Minnes, 2010). 그러나 전체 지적장애 아동들 중 80%는 적어도 한 명 이상의 친구가 있다고 보고했다. 또한 여가활동(예 : 텔레비전 시청)은 지적장애 아동들과 일반 아동들 간에 큰 차이가 없지만, 사회적 및 오락활동에는 차이가 있음을 주목해야 한다(Solish et al., 2010).

건설적으로 여가시간을 활용하는 것은 자기 스스로를 위해서도 중요하다. 그러나 서구 사회에서 직업은 여전히 한 개인의 특성을 규정하는 중심 요인으로 남아 있다. 낯선 사람을 처음 만날 때 자주 묻는 질문은 "어떤 일을 하시나요?"이다. 일하지 않는다고 대답할 때 이 상황이 자신에게 미치는 영향을 상상해 보라.

차이를 만들어 낸 사건 **7.3**

1990년 – 미국 장애인법 통과

1990년, 미국 장애인법이 의회를 통과하고, 조지 H.W. 부시 대통령은 법률안에 서명하였다. 이 법안의 내용은 과거 분리에 대해 다루었고, 직업 전선과 모든 공공 환경으로의 장애인 통합을 장려하고 있다. 법안은 15명 이상의 직원을 고용한 고용주가 자격이 없는 사람이 아니라면, 장애인 고용이나 승진을 거절할 수 없다고 명시하고 있다. 또한 해당 법안은 고용주에게 장애인이 기본적인 작업 기능을 수행할 수 있도록 합리적인 시설의 조성을 요구한다.

불행히도 법안 정책의 결과는 엇갈렸다. 1990~1996년까지의 조사에 의하면, 44%의 지적장애인이 더 나은 통합 근로 환경으로 옮겨간 반면, 같은 유형의 고용 범주에 남아 있는 지적장애인은 47%에 이른다. 실제로 약 9%는 더 좋지 않은 통합 근로 환경으로 퇴보했다. 게다가 1995년에는 시설에 살고 있지 않은 근로 연령대의 장애인들 중 미취업자가 72%까지 추산되었고, 여성의 경우 이보다 더 높게 추산되었다(Blanck, 1998). 그러나 조사에 의하면 개인의 총 수입은 증가했다. 분명한 것은 여전히 고용 전망과 지적장애인의 작업 특성의 향상을 위해 해야 할 일이 많다는 것이다(13장 참조).

직업 관련 특성

오래전부터 장애의 존재는 낮은 고용 가능성을 야기했으며, 고용된다 하더라도 대체로 수입의 수준은 낮았다(Blanck, 1998). 직업 환경도 지적장애인에게 여전히 우호적이지 않다. 그리고 퇴근 후 사교활동과 오락활동 또한 용이하지 않다(Dusseljee, Rijken, Cardol, Curfs, & Groenewegen, 2011). 직업을 가질 수 있는 것은 모든 미국인뿐만 아니라 전 세계 사람들의 기본적인 권리로 고려되어 왔다. 이는 사건상자 7.3에서 설명하고 있다.

고교 졸업부터 8년 동안의 추적 연구를 포함한 '전국 교육 종단연구-2'의 연구 결과를 보면, 지적장애 학생의 약 76%는 고교 졸업 후 어느 시점에 이르러 고용이 되었지만, 8년 후의 추적 연구 설문을 실시한 때에는 약 39%의 학생들만이 고용 상태였다(Newman et al., 2011). 중등도에서 중도의 지적장애 학생들의 경우는 낮은 고용률, 낮은 대학 진학률, 낮은 독립적 생활 성향이 보고되었다(Bouck, 2012).

앞서 논의했던 교육적 특성들은 취직 준비와 관련하여 습득한 실제적 지식과 기술들에 영향을 준다. 개념 학습과 정보의 저장 및 인출, 이해기술 발달에서의 어려움은 근로 환경 적응에 궁극적으로 영향을 미칠 수 있는 변인들이다. 또한 기술의 전이와 일반화, 비계교수(예 : 지속적인 직무 지도나 훈련)의 필요성 또한 대단히 중요하다. 이 같은 어려움이 악화되면, 특히 중도 장애인이나 중복 장애인의 경우, 도움을 요청하는 것이 불가능한 일이 아님에도 불구하고, 경력의 계획 수립과 유지가 점점 더 어려워진다. 지원고용 프로그램, 직무코칭, 그리고 법에서 의무화한 전환 계획 등은 많은 중도 장애인들의 고용률 상승과 직업 특성의 향상으로 이어진다.

앞에서 논의한 바와 같이, 심리적, 행동적, 그리고 기타 적응기술 특성 또한 직업 특성에 영향을 준다. 분명한 것은 그들이 노동 인구로 통합될수록, 지역사회에 통합되기도 쉽다는 것이다. 사실, 통합 혹은 비통합 환경 여부와는 별개로 고용은 몇몇 성인 서비스 프로그램의 참여 유지에 필요한 요구 조건이 될 수 있다(예 : 거주자들 모두가 일할 것이라는 가정하에 직원의 지원이 매우 제한된 그룹홈).

지역사회 관련 특성

작업 특성과 마찬가지로 지역사회 특성도 개인의 교육적 특성에 의해 영향을 받는다. 비록 지역사회 특성이 처음에는 좀 낯선 주제로 보일 수 있지만, 장애인 생활 시설이 지역사회로부터 분리되는 것이 한 때는 일반적이었고 오늘날에도 유지되고 있다는 역사적 사실을 기억할 필요가 있다. 사실, 전 세계의 지적장애인은 다양한 환경에서 살아가고 있다. 어떤 사람들은 지역사회의 주류에 합류해 독립적으로 살고, 또 어떤 사람들은 지원생활시설(예 : 요리하기부터 예산 세우기와 같은 다양한 일을 하는 데 도움을 줄 수 있는 지원이 있는 아파트)에서 살고, 그룹홈이나 좀 더 제한적인 거주 시설에서도 산다. 비록 중도 지적장애인, 중복 장애인, 그리고 행동문제를 지닌 장애인들에게 비용이 더 많이 들긴 하지만 이 같은 주거비용은 개인에 따라 그리고 지역사회에 따라 폭넓고 다양할 수 있다(Hallam et al., 2002).

Taylor(2001)는 지적장애 아동 대부분이 통합교육을 받고 있는 현재에 시설들은 미국 전역에서 점차 사라져가고 있다고 지적했다. Taylor는 일부 가족들에게서 탈시설화 논란이 생긴다면, "이는 자신의 아들이나 딸을 시설에 위탁하고 싶어 하는 상당수의 사람들 때문이 아니다. 이는 자신의 아이들을 그런 곳에 맡기는 것을 원치 않는 일부 사람들 때문이다."라고 언급했다(p.28).

비용이나 논란에도 불구하고, 통합된 지역사회에서의 생활과 관련된 성과 특성들은 명백해 보인다. Kim, Larson, 그리고 Lakin(2001)은 미국의 탈시설화에 관한 33개의 연구를 검토했다. 전체적으로 연구 결과를 살펴볼 때, 적응행동 지수에 중요한 증가가 있었으며, 문제행동 향상에 관한 3개의 연구에서 긍정적인 결과가 관찰된다고 주장했다. 이 연구자들에 의하면, 영국과 아일랜드에서 실시된 연구들에 대한 검토에서도 유사하게 향상된 결과가 나타났다고 한다(Kim et al., 2001).

비록 지역사회 생활은 일반적으로 지적장애인의 적응행동 특성을 발달시키는 데 도움이 되지만, 이용 가능한 지원의 수준은 삶의 질 전반에 더 큰 영향을 미친다(AAIDD, 2010; Taylor, 2001). 역사적으로 지적장애인들은 가정에서 부모와 함께 사는 기간이 더 긴 편이며, 사회 서비스 장치(비록 이용 가능한 서비스에 항상 접근하는 것은 아니지만)에 더 의존적이며, 이동이 불편하고, 앞에서 언급한 것처럼, 비장애인에 비해 노동 인구로의 통합이 덜 되었다(Blanck, 1998).

비록 지적장애인의 사회적 특성은 장애인 생활시설이 유행하던 시기부터 향상을 보여 왔지만, 더 많은 지원과 통합된 생활 그리고 사회 접근 준비 및 지원이 필요함은 아직도 분명하다(AAIDD, 2010). 지적장애인의 지역사회 적응은 매우 중요하기 때문에, 교육 중재는 특히 학교를 떠날 나이가 되는 아동일수록 지역사회 자체를 기반으로 실시된다(Westling & Fox, 2009). 마지막으로, Jordan과 Dunlap(2001)에 따르면, 성년기가 개인의 기능 수준에 의해 정의된다면 중도 지적장애인의 경우 성년기 지위를 쉽게 성취하지 못할 것이라고 한다. 다시 말하면, 서구 사회에서는 성인과 연관된 수행 활동(성인으로의 신체적인 성숙뿐만 아니라)이 성인의 지위를 나타내는 경향이 있다. 성인임을 나타내 주는 활동들(예 : 투표, 결혼) 중 하나는 집을 떠나는 것이다. 문화적 가치와 경제적 상황이 중요한 요인들이긴 하지만 집을 떠나는 것은 선택권과 역량을 진전시키는 전통적인 성년 의례이다(Jordan & Dunlap, 2001). 따라서 고용과 지역사회 참여를 장려하는 지원 장치의 개발이 중요하다(Dusseljee et al., 2011).

자기관리 및 가정생활 관련 특성

Hibbert, Kostinas, 그리고 Luiselli(2002)는 많은 지적장애인이 자기관리 기술을 습득할 수 있지만, 기술을 수행하려면 여전히 감독 및 수행 촉구가 필요함을 강조했다. 적절한 감독과 지도를 통해, 지적장애인은 수행을 향상시킬 수 있고, 습득 결함을 극복할 수 있다(예 : Norman, Collins, & Schuster, 2001; Saloviita & Tuulkari, 2000).

연령과 유형, 장애의 심각성은 자기관리 특성에 영향을 미칠 수 있다. Zigman, Schupf, Urv, Zigman, 그리고 Silverman(2002)은 다운증후군과 지적장애가 있는 사람들은 일반적으로 나이를 먹을수록 감소한다고 한다. 연구에 따르면 Westling과 Fox(2009)는 중도장애인도 자기관리 필요성에 부합하는 학습 능력을 가지고 있다고 주장했다. 또한 모든 유형의 적응행동에 관한 많은 학습 기회를 제공하는 자연적인 주변 환경이 시설 환경보다 더 낫다고 주장했다.

지역사회 생활은 자기관리와 가정 생활기술 발달에 있어 중요하다. 2010년 AAIDD의 주장과 현재의 논의처럼, 적응행동 기술의 학습과 수행을 위한 기회와 지원은 습득 및 수행 결함을 극복하는 데 중요하다. 아직도 많은 지적장애인들, 특히 대부분의 중도 지적장애인들은 일정 수준의 평생 지원을 필요로 할 것이다.

지원 제공자는 지적장애인이 적응기술을 습득하고 가능한 스스로 기능을 수행할 수 있게끔 수준에 따라 점차 지원을 줄여나가야 한다. 우리 모두는 고용주, 동료 직원, 교사, 친구, 가족 등으로부터 도움을 필요로 한다. 지적장애인도 예외는 아니다. 지적장애인이 최대한의 역량과 존엄성을 가질 수 있게 하려면, 도움 제공에 관련된 모든 사람들은 지적장애인의 독립과 질 높은 삶의 충족 가능성을 가져오는 그러한 특성들의 구축에 초점을 맞춰야 한다. 결함 관련 특성들에만 지나치게 신경 쓰는 것은 개인의 잠재력을 과소평가할 수 있으며, 개인으로 하여금 영원히 '준비' 훈련 상태에 머무르게 하며, 세상에서 자신이 갈 길을 개척하기 위해 학습할 '준비'가 되기만을 영원히 기다리게 할지도 모른다.

지적장애인은 비장애인보다 생산성이 적음에도 불구하고 고용되고 일할 권리가 있는가? 지적장애인은 지역사회의 이웃으로 살 권리가 있는가?

요약 체크리스트

교육적 특성

➢ **학업기술**—IDEA에 따르면, 장애가 있는 학생은 학업기술 결손을 보인다고 할지라도 일반학습 교육과정을 접해야 하며, 시간이 지나면서 기능적 교육과정도 접할 필요가 있다.

➢ **개념적 사고**
  ✓ **개념**—공통적 속성을 바탕으로 사물, 사건, 특성들을 집단화하는 데 사용되는 범주
  ✓ 지적장애 아동에게 예시를 많이 들어 주면 줄수록, 개념의 원형적 속성을 더 잘 추상화할 수 있을 것이다.
  ✓ 범주화에 대한 지적장애인의 능력을 연구함으로써 실제 능력과 향상 가능한 능력에 대해 확인할 수 있을 것이다.

➢ **이해기술**—지적능력의 감퇴는 이해와 다른 영역에서 습득 및 수행 결함을 야기할 수 있다.
  ✓ 문해기술은 종종 개인의 전반적 능력 및 장애와 관련하여 적용될 때 영향을 덜 받는 수학계산기술과 함께 결함을 보인다. 문해교수는 많은 학생에게 부적절할 수도 있다.

✓ 듣기 이해력 또한 문제 영역이 될 수 있다.

✓ 지적장애 학생을 위한 문해교수는 이러한 기술들을 개발하기 위해 필요한 폭과 깊이가 부족할 수도 있다.

➤ **기능적 기술** – 이 기술은 지적장애인 스스로 해내는 게 불가능하다면, 타인에 의해서라도 반드시 수행되어야 한다.

✓ 지적장애 학생은 지식과 기술의 숙련, 전이와 일반화를 하는 데 더 많은 시간을 필요로 한다.

✓ 독해 문제는 지적장애인과 일반인의 성취도 격차에서 지속적인 증가를 야기할 수 있다.

✓ 중도 지적장애 학생은 정보 및 기술을 조직적이고 유용하게 종합하는 데 큰 어려움을 겪는다.

✓ 학업기술의 역점은 현재와 미래의 생활, 직업, 여가 등에 필요한 기술들을 다루는 데 있다.

✓ 중도 장애 학생은 기능적 학업기술을 학습할 기회가 필요하다.

심리적 특성

비전형적인 심리적 특성들의 실재는 격리, 심지어는 학대까지 초래해 왔다.

➤ **학습된 무기력** – 새롭거나 어려운 작업에 직면하면 쉽게 포기하거나 시도하지 않으려는 습득된 경향. 학습된 무기력은 반복된 실패나 타인이 도와줄 것이라는 믿음, 또는 필요 이상의 도움으로부터 초래될 수 있다.

➤ **자아개념 관련 특성** – 지적장애인은 지적장애가 없는 사람과 비교했을 때, 자아개념에서 적어도 두 가지 방식으로 차이점이 있을 수 있다.

✓ 한 영역(예 : 학업)의 능력 부족은 관계가 없는 다른 영역(예 : 우정)의 자아개념에 영향을 미칠 수 있다.

✓ 장애인의 '이상적'인 자아상은 비장애인의 자아상보다 낮은 수준일 수 있다.

✓ 사회생활과 오락 및 여가 프로그램을 접하는 것은 자아개념에 긍정적인 영향을 미칠 수 있다.

➤ **자기조절 관련 특성** – 자기조절은 시간을 계획하고 관리하는 능력을 말하며, 작업에 집중하여 이를 처리하고, 정보를 전략적으로 구성하며 생산적 환경을 만들고, 자료를 활용하는 것이다.

✓ 자기조절은 흔히 타인을 모델링 하는 것에서 학습된다.

✓ 자기조절은 변화되기 쉽다. 자기조절적 행동을 보이는 사람은 자기 자신의 삶을 스스로 책임져야 한다고 생각한다.

➢ **통제소 관련 특성** – 삶의 결과에 대한 인과관계 배치를 나타내는 것으로 인과관계 유무는 외부 혹은 내부 원천과 연결되어 있다.

✓ 외재적 통제소가 있는 사람은 타인의 도움을 찾고, 성과의 인과관계를 중요시하는 경향이 있다.

✓ 내재적 통제소가 있는 사람은 자기 자신에게 더 의존하며, 성과에 대한 개인의 책임을 중요시하는 경향이 있다.

✓ 지적장애인은 우리와 다름없이 상황에 따라 외재적 통제소와 내재적 통제소 사이에서 변화를 거듭하는 경향이 있다.

✓ 통제소와 내적 및 외적 동기화에 관한 연구는 이러한 특성 문제에 대하여 정의적 판단을 도출하는 데 있어 보편성과 정밀성이 부족하다.

➢ **자기결정 및 자기지시와 관련된 특성** – 개인의 목표를 설정하는 능력, 목표에 도달하고자 하는 계획, 목표 도달 과정에 대한 모니터링, 이에 따른 계획 조절에 관련된 것이다.

✓ 지적장애인에게 선택권과 자기결정을 위한 선택의 폭은 적지만 자신의 삶의 주도권에 대한 필요성을 강조하는 경향이 있다.

✓ 자기결정적인 사람은 자신의 선호와 흥미, 능력에 따라 행동한다.

✓ 자기결정적이고자 하는 것은 선택하고 결정을 내리는 능력으로부터 나온다.

✓ 의사소통 능력이 감퇴함에 따라, 자신의 생각과 감정, 요구 표현의 결함은 자기결정을 저해할 수 있다.

✓ 제한적 환경은 선택권과 자기결정 기회를 제한할 수 있다.

➢ **자기결정 관련 특성** – 자기결정은 목표를 성취하는 것은 자신의 노력과 동기 덕분이라고 믿는 신념을 일컫는다.

✓ 자기결정은 아동기 초기에 시작해서 성년기까지 지속되는 과정이다.

✓ 자기결정적인 사람은 자율적이며 자기조절적이고, 계획을 세우고 실행할 수 있으며, 심리적으로 역량을 갖추고 자아실현을 할 수 있다.

✓ 자기결정은 덜 제한적인 환경에서 개발될 수 있다.

➢ **동기 관련 특성** – 동기는 일반적으로 개인의 행동을 자극하고 지시하며 유지하는

내적 상태로 정의된다.

✓ 내적으로 동기화된 사람은 자신의 흥미를 좇아 도전과제를 찾아내 정복하는 경향이 있으며, 외적 보상에 덜 의존하는 경향이 있다.

✓ 외적으로 동기화된 사람은 과제의 본질보다는 과제 완수와 관련된 외적 보상에 큰 관심을 보이는 경향이 있다.

✓ 우리와 마찬가지로 지적장애인들도 완전히 타인에 의해 결정되거나 완전히 자기결정적인 자기결정의 연속선상 위에서 결정을 내린다.

✓ 지적장애인은 어려운 문제를 해결하는 것에서 많은 기쁨을 얻지 못할 수 있으며, 어렵거나 새로운 작업을 잘 선택하지 않는 경향이 있다.

✓ 선택권, 도전 기회 및 활동, 목표 설정, 자기 모니터링, 자기평가, 문제해결 등은 내적 동기의 발달을 촉진한다.

행동적 특성

도전적이고, 어렵고, 위험한 행동을 대상으로 중재를 설계할 때에는 개인의 인생 경험, 현재 상황, 성격, 건강 상태에 대한 분석이 있어야 한다.

✓ 어려운 행동은 내부 혹은 외부 동기, 트라우마, 제한된 범위의 표현, 조건의 중첩(예 : 지적장애와 정신질환), 학습된 행동, 매너리즘, 질병 과정 등이 원인이 될 수 있다

➤ **지적장애와 행동장애의 관계** – 일반적으로 지적장애인이 비장애인보다 행동문제를 더 보이는 것으로 받아들여진다.

✓ 지적장애인은 파괴, 자해, 성적 공격, 울화, 방황, 약물남용 혹은 정신 건강 처치 미준수 등에서 초래된 행동적 요구를 갖고 있을 수 있다.

✓ 공격성은 개인이 정신건강 서비스를 이용할 때 자주 언급되는 행동문제이다.

✓ 규칙 위반과 불순종과 같은 일부 행동은 정보처리 및 인출 장애, 좌절, 오락/여가 기회 부족 등의 결과일 수 있다.

✓ 잠재적 문제 행동의 다양성은 광범위하지만, 문제의 원인은 잘 알려져 있지 않다.

✓ **이중진단** – 이중진단은 정신장애를 지적장애와 함께 겪고 있는 경우이며, 쉽게 확인되지 않는다.

✓ 행동적 특성에 영향을 주는 스트레스 요인에는 전환 국면, 환경적 스트레스 요인, 육아 및 사회적 지원 문제, 질병이나 장애, 비난과 좌절 등이 있다.

✓ 이중진단을 받는 대부분의 사람은 경도에서 중등도 지적장애를 가지고 있다.

➢ **파괴적이거나 공격적인 행동**－불순종뿐만 아니라 소리 지르기, 울기, 재물 파손, 타인 공격 등으로 나타날 수 있다.

✓ 충동조절과 조울증은 공격적인 행동과 더 밀접한 관련이 있을 수 있다.

✓ 자해는 중도 지적장애와 연관이 있다.

➢ **자해행동**－개인에게 해로움을 야기하는 행동에는 머리 때리기, 의도적으로 넘어지기, 깨물기, 살갗 뜯기, 피부에 상처내기 등이 있다.

✓ 자해행동은 중도 지적장애가 있는 사람에게서 빈번히 발생하는 경향이 있다.

✓ 자해행동과 상동행동은 유아기에 발생하여 지속되거나 상태에 따라 간간히 발생할 수 있으며, 다른 것을 통제하기 위해 사용되는 학습된 행동이 되기도 한다. 또한 이것은 특정 증후군과도 관련이 있다.

✓ 연구에 의하면, 자해행동과 관련된 많은 성공적인 중재들이 있어 왔다고 한다.

➢ **상동행동**－신체적으로 무해하지만 적응에 악영향을 끼치는 반복적인 행동을 보이는 것

✓ 상동행동을 겪는 사람은 낮은 적응행동 지수, 제한적인 표현 능력, 타인의 말에 대한 낮은 이해력, 일상 활동과 기능적 기술 수행의 결함 등을 보일 수 있다.

✓ 상동행동의 원인은 명확히 밝혀지지는 않았으며, 가끔은 연구 결과들이 서로 상충한다(예 : 상동행동의 다른 기능들의 형성).

✓ 상동행동은 중재에 잘 반응하는 편이다.

➢ **대인관계와 성적 관계**－지적장애인들 간에 매우 다양하게 나타난다.

✓ 제한적인 생활을 하는 사람의 경우 거의 대부분의 관계가 소통하도록 유급으로 고용된 사람들과의 관계일 것이다.

✓ 삶의 질은 사회적 네트워크와 연결되어 있다.

✓ 대인관계의 질은 정신적 및 신체적 건강 모두에 영향을 줄 수 있다.

✓ 지적 및 신체적 발달, 행동문제, 의사소통 능력은 대인관계 발달에 영향을 미칠 수 있다.

✓ 다른 아동들과 물리적으로 가까이 있는 것이 빈번한 사회적 상호활동을 보장하는 것은 아니다.

✓ 성적 관계는 지적장애인 및 보호자에게 중요하다.

✓ 지적장애인들은 성적, 신체적 학대 위험에 더 취약하다.

✓ 주거시설에서 생활할 경우 사생활 권리가 문제가 될 수 있다

적응기술 특성

적응행동의 습득 및 수행 결함으로 나타난다.

✓ 지적장애인은 다차원의 적응행동에 상당한 제약이 있을 것으로 추정된다.

➤ **여가 관련 특성** – 여가 활동 참여와 여가 환경은 성장, 발달, 삶의 질을 발전시킨다.
✓ 지적장애인은 매우 다양한 여가 활동에 참여하고, 실제로도 좋아한다.
✓ 중도 지적장애인은 여가 환경과 활동에서 선택을 하기 위한 표현을 학습할 수 있다.

➤ **직업 관련 특성** – 장애의 유무는 낮은 고용률과 적은 수입을 야기할 수 있다.
✓ 근로환경에서 단지 장애에 근거한 차별을 줄이고, 합리적인 주거시설을 제공받을 권리 제공을 위해 미국 장애인법이 제정되었다.
✓ 통합된 상황에서 일하는 지적장애인은 수입 수준이 여전히 낮더라도, 더 나은 직업 기술을 갖고 더 독립적으로 사는 경향이 있다.
✓ 다른 영역에서의 어려움들(예 : 교육 및 행동 특성)이 나타나면, 직업을 유지하고 개발하는 것은 점점 더 어려워진다.
✓ 지원고용, 직무코칭, 그리고 법적 전환계획 등은 취업을 하는 데 도움이 될 수 있다.

➤ **지역사회 관련 특성** – 오래전부터 지역사회로부터의 격리되어 있었으며, 여전히 발생하고 있다.
✓ 중도 혹은 중복 장애가 있는 사람들이나 문제행동을 지닌 사람들의 경우 비용이 많이 들지만, 지역사회 생활을 위한 선택과 비용은 다양하다.
✓ 시설은 미국에서 감소되는 추세에 있다.
✓ 전반적으로 연구 결과들은 통합생활 환경과 연관된 적응행동과 도전행동에서 긍정적인 결과를 보이고 있다고 주장한다.
✓ 일반적으로 지적장애인은 부모와 집에서 오래 생활하거나, 사회적 서비스 체계에 더 의존하며, 이동성이 낮고 비장애인에 비해 노동 인구로의 통합이 더딘 경향이 있다.
✓ 성인의 지위는 집을 떠나 독립해서 사는 서구 사회 방식과 종종 연관된다.

➢ **자기관리 및 가정생활 관련 특성** – 지원만 있다면, 적응기술 영역에서 지적장애인들은 습득 및 행동 결함이 개선될 수 있다.

  ✓ 지역사회 환경에서 사는 사람은 보호시설 환경에서 사는 사람보다 적어도 동일하거나 더 나은 적응행동을 보이는 경향이 있다.

  ✓ 중도장애인은 대부분의 자기관리 요구들을 충족시키는 방법을 학습할 수 있는 능력이 있다.

  ✓ 서비스 제공자가 할 일은 필요한 지원을 제공하는 것이지만, 최대한의 독립을 이끌어내는 것이기도 하다.

추가 제안/자료

토론

1. 지적장애인이 일반교육 환경에 통합될 때, 논의된 특성들 중 어떤 것이 가장 문제가 되는가? 근로환경에 있을 때는 어떠한가? 지역사회에 있을 때는 어떠한가?

2. 어떤 기관 혹은 체계(예 : 정신지체 발달장애 위원회, 정신건강 기관)가 이중진단을 받은 사람들을 위한 설비를 가장 잘 갖췄는가?

3. 지적장애 성인의 적응에서 여가기술의 발달은 왜 그렇게 중요한가?

활동

1. 이 장에서 발견한 특성(예 : 교육적 특성)의 목록을 만들라. 목록의 특성에 따라 적절한 전문가(예 : 교사)를 인터뷰하라. 전문가에 의해 더 일반적으로 인용되는 특성을 결정하라. 또한 지적장애인이나 그들을 돕는 사람들의 삶에서 더 문제가 될 수 있는 특성들을 알아보고, 그 결과를 비교하라.

2. 다양한 심리적/정신의학적 장애를 판단하는 DSM-V의 기준을 검토하라. 이러한 지적장애의 여부를 결정할 때의 어려운 점은 무엇인지 논의하라. 인터넷 자료 목록에 상업적 웹사이트는 넣지 않았다. 그러나 인터넷을 통해 DSM-V의 기준 개요를 포함한 웹사이트나 홈페이지를 찾아낼 수 있을 것이다.

3. 지역사회의 교실, 그룹홈, 주거 시설 등을 방문해 보라. 당신이 생각하기에 자기결정 및 자기조절을 장려하거나 혹은 저해하는 경향이 있는 주변 환경의 양상을 확인해 보라.

인터넷 자료

http://www.ninds.nih.gov/health_and_medical/disorders/lesch_doc.htm
국제 신경장애 및 뇌졸증 협회의 웹사이트로 레쉬-니한 증후군뿐만 아니라 광범위한 장애의 자료까지 갖추고 있다. 또한 일반적인 정보와 연구 자료를 제공한다.

http://www.thearc.org
권리옹호 단체인, ARC의 웹사이트이다. 지적장애와 그 원인, 특성, 중재 방법에 관한 다양한 자료들을 포함하고 있다.

http://www.bestbuddies.org
Best Buddies International, Inc.를 위한 홈페이지이다. 지적장애와 발달장애가 있는 사람들과 비장애인 간의 우정을 장려하기 위해 2년제 및 4년제 대학에 많은 지부가 있다. 이 사이트는 기관의 역사, 목적, 각 지부의 위치와 그 밖의 정보를 포함하고 있다.

제8장

사회, 가족, 다문화적 특성

요점 ....

➤ **사회적 특성** - 사회 내에서 개인의 권리, 지적장애인이 사법체계와 어떻게 상호작용하는지, 그리고 일생에 걸친 처우에 대한 개인의 권리를 다룬다.

➤ **가족 특성** - 유아기 관심사, 형제와 관련된 쟁점, 미래에 대한 계획과 관련된 쟁점, 그리고 부모와 가족 구성원으로서의 지적장애 성인에 대한 지적장애 아동의 부모들의 관심사들을 다룬다.

➤ **다문화적 특성** - 특수교육에서 대표되는 집단들의 사회학적, 인구통계학적 요인들의 중요성 그리고 개인, 가족, 교육자들에게 영향을 미치는 문화와 상호작용하는 교육적 요인들의 중요성을 다룬다.

6장과 7장에서 우리는 지적장애인들의 많은 특성들을 논의하였다. 8장에서 우리는 사회, 가족, 다문화라는 다소 폭넓은 관점들을 가지고 특성들을 논의한다. 먼저 사회적 특성을 다룬다. 이 절에서 우리는 일반적으로 사회 내에서 개인의 권리, 사법체계 내에서 개인 권리, 그리고 일생에 걸친 처우에 대한 권리에 초점을 둔다. 가족 특성에서, 우리는 양육 관련 쟁점과 관점들, 유아기와 관련된 관심사들, 형제와 다른 가족 구성원들, 미래에 대한 계획, 성인으로서의 개인에 대한 가족 쟁점들을 다룬다. 다문화적 특성들을 다룬 마지막 절에서, 우리는 사회학적, 인구통계학적 요인들, 학교와 문화적 차이와 관련된 교육적 요인들, 미국의 변화하는 인구통계학적 정보들에 대하여 알아본다.

이 주제들 중 일부는 앞에서 거론되었다. 예를 들면, 5장은 빈곤과 부실한 건강 관리와 관련된 지적장애의 환경적 원인에 대한 정보를 담고 있다. 5장과 6장은 개인의 생활환경, 문화, 가족과 지역사회 자원, 그리고 다양한 환경의 요구라는 맥락에서 개인의 강점과 지원 요구 정도를 파악하는 정보를 담고 있다. 여기서 우리는 지적장애가 그 개인과 사회, 가족, 문화에 미치는 전반적 영향에 초점을 둘 것이다. 8장에서는 특정 개인의 특성보다는 지적장애인들의 특성이 일반적으로 사회에서의 그들의 입장과 사회의 반응과 어떻게 상호작용하고 어떤 영향을 미치는지를 좀 더 강조할 것이다.

사회적 특성들을 조사할 때, 우리는 보다 큰 사회 내에서 개인의 권리가 어떻게 존중되고 보호받는지에 관심을 둘 것이다. 역사적 관점을 다룬 1장에서 볼 수 있는 것처럼, 이러한 권리들이 항상 보호받지는 못했다.

사회적 특성

이 절에서, 우리는 법적 관점의 세 가지 주요 영역들을 살펴볼 것이다. 첫째, 능력과 동의와 관련된 개인의 권리들을 다루고, 둘째, 지적장애인들이 사법체계와의 상호작용에서 나타나는 쟁점과 관심들을 논의하며, 마지막으로, 일생에 걸친 중재에 대한 지적장애인들의 권리에 대하여 논의할 것이다.

개인의 권리

우리는 모든 동의와 능력의 측면들(예 : 모든 가능한 법적 절차들)보다 이러한 쟁점이 개인과 사회에 어떤 영향을 미치는지를 알아보는 데 목적을 둔다. 물론 역량, 능력, 동의, 후견인제에 대한 기초적인 이해는 필요하다.

O'Sullivan(1999)은 다음과 같이 구분을 지었다. 그녀는 정신적 무능력이란 "일반적으로 한 개인이 추론하기, 기억하기, 선택하기, 활동의 결과 지켜보기, 그리고 미래에 대한 계획 세우기에서 손상된 혹은 매우 제한적인 능력을 가지고 있음을 의미한다. 법에서 그것은 그 개인이 법적으로 구속력이 있는 의사결정을 할 수 없음을 의미한다"(p.13)고 언급하였다. 그녀는 'incompetency'란 단어가 'incapacity'란 단어와 같은 뜻으로 빈번히 사용되고 있지만, "'incompetency'는 보다 광범위한 무능력(inability)을 의미한다"(p.13)고 지적하였다.[1] O'Sullivan은 또한 한 개인이 어떤 의사결정(예 : 누가 그녀의 돈을 관리해야 하는가?)을 할 만한 능력이 있을 수 있지만 다른 의사결정(예 : 은행계좌를 어떻게 관리해야 하는가?)을 내리는 데에는 무능력할 수 있음을 강조하였다. 그리고 동의를 할 만한 능력이 있어야만 한다.

The ARC와 AAIDD(2009a)는 공동성명에서 후견인을 지명하는 것은 최소한 두 가지 이유로 중요하다고 지적하였다.

---

1) 'incompetency', 'incapacity', 'inability' 모두 우리말로는 '무능력'으로 번역된다.

1. 이는 개인의 자율성, 즉 어떻게 살 것인지 그리고 그 선택을 이행하기 위해 누구로부터 지원을 받을 것인지를 제한한다.

2. 이는 그 개인의 자율성 권리를 다른 사람, 즉 후견인에게 넘겨주는 것이다.

(www.aaidd.org)

O'Sullivan(1999)은 능력, 동의, 그리고 후견인제를 이해하는 데 필요한 몇 가지 부가적인 사항들을 설명하였다. 그녀는 "후견인제는 총체적으로, 부분적으로, 혹은 임시적으로라도 자신이 동의함을 알리는 것에 무능력한 사람에 관한 것이다. **후견인제**(guardianship)는 누군가가 장애인이 동의를 하지 못한다고 주장하는 법원의 움직임이다"(p.7)라고 설명하였다. AAIDD와 The ARC는 능력에 대한 가정이 있어야만 하고, 제한된 후견인제, 변호사의 힘, 사전 지침 등의 후견인제에 대한 덜 거슬리는 대안들이 있다는 것을 강조한다. 후견인제는 필요한 정도로만 사용되어야 한다(The ARC & AAIDD, 2009a). O'Sullivan은 후견인제가 단지 한 개인이 18세를 넘어 법적으로 성인이 되었다고 해서 쉽게 적용되지 말아야 한다고 강조하였다. 일단 후견인제가 실시되면 취소하기 어렵고, 한 개인의 삶 속으로 감독과 법원 중재가 이루어진다. 후견인제는 주마다 다양할 수 있지만 대체로 일반적인 양상을 보이고 있다. "한 성인에 대한 후견인제는 법적 절차인데, 법원은 한 개인에 대해 의사결정 능력이 손상된 중증 장애를 가졌는지, 그 개인이 후견인을 필요로 하는지, 그리고 후견인제 보호에 대한 최소 제한적인 대안이 있는지를 결정한다. 법원은 그 사람을 대신할 어떤 사람, 즉 후견인을 지정하고 그 사람과 재산에 관해 의사결정을 하도록 위임한다"(O'Sullivan, 1999; p.8). 또한 The ARC와 AAIDD(2009a)는 후견인이 지정되었을 때 그 사람이 자신의 삶에 영향을 미치는 의사결정을 하는 데 필요한 기술을 학습하고 사용할 수 있도록 가르치고 지원할 수 있는 계획 또한 수반되어야만 한다는 것을 강조한다.

동의, 능력, 후견인제와 관련한 쟁점들은 지적장애인과 사회에 많은 영향을 미친다. 지적장애인과 그 가족은 물론 법원, 법 전문가, 의학 전문가, 옹호단체, 교육자, 성인 서비스 제공자 모두가 관여될 수 있다. 이러한 쟁점들은 이렇게 파급 효과가 크기 때문에, 여기서 참고한 것(후견인제에 대한 The ARC와 AAIDD 공동성명, 2009a)과 같은 전문기관의 입장 표명은 지침을 제공하는 데 사용된다.

Dinerstein(1999)은 동의, 능력, 후견인제에 관한 연구물들, 다양한 정책진술서, 법령들을 요약하였다. Dinerstein이 정리한 12개의 주요 사항들은 다음과 같이 요약할 수 있다.

➢ 미국 사회는 개인의 자율성과 자치(self-governance)의 권리를 강조한다.

➢ 각 시민들은 자신의 삶을 일구어 나갈 능력이 있으며, 의사결정을 할 수 있는 것으로 여겨진다.

➢ 동의를 한다는 것은 그 사람이 능력과 정보를 가지고 있으며, 그 동의가 자발적이라는 것을 전제하고 있다.

➢ 의사결정의 중요성이 증가할수록(예 : 중요한 의료절차와 같이 신체적 상해의 가능성을 유발하는 것), 동의를 표시하는 능력을 결정하는 공식적 절차들의 필요성 또한 증가하고 있다.

➢ 인지적, 의사소통적, 혹은 교육적 능력 때문에 지적장애인들이 항상 독립적으로 의사결정을 하고 동의를 표시할 수 있는 것은 아니며, 그로 인해 도움을 필요로 할 수 있다.

➢ 최대한의 자율성과 자치능력을 유지하기 위해, 지원을 필요로 할 때 가능한 한 가장 짧은 시간 동안 최소 제한적인 중재를 제공해야 한다.

➢ 의사결정자를 돕는 사람들은 지적장애인의 관점에서 상의하고 의사결정을 해야 한다.

➢ 지적장애인을 돕는 사람들은 그들이 생각하기에 지적장애인에게 가장 이익이 되는 것에 기반해 의사결정을 하기보다는, 지적장애인이 그럴 만한 능력이 있다면 그 사람의 의사결정에 기반해 의사결정을 하도록 노력해야 한다. 그러므로 돕는 사람들은 그 지적장애인에 대하여 그리고 그 개인이 과거와 현재에 어떤 형태의 의사결정을 했는지에 대하여 알아야 한다. '가장 이익이 되는 것'에 기초한 의사결정은 지적장애인의 관점이나 바람을 알 수 없을 때에만 사용된다.

➢ 동의는 적절한 지식을 전제로 한다. 도움을 제공하거나 동의를 구하는 사람들은 그 사람의 지식기반을 신장시키고 효과적으로 의사소통할 수 있도록 돕는 단계들을 밟아야만 한다. 정보의 결여가 결정을 내리는 데 있어서의 무능력과 혼동되어서는 안 된다.

➢ 동의는 자유로워야 하며 강제되어서는 안 된다. 의사결정이 제한된 보다 제한적인 환경에 살았던 사람들에게, 강제는 미묘한 형태로 나타날 수 있으며 신중하게 제거되어야 한다.

➢ 어떤 사람으로부터 동의를 구해야만 하는 사람은 신중하게 고려되어야 한다. 특히 동의를 구하는 사람이 지적장애인이 요구를 거절하지 않을 것 같은 사람들 중 한 명이라면 더욱 그러하다.

➢ 자율성에 대한 요구는 지적장애인을 착취나 학대로부터 보호해야 할 필요성과 균형을 이루어야 한다.

차이를 만들어 낸 사건 8.1

2002년 – *Atkins 대 Virginia*

미국 대법원은 사형이 지적장애를 가진 범죄자들에게 잔인하고 예외적인 처벌이라고 판결하였다. 대법원은 *Penry 대 Lynaugh*에 대한 앞서 있었던 대법원 판결에 따라 Atkins의 사형을 확정한 Virginia의 원심을 뒤집었다. 판결문에서, Stevens 판사는 다음과 같이 진술했다. "추론, 판단, 충동 조절과 같은 영역에서의 장애로 인해… 그들은 아주 심각한 성인 범죄를 특징짓는 도덕적 과실이 있는 수준으로 행동하지 못한다." 판결문은 지적장애의 본질이 중죄에 대한 사법절차상의 공정성에 위험을 가져올 수 있다는 것을 계속해서 주장했다. 마지막으로, Stevens 판사는 "나날이 발전하고 있는 우리의 품위의 기준에서 볼 때" 지적장애를 가진 가해자에게 적용하는 잔인하고 예외적인 처벌에 대한 금지를 언급했다.

Atkins v. Virginia, 536 U.S. 304 (2002).

출처 : Salekin, Olley, & Hedge (2010).

지적장애인들은 자신의 능력 부족이나 능력 결함에 대한 다른 사람들의 인식으로 인해 개인의 권리를 행사하는 데 어려움이 있을 수 있다. The ARC와 AAIDD(2009a)가 주장하였듯이, 한 개인이 지적장애로 판명됨으로 인해 동의를 표시하고, 투표하고, 결혼하는 등의 권리를 행사할 수 없고 성인기의 모든 기능을 수행하지 못한다고 가정하는 것은 잘못된 것이다. 그런데 어떤 경우에는 개인의 권리를 행사하는 것이 사회를 관리하는 법과 충돌을 일으킬 수 있다. 이런 경우에는 사법체계가 관여하게 될 것이다. 지적장애인들은 하나의 집단으로서 사법체계와 오랫동안 논쟁을 불러일으키는 관계를 맺어 왔다.

지적장애인과 사법체계

최근에 중죄를 저지른 지적장애인들을 사형에 처해야 하는가에 대해서 법원, 입법부, 그리고 여론에서 논쟁이 있었다. 기념비적인 Atkins 대 Virginia 대법원 판결(2002)의 결과로, 미국에서 그것은 금지되었다. 사건상자 8.1에 이 사례를 요약해 놓았다.

일반적으로 사형제, 특히 지적장애인에 대한 사형제가 논란이 되고 있지만, 대부분의 지적장애인들은 훨씬 덜 과격한 방식으로 사법체계와 상호작용한다. 지적장애인들은 범죄의 가해자이기보다는 피해자인 경우가 더 많다. 미국 장애인법은 법 아래에 평등한 보호와 평등한 접근을 확보하고자 한다. 여전히 지적장애인들이 목격자와 피해자로서 뿐만 아니라 피의자와 범죄자로서 사법체계 안에서 어떻게 대우받고 있는지와 관련한 문제들이 남아 있다.

범죄 피의자로서의 지적장애인

The ARC와 AAIDD(2008)은 공동성명에서 "피해자, 피의자, 혹은 목격자인 지적장애인과 발달장애인은 미국의 다른 거주지에서와 마찬가지로 정당하고 공평하게 대우받을 권리를 가진다."고 언급했다. 더구나 The ARC와 AAIDD(2008)는 지적장애인의 다음과 같은 점들을 강조했다.

- 확인된 장애를 가지고 있지 않을 수 있다.
- 연루되었지만 부정확한 진술을 할 수 있고, 권한에 즐거워할 수 있으며, 조사 방법에 따라 혼란되거나 오도될 수 있다.
- 소송 능력이 없는 것으로 확인될 수 있다.
- 무능력한 것으로 확인되었다면, 시설환경에서 부적절하게 과도한 시간을 보내도록 배치되었다고 볼 수 있다.
- 자신의 변호사를 돕기 어려울 수 있다.
- 권리(예 : 미란다 원칙)를 모르고 포기할 수 있다.
- 말할 권리나 증언할 권리가 부정될 수 있다.

지적장애인이 비장애인보다 법적 권리를 부정당할 더 큰 위험에 자주 놓여 있다는 것은 명백하다. 이러한 위험은 어떤 개인이 범죄 사건의 피해자, 피의자, 혹은 목격자일 때 중요하다.

범죄 피해자로서의 지적장애인

The ARC와 AAIDD(2008)는 지적장애인이 범죄의 피해자가 될 가능성이 4~10배 정도 높고 그 사건들이 거의 기소되지 않는다는 것을 언급했다. 역사적으로, Sobsey(1997)는 지적장애인과 다른 장애인을 대상으로 한 범죄가 왜 기소되지 않을 수 있는지에 대하여 몇 가지 이유를 제시하였다. 첫째, 양육 장면에서 일어나는 사건들은 형사체계에서보다 학대에 대한 조사로 취급될 수 있다. 둘째, 검찰은 장애를 가진 목격자가 재판 절차에서 배제되거나 신뢰받지 못할 것이라는 두려움을 가질 수 있다. 경찰들은 사건이 기소되지 않을 거라고 느끼며 수사를 적극적으로 하지 않을 수 있다. 장애인들은 그들의 주장이 받아들여지지 않을 거라는 두려움에 사건을 신고하지 않을 수 있다. Sobsey는 또한 유죄가 확정된 일부 사건들에서 장애인들에게 범죄를 저지른 가해자들에게 보다 적은 형량이 적용될 수 있다고 주장하였다. The ARC(2006)는 "장애를 가진 피해자들이 소송을 제기하고, 범죄 행위를 보고하거나 스스로를 보호하고 자신의 권리를 보호할 수 있는 동등한 기회를 가지는 데 필수적인 또 다른 법적 조치를 찾을

차이를 만들어 낸 연구 8.1

The ARC's Justice Advocacy Guide (2006). *An advocate's guide on assisting victims and suspects with intellectual disabilities*(http://www.thearc.org/document.doc?id=3669)

40페이지에 달하는 이 문서는 The ARC와 국가 피해자 지원 기관에 의해 개발되었다. 이는 다음의 다섯 가지 주요 주제를 다룬다.

- 피해에 반응하기
- 체포에 반응하기
- 일반적으로 요구된 질문에 대답
- The ARC의 사법 변호 프로그램

- 피해자와 피의자를 위한 기타 자료원들

이 문서는 대변인을 위한 것이지만, 지적장애인과 관련된 사람들과 그들의 형법체계와의 상호작용에 대한 풍부한 정보를 담고 있다. 사람들을 지원하는 많은 제안들이 단계적으로 제시되어 있다. 이는 웹 기반 자료들이기 때문에, 정기적으로 업데이트되어야 한다.

수 있어야만 한다"(p.10)고 강조했다. 연구상자 8.1에 지적장애인과 사법체계에 관해 The ARC가 제기한 아주 유용하고 잘 설명된 내용을 제시해 놓았다.

다른 주들과 다른 나라들에는 서로 다른 법이 적용되고 있으며, 이것이 형법체계가 어떻게 움직이고 있고 지적장애인과의 상호작용이 어떻게 이루어지고 있는지에 영향을 미친다는 것을 아는 것 또한 중요하다. 따라서 최신 정보를 알고 있는 것이 중요하다. 또한 일부 법 전문가들은 지적장애인을 돕는 일에 특화되어야만 한다(The ARC, 2006).

가해자로서의 지적장애인

지적장애인이 가해자로서 사법체계 내에 놓이게 됨에 따라 그들에 대한 경험과 성과에 대한 연구들이 있어 왔다. Salekin, Olley 그리고 Hedge(2010)는 대부분의 가해자들이 적어도 IQ에 근거해 볼 때 경도 수준의 지적장애를 가진 것 같다고 주장했다. 중도장애를 가진 사람들과 비교하여, 더 높은 IQ를 가진 사람들은 "지역사회에 거주하는 전형적인 가해자들의 부정적인 영향을 받기 쉽고, 만일 한 명 이상의 사람이 범죄를 저지른 가정에 살고 있다면, 그들은 따로 살고 있는 사람들보다 이러한 과정을 더 많이 답습하기 쉬운 것 같다"(Salekin et al., 2010; p.101). 지적장애인이 체포되었을 때 미란다 원칙에 대한 이해 그리고 재판을 받을 능력 여부는 사정되어야 하는 중요한 두 가지 쟁점들이다(Salekin et al., 2010).

앞서 언급한 The ARC와 AAIDD의 공동성명(2008)에서처럼, 지적장애인은 미란다 원칙을 완전히 이해할 수 없다. 더구나 그들은 친절하게 피드백을 주거나 조언을 하는 권위를 가진 사람들에게 영향을 받을 수 있기 때문에 권리를 포기하는 것으로 자신의 입장을 바꿀 수 있다(Salekin et al., 2010). 또한 Salekin 등의 문헌 연구에 의하면, 지적 장애를 가진 피고인의 비교적 낮은 비율만이 재판을 받을 만한 능력이 있는 것으로 확인되었다. 흥미롭게도, 더 높은 IQ를 가진 사람들과 아프리카계 미국인 피고인들은 소송절차를 진행할 만한 능력이 있는 것으로 더 많이 확인되었다. 법적인 결과를 회피 하려고 지적장애를 가진 것처럼 가장하는 사람들을 판별하는 평가 또한 중요하다 (Salekin et al., 2010).

The ARC(2006)는 지적장애인들이 미국과 다른 형법체계에서 과잉 대표된다고 언급 하였다. 또한 훈련된 전문가들이 충분하지 않을 수도 있지만, 개인들은 소송절차 내내 지원이 필요한 것 같다(The ARC & AAIDD, 2008). 청소년 사법체계 내에서 지적장애인 들은 더 많은 어려움들을 갖고 있다. 역사적인 관점에서, Ransom과 Chimarusti(1997)는 청소년 교정시설에 있는 범죄자의 23% 정도가 학습장애, 정서장애, 그리고 지적장애 등의 장애를 가지고 있음을 제시하는 연구들을 인용하였다. 그들은 또한 이런 청소년 들에게 적용되는 교육 프로그램들의 적용이 일관되지 않음도 지적하였다.

한 개인이 죄를 짓고 처벌을 받을 때, The ARC와 AAIDD(2008)는 그 사람에게 다음 사항들이 필요하다고 강조한다.

- 지역사회 기반 교정뿐만 아니라 합당한 수용, 처우, 그리고 교육이 적절하게 주 어져야 한다.
- 장애와 수용에 필요한 것들을 이해하고 공정하게 대우하는 훈련된 보호감찰관과 가석방 담당자를 확보할 수 있어야 한다.
- 사형을 면제받아야 한다.
- 지적장애인과 작업한 경험이 있는 법 전문가와 전문가 증인을 만날 수 있어야 한다.
- 정확하고 공정한 주 절차에 따라 장애가 판별되어야 한다.

Smith, Polloway, Patton, 그리고 Beyer(2008)는 단지 소수의 장애 청소년들만이 실제 로 사법체계에 직면하게 될 것이지만, 교육자의 관심과 계획의 혜택을 받기에 충분한 수라고 강조하였다. 교육자들은 피해자와 범죄자의 의미와 사법체계에 관해 학생들을 가르치는 데 관심을 가져야만 한다. 교육자들은 또한 학생들을 가르칠 때 학교 행정직 원과 다른 법 전문가들을 초빙할 수 있다. 마지막으로, 교육자들은 대변자의 역할을 취해야 할 필요가 있을 수 있다(Smith et al., 2008).

지적장애인과 사법체계 간의 상호작용이 최적의 상태가 아닌 것은 명백하다. IDEA

차이를 만들어 낸 사건 8.2

1999년 – 미국 대법원의 Olmstead 판결 : *Olmstead 대 L. C.*, 527 U.S. 581

미국 대법원의 중요한 한 판결에서, 법원은 공적 자원으로 제공되는 지역사회 기반 서비스에서 장애를 가졌다는 이유만으로 그들을 배제시키는 것은 미국 장애인법을 위반한 것이라고 주장하였다. 이 사건에서, 지적장애와 정신건강 문제를 가진 두 여성은 조지아 주에 위치한 시설에 자발적으로 입소하게 되었다. 그 여성들을 돌보던 건강관리 전문가들은 그 여성들이 지역사회 기반 프로그램들을 통해 돌볼 수 있다고 믿었다. 그럼에도 그 여성들은 시설에 그대로 남게 되었다. 법원은 그 여성들이 지역사회 기반 프로그램에 참여하지 못하는 것이 주 정부의 예산부족 때문이라기보다는 그들의 장애 때문이라고 추론하였다. 법원은 단지 장애가 있다는 사실만으로 불필요하게 시설에 입소하는 것이 차별로 고려될 수 있다는 판결을 내렸다.

가 실시된 후, 교육 서비스는 21세까지 의무적으로 제공되어야 한다. AAIDD(2010)의 지적장애에 대한 정의가 이루어진 후, 장애인들이 간헐적 수준에서 전반적 수준에 이르기까지 일생 동안 지원을 필요로 할 것이라는 것이 인식되었다. 그러므로 일생 동안의 처우에 대한 권리는 중요하게 고려할 사항에 속한다.

일생 동안의 처우에 대한 권리

일생 동안 그리고 지역사회에 기반한 처우에 대한 권리는 법원에서 확정해 준 권리이다. 이는 지방, 주, 연방정부 수준의 많은 정부 프로그램을 통해 그리고 레크리에이션과 종교기관과 같은 비공식 지원 체계들을 통해 이루어진다. 일생 동안의 처우는 자기결정 및 삶의 질과 연계된다. 사건상자 8.2는 지적장애 성인의 처우(treatment)와 관련된 중요한 하나의 판례를 보여 주고 있다.

처우는 또한 서비스를 제공하는 지원 체계를 수립하는 것을 의미한다. AAIDD는 지적장애인들을 위한 지원들이 평생 동안 필수적일 수 있음을 강조하였다. AAIDD는 장애가 사회적 맥락 안에서 개인의 기능이 제한됨을 나타내며, 이는 고정된 것이 아니라 유동적이며 변화하는 것이고, 한 개인의 장애는 예방, 적응행동, 역할 지위에 대한 중재와 지원을 제공함으로써 경감될 수 있음을 강조하였다. 그러므로 지적장애의 영향과 다양한 맥락(예 : 가정, 지역사회, 직장, 연령, 가족 상황) 안에서 그 영향의 유동성으로 인해, 일생 동안의 처우에 대한 서비스들이 필요한 것이다.

AAIDD(2010)에는 다양한 강도의 지원들이 있다. 이러한 지원 요구를 확인하기 위해, AAIDD는 다섯 가지 구성요소로 된 과정을 논의한다.

● 구성요소 1은 개인의 선호도, 꿈, 그리고 흥미에 초점을 둔 목표들과 바람직한

생활 경험을 확인하는 것이다.
- 구성요소 2는 지원 요구의 패턴과 강도를 결정하고, 그러한 지원들이 구성요소 1에서 확인된 목표와 경험을 성취하는 데 얼마나 자주 그리고 어느 곳에서 요구 되는지를 결정하는 것이다.
- 구성요소 3은 지원 장면, 지원 활동, 지원 유형과 강도, 그리고 누가 그러한 지원 을 제공할 것인지를 특정하게 언급한 개별화된 지원 계획을 개발하는 것이다.
- 구성요소 4는 개별화된 지원 계획의 이행 과정을 점검하는 것이다.
- 구성요소 5는 그러한 계획이 결과적으로 바람직한 경험과 목표로 나타나는지를 평가하는 것이다.

계획의 평가에서 성과가 나타나지 않는다면, 지원 계획 팀은 계획을 수정하기 위해 구성요소 3으로 되돌아가야만 한다(AAIDD, 2010). 마지막으로, AAIDD는 개인들이 교 육 서비스, 옹호 서비스와 같은 서비스를 필요로 할 수 있고, 지원 계획과 더불어 개별 화된 교육 프로그램이나 개별화된 재활 계획 또한 가질 수 있음을 강조한다.

인간중심계획

인간중심계획(person-centered planning)은 AAIDD가 제안한 지원 계획 개발 과정 중 구성요소 1의 중요한 한 부분이다. 역사적으로, 인간중심계획의 원리는 다음과 같다. 첫째, 개인은 계획 과정과 수립된 계획에서 가장 주요한 인물이다. 둘째, 가족, 친구, 그 밖의 관련인들이 그 과정에 참여하여야 하며, 이러한 개인적 관계들은 그 개인을 위한 지원의 주요 원천이 되어야 한다. 셋째, 계획은 장애에 초점을 두기보다는 그 개 인의 능력, 재능, 소망 등이 고려되어야 한다. 넷째, 그 개인의 평생 계획과 바람직한 성과들이 현재 가능한 서비스들에 의해 제한되어서는 안 된다. 마지막으로, 지역적이 고 비공식적인 포괄적 서비스에 초점을 둔 보다 광범위한 접근이 이행될 수 있다(예 : 예산을 짜고 쇼핑을 하기 위해서는 그 개인이 지역기관에서 공식적으로 지원받는 것 보다 교회 자원봉사자의 도움이 더 나을 수 있다)(Butterworth, Steere, & Whitney-Thomas, 1997).

인간중심계획은 또한 그 개인이 지불하는 혹은 정부기관이 제공하는 서비스들에 대 한 보다 나은 접근과 선택을 제공해 줄 수 있다(예 : 보호작업장에 나가는 대신 고용지 원을 보조받기). 선택 기회뿐만 아니라 자기결정과 자기조절은 인간중심계획에서 매 우 중요하다. 선택과 통제를 연습하기 위해서는 한 개인이 자기결정적이면서 자기조 절적일 필요가 있다. 한 개인의 교육, 삶, 생활환경이 전형적일수록, 그 개인은 보다 자기결정적이고 자기조절적이 되는 법을 배울 수 있을 것이며, 인간중심계획 과정에 참여하거나 주도해 나아갈 수 있을 것이다. 예를 들면, 의미 있는 방식으로 참여할 수 있는 개인은 보호시설에서 일하는 대신 직업에 대한 선호도를 나타낼 수 있을 것이고, 그룹홈이 아닌 혼자 혹은 친구와 같이 살고 싶다는 것을 표현할 수 있을 것이다. 그 개인은 새로운 직업을 가지는 데 이용 가능한 자금들이 쓰여야 한다고 주장할 수 있고, 보호시설이나 그룹홈에 살기보다는 아파트에서 생활하며 자연스럽게 가족의 도움을 받을 수 있다. The ARC와 AAIDD(2009)는 공동성명에서 지적장애인들이 삶의 모든 단계에서 그들이 필요한 지원을 받아야 한다고 강조했다. 여기에는 그들이 어떻게 살고 그들이 누구와 상호작용하는지를 연구하고 정의하기 위한 자원들이 포함된다.

지원에 영향을 미치는 요인들

사람이 살고 있는 장소는 그 사람의 지원 체계와 삶의 질에 영향을 줄 수 있다. Kellow 와 Parker(2002)는 도시 근교와 시골에 사는 개인들이 동일한 수의 공식적 지원을 동일한 빈도로 사용하였음을 확인하였다. 그러나 도시 근교에 사는 개인들은 보다 많은 비공식적 지원을 가지고 있으며, 보다 빈번히 비공식적 지원을 활용하였다. 특히, 고용 기회는 시골 지역에서 더 제한적인 경향이 있었고, 실업 상태의 개인들에게는 쓸모없는 것으로 인식되었다. 지원의 공식적 원천은 사회에 큰 부담으로 작용할 수 있기 때문에, 그 사용은 비용과 성과 모두에서 효과적이어야 한다.

Braddock, Hemp, Rizzolo, Haffer, Tanis, 그리고 Wu(2011)는 2009년 거의 모든 주에서 지적장애인을 위한 장애 서비스에 사용된 공적 지출이 고가의 시설 서비스보다는 지역사회 중심 서비스에 더 많이 초점을 두었다고 보고했다. 2009년에 약 75%가 1~6명으로 제한된 환경에서 살았다. 또한 2009년 현재 지원받은 생활환경에 살고 있는 개인을 위한 평균 서비스 비용은 2만 6,200달러인 반면, 대규모의 주립 시설에 살고 있는 사람들은 평균 비용이 19만 1,100달러였다(Braddock et al., 2011). 명백히, 지역사회에서 사는 것은 직업, 여가, 그리고 지역사회 경험 기회를 더 많이 제공할 뿐 아니라, 평균적으로 비용 또한 덜 든다.

자금 지원은 특수교육, 탈시설화, 장기적인 보살핌, 건강관리, 고용과 같은 사회의 주요한 노력들을 지원하기 위해 사용된다. 만일 장애인들이 성공적으로 고용되고, 가능한 한 독립적으로 살며, 삶의 질을 향상시키는 여가와 사회적 기회들을 누릴 수 있다면, 지원들은 그러한 과정에 참여하는 지적장애인들의 목표를 성취하는 데 목적을 두어야 한다. 사회는 장애 서비스를 위해 막대한 돈을 지출한다. 처우에 대한 권리는 일생에 걸쳐 덜 집중적인 지원으로 옮겨감을 의미해야 한다. 처우에 대한 권리는 또한

차이를 만들어 낸 사건 8.3

1912년 – 매사추세츠 의료학회에서 사회적 다윈주의자의 연설

1912년 미국의 한 사회적 다윈주의자는 매사추세츠 의료학회에서 다음과 같은 연설을 하였다.

정신박약인들은 기생하는 탐욕스러운 계급이며, 자조나 자신의 일들을 처리하지 못한다. 대다수는 궁극적으로 어떤 형식으로든 공적인 부담이 된다. 그들은 가정에서는 말할 수 없는 슬픔을 야기하며, 지역사회에는 골칫거리이자 위험한 존재이다. 여성 정신박약인들은 거의 모두 비

도덕적이다… 우리는 빈곤, 범죄와 기타 사회적 문제들의 원인들 중 정신박약을 하나의 중요한 요소로서 이해하기 시작했을 뿐이다(p.104).

분명히 이러한 태도는, 특히 지역사회에서 제공되는 처우가 필요하고 효과적이라는 것을 정립하려는 노력들을 훼손시켰다.

출처 : Byrne (2000).

지적장애인들이 보다 큰 사회 내에서 완전한 시민 자격을 갖추었음을 제시해 주는 것이다(Luckasson et al., 2002). 역사적으로 20세기에 와서도 완전한 시민 자격과 처우에 대한 권리가 항상 전문가들의 관심을 끌지는 못했다(사건상자 8.3 참조).

지적장애가 일반적으로 그 개인과 사회 일반에 영향을 미치는 것이 분명한 것처럼, 가족들에게도 영향을 준다. 가족들의 특성은 매우 다양하고, 가족 구성원들에 대한 지적장애의 잠재적 영향 역시 그러할 수 있다. 4장에서 우리는 양육 및 지적장애와 관련된 몇몇 쟁점들을 논의하였다. 여기서 우리는 양육과 관련된 쟁점들과 지적장애 자녀를 둔 지적장애를 가지지 않은 부모들의 입장에 주로 초점을 둘 것이다. 우리는 또한 유아와 발달, 형제, 그리고 미래를 위한 계획과 관련한 관심사들을 다룰 것이다. 마지막으로, 우리는 성 관련 쟁점들, 결혼, 그리고 자녀 양육 등을 포함한 성인 지적장애인의 가족들에 관한 쟁점들을 점검할 것이다.

다시 생각해보기

일생에 걸친 처우에 대한 권리는 그 개인과 사회에 무엇을 의미하는가? 처우와 지원을 제공하지 않는 것이 갖는 시사점은 무엇인가? 거기에는 어떤 대가가 있을 것인가?

가족 특성

아마도 미국에서 가족과 관련해 가장 명심할 사실 한 가지는 '전형적인' 가족이 무엇인지, 혹은 그것이 어떠해야 하는지에 대해 가정하지 않는 것이다(Woolfolk, 2001). 지적장애 아동의 부모들은 다양한 경험과 배경을 가진 사람들이다. 가족들은 지적장애

구성원과 그렇지 않은 구성원 모두 서로 영향을 주고받는다. IDEA는 자녀의 교육계획과 활동에 부모의 참여를 의무로 규정하고 있다. 가족체계 그리고 학교, 가족, 성인서비스 제공자 사이의 협력에서 부모의 관심과 역할은 성공적인 성과를 거두는 데 주요한 영향을 미친다.

부모 관련 쟁점들과 관심사

가족 성과는 거의 모든 개인의 삶에서 중요하고, 확실히 지적장애인의 삶에서도 자주 중요하다. 가족 성과는 상호작용, 웰빙, 그리고 지원의 중심에 있다(AAIDD, 2012). AAIDD(2012)는 양질의 가족생활의 몇 가지 예들을 다음과 같이 제시하였다.

- 함께 시간 보내기, 서로 지원하기, 문제 해결하기
- 부모는 자녀를 돕고 가르치며, 자녀의 요구에 부응한다.
- 개인적인 흥미를 추구하고, 친구를 사귀고, 바깥에서 돕는다.
- 교육적 성장 기회와 고용 성장 기회
- 의료 서비스를 통해 신체적 웰빙을 유지하고, 여가와 레크리에이션 활동을 할 기회를 가진다.
- 충분한 가족 수입을 통해 경제적 웰빙을 경험한다.
- 지역사회 활동에 참여한다.
- 학교, 가정, 직장에서 지원을 받고, 서비스 제공자와 좋은 관계를 유지한다.

생활환경과 기타 변인들이 이러한 성과들에 영향을 미칠 때, 지적장애인과 그들의 가족은 부정적으로 영향을 받을 수 있다. 가족 구성원 중 지적장애인이 있다는 것은 (모두는 아니지만 몇몇 사례에서) 가족, 특히 양육자에게 영향을 미치는 것으로 알려져 있다.

가족 스트레스

호주의 한 연구에서, 가족 구성원들 중 지적장애인이 있는 가족들의 전반적인 삶의 질이 조사되었다(Rillotta, Kirby, Shearer, & Nettlebeck, 2012). 가족 건강, 경제적 웰빙, 가족관계, 다른 사람들의 지원, 관련 서비스 지원, 가치관, 직업, 여가, 레크리에이션의 영향과 같은 영역들이 조사되었다. 건강, 가족관계, 경제적 웰빙은 다른 사람들의 지원보다 좀 더 중요한 것으로 평가되었다. 가족관계, 건강, 가치관, 그리고 여가와 레크리에이션 또한 가족의 삶의 질을 측정할 때 중요한 영역으로 고려되었다.

Seltzer, Greenberg, Floyd, Pettee, 그리고 Hong(2001)은 장애 아동의 부모집단, 정신

건강에 문제를 가진 아동들의 부모집단, 그리고 일반 아동의 부모집단의 성과들을 비교하였다. 종단연구를 통해 자료가 수집되었고, 자료는 다양한 질문들로 구성되었다. 이 연구자들에 의하면, 참가자들은 처음에 비슷한 수준이었으나 18세 이후에는 웰빙과 성취의 정도가 서로 달랐다. 발달장애 아동의 부모들은 통제 집단의 부모보다 고용률이 낮았고, 더 큰 가족 형태를 가졌으며, 사회적 참여 수준이 낮았다. 두 집단은 중년기에 교육 수준과 결혼 상태, 신체 건강, 심리적 웰빙에 있어서 유사했다.

좀 더 최근에, Cramm과 Nieboer(2012)는 부모의 사회적 웰빙, 부모의 웰빙의 변화, 그리고 자녀의 사회적 웰빙의 변화가 지적장애인을 가진 가족 구성원의 삶의 질의 중요한 예측인자라는 것을 확인했다. 이와 유사하게, Faust와 Scior(2008)는 지적장애를 가진 가족 구성원이 정신건강 문제를 함께 가질 때 부모에게 광범위한 부정적인 결과가 나타난다고 그들이 기술하는 것을 확인했다. Baker, Blacher, Crnic, 그리고 Edelbrock (2002)은 3세 연령의 발달지체 아동 부모들과 일반 아동 부모들의 스트레스를 연구하였다. 이들에 의하면, 아동의 행동문제의 정도가 아동의 지체된 인지보다 부모에게 더 큰 스트레스를 주었다고 한다. 그런데, 발달지체 아동들의 경우 아동 행동문제에 대한 부모완성형 검사에서 심각한 문제들을 가졌음을 나타내는 점수들을 3~4배 더 보였다. 또한 지체아동의 부모들은 자녀가 가족의 스트레스와 가족의 재정에 부정적 영향을 미친다고 보고하였다. 이 부모들은 자녀에 대한 긍정적 느낌 또한 보고하였다(Baker et al., 2002).

부모, 가족 구성원, 지적장애를 가진 구성원의 삶의 질을 사정하는 것은 서비스 제공자가 가족의 스트레스와 가족에게 미치는 영향을 이해하는 데 중요하다.

지적장애 아동이 성장해 감에 따라, 부모는 계속해서 양육자로서의 역할을 하고 있는 자신을 발견할 수 있다. Yoong과 Koritsas(2012)는 그들의 연구 참가자들 중에서 지적장애를 가진 성인을 돌보는 것이 부모의 삶의 질에 부정적인 영향도 미치고 긍정적인 영향도 미친다고 보고했다. 가족이 스트레스를 받고 있을 수 있고 지적장애인뿐만 아니라 부모에 대한 유연한 지원을 제공하는 것이 모두의 삶의 질에 중요하다는 것은 다양한 나라의 연구에서 분명하게 나타나고 있다(Cramm & Nieboer, 2011; Faust & Scior, 2008; Yoong & Koritsas, 2012).

전반적으로 지적장애 아동의 부모들은 자녀와 관련된 스트레스를 경험하고 보고하고 있지만, 양육자로부터 긍정적인 영향과 다른 사람들의 지원 또한 보고하고 있는 것으로 나타났다. 또한 그간의 연구들은 부모가 경험한 스트레스 수준이 추측했었던 것만큼 매우 크거나 부모와 가족들을 쇠약하게 하지는 않는 것 같다는 결과들을 제시하였다. 이 결과들은 특히 중요하다. 왜냐하면 지적장애 아동의 부모로서의 역할은 다양하고 노력을 요하는 동시에 보상적일 수 있기 때문이다.

유아기 관련 쟁점들과 관심사

일반적으로 중도 장애 아동과 중복 장애 아동은 출생 전, 출생 시, 혹은 출생 직후에 조기 판별된다. 가족은 충격, 부인, 죄책감, 분노, 수치심, 우울증, 그리고 수용의 시기를 포함하는 슬픔의 주기들을 경험할 수 있다. 그러나 Westling과 Fox(2009)는 대부분의 혹은 많은 부모들과 가족들에게서 그런 주기를 예상하지 말라고 경고했다. 예를 들어, 이들은 중도 장애 아동을 가지게 될 때 개인적인 성장, 향상된 관계 및 대인 간 상호작용 기술, 철학적 가치의 강화와 같은 긍정적인 변화를 가질 수 있음을 언급했다(Westling & Fox, 2009).

Chapman, Scott, 그리고 Mason(2002)에 의하면, 어머니의 높은 연령과 낮은 교육 수준은 증가된 지적장애 위험과 관련된다고 한다. 그러나 저자들은 24만 7,000명이 넘는 피험자를 대상으로 한 3년 기간의 출생 코호트 연구에서 12년 미만의 교육을 받은 더 젊은 어머니들을 통한 출생이 지적장애의 가장 큰 비중을 설명하고 있다는 것을 확인하였다. 이러한 결과들에 의하면, 그 집단에 속하는 어머니들은 특히 예방/조기중재의 노력이 필요할 수 있다(Chapman et al., 2002).

우리는 4장에서 조기중재 프로그램들이 지적장애(혹은 지적장애 위험이 있는) 유아들에게 발달적으로 바람직한 혜택을 창출해 왔음을 논의하였다. 예방과 조기중재는 유아기와 관련된 매우 중요한 쟁점들로 보인다. 일반적으로 이러한 노력들은 아동에게만 초점이 맞추어지기보다 가족이 중심에 있어야 한다. 지적장애나 다른 장애를 가진 아동의 출생 혹은 진단과 관련된 스트레스 요인들은 명백할지라도, 이러한 스트레스 요인들은 부모, 가족, 그리고 아동 자신들에게 각기 다른 영향을 미치며, 많은 가족들에게 있어서는 중재되거나 경감될 수 있다.

형제자매와 다른 가족 구성원들이 영향을 받을 수 있지만, 지적장애 아동의 부모들은 가족의 적응에 있어 주요한 역할을 수행한다. 형제자매는 발달기에 중요할 뿐만 아니라, 지적장애인의 부모가 연로해지거나 사망 시 가장 주요한 양육자나 보호자가 될 수 있다(Turnbull, Turnbull, Erwin, & Soodak, 2006).

형제자매 관련 쟁점들과 관심사

Turnbull 등(2006)에 의하면, 장애인의 형제자매에 관한 연구들은 일반적으로 형제자매가 장애를 가진 가족 구성원들에 의해 어떻게 영향을 받는지 그리고 형제자매가 장애를 가진 가족 구성원에게 어떻게 영향을 주는지에 대하여 상반된 결과들을 제시하였

형제자매와 관련된 효과

형제자매의 영향과 형제자매에게 미치는 영향은 가족 크기, 출생 순위, 성, 대처 유형 등을 포함하는 많은 변수들에 달려 있다. 형제자매들에 대한 부정적 결과에는 당황, 죄의식, 고립과 외로움, 손실, 짜증, 증가된 책임감, 성취에 대한 압박 등이 있다. 그러나 여기서 재검토된 연구들과 Turnbull과 동료들의 연구에 의하면, 긍정적 결과 또한

나타날 수 있다. 그러한 것들에는 학교와 다른 활동으로 통합을 촉구하는 데 도움이 되는 것, 부모에게 학교에 관한 정보를 제공하는 것, 그리고 지역사회에서 기회를 제공하고 격려하는 것 등이 있다.

출처 : Turnbull, Turnbull, Erwin, & Soodak (2006).

다고 한다. 예를 들어, 일부 연구들은 장애인의 형제자매들에게 행동문제가 매우 흔하다고 제시한 반면, 다른 연구들은 유의한 관련성을 발견하지 못하였다. 유사하게, 일부 연구들은 형제자매들이 낮은 자존감을 가진다고 제시한 반면, 다른 연구들은 이에 대한 유의한 증거들을 밝혀내지 못하였다(Turnbull et al., 2006).

Grissom과 Borkowski(2002)는 54명의 청소년들을 대상으로 연구를 하였는데, 그중 27명은 장애를 가진 형제자매를 가지고 있었고, 나머지 27명은 그렇지 않았다. 두 집단 사이에는 자기효능감, 또래 경쟁력, 친사회적 행동과 공감적 행동에 대한 어머니의 태도와 모델링을 측정하는 자기완성형 질문지의 점수에서 유의한 차이가 없었다. 또한 연구 결과에 의하면, 가족들에 대한 사전 중재들은 어머니들이 장애인의 형제자매에게 미치는 영향을 더 잘 인식하도록 하는 데 초점을 두어야 한다고 한다(Grissom & Borkowski, 2002).

일반적으로 지적장애인이 사는 장소는 형제자매와 가족 구성원들에게 영향을 미칠 수 있다. Baker와 Blacher(2002)는 서로 다른 주에 위치한 세 곳의 대규모 중재 센터에 거주하는 사람들의 가족 구성원들을 대상으로 연구를 하였다. 이 연구의 대부분의 응답자들은 부모였고, 형제자매들은 소수의 응답자들을 대표하였다. 전반적으로, 응답자들은 중재 센터에 지적장애인을 배치한 후 잘 적응했음을 보고하였다. 대부분의 경우, 가족 구성원들은 계속해서 참여하였고, 양호한 건강 상태, 긍정적인 결혼생활, 그리고 비교적 낮은 스트레스와 적은 양육의 부담을 보고하였다(Baker & Blacher, 2002). 이러한 연구 결과에 의하면, 성인기 지적장애인을 보살피기 위한 계획은 다른 가족 구성원들에게 긍정적 영향을 미쳤다.

Sletzer, Krauss, Hong, 그리고 Orsmond(2001)는 지적장애인의 형제자매와 주거지 재배치와 관련한 결과들을 보고하였다. 대체로, 형제자매들은 주거 프로그램에 따라 지적장애인의 거주지를 재배치한 후 장래에 대하여 덜 걱정하였다. 또한 형제자매들은

재배치 이후 그들의 참여 수준이 증가했는데, 이는 지적장애를 가진 가족 구성원에 대한 장기 지원의 중요성을 의미하는 것이었다(Seltzer et al., 2001). 그러나 지역사회 자원에 목적을 둔 자금이 증가하고 더 큰 중재 시설에 대한 자금이 감소하면(Braddock et al, 2011), 더 많은 형제자매들이 지역사회 기반 생활, 직장, 그리고 여가 환경 지원 을 계획할 수 있게 된다.

지적장애인을 주거 프로그램 속으로 재배치하는 것은 가족 구성원들에게 몇 가지 긍정적인 변화를 제공할 수 있다. 일생에 걸친 지원을 계획하고 제공하는 것과 관련된 내용들은 IDEA에 담겨 있으며, 많은 가족들에게 있어 주요한 관심사이다.

계획 관련 쟁점들과 관심사

부모는 자녀들의 장래에 관심을 가진다. 우리가 방금 논의하였던 것처럼, 가족들은 사 랑하는 지적장애를 가진 자녀가 필요로 하는 지원에 관하여 오랜 기간 동안 걱정을 하고 부담을 느낀다. Seltzer, Greenberg, Floyd, Pettee, 그리고 Hong(2001)에 의하면, 지적장애인이 성장함에 따라 가족들에 의한 긍정적 성과와 바람직한 적응은 법 및 공 공 정책안들의 변화가 반영된 것일 수 있다는 것이다. 또한 Braddock 등(2011)은 공공 정책과 자금이 과거 10년 동안 덜 제한적인 생활 환경과 직업 환경으로 변화해 왔음을 언급하였다. 이러한 정책안들은 가족의 입장에서 볼 때 미래를 보다 밝게 해 줄 교육 기회와 고용 기회의 증가를 가져왔을 수 있다. 그러나 앞 장에서 우리는 보다 독립적 인 생활의 성취, 사회적 및 여가 생활의 만족뿐만 아니라 지적장애인의 고용에 관한 전반적 성과에 있어서 아직 갈 길이 멀다고 지적한 바 있다. 이러한 것들이 성취되기 위해서는, 개인의 인생 주기와 가족의 인생 주기에 따른 전환 계획이 매우 중요하다.

효과적인 계획에 영향을 미치는 요인들

Turnbull, Turnbull, Erwin, 그리고 Soodak(2006)은 가족들의 미래에 대한 생각과 계획 에 영향을 줄 수 있는 몇 가지 요인들에 대하여 다음과 같이 설명하였다. 첫째, 기대되 는 행동에 대한 '규준'이나 바람직한 모형이 거의 없다. 둘째, 성인기로 들어가게 되는 의식들(대학 입학, 결혼, 자녀 갖기)은 지적장애인들, 특히 중도 지적장애인들에게서는 흔하지 않다(Jordan & Dunlap, 2001). 학교와 지역(예 : 시골이나 고립된 지역)의 전환 계획 프로그램은 덜 효과적이거나 선택 가능성이 많지 않을 수 있다. 그러므로 전환계 획과 프로그래밍이 핵심적인 문제가 된다.

Blacher(2001)는 지적장애인들의 성공적인 전환을 위한 모형 하나를 제시하였다. 이 모형의 중요한 변인에는 개인 특성, 가족 웰빙, 가족 참여, 그리고 환경과 문화 등이 있다. 가족 웰빙은 부모와 다른 가족 구성원뿐만 아니라 지적장애 구성원(예 : 스트레스나 불안을 얼마나 경험하는지) 또한 포함해야 한다. 스트레스와 불안과 같은 부정적 영향과 더불어 삶의 전환기에 나타나는 긍정적 영향도 있을 수 있다. 전환과 장래계획에 영향을 미치는 개인 특성들에는 연령, 성, 신체 건강, 인지적 기능, 적응행동, 부적응행동, 그리고 정신건강 상태 등이 있다. 특히, 부적절한 행동과 함께 정신건강 문제들은 보다 큰 독립의 기회가 생길 때 문제를 일으킬 수 있다(Blacher, 2001). 성인들의 활동에 참여하는 데 필요한 연령에 적합한 기술들을 수행하는 데 있어서의 어려움은 많은 사람들, 특히 중도 장애인들에게 문제가 될 수 있다. 지적장애인들은 가족에게 더 오랫동안 의존할 수 있지만, 따로 '독립'할 수 있고 개인적인 삶을 개발할 수도 있다.

Bigby와 Fyffe(2009)은 지적장애인이 덜 제한적이고 더 지역사회 중심적으로 생활할 수 있도록 장기적인 계획을 세우고 즉각적이고 장기적인 지원을 제공하는 것은 중요하다고 주장하였다. McFelea와 Raver(2012)는 거주 시설이나 가정에서 생활하는 아동의 주 양육자 54명 모두가 가족의 삶의 질을 모범적이라고 평가하였다. 그러나 다양한 영역에서 가족의 삶의 질을 평가하는 데 있어서는 여전히 자녀가 가정에 살고 있는 가족들이 더 높게 평가했다. Blacher(2001)는 전반적으로 성인으로의 전환은 부모가 죽기 전에 이루어지는 편이 더 좋다고 주장한 다양한 연구들을 언급했다. 따라서 가족 참여는 전환기에 매우 중요하고, 그러한 전환이 시간이 지날수록 참여를 덜 하는 것으로 해석되어서는 안 된다고 지적하였다.

전반적으로, 가족의 역할과 상호작용은 지적장애인의 적응에 매우 긍정적인 영향을 미칠 가능성이 있다. 이러한 점에서, 우리는 가족 체계 내에서 지적장애인이 자녀인 경우의 가족을 살펴보았다. 다음 절에서 우리는 지적장애인의 성인기로의 성장과 특히 부모로서의 지적장애인의 역할과 관련된 쟁점들을 논의할 것이다.

성인 관련 쟁점들과 관심사

대부분의 지적장애인들이 경도의 장애를 가지고 있으며, 중도 장애인과 비교할 때 살아가는 동안 더 적은 지원과 덜 집중적인 지원을 요구한다는 점을 기억할 필요가 있다. 지적장애인들 또한 부모가 되고 자신의 가족을 갖게 된다. 그러나 Turnbull 등(2006)에 의하면, 다양한 가족 기능들 속에서 성인의 지위를 얻는 것이 장애인에게 항상 쉬운 일만은 아니라고 한다.

Jordan과 Dunlap(2001)은 성인기라 하는 것은 문화에 의해 정의되고, 단계에 따라 다양할 수 있으며(예 : 청년기, 중년기, 노년기), 종종 외현적 개념보다는 보다 숨겨진 개념을 의미할 수 있다는 것을 강조하였다. 성인기는 신체의 성숙으로 인식될 수 있다. 그것은 많은 중도 장애인들이 결코 성취할 수 없는 기능 혹은 능력의 한 수준으로 인식될 수 있다. 능력은 또한 환경과 그 환경 내의 영역에 따라 다르다. 성인기는 또한 사회문화적 관점에서 인식될 수 있다. 서구의 문화에서, 독립성, 자율성, 부모와의 신체적·정서적 분리는 성인기를 정의하는 데 도움이 되는 개념들이다(Jordan & Dunlap, 2001). 이 저자들은 투표, 집을 떠나 독립하는 것, 성적 동의(sexual consent), 결혼 등을 포함하는 성인기와 관련된 몇 가지 쟁점들을 요약하였다.

투표는 IQ와 관련 없이 중죄를 저지르지 않은 모든 시민들에게 주어지는 권리이다. 지적장애인들은 법원이 투표를 하지 못하도록 하지 않는 한 투표할 능력이 있는 것으로 고려되어야 한다. 투표의 권리를 행사하는 훈련은 지적장애인을 위한 시민교육의 일부여야 한다(Jordan & Dunlap, 2001).

또한 대학 캠퍼스에서 지적장애인에게 유용한 중등교육 이후의 프로그램 수가 많아졌다(Turnbull et al., 2006). 단지 장애인만을 위해 고안된 분리 학급, 분리 학급과 통합학급의 병행, 혹은 개별화된 우선권과 지원에 초점을 둔 지원 모형 등이 이러한 선택에 포함될 수 있다(Turnbull et al., 2006). Grigal, Hart, 그리고 Weir(2012)에 의하면, 2009년 현재 미국의 39개 주에는 지적장애인을 위한 프로그램이 149개 있다고 한다. 그러나 조사된 프로그램들은 제공되는 경험의 유형들이 매우 다양했다(Grigal et al., 2012). 따라서 소비자가 개인적으로 정보에 근거하여 참여 의사를 결정하고 그런 프로그램들로부터 바람직한 결과를 만드는 것이 중요하다.

집을 떠나 독립한다는 것은 그 개념에 있어 문화적 차이가 있기 하지만 종종 성인기와 관련된 하나의 의례라 할 수 있다. 전반적인 지원에 대한 요구뿐만 아니라 고용기회와 살 곳이 부족하다는 것은 지적장애인이 가족과 함께 살던 집을 떠나 독립할 기회를 제한할 수 있다(Jordan & Dunlap, 2001). 그러나 앞서 논의하였듯이, 집을 떠나 독립하는 것이 부모가 사망하기 전에 이루어진다면, 가족들의 스트레스를 경감시켜 줄 수 있다. 지원된 생활 프로그램들을 언제 어디서나 이용 가능한 것은 아니지만, 증가하고 있는 추세에 있다(Braddock et al., 2011).

결혼에 성인기임을 확인시켜 주는 것으로서의 역할이 나날이 감소하고 있지만, 여전히 많은 문화에서는 현저한 특징으로 여겨지고 있다. 정보를 바탕으로 의사결정을 내리는 능력이 결혼에 필수적이다. Jordan과 Dunlap(2001)은 중도 장애인을 포함한 지적장애인들의 결혼에 대한 허용 여부가 쟁점이 되어서는 안 되며, 관계 내에서 착취를 당하지 않도록 어떻게 안전 장치를 마련할 것인가가 쟁점이 되어야 한다고 주장하였다. 그러나 Watkins(2009)는 지적장애를 가진 여성들 중 80%와 지적장애를 가진 남성들 중 90%가 결혼을 하지 않았음을 언급했다. Watkins(2009)는 또한 지적장애인의 결혼을 관리하는 각 주의 법들이 다양할 수 있고 지적장애인의 많은 부모들이 자신의 성인 자녀에 대한 결혼할 권리를 알지 못할 수 있음을 강조했다. 일반적으로 지적장애인들, 특히 여성 지적장애인들은 관계 내에서 학대의 위험에 처해질 수 있다. 그러나 그들은 일반적으로 생각하는 것보다 사회적·성적으로 더 많은 것을 알 수 있다고 한다(Healy, McGuire, Evans, & Carley, 2009).

성적 동의는 어린 사람들을 위해 법적으로 보호를 받는다. 성행위에 대한 동의를 표시하는 개인의 능력을 보호해 주는 것이 더 이상 필요하지 않다고 사회가 고려하는 연령 또한 성인기를 나타내 주는 지표에 해당한다. 성적 동의 능력은 복잡하며, 거주지, 자율성 정도, 문화 등의 영향을 받는다(Jordan & Dunlap, 2001). The ARC와 AAIDD(2008)는 합동 연설문에서 "모든 사람은 성적 표현과 사회적 관계에 관해 선택할 권리를 가진다. 정도에 상관없이 지적장애나 발달장애가 있다고 해서 그 자체로 성과 관련된 권리들의 박탈을 정당화하지 못한다고 지적했다"(www.TheARC.org). Kennedy와 Niederbuhl(2001)은 미국심리학회(APA) 박사급 회원 305명을 대상으로 성적 동의에 대한 기준을 세우는데 있어 어떤 요인들이 고려되어야 하는지에 대한 조사를 실시하였다. 이 저자들은 일부 주에서는 성행위의 본질에 대한 이해능력, 행위로 인한 결과, 그리고 성행위에 대한 동의를 표시하는 것의 윤리적 차원들에 대한 이해가 기준으로 적용된다고 언급하였다. Kennedy와 Niederbuhl(2001)은 성행위의 본질에 대한 이해, 성행위의 결과에 대한 이해, 그리고 자기 자신을 보호할 수 있는 능력은 성행위에 대한 동의에 요구되는 최소한의 기준이라고 했다. 비록 지적장애인들의 성행위 출현율이나 발생률에 대한 자료가 부족하지만, 통합교육, 고용, 레크리에이션, 그리고 생활배치에 대한 기회가 증가된다면 성적인 행위를 할 기회 또한 증가될 것으로 보인다. 또한 지적장애 성인은 아동이 아니며 비장애 성인들과 마찬가지로 동일한 성적 느낌을 경험할 수 있다는 것을 이해하는 것이 중요하다.

성적 행동과 관련한 문제들은 큰 문제를 가져온다. 지적장애 아동은 성학대 위험에 놓여 있고, 성범죄자가 될 수도 있다. 성범죄자인 지적장애인들 중, 여성의 59% 이상이 어린 시절부터 성적으로 혹은 신체적으로 학대받아 왔다고 보고했다(Lindsay, Steptoe, & Haut, 2012). 영국의 또 다른 연구에서는 학대를 받아 의뢰된 지적장애인의 1/5이 성적으로 학대받아 의뢰된 여성 지적장애인의 2/3를 성적으로 학대했다. 마지막으로, 성적으로 활발한 사람이라면, 부모가 될 가능성 또한 존재한다. 지적장애인의 양육 관련 쟁점들과 관심사에는 비장애인과 유사하지만 또 다른 어려움들이 존재한다.

양육 관련 쟁점들과 관심사

우리는 지적장애인들이 보일 수 있는 문제가 되는 특성들과 강점들을 광범위하게 논의하였다. 이러한 문제 영역들은 삶에 적응하는 데 어려움들을 가져올 수 있다. 양육은 누구에게나 어려운 것이며 문제가 되는 영역들은 그 어려움을 가중시킬 수 있다. The ARC와 AAIDD(2008)는 공동성명에서 역사적으로 "지적장애인과 발달장애인에 대한 차별에는 자녀를 가지고 양육할 권리와 기회의 거부를 포함한다."고 진술했다(www.thearc.org). The ARC와 AAIDD는 또한 연구들이 많은 지적장애를 가진 부모들이 적절하면서 효과적인 지원이 제공된다면 성공적으로 자녀를 양육할 능력을 가질 수 있다고 보고하고 있음을 지적했다. 불행하게도 그런 지원 프로그램들은 거의 없다. 2011년에 The ARC는 지적장애를 가진 부모들이 학대나 방임을 하고 있는지 좀 더 면밀히 조사될 필요가 있다고 강조했다(www.thearc.org, 2011).

Lamont와 Bromfield(2009)는 미국, 호주, 독일, 네덜란드, 영국, 캐나다 등 많은 나라의 연구들을 재검토하여 다음과 같은 결론을 내렸다. 호주에서 지적장애를 가진 부모들은 그 나라에 살고 있는 전체 부모의 약 1~2%만을 차지하지만, 아동 보호와 소송 절차에서는 과잉 대표되었다. 양육 능력에 대한 보편적인 기준이 부족하기는 하지만, 양육 능력을 사정하는 것은 쟁점이 되고 있다. 결과적으로, IQ 검사가 과잉 강조될 수 있다. 유사하게, 양육의 어려움이 지적장애의 직접적인 결과라는 가정이 있을 수 있다.

아동 학대보다는 아동 방임이 법적 절차에서 더 많이 쟁점화되는 경향이 있다. 그러나 방임의 증거들은 종종 지적장애를 우선적인 근거로 제시한다. 지적장애를 가진 부모들이 자녀를 더 많이 방임하고 있다고 가정하는 것은 명확하지 않다. Lamont와 Bromfield(2009)는 지적장애를 가진 부모들과 그들의 자녀들이 그들을 성적으로 혹은 신체적으로 학대할 수 있는 가해자가 되기 쉽다는 것을 확인했다. 지적장애는 양육 스트레스의 원인 그리고 방임과 학대와 관련될 수 있는 또 다른 문제들에 기여할 수 있다. 그러나 지적장애를 가진 부모들이 약물남용이나 가정 내 폭력을 행사하는 부모들보다 더 많은 방임과 학대를 하고 있는 것 같지는 않았는데, 이는 보호 서비스로 의뢰된 경우가 많은 것이 그 이유인 것으로 보인다(Lamont & Bromfield, 2009). 이 저자들은 연구들이 지적장애가 양육에 악영향을 줄 수 있다고 보고하고 있지만, 법정과 보호 서비스 절차에서 "지적장애를 가진 부모가 적절하게 양육할 수 없을 것이라는 편파적이고 부정확한 믿음이 지적장애를 가진 부모의 자녀가 과잉 대표되는 데 기여한다"(p.16)고 주장했다. 마지막으로, Lamont와 Bromfield는 다음과 같이 진술하였다. "지적장애의 진단을 아동 학대와 방임 위험의 지표로 보기 어렵다. 지적장애를 가진 부모들은 동질 집단이 아니다"(p.17).

지적장애를 가진 부모들에 관한 허구/사실

허구 : 그들의 자녀 또한 지적장애를 가질 것이다.

사실 : 기질적 혹은 유전적 원인들에 의한 지적장애의 출현율은 일반 모집단의 그것과 유사했다. 그러나 경제적으로 빈곤한 부모들에게서 태어나는 아동들은 발달장애에 대한 보다 높은 위험을 가질 수 있다.

허구 : 지적장애를 가진 부모들은 비장애 부모에 비해 더 많은 자녀를 갖는 경향이 있다.

사실 : 지적장애를 가진 부모들은 동일한 수준의 사회경제적 지위에 있는 비장애 부모들과 자녀의 수가 비슷하다.

허구 : 지적장애를 가진 부모들은 적절한 부모가 될 수 없다.

사실 : IQ와 '더 나은' 양육 사이에는 직접적인 관련성이 존재하지 않는다. 비장애 부모들과 마찬가지로, 일부 지적장애인들은 훌륭한 부모이며 일부는 그렇지 않다. 양육을 잘하지 못하는 것은 효과적으로 양육하지 못하는 능력 때문이기보다는 양육하는 방법에 대한 교육이 부족하기 때문일 수 있다.

허구 : 지적장애인들은 양육기술을 학습할 수 없다.

사실 : 교육과 적절한 지원이 제공된다면, 지적장애인들은 양육기술을 학습할 수 있다.

출처 : Espe-Sherwindt & Crable (1993).

위 글상자는 지적장애를 가진 부모에 관한 역사적으로 공통된 허구와 사실들을 수집한 것이다. 당신은 선입견과 우려들이 오랫동안 있어 왔음을 알 수 있을 것이다.

지적장애 성인들은 성공적인 부모가 될 수 있다. 비록 어떤 문제나 어려움이 전혀 존재하지 않는다고 말한다면 비현실적인 이야기가 되겠지만, 반대로 생각하는 것도 잘못된 것이다. 그들에게 관계 확립, 정보를 제공하는 지원과 공식적인 지원, 자녀가 성장에 부합하는 양육기술, 부모교육, 자녀의 지역사회와 학교, 건강과 영양 상태 돌봄에 참여, 공익에 참여, 위기 개입, 그리고 동등한 법적 보호에 목적을 둔 다양한 서비스가 필요하다는 것이 사실이다(The ARC, 2001). 확실히 부모는 이 모든 서비스를 필요로 하지 않을 것이지만, 협력적인 체계는 바람직한 가정을 이룰 가능성을 향상시킬 것이다. 삶에서 성인기는 혼란스럽고, 흥분되며, 어려우면서도 보상적일 수 있다. 분명히 부모가 된다는 것은 그 개인, 가족, 사회에 영향을 미친다. 우리는 성인기로 성장하는 과정에서 몇 가지 문화의 잠재적인 영향들 또한 인용한 적이 있다.

다음 절에서, 우리는 지적장애의 다문화적 특성들에 대하여 논의할 것이다. 지적장애와 관련된 사회학적 요인들, 인구통계학적 요인들, 그리고 다문화주의와 교육과 관련된 요인들을 다룰 것이다.

다시 생각해보기

부모를 비롯한 가족 구성원들은 지적장애를 가진 가족 구성원이 유아기로부터 성인기에 이르기까지 어떻게 대처할 수 있는가? 당신은 지적장애를 가진 부모들이 자녀 학대나 방임에 대해 좀 더 면밀히 조사받아야 한다고 믿는가?

다문화적 특성

AAIDD(2010)는 지적장애를 정의하고 이해하는 데 있어서 문화의 중요성을 인식하였다. '차원 V : 맥락'은 그 조건의 다차원성에서 매우 중요한 요소 중 하나이다. 사회적 환경, 인종, 성, 대처 양식, 사회적 배경과 같은 환경적 요인들과 개인적 요인들이 맥락에 포함된다(AAIDD, 2012).

역사적으로, 소수집단은 특수교육 프로그램, 특히 경도 지적장애인을 위한 프로그램에서 과잉 대표되어 왔다. 3장에서 비차별적인 사정의 필요성이 역사적으로 그리고 현재의 맥락에서 논의되었다. 이러한 조항들은 역사적인 과잉 대표성을 없애는 데 필수적이다. 여전히 우리가 이러한 현상에 관해 배운 만큼 그 문제는 지속될 것이다. 이절에서 우리는 이러한 지속적인 문제와 관련된 몇몇 요인들 그리고 지적장애를 가진 사람들이 어떻게 영향을 받는지를 조사한다.

사회학적 그리고 인구통계학적 요인

역사적으로, 특수교육 프로그램에서 다양한 배경을 가진 학생들이 과잉 대표되는 쟁점은 잘 알려져 왔다. 미국 정부는 현재까지 주들이 IDEA에 의해 실시되는 프로그램의 과잉 대표 문제를 확인하는 데 도움이 되도록 안내지침을 발행해 왔다. 10여 년 전에 Oswald와 Coutinho(2001)는 미국 시민권리국이 특수교육에서 아프리카계 미국인과 아메리카 인디언계 학생들이 과잉 대표되는 것에 관해 수집한 자료들을 보고하였다. 그들에 의하면, 1980년에서 1994년 사이에, 시간이 지남에 따라 백인 학생들에 비해 이 집단 학생들의 비율이 감소하였지만, 이들 집단의 학생들이 경도 지적장애를 가진 것으로 계속해서 과잉 확인되었다고 한다. 역으로, 아시아/태평양의 섬 출신 학생들은 백인 학생들에 비해 과소 확인되었다. 정책가, 교육자, 옹호자 등은 이러한 결과가 나타난 이유에 대해 논의를 하였지만 과잉 대표 문제는 여전히 남아 있다. 그러나 이러한 현상에 영향을 미치는 기제들이 복잡하고 사회적 그리고 제도적 현상의 일부이기 때문에, 과잉 대표의 주요 원인에 대한 충분한 근거를 증명하는 연구가 필요하다(Skiba, Simmons, Ritter, Gibb, Rausch, Cuadrado, & Chung, 2008). 중요한 것은 과잉 대표 문제가 단지 특수교육만의 현상이 아니라 일반교육 교육과정, 학급경영, 교사 자질, 그리고 자원 불공평 등에서 인종 및 민족적 차이의 영향을 받을 가능성이 높다는 것이다(Skiba et al., 2008). 그러나 학교와 사회에서 지적장애인에게 영향을 미치는 것으로 보이는 많은 변인들이 규명되어 왔다.

빈곤의 영향

역사적으로, 빈곤은 특수교육 프로그램 배치를 위해 지적장애인을 판별할 때 인종적 차이를 설명할 수 있는 것으로 제안되어 왔다. 4장에서 우리는 빈곤과 관련 요인들 (예 : 영양실조)이 발달지체를 경험할 위험에 미치는 영향을 논의하였다. 더 많은 소수 집단 아동들이 빈곤 속에 살고 있으므로, 그들은 다른 아동들에 비해 더 높은 비율로 확인될 수 있다.

Birenbaum(2002)은 다양한 출처의 연구들을 검토하였고 빈곤과 아동기 장애 간에 연관성이 있음을 제안하였다. Fujiura와 Yamaki(2002)에 의하면, 1990년대에 빈곤이 증 가했고, 한부모 가정에 빈곤이 집중되었으며, 이러한 경향은 장애 아동의 실재에 의해 더욱 심화되었다.

인종 및 민족의 영향

Skiba, Poloni-Staudinger, Simmons, Feggins-Azziz, 그리고 Chung(2005)의 보고에 의하 면, 인종과 빈곤은 모두 특수교육 판별을 예측하는 것으로 나타났다. 이는 특히 아프 리카계 미국인 학생들과 경도 지적장애 범주 사이에서 나타났다. 그러나 빈곤은 인종 및 민족적 불균형을 설명하지 못했다. 차라리 인종과 민족은 판별 가능성을 예측할 때 각기 독립적으로 기여했다(Skiba et al., 2005). 같은 연구에서, 빈곤은 경도와 중등 도 지적장애인 범주 내에서 인종적 불균형을 확장시키는 것으로 보인다고 지적했다 (Skiba et al., 2005).

Blacher(2001)는 문화는 청소년의 성인기로의 성공적인 전환에 중요한 영향을 미칠 수 있다고 주장했다. Blacher는 대인 간의 지원(예 : 확장된 가족 지원), 서비스 지원 (예 : 이용 가능한 프로그램의 선택), 그리고 사회경제적 지위가 성공적으로 적응하는 데 중요한 역할을 수행한다고 지적하였다. 중요하다고 여겨지는 다른 요인들에는 소 수민족 가족의 성공적인 문화적 동화 그리고 종교적, 문화적 믿음과 실제들을 들 수 있다.

4장에서, 우리는 빈곤, 영양실조, 취약한 건강 관리, 조기중재와 교육 서비스의 결여 와 같은 변인들이 어떻게 지적장애로 판별될 위험에 영향을 미칠 수 있는지를 논의하 였다. 인종 및 민족과 성 또한 그러한 것들을 포함한 많은 다른 잠재적 변인들과 약간 의 상호작용 효과를 가지는 것으로 보인다. 하지만 그러한 상호작용이 어떻게 그리고 어느 정도로 일어나는지에 대해서는 다양한 의견들이 있다. 분명히, 이 영역은 계속적 인 연구와 조사가 절실하다.

Turnbull 등(2006)에 의하면, 문화라는 것은 인종 및 민족 이외에도 사회경제적 지위와 지리, 종교, 성적 취향, 장애 상태와 같은 요인들을 포함하는 광범위한 개념이라고 한다. 다양한 문화적 배경을 가진 가족들은 문제를 해결하는 방법에 관해서도 다른 생각들을 가질 수 있다. 몇몇 사례에서 다양한 배경을 가진 가족들은 차별의 역사 때문에 기관과 시설들의 실제를 신뢰하기 어려워할 수 있다(Turnbull et al., 2006).

Greenen, Powers, 그리고 Lopez-Vasquez(2001)는 유럽계 미국인 부모들과 문화·언어적으로 다양한 부모들이 자녀의 전환 계획에 참여하는 과정을 연구하였다. 유럽계 미국인 부모들에 비해 문화·언어적으로 다양한 부모들은 자녀에게 전환에 관하여 이야기하고, 자녀가 고등교육을 준비하도록 돕고, 자기의 장애를 돌보도록 가르치고, 자신들의 문화를 가르치고, 혼자서 교통기관을 이용하는 법을 가르치는 데 보다 큰 비중을 두었다. 흥미롭게도, 이러한 부모들은 학교-중심 계획에는 덜 참여하는 것으로 보고하였다. Turnbull 등(2006)은 의뢰, 사정, 판별과 같은 특수교육 절차들은 보다 유럽계 미국인 지향적이며, 궁극적으로 특수교육자들과 교육체계는 다른 인종적/문화적 가치체계에 의미를 두고 그 안에서 협력할 수단을 찾아야 한다고 주장했다.

교육적 요인들

Turnbull 등(2006)이 제기한 그러한 쟁점들 이외에도, 다른 많은 요인들이 다문화 사회 내에서 지적장애인에게 영향을 미치는 데 상호작용하고 있다. 우리는 지적장애인을 확인하는 데 있어 사회학적, 인구통계학적 경향을 논의하였으며, 영향을 미칠 수 있는 잠재적인 체계상의 편차를 언급하였다. 여기서 우리는 인종 및 민족과 교육체계 간의 전반적인 상호작용을 좀 더 밀접하게 조사한다.

Sullivan(2011)은 영어 학습자(ELLs)가 경도 지적장애 범주에서 과잉 대표된다는 것을 주 수준 자료 연구에서 언급했다. 흥미롭게도, 특수교육 대상자로 확인된 ELLs는 백인 학생들보다 학교에서 보내는 대부분의 시간 동안 일반교육에서 덜 배제되는 것 같다(Sullivan, 2011). 또한 Sullivan은 교육정책들은 인종 및 민족적 시각으로 과잉 대표성을 보려는 경향이 있을 수 있지만, 여기에 반드시 언어가 고려되어야 한다고 주장했다. 통합교육으로의 움직임은 12장에서 보다 폭넓게 논의된다. 그러나 다문화 사회에 적절한 서비스를 허용하지 않는 보다 큰 교육체계 내에 어떤 흐름이 있다는 것을 많은 저자들이 제시하였음을 지적할 필요가 있다. 학교 개혁을 위한 노력들은 입법부가 불평등을 거론하기 위해 시도하는 하나의 방법이다.

개혁 노력은 IDEA 개정을 포함하고 있다. 앞서 지적하였듯이, 연방법은 특수교육 내 거의 모든 학생들이 주와 지역 사정 프로그램들(보다 중증의 장애인들은 대안적 사정 프로그램을 통해 판별될 수 있다)에 참여하도록 하는 조항들을 주들이 제정하도록 요구하고 있다. 3장에서 논의하였듯이, 다양한 문화적 배경을 가진 학생들은 일부 표준화된 검사에서 주류문화의 학생들에 비해 낮은 수행 수준을 보일 수 있다. 또한 오랜 시간 동안 결과들이 조사되면서 지적장애인의 수행이 예상대로 평균 이하일 것이라고 예측할 수도 있다.

Ysseldyke와 Bielinski(2002)는 주 수준 사정 결과들의 경향이 어떻게 보고되고 재분류될 수 있는지를 연구하였다. 그들은 일반교육과 특수교육 학생들 사이의 집단 수행 격차 변화보다는 각 학생의 진전이 고려되어야 함을 강조하였다. 이와 같은 방식으로, 집단 성과보다는 개인에게 초점을 맞추게 될 것이다. 그러나 연방법은 그런 검사에서 교육적 수행에서의 차이에 대한 지속적인 관심으로 인해 학교들이 소수집단(예 : 아프리카계-미국인 학생, 히스패닉 학생, 그리고 장애 학생)의 성취 격차에 대해 보고하도록 요구하고 있다. 지적장애 학생들은 대안적 사정에 포함될 수 있는 반면, 하나의 집단으로서 그리고 잠재적으로 다양한 인종 집단의 구성원으로서 그들의 수행은 학교에 우선권이 주어진다. 개인, 지역, 주의 잠재적으로 낮은 검사 점수의 결과들이 어떤 성과들로 나타날지는 아직 명확하지 않다. 그것들은 배경에 상관없이 모든 학생들을 어떻게 공평하고 정당하게 대우해 줄 것인가와 개혁 노력에 대한 계속적인 논쟁을 불러일으킬 것이다.

문화적으로 다양한 배경을 가진 개인과 학교체계 사이의 상호작용에 영향을 미치는 또 다른 잠재적 요인은 교수 인력 자체의 인구통계학적 특성이다. 비율로 보았을 때 유색인종 학생들의 수에 비해 유색인종 교사들의 수가 더 적다.

Obiakor(2001)는 모든 학생과 함께 할 교사를 준비시키는 하나의 수단으로서 교사 훈련에서 다문화 교육의 활용은 논란을 불러일으키고 있다는 것을 지적하였다. Obiakor는 다문화 교육의 옹호자들은 그것이 교사 교육 프로그램을 평등하게 하는 효과를 가지는 반면, 반대자들은 그것이 분열적이고 불화를 가져온다고 주장했다. Obiakor는 교

전형적인 교사?

Sadker와 Sadker(2003)에 의하면, 미국 학교의 전형적인 교사는 16년 경력을 가진 44세의 백인 여성이다. 교사 중 단지 9%만이 아프리카계 미국인이며 히스패닉계는 4% 이하이다. 약 85%의 교사들이 백인이다. 중등교사의 40%가 남성이지만, 교사의 약 75%는 여성이다. 반대로, 약 65%의 학교장과 90%의 교육감들이 남성이다. 특수교육 분야는 교사 부족이 지속되고 있고, 이는 성과 인종적 차이를 가속화하는 경향을 나타낼 수 있다. 대대수의 교사들이 다양한 배경을 가진 학생들을 가르칠 준비가 적절하게 되어 있는지에 대한 우려가 제기되고 있지만, 이러한 인구통계학적 특성이 미칠 영향은 명확하지 않다.

사 교육 프로그램을 위해 다양한 배경을 가진 개인들을 확인할 필요가 있으며, 교사가 학급에서 양질의 교육과 평등한 교육 모두를 제공할 수 있도록 준비시킬 필요가 있음을 강조하였다. 비슷하게, 교수들은 특수교육에 현존하는 인종적 차이를 설명하는 수단으로서 좀 더 문화적으로 반응적인 교육체계를 주장했다(Klingner, Artiles, Kozleski, Harry, Zion, Tate, Duran, & Riley, 2005).

마지막으로, 미국의 전반적인 인구통계학적 특성은 학교의 다문화적 특성과 교육체계가 반응하는 방식이 변화시킬 것 같은 그런 방식으로 변하고 있다. 지적장애인은 전체 인구에서 상대적으로 낮은 퍼센트를 차지하지만, 그것이 미치는 영향은 아주 크다. 그것은 사회, 개인의 적응, 가족의 기능, 사법체계, 교육정책과 개혁에 영향을 미친다. 비용은 적합한 중재와 교육의 제공과 관련된다. 분명히 비용은 중재 선택의 결여와 방임과도 연관된다.

지적장애는 모든 문화, 인종, 사회경제·교육적 계층, 종교, 그리고 지리학적 상황에서 나타나는 하나의 조건이다. 사회의 모든 집단은 이러한 개인들의 성과에서 이해관계자가 된다. 21세기가 진행됨에 따라 변화가 있음은 분명하지만 그 변화의 방향과 혜택은 아직 두고 보아야 할 것이다.

다시 생각해보기

당신이 생각하기에, 특수교육 대상자로 확인된 그리고 특히 지적장애를 가진 것으로 확인된 사람들에게 인종과 문화는 어떤 영향을 미친다고 보는가? 당신은 과잉 대표의 증거를 보았는가? 당신은 학교에서 문화적·언어적 다양성을 위험 요인이라기보다는 이점으로서 보려고 하는가?

요약 체크리스트

사회적 특성

✓ 개인의 권리를 행사한다는 것은 종종 그 개인이 동의를 표시할 능력이 있음을 의미한다.

✓ 권리들은 법원이 후견인을 지정함에 따라 약화될 수 있다.

➢ **후견인제는 장애인이 동의를 표시할 능력이 없다고 누군가 주장할 때 법원이 취하는 조치이다.**

✓ 성인기가 되면 한 개인은 동의를 표시할 능력이 있는 것으로 가정된다. IDEA는 학생들이 성인기에 자신의 권리를 알아야 한다고 규정하고 있다.

✓ 지적장애를 가진다는 것은 반드시 동의를 표시할 능력이 없음을 의미하지는 않

는다.

✓ 지적장애인은 사법체계와 상호작용을 가져야 한다.

✓ 지적장애인은 비장애인보다 더 많이 범죄의 희생자가 되는 경향이 있다.

✓ 사법체계 내에서, 지적장애인은 증인으로 취급되지 않거나 증언의 기회가 박탈될 수 있다.

✓ 범죄로 기소된 지적장애인은 절차의 시작 단계부터 법적 지원을 받아야만 한다.

✓ 지적장애를 가진 많은 범죄자들은 성적 학대나 신체적 학대를 경험해 왔다.

✓ 처우(혹은 지원)는 일생에 걸쳐 요구될 수 있다.

✓ 일생에 걸친 처우에 대한 권리는 법적으로 제정되어 왔다.

✓ AAIDD는 개별화된 지원 계획을 수립했다.

✓ 지원의 유형과 수준을 결정하기 위해서는 관련된 지원 영역을 확인하고, 각 기능 영역에서 관련된 지원 활동을 확인하며, 지원의 수준이나 강도를 평가한다.

> **인간중심계획 – 원칙은 다음과 같다. 개인이 계획의 가장 중요한 부분이 된다. 가족, 친구, 가까운 타인들 또한 참여해야 한다. 장애만이 아닌 그 개인의 능력, 재능, 열망이 고려되어야 한다. 그리고 공식적인 유료 서비스뿐만 아니라 지역 서비스와 비공식적 서비스를 포함하는 포괄적인 서비스를 제공하는, 보다 폭넓은 접근이 사용되어야 한다.**

✓ 아동이 어디에 사는지는 지원의 빈도와 유형 면에서 지원 체계에 영향을 미칠 수 있다.

✓ 서비스 제공에 사용되는 재정은 현재 지역사회 기반 지원에 좀 더 초점이 맞춰졌다.

가족 특성

✓ 장애의 실제 원인이 다른 요인 때문이거나 그 원인을 모를지라도, 역사적으로 볼 때 부모는 아동이 가진 장애의 원인으로 인식되어 왔다.

✓ 장애인의 부모는 일반적으로 아동의 교육과 중재에 참여하길 원한다.

✓ 부모들은 아동 특성, 특히 문제행동과 관련된 스트레스를 경험할 수 있다.

✓ 부모들은 지적장애 자녀를 양육하는 것과 관련된 스트레스뿐만 아니라 긍정적 느낌들도 보고한다.

✓ 초기 아동기는 대부분의 지적장애인과 가족들에게 아주 중요한 시기이다.

✓ 사회경제적 지위, 어머니의 스트레스, 연령, 교육, 조기중재 서비스, 그리고 기타 요인들은 아동의 발달과 가족의 적응에 영향을 준다.

✓ 조기중재 서비스는 단지 아동에게만 초점을 두기보다는 가족 중심적이어야 한다.

✓ 지적장애인의 형제자매에 관한 연구는 형제자매에게 미치는 영향에 관한 상반된 결과들을 가져왔다.

✓ 형제자매와 다른 가족 구성원들은 지적장애인이 시설 프로그램에 배치된 후 적응을 잘한 것으로 보고되었다.

✓ 형제자매의 영향과 형제자매에게 미치는 영향은 가족 크기, 출생 순위, 성, 대처 유형과 같은 많은 변인들의 영향을 받는다.

✓ 일생에 걸친 계획은 대부분의 가족들에게 주요 관심사이다.

✓ 미래에 대한 계획과 전망은 예측된 행동의 모델들이 더 적고, 성인기 의례(예 : 결혼)가 덜 빈번히 발생할 수 있으며, 전환 계획이 충분한 선택을 제공하지 못할 수 있음에 영향을 받을 수 있다.

✓ 전환 계획과 프로그래밍은 매우 중요하며, 개인의 특성, 가족의 복리, 가족의 참여, 환경과 문화를 고려하여야 한다.

✓ 지적장애인을 위한 성인기의 정의는 신체적 성숙과 기능 혹은 능력의 수준을 포함한 몇 가지 형태가 있을 수 있다.

✓ 지적장애인은 성인기의 의례를 행하고 성인기의 권리를 가져야 하며, 이를 격려받고 배워야 한다.

✓ 투표-일반적으로, 지적장애인은 투표할 자격이 있으며 그 과정을 배워야 한다.

✓ 독립하기-더 늦게 그리고 더 오래 걸릴 수 있지만, 많은 지적장애인은 이미 원가정에서 독립하여 살고 있다. 이것이 성인기 의식을 나타내는지는 문화의 영향을 받을 수 있다.

✓ 결혼-현재는 성인기에 덜 요구되고 있지만, 지적장애인도 가능해야 한다. 학대와 착취로부터 보호될 필요가 있다.

✓ 성적 동의-복잡한 개념으로, 한 연구에 의하면 최소한 개인은 성적 행동의 본질을 이해해야 하고 자기 자신을 보호할 수 있어야 한다.

✓ 연구에 의하면, 지적장애인은 사회적·성적 지식을 가져야만 한다.

✓ 지적장애인은 부모가 되고 자신의 가정을 가질 수 있다.

✓ 82명의 지적장애를 가진 어머니들은 전반적으로 스트레스를 받고 있었고, 자녀 연령과 붐비는 환경에서의 생활과 관련한 스트레스를 확실히 가지고 있었다.

✓ 저자들에 의하면, 지적장애를 가진 부모에 관한 미신이 존재한다. 지적장애를 가진 부모는 지적장애 자녀를 낳을 것이다, 장애가 없는 부모에 비해 더 많은 자녀를 가질 것이다, 적절한 부모가 될 수 없다, 그리고 양육 기술을 배울 수 없다 등이다.

✓ 정부 보조 양육 프로그램은 자녀를 키울 때 교육과 지원을 제공한다.

✓ 지적장애는 가난한 사람들에게서 보다 빈번히 발생하기 때문에, 많은 젊은 여성들은 최적 환경이 아닌 곳에서 자녀를 키우고 있는 자신을 발견할 수 있을 것이다.

✓ 조기중재 프로그램을 통해 양육기술을 가르칠 수 있으며, 학대 혹은 방임의 위험을 줄일 수 있다.

다문화적 특성

✓ 문화는 지적장애의 다차원성을 정의하는 AAIDD의 '차원 Ⅴ : 맥락'의 한 일부이다.

✓ 맥락은 즉각적인 사회적 환경, 이웃, 지역사회, 혹은 서비스나 지원을 제공하는 기관들, 그리고 문화적, 사회적 믿음을 의미한다.

✓ 다양한 인종 및 민족적 배경을 가진 개인들의 과잉 대표는 특수교육에서 하나의 문제로 남아있다.

✓ 사회학적 그리고 인구통계학적 요인들은 인종 및 민족과 빈곤, 그리고 기타 관련 요인들을 포함한다.

✓ 아프리카계 미국인 남성들은 특히 특수교육에서 과잉 대표되고 있다.

✓ 문화 그리고 관련된 믿음과 가치는 전환과 적응에 영향을 줄 수 있다. 연구에 의하면, 문화·언어적으로 다양한 부모들은 자녀의 전환을 준비시키는 데 분명히 참여한다고 한다.

✓ 문화는 지리적 조건, 종교, 성적 취향, 그리고 장애 상태를 포함하는 광범위한 관점에서 생각되어야 한다.

✓ 다른 문화를 가진 가족은 문제를 해결하는 방법에 대해 다른 관점을 가질 수 있다.

✓ 교육적 요인들은 또한 사회의 다문화적 특성과 상호작용한다.

✓ 학교 개혁 노력-IDEA는 장애 학생들이 주와 지역의 사정 프로그램에 참여하도록 하는 조항을 요구한다. 일부 연구자들은 집단 수행보다는 시간에 따른 개인의 진전에 초점을 맞출 것을 강조한다.

✓ 교수 집단의 인구통계학적 특성-대부분의 교사들은 백인이며, 대부분의 학교 행정가들은 남성이다. 인종·문화적 소수집단 출신의 교사들은 대표성이 떨어진다. 교사가 될 준비를 하는 사람들에 대한 다문화 교육은 논란이 있지만 도움이 될 것으로 보인다.

✓ 미국의 전반적인 인구통계학적 특성-인구 특성은 변화하고 있다.

✓ 영어 학습자-영어 학습자들은 어려움을 나타내며, 그들이 특수교육에서 과잉 대표되기 때문에 그들을 어떻게 교육시키는 것이 최선인지 논란을 일으킨다.

추가 제안/자료

토론

1. 지적장애인들이 사회와 사법체계 내에서 어떻게 취급되어야 한다고 생각하는가?
2. 지적장애인이 부모로서 직면하게 될 어려움에는 어떤 것이 있다고 생각하는가?
3. 미국과 다른 나라들의 인구통계학적 특성의 변화는 이후 교육체계에 어떤 영향을 미칠 것인가?

활동

1. 후견인제와 관련된 쟁점들에 관해 지역의 변호사, 판사, 혹은 성인 서비스 제공자와 인터뷰를 하라. 다음과 같은 질문을 하라. 지적장애인의 후견인 필요 여부는 어떻게 결정되는가? 절차는 어떻게 이루어지는가? 누가 지정될 수 있는가? 후견인은 어떤 역할을 수행해야 하는가? 지적장애인의 삶에는 어떤 영향을 미칠 것 같은가?
2. 사법체계 내에서 일하는 사람과 인터뷰를 하라. 다음과 같은 질문을 하라. 지적장애인이 범죄의 희생자가 된다면 어떻게 될까? 지적장애인이 범죄로 기소된다면 어떻게 될까? 지적장애인이 누군가의 재판에서 증인이 된다면 어떻게 될까? 사법체계는 지적장애인을 공정하게 취급하는가? 재소자들 중 어느 정도가 지적장애 혹은 다른 장애(예 : ADHD, 학습장애)를 가지고 있다고 믿는가?
3. 지역의 학군을 조사하라. 그 학군에 있는 교사, 행정가, 학생의 인구통계학적 특성은 어떠한가? 집단 간에 성과 인종/문화적 차이가 있는지를 살펴보라. 만약 있다면, 다양한 가족 배경을 가진 지적장애인에게 어떤 함의가 가능한지 논의하라.

인터넷 자료

http://www.beachcenter.org/
Beach Center는 "캔자스대학교(KU)에 있는 Schiefelbusch Institute for Life Span Studies (LSI) 및 특수교육과와 제휴하고 있다." 이 웹사이트는 장애를 가진 구성원이 있는 가족들에 관한 다양한 정보들을 제공한다. 가족을 이해하고 가족에 관한 지식을 쌓는 데 도움이 되는 많은 정보원들과 자료들이 있다.

www.tash.org
이 옹호 단체는 중도 장애인들이 중심이 된다. Advocacy and Programs link에는 다양한 배경을 가진 사람들에 관한 정보, 다른 단체와 링크에 관한 정보, 그리고 다양한 장애 집단에 관한 정보가 있다.

http://nichcy.org/families-community

National Dissemination Center of Children with Disabilities는 지적장애 아동의 가정에 특히 도움이 되는 정보를 제공한다. 장애에 관한 기초적인 정보, 가족에게 유용한 서비스들, 그리고 다른 단체와의 링크들을 담고 있다.

제4부

교수적 고려사항

제9장

교수적 사정

요점

> **다차원적 특성** - 기능적 교육 사정을 계획하고 실행할 때 학생의 연령과 장애의 정도를 고려하는 것은 중요하다.

> **비공식적 사정 : 교수적 의사결정** - 이러한 목적을 위한 기법들에는 준거참조 검사와 준거참조 교육과정중심 사정이 있다.

> **비공식적 사정 : 진전도 모니터링** - 이러한 목적을 위한 기법들에는 관찰, 포트폴리오 사정, 그리고 교육과정중심 측정이 있다.

> **조절 및 대안적 사정** - IDEA는 모든 학생들이 주 단위 및 지역 단위 사정에 참여하거나 보다 적절한 대안적 사정을 받아야 한다고 규정하고 있다.

> **기능적 기술 영역 사정** - 사정 영역에는 독립생활 기술, 의사소통 기술, 사회적 기술, 기초학습 기술, 직업 준비/직업 기술, 그리고 지역사회 생활 기술이 있다.

다차원적 특성

지적장애인의 교육적 요구를 사정하는 것은 많은 계획과 조정을 요하는 매우 복잡한 과정이다. 장애의 정도와 개인의 연령과 같은 쟁점들은 사용되는 사정 절차, 도구, 그리고 기법에 영향을 미친 것이다. 한 가지 매우 중요한 사실은 사정이 **기능적**이고 **실용적**이어야만 한다는 것이다. 즉, 어떤 기술들이 가장 높은 수준의 독립성으로 이끄는지에 대한 사정에 초점을 두어야 한다. 예를 들어, 중증 지적장애를 지닌 나이 든 사람들이나 어린 아동들을 사정할 때, 먹기, 옷 입기, 그리고 용변 처리와 같은 독립생활 기술들에 초점을 두는 것이 적절하다. 더 나이가 든 지적장애인들을 사정할 때는 지역사회 생활 기술들과 취업 능력 기술들이 포함될 것이다. 어떤 지적장애 학생들에게는 기초학습 기술 영역들에 대한 보다 전통적인 사정이 적절할 것이다. 사정에 포함되어야만 하는 영역들에는 의사소통 및 사회적 기술들이 있다. 다음 장에서 논의된 것처럼, 이러한 기술들은 자주 교육 프로그램 구성의 대상이 되는 아주 중요한 기술들이고, 따라서 이러한 영역들에서의 사정이 간과되어서는 안 된다.

사정될 기술들을 확인하는 것과 더불어, 그러한 기술들을 사정하는 데 사용되는 기법들 및 절차들을 확인하는 것 또한 중요하다. 몇 가지 기법들[예 : 규준참조 검사(norm-referenced test, NRT)의 사용]은 관심을 가지고 선택한 기술 영역에 특화되어 있을 수 있다. 예를 들어, 몇몇 NRTs들은 학습 기술에 대한 교수적 정보를 제공하는 데 사용되는 반면, 다른 NRTs들은 사회적 기술들에 대한 정보를 제공한다. 교수적 의사결정을 돕는 데 사용되는 다른 기법들은 하나 이상의 기능적 기술 영역들에서 사용될 수 있다. 몇 가지 기법들은 거의 모든 영역들에서 교수적 정보를 수집하는 데 사용될 수 있다. 여기에는 준거참조 검사와 교육과정중심 사정 등의 많은 비공식적 사정 절차들이 있다. 교수적 사정의 또 다른 중요한 측면은 진전도 모니터링 혹은 교수 프로그램의 효과 결정하기이다(11장에서 진전도 모니터링에 대해 보다 상세하게 다룬다). 이러한 목적에 유용한 비공식적 기법들로는 관찰, 포트폴리오 사정, 그리고 교육과정중심 측정 등이 있다. 실제로, 이러한 비공식적 사정 절차의 대다수는 교수적 의사결정 및 진전도 모니터링 모두에 사용될 수 있다.

교수적 사정과 관련된 마지막 관심사는 장애 학생들을 포함한 **모든** 학생들이 대규모로 시행되는 책무성 사정(예 : 지역 단위 혹은 주 단위의 사정 프로그램)을 받아야 한다는 법적 규정이다. 이러한 규정은 더 많은 교육적 개혁이 모든 학생들에게 큰 비용이 드는 검사를 요구하고 있기 때문에 적재적소에서 이루어져야 하지만, 최근에 이러한 검사의 의도되지 않은 부정적인 결과가 나타났을 때 주목을 받았다(Bouck, 2013; Brady, Duffy, Hazelkorn, & Bucholz, 발행 중). 이러한 규정의 중요한 구성요소는 장애 학생들에게는 검사 조절(accommodations)이 허용되어야 한다는 조항이다. 더욱이 이는 조절이 허용된 상태에서조차 정규 사정 프로그램에 참여하는 것이 부적절할 때는 **대안적 사정 절차**가 사용되어야 한다고 요구하고 있다.

교수적 의사결정 및 진전도 모니터링에 사용되는 비공식적 사정 절차들은 다음에 논의될 것이고, 이는 모든 검사 프로그램에 장애 학생들을 포함시켜야 한다는 법적 규정에 대한 정보가 다루어질 것이다. 마지막으로, 특정 기능적 기술 영역들에 적절한 절차들에 대한 논의가 제시될 것이다.

지적장애인의 교육적 사정이 기능적이어야 한다는 것이 그렇게 중요한 이유는 무엇인가?

비공식적 사정 : 교수적 의사결정

준거참조 검사

준거참조 검사(criterion-referenced test, CRTs)는 어떤 특정 기술(들)이 교수의 대상이 되어야 하는가에 관한 정보를 제공하는 데 특히 유용하다. 규준참조 검사와는 달리, 준거참조 검사는 개인의 수행을 다른 사람들의 수행과 비교하지 않는다. 오히려 이 검사들은 한 개인이 무엇을 아는지와 모르는지, 혹은 무엇을 할 수 있는지와 할 수 없는지에 관한 더 구체적인 정보를 준다. 예를 들어, 어떤 학생이 *Battelle Developmental Inventory*(규준참조 정보)의 하위 영역인 섭식에서 67점의 표준점수를 얻었다는 것을 아는 대신, 다음과 같은 유형의 구체적인 정보를 확인할 수 있다. (1) 이 학생은 혼자서 숟가락을 사용할 수 있다, (2) 이 학생은 혼자서 포크를 사용할 수 있다, (3) 이 학생은 버터나 잼 등을 펴서 바르기 위해서는 칼을 사용할 수 있지만 무엇인가를 자르기 위해서는 사용하지 못한다(준거참조 검사). Gronlund(1998)는 두 가지 유형의 검사를 구분했다. 예를 들어, 규준참조 검사들은 보통 각 영역당 소수의 항목들로 상당히 넓은 범위의 영역들을 다루고 있으나, 준거참조 검사들은 보통 각 영역당 다수의 항목들로 더 제한된 범위의 영역들을 측정하고 있다.

　준거참조 검사들은 교육 목표에 대한 구체적인 정보를 제공하는 데 특히 유용하고, 교사가 제작하거나 상업적으로 판매되는 것을 사용할 수 있다. 각 유형은 장단점을 지닌다. 교사제작 검사는 더 많은 융통성이 있고, 특정 학생에게 주어진 기술에 대해 구체적으로 구성될 수 있다. 그러나 교사제작 검사들은 만드는 데 시간이 걸린다. 상업적으로 판매되는 검사에 교사가 사정하고자 하는 기술 영역들이 포함되어 있다면, 이를 활용하는 것이 시간을 절약할 수 있다. 실제로 상업적으로 판매되는 많은 준거참조 검사들에는 교사가 선택할 수 있는 수백 가지의 기술 영역들(계열)이 있다. 그러나 이러한 선택이 신중하게 이루어져야 하고 학생의 요구에 맞아야 하는 것이 중요하다. 상업적으로 판매되는 검사들은 보통 준거참조 목록들(criterion-referenced inventories, CRIs)이라 불린다는 점에 유의해야 한다. 더욱이 준거참조 목록들은 어떤 연령이나 학년 수준에서의 특정 기술들을 측정하기 위해 고안되었다. 이러한 목록들의 구체적인 사례들은 이 장의 기능적 기술 영역 사정 절에서 다루어질 것이다. 교사제작 검사는 대상이 되는 기술 영역에서 개발될 수 있으므로, 다음에서 더 상세하게 논의할 것이다.

교사제작 검사

교사제작 준거참조 검사를 개발하는 데 있어 첫 번째 단계는 측정될 기술 영역들을 분명하게 정의하는 것이다. 이는 대상자에게 적절한 장기목표(들)(예 : IEP의 장기목표들)를 확인하는 것으로 성취될 수 있다. 다음 단계는 구체적인 목표들을 확인하는 것이다. 구체적인 목표들을 확인하는 한 가지 방법은 **과제 분석**(task analysis)을 이용하는 것인데, 이는 하나의 과제를 완수하는 데 요구되는 기술의 필수적인 구성요소들인 행동들을 확인하고 계열화하는 것을 의미한다(Taylor, 2003). 예를 들어, '받아올림이 없는 두 자리 수의 덧셈'을 학습목표로 가정해 보자. 이 장기목표의 필요조건인 다섯 가지 단기목표들을 확인할 수 있다(표 9.1 참조). 단기목표들을 확인한 후, 다음 단계는 검사 항목들을 개발하는 것이다. 예를 들어, 표 9.2에 있는 것과 유사한 학습지를 만들 수 있는데, 여기에는 각 단기목표에 상응하는 항목들이 포함되어 있다. 네 번째 단계는 수행의 기준(숙달 준거)을 결정하는 것이다. 교사는 학생이 해당 단기목표의 숙달 정도를 나타내기 위해 각 단기목표에서 제시된 문제의 90% 수준(10문제 중 9문제)에서 정반응할 필요가 있다고 결정할 수 있다. 마지막으로, 검사를 실시하고 채점하며 해석한다.

준거참조 검사가 다음의 결과로 나타났다고 가정해 보자.

단기목표 1 : 100%
단기목표 2 : 90%
단기목표 3 : 50%
단기목표 4 : 0%
단기목표 5 : 실시되지 않았음
장기목표 : 실시되지 않았음

표 9.1 과제 분석에 근거한 단기목표들

단기목표 1 : 합이 10 이하인 2개의 덧셈 문제에서, 학생은 정반응할 것이다.
단기목표 2 : 합이 10 이상인 2개의 한 자리 수 덧셈 문제에서, 학생은 정반응할 것이다.
단기목표 3 : 합이 10 이하인 3개의 한 자리 수 덧셈 문제에서, 학생은 정반응할 것이다.
단기목표 4 : 합이 10 이상인 3개의 한 자리 수 덧셈 문제에서, 학생은 정반응할 것이다.
단기목표 5 : 받아올림이 없는 두 자리 수와 한 자리 수 덧셈 문제에서, 학생은 정반응할 것이다.
장기목표 : 받아올림이 없는 2개의 두 자리 수 덧셈 문제에서, 학생은 정반응할 것이다.

표 9.2 단기목표들에 따른 검사 항목들

단기목표 1

1.	2.	3.	4.	5.	6.	7.	8.	9.	10.
1	2	3	4	2	5	7	1	6	5
+5	+2	+2	+4	+1	+2	+2	+8	+2	+1

단기목표 2

1.	2.	3.	4.	5.	6.	7.	8.	9.	10.
9	3	4	5	4	8	7	7	9	7
+9	+8	+9	+8	+9	+4	+6	+8	+8	+9

단기목표 3

1.	2.	3.	4.	5.	6.	7.	8.	9.	10.
1	1	2	3	4	3	3	3	2	1
2	4	2	2	1	4	3	1	2	3
+1	+3	+4	+1	+2	+2	+3	+3	+1	+1

단기목표 4

1.	2.	3.	4.	5.	6.	7.	8.	9.	10.
8	6	4	5	7	9	3	2	1	5
6	4	5	7	9	3	4	5	9	6
+4	+5	+7	+9	+3	+2	+6	+8	+7	+4

단기목표 5

1.	2.	3.	4.	5.	6.	7.	8.	9.	10.
92	53	40	36	62	91	54	41	13	85
+6	+5	+9	+2	+5	+8	+4	+7	+3	+1

장기목표

1.	2.	3.	4.	5.	6.	7.	8.	9.	10.
51	33	95	47	89	42	64	56	18	20
+48	+26	+14	+32	+10	+37	+25	+43	+81	+69

이러한 결과들은 그 학생이 단기목표 1과 2는 달성하였지만, 단기목표 3에 대해서는 어려움을 보이고 있으며, 단기목표 4는 과제수행 방법을 모르고 있음을 보여 준다. 단기목표들은 계열적이고, 단기목표 5와 장기목표의 선수 기술인 단기목표 4에서 정반응이 없기 때문에, 단기목표 5와 장기목표의 항목들은 실시되지 않았다. 그러므로 합이 10 이하인 3개의 한 자리 수 덧셈에 대한 연습이 교수 프로그램에 구체화되어야 하고, 학생은 장기목표를 실제로 달성하기 위해 두 자리 수와 한 자리 수 덧셈의 개념을 배워야 할 필요가 있을 것이다. 이러한 준거참조 검사에 대한 정보는 규준참조 검사의 결과(예 : 학생은 수학 연산에서 표준점수 78점을 얻었다)보다 무엇을 가르칠 것인가에 대한 훨씬 더 정확한 정보를 제공한다. 교사제작 준거참조 검사의 또 다른 이점은 보통 계열적인 순서로 교수되는 어떠한 기술에 대해서도 개발될 수 있다는 점이다. 여기에는 독립생활 기술들(예 : 옷 입기) 및 가정생활 기술들(예 : 세탁기 사용)과 같은 영역들이 포함된다. 이러한 예들에서, '항목들'은 실제로 관찰된 행동들인 수행에 더 근거한다. 섭식 기술의 계열에 대한 이전의 설명이 좋은 예이다.

차이를 만들어 낸 연구 9.1

Blankenship, C. (1985). Using curriculum-based assessment data to make instructional decisions. *Exceptional Children, 52*, 233-238.

이 논문은 교육과정중심 사정을 개발하고 활용하는 단계들을 기술한, 전문학술지에 출판된 첫 논문들 중 하나이다. 이 논문은 그 주제에 초점을 둔 *Exceptional Children* 특집호의 일부였다. 이 논문에는 교육과정중심 사정을 받는 학생들에게 무엇을 말해야 하는지, 개별화교육프로그램 회의에서 교육과정중심 사정 자료들을 어떻게 활용해야 하는지, 그리고 교육과정중심 사정도구의 핵심적인 특성들 등에 대한 정보들이 담겨 있다. 교육과정중심 사정도구의 견본 또한 제시되어 있다.

교육과정중심 사정

지난 30년간 **교육과정중심 사정**(curriculum-based assessment, CBA)은 상당한 주목을 받아왔다(연구상자 9.1 참조). 교육과정중심 사정은 학교에서 기대되는 교육과정 성과의 관점에서 한 학생의 수행에 대한 측정을 말한다(Tucker, 1985). 따라서 도구의 내용은 학생의 교육과정에 근거한다. 실제로 많은 다양한 절차들이 교육과정중심 사정의 일반적인 범주에 속한다. Peverly와 Kitzen(1998)은 CBA의 서로 다른 다섯 가지 모형들을 확인했다.

- 교육과정 및 교수 중심 사정
- 교수 설계를 위한 교육과정중심 사정
- 교육과정중심 사정
- 준거참조 교육과정중심 사정
- 교육과정중심 측정

연구상자 9.1은 준거참조 교육과정중심 사정(criterion-referenced curriculum-based assessment, CR-CBA)에 초점을 둘 것이다. 진전도 모니터링 절에서는 교육과정중심 측정(curriculum-based measurement, CBM)을 논의할 것이다.

준거참조 교육과정중심 사정은 준거참조 검사에서 확인된 과제 분석 모형을 사용하고, 학생의 교육과정에 담긴 내용을 사정의 내용으로 다룬다(교수를 위한 과제 분석 모형의 사용은 11장에 기술되어 있다). 결과적으로, 준거참조 교육과정중심 사정을 개발하는 단계들은 교육과정중심 사정을 개발하는 단계들과 매우 유사하다. 그 단계들은 다음과 같다.

1. 측정될 기술(들) 확인하기
2. 단기목표들 확인하기
3. 검사 항목들 개발하기
4. 수행 기준 결정하기
5. 교육과정중심 사정도구를 실시하고 해석하기

측정될 기술 영역을 확인하기 위해 교사는 학생의 교육과정 중 적절한 부분을 이용한다. 보통 계열적인 기술들과 기술들이 소개된 교육과정의 쪽 번호들이 담긴 차트를 만든다. 본질적으로 단기목표들의 확인은 계열적인 기술들의 차트를 만듦으로써 이루어져 왔다. 동일한 기술을 빈번히 측정하는 서로 다른 세 가지의 검사들이 개발된다(Idol, Nevin, & Paolucci-Whitcomb, 1999). 그리고 나서 이러한 검사들은 3일에 걸쳐 실시될 수 있다. 수행 기준이나 숙달 준거는 세 가지 검사에서 학생이 수행한 정도를 고려하여 확인할 수 있다. 가끔 측정될 기술, 각각의 기술을 측정하는 항목의 수, 그리고 숙달 준거가 담겨진 요약본이 사용된다. 표 9.3에는 표 9.1과 동일한 기술 영역이 담긴 수학 교육과정용 요약본이 제시되어 있다. 표 9.4에는 교육과정의 한 부분에 대해 개발된 준거참조 교육과정중심 사정도구의 한 예가 제시되어 있다. 앞서 제시된 준거참조 검사보다 이 도구의 각 기술 영역에는 더 적은 수의 항목들이 있음에 주목해야 한다. 이는 준거참조 교육과정중심 사정도구가 흔히 (사용된 교육과정의 부분에 따라) 광범위한 기술들을 포괄하고 있기 때문이다. 이 도구는 교수 집단을 결정하기 위해 전체 학급에 주어질 수도 있다.

표 9.3 준거참조 교육과정중심 사정용 요약본의 예

개념	문제번호	1일	2일	3일	총점	숙달 7/9
2개의 한 자리 수 덧셈(합<10)	1, 2, 3	/3	/3	/3	/9	/9
2개의 한 자리 수 덧셈(합>10)	4, 5, 6	/3	/3	/3	/9	/9
3개의 한 자리 수 덧셈(합<10)	7, 8, 9	/3	/3	/3	/9	/9
3개의 한 자리 수 덧셈(합>10)	10, 11, 12	/3	/3	/3	/9	/9
두 자리 수와 한 자리 수 덧셈 (받아올림 없음)	13, 14, 15	/3	/3	/3	/9	/9
2개의 두 자리 수 덧셈(받아올림 없음)	16, 17, 18	/3	/3	/3	/9	/9

표 9.4	준거참조 교육과정중심 사정의 한 부분의 예

덧셈을 하시오.

1. 6 +2	2. 4 +3	3. 5 +1	4. 9 +4	5. 8 +3	6. 7 +6
7. 2 3 +2	8. 3 1 +1	9. 4 2 +3	10. 5 2 +6	11. 9 6 +2	12. 8 3 +4
13. 25 +3	14. 47 +2	15. 34 +5	16. 51 +33	17. 64 +25	18. 43 +14

다시
생각해보기

교사가 개발한 준거참조 검사와 준거참조 교육과정중심 사정의 장점과 단점은 무엇인가?

비공식적 사정 : 진전도 모니터링

관찰

관찰, 특히 체계적 관찰은 교수적 의사결정에 소중한 정보를 줄 수 있고, 학생의 진전 정도를 모니터링하는 데 훌륭한 매개물이 된다. 관찰의 장점은 많은데, 관찰은 비용이 많이 들지 않고, 교사, 부모, 그리고 다른 사람들이 쉽게 이용할 수 있으며, 개인의 행동을 가장 직접적으로 측정할 수 있다. 진전을 모니터링하기 위해 관찰이 사용될 때에는 종종 다음과 같은 4단계 모형을 따르게 된다.

1. 표적 행동/기술을 신중하게 확인한다.
2. 표적 행동/기술을 정확하게 측정한다.
3. 중재나 교수 프로그램을 체계적으로 도입한다.
4. 프로그램의 효과를 사정한다(진전을 모니터링한다).

각각의 단계는 보다 상세하게 기술될 것이다.

표적행동 확인 표적행동을 확인하는 것은 본질적으로 교수 프로그램이나 중재가 설계되고 이행되는 데 있어 목표가 되는 기술이나 행동을 결정하는 것을 의미한다. 이는 준거참조 검사나 준거참조 교육과정중심 사정을 사용해 성취될 수 있다. 관찰 자체는 또한 표적 행동/기술을 결정하도록 돕는 데 사용될 수도 있다. 교수의 대상이 되는 행동을 확인하고 정의할 때에 아주 구체적이어야 한다는 점은 매우 중요하다. 주의집중 문제, 수학 향상, 그리고 공격성과 같은 용어들은 너무 일반적이고 모호해서, 기술을 학습했는지에 대한 실제 진전 정도를 모니터링할 때 그리 많은 의미를 가질 수 없다. 이러한 용어들은 두 명의 서로 다른 관찰자가 달리 정의하고 측정할 수도 있고, 단지 한 사람만이 관찰을 했을 때는 비일관적인 자료를 수집할 수 있다. "직업 수업 시간 동안 창밖을 내다본다.", "두 자리 수 덧셈을 요구하는 수학 문제를 정확하게 푼다.", 그리고 "주먹이나 물건으로 다른 사람들을 때린다." 등이 위에서 언급된 3개의 표적행동들에 대한 더 나은 예가 될 것이다. 목적은 일관성 있는(신뢰할 만한) 정보를 얻는 것이다. 표적행동이 만일 관찰할 수 없는 것이거나 신중하게 정의될 수 없는 것이라면 이는 불가능할 것이다.

표적행동 측정 관찰 자료들을 수집할 때는 많은 기록 절차들이 사용될 수 있다(Cooper, Heron, & Heward, 2007 참조). 흔히 사용되는 한 가지 기록 절차는 **사건기록법**(event recording)이다. 이 절차는 특정 시간 동안 발생한 행동의 수를 측정한다. 2분 동안 정확하게 읽은 기능적 일견단어(sight word)의 수가 예가 될 것이다. 다른 절차로는 **지속시간기록법**(duration recording)이 있다. 이 절차는 특정 시간 동안 표적행동에 참여한 시간의 양을 측정한다. 직업기술 활동을 하는 20분 동안 과제에 참여한 시간의 양이 예가 될 것이다. 과제 참여 또한 신중하게 정의될 필요가 있을 것이다. 학생의 진전도를 모니터링하는 데 사용되는 관찰 측정도구인 이러한 절차들과 다른 절차들[지연 시간(latency), 간격(interval), 순간 표집(momentary time sampling)]은 Richards, Taylor, 그리고 Ramasamy(2013)에 요약되어 있다.

기록 절차를 선택한 후, 다음 단계는 **기초선 자료**(baseline data)를 수집하는 것이다. 기초선 자료는 특정 교수 절차가 시작되지 않았을 때 혹은 현재 성공적이지 않은 교수 절차를 시행 중일 때 수집된 자료들을 말한다. 어떤 의미에서 기초선 자료는 보다 전통적인 형태의 검사들이 사용될 때 하나의 사전검사 점수처럼 다루어진다.

중재나 교수 프로그램 도입 기초선 자료가 수집된 후에, 교수 프로그램이 도입될 수 있다. 수업을 진행하며 교사들은 또한 **중재나 교수 프로그램을 사정한다**(진전도 모니터링).

수업-관찰 회기를 빈번하게 활용함으로써 진전을 지속적으로 모니터링할 수 있다. 목적은 교수나 중재 프로그램의 효과성을 결정하는 것이다. 자료가 바람직한 방향으로 가지 않는다면, 표적행동을 바꿀 수 있고(예 : 선택된 기술/행동이 학생에게 너무 어렵다면), 다른 교수 프로그램을 이행할 수 있다. 대신 교수 프로그램이 성공적이라면, 이는 그 접근 방식이 다른 기술들/행동들에도 또한 효과적일 수 있다는 것을 의미

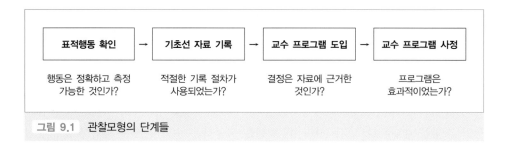

그림 9.1 관찰모형의 단계들

할 수 있다. 그림 9.1에 관찰모형의 순서도와 각각의 단계에서 할 수 있는 적절한 질문들을 제시해 놓았다.

포트폴리오 사정

최근에 **포트폴리오 사정**(portfolio assessment)은 매우 인기가 높다. 이는 한 개인의 수행, 진전, 그리고 성취를 나타내는 학생 자료들을 체계적으로 모아 놓은 것이다(Paulson, Paulson, & Meyer, 1991). 예를 들어, 읽기 영역의 포트폴리오에는 학급 시험, 학생이 읽는 것을 녹음해 둔 테이프, 여가활동으로 읽은 것의 목록, 교사의 의견, 그리고 학생의 자기사정 등이 포함될 수 있다. 포트폴리오는 실제로 학생이 작업한 산출물들을 순간적으로 기록한 것이다. 가장 일반적으로 활용되는 포트폴리오는 **작업 포트폴리오**(working portfolio)와 **전시 포트폴리오**(show portfolio)이다(Farr & Tone, 1994). 작업 포트폴리오에는 학생이 작업한 것의 '전형적인 예들'이 담겨 있는 반면, 전시 포트폴리오에는 학생이 작업한 것 중 가장 잘한 것들이 담겨 있다. Vavrus(1990)는 포트폴리오를 개발할 때 다음과 같은 다섯 가지 질문들에 답할 수 있어야 한다고 언급했다.

1. 어떻게 보여야 하는가?
2. 어떤 것들이 담기는가?
3. 담겨질 내용은 어떻게 그리고 언제 선택되는가?
4. 포트폴리오는 어떻게 평가되는가?
5. 포트폴리오는 어떻게 전달되는가?

이 질문들은 각각 논의될 것이다.

어떻게 보여야 하는가? 다른 사정 절차들과 마찬가지로, 포트폴리오 사정은 이행되기 전에 신중하게 계획되어야 한다. 여기에서 다루어져야 하는 한 가지 쟁점은 포트폴리오의 형식이다. 일부 포트폴리오들은 공책에 담겨 있고, 일부는 확장이 가능한 파일

폴더에 담겨 있으며, 일부는 그 내용에 따라 컴퓨터에 저장되기도 한다. 포트폴리오의 목적 및 대상이 되는 청중들을 구체화하는 것 또한 중요한데, 이것이 담겨질 내용의 유형을 좌우하기 때문이다. 예를 들어, 포트폴리오가 부모와의 회의에 사용된다면 그 것이 보다 공식적으로 진전을 모니터링하기 위해 사용될 때와는 다른 정보가 담겨야 할 것이다.

어떤 것들이 담기는가? 포트폴리오의 표적이 된 기술은 어떤 유형의 내용물들이 담겨야 하는지에 매우 많은 영향을 미치며, 학생의 개별화교육프로그램(IEP)에 근거할 수 있다. 예를 들어, 만약 독립생활 기술(예 : 섭식 기술)의 발달에 대한 진전을 모니터링하는 것이 목적이라면, 포트폴리오에는 관찰, 부모 및 교사와의 면담, 그 기술에 참여하는 학생의 모습을 담은 비디오테이프, 그리고 발달 체크리스트에 제시되는 정보 등이 담겨질 수 있다. 다른 한편, 기능적 쓰기 기술의 발달에 초점을 둔 포트폴리오에는 자신의 쓰기 능력에 대한 학생 자신의 생각과 일정 기간 동안 수집된 쓰기 견본들(예 : 편지, 직업 기술 및 관심 영역 기술)이 담겨질 수 있다. 자기사정이나 자기반성은 모든 포트폴리오의 일부로 포함되어야 한다. 자기사정이나 자기반성은 그 사람이 사정 과정 자체에 더 많이 참여할 수 있게 해 준다.

담겨질 내용은 어떻게 그리고 언제 선택되는가? 이 질문에 대한 답은 수집될 정보의 유형에 따라 달라진다는 것이다. 보통 학교에서 완수하게 되는 과제는 매주 선택될 수 있다. 시험 결과나 비디오테이프 등과 같은 측정 자료들은 가끔 수집될 수 있다. Vavrus(1990)는 포트폴리오에 들어갈 내용물이 선택되는 시점을 확인할 수 있는 시간표를 만들 것을 제안하였다. 많은 경우에 있어, 학생 또한 포트폴리오에 무엇을 담아야 할 것인지에 대한 의사결정 과정에 참여한다. 이를 통해 학생은 사정 과정에 더 적극적인 참여자가 된다.

포트폴리오는 어떻게 평가되는가? 이는 대답하기에 더 어려운 질문들 중 하나로, 공식적인 측정 도구로 포트폴리오를 사용하는 것을 주저하게 만든다. McMillan(1997)은 포트폴리오가 평가되어야 할 네 가지 방법들을 확인하였다. 그중 두 가지는 포트폴리오 내용물 각각을 평가하는 것과 학생의 목표에 부합하는 방향으로 전반적으로 진전하고 있는지를 평가하는 것이다. 구체적인 내용물들을 확인하기 위해 자주 **루브릭**(rubric)이 개발된다. 루브릭이란 다양한 수준의 수행을 설명하는 준거 세트를 설정하고 각 수준에 어떤 값을 부여하는 것이다. 4점 척도가 개발될 수 있다(1=부족, 2=보통, 3=잘함, 4=뛰어남). 이러한 수준 각각에 대해, 측정될 기술 영역과 관련된 정의나 예가 개발될 것이다. 식사 기술에 대한 앞서 제시한 예에서, 학생의 숟가락 사용, 포크 사용, 칼 사용 등을 사정하기 위해 4점 척도를 활용한 규정을 개발할 수 있다. 기능적 쓰기 기술의 예의 경우, 다섯 가지 구성요소들(관념 형성, 글씨 쓰기, 철자, 어법, 그리고 문장부호)에 대한 규정을 개발할 것이다. 부족, 보통, 잘함, 뛰어남 수행에 대한 정의는 두 가지 예의 세 구성요소와 다섯 구성요소 각각에 대해 따로 개발할 것이다. 필수과목 기준을 채택함으로써, 학업적 교육과정에 대한 평가 규정은 갈수록 유용해질 수 있다. 기능적 교육과정 목표나 학업적 교육과정 목표의 다양한 측면들에서 학생의 진전 정도를 모니터링하기 위해 포트폴리오에 담겨진 내용물들을 매주 사정할 수 있다.

포트폴리오는 어떻게 전달되는가? 포트폴리오 사정 과정은 지속적이어야 한다. 포트폴리오는 부모와 다른 교사들과 정보를 공유할 기회를 제공해야 한다. 학생이 다른 수업을 받으러 가거나 다음 학년으로 진급할 때 포트폴리오를 가지고 가야 한다.

교육과정중심 측정

교육과정중심 측정(CBM)은 교육과정중심 사정의 보다 공식적이고 표준화된 유형이다(연구상자 9.2 참조). 교육과정중심 측정의 신뢰도와 타당도를 확립하기 위해 상당히 많은 양의 연구들이 수행되어 왔다(예 : Fuchs & Fuchs, 2000). Shinn과 Bamonto(1998)는 교육과정중심 측정도구를 학생의 성장을 모니터링하기 위한 '학업적 온도계(academic thermometers)'라고 칭하였다. 교육과정중심 측정도구들은 본질적으로 읽기, 철자, 수학 연산, 그리고 작문 등의 기초 기술 영역을 대상으로 하는 간단하고 표준적인 측정도구 세트이다.

차이를 만들어 낸 연구 **9.2**

Deno, S. (1985). Curriculum-based measurement : The emerging alternative. *Exceptional children, 52,* 219-232.

이 논문은 교육과정중심 사정에 초점을 둔 *Exceptional Children*의 특집호에 게재되었다. Deno는 전통적인 성취검사들이 학생의 교육과정 목표와 항상 일치하지는 않는다고 주장하였다. 대신 비공식적인 관찰이 그 신뢰도나 타당도가 확인되지 않음에도 흔히 활용된다. Deno는 교육과정중심 측정이 이러한 쟁점 모두를 다루고 있으며, 선별, 의뢰, IEP 계획, 진전도 감독, 그리고 프로그램 성과 결정에 활용될 수 있다고 제안하였다. 논의된 교육과정중심 측정의 다른 이점에는 비용 효율성 및 학생의 성장에 대한 향상된 민감성이 있다.

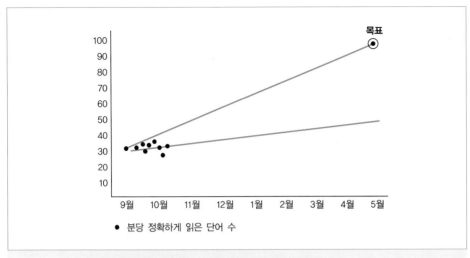

그림 9.2 교육과정 변경이 필요함을 나타내는 변화가 없는 경향선

교육과정중심 측정 절차의 특성들 중 하나는 일정 기간 동안 지속적으로 측정한다는 것이다. **경향선**(trend line)이나 **진전도 선**(progress line)을 만들기 위해 자료들을 그래프로 그린다. 이 접근을 사용하여, 특정한 목표와 목표 날짜가 해당 학생에게 설정되고, 목표 날짜가 적절하게 설정되었는지 여부를 확인하기 위해 진전도 선이 분석된다. 진전도 선이 너무 **변화가 없을** 경우, 교육과정의 변화가 권고된다. 진전도 선의 변화가 너무 급격할 경우, 목표 날짜를 변경해야 할 것이다(그림 9.2와 그림 9.3 참조). 교육과정중심 측정은 장애인교육법의 규정 중 하나인 학생의 일반교육과정 참여를 모니터링하는 데 특히 유용하다.

철자 영역에서 교육과정중심 측정도구를 개발한 예로, Fuchs와 Fuchs(2000)는 다음과 같이 설명했다.

1. 해당 학년도 전체 철자 교육과정을 대표하는 단어들을 선택한다.
2. 시험에는 그 단어들 중 20개가 무작위로 선정된다.
3. 2분 동안 받아쓰기 시험을 보고, 학생이 단어 하나를 정확한 철자로 쓰는 데 10초 정도의 시간을 준다.
4. 정확히 쓴 단어의 수 혹은 글자의 순서까지도 세어 그래프에 기록한다.

이러한 절차를 사용하여, 진전도 선이 확립될 때까지 2~4단계를 매일 반복한다.

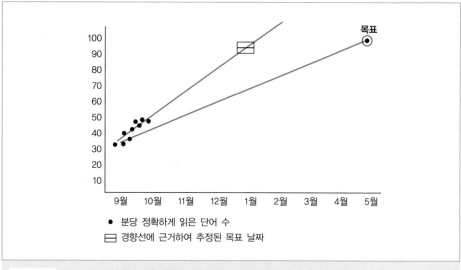

그림 9.3 목표 날짜 변경이 필요함을 나타내는 급격한 변화를 보이는 경향선

중도 지적장애 학생의 포트폴리오에는 어떤 유형의 내용물들이 담길 수 있는가?

조절 및 대안적 사정

장애인교육법(IDEA)은 가능한 경우 언제나 장애 아동들이 주 단위 및 지역 단위 사정 프로그램에 참여해야만 하고, 필요한 경우 적절한 조절을 받아야 한다고 요구하고 있다(Bouck, 2013). 더욱이 IDEA는 조절을 받아도 주 단위 및 지역 단위 프로그램에 참여할 수 없는 장애 아동들에게는 대안적 사정 절차를 사용하도록 하는, 장애 아동들의 참여를 위한 지침이 개발되어야 한다고 요구하고 있다(사건상자 9.1 참조). 예를 들어, 사정 프로그램이 학업적 기술에 초점을 두고 있고 학생의 교육과정이 독립생활 기술에 초점을 두고 있다면, 대안적 사정은 학생의 장기목표와 단기목표에 보다 부합하는 방향으로 활용될 것이다. 그러나 학생은 계속해서 사정되어야 한다.

그러나 가능하다면 학생들은 또래와 함께 같은 사정 프로그램에 참여해야 한다. 사용 가능한 조절에는 시간 증가, 형태 수정(예 : 학생들이 항목들을 읽는 대신 읽어 주기), 그리고 반응 유형 수정(예 : 문어 반응 대신에 구어 반응을 허용) 등이 있다. 일반적으로 실시되는 사정 조절은 종종 학생의 IEP에 기록된 교수적 조절과 일치한다

차이를 만들어 낸 사건 9.1

1997년 – 장애인교육법은 사정 프로그램에 대한 전체 참여를 규정하였다

1997년 IDEA는 장애 학생들을 포함한 모든 학생들이 모든 주 단위 및 지역 단위 사정 프로그램에 참여해야 함을 규정하였다. 이 법은 또한 적절한 검사 조절을 허용하였다. 조절을 받아도 참여할 수 없는 학생들을 위해서는 주나 지역 교육지원청이 2000년 7월 1일까지 대안적 사정을 개발하고 이를 수행해야만 한다. IDEA는 또한 주들이 정규 사정 프로그램에 참여한 장애 학생들의 수와 대안적 사정을 받은 장애 학생들의 수를 보고할 것을 요구하였다.

(Ysseldyke et al., 2001).

어떤 학생에게 사정 프로그램의 내용이 부적절할 경우에는 대안적 사정이 제공되어야 한다. 이러한 대안적 사정의 선택은 항상 학생의 특성 및 요구 그리고 측정되는 기술의 특성에 근거한다. 관찰과 포트폴리오 등을 포함하여 앞서 기술된 비공식적 사정 절차들 중 많은 것들이 일반적으로 사용되고 있다. NCEO(National Center of Educational Outcomes)는 십수 년간 장애 학생들의 사정 프로그램 참여를 점검해 왔다. NCEO는 서로 다른 주들이 활용하는 대안적 사정에 대한 설문조사 결과를 보고하였다(Ysseldyke & Olsen, 1999). 가장 많이 사용되는 다섯 가지 절차들은 포트폴리오(44%), 직접 관찰(34%), 목표에 대한 진전도(31%), 비디오 관찰(28%), 그리고 수행평가(23%)였다. **수행평가**(performance assessment)는 "검사 문항에 단순히 글이나 구두로 답을 제시하기보다 개인이 과업들을 수행해야만 하는 측정 접근"으로 정의된다(Wheeler & Haertel, 1993; p.106). 수행평가는 정보에 대한 지식보다는 기술의 적용에 더 많은 초점을 두고 있다. 수행평가는 실제로 예술과 같은 영역(예 : 춤, 합창)에서 오랫동안 활용되어 왔다. 이 장의 후반부에서 논의되는 것처럼, 학생들이 자신이 훈련받은 직업의 요구사항들을 직접 수행하게 함으로써 직업기술들이 평가될 수 있다. 불행히도 몇몇 연구자들은 수행평가의 한계를 보고하였는데, 소요되는 시간의 양(McMillan, 1997) 및 비용(Coutinho & Malouf, 1993) 문제들의 발생이 그것이었다.

Taylor(2009, p.23)는 검사 조절 및 대안적 사정에 관한 쟁점들을 다음과 같이 요약하였다.

여러 주들이 사정 프로그램에 학생들을 참여시키지 않는 것에 대한 명확한 근거를 가지고 있어야 함은 분명하다. 가정은 학생들이 사정에 참여하지 못할 일이 없다면 학생들이 사정 프로그램에 참여할 것이라는 것이다. 예를 들어, 학생의 장애가 중도여서 사정이 그 학생의 진전에 대한 적절한 정보를 제공하지 못한다거나, 학생이 교육과정의 검사 내용에 포함되지 않는 어떤 특별

한 형태의 자격을 획득하기 위해 공부하고 있다면, 이는 사정에서 면제되는 이유가 될 수 있다. 법률은 또한 어떤 학생이 참여할 수 없다면, 그 대신 보다 적절한 대안적 사정을 받아야 한다는 점을 명확히 하고 있다.

뇌성마비가 있는 지적장애 학생들에게 적절한 사정 조절에는 어떤 것들이 있는가?

기능적 기술 영역 사정

앞서 논의한 것처럼, 몇 가지 비공식적 사정 기법들과 절차들은 다양한 기능적 기술 영역들에 대한 교수적 정보를 제공하는 데 사용될 수 있다. 특정 기능적 기술 영역들을 다루는 사정 절차들과 도구들 또한 있다. 예를 들어, 많은 규준참조 검사들은 특정 기술 영역들을 측정하도록 고안되었다. 다른 규준참조 검사들은 하나 이상의 기술 영역들을 다루는 부분들이 포함되어 있다. 다음 절에서, 특정 기술에 대한 도구들과 다중 기술들을 다루는 규준참조 검사들이 기술될 것이다. 다중 기술을 다루는 규준참조 검사들의 예로는 3장에서 설명한 AAMR ABS : 2(AAMR Adaptive Behavior Scale : 2), SIB-R (Scales of Independent Behavior-Revised), 그리고 VABS II(Vineland Adaptive Behavior Scales-Revised)가 있다. 일반적으로, 이러한 도구들의 결과는 구체적인 단기목표를 결정하기보다는 장기목표를 확인하기 위해 사용된다. 한 가지 예외로는 500개 이상의 항목들이 담긴 *Interview Edition-Expanded Form of the Vineland Adaptive Behavior Scales-Revised*가 있다. 규준참조검사와 더불어, 특정 기술 영역들을 사정하는 데 사용되는, 상업적으로 판매되는 준거참조 목록들과 다른 기법들 또한 여기서 논의할 것이다. 또한 여기서 기술된 도구들과 절차들은 단지 이용 가능한 것들을 대표하는 하나의 견본일 뿐임에 주의해야 한다.

독립생활 기술

독립생활 기술의 개발은 많은 지적장애인들을 위한 교육 프로그램의 중요한 구성요소이다. 기술적으로, 확인된 모든 목표들(예 : 의사소통 목표, 지역사회 생활 목표)은 그 사람이 보다 독립적으로 살도록 선택되어야 한다. 그러나 여기에서 말하는 독립생활 기술은 사람이 자신의 기본적인 요구(예 : 먹기, 옷 입기)를 관리할 수 있게 하는 '자조' 기술들을 일컫는다.

몇몇 사정상의 선택사항들은 독립생활 기술에 정보를 제공해 줄 수 있다. 방금 언급한 것처럼, 많은 적응행동 척도들은 이 영역을 다루는 부분을 담고 있다. AAMR ABS : 2에는 적절한 목표를 설정하는 데 정보를 제공할 수 있는 먹기, 화장실 사용하기, 청결, 외모, 옷 관리, 옷 입기/옷 벗기 등과 같은 영역들을 담고 있는 독립기능(Independent Functioning)이라 불리는 영역이 있다. 또한 SIB-R에는 먹기, 용변 보기, 옷 입기, 개인적인 자기관리, 그리고 가정 기술을 측정하는 개인생활기술(Personal Living Skills) 영역이 있다. *Vineland Adaptive Behavior Scales-Revised*에는 개인적인 기술, 가정 기술, 그리고 지역사회 기술 영역을 측정하는 일상생활기술(Daily Living Skills)이라 불리는 영역이 있다. 지역사회 기술 영역은 나중에 논의된다.

이러한 영역들을 포함하는 규준참조 발달목록들 또한 있다. 그 하나의 예로는 BDI-2 (Battelle Developmental Inventory Second Edition)(Newborg, Stock, Wnek, Guidubaldi, & Svinicki, 2005)를 들 수 있다. BDI-2는 출생부터 만 7세 11개월에 이르는 아동들의 발달기술들을 측정한다. BDI는 전통적인 실시, 관찰, 부모 면담 등 세 가지 형태의 절차들을 사용하여 정보를 얻는다. 중도 장애인들을 위해 추정된 표준점수를 결정하는 방법에 대한 지침들 또한 담겨 있다. 이 도구에는 적응이라 불리는 영역이 있는데, 이것의 하위 영역은 자기관리와 개인적인 책임감으로 구성된다. 개인적-사회적 영역에는 성인과의 상호작용, 또래와의 상호작용, 그리고 자기개념과 사회적 역할이 있다. 의사소통 영역에는 수용적 의사소통과 표현적 의사소통이 있다. 운동 영역에는 대근육, 소근육, 지각운동 하위 영역이 있다. 마지막으로, 인지 영역에는 주의집중과 기억, 추론과 학업기술, 그리고 지각과 개념 하위 영역이 있는데, 이는 주의집중(Attention), 먹기, 옷 입기, 개인적인 책임감, 그리고 용변 처리 하위 영역을 포함한다. BDI-2에서 도출된 정보는 주로 장기목표들을 확인하고 진전을 감독하는 데 사용되어야 한다. 그러나 규준 자료를 사용한다면, 연령 범위(출생~만 7세 11개월)의 제한이 있다(Athanasiou, 2012).

준거참조 도구들 또한 독립생활 기술들을 사정하는 데 사용될 수 있다. 앞서 논의하였던 교사제작 준거참조 검사들 외에도, 몇 가지 상업적으로 판매되는 준거참조 목록들을 이용할 수 있다. 이러한 도구들은 특정 기술 영역 내에서 발달행동들의 계열적 세트를 제공한다. 준거참조 목록들의 예로는 BCP(Behavioral Characteristics Progression) (VORT Corporation, 1973), CAS(Callier-Azusa Scale)(Stilman, 1978), 그리고 VAB-R(Vulpé Assessment Battery-Revised)(Vulpé, 1994)가 있다. *Behavioral Characteristics Progression-Revised*는 2,300개의 항목들이 56개의 영역(기술 계열)으로 정리되어 있다. 1~22번 영역들은 자조기술에 초점을 둔다. 항목들 중 1,900개와 상관이 있는 교수적 제안 소책자들 또한 이용 가능하다. CAS에는 옷 입기와 옷 벗기, 개인 위생, 섭식, 그리고 용변 처리를 측정하는 일상생활기술이라 불리는 영역이 있다. 이 두 가지 도구들은 감각장애와 운동장애를 가진 사람들에게 사용될 수 있다. *Behavioral Characteristics Progression-Revised*에는 시각장애인, 청각장애인, 혹은 정형외과적 장애를 지닌 사람들을 위해 고안된 영역들이 있다. CAS의 코딩 체계는 장애의 영향을 받는 항목들을 생략할 수 있다. VAB-R의 일상생활활동(Activities of Daily Living) 영역은 섭식, 옷 입기, 사회적 상호작용, 놀이, 수면, 용변 처리, 그리고 치장 등의 일곱 가지 하위 영역들로 구성된다. 이 도구는 또한 독특한 채점체계를 지니고 있는데, 각 항목(기술)은 다음의 7점 척도로 채점된다(Taylor, 2009).

1 - 없음(기술을 전혀 수행할 수 없음)

2 - 주의(과제에 주의를 기울임)

3 - 신체적 도움(과제를 수행하는 데 필요한 도움의 수준)

4 - 사회적/정서적 도움(위와 같음)

5 - 구어적 도움(위와 같음)

6 - 독립(과제를 독립적으로 수행할 수 있음)

7 - 전이(기술을 새로운 상황으로 전이할 수 있음)

이 채점체계는 중증 장애인들에게 사용할 때 특히 유용하다. 이는 어떤 기술들을 가르치는 것이 적절한지뿐만 아니라, 교수 프로그램에 구체화되어야 하는 지원의 수준까지도 일러 준다. 예를 들어, 어떤 사람이 해당 기술에서 2점을 받았다면, 해당 기술의 3점에 해당하는 단기목표(즉, 신체적인 도움을 받아 해당 기술을 수행할 수 있게 하는 것)를 '가르치면' 된다. 장기목표는 7점(해당 기술을 학습하고 그 기술을 다른 상황에 전이할 수 있음)까지 진전하는 것이고, 순서에 따라 다음 기술로 시작한다.

의사소통 기술

의사소통 능력은 가장 기능적인 기술들 중 하나이고 일상생활에 있어 많은 목적을 위해 사용된다. 한 마디로, 이는 한 개인이 자신의 요구를 표현하는 방식이다. 의사소통은 또한 다차원적인데, 비구어적, 구어적, 문어를 포함한다. 더구나 의사소통은 양방향 과정이기 때문에, 표현기술과 수용기술 모두가 포함된다. 구어와 문어가 의사소통의 구성요소이기는 하지만, 두 용어(언어와 **의사소통**)가 같은 의미는 아니다. 많은 지적장애인들은 구어나 문어를 사용하지 않고 의사소통한다.

독립생활 기술 부분에서 논의된 각각의 규준참조 검사들은 의사소통 기술 영역 또한 다루고 있다. AAMR ABS : 2의 언어발달(Language Development) 영역은 10개의 항목만으로 구성되어 있지만 표현언어, 구어 이해, 그리고 사회적 언어발달을 측정한다. SIB-R에는 사회적 상호작용과 의사소통(Social Interaction and Communication) 영역이 있다. 이 영역은 언어이해와 언어표현으로 구성된다. 전체 항목의 수가 18개에 불과하지만, 광범위한 의사소통 기술들이 측정된다. 예를 들어, 언어이해 영역에는 "이름이 불릴 때 부른 사람을 향해 머리를 돌린다."와 "매주 최소한 한 번 이상은 신문 기사를 읽는다."라는 두 항목이 있다. 그럼에도 AAMR ABS : 2와 SIB-R에서 도출된 정보는 특정 단기목표가 아닌 장기목표를 확인하는 데 사용되어야만 한다. 다른 한편으로, *Interview Edition-Expanded Form of the Vineland Adaptive Behavior Scales-Revised*에는 수용언어, 표현언어, 그리고 문어를 측정하는 항목들이 들어있다. *Battelle Developmental Inventory-2* 또한 표현기술과 수용기술을 측정하는 의사소통 영역이 있다.

수많은 규준참조 검사들은 구어의 다양한 구성요소들을 측정하도록 설계되었다. 예를 들어, *Tests of Language Development-3*(Hammill & Newcomer, 1997; Newcomer & Hammill, 1997)은 의미론(어휘), 구문론(문장구조), 그리고 음운론(말소리의 변별 및 조음)을 측정한다. 다른 검사들은 언어의 단일 구성요소를 측정하는 데 유용하다. 한 가지 대중적인 도구는 *Peabody Picture Vocabulary Test-Fourth Edition*(Dunn & Dunn, 2007)인데, 이 도구는 수용 어휘를 측정한다. 이 검사에서 피검자는 한쪽 면에 제시된 네 가지 그림들에서 정확한 단어를 가려내야 한다(Kush, 2012). 문어를 측정하는 도구 또한 이용할 수 있다. *Test of Written Language-3*(Hammill & Larsen, 1996)와 *Test of Written Expression*(McGhee, Bryant, Larsen, & Rivera, 1995)은 둘 다 유창성, 구문, 철자, 그리고 쓰기 요소(예 : 대소문자 구별, 문장부호) 등의 많은 문어의 구성요소들을 측정한다. 관심이 있는 독자는 구어 및 문어의 도구 및 절차에 대한 논의와 설명을 다룬 Pierangelo와 Giuliani(2009)를 참고하면 된다.

많은 준거참조 목록들 또한 의사소통 기술들을 측정하는 기술 계열들을 담고 있다. *Vulpé Assessment Battery-Revised*의 언어행동(Language Behaviors) 영역에는 많은 기술들을 다루는 표현언어와 수용언어 모두를 측정하는 항목들이 있다. 예를 들어, 청각 수용언어(Auditory Receptive Language) 하위 영역은 해당 환경에서 소리를 듣는 것부터 문장 전체를 이해하는 것에 이르는 여러 기술들을 측정하는 항목들로 구성된다 (Graham, 2012; Taylor, 2009).

사회적 기술

적절한 사회적 기술의 개발은 지적장애인들을 위해 고안된 교육 프로그램의 필수 구

차이를 만들어 낸 연구 9.3

Neuhaus, E. (1967). Training the mentally retarded for competitive employment. *Exceptional Children*, 33, 625-628.

이 논문에서, Neuhaus는 경도 지적장애인들(1967년에는 '교육가능 정신지체인'이라는 용어를 사용함)이 경쟁취업 형태의 직업에 성공적으로 취업할 수 있도록 설계된, 3년간에 걸친 연구 및 증명 프로젝트를 기술하고 있다. 대상 지적장애인들은 비지적장애인들과 비교되었다. Neuhaus는 직업에 있어서의 성공을 예측하는 중요한 변인 특정 직업기술을 학습하는 데 있는 것이 아니라 오히려 적절한 사회적 기술과 작업 습관을 개발하는 데 있음을 발견하였다.

성요소가 되어야 한다. 사회적 기술에는 다른 사람들과의 상호작용, 협력, 자신감, 그리고 개인적 적응 등과 같은 많은 영역들이 포함된다. 초기 연구들(예 : Domino & McGarty, 1972; Neuhaus, 1967)에 의하면, 이러한 기술들이 지적장애인들의 직업생활에서의 성공을 예측하는 데 매우 중요하다(연구상자 9.3 참조).

대부분의 준거참조 목록들에 있는 사회적 기술을 측정하는 기술계열들은 일치하지 않는다. 일반적으로 몇몇 항목들이 포함되어 있고, 사회성 영역에 있는 행동들의 다양한 측면들을 간단하게 제시할 뿐이다. 예를 들어, CAS에는 사회성 발달(Social Development)이라 불리는 영역이 포함되어 있다. 앞서 논의된 규준참조 검사들에는 사회성 영역들을 다루는 영역들이 있지만 그 깊이의 정도가 다르다. AAMR ABS : 2에는 자기지도, 책임감, 그리고 사회화 등 세 가지 영역이 있는데, 전체 항목들이 15개로 구성되어 있다. SIB-R에는 사회적 상호작용 단 하나의 영역이 있고, 이는 사회적 상호작용과 의사소통 영역의 한 부분이다. *Interview Edition-Expanded Form of the Vineland Adaptive Behavior Scales-Revised*에는 상호작용 관계, 놀이와 여가, 그리고 대처기술 하위 영역을 측정하는 134개의 항목들이 담겨 있다. *Battelle Developmental Inventory*에는 개인적·사회적 영역이 있는데, 이 영역은 성인과의 상호작용, 감정 표현, 자아개념, 또래와의 상호작용, 대처하기, 그리고 사회적 역할을 측정한다.

사회적 기술만을 측정하도록 고안된 도구들이 있다. 그 하나의 예로는 SSIS(Social Skills Improvement Rating Scales)(Gresham & Elliott, 2008)가 있다. 이 검사는 3~18세를 대상으로 하고, 세 가지 형태(교사용, 부모용, 학생용)로 되어 있다. 이 도구를 사용함으로써 한 개인의 사회적 기술을 다차원적으로 평정할 수 있는데, 여기에는 긍정적 사회적 행동을 사정하는 사회적 기술 척도, 행동문제 척도, 자폐스펙트럼 척도, 그리고 학습능력척도가 있다(Doll & Jones, 2012). SSIS는 사회적 기술을 강화하고 중재를 제안하는 중다구성요소 체계의 일부이다(Doll & Jones, 2012). 사회성 기술들은 또한 *Behavior Assessment System for Children-Second Edition*(Reynolds & Kamphaus, 2004)과 같은 다른 행동 평정척도가 측정하는 영역으로도 포함된다.

기초학업 기술들

이 장의 앞부분에서 논의된 비공식적 절차들은 기초학업 기술들을 사정할 때 매우 중요하다. 몇 가지 규준참조 검사들 또한 이러한 기술들을 측정할 때 유용하다. *Kaufman Test of Educational Achievement-Second Edition, Comprehensive Form*(Kaufman & Kaufman, 2004b)과 *Wechsler Individual Achievement Test-Third Edition*(Pearson, 2009) 이 두 가지 예이다. 이러한 도구들은 기초적인 기술 영역에 존재하는 교육적 요구의 정도를 기록하고, 일반적인 학습목표를 확인하는 데 흔히 사용된다.

KTEA-II

KTEA-II(The Kaufman Test of Educational Achievement-Second Edition)(Kaufman & Kaufman, 2004b)는 만 4.6~25세 연령의 학생들을 대상으로 고안되었다. KTEA-II에는 두 가지 형태가 있다. 한 가지 형태는 다섯 가지 영역을 측정하는 종합검사이다. 두 번째 형태는 세 가지 영역을 측정하는 간단한 검사이다. 종합검사를 구성하는 다섯 가지 영역은 다음과 같다.

- 읽기 영역 : 문자 및 단어 재인 그리고 읽기 이해
- 수학 영역 : 수학 연산 그리고 수학 개념 및 응용
- 쓰기 영역 : 철자 그리고 작문
- 구어 영역 : 듣기 이해 그리고 구어 표현

요약 : KTEA-II

- 연령 수준 : 만 4.5세~25세
- 용도 : 읽기, 수학, 쓰기, 구어 성취 측정
- 표준화 표본 : 3,000명 이상의 국가적으로 대표되는 표본
- 산출된 표준점수 : 하위검사 점수, 읽기 및 수학 영역, 전체 검사 점수(M=100, SD=15)(Bonner, 2012)

WIAT-III

WIAT-III(Wechsler Individual Achievement TesT-III)는 만 4세~19세 11개월 연령의 학

생들을 대상으로 고안되었다. WIAT-III에는 구어, 전체 읽기, 기초 읽기, 읽기 이해와 유창성, 쓰기, 수학, 수학 유창성, 그리고 전체 성취 등의 여덟 가지 영역이 있다. 각 영역의 점수는 16개 하위검사 중 2개 이상을 결합하여 얻어진다. 16개 하위검사에는 듣기 이해, 구어 표현, 초기 읽기 기술, 단어 읽기, 무의미 단어 해석, 읽기 이해, 구어 읽기 유창성, 음소 쓰기 유창성, 철자, 문장 글짓기, 글짓기, 수학문제 해결, 수 세기, 수학 유창성-덧셈, 수학 유창성-뺄셈, 그리고 수학 유창성-곱셈이 있다(Miller, 2012).

요약 : WIAT-III

- 연령 수준 : 만 4세~19세 11개월
- 용도 : 듣기, 말하기, 읽기, 쓰기, 수학 성취 측정
- 표준화 표본 : 2,950명(학년 규준) 및 3,600명(연령 규준)의 대표 표본
- 산출된 표준점수 : 하위검사 및 8개 영역(M = 100, SD = 15)(Miller, 2012)

상업적으로 판매되는 준거참조 목록들

또 이용 가능한 것으로는 상업적으로 판매되는 준거참조 목록들이 있는데, 이 목록들에는 특정 연령 범위나 학년 수준에 맞게 고안된 많은 기술 계열이 담겨져 있다. Albert Brigance는 지난 25년 동안 Curriculum Associates와 함께 이러한 목록들 중 몇 가지를 출판해 왔다(사건상자 9.2 참조). 한 가지 대중적인 도구는 *Brigance Diagnostic Inventory of Basic Skills-Revised*(Brigance & Glascoe, 1999)로, 이 목록에는 학습준비도, 말하기, 듣기, 읽기, 철자, 쓰기, 조사 및 연구 기술, 수학 등의 영역들을 포괄하는 154가지 기술들에 대한 사정들이 담겨 있다. 이 도구는 5~13세 아동을 대상으로 학교기반 기술들에 대한 단기목표-참조 사정 정보를 제공하도록 고안되었다(Cizek, 2012). 교사제작

차이를 만들어 낸 사건 **9.2**

1977년 – Albert Brigance는 첫 번째 'Brigance Inventory'를 출판했다.

부분적으로 모든 장애 학생들에게 개별화교육프로그램(IEP)이 있어야 한다는 공법 94-142에 명시된 규정에 부응하여, Albert Brigance는 자신의 첫 번째 목록인 **기초기술 목록**을 개발하였다. 이 도구와 그 뒤를 이어 출판된 도구들은 교사들이 교수에 적절한 정보를 수집하도록 돕기 위해 고안되었다. 이 목록들이 지니고 있는 한 가지 특징은 검사

항목들과 관련된 행동목표들을 포함시켜, IEP 구성시 만들어지는 과제를 다소 쉽게 해준다는데 있다. Brigance의 첫 번째 목록은 주로 초등학생용으로 고안되었지만, 나중에 나온 목록들은 넓은 범위의 연령과 학년에서 다루는 기술들을 포괄하고 있다.

준거참조 검사에 대해 논의했던 부분에서 다룬 교사제작 검사 대신, 이러한 기술 영역의 일부를 사용할 수 있다. 다른 목록으로는 *Brigance Inventory of Essential Skills* (Brigance, 1981)가 있다. 이 도구는 몇몇 지적장애 학생들에게 적합한 기능적 학습기술들을 사정하는 데 사용된다. 예를 들어, 이 목록에는 '기능적 단어 재인(functional word recognition)'(예 : 경고문)과 '양식 작성(completing forms)'(예 : 입사 지원서)과 관련된 기술 계열이 담겨 있다. 모든 Brigance 목록들에는 행동적 단기목표들이 IEP를 작성할 때 도움이 될 수 있는 기술 계열로 제공되고 있다.

직업 및 고용 기술들

고용은 한 개인이 독립적인 사람이 되도록 돕는 중요한 구성요소이다. 직업 기술의 개발이 특히 조금 더 나이가 든 지적장애 학생들에게 매우 중요하다는 것은 놀랄 일이 아니다. 장애인교육법(IDEA)은 모든 학생들이 만 14세에 자신의 IEP에 전환목표를 가져야 한다고 규정하고 있다. 더욱이 장애인교육법은 만 16세에는 (혹은 IEP 팀이 결정할 경우 그보다 어린 연령에) 기관 간 연계가 확인되어야 한다고 규정하고 있다. 직업 및 고용 기술들은 분명히 이러한 규정하에 있다. 게다가 Carl D. Perkins Vocational and Applied Technology Education Act가 통과되어, 특수교육을 받는 학생들의 직업교육 서비스 접근성이 증가하게 되었다.

몇몇 규준참조 검사들에는 이 부분을 다루는 영역이 있다. 예를 들어, AAMR ABS : 2에는 검사 영역으로 직업 활동이 있으며, SIB-R에는 직업기술이 있다. 공식적인 고용적합성 사정의 세 번째 예로는 JOBS(Job Observation and Behavior Scale)(Rosenberg & Brady, 2000)와 JOBS : OSD(Job Observation and Behavior Scale : Opportunity for Self-Determination)(Brady, Rosenberg, & Frain, 2006)라 불리는 두 가지 도구 체계가 있다. 두 도구들은 직무 능력을 비교하고 보호작업장과 지원된 고용장면에서 다른 학생들과 피고용인에게 필요한 것들을 지원하는 규준을 제공한다(Brady & Rosenberg, 2002; Brady, Rosenberg, & Frain, 2008). 두 도구들은 또한 직무 능력과 지원 요구를 사정한다. 그러나 대다수의 사정 접근들은 본래 보다 비공식적이다. 이러한 접근방식들에는 작업 견본(work sample), 포트폴리오 사정, 그리고 교육과정중심 직업 사정을 사용한다. 직업기술들을 측정하도록 고안된 준거참조 목록들과 직업과 관련된 흥미를 측정하도록 개발된 규준참조 검사들 또한 있다.

작업 견본(work samples)은 다양한 유형의 직업들과 관련된 모의 과제로 사용되고, 상업적으로 혹은 해당 지역에 맞게 개발될 수 있다(Taylor, 2009). 작업 견본들을 활용함으로써 사정자들은 관찰을 통해 어떤 학생이 해당 직업과 관련된 과제가 요구하는 것을 수행할 수 있는지 그렇지 않은지를 결정할 수 있게 된다(Thurlow & Elliot, 1998). 그러므로 이러한 작업 견본들이 해당 직업이 요구하는 것과 아주 유사해야 함은 중요한 일이다.

이 장에서 앞서 논의된 포트폴리오 사정 기법은 또한 직업 및 고용 기술들의 측정에 적용된다. 이는 **경력 포트폴리오**(career portfolio)의 활용을 통해 성취된다. Sarkees-Wircenski와 Wircenski(1994)는 주 단위의 경력 포트폴리오를 개발하는 데 사용되었던 단계들을 설명하였다. 첫째, 고용 적합성 기술들, 업무와 관련된 사회적 기술, 그리고 직업 특정 기술들과 같은 중요한 능력들을 확인했다. 다음으로, 수많은 전문가들이 100가지 이상의 중요한 능력들을 확인했다. 그리고 나서 학생과 교사는 특정 능력에 대한 학생의 수행 수준을 보여 주는 포트폴리오용 작업 견본들을 선택했다. Sarkees-Wircenski와 Wircenski는 경력 포트폴리오들이 장단기 교수 목표들을 결정하는 데, 학생 능력과 해당 직업의 요구조건을 매치시키는 데, 그리고 직업 상담에 사용될 수 있다고 제안하였다. 마지막으로, 학생은 미래의 고용주에게 경력 포트폴리오를 제시할 수 있다.

교육과정중심 직업 사정(curriculum-based vocational assessment)은 특정 학생을 위해 선택된 직업 교육과정에 기반하여 앞서 기술된 교육과정중심 사정기법을 사용한다. Porter와 Stodden(1986)은 3단계로 구성된 교육과정중심 직업 사정 모형을 설명했다. 첫 번째는 취업에 필요한 준비 기술을 포함하는 직업 과정 및 활동들이다. 두 번째는 직업 과목에서 학생의 수행에 대한 사정이다. 세 번째는 실제 사업장에서 필요한 직업 관련 행동들 및 기술들을 사정하는 것이다. Ianacone과 LeConte(1986, p.117)는 교육과 정중심 직업 사정을 개발하는 데 있어 중요한 여섯 가지 단계들을 다음과 같이 설명하였다.

1. 주요 개발인력들을 확인한다.
2. 프로그램 모형, 연구문헌, 직업 사정 도구, 관련된 법률 등을 포괄적으로 탐색한다.
3. 선행연구들을 바탕으로 모형에 대한 기본적인 고려 사항을 수립하고, 프로그램에 필요한 내용들을 분석하고 종합한다.
4. 과정을 이행하기 위해 운용계획을 수립한다.
5. 교육과정중심 직업 사정 이행 활동을 미리 해 본 후 그 결과를 사정한다.
6. 이행하고, 사정하며, 선택사항을 확장한다.

직업 및 고용 기술들에 초점을 둔 기술 계열들로 구성된 몇 가지 준거참조 목록들을 이용할 수 있다. 앞서 기술한 *Brigance Inventory of Essential Skills*에는 직업 영역을 측정하는 23개의 기술 계열이 있다. 여기에는 취업 신호의 확인 및 입사 지원서 작성 등과 같은 계열들이 있다. 또한 취업면접 평정척도도 있다. 이 영역을 사정하기 위해 특별하게 개발된 준거참조 목록으로는 *Brigance Diabnostic Employability Skills Inventory*(Brigance, 1995)가 있다. 이 도구는 입사 지원, 면접, 급여 및 수당, 그리고 생활기술과 같은 영역의 맥락에서 읽기, 듣기, 그리고 말하기 기술을 측정한다. 생활 기술 목록 부분에는 다음과 같은 영역들이 있다(Carlson, 2012).

- 달력 및 시간 개념
- 단순 측정
- 화폐 개념
- 취업하고자 하는 일반적인 신호들
- 정보 신호
- 안전 신호
- 고용 형태로부터 얻어진 방향
- 사회보장 카드 사용
- 단일 고용지원서 및 복합 고용지원서
- 이력서 완성하기 및 다른 직업관련 상황들

직업 사정에 사용되는 또 다른 준거참조 목록에는 *Brigance Diagnostic Life Skills Inventory*(Brigance, 1994)가 있다.

다양한 직업들에 대한 개인의 흥미를 측정하는 데 유용한 몇 가지 직업 흥미도 도구들이 있다. 이 도구들은 직업상담을 할 때와 어떤 유형의 직업기술들이 훈련될 필요가 있는지 결정할 때 유용할 수 있다. 이러한 도구들의 두 가지 예로는 GOC-2(Gordon Occupational Checklists-22)와 WRIOT2(Wide Range Interest-Opinion Test-Second Edition)이 있다. GOC-2(Gordon, 1981)는 사업, 야외, 예술, 서비스, 기계, 그리고 공업 등의 분야에서 한 개인의 직업 선호도를 결정한다. 직업의 명칭에 따른 항목들이 있으며, 각 항목은 미국 노동부의 직업 탐색 지침에 제시된 직업군이다. WRIOT2(Glutting & Wilkinson, 2003)는 읽을 필요가 없는 도구로, 직업 선호도, 흥미, 그리고 자신의 '적성'(예 : 연구적, 예술적, 적극적)과 맞는지를 확인하는 3개의 분야에서 학생의 흥미를 결정하기 위해, 238개의 그림을 사용한다(Bugaj, 2012).

마지막으로, JOBS 체계는 개인의 실생활에서의 직업 수행을 실제로 사정한다. 이 도구는 직업 수행의 질, 그 수행을 유지하는 데 필요한 지원의 유형, 그리고 일정 기간 동안 해당 직업에서 학생이나 근로자가 보이는 성장과 발달 등을 결정하는 데 사용된다. JOBS 체계의 독특한 점은 하나의 도구(JOBS)가 확장된 평가자(즉, 교사, 직업코치, 직장감독관)의 정보를 제공한다는 점이다(Rosenberg & Brady, 2002). 두 번째 도구 (JOBS : OSD)는 학생이나 근로자의 자기결정적 입장에 대한 정보를 제공한다(Brady et al., 2006). 두 도구는 다음과 같은 세 가지 영역을 측정한다.

- 일에 요구되는 일상생활 활동들(예 : 시간 엄수)
- 일에 요구되는 행동(예 : 일과 변경에 대한 반응)
- 일에 요구되는 직무(예 : 안전절차 따르기)

또한 두 도구는 업무 능력을 유지하는 데 필요한 지원 수준과는 별도로 업무 능력을 사정한다. 그림 9.4에는 JOBS의 채점 준거가 제시되어 있고, 유사한 채점 체계가 JOBS : OSD에서도 사용된다. JOBS 체계는 일반적으로 개인의 고용 기술의 진전을 사정하는 데 사용되는데, 이는 다른 학생과 근로자의 규준 표본과 비교하여 점검된다. 또한 두 도구로부터 도출된 정보를 사용하여 2개의 서로 다른 관점에서 업무 능력과 지원 요구도를 비교한다. 최근에 외부 평가자(교사, 직업코치)의 관점은 학생과 근로자 자신의 자기결정적 관점과 밀접하게 상응하지 않았다(Bennett, Frain, Brady, Rosenberg, & Surinak, 2009; Brady, Frain, Duffy, & Bucholz, 2010).

지역사회 생활기술

지적장애인을 위한 목표들은 학교환경을 넘어서야 한다. 또한 교실 바깥의 환경에서 보이는 한 개인의 기능들 다루어야 한다. 방금 논의했던 직업 및 고용 기술들처럼, 지역사회 생활기술도 한 개인이 가능한 한 독립적으로 살아가는 데 필요하다. 여기에는 교통(예 : 버스 이용하기)과 쇼핑 기술(예 : 돈 사용하기) 등과 같은 영역들이 포함된다. 이 영역을 측정하는 데 이용할 수 있는 도구들은 더 적다. 적응행동 척도는 비록 그 정도 면에 있어 서로 다르기는 하지만, 보통 이 영역을 다루고 있다. SIB-R(Bruininks, Woodcock, Weatherman, & Hill, 1996)은 다른 영역들 중에서 시간 및 시간 준수, 화폐와 가격, 가정/지역사회 지향성을 측정한다. AAMR ABS : 2에는 비록 문항이 몇 개 되지는 않지만 경제활동(Economic Activity)이라는 영역이 있다. 바인랜드 적응행동척도의 일상생활기술 영역 또한 지역사회 생활기술들을 다루는 항목들을 포함하고 있다. 준거참조 목록의 한 가지 예인 *Brigance Life Skills Inventory*(Brigance, 1994)에는 여행, 교통, 그리고 화폐와 재정과 같은 지역사회 생활 기술을 다루는 몇 가지 기술 계열들이 있다.

마지막으로, SIS(Supports Intensity Scale)(Thompson et al., 2002, 2004)는 AAIDD(2010)

JOBS 하위척도	수행의 질	지원 유형
각 항목은 수행과 지원 요구도를 사정한다.	학생이나 근로자의 업무 숙달도를 요약한다.	업무 숙련도를 가지기 위한 학생이나 근로자에 지원 요구도를 요약한다.
JOBS		
일에 요구되는 일상생활 활동들 일에 요구되는 행동 일에 요구되는 직무	5＝탁월 4＝평균 이상 3＝평균 2＝평균 이하 1＝경쟁고용에 적합하지 않음	5＝다른 근로자들에게 제공되는 것 이상으로 특별한 감독이나 지원이 필요하지 않음 4＝동료들의 간헐적인 감독 3＝직업 코치나 감독관의 간헐적인 감독 2＝직업 코치나 감독관의 빈번한 감독 1＝직업 코치나 감독관의 지속적인 감독
JOBS : OSD		
일에 요구되는 일상생활 활동들 일에 요구되는 행동 일에 요구되는 직무	3＝예 2＝가끔 1＝아니요	3＝혼자서 할 수 있다. 2＝적은 도움을 받아 할 수 있다. 1＝많은 도움이 필요하다.

그림 9.4 JOBS와 JOBS : OSD에 사용된 채점 준거

에 따르면 "현재 이용 가능한 유일한 표준화된 지원 요구 사정도구"이다(p.114). SIS는 자신의 바람직한 삶의 질을 성취하거나 유지하기 위해 한 개인이 요구할 수 있는 개인 맞춤형 지원에는 어떤 것이 있는지를 확인하는 데 초점을 둔다. 거기에는 생활 활동과 관련된 49개의 항목과 자기옹호 및 자기결정을 다루는 보충 척도가 있다. 추가적인 29개의 비표준화된 항목들은 행동 문제로 인한 부정적인 결과의 예방과 의학적 조건과 관련된 예외적인 지원 요구도에 초점을 둔다(AAIDD, 2010). AAIDD는 적응행동 및 유사한 척도들이 개인적인 능력을 다루는 경향이 있다고 지적한다. SIS는 한 개인이 일상생활에 의미 있게 참여하는 데 요구되는 것들에 초점을 둔다.

지적장애 고등학생을 사정할 때 어떤 유형의 지역사회 생활기술들이 다루어질 수 있는가?

요약 체크리스트

다차원적 특성

➢ 기능적 사정 – 가장 독립적으로 살아갈 수 있는 기술들에 초점을 두어야 한다.

    ✓ 연령과 장애의 정도가 중요하다.

    ✓ 목적 — 사정은 교수적 의사결정을 내리고 진전을 모니터링하기 위해 사용될 수 있다.

비공식적 사정 : 교수적 의사결정

➢ **준거참조 검사들(CRTs) — 어떤 사람이 알고 있는 것과 모르고 있는 것 그리고 할 수 있는 것과 할 수 없는 것에 관한 구체적인 정보를 제공한다.**

    ✓ 준거참조 검사는 교사가 제작하거나 상업적으로 판매될 수 있다.

    ✓ 준거참조 검사를 개발하기 위한 첫 단계는 측정할 기술 영역을 확인하는 것이다.

➢ **과제 분석 — 어떤 과제를 완수하는 데 요구되는 기술들의 필수 구성요소인 행동들을 확인하고 계열화하는 것**

    ✓ 준거참조 검사를 만들기 위한 다른 단계들에는 항목들 자체를 개발하는 것과 숙련 준거를 결정하는 것이 있다.

➢ **교육과정중심 사정(CBA) — 기대되는 교육과정 성과의 관점에서 학생의 수행을 사정**

    ✓ 준거참조 CBA(CR-CBA) — 준거참조 검사와 유사하나 해당 학생이 받고 있는 교육과정이 그 내용이 된다.

    ✓ 요약지 — 가끔 준거참조 교육과정중심 사정에서 도출된 정보를 정리하는 데 활용된다.

비공식적 사정 : 진전도 모니터링

✓ 관찰의 이점 — 비용이 적게 들고, 사용하기 용이하며, 직접적인 측정을 제공한다.

    ➢ 진전을 모니터링하기 위한 관찰은 다음과 같은 4단계 모형을 사용한다. 표적행동을 확인하고, 적절한 기록절차를 사용하여 그 행동을 측정하며, 중재를 도입하고, 동일한 기록 절차를 활용하여 중재 효과를 사정한다.

    ➢ **사건 기록법 — 특정 시간 동안 발생한 행동의 수 측정**

    ➢ **지속시간 기록법 — 개인이 표적행동에 참여한 시간의 양 측정**

    ➢ **기초선 자료 — 새로운 중재 프로그램이 도입되기 전에 수집된 자료**

✓ 포트폴리오 사정 — 수행, 진전, 그리고 성취의 증거를 제공하는, 학생이 작업한 내용의 체계적인 수집

    ➢ **작업 포트폴리오 — 학생이 작업한 내용의 '전형적인' 예들이 담겨 있다.**

    ➢ **전시 포트폴리오 — 학생이 작업한 내용 중 가장 잘한 예들이 담겨 있다.**

✓ 포트폴리오를 개발할 때는 다음과 같은 질문들에 답할 수 있어야 한다. 어떻게 보여야 하는가? 어떤 것들이 담기는가? 담겨질 내용은 어떻게 그리고 언제 선택되는가? 어떻게 사정되는가? 어떻게 전달되는가?

> **루브릭 – 포트폴리오에 담긴 내용물들을 보다 객관적으로 사정하는 데 사용되는 일련의 준거들**

✓ CCSS를 사정하는 데 일반적으로 사용되는 루브릭

> **교육과정중심 측정 – 보다 공식화되고 표준화된 유형의 교육과정중심 사정**

> **경향선 혹은 진전도 선 – 학생이 목표를 향해 적절하게 진전하고 있는지를 결정하기 위해 교육과정중심 측정에서 사용된다.**

조절 및 대안적 사정

✓ IDEA는 모든 장애 학생들이 주 단위 및 지역 단위의 사정 프로그램에 참여해야 한다고 규정하고 있다

✓ 적절한 검사 조절이 허용된다.

✓ 정기적인 사정 프로그램에 참여하는 것이 부적절한 경우, 대안적 사정이 사용되어야 한다.

✓ National Center of Educational Outcomes – 장애 학생들의 사정 프로그램 참여를 점검한다.

> **수행평가 – 질문에 구어나 문어로 답하는 대신, 과업을 수행한다. 가끔 대안적 사정으로 사용된다.**

기능적 기술 영역 사정

✓ ILS(Independent Living Skills) – 먹기와 옷 입기와 같은 자조기술들을 말한다.

✓ 많은 적응행동 척도들(예 : 바인랜드 적응행동척도)에는 독립생활 기술들을 측정하는 영역이 있다.

✓ 독립생활 기술을 측정하는 다른 도구들로는 발달목록들(예 : *Battelle*)과 준거참조목록들(예 : *Vulpé Assessment Battery-Revised*)이 있다.

✓ *Vulpé*는 중증 장애인의 기술을 사정하는 데 유용한 독특한 채점체계가 있다.

✓ 의사소통 기술 – 비구어, 구어, 문어가 있다. 또한 표현기술 및 수용기술도 있다.

✓ 적응행동 척도들과 발달/준거참조 목록들 또한 의사소통 기술들을 측정하는 영역들이 있다.

✓ 특정 도구들(예 : *Test of Language Development-3*)은 수용/표현 언어의 몇 가지 구

성요소를 측정한다.

✓ *Peabody Picture Vocabulary Test IV-III*와 같은 몇몇 도구들은 언어의 단 한 가지 구성요소만 측정한다.

✓ 문어 기술을 측정하는 데 유용한 도구들 또한 있다.

✓ 사회적 기술-다른 사람들과의 상호작용, 협력, 그리고 개인적 적응과 같은 영역이 있다.

✓ 적응행동 척도들과 발달목록들에는 사회적 기술을 측정하는 항목들이 많지 않다.

✓ Social Skills Improvement Rating System-특히 사회적 기술을 측정하도록 고안되었다. 또한 중재 가이드가 있다.

✓ 기초학업 기술-많은 지적장애 학생들에게 적절하다.

✓ 기초학업 기술을 측정하는 성취검사의 두 가지 예로는 KTEA-II와 WIAT-III가 있다.

✓ Brigance 목록들은 시리즈로 제작된 준거참조 목록들로, 학년 중심의 기초학업 기술 계열과 기능적 학업기술 계열이 담겨 있다.

✓ 직업 및 고용 기술-중고등학생들에게 매우 중요하다.

✓ IDEA는 만 14세에 학생의 IEP에 전환목표를 설정하도록 규정하고 있다.

> **작업 견본-업무 능력을 사정하는 데 사용되는 모의 과제들이다.**

> **경력 포트폴리오-목표들을 결정하고, 직업 매치를 형성하며, 직업상담을 돕는 데 사용된다.**

> **교육과정중심 직업 사정-학생의 직업 교육과정을 그 내용으로 사용하는 교육과정 중심 사정 기법**

✓ Brigance에는 또한 직업기술들을 측정하기 위해 고안된 몇 가지 준거참조 목록들이 있다.

✓ 직업 흥미도 목록들-예로는 GOC-2와 WRIOT-II가 있다.

✓ JOBS 체계-외부 관점(교사, 직업 코치, 직장 감독관)과 자기결정적 관점(학생, 근로자)에서, 그러한 수행을 유지하는 데 필요한 지원 수준과 실제 업무 능력을 측정한다. JOBS 체계에는 지원된 고용과 보호작업장에서 다른 학생들 및 근로자들과 비교한 규준이 있다.

✓ 지역사회 생활 기술-교실 바깥 환경에서의 기술들을 측정하는 데 중요하다.

✓ 지역사회 생활 기술을 측정하는 데 유용한 도구들은 많지 않다.

✓ SIS는 적응기술의 성취라기보다는 해당 개인이 일상생활에 참여하는 데 필요한 것에 초점을 둔다.

추가 제안/자료

토론

1. 준거참조 교육과정중심 사정과 교육과정중심 측정을 비교하고 대조하라.
2. 학생의 진전을 모니터링하는 데 사용될 수 있는 4단계 관찰 모형을 설명하라.
3. 독립생활 기술들을 사정하는 데 사용할 수 있는 방법들 및 도구들을 확인하라. 직업 및 고용 기술들을 사정하는 데 사용할 수 있는 방법들 및 도구들을 확인하라.

활동

1. 이 장의 첫 번째 절에 기술된 단계들에 따라, '받아내림(빌려오기) 없는 세 자리 수 빼기 두 자리 수' 기술에 대한 준거참조 검사를 개발하라.
2. 당신이 살고 있는 지역의 학교체제와 연락하여, (a) 장애 학생들에게 어떠한 검사 조절이 허용되고 있는지, 그리고 (b) 어떠한 대안적 사정 절차가 사용되고 있는지 확인하라.
3. 포트폴리오 사정에 대한 견해 및 사용에 대해 일반교사 및 특수교사와 면담하라.

인터넷 자료

www.psychcorp.com/
이 장에 기술된 많은 사정 도구들의 홈페이지로, 장애 학생들의 교사와 부모들의 많은 질문들에 대한 답변을 제공한다. 여기에는 실시될 수 있는 검사들의 유형, 어떤 주 단위 검사들이 있는지, 그리고 검사에서 어떤 조절이 허용되는지에 대한 정보가 담겨 있다.

www.proedinc.com
지적장애 및 다른 장애 학생들에게 사용되는 표준화된 검사를 출판하는 출판사의 웹사이트이다. 교육검사 및 심리검사를 출판하는 다른 회사들의 카탈로그 정보뿐만 아니라, 서적, 교육과정 자료, 치료 자료들도 제공하고 있다.

www.nasponline.org/publications
National Association of School Psychologists의 홈페이지로, 소식지 *Communique*의 발췌 및 표준화된 검사 개발에 대한 요약 정보를 제공한다.

제10장

교수 내용

요점

➤ **모든 학생들이 배워야 할 필요가 있는 것** - 국가적인 학교 개혁은 모든 학생들이 무엇을 배워야만 하는가에 대해 생각하게 하였다. 이는 지적장애 학생들에게는 특별한 도전감을 불러일으켰다.

➤ **지적장애 학생들이 배워야 할 필요가 있는 것** - 일반교육과정에서 배울 수 있는 지식에다가 지적장애 학생이 필요로 하는 특별한 기술에는 독립생활 기술, 의사소통, 사회적 상호작용 및 관계, 학문적 기술, 그리고 전환 및 지역사회 생활 기술 등이 포함된다.

➤ **교수 내용을 결정하는 원리** - 수업내용에 대한 신중한 결정에는 지식이나 기술에 대한 가치 정립, 연령에 걸맞게 학생들의 삶을 향상시킬 수 있는 내용이 그리고 학생들이 해당 지식이나 기술을 학습하는 데 실질적인 흥미를 갖도록 하는 것이 포함된다.

➤ **교수들은 어디에서 교수 내용에 관한 정보를 얻는가** - 개별화교육프로그램을 수립하는 일은 교수 내용을 결정하기 위한 공식적인 과정이다. 이 과정에서 전문가들, 가족들, 학생들 모두 중요한 역할을 한다.

모든 학생들이 배워야 할 필요가 있는 것

교사들, 학생들, 그리고 그들의 가족들은 학생들이 무엇을 배워야 하는지에 대한 의사결정을 지속적으로 요구받아 왔다. 그것들을 결정함에 있어 지적장애 유무에 상관없이 모든 학생들에게 필요로 하는 지식과 기술이 무엇인지를 고려하는 것이 의사결정의 일부분이다. 학생들이 배워야 할 것에 대한 관심이 증가하게 된 계기는 약 20여 년 전에 출판된 한 보고서, 즉 'A Nation at Risk'(National Commission on Excellence in Education, 1983)에 의해서 비롯되었다. 이 보고서는 점차 다양해지고, 복잡해지며, 공학기술에 더 의존하게 되는 사회에서 이에 적응하는 삶의 준비가 제대로 되지 못하는 학생의 수가 점차 증가하고 있어 교육자들과 공공으로 하여금 이에 대한 점검을 요구하였다. 이 보고서가 출판된 이래로 학교개혁은 교육자들과 일반 대중 모두의 관심사가 되었다. 미국 학교들을 개선하기 위해 많은 단체들이 다양한 계획 및 제안을 내놓으면서, 학교 개혁이라는 쟁점은 주 및 전국적인 선거에서 주요 사안이 되었다. 최근에 공표된 포괄적인 연방법안, 즉 'No Child Left Behind'(P.L. 107-110)와 뒤이어 공표된 'Race to the Top Competition'은 학교 개혁의 가장 중요한 항목으로 자리매김하게 된 것이다. 개혁에는 학교들의 기금 조성 방법, 학교 조직 방식의 변경, 학급 규모의 축소, 그리고 교사의 자격증 제도 변화 등과 같은 광범위한 쟁점들에 대한 제안뿐 아니라, 몇몇 서로 다른 국가적인 장기목표 세트들도 포함되어 있었다(Bushaw & Lopez, 2012). 개혁을 위한 노력에는 각기 다른 아동들에게 적용되어야 하는 교수 방법의 마련 그리고 특정 아동 집단에 대한 과도한 주목 여부 같은 쟁점들이 포함되어 있다. 수많은 교훈들을 국가가 주목하는 것에서 개혁으로 전환시켜야 하지만 그 기본이 되는 메시지는 분명하다.

현시대의 학교에서 학생들이 무엇을 배워야 하는지 교사들에게 말해 주고 있는 목소리는 부족함이 없다

학자들, 각 주의 법률가들, 그리고 지역의 일반 시민들 모두는 학생들이 무엇을 배워야 하고, 누구에게, 그리고 언제 배워야 하는지에 대한 신념을 확실하게 가지고 있다. 물론 이러한 다양한 목소리가 때로는 혼란을 야기할 수도 있지만, 학생들에 대한 기대만큼은 놀랄 정도로 의견 일치를 보인다. 대다수의 미국인들은 학생들이 다음과 같은 것들을 이수한 후 학교를 졸업해야 한다고 믿고 있다.

- 기본적인 수학 능력
- 과학 및 공학 기술에 대한 기초적인 지식
- 적극적인 시민성을 포함하는 긍정적인 습성
- 문해 기술
- 학생이 졸업 후 스스로를 지원할 수 있게 하는 실제적인 기술
- 문제해결 기술 및 학습자들을 돕는 기술인 '학습방법의 학습'
- 과거에 일어난 골치 아픈 문제들에 대한 포괄적인 해결방법의 증가된 중요성을 이해하는 것

이러한 기술들은 모든 학생들이 배워야 할 중요한 것으로 간주되고(National Education Goals Panel, 1997), 이러한 장기목표를 충족시키는 데 있어 국가의 진전도에 대한 사

차이를 만들어 낸 사건 **10.1**

1983년 – 미국 교육부는 'A Nation at Risk'를 출판했다.
2010년 – 주지사 협회는 'CCSS'를 채택했다.

미국의 교육을 비판하는 연작물 중의 하나인 'A Nation at Risk'는 모든 주에 영향을 미칠 정도의 경종이 되었다. 즉, 미국은 독일과 일본 등과 같은 나라들과의 경제 전쟁에서 패배하고 있는데, 그 이유 중 일부는 미국 학생들의 수학 및 과학 실력이 다른 선진국 학생들에게 미치지 못하다는 데 있다는 것이다. 이 보고서는 교육과정을 국가적인 표준에 연계시키려는 목적을 가진 일련의 학교 개혁에 대한 자극이 되었다. 그 후 십여 년 내로 각 주는 학교구와 지역 학교들을 위한 교육과정 표준 및 지침의 개발과정에 깊숙이 개입하게 되었고, 교육과정 표준을 강화하고 주의 표준끼리 연계하며, 학생들이 이 표준에 충족되었는지 판단하기 위하여 주 단위 학생사정 계획을 수립하고, 학생의 검사 수행에 근거하여 학교들에 대한 금전적 보상이나 처벌방법을 개발하기 위해 연방 차원에서의 여러 가지 부가적인 지도방법들이 제시되었다. 오늘날, 주지사 협회 노력의 결과로서 (NGACBP, 2010), 대부분의 주는 이 핵심표준교육과정 (CCSS)을 채택하고 있다.

'A Nation at Risk'와 뒤따라 채택된 CCSS가 지적장애 학생들에게 어떠한 영향을 미쳤는가? 이 보고서는 법률과 실제에 있어 다양한 변화를 가져오게 하는 자극이 되었다. 이러한 변화들 중 많은 부분들은 1997년의 장애인교육법 개정에 반영되었다. 장애인교육법 개정판에는 학생교육 프로그램이 실시되는 방식을 변화시키는 데 필요한 두 가지 요구조건이 포함되었다. 첫째, 지역 교육자들은 특수교육을

받는 모든 학생들이 일반교육과정에 접근할 수 있는 정도를 밝힐 것을 요구받았다. 비록 몇몇 가족들 및 교육자들은 이 요구조건이 더 통합적인 교육을 받을 수 있는 선택의 문을 열어 놓는 결과라고 믿었지만, 다른 사람들은 일반교육과정(예 : 수학, 과학, 그리고 문해 등)에의 의존을 크게 하는 것은 개별화된, 더 기능적인 목적들을 성취할 기회를 상실하는 것으로 보고 있다. 또한 개정된 교육과정 표준은 졸업요건의 강화와 맞물려 돌아가게 되었고, 이는 결국 많은 장애 학생들에게는 어쩔 수 없는 위험요소가 되었다. 둘째, 모든 주들은 장애 학생들이 주 단위 사정의 대상임을 보여 주어야 한다는 요구를 받게 되었다. 이제 많은 주들이 학생의 검사 수행을 학교들에 대한 금전적 보상이나 처벌의 근거로 삼고 있기 때문에(이러한 검사들은 종종 대규모 검사라고 불리고 있다), 결국 지역 학교의 지도자들은 이러한 검사의 대상에 장애 학생들을 포함시킬 것인가를 결정함에 있어 많은 어려움을 겪게 되었다. 이미 수많은 저성취 아동들과 함께 하는 교장들은(따라서 금전적 보상을 받지 못할 위험에 처해 있는) 지적장애 학생들을 높은 위험요인으로 볼 수밖에 없다. 즉, 이러한 개혁 운동은 여러 가지 의도되지 않은 결과를 야기하고 있다(Brady, Duffy, Hazelkorn, & Bucholz, 2014). 'A Nation at Risk'의 장기적인 효과와 이것이 지적장애 학생들에게 미칠 영향들은 앞으로 여러 해 동안 알 수 없는 문젯거리일 것이다.

정을 위하여 지속적인 노력이 있어 왔다. 실제로 'No Child Left Behind'와 같은 국가의 장기목표들을 성취하는 데 있어 학생, 학교, 그리고 각 주들에 대한 정기적인 사정을 요구하고 있다. 여러 주에서는 모든 학생들이 국가의 장기목표에 도달했는지 사정하기 위해 영어와 수학에서 표준교육 과정을 채택했다(Natioonal Governors Association center for Best Practices, NGACBP, 2010). 그러나 지금까지 핵심표준교육과정(Common Core State Standards, CCSS)으로 모든 지적장애 학생들을 평가할 수 있는지 아닌지는 분명하지 않다('A Nation at Risk'와 'CCSS'의 영향은 사건상자 10.1에서 더 논의되고 있다).

비록 학교 개혁 운동이 대다수의 학생들에게 있어 폭넓게 영향을 미친다 하더라도, 수많은 부모들, 후원자들, 그리고 전문가들은 '표준에 근거한 개혁(standards based reforms)'이 장애 학생들에게 얼마나 적합한지에 대해 알고 싶어 한다(Shriner, 2000). 지적장애 학생들이 지적인 재능을 타고난 학생들과 엇비슷한 수준의 학문적 기량을 보일 것으로 기대되는가? 다양한, 주 단위의 대규모 시험들(high-stakes tests, 예 : 학생들이 다음 학년에 올라가거나 상급학교에 진학할 수 있는지 그렇지 않은지를 결정하는 표준화 검사 등)에 응시는 하였으나 뛰어나 성적을 거두지 못하거나 심지어는 평균 수준에서의 통과조차 하지 못한 학생들에게 이상적인 기대치는 무엇일까? Goodman, Hazelkorn, Bucholz, Duffy 그리고 Kitta(2011)는 한 주에서 학업 표준 수준이 올라가길 희망하면서 졸업 요건들을 늘린 후에 장애 학생들의 중퇴 비율이 증가했다고 보고하였다. 다행히도 주 및 국가 수준의 학교 개혁이라는 의제에 특수교육자들이 점차 더 많이 참여하게 되었으며, 지적장애 학생들을 위해 검사의 조절과 같은 안전장치가 포함되고 있다. 최소한 국가 수준의 교육과정 기준 및 장기목표들을 채택한다는 것은 지적장애 학생들이 일반교육과정에 접근하는 경우가 증가될 것임을 의미한다. 왜냐하면 지금까지는 지적장애인들이 사회운동 및 교육개혁 운동에서 무시되거나 배제되어 왔기 때문이다(Polloway, Smith, Patton, & Smith, 1996). 국가 수준 교육과정의 장기목표 및 CCSS에 학생의 기술 및 교육적 성과가 기술되어 있기 때문에 장애 학생들 '혹은' 비장애 학생들에게 지금보다는 더 많은 교육적 시도 기회가 적용되고 있다. 비록 이러한 기술 범주들이 학생들이 원하는 모든 기대를 포괄하고 있지는 못하지만, 이 정도의 기술 범주들만이라도 숙달하는 것은 현대 사회생활에 참여하는 데 있어 매우 중요하다고 판단된다. 하지만 이처럼 중요한 보편적인 성과들을 넘어 지적장애 학생들에게만 별도로 필요한 다른 여러 기술 및 지식들이 있다.

다시 생각해보기

국가 수준의 학교 개혁 운동이 경도 지적장애 학생들에게 어떠한 영향을 미칠 것으로 생각하는가? 그러한 운동들이 중도 지적장애 학생들에게는 어떠한 영향을 미칠 것으로 생각하는가?

지적장애 학생들이 배워야 할 필요가 있는 것

비록 지적장애 학생들이 다른 학생들이 획득하는 것과 동일한 기술들을 습득한 후 학교를 졸업하기를 기대하지만 그들이 학교 경험을 통해 보다 실제적인 일과들을 배울 것으로도 기대된다. 지적장애 학생들은 학습에 다양한 어려움을 겪을 것이기 때문에

차이를 만들어 낸 사건 **10.2**

1974년 – AAESPH는 최중도 장애인들을 후원하기 위한 첫 번째 학회를 개최했다.

지금은 장애인교육법으로 알려진 공법 94-142가 통과되기 몇 년 전 미국의 모든 학교들은 장애 아동들 모두에게 개방되었고, 일부의 교육자들은 중등도에서 중도에 이르는 지적장애, 중복 및 지체장애, 그리고 자폐성 장애와 같은 행동장애 아동들 및 성인 장애인들까지 공교육에 포함시키고자 하는 방법을 찾고자 하는 새로운 노력을 기울이게 되었다. 이를 위해 핵심 구성원 단 30명이 모여 'American Association for the Education of the Severely/Profoundly Handicapped'(AAESPH)의 첫 연례 학회를 1974년 가을, Missouri주 Kansas City에서 개최하게 되었다.

AAESPH는 시작부터 가치를 추구하는 단체였다. 이 단체의 구성원들은 가장 심각한 장애를 지닌 사람들의 삶을 개선시키는데 필요한 실제적인 훈련전략들, 교수 방법, 그리고 중재 및 서비스들의 개발에 초점을 맞춰 열심히 일하였다. AAESPH 의장은 초기 기조연설에서 중증 장애인들의 '미국 사회와 미국 장면에서의 완전한 통합', 그리고 '중증 장애인들 자신이 태어나고 자란 지역사회의 삶에서… 각자의 개인적인 성취를 위해 우리가 가르치는 것에 대한 적절

성'을 고려할 것을 요청하였다(Haring, 1977, pp.4-5). 이 단체의 학회지 중 첫 권, 'AAESPH Review'는 다음과 같은 주제들을 탐색하는 여덟 가지 쟁점들을 다루었다.

- 학생들이 모방하도록 가르치는 교수 절차
- 교수 프로그램의 기본적인 지침
- 복잡하게 얽혀있는 과제들에 대해 이해를 촉진하기 위한 교수 절차들
- 학생의 학습을 기록하고 도표화하기 위한 예시자료 파일
- 기능적 언어를 촉진하기 위한 절차들

이 학회지에는 또한 생활기술, 직업기술, 가족지원, 그리고 다른 주제들에 대한 논문들도 포함되어 있었다. 그 후 약 40여 간 AAESPH(지금은 TASH라고 불리는)는 성장했고 변화를 거듭해 왔으나 지역사회의 가치, 교수공학, 평생지원에 대한 구성원들의 기여만은 지금까지도 견고하게 남아 있다. 지적장애에 대한 수많은 지식 및 실제는 40여 년 전 AAESPH의 탄생으로 인해 더욱 풍부해졌다.

그들은 일련의 **핵심 기술들**(critical skills)을 습득하기를 기대하는 것이 있다(Gaylord-Ross & Holvoet, 1985). 지적장애 학생들을 위한 핵심기술은 모든 학생들에게 필요한 기술들과 매우 흡사하지만, 이들을 위한 교수 프로그램들은 이러한 패턴과 일과를 대상으로 하는 명시적 교수(explicit instruction)일 것으로 기대되고 있다.

지적장애 학생들이 무엇을 배워야 하는가에 대한 질문들이 항상 생산적인 논의를 창출했던 것은 아니었다. 1975년 특수교육을 제공하라는 연방정부의 명령이 있기 전까지만 해도 많은 교육자들은 지적장애인들은 생산적인 기여를 할 수 있을 것이라는 가능성을 그다지 많이 갖고 있지 않았다. 따라서 많은 지역 학교구에서는 특수교육을 이용할 수도 없었고, 학교를 이끌어 가는 사람들은 특수교육이 바람직하다고 생각하지도 않았다(따라서 연방정부의 요구가 필요했던 것이다). 일단 연방 법률이 필요로 하는 모든 학생들이 특수교육을 이용할 수 있도록 해야 한다고 요구하자 교육과정과 교수 방법에서 많은 발전적 변화가 이루어졌고, **기능적 교육과정**(functional curriculum)의 개발에 엄청난 관심이 모아졌다(Polloway et al., 1996). 어떤 교육자들은 특히 중증

장애인들을 위한 기능적 교육과정의 연구 및 개발에 초점을 맞추는 새로운 조직을 만들기도 하였다. 오늘날 TASH(The Association for Persons with Severe Handicaps)라고 불리는 단체의 탄생은 사건상자 10.2에 서술되어 있다.

대부분의 지적장애 학생들에게 필요한 핵심기술들은 완전히 별개의 교육과정을 필요로 하지 않을 수 있다. 이와 유사하게 기능적 교육과정이라고 해서 반드시 학생들의 일반교육과정이나 CCSS에의 접근을 축소시키는 것도 아니다. 그러나 많은 지적장애 학생들은 비장애 학생들이 스스로 습득하는 일과에 대해 명시적인 교수를 필요로 한다. 비록 이러한 기술들이 수많은 구체적 행동들을 포함하고 있지만 이 행동들은 다음과 같이 다섯 가지 행동군으로 범주화할 수 있다.

1. 독립생활 기술
2. 의사소통
3. 사회적 상호작용 및 관계
4. 학문적 기술
5. 전환, 지역사회 생활, 고용기술

이 영역들에 대한 사정 및 교수의 전달은 다른 장에서 논의될 것이다.

독립생활 기술

다른 모든 학생들처럼 지적장애 학생들도 생활기술 혹은 자기관리(self-care) 기술이라고도 불리는 독립생활 기술을 배우거나 세련되게 할 필요가 있다. 지적장애 여부와 상관없이 어린 아동들이 받는 교수의 주요 부분은 보통 독립생활 기술에 포함되지만 중등과정에 재학 중인 학생들의 경우는 이러한 기술들이 덜 강조될 수 있다. 중도 장애 학생들은 보통 많은 부분에서 자기관리 기술프로그램을 적용하는 것을 목표로 한다. 그러나 경도 장애 학생들은 종종 독립적으로 이러한 영역의 일들을 수행할 것이라고 기대한다. 독립생활 기술은 종종 다음과 같은 네 가지의 광범위한 범주들로 구분한다.

1. 위생 및 용변 처리
2. 옷 입기
3. 가정생활(옷, 그릇, 생활환경, 음식 준비 등 관리하기)
4. 독립적인 이동

가르칠 필요가 있는 독립생활 기술과 **강화시킬** 필요가 있는 기술들 사이에는 분명한

차이를 만들어 낸 연구 **10.1**

Lent, J. R., & McLean, B. M. (1976). The trainable retarded : The technology of teaching. In N. G. Haring & R. L. Schiefelbush(Eds.), *Teaching special children*(pp.197-223). New York : McGraw-Hill.

캔자스 주에서 운영하는 시설에서, 1970년 대 초반 Jim Lent는 수많은 사람들을 모아 다음의 두 가지 질문에 대한 답을 구하려 하였다.

1. 지적장애인들은 시설을 벗어나 지역사회에 편입될 때 필요한 독립생활 기술을 학습할 수 있는가?
2. 만약 그렇다면 교수 절차는 어떠해야 하는가?

그 결과는 'Project MORE'로 귀결되었다. Project MORE 는 시설에 거주하는 사람들에게 씻고, 면도하며, 양치질하고, 기타 많은 생활기술에 참여하는 방법을 가르치는 교육과정 프로젝트였다. Lent와 그의 동료들은 새로운 세대의 특수교육자들, 행동 공학자들, 그리고 인간 서비스 제공자들에게 이전에는 스스로를 돌볼 수 없다고 생각되었던 많은 사람들에게 보호감독이 필요 없음을 보여 주는 교수 절차 및 수업계획을 개발하였다. 1980년대 초반까지 Project MORE 교수 자료들은 전국적으로 많은 학교에서 사용하게 되었으며 지적장애 학생들을 위한 표준교육과정이 되었다.

교수 방법의 차이가 존재한다. 보다 어린 아동들 혹은 중도 지적장애 아동들은 자신의 몸을 씻고, 양치질을 하며, 옷을 입는 것 등과 관련된 일과를 학습하기 위해 종종 직접 교수의 도움을 받는다. 이에 비해 연령이 높은 학생들 혹은 경도 지적장애 학생들은 자신이 할 수 있는 기술 목록들에 이러한 기술들이 포함되어 있음에도 불구하고 이를 자발적으로 **사용**하지 못할 수도 있다. 이들에게는 이러한 기술들을 확실하게 사용할 수 있도록 가르치기보다는, 예를 들어 그림을 이용한 촉구 등과 같은 지원이나 조절 정도만이 필요할 수 있다. 이러한 구분은 교사들이 학생에게 무엇을 어떻게 가르쳐야 할지를 결정할 때 중요하다. 교수 및 지원 분야 모두 지난 몇 십년 동안 교육자들의 많은 관심을 끌어 왔다. Gast와 Wellons, 그리고 Collins(1994)는 가정 및 지역사회에서 의 안전과 관련된 기술들을 학생들에게 가르치기 위한 직접교수 프로그램에 대한 뛰어난 설명을 제공하였다. Reamer 등(1998)은 **부모들이** 장애 자녀의 옷 입기, 양치질하기, 스스로 먹기 등을 가르치는 것을 돕기 위해, 비디오 기술을 활용하는 직접교수를 설계하였다. Lasater와 Brady(1995)는 이미 잘 알려진 기술이기는 하지만 직접교수법이 아닌 비디오 기술을 활용하여 면도하기, 점심식사 준비하기, 빨래하기, 옷 손질하기 등을 혼자의 힘으로 하지 못하는 중등학교 학생들을 지도할 수 있고 스스로 자기평가 할 수 있도록 하였다. Mechling(2008)은 음식 준비와 같은 자기관리 기술을 가르치기 위해서 촉구와 비디오 모델링 체계와 통합한 많은 수의 최신 기술들(아이팟, PDA, 기타 휴대용 장치)에 대해 논의한 바 있다. 연구상자 10.1은 독립생활 기술의 교육과정 을 설정하기 위해 애썼던 초기 노력을 설명하고 있다.

한때 이동기술(mobility skills)은 저시력 및 맹 학생들을 지도하는 교육자들의 영역이었으나 지금은 지적장애 학생들을 위한 교육과정의 중요한 한 부분이 되었다. 지난 20여 년간 이동과 관련된 교육과정의 초점은 다양한 유형의 장애를 지닌 정안 학습자들이 가정 및 지역사회에서의 이동에 매우 필요한 기술로 확장되어 왔다(Westling & Fox, 2009). 대부분의 시각장애 학생이나 지체장애 학생들은 이동에 있어 많은 도움을 필요로 한다는 것을 가정할 수 있다. 예를 들어, 저시력 학생들은 그들의 눈으로 안내서를 보거나 독립적으로 지팡이를 사용하는 방법을 개발하려고 한다면 이와 관련된 교수가 필요할 것으로 여겨진다. 다른 심각한 지체장애를 지닌 학생들은 이동을 위한 휠체어 사용법이나 다양한 형태의 보행 보조기를 사용해 이동하는 방법에 관한 교수를 필요로 할 것이다.

'독립보행'을 위한 교수는 지적장애 학생들에게는 종종 간과되었는데, 이는 대부분의 지적장애 학생들은 걷고, 뛰며, 계단을 오르는 등에 있어 도움을 필요로 하지 않는다고 보았기 때문이다. 그러나 만일 지적장애 학생들이 지역사회의 일, 여가, 그리고 성인으로서 해야 할 집안일 등에 정상적으로 참여하고자 한다면 그들은 반드시 어릴 때 이러한 환경 내에서 그리고 이러한 환경 간을 적절하게 이동할 수 있도록 학습해야 한다. 경도 지적장애 학생들의 이동 목표는 종종 지역사회 내 장소를 찾기 위함이고 그렇다면 그 장소까지 오고 가기 위해 해당 지역사회 내에서 이용 가능한 어떠한 운송수단을 사용할 수 있어야 한다. 비록 이러한 목표들에는 태워 주고 내려 주는 서비스 이용을 예약하기 위해 해당 기관의 예약처에 전화를 걸어 지역사회에서의 이동을 준비하는 것이 포함되기는 하지만, 그러한 목표가 보다 중도의 지적장애 학생들에게도 일률적으로 적용되는 것은 아니다. 어린 아동들에게 있어 이동의 목표에는 종종 버스가 서는 곳에서부터 교실로 찾아가는 것, 서로 다른 수업 장면에서 빈자리를 찾는 것, 혹은 교실 내의 학습센터 사이를 이동하는 것 등에 대한 학습이 포함된다. 중학교 학생들의 이동 목적에는 종종 학생식당, 도서관, 체육관, 그리고 다른 교실 찾기와 그러한 장소에서 교실 찾아오기가 포함된다. 중등학교에 다닐 나이의 아동들은 대중교통을 이용하여 지역사회에 있는 작업장, 농구장, 철물점, 혹은 공원 등에 가는 방법을 배울 것이다. 어떤 학생들은 특정 교통노선을 학습하는 데 있어서는 별다른 어려움이 없으나 그 노선에 임시 우회로가 생긴다거나 그 노선이 심각하게 막힐 때는 엄청난 어려움을 겪을 수 있다. 이러한 학생들에게 노선은 이차적인 것으로, 더 중요한 이동상의 목적은 안전 그리고 해당 노선에 대한 조정된 성취(completion)이다. 교사들은 비장애 학생들이 일반적으로 이러한 이동 기술들을 스스로 습득하며, 몇몇 지적장애 학생들에게는 이러한 기술들을 구체적으로 가르칠 필요가 있음을 기억하는 것이 중요하다. 이러한 **목적지**, **노선**, 그리고 **이동 기술**들은 가르칠 수 있는 것들이며, 이를 숙지하는 것은 지적장애 학생들의 삶의 질을 향상시키는 데 중요하다. 이러한 기술들은 개별적으로나 집단 교육 형태로 다수의 비디오와 그림 단서, 비디오 아이팟 기기 그리고 기타 휴대용 PDA를 사용하여 배우고 있다(Cihal, Alberto, Taber-prompts, & Gama, 2006; Kelly, Test, & Cooke, 2013; Mechling & Seid, 2011).

의사소통

지적장애 학생들이 경험하는 의사소통에 있어서의 어려움들은 곧 교수에 필요한 것이기에 주목의 대상이 된다. 거의 모든 학생들은 의사소통에 필요한 기본적인 선수기술을 지니고 있으나 사회적, 동기, 혹은 인지적 장애로 인해 어려움을 갖게 된다. 가족들이 모국어로 영어를 사용하지 못하는 학생들은 의사소통에 있어서 추가적인 어려움을 겪는다. 경도 지적장애 아동들이 겪는 의사소통에서의 어려움은 중증장애를 가진 학생들이 겪는 어려움과 상당히 다른 모습을 보인다(Beirne-Smith, Ittenbach, & Patton, 2002). 경도 지적장애 학생들의 의사소통 장애는 종종 조음장애(대체, 생략, 왜곡) 등과 같은 **말 문제**(speech problems)와 비정상적인 음도나 목소리의 강도 등과 같은 **음성 문제**(voice problems)이다. 따라서 의사소통 지도도 이들 문제를 대상으로 하는 교수 중재로 귀결된다. 이러한 학생들은 또한 지체된 언어나 발달되지 않은 어휘 등과 같은 **언어장애**(language disorder)에 대한 중재도 필요로 할 수 있다. 중도 지적장애 학생들을 위한 의사소통 중재는 거의 대부분의 경우 더 기본적인 의사소통 기능을 포함한다. 그와 같은 기능들은 **비상징적**(nonsymbolic)인 것일 수도 있고(예 : 정서적 반응을 보이기 위한 목소리, 소리의 높이, 근긴장도, 혹은 몸의 자세 등에서의 변화), 상징적이지만 **비음성언어적**(nonverbal, 예 : 그림책, 글자판 등)인 것일 수도 있으며, 혹은 완전히 음성 언어적일 수도 있다. 모국어로 영어를 하지 못하는 지적장애 학생들은 말, 언어, 그리고 의사소통 기능의 어려움과 싸우게 될 수 있다.

교수 중재를 계획할 때에는 종종 **형식 대 기능**(form versus function)이라는 쟁점에 주의를 기울이게 된다. 즉, 교수를 계획하는 사람들은 대상 학생의 말과 언어의 유형이나 형태(형식)를 개선할 것인지 아니면 대상 학생이 자신의 환경 내에서 교류할 수 있도록 하기 위한 자신의 언어를 사용하는 능력(기능)을 강화해 줄 것인지를 반드시 결정해야 한다. 's'음을 분명하게 산출해 내는 것을 목적으로 하는 교수는 형식을 위한 중재로 간주될 것이고, 학생이 휴식 시간을 요청하도록 가르치는 교수는 기능을 위한 중재로 생각될 것이다. 이것들 중 한 가지 혹은 두 가지 모두 학생들 개개인의 요구를 고려할 때 적절한 것일 수 있다.

의사소통을 최적화하는 교수 기법과 교수 행동은 특화되거나 아니면 아주 전형적일 수 있다. 많은 지적장애 학생들은 일반교실 수업과 자연스럽고 우연적인 학습을 통하여 자신들의 의사소통 기술들을 습득하게 된다(Jones & Warren, 1991). 그러나 이들을 제외한 다른 학생들은 구체적으로 계획되고 실행되는 교수를 필요로 한다(Gersten & Baker, 2000). 역사적으로 의사소통 중재는 의사소통 전문가들(예 : 말 병리학자, 의사소통 장애 전문가 등)의 책임으로 생각되어 왔다. 이제 최선의 교육실제는 목표를 정하고 가르치는 데 교사와 전문가의 협력을 요구하고 있다. 이러한 목표와 접근방식에는 촉구(promoting)와 같은 **보편적 학습설계**(Universal Design for Learning)의 서로 다른 많은 측면들을 포함하고 있다(Dettmer, Kmackendoffel, & Thurston, 2013).

- 표상(representation)의 다양한 수단
- 참여(engagement)의 다양한 수단
- 표현(expression)의 다양한 수단

그래서 지적장애 학생들은 규칙적이고 일상적인 교육 활동에 참여할 수 있게 해야 한다. 게다가 개별적인 중재에는 그림 의사소통 체계(picture communication system)의 활용, 이야기 함께 읽기, 녹화비디오를 통한 시연, 역할놀이 활동들, 언어 스크립트, 그리고 유창성 훈련과 다른 문해 활동들이 포함될 수 있다(Hudson & Test, 2011; Kurth, 2013; Nietupski, Hamre-Nietupski, Curtin, & Shrikanth, 1997).

마지막으로, 의사소통 장애는 종종 심한 문제행동의 근간이 되기도 한다(Janney & Snell, 2000; Reichle & Wacker, 1993). 자신들의 관심을 효과적으로 의사소통할 수 없는 학생들은 이로 인한 좌절, 불편함, 혹은 불신 등을 표현하는 수단으로 문제행동을 빈번히 사용한다. 의사소통 장애로 인해 문제행동을 자주 일으키는 학생들을 지도하는 교사들은 학습자 개개인과의 기능적 의사소통 체제를 수립하여 일관성 있게 실행해야 한다. 이에 대한 연구들 중 많은 부분들이 연구상자 10.2에서 소개된 Carr와 Durand (1985)의 독창적인 논문으로부터 유래되었다.

사회적 상호작용과 관계

지적장애의 사회성 개발의 중요성은 2장에 서술되어 있는 '지적장애'의 정의 및 정의 체계에 있어서의 변화를 통해서 볼 수 있다. AAMR의 초기 정의(Grossman, 1983)는 부분적으로 지적장애인들의 사회적 책임의 결함에 초점을 맞추어 **적응행동**(adaptive behavior)을 정의하였다. 최근의 분류 체계(AAIDD, 2010; AAMR, 2002)는 사회적 기술과 기능의 중요성을 더욱더 강조하고 있다.

차이를 만들어 낸 연구 10.2

Carr, E., & Durand, M. (1985). Reducing behavioral problems through functional communication training. *Journal of Applied Behavior Analysis, 18,* 111-126.

특수교육에 대한 연방의 요구조건이 있기 이전에, 중등도에서 중도에 이르는 장애를 지닌 대부분의 학령기 학생들은 아무런 교육도 받지 못했고, 많은 학생들은 시설에 거주하였다. 교육, 여가 기회, 그리고 가족들과의 규칙적인 상호작용 없는 이러한 사람들이 기이한, 종종 곤란을 일으키는 행동들(예 : 지속적으로 몸 흔들기, 자해, 혹은 신체적 공격성 등)을 하게 되는 경우가 흔히 있었다. 이에 대한 전문가들의 전형적인 반응은 문제행동을 보이는 사람들의 삶과 기술을 향상시키는 대신, 문제행동을 감소시키는 방법을 찾는 것이었다.

Carr와 Durand의 연구는 이러한 현상에 대한 교수적 접근방식의 초기 예들 중 하나였다. 문제행동을 의사소통의 문제로 '번역'함으로써 Carr와 Durand는 개인들의 의사소통 기술을 향상시키는 중재를 개발할 수 있었다. 의사소통을 하는 데 있어 새로운, 더 사회적으로 수용할 수 있는, 그리고 더 효율적인 방법들을 가르침으로써 이전의 곤란을 일으키는 행동들의 '필요성'은 줄어들게 되었다. 긍정적인 부작용 또한 보였다. 즉, 이전에는 자신의 생각과 요구를 의사소통할 수 없었던 사람이 이제는 그렇게 의사소통 할 수 있게 되었고, 이는 그 사람의 삶의 질에 있어 중요한 향상을 가져다주었다. 오늘날, 대부분의 전문가들은 문제행동의 의사소통 의도를 첫 번째 중재 선택사항으로 고려한다.

사회적 상호작용과 사회적 지각은 종종 많은 지적장애인들을 위한 교수에서 핵심 영역으로 간주된다. **사회적 기술**(social skills)은 사람들이 다른 사람들과 관계를 맺으며, 정보 및 생각을 교환하고, 자신의 요구와 욕구를 알게 하며, 관계를 수립(그리고 유지)할 수 있게 하는 수단이다. 자신 및 다른 사람들에 대한 **사회적 지각**(social perception)은 사람들로 하여금 의사소통을 하는 데 따른 강력한 동기원이 된다. 사회적 이익 또한 개인의 자기관리 기술을 유지하게 하거나 이동기술들을 사용하게 하는 강력한 자극원으로 작용한다. 사회적 동기가 없이는 이러한 기술들 및 다른 많은 기술들을 학습하고자 하는 욕구가 생기지 않는다. 많은 지적장애인들에게 나타나는 사회적 상호작용과 지각에 있어서의 어려움은 이러한 다른 기술들의 사용까지도 저해한다.

지적장애 학생의 특정 사회적 기술에 대한 요구는 학생의 연령, 장애의 특성 및 정도, 학교 · 가정 · 지역사회 내에서 해당 학생의 이전의 사회적 경험, 사회적 기술 교수(해당되는 경우)의 특성 및 가용성뿐만 아니라 많은 개인 특성과 사회적 · 문화적 변인 등을 포함하는 수많은 요소들에 의해 영향을 받는다. 이러한 견해는 그동안의 사회적 성과가 주로 지적장애의 수준이나 정도에 의존하여 정의되었던 기존의 믿음과는 뚜렷한 대조를 보이는 것이다. 적극적인 사회적 기술 교수를 받고 사회적 관계 기회를 가졌던 경험이 있는 학생들은 학교에서, 지역사회에서, 그리고 작업 일정에서, 제한된 사회적 기회를 가졌던 학생들보다 훨씬 더 커다란 성공을 거두었다(Carter & Hughes,

2005; Ittenbach, Bruininks, Thurlow, & McGrew, 1993). 이러한 사실은 경도 지적장애 학생들은 물론 더 심한 형태의 지적장애를 지닌 학생들에게도 그대로 적용된다.

학생들의 사회적 요구를 바탕으로 한 교육적 중재는 보통 다음과 같은 것들을 목표로 설계된다.

1. 사회적 상호작용 기술을 향상시킨다.
2. 사회적 관계를 수립한다.
3. 자기옹호 및 자기결정을 촉진시킨다.

많은 학생들에게 사회적 기술 교수는 매우 실제적인 것으로, 이들의 사회적 **시도**(initiation) 및 다른 사람들의 시도에 대한 **반응**(response)을 개선하고, 지속적이고 즐거운 **상호작용**을 개발하며, 사회적 상호작용의 존중받는 **종료**(termination)를 성취하기 위해 설계된 사회적 기술들을 그 대상으로 한다. 지적장애 학생들은 다른 사람들에게 사회적 시도를 하는 데 어려움을 보일 수 있거나 이러한 시도가 해당 상황에 적절하지 않을 수 있다(예 : 도서관에서 급우에게 술래잡기와 같은 신체적 게임으로 사회적 상호작용을 시작하는 등). 다른 지적장애 학생들은 다른 학생들의 시도에 반응하는 효과적인 수단을 갖고 있지 않을 수 있고, 따라서 그들의 반응은 '서투르거나'(너무 시끄럽거나, 필요 이상으로 쾌활한), 전혀 반응을 보이지 못할 수도 있다. 때때로 학생들의 시작 및 반응행동들이 효과적이기는 하지만 활동의 지속성을 끌어내지 못하는 경우도 있다. 예를 들어, 두 또래친구가 서로에게 인사는 하지만 게임을 하자고 하거나 이를 시작하는 기술을 지니고 있지 못한 경우가 그것이다. 마지막으로 참여자들 중 하나 혹은 참여자들 모두가 사회적 시도를 끝내면 사회적 상호작용은 종료된다. 어떤 학생들은 어떤 특정 활동을 끝내는 데 어려움을 보여 다른 친구들과의 상호작용에서의 즐거움이 모두 사라진 후에도 한참 동안 서성거리기도 한다. 또 어떤 학생들은 갑작스럽게 상호작용을 끝냄으로써 또래친구들이 상처를 받거나 자신들이 무엇인가 잘못했다고 믿게 하는 경우도 있다.

이러한 기술들이 아동보육 환경, 학교, 가정, 운동장, 여가 상황, 직장, 지역사회 환경, 그리고 다른 곳에서도 직접 지도될 수 있다는 것을 보여 주는 충분한 연구문헌들이 존재한다. 이제는 사회적 상호작용에 대한 연구의 고전이 된 예가 1980년대와 1990년대 샌프란시스코주립대학교의 사회적 행동 집단으로부터 도출되었고, 그것에 대한 설명은 연구상자 10.3에 기술되어 있다. 이와 같은 교수의 결과는 많은 학생들의 삶을 바꾸어 주었다.

불행히도 기본적인 사회적 기술에서의 향상이 항상 의미 있는 사회적 관계로 발전

차이를 만들어 낸 연구 10.3

Gaylord-Ross, R., Haring, T., Breen, C., & Pitts-Conway, V. (1984). The training and generalization of social interaction skills with autistic youth. *Journal of Applied Behavior Analysis, 17,* 229-247.

Gaylord-Ross와 그의 동료들은 사회적 통합에 대한 연구를 두 가지 중요한 방식으로 확장시켜 놓았다. 첫째, 이들의 연구는 실험 상황 이상으로 새로운 기술을 일반화하는 것을 돕게 될 어떤 전략의 조기 탐색이었다. 그와 같이, 사회적 행동은 구조적인 교수 절차가 제공되지 않은 곳에서도 학습되고 활용될 수 있음을 보여 주었다. 둘째, 이들의 연구는 견실한 실험 방법을 일상의, 적용된 상황(이 경우에 있어서는 도시의 고등학교)에 혼합시켜 놓았다. Gaylord-Ross 팀은 사회적 행동에 대해 그들이 한 적용연구의 정밀함으로 그리고 그들의 연구 참여자들에 대한 긍정적인 성과와 행동과학을 통합시키는 창의성으로 인해 곧 유명해지게 되었다.

되는 것은 아니다. 많은 학생들은 **관계형성기술**(relationship building skills)을 배울 때에 한해서 혜택을 얻는다(Newton, Olson, & Horner, 1995). 여기에는 문제해결, 다른 사람들의 관점 이해하기, 사회적 상황에서 논리적 장애로 인한 장벽 피하기 등과 같은 모호한 기술들도 포함된다(Chadsey & Sheldon, 2002). 마지막으로, 대부분의 지적장애인들은 자기옹호 및 자기결정을 촉진하는 교육 중재를 통하여 도움을 받을 수 있을 것이다. 여기에는 잘 알고 있는 상태에서 결정하기, 자신의 요구 및 관심을 전달하기, 자신의 개인적인 결정에 대한 책임을 지기 등의 기술에 대한 학습이 포함된다(Thoma, Nathanson, Baker, & Tamura, 2002; Wehmeyer & Schwartz, 1997). 다른 사회적 성과들에서와 마찬가지로 자기결정 기술들은 학생들이 구체적인 기술 연마하기, 촉구받기 및 자발적인 시연 참여하기, 역할놀이 하기, 교사로부터 수행에 대한 피드백 받기와 더불어 궁극적으로 그 기술을 실제 상황에서 연습할 때 성공적으로 교수될 수 있다.

학문적 기술

전문가들과 가족 구성원들은 종종 어떤 학생을 위한 교육 프로그램이 어느 정도로 학문적 영역 교수에 초점이 맞추어져야 하는지에 대한 문제로 고심한다. 몇몇 사람들은 지적장애 학생들이 일반교육과정에 완전히 통합되어야 한다고 믿는다. 핵심표준교육과정(CCSS)을 여러 주에서 채택함에 따라 지적장애 학생들에게 과도한 학문적 기술을 요구하게 되는 것이 아닌지를 포함하여 두 가지 질문이 대두되고 있다.

1. 지적장애 학생들이 의미 있게 CCSS에 참여할 수 있는가?
2. 지적장애 학생들이 학문적 교육과정에만 참여했을 때 놓치게 되는 부분은 무엇일까?

지금까지 지적장애 학생들이 '공통핵심'에 의미 있게 참여할 수 있는 강력하고 긍정적인 지표들이 있어 왔다. 노스캐롤라이나대학교 샬럿 캠퍼스의 연구와 개발 노력은 학문적 교과 수업 구조에서 중간 정도의 참여가 경도나 중도 지적장애 학생들의 CCSS 성취를 가져온다는 것을 보여 주는 많은 희망적인 연구들을 내게 되었다(Browder, Spooner, Wakeman, Trela, & Baker, 2006). 이 연구 팀은 지적장애 학생들이 CCSS에서처럼 서로 다른 내용 영역에 걸쳐서 읽기, 쓰기, 수학 성취도가 눈에 띄게 발전할 수 있음을 보여 주었다(Browder, Ahlgrim-Delzell, Spooner, Mims, & Baker, 2009; Browdwer, Spooner, Aglgrim-Delzell, Harris, & Wakeman, 2008; Browder, Trela, Courtade, Jimenez, Knight, & Flowers, 2012). 이는 만약 교육 자료가 사려 깊게 설계되고 주의 깊게 전달된다면 지적장애가 학업 성취에 걸림돌이 되지 않는다는 그간의 많은 선행연구 결과와 일치하는 것이었다.

두 번째 질문에 대한 대답은 좀 더 복잡하다. 지적장애 학생들이 주의 깊게 실행된 학문적 교육과정에서 의미 있는 성과를 얻을 수 있다 하더라도 많은 교육자들은 생활기술, 경력 개발, 이동기술과 다른 기능적인 교육과정 부분에 좀 더 중점을 두어야 한다고 주장한다. Brown(2013)은 중도 장애를 가진 학생들에게 있어 현재의 교육 표준 환경은 근시안적이고 종단적이며 융통성이 없다고 지적한다. Brown은 책무성에 초점을 맞춘 개혁 운동이 일어나는 동안 채택된 '핵심표준교육과정'은 중도 지적장애 학생들에게 적용하기에는 한 마디로 잘못된 것이라고 주장한다. Brown은 교수를 전달할 때 하나의 기준을 버리고 다른 기준을 선택할 때의 함의점들을 고려하라고 이 분야에 끊임없이 도전해 왔다. Brown은 중도 지적장애 학생들에게 좀 더 즉각적인 영향을 줄 대안적인 지침들을 다음과 같이 제안했다(Brady, 2013).

- 중도 지적장애 학생들의 현재와 미래 삶에 도움이 될 수 없는 교수 기술로 시간을 낭비하지 말라.
- 정말 의미 있는 프로그램을 설계하고 전달하는 데 교육자들이 책임지게 하라.
- 다양한 일반적인 환경에서 학생들에게 교육적인 프로그램을 전달하고 그 진전 사항을 사정하라.
- 학생들이 다른 사람들과 상호작용을 잘하도록 가르치고 이것이 도덕적으로 이루어지도록 하라.
- 졸업 후의 환경에 적응하는 데 필요할 것 같은 의미 있는 학문적 기술을 가르쳐라.
- 학생들에게 또래 아동들과 졸업 후에 생활하게 될 다양한 장소에서 잘 적응할 수 있도록 가르쳐라.

- 다른 사람과의 일반적으로 이루어지는 일련의 관계에서 상호작용하는 데 필요한 사회적 기술을 가르쳐라.
- 이러한 기술들을 가르치면서 학생들의 기능적인 기술 목록을 늘려라.
- 일반적인 지역 사회 환경에서 이동하는 법을 가르쳐라.
- 학교에 다닐 동안 매우 다양하고 일반적인 작업 기회를 마련해 주고, 학생들이 이러한 기술과 환경에 참여하도록 하라.
- 학생들이 작업 과제가 없을 때 건강하고 의미 있는 활동에 참여하도록 가르쳐라.
- 학생들이 지원된 생활환경에서 잘 적응하도록 가르쳐라.

다행스럽게도, 교육과정이 얼마나 많은 학문적 영역 교수를 포함해야 하는지를 결정하는 데 있어서 다양한 모형들이 활용되고 있다(Polloway, Serna, Patton, & Bailey, 2013). 이 모형들은 '순수한' 학문적 과정일 수도 있고, 평생의 직업 교육 결과와 관련된 일련의 학문적 기술 목표들을 결합한 것일 수도 있다(Brolin, 2004). 대부분의 모형들에는 앞서 기술한 목표선택 변인들의 활용, 일반교육과정의 고수, 그리고 병행 교육과정의 개발 등을 포함하고 있다. 학문적 기술에 관한 어떠한 의사결정이라 해도 다음의 변인들을 포함하게 될 것이다.

1. 학문적 기술에 할당되는 교수의 양은 학년 수준에 따라 변화한다.
2. 학문적 영역 교수의 양은 학생의 미래에 대한 가족 및 해당 학생의 '세계관'을 반영할 것이다.
3. 학문적 기술의 교수 내용은 미래에 학생의 졸업 후 전환과 어느 정도 관련되어 있어야 한다.
4. 학문적 기술 영역 교수의 지속적인 확대는 이전 학문적 기술 영역 교수의 성공 여부에 부분적으로 기반을 둔다.

모든 학생들을 위한 교수의 초점은 학년 수준에 따라 달라진다. 예를 들어, 비장애 유아들을 위한 교육과정에는 보통 언어발달, 사회화, 그리고 자기관리 활동들이 많다. 학문적 영역은 초등학교 시절에 더 두드러진 역할을 하여 고등학교 때까지 지속되는데, 대부분의 학생들은 학교에 있는 동안 학문적 영역 교수에 대부분의 시간을 소요하게 된다(Fisher, Sax, & Pumpian, 1999). 이러한 변화는 종종 지적장애 학생들에게도 유사하게 적용되지만, 중등학교 학생들에게는 한 가지 중요한 차이점이 있다. 고등학교에 진학할 때가 되면 교육과정은 직업 인식, 직업 기술 개발, 그리고 성인으로서의 생활에 대한 준비 등을 위해 학문적 기술로부터 멀어진다(Guy, Sitlington, Larsen, & Frank,

2009).

　가족들의 세계관 및 가족들이 지각한 요구들 또한 학문적 기술 영역 및 기타 형태의 교수에 어느 정도의 노력을 기울여야 하는지를 결정하는 데 중요한 역할을 한다(Green & Shinn, 1994). 각각의 가족 구조 내에는 그 구성원들의 미래에 대한 가족의 태도에 영향을 주는 일련의 복잡한 상황들, 가치들, 요구들, 그리고 역사가 존재한다(Harry, 1992; Turnbull & Turnbull, 1997). 이러한 세계관을 바탕으로 한 메시지들은 주로 가족 구성원들 사이에서 전달되지만 종종 세대 간을 통하여 전달되기도 한다. 학교 및 학문적 기술 영역에 대한 강력한 태도를 가지고 있는 가족들은 전통적인 학교활동에 더 많이 참여하려 할 것이고(Hoover-Dempsey, Bassler, & Brissie, 1992), 일반교육과정 및 전통적인 교과로의 접근을 강조할 것이다. 이와는 다른 세계관을 지닌 가족들(예 : 직업과 관련된 강력한 태도를 지닌 가족들)이나 가족의 요구가 보다 실제적 기능들(예 : 의료문제 혹은 성인기로의 전환 등)에 주목을 해 주길 원하는 경우에는 이 가족들의 학문적 기술 영역에 대한 기대는 최소화될 것이고, 그 대신 사회적 기술 및 성인으로서의 생활기술에 대한 교육과정에 더 주의를 기울이게 될 것이다(Turnbull & Turnbull, 1988; 1997).

　학생의 교육 프로그램에서 학문적 기술에 얼마나 치중해야 하는지를 결정하는 데 있어 이전의 교수는 어떠한 역할을 하는가? 대다수의 비장애 학생들을 위한 학교에서와는 달리 지적장애 학생들을 위한 교육계획에는 훨씬 더 많은 정도의 선택의 폭이 포함된다. 가족들, 전문가들, 그리고 학생 자신들은 1년을 단위로 하여 교육 프로그램 구성에 대한 분명한 결정을 하도록 요구받는다. 의심할 여지없이 이전의 교수에 대한 만족도가 앞으로의 학문적 영역 프로그램 구성에 대한 결정에 영향을 미친다(Ryndak, Downing, Jacquelin, & Morrison, 1995). 특수교육의 내용 및 실시 장소에 대한 관심이 매우 오래되었음을 고려해 본다면(Glass, 1983; Salend & Duhaney, 1999), 대상 학생의 성공 여부가 그 학생이 앞으로 받게 될 프로그램을 결정하는 데 있어 중요한 역할을 한다. 지적장애 학생들은 그들의 교사들이 그들을 적극적으로 교수에 참여시키고 여러 가지 효과적인 교수 전략들을 활용하며, 교수 조절을 정기적으로 실시하고, 이것들이 학습에 미치는 영향을 빈번히 사정할 때 지적장애 학생들은 학문적 기술들을 잘 배우게 된다. 이러한 학생들이야말로 앞으로 계속해서 학문적 영역에 초점을 맞춘 교육을 받을 가능성이 가장 높다고 할 수 있다. 이러한 형태의 교수에 지적장애 학생들을 보다 적극적으로 참여시키지 않는 교사들에게 맡겨진 학생들은 학문적 기술들을 배울 가능성이 별로 없을 것이다. 전문가들이 지적장애 학생들의 학문적 기술 영역에 대한 중요성을 과소평가하기 쉽다. 오래전 이 책의 저자들 중 한 사람은 학문적 기술

개인적인 경험

여러 해 전, 다운증후군과 지적장애를 지닌 팀을 만날 멋진 기회를 갖게 되었다. 팀은 아버지와 함께 내가 살고 일하고 있는 열대지방의 섬으로 여행을 왔고, 흥미 있는 지역을 돌아볼 기회를 만끽하고 있었다. 주인이었던 나는 며칠 동안 팀과 팀의 아버지를 접대했고, 그 과정에서 아주 놀랍게도 팀은 지적장애에 대해 내가 배울 수 있을 것이라고 생각했던 것보다 더 많은 것을 가르쳐 주었다. 팀은 이 섬에 대해 많은 것을 사전에 읽었고, 잘 알고 있었다. 어쩌다가 세상에서 일어난 일에 대해 그리고 문화적 차이에 대한 대화는 곧 실질적인 토론으로 바뀌었다. 하지만 내 눈을 뜨게 해 준 것은 카드게임이었다. 나는 첫 번째 게임에서 팀이 이기도록 해 주었다고 생각했지만, 아마도 내가

수를 잘못 세었을 것이다. 두 번째 게임에서도 그가 이기자, 나는 게임에 신경을 더 써야 하지 않을까 생각하게 되었다. 하지만 팀이 나를 연거푸 몇 번을 이기자 나는 내가 쓴 전략이 잘못되었고 최소한 두 번은 카드의 숫자를 잘못 세었음을 알게 되었다. 나는 팀에게 어떤 수를 쓰는지 보여 달라고 했지만 그는 알려주지 않았다. 똑똑한 것인가? 그렇다! 팀은 전략을 쓸 만큼 똑똑했고 전략을 제대로 사용하지 못했던 놈에게 속지 않을 만큼 똑똑했다. 나는 이전에 '똑똑하다'는 말과 '지적장애'라는 말을 함께 사용해 본 적이 없었지만 이제는 그렇게 한다. 또한 학문적 기술 영역 교수의 가치를 과소평가하지도 않는다.

팀! 한 판 더할까? 나에게 전화해!

의 가치에 대한 부끄러운 경험을 가진 바 있다('개인적인 경험' 참조).

학문적 기술에 대한 교수의 정도가 개인에 따라 각기 다르게 결정된다 하더라도, 지적장애 학생들이 교과기술을 학습할 수 있다는 증거들은 상당히 많다(Browder & Lalli, 1991; Browder & Xin, 1998; Conners, 1992; Nolet & Tindal, 1993, 1994). 지적장애 학생의 교수와 관련된 지식에는 세 가지 주의사항이 따른다. 첫째, 6장에서도 언급했듯 지적장애 학생들은 추상적인 학문적 기술의 습득을 본질적으로 어렵게 하는 인지 및 학습 특성을 지니고 있다. 둘째, 교육자들은 이들의 학습상 어려움을 극복하게 하기 위해 측정 가능할 정도의 우수한 교수를 해야 할 필요가 있다. 셋째, 그 교수와 관련된 맥락에 대한 논란이 많다. 많은 전문가들 및 가족들은 학문적 기술 영역 교수가 일반교육과정 환경에서 실시되는 것을 지지하고 있다. 그러나 또 다른 사람들은 학문적 기술 영역 교수가 기능적인 지역사회 일과와 연계되는 것을 더 선호한다. 두 가지 모두 각기 다른 학생들을 위한 더 효과적인 학습을 촉진할 것으로 보인다.

전환 및 지역사회 생활기술

많은 지적장애 학생들은 그들의 삶에 있어서의 전환 및 지역사회 생활을 돕기 위한 구체적인 교수 계획을 필요로 한다(Hughes & Carter, 2000; Romer & Walker, 2013). 이는 어린 아동들이 가정에서 학교(혹은 조기중재 환경)로 갈 때, 그리고 학생들이 시간제 학급에서 전일제 학급으로(예 : 유치원에서 초등학교 1학년이 될 때) 혹은 분리된

학교에서 더 통합된 상황으로 이동할 때 가장 일반적으로 발생한다. 중등학교에 다니는 학생들은 졸업 후 진로선택을 준비할 때 전환 및 지역사회 생활 기술 또한 필요로 한다. 전환 전략들에는 보통 교사들을 위한 계획 활동 그리고 학생들을 위한 학습목표 등이 포함된다. 전환 활동들을 계획할 때 교사들은 다음 환경에서의 사회적 관계 및 그 장소에서의 네트워크, 그 환경의 의사소통 형태 및 심리적 안녕의 표시자, 그리고 그곳에서 자연스럽게 나타나는 오락 기회 등과 같은 변인들에 관심을 기울인다(Hughes & Carter, 2000). 학생들에게 전환을 준비시키기 위해 교수 중재는 반드시 학생들이 (1) 미래의 사회집단 및 네트워크와 연계될 수 있도록, (2) 오락과 여가를 즐기도록, 그리고 (3) 다음 환경의 특성이 되는 학교나 직장의 정상적인 일과에 참여하도록 돕는 구체적인 기술들을 촉진해야 한다(Miner & Bates, 1997; Li, Bassett, & Hutchinson, 2008).

비록 전환과 관련된 협상이 논리적이고, 지적장애 학생들에게 필요로 하는 기술이라 하더라도, 많은 학교에서 전환교육 프로그램을 운영하지 않고 있다. 전환을 위한 준비에는 최소한 학생들의 장기목표와 배치를 계획할 때 그들의 적극적인 참여가 필요하다(Brady, Rosenberg & Frain, 2008). 불행히도, 학생들은 보통 자신의 교육 프로그램을 계획하거나 계획 모임에 참여함에 있어 아주 일부 수준에서만 참여한다(Agran, Snow, & Swaner, 1999; Wehmeyer, Agran, & Hughes, 2000). 오히려 일상적인 선택과 교수 계획 등과 관련된 결정을 하는 데 있어 학생으로부터 아무런 말도 들어 보지 않고 교사들, 서비스 제공자들, 혹은 가족 구성원들이 결정할 때가 많다. 8장에서도 언급했듯이, 해당 결정에 의해 가장 많은 영향을 받는 사람들이 의사결정 과정에 참여하는 것은 그들에게 확실히 유리하다. 자신의 미래에 영향을 미치는 계획 과정에 참여한다는 것은 학생들에게 그들의 삶에 영향을 끼치는 많은 선택에 대한 통제력을 얻게 해주며, 이는 자기결정의 중요한 한 측면이기도 하다(Hagner, Helm, & Butterworth, 1996). 졸업 이후의 삶으로 전환을 준비하는 학생들은 이르면 14세부터 시작되는 자신의 개별화교육프로그램(IEP)의 개발에 참여할 기회를 가져야 하고, 결정을 내리는 방법에 대한 학습 기회가 전 연령대에 걸쳐 제공되어야 한다. 이러한 결정은 지역사회 생활에 대한 미래의 선택, 지원되거나 경쟁을 통해 얻은 고용, 교육을 계속 받을지에 대한 선택이 포함된다.

비록 학생들에게 전환을 준비시키는 몇 가지 모형들이 있기는 하지만(Martin & Huber, 1996; Marshall, 1996; Mithaug, Wehmeyer, Agran, Martin, & Palmer, 1998), 대부분의 자기결정 모형들은 다음과 같은 요소들을 포함하고 있다.

1. 자기지식 및 자기인식
2. 자기옹호
3. 자기효능감 및 자기공감
4. 계획 및 의사결정
5. 자기관리, 수행, 그리고 조정
6. 자기모니터링 및 자기평가

이러한 변인들에 대한 연구들은 변인 하나에 대한 개별적인 연구도 있었지만 몇몇 변인들은 다양하게 결합하여 연구되었고, 그 결과가 교수법의 개발로 발전되어 지적 장애 학생의 긍정적인 졸업 후 고용 및 지역사회 생활 성과 등으로 귀결된다는 것을 보여 주고 있다(Carter, Austin, & Trainor, 2012; Wehmeyer & Schwartz, 1997).

교사는 학교에 있는 시간의 대부분을 일반교육과정 안에서 학문적 기술을 학습하는 학생들을 위해 개별화된 장기목표를 어떻게 마련할 것인가?

교수 내용을 결정하는 원리

대부분의 지적장애 학생들은 계획되고 목적이 분명한 교수를 필요로 한다. 교사들은 학습에 어려움을 보이는 학생들이 학습을 하려고 한다면 그들에게 무엇을 가르칠지 신중한 결정을 내려야 한다. 20여 년 전 Brown 등(Brown et al, 1979)은 학습을 위해 '가장 많은' 지원을 필요로 하는 학생들이 종종 가장 적은 지원을 받고 있음을 지적하였다.

이러한 학생들을 위해 의미 있는 교수를 설계하는 데 있어 고려하여야 할 첫 단계는 그들을 위해 준비된 수업의 가치를 확립하는 것이다. Brown 등(1979)은 지적장애 학생들과 학습에 심각한 문제를 가지고 있는 학생들을 위한 중요한 장기목표를 결정하고 선택하는 데 도움이 되는 일련의 원칙들을 약술하였다. 이 원칙들은 학생들을 위한 교육과정, 장기목표, 그리고 기술 등에 대한 여섯 가지 지침이 되는 질문들로 구성되었다.

1. 해당 기술은 학생이 현재 혹은 미래 환경에 참여하는 데 도움이 되는가?
2. 해당 기술은 학생이 더 나은 삶의 질로 접근하는 데 도움이 되는가?
3. 장기목표에는 연령에 적합한 기술들, 일과들, 그리고 자료들이 포함되어 있는가?

차이를 만들어 낸 연구 10.4

Brown, L., Nietupski, J., & Hamre-Nietupski, S. (1976). The criterion of ultimate functioning and public school services for the severely handicapped student. In M. A. Thomas (Ed.), *Hey, don't forget about me! Education's investment in the severely, profoundly, multiply handicapped* (pp.2-15). Reston, VA : Council for Exceptional Children.

중도장애 학생들의 교수 프로그램 작성에 대한 Brown과 Nietupski, 그리고 Hamre-Nietupski의 논문에는 교수 목적들을 선택하는 데 지침이 되는 하나의 교육과정의 원리가 제시되어 있다. 이들의 '궁극적 기능성의 준거'에서는 단순하지만 중심적인 질문을 제기하고 있다. 즉, "만약 해당 학생이 제안된 기술을 수행하지 못한다면, 다른 사람들이 그 학생을 위해 대신해 줘야 하는가, 아니면 그대로 내버려둘 수 있는가?"이다.

이러한 장기목표 선택 시 준거의 영향은 실로 극적인 것이었다. 궁극적 기능성의 준거 논리는 교육자들로 하여금 학생에게 가장 중요한 생활기술을 가르치도록 하는 교수 결정의 초점을 다시 맞추게 하였고, '연령과 관계없이' 지적장애 학생들의 수업에서 매우 자주 목격할 수 있었던 추정에 의한 발달적 선수기술들(예 : 구슬 꿰기나 블록 쌓기 등과 같은)을 덜 강조하게 했다. 이 준거를 활용한 결과, 지적장애 및 기타 실질적인 학습문제를 지니고 있는 학생들을 위한 교육과정들이 훨씬 더 의미 있는 것이 되었고, 학생들의 학습능력은 상당한 정도로 향상되었다.

4. 장기목표에는 사회에서 가치 있게 생각하는 기술들이 포함되어 있는가?

5. 해당 기술이 학생에게 도움이 되어 지역사회에서 생산적인 기여자가 되도록 할 수 있는가?

6. 장기목표는 해당 학생의 관심을 반영하고 있으며 해당 학생의 재능을 향상시킬 수 있는가?

이러한 지침이 되는 질문들의 중심이 되는 교육과정 원칙은 **궁극적 기능성의 준거** (criterion of ultimate functioning)였다(Brown, Nietupski, & Hamre-Nietupski, 1976). 중증장애 학생들을 위해 제안된 이 목적 선택의 준거는 교사들로 하여금 중요한 생활기술을 포함한 교수 목표들을 선택하도록 촉구하고 있다. Brown 등은 학생들의 발달과 성장을 향상시키고자 설계된 교수를 수년간 적용해 본 결과 많은 지적장애 학생들이 먹기, 옷 입기, 이동, 그리고 의사소통 등과 같은 중요한 기술을 숙달하는 데 실패하고 있다고 언급하였다. 중요한 것은 교수의 대상이 되는 기술들은 해당 학생이 현재 살고 있고 앞으로 살게 될 가능성이 큰 다양한 장소에서 실제로 적용되어야 한다는 점이다. 이것이 학생들의 교육과정에서 **환경적 초점**(environmental focus)을 수립하도록 하였다. Brown 등은 만일 이러한 기술들이 가정에서, 학교에서, 혹은 지역사회에서 학생의 삶을 향상시킬 가능성이 없다면, 그 기술은 교수 우선순위에서 밀려나야 한다고 주장하였다(연구상자 10.4 참조).

　지적장애 학생들에게 이 장기목표 선택 원리들을 적용할 때, 습득을 목표로 하는 초기의 장기목표들은 연령에 적합한 기능적 기술들이 포함되어야 함이 분명하다. 이러한 기술들은 학생들을 도와 가능한 한 독립적인 사람이 되게 하고, 학생들이 독립적으로 수행하지 못하는 일과 활동들에 의미 있게 참여하게 하며, 일상적인 환경 내에서 수용과 강화에 이르게 하여야 한다. 이러한 기술들은 지적장애 학생들만이 아닌 모든 사람들이 필요로 하는 것이다. 용변 처리, 옷 입기, 그리고 도구 사용하기 등과 같은 기술들은 성공적인 독립생활을 위한 선수 기술들이고 또래들의 수용, 우정 개발, 그리고 지역사회 통합 등을 가로막는 걸림돌들을 제거해 주는 데 핵심적인 것들이다. 이러한 기술들을 수행하는 방법을 배우지 못한 학생은 자신을 위해 준비된 해당 기술을 스스로 수행하지 못하고 다른 사람(보통은 가족 구성원이나 유급 서비스 제공자)의 도움을 필요로 할 것이다.

　삶의 질(quality of life)이라는 준거는 궁극적 기능성의 준거와 밀접하게 연계되어 있다. 자신들의 대부분의 기본적인 일과를 유급 서비스 제공자에게 의존하고 있는 지적장애 학생들은 삶의 질을 향상시킬 수 있는 일반적인 상호작용에 대한 많은 기회들을 놓치게 될 것이다(Romer & Walker, 2013). 사람들이 혼자 결정을 하고, 자신의 자기결정 능력을 촉진시키며, 그렇지 않은 경우에 있어서는 사회적 주류를 이루고 있는 집단에 의미 있게 참여할 수 있도록 돕는 기술들과 지식을 선택하는 것은 대부분 사람들의 삶의 질을 향상시키게 된다.

　삶의 질 문제는 객관적인 측면에서부터 주관적인 측면에 이르기까지 다양하게 고려된다(Crane, 2002). 객관적으로는 대부분 사람들의 일상적인 삶을 향상시키는 일반적인 기술, 일상생활, 그리고 삶의 유형 등을 말한다. 이러한 기술에는 이 장의 앞부분에서 설명한 행동 유목들 중 많은 부분이 포함된다(예 : 사회적 상호작용 기술을 향상시키기, 자신이 속한 지역사회 내에서 이동하기 등). 많은 사람들에게 있어 삶의 질은 그들이 자신의 독립생활, 이동, 의사소통, 그리고 사회적 상호작용 기술 등을 통하여 실질적인 이득을 볼 때 향상된다. 그러나 삶의 질은 일련의 특정 기술 영역에서의 독립성으로 정의되는 것은 아니다. 개개인은 자신의 삶에 대한 만족을 바탕으로 주관적 삶의 질 또한 수립한다. 7장과 8장에서도 언급했듯이, 삶의 만족에 있어 선택과 통제는 매우 중요한 요소들이고, 자기결정과 자기조절은 선택과 통제를 실행하는 개개인의 능력에 영향을 미친다. 학생들을 위한 교수 목적들을 결정할 때 학생들의 삶의 질을 향상시키는 교육적 접근방식을 택해야 하는데, 여기에는 기술 교수와 사회적 관계, 심리적 안정, 생활양식, 지역사회 참여, 오락 및 여가 선택, 자기결정, 그리고 수많은 기타 변인들을 촉진하기 위한 제반 기회들이 포함된다(Hughes & Carter, 2000; Martin

& Huber Marshall, 1996).

연령 적합성(age appropriateness)은 거의 35년 전에 있었던 Brown 등(1979)의 연구 이래로 중요한 고려사항이 되었다. 수많은 저자들이 관찰한 바에 의하면 전문가들 및 사회의 다른 구성원들조차도 지적장애인들을 '영원한 어린이(perpetual children)'로, 사회적 역할이 미숙한 사람으로 분류하곤 했다(Wolfensberger, 2000). 불행히도 많은 전문가들은 지적장애 학생들에게 그들의 나이나 학년 수준과는 관계없이 교수용 자료들(예 : 봉제 장난감과 작은 인형 등)을 사용하고, 영 · 유아들에게 주로 적용하는 행동 일과(예 : 노래 부르기 등)를 가르치고 있다(Brady & Cunningham, 1985). 이러한 실제는 어린아이와 같은 행동이 지적장애의 결과가 아닌 전문가들의 행동(장난감을 주거나 노래 부르도록 촉구하는 교사들)의 결과임에도, 그러한 실제는 지적장애가 아이와 같은 행동을 보이는 특성을 보인다는 잘못된 지각을 강화시켜 주었다. 만약 학생들이 자신의 생활연령을 맞는 행동 유형들을 학습할 수 있도록 하려면 그 나이를 반영한 기술 및 자료들이 교육 프로그램의 일부가 되어야 한다.

Brown 등(1979)은 만일 학생들이 사회에서 가치 있게 여기는 기술들과 일과들을 학습하도록 하려면 학생들을 위해 선택된 장기목표들도 그 사회의 가치를 반영해야 한다는 점도 지적하였다. 즉, 교육자들이 성공적인 교수를 제공한다면 학생들이 보인 성과는 전형적인 학교 및 지역사회에서 생활하는 사람들에게도 가치 있는 것으로 인식되어야 한다. 성인들에게 적절한 것으로 간주되는 행동 및 일과들이 매우 다양하다는 점을 고려할 때 이 준거는 성취하기 쉬울 수 있다. 그러나 다른 사람들이 가치 있게 여기는 어떤 기술을 선택한다고 해서 그것이 반드시 해당 학생을 지역사회의 생산적인 기여자가 되도록 돕는 것은 아니다. Brown 등은 또한 학생들이 사회에 기여하는 기술들을 배우기를 권고하였다. 이 원리는 교육자들에게 미국 교육의 보편적인 목적은 모든 시민들이 그들의 이웃, 지역사회, 혹은 사회에 기여하는 데 있다는 것을 상기시켜 주고 있다. 지적장애 학생들에게 이 준거는 특별한 의미를 갖도록 만드는데, 이는 그들의 졸업 후 성과에 대한 연구들을 보면 실업과 부적절한 고용이 계속해서 이들에게 심각한 문제로 남아 있음을 지적하고 있기 때문이다(Carter et al., 2012; Storey, Bates, & Hunter, 2002). 직업을 갖는다는 것은 사회에 속한 사람들 대다수에게 강력한 가치가 있는 것으로 인식되고 있다. 또한 일을 한다는 것은 결과적으로 자신 및 가족들에게 기여하는 것이 된다.

마지막으로 **학생의 관심**(student interest)을 장기목표 선택 시 하나의 준거로 활용하는 것은 적어도 세 가지 실용적 적용을 가능하게 해 준다. 첫째, 학습에 있어서의 학생의 관심은 학습에 대한 동기와 관련된 중요한 것이고, 학생들의 개인적 성장 및 보상에 대한 본질적이고도 개인적인 체계에 있어 필수적인 것이다. 둘째, 학습에 있어서의 학생의 관심은 개인적 통제, 자율성, 선호도, 그리고 선택 등을 개발하는 데 중심적인 역할을 한다. 종종 자기결정의 구성요소로 일컬어지는 이러한 변인들은 교육 프로그램에서 간과되기 쉽지만, 졸업 후 성공적인 삶을 위해서는 중요한 결정요인들이 된다 (Wehmeyer, Agran, & Hughes, 2000; Wehmeyer & Schwartz, 1997). 셋째, 목표를 세울 때 학생 자신이 결정한 것이 목표에 들어가게 되면 일반적으로 달라지고, 심지어는 더 확장되며 가능한 목표가 된다. 왜냐하면 학생들은 자신의 행동과 지원 요구가 교사나 감독자, 고용인에 의한 것과 종종 매우 다르다고 느끼기 때문이다(Brady, Frain, Duffy, & Bucholz, 2010).

학생들에게 무엇을 가르칠 것인가를 결정하기 위한 이러한 준거들은 이 장을 시작할 때 설명한 바 있는 모든 학생들에게 적용되는 준거들과 차이가 있다. 일반적인 기준(모든 학생들이 배워야 할 것)을 바탕으로 한 장기목표들을 선택하는 대신 Brown 등(1976)의 주장 이후 교육자들이 제안한 다른 준거들은 교수에 대한 훨씬 더 복잡한 일련의 결정들과 관련되어 있고, 아동들의 삶에 있어 다른 주요 이해 당사자들을 포함하고 있다. 전반적인 기술들(이동, 사회적 발달, 표현·수용 의사소통 기술 등과 같은)과 더불어 많은 학생들이 **특정** 학교, 가정, 그리고 지역사회 환경에서 필요로 하는 기술들이 존재한다. 줄 서서 기다리는 능력은 지역사회 및 학교 환경에서는 필요하지만 가정에서는 거의 요구되지 않는다. 발언할 수 있게 해달라고 손을 드는 것은 학교 환경에서는 요구되지만 다른 환경에서는 필요하지 않다. 학생들에게 기술을 가르치기 전에 그 유용성에 관해서 우선순위를 결정하는 것은 중요한 일이다. 학생들이 즐기는 혹은 개인적인 흥미로 지니고 있는 기술들 또한 가르칠 것을 결정할 때 적합하다. 이러한 기술들은 반드시 규명되고 지원되어 학생이 활동들을 스스로 선택하고 유지하게 해야 한다. 많은 경우에 있어 예를 들어, 야구 카드 수집 혹은 지리적 정보 등과 같은 관심들은 지역사회 참여 및 우정 등을 위한 발판이 된다. 특히 학생이 어릴 때에는 가족들이 중요하다고 생각하는 혹은 가족이 공유하는 여가활동에 학생의 참여를 도와주는 관심 및 기술이야말로 해당 학생을 자신의 가족에 더 깊숙이 참여하게 하며, 해당 학생이 속해 있는 지역사회의 향상된 강화와 수용을 끌어낼 수 있게 한다.

만약 학생이, 부모가, 그리고 다른 교사들이 학생이 배워야 할 필요가 있다고 생각하는 것에 대해 서로 다른 우선순위 및 신념을 가지고 있다면 그 학생의 교육과정을 구조화하기 위해 어떤 결정을 내릴 것인가?

교수들은 어디에서 교수 내용에 관한 정보를 얻을 수 있는가

지적장애 학생들을 위한 교수 프로그램을 결정하는 것은 어려운 일일 수 있으며, 교육자들은 이를 결코 혼자서 시도해서는 안 된다. 학생들에게 의미 있는 사람들이 제공하는 정보 및 견해는 수집되어야 하고, 무엇을 가르칠 것인가에 대한 결정은 우선순위가 매겨져야 한다. 학령기 학생들을 위한 의사결정을 공식화하는 과정이 **개별화교육프로그램**(individualized educational program, IEP)'이다. 비록 개별화교육프로그램이 이 책 전반에 걸쳐 언급되고는 있지만 다음에 제시되는 정보는 그 과정이 어떻게 작동되는지에 대한 보다 구체적인 설명이 될 것이다.

특수교육 서비스나 지원을 받는 모든 학생들은 각자의 개별화교육프로그램을 가지고 있어야 한다. 개별화교육프로그램은 연방법에 의해 규정되어 있으며, 모든 주는 해당 주 내에 있는 모든 학령기 아동들에 대한 법적 요구조건을 충족시키기 위한 절차를 갖추고 있어야 한다. 비록 개별화교육프로그램 조항은 특수교육을 관장하는 법적 명령 중의 하나일 뿐이지만 지적장애 학생들을 포함하여 모든 장애 학생들을 위한 교육프로그램의 설계, 전달, 그리고 평가에 있어 핵심적인 것이다. 5세 이하 학생들의 개별화교육프로그램과 14세 이상 학생들의 개별화교육프로그램은 다소 차이가 있지만 다음과 같은 몇몇 활동들은 학생에게 무엇을 가르칠지 결정하는 데 있어서 적절히 고려해야 할 사항들이다.

1. 학생들 개개인을 위한 연간 목표 수립하기
2. 학생의 이전 수행에 기반한 목표 수립하기
3. 교육자들(해당 학생의 사정 결과를 해석할 수 있는 사람들과 일반교육과정에 익숙한 사람들 포함), 부모들, 그리고 해당 학생으로 구성된 팀이 제공한 자료들을 바탕으로 해당 학생의 목표에 대한 정보 얻기

이에 대응되는 영·유아들을 위한 과정이 **개별화가족지원서비스프로그램**(individualized family services program, IFSP)이다. 개별화교육프로그램처럼 개별화가족지원서비스프로그램도 공식적인 과정이고 지적장애 및 다른 장애들을 지닌 어린 아동들이 그들의 요구에 적합한 지원과 서비스들을 받을 수 있도록 하는 데 활용된다. 그러나 개별화가족지원서비스프로그램은 개별화교육프로그램과는 몇 가지 차이점을 보인다. 개별화교육프로그램과는 달리 개별화가족지원서비스프로그램에는 사정, 계획, 그리고 서비스의 전달에 가족들이 더 많이 개입하게 된다. 아동들을 위한 교수 목표들을 성취하는 데에는 주의를 덜 기울이고, 가족들을 학교체계 이상의 지역사회 서비스와 연결시키

표 10.1 교육계획의 차이

계획 변인	개별화교육프로그램	개별화가족서비스프로그램
연령	3~21세(3~5세의 경우 개별화가족서비스프로그램에서 볼 수 있는 가족 관련 구성요소들을 요구한다)	출생~3세(3~5세의 경우 개별화교육프로그램에 포함될 수 있음)
전환	성인기로의 전환에 초점, 전환계획은 14세부터 포함됨	어린이집/유치원 및 학교로의 전환에 초점
학생의 참여	학생의 참여가 권장된다.	학생이 참여하는 경우는 거의 없음
사정 정보	학생의 기능을 요약하는 '현재 수행 수준', 장애가 어떻게 일반교육과정에의 참여에 영향을 주는지에 대한 기술	아동의 기능에 대한 기술 및 가족의 우선순위, 강점, 그리고 요구 등에 대한 설명
목표의 초점	학생의 연간 목표, 일반교육과정 참여에 대한 설명	아동을 위한 개별적인 목표들 그리고 아동에게 영향을 미치는 가족의 목표들
협력	협력에 대한 구체적인 언급이 없음	개별화가족서비스프로그램 조정자가 필요

는 데 더 많은 관심을 기울인다. 표 10.1에는 개별화교육프로그램과 개별화가족지원서비스프로그램의 차이점들이 요약·정리되어 있다.

개별화교육프로그램은 의사결정을 위한 계획의 기제에 해당한다. 개별화교육프로그램은 어떤 학생이 학년도 내에서 자기가 이수하여야 할 교육과정을 무리 없이 이수할 수 있도록 하는 목표들과 기술들을 결정하는 의사결정의 틀로서 작용하는 문서이다. 개별화교육프로그램은 부모, 교사, 그리고 해당 학생과 함께 했던 전문가 등 그 학생을 가장 잘 아는 사람들이 제공한 정보로 만들어진다. 비록 계약서는 아니지만 개별화교육프로그램은 교수를 이끄는 공식적인 문서이다. 연구상자 10.5는 개별화교육프로그램이 어떻게 활용되는지에 대한 초기의 검토 내용을 기술하고 있다.

지적장애 학생들에 대한 수많은 사정 자료들이 수집된다. 어떤 사정 절차는 지적장애를 규명하고 서비스들의 적격성을 수립하기 위해 사용되고(3장 참조), 또 다른 사정 절차(9장에 설명된 것과 같은)는 교수를 위한 결정에 더 직접적인 영향을 준다. 개별화교육프로그램 팀이 교수를 위한 결정을 내리기 위해 사정 자료들을 검토할 때, 해당 정보는 개별화교육프로그램에 '현재 수행 수준'으로 제시된다. 이렇게 기술하는 것은 모든 기술 영역에서 해당 학생이 지니고 있는 강점 및 약점을 요약하는 데 그 목적이 있고, 이를 바탕으로 해당 학생의 미래 성장 가능성이 측정될 수 있는 하나의 표지를 정하게 된다. 비록 형식적인 혹은 표준화된 사정이 때때로 지배적으로 사용될 수 있다 하더라도, 사정 자료는 개별화교육프로그램의 교수 요구와 연계될 때 훨씬 더 활용

차이를 만들어 낸 연구 **10.5**

Goldstein, S., Strickland, B., Turnbull, A. P., & Curry, L. (1980). An observation analysis of the IEP conference. *Exceptional Children, 46,* 278-286.

필요로 하는 모든 장애 아동들에게 특수교육을 개방하라는 연방의 명령은 이러한 활동들을 이끌기 위해 학생들이 개별화교육프로그램(IEP)을 가지고 있어야 한다는 요구도 하였다. 개별화교육프로그램이 교사들, 부모들, 그리고 교수와 관련된 다른 의사결정자들이 모여서 학생들 개개인의 교수 요구에 대한 교육적 해결책을 '함께' 개발하는 기제가 되도록 하는 것이다. Goldstein 등의 이 연구는 연방 법원의 약속이 실행되고 있는지를 보기 위한 최초의 경험적 시선이었다. 그 결과는 특수교육 분야에서 파문을 일으켰다. 결과에 따르면 비록 학생의 교육과정, 행동, 그리고 수행 등이 논의되고 있다 하더라도, 부모들은 개별화교육프로그램에 별로 참여하지 않고 있음을 보여 주었다. 배치, 관련 서비스, 학생을 위한 미래 계획, 그리고 교수의 실질적 실행 등을 포함하는 관련된 다른 주제들은 그 논의가 거의 이루어지지 않고 있었다. 심지어 개별화교육프로그램의 원래 의도(브레인스토밍 및 계획에 함께 참여하기 등)는 최소화되었고, 보통 미리 개발된 개별화교육프로그램을 회의에 가지고 와서 부모들에게 제시하는 정도에 불과하였다. 놀랍게도 부모들의 만족도는 비교적 높은 것으로 나타났다. 이 연구 이래로 다른 연구자들도 그 과정에 대한 부모의 참여 및 만족도가 해를 거듭하면서 줄어들기는 하지만, 유사하다는 결과들을 얻었다. 최근 연방정부는 개별화교육프로그램 과정을 검토하게 되었고, 앞으로 있을 장애인교육법의 개정에서는 개별화교육프로그램의 중요성이 줄어들 것으로 예측된다.

가능성이 높아진다.

부모 및 이전 교사들과 비공식적으로 이야기해 보는 것은 많은 정보를 제공할 수 있다. 부모는 그들의 아이가 가족이라는 구조 내에서 어떻게 기능하는지에 대해 다른 누구보다도 더 많은 것을 알고 있다. 부모들이 중요하다고 생각하는 기술들은 무엇을 가르칠 것인가를 결정하는 과정에서 그 우선순위가 앞서게 된다. 그러나 부모들만이 가족 구성원은 아니기에, 형제자매들로부터 얻은 정보 역시 교수 기술들을 규명하는 데 도움이 될 수 있다. 비공식적 환경에서 이전 교사들과 이야기해 보는 것 또한 무엇을 가르칠지에 대해 유용한 정보를 제공할 수 있다. 여기에는 이전 학년도의 장기목표들 및 단기목표들에 대한 정보(예 : 읽기나 언어 기술에서의 진전 등)뿐 아니라 해당 학생의 학급에서의 기능 관련한 능력 등이 포함될 수 있다. 예를 들어, 새로 들어온 어떤 학생은 5분간의 안내 시간이 주어지면 다른 활동으로 쉽게 이동하지만 갑자기 다른 활동으로 전환하라고 하면 이에 저항한다는 정보는 해당 학생과 교사가 학교생활을 성공적으로 또는 실패로 끝낼 것인지를 좌우할 수 있다. 9장에서는 교수와 관련된 의사결정을 위한 정보 수집에 대해 구체적인 제안들을 제공하고 있다.

비록 개별화교육프로그램이 연간 계획의 수립을 요구하지만, 장기목표들 및 단기목표들을 선택하는 데 있어서는 장기간에 걸친 계획(3~5년)을 수립하는 것이 더 유용하다. 몇 가지 장기적인 인간중심계획 체계들이 개발되어 왔으며, 이 체계들은 교수 계획과 연관된다. 이 체계들은 가족 구성원 및 전문가들이 학생의 실제적인 요구를 규명하고 이해당사자들이 학생을 위해 품고 있는 장기적인 소망들을 파악하는 데 필요한 도구들, 절차들, 그리고 지침들을 포함하고 있다(Everson & Zhang, 2000). PATH와 MAPS(O'Brien, Pearpoint, & Kahn, 2010)와 같은 체계들에는 사회적 연계성을 촉진하기 위한 도구들이 포함되어 있는 반면, TEAMS(Campbell, Campbell, & Brady, 1998)와 같은 체계들은 미래 환경에서 가장 중요한 기술들에 대한 우선순위를 매길 때 유용하다. 이러한 인간중심계획 도구들은 자기만의 특정 프로토콜을 지니고 있지만 다음과 같은 공통적인 과정을 포함하고 있다.

1. 학생의 삶에 있어 결정적 역할을 담당하고 있는 사람들을 확인한다.
2. 해당 학생의 즉각적인 욕구와 향후 장기적인 희망을 확인한다.
3. 해당 학생의 요구 및 희망에 영향을 미치는 현재의 어려움 및 요구를 기술한다.
4. 해당 학생의 삶에 관여하는 사람들이 그 학생을 지원하기 위해 제공하는 많은 자원들에 대해 브레인스토밍 한다.
5. 활동계획, 일정표, 그리고 피드백 순환(feedback loop) 등을 개발해서 계획이 실행될 수 있게 한다.
6. 계획의 효과를 평가하기 위한 과정과 필요한 경우 계획을 다듬을 수단 등을 수립한다.

하나의 교육적 결정 모형이 효과를 보기 위해서는 학생의 요구와 학생이 지니고 있는 독특한 학습 특성들 모두에 반응하여야 한다. 학습이란 학생들에게 힘든 일일 수 있기 때문에 교육 프로그램들을 우연의 결과로 남겨둘 수는 없다. 오히려, 교육은 잘 계획되어져야 하고, 정교하게 설계되어야 하며, 정확하게 전달되고, 민감하게 평가되어야 한다. 전문가들 및 가족들은 이 학생들의 삶에 근본적인 개선을 가져올 수 있는 목표들을 선택하기 위해 협력해야 한다. 이는 잠재적인 목표들을 규명하기 위한 정밀한 노력과 그 목적들의 우선순위를 매기기 위한 진지한 노력을 요구한다. 만일 학교교육이 그들의 삶에 영향을 주려는 것이라면, 대부분의 학생들은 학문적 기술, 사회성, 의사소통, 그리고 지역사회 기술들의 복합체를 필요로 할 것이다.

다시 생각해보기

교사와 가족들이 학생의 교수 프로그램들을 계획하고 평가함에 있어 어느 정도의 시간을 투자하는 것이 합리적인가?

요약 체크리스트

모든 학생들이 배워야 할 필요가 있는 것

✓ 'A Nation at Risk'는 교육과정 및 책무성에 대한 주의의 증가를 가져왔다.

✓ 교육목표들을 결정하는 데 많은 집단들과 사람들이 정보를 제공한다.

✓ 학교 개혁의 많은 부분은 과학, 수학, 그리고 문해 기준을 향상시키려는 목표를 가지고 있다.

✓ 핵심표준교육과정(CCSS)은 여러 주에서 학업의 선택기준으로 채택하고 있다.

지적장애 학생이 배워야 할 필요가 있는 것

➢ **핵심기술들－일과에 참여하기 위해 필요한 기술들**

  ✓ 지적장애 학생들에게는 많은 핵심기술들을 명시적으로 가르칠 필요가 있다.

➢ **기능적 교육과정－일상생활을 위해 필요한 실제적인 기술들에 초점을 맞춘 교육과정**

  ✓ 독립생활 기술에는 개인위생, 용변 처리, 옷 입기, 가정생활, 개인 이동 등이 포함된다.

  ✓ 많은 독립생활 기술들은 구체적으로 교수될 필요가 있는 반면 다른 독립생활 기술은 강화될 필요가 있다.

➢ **개인 이동－학생들이 여러 장소들에 다양한 방법으로 갈 수 있고, 그 장소를 오고 가는 데 대중교통을 이용할 수 있게 지도하는 것**

  ✓ 의사소통 기술은 지적장애 학생들에게 흔히 적용되는 목표이다.

➢ **말 문제－대체, 생략, 왜곡 등 조음에서의 어려움**

➢ **음성 문제－비정상적인 소리의 높이나 목소리의 강도**

➢ **언어장애－지체된 언어나 발달되지 않은 어휘**

  ✓ 많은 중도 지적장애 학생들은 기본적인 의사소통 기능에 어려움을 지니고 있다.

➢ **비상징적 의사소통 기능－목소리, 음도, 근긴장도에서의 변화**

  ✓ 의사소통 목표는 형식 대 기능이라는 쟁점에 대한 주의를 요구한다.

  ✓ 의사소통 훈련은 문제행동을 보이는 학생들에게 일반적인 중재이다.

  ✓ 많은 지적장애 학생들은 사회적 상호작용 및 관계를 향상시키기 위한 교육을 필요로 한다.

➢ **사회적 기술－사람들을 서로 연결해 주는 구체적인 행동들**

➢ **사회적 지각－사람들이 어떻게 서로 연결되는지에 대한 이해**

  ✓ 사회적 기술에는 시작, 시작에 대한 반응, 지속적인 상호작용, 그리고 사회적

상호작용의 종료 등이 포함된다.

➤ **관계형성기술 – 문제해결, 다른 사람들의 관점 이해하기, 사회적 상황에서 물자로 인한 장벽 피하기 등**

  ✓ 지적장애 학생들은 보통 학문적 기술 영역의 교수를 받는다.

  ✓ 학문적 기술 영역의 교수에는 일반교육과정과 CCSS에의 접근 그리고 경력 개발과 관련된 기능적인 교과영역이 포함될 것이다.

  ✓ 학생이 받게 되는 프로그램에 학문적 기술 영역 교수를 얼마나 포함시킬 것인지에 대한 결정은 전문가들 및 부모들 사이에 많은 논의를 불러일으킨다.

  ✓ 많은 지적장애 학생들은 전환 및 지역사회 생활 기술에 대한 교수를 필요로 한다.

교수 내용을 결정하는 원리

  ✓ 지적장애 학생들은 계획되고 목적이 있는 교수를 요구한다.

  ✓ 교수 계획은 참여자들이 미래와 환경에 초점을 맞출 것을 요구한다.

➤ **궁극적 기능성의 준거 – 만약에 어떤 학생이 제안된 기술을 수행할 수 없다면, 다른 사람이 그것을 하게 할 것인가 아니면 그대로 내버려 둘 것인가?**

➤ **삶의 질 준거 – 학생들에게 교수된 기술들이 그들의 삶의 질을 향상시킬 것인가?**

➤ **연령 적절성 준거 – 교수된 기술들이나 사용된 자료들이 해당 학생의 생활연령을 반영하고 있는가?**

  ✓ 학생의 관심은 지적장애 학생에게 무엇을 가르칠 것인지를 결정하는 데 있어 또 다른 중요한 준거이다.

교사들은 어디에서 교수 내용에 관한 정보를 얻는가

➤ **개별화교육프로그램 – 교수 프로그램을 계획하기 위한 공식적인 기제**

➤ **개별화가족서비스프로그램 – 영·유아를 위한 프로그램을 계획하는 공식적 기제**

  ✓ 교수 사정은 교수 프로그램들을 계획하는 데 있어 중요한 자료들을 산출한다.

  ✓ 인간중심계획은 한 학생의 삶에 있어 중요한 사람들이 해당 학생에 대해 자신들이 지니고 있는 장기적인 꿈과 희망에 대해 진술하기 때문에 교수 목표들을 선택할 때 적합하다.

추가 제안/자료

토론

1. 지적장애 학생들과 지적장애가 없는 학생들이 배울 필요가 있는 일반적인 기술들 중 몇 가지를 든다면 어떤 것들이 있는가?
2. 지적장애가 없는 학생들을 위한 교수 프로그램에 속하지 않는 것으로서 지적장애 학생들의 학습에 필요한 기술을 몇 가지 든다면 어떤 것들이 있는가?
3. 지적장애 학생들에게 무엇을 가르칠 것인가에 대한 교육적 의사결정을 하는 데 지배적인 역할을 하는 원칙을 최소한 네 가지 기술하라.
4. 일반교육과정과 CCSS에만 초점을 맞춘 지적장애 학생들을 위한 교육과정이 야기할 의도되지 않은 결과들을 기술하라.

활동

1. 지적장애 학생 두 명의 개별화교육프로그램을 검토하라. Brown 등(1979)이 무엇을 가르칠지 결정할 때 중요하다고 수립해 놓은 준거들을 충족시킨 목표들은 몇 개인가?
2. 지적장애 학생을 면담하여 그 학생이 자신의 교수 프로그램의 장기목표들이나 단기목표들을 선택하는 과정에서 어느 정도의 정보를 제공했는지 알아보라.
3. 학문적 기술, 사회성, 그리고 지역사회 중심 수업을 관찰하라. 교수된 기술들과 사용된 교수 자료들 중 연령 적절성 준거를 충족한 그리고 위반한 예들을 기록하라.

인터넷 자료

www.cast.org/library

CAST(Center for Applied Special Technology)와 그 프로젝트, 즉 National Center on Accessing the General Curriculum의 홈페이지이다. 이 사이트에서는 프로젝트의 배경, 장애 학생들을 위한 일반교육과정과 관련된 쟁점들, 명시적 교수, 보편적 설계, 차별화된 교수, 교육과정 중심 평가 등을 찾아볼 수 있다.

www.corestandards.org/

'Common Core State Standards'의 홈페이지이다. 비록 지적장애에 특화된 사이트는 아니지만 CCSS를 시행하고 사정하는 데 있어 각 주의 진전을 요약한 것이 업데이트되어 제공된다.

제11장

교수 절차

요점

▷ **교수 전달을 이끄는 가정은 무엇인가** - 지적장애 학생은 종종 전형적인 교수방법으로부터 혜택을 받는다. 그러나 대부분의 지적장애 학생은 명시적 교수를 필요로 하며, 이 교수가 제공되면 상당한 성과를 얻게 될 것이다.

▷ **교사는 교수 프로그램을 어떻게 조직화하는가** - 교사는 수업을 어떻게 조직하고, 수업을 어떻게 구조화하며, 수업이 획득과 숙달, 일반화를 촉진시킬 수 있는지에 대한 의사결정이 이루어지면 가르칠 준비가 된 것이다.

▷ **교수는 어떻게 전달되는가** - 지적장애 학생의 학습을 돕기 위한 다수의 강력한 교수 전략들이 있다. 일반적으로 이러한 전략들은 명시적 교수 그리고 직접교수와 관련된다.

▷ **교수적 진전은 어떻게 평가되는가** - 교수의 영향을 사정하는 전략에는 정확도, 완성도, 진전도를 평가하는 절차들을 포함해 다양한 전략들이 있다. 이러한 전략들을 향후 교수에 관한 의사결정을 선도할 때에 한해 효과적이라 할 수 있다.

교수 전달을 이끄는 가정은 무엇인가

지적장애 학생을 어떻게 가르칠 것인가에 대한 의사결정은 교육자가 매우 효과적인 방식으로 수업(instructional lesson)을 조직화하고 전달할 것을 요구한다. 만약 지적장애 학생이 학습한 지식과 새로운 기술을 궁극적으로 학교, 가정, 지역사회에서 사용하고자 한다면, 교사는 학생의 학습 특성 그리고 학생 및 학생 가족 구성원의 학습목표에 맞는 교수를 조직해서 전달해야 한다. 교수를 위한 조직화는 가르칠 '준비가 되는' 과정이라 할 수 있다. 교수 전달은 교사가 제공하는 교수에 학생이 반응을 일으키는 교수적 상호작용과 관련된다. 다음의 세 가지 공통적인 가정은 지적장애 학생을 위한 교수 전달을 안내하고 있다.

1. 지적장애 학생은 대부분의 비장애 학생들과 유사한 학교 경험을 공유한다.
2. 대부분의 지적장애 학생들은 장래에 요구되는 지식과 기술들을 숙달시키기 위해 명시적 교수를 필요로 한다.
3. 지적장애 학생에게 강력한 교수가 제공되면 상당한 학습성과를 달성하게 될 것이다.

10장에서 언급한 바와 같이, 지적장애 학생들은 모든 학생을 위한 공통적 교육 목표들의 상당 부분을 공유하고 있다. 이와 마찬가지로 지적장애 학생들은 전형적으로 발달하는 학생을 위해 고안된 많은 교수 절차들로부터 혜택을 받고 있음을 많은 교육자들이 지적하고 있다. 예를 들어, 지적장애 학생들은 일반적으로 특수교육 지원을 받지 않는 학생들과 동일한 학교 환경에서 동일한 시간, 날 수, 주 수 및 연 수를 출석하고 있다. 그러나 지적장애 학생들의 독특한 학습 특성들 때문에(6장 참조), 많은 학생들을 위한 교수 절차들은 이러한 전형적인 가정에서 벗어나 있다. 예를 들면, 몇몇 학생들은 일반 교육 수업에 참여하지 않을 수 있다. 어린 학생들은 정규반에 활동과 관련된 학교 일과들을 학습할 때까지 학교에서 보내는 시간이 더 짧을 수 있다. 어떤 학교의 몇몇 학생들에게는 출석일수 혹은 수업연한이 연장될 수도 있다. 또 다른 학생들은 18세(고등학교 졸업 연령)가 지나서도 학교 출석연수가 연장되어 21세까지 교육을 받을 수도 있다. 그러나 이러한 각각의 결정은 일반 학생들을 위한 교수 절차 관련 가정들에 대한 예외로서 IEP 팀에 의해 결정된다. 이러한 결정은 개별 학생의 교육적 요구에 따라 좌우되지만(Peterson et al., 2013), 종종 교사가 사용하는 계획과 문제해결 전략, 혹은 학교 자원의 유용성과 같은 요인들에 의해 영향을 받는다(Blanton, Blanton, & Cross, 1994).

교수 절차를 결정하는 두 번째 가정은 지적장애 학생들은 명시적 교수가 제공되지 않으면 지적장애 학생을 위한 지식과 기술을 학습할 수 없을 것이라는 것이다. 일반교육 수업에서의 공통적인 가정은 대부분의 학생들이 정밀한 교수를 받지 않는다고 하더라도 학업상의 진전을 이룬다는 것이다. 이 가정은 최근 몇 년 동안 맹비난을 받아왔으며, 학교의 책무성 소재와 관련하여 읽기, 과학, 수학 과목에서 더 많은 직접교수가 필요하다는 지적을 받아 왔다(National Education Goals Panel, 1997; National Governors Association Center for Best Practices, Council of Chief Sate School Officers [NGACBP], 2010). 그러나 지적장애 학생들을 위해 교수를 조직하고 전달할 때는 그 어떤 가정도 존재하지 않는다. 대부분의 교사들은 직접교수와 명시적 교수가 부재 시

지적장애 학생은 의미 있는 성과를 거두기 어려울 것이라는 상반된 가정을 하고 있다. 직접교수와 명시적 교수는 무엇으로 구성되어 있는가? 이러한 접근에는 다양한 변형들이 존재하지만, 대부분 직접교수와 명시적 교수의 체계들은 다음과 같은 특징들을 가지고 있다.

- 분명한 목표를 매 수업 때마다 제공한다.
- 선행 조직자로 수업을 시작한다.
- 교사는 정보와 더불어 시범(demonstration)을 제공한다.
- 학생은 목표를 학습하고 있음을 보여 주는 활동에 참여한다.
- 학생의 독립적 연습이 증가됨에 따라 교사는 안내하는 양을 점차 줄여 나간다.
- 학생의 수행 정확도를 강화해 나간다. 즉, 학생이 실수를 범하면 수정 절차를 제공한다.
- 사후 조직자(post-organizer)로 수업을 마치고 학생들이 다음 활동으로 전환될 수 있도록 준비시킨다.
- 학생의 활동 참여를 촉진시키는 학습 자료를 신중하게 고안한다.

교수 절차의 선택을 안내하는 세 번째 가정은 강력한 교수 절차로 수업할 때 주목할 만한 학습 성과를 얻을 수 있다는 인식이다. 어떤 분야도 이것을 지적장애 분야만큼 분명하게 입증하지는 못하고 있다. 1장에서 보는 바와 같이, 지적장애인을 위한 교육, 재활, 사회복지적 접근은 상대적으로 현대적인 현상이다. 지적장애인 일부가 학교에 기반을 마련한 1900년대 중반에도 대부분의 지적장애인들에게 '교육 불가능(un-educable)'이라는 꼬리표가 붙었고, 학교 구성원의 일부가 된다는 것은 거의 기대할 수 없었다. 그러나 교육자들이 지적장애 학생을 가르치는 방법을 학습하게 되면서 교육 가능성에 대한 가정들은 급격하게 바뀌었다.

초기의 지적장애 교육자들은 가르치는 법을 어떻게 배웠는가? 노력의 많은 부분들은 시행착오를 통해서였다. 1975년 연방정부 특수교육법 의무조항들(the federal requirements) 이전에는 학교가 학생의 학습을 위해 책임을 다해야 한다는 요구가 거의 없었다. 심지어 많은 지적장애 학생들은 학교에 출석하는 것조차 허락되지 않았다. 교육적 접근에 대한 의무조항들로 인하여 이전에 제외되었던 지적장애 학생들에게 적용할 수 있는 교수 절차 개발에 많은 관심이 모아졌다. 수학 및 과학의 학교 성과 그리고 장애 위험 학생에 대한 학교 평가 결과에 대한 우려가 커지면서 다른 교육 분야들 또한 교수 절차에 대하여 관심을 가지게 되었다. 산업, 심리학, 재활, 인간 서비스 분야 역시 교수 기술(technology)에서 성과를 이루었다. 산업계에 관심을 가진 심리학자

차이를 만들어 낸 연구 11.1

Gold, M. (1976). Task analysis of a complex assembly task by the retarded blind. *Exceptional Children,* *43,* 78-84.

1970년대 후반까지도 중등도에서 중도 지적장애인 대부분과 다른 장애인들은 고용, 지역사회 거주, 공교육으로의 접근이 거의 어려웠다. 교육자, 심리학자, 직업 전문가들 중 중도 장애인이 일, 여가, 지역사회 생활에 의미 있게 참여할 수 있는 기술 및 생활습관을 학습할 수 있을 것이라고 믿는 이는 거의 없었다. 산업 조직 응용에 관심을 가진 실험 심리학자, Marc Gold는 다른 관점을 가지고 있었다. 중도 장애인이 고용과 지역사회 생활에 필요한 기술이 없다면, 이는 중도 장애인에게 가르쳐주지 않았기 때문이라고 Gold는 생각했다. 심리학의 배경을 가진 Gold는 실제 고용 상황에 참여하는 데 나타나는 수행 문제, 매우 심각하고 확실한 학습 문제를 가진 사람들이 최대한 가능하게 할 수 있도록 하는 교수 절차를 찾아내고 입증하는 연구에 착수했다. Gold는 중도 지적장애, 감각장애(시각과 청각), 지체장애, 행동장애 성인과 청소년들을 대상으로 연구하였다. 그는 과제 분석, 점진적 안내(graduated guidance), 촉구 용암법(prompt fading systems)과 같은 교수 절차를 개선하였다. Gold는

비장애 작업자가 수행할 때 높은 오류율을 보이는 전자 전기회로 보드 조립과 10단 기어 자전거의 제동 장치 구성과 같은 작업들을 선택하였다. 끝으로 그는 보조 훈련자들에게 자신감, 용기, 기술적 정밀성을 가진 새로운 피고용인들과 상호작용하도록 교육을 시켰다. Gold는 중도 장애인들이 일반인들의 기대를 훨씬 넘어선 기술을 습득했고 비장애인 노동자들보다 낮은 오류를 나타내며 생산량은 그들을 능가하였다는 것을 입증하였다. Gold는 그 분야에서 대단한 공헌을 계속 해 나갔다. 과제 분석과 촉구 용암법의 적용은 오늘날의 교수 기술이 출현하는데 도움을 주었다. Gold는 교사들로 하여금 그들의 교수 절차의 힘을 점검함으로써 학생의 학습에 대한 책임을 수용하도록 도전하였다. 심지어 Gold는 지적장애 이해의 본질에 대한 도전도 하였다. 대부분의 전문가들이 지능과 적응행동의 결핍에 따른 정의를 옹호했지만, Gold는 뛰어난 적응행동과 매우 강력한 교수 기술이 전문가들에게 요구되는 조건으로 지적장애를 재정립하였다. Marc Gold는 차이를 만들어 낸 사람이다.

Marc Gold의 연구는 특수교육에서 사용하는 교수 절차들에 막대한 영향을 끼쳤다. 그의 연구 한 편이 연구상자 11.1에 소개되고 있다.

당신은 익숙한 교수 절차 유형에 기반해 학생을 가르치던 당신의 교수 방법에 어떠한 변화를 줄 것인가? 당신은 직접교수 절차를 사용하는가?

교사는 교수 프로그램을 어떻게 조직화하는가

교수 조직화는 가르칠 '준비를 하는' 과정을 일컫는다. 수업 조직화는 학생의 강점 평가하기, 교실 환경 정리 및 구조화하기, 학습 과제가 학생이 학습할 다른 과제들을 얼마나 포함하고 있는지 결정하기가 포함된다. 조직화는 학습을 촉진시키는 교사의 행동도 포함하고 있다. 효과적인 교사는 교수를 어떻게 조직화하는가에 대하여 다음의

세 가지 의사결정 사항들을 점검하게 된다.

1. 독립적, 통합적, 주제별 혹은 단원별 교수 전달하기
2. 물리적 · 개별적 구조 추가하기
3. 획득, 유창성, 일반화를 위해 계획하기

독립적, 통합적, 주제별 혹은 단원별 교수 전달하기

수업을 조직화할 때 교사는 그 수업 결과만으로 충분한지 혹은 그 수업 결과가 다른 기술들과 결합할 때 비로소 '의미가 있는지'를 질문해 봐야 한다(Polloway, Serna, Patton, & Bailey, 2013). 예를 들어, 고등학교 입학 준비를 하는 한 학생이 자신의 책과 물품을 안전하게 보관하기 위해 필요한 기술인 숫자 조합 자물쇠 사용을 하지 못한다고 할 경우, 이 학생은 **독립적 기술**(isolated skill)인 자물쇠를 개폐하는 기술을 배워야 할 것이다. 교사는 자물쇠 사용하기를 직접교수로 제공하기 위한 수업을 조직화할 것이며, 이 수업은 어떤 활동들을 시작하거나 마칠 때를 기다리면서 하루에도 수회에 걸쳐 전달될 것이다. 독립적 기술 교수는 교사가 최대한 통제할 수 있고, 하루 종일 그 수업을 연습할 기회를 준다는 장점이 있다. 학생이 교재를 바꾸고 싶어 할 때, 교사는 **통합적 기술**(integrated skill)을 조직화하는 것과, 교실 복도에 있는 사물함을 사용하도록 교수하는 것, 이 두 가지를 교대로 진행할 수 있다. 맥락 내에서의 기술 교수는 장점을 지닌다. 이것은 그 기술을 많은 학생들에게 강한 동기 요인으로 작용하는 자연스러운 일상과 연결시키는 것을 포함한다. 예를 들면, 한 학생이 사물함에 쌓인 과자를 꺼내거나 무거운 책을 치우기 위해 즉시 새로운 기술을 사용할 수 있다면, 그 학생은 수업에 참여하고자 하는 높은 동기를 가지게 될 수 있다.

숫자조합 자물쇠 사용하기와 같은 특정 기술들에 대한 수업 조직화의 결정은 간단할 수 있으나, 대부분의 학생은 보다 복잡한 교육과정 목표를 갖게 될 것이다(Hudson, Broswder, & Wood, 2013; Nolet & Tindal, 1993). 일반교육의 한 모형은 **주제별 교수**(thematic instruction)를 포함하고 있다. 독립적 수업을 연속적으로 실시하는 것에 비해 주제별 교수를 하는 교사는 하루 종일 다양한 주제 혹은 내용에 대한 학생 결과물들을 상호 참조하게 될 것이다(Miller, 2002). 예를 들어, 한 학생의 언어 목표가 '육하원칙(WH question)'에 대한 질문을 하는 것이라면, 읽기, 과학 혹은 지리 수업시간 동안 다양한 학습활동에서 교수할 기회가 발생할 것이다. 더욱이 교과 영역 이외에도 해당 학생은 학교 일과 중 육하원칙으로 질문할 기회가 삽입된 교수를 받음으로써 연습 기회를 얻을 수 있다. 여러 학교에서, 서로 연관되어 있는 과목들(즉, 중학교에서 건강

관련 교과, 역사, 지리를 공부하는 것)을 학습하기 위해 많은 시간이 하나의 블록으로
편성되어 있는 경우 일반교육 교육과정을 재조직하기 위해 주제별 교수와 삽입 교수
(embedded instruction)가 사용되어 왔다. 최근 주제별 교수의 확대는 수학과 문해 교
수를 연결한 많은 수업들을 포함하고 있는 핵심표준교육과정(Core Curriculum State
Standards, CCSS)에서 나타난다(NGACBP, 2010).

교수 조직화의 네 번째 방법은 **단원별 접근**(unit approach)이다(Lewis, Doorlag, &
Lewis, 2011). 주제별 교수처럼, 단원별 접근 또한 많은 교과들을 관통하지만 일반적으
로 하나의 공통 주제로 수업을 구조화한다. 주제(theme)는 최근 사건이나 관심을 모으
는 화제에서 나온다. 예를 들면, 우주여행이라는 주제는 수학, 사회적 기술, 구어 의사
소통 기술과 학생 성과를 교수하는 데 있어서 가장 중심적 역할을 할 수 있다. 단원별
접근은 해당 주의 교육과정 지침을 엄격하게 운영하는 학교에서는 수행하기에 어려울
수 있다. 그러나 교사는 일부 주제들에 대한 필수 지침들을 교사 나름의 방식으로 바
꾸는 창의적인 방안을 찾기도 한다.

6장에서 설명한 바와 같이, 지적장애 학생들은 배운 것을 일상에 적용하는 데 어려
움을 가지고 있다. 즉, 지적장애 학생들은 **조각으로 나누어진 기술**(splinter skills)을 배
운다. 이 기술은 어떤 발달 영역에서는 두드러지게 나타나지만, 다른 발달 영역에서는
그렇지 않다. 교수 계획을 할 때, 수업이 더 이상 조각나지 않도록 조직화하는 결정을
내리는 것이 중요하다. 학생들이 자신의 지식과 기술을 학교활동과 일상에서 사용할
수 있도록 교수를 조직하는 것 또한 중요하다. 예를 들어, 어떤 독립적 기술 수업은
한 수업 동안 학생이 언어 기술을 학습하는 결과를 초래할 수 있다. 그러나 다른 수업
과 일상에서 동일한 그 기술을 사용할 기회가 없다. 이를 방지하기 위해 교수 절차들
은 다채로운 일상, 수업과 환경(즉, 삽입 교수 사용 시)에서 기술 연습이 이루어지도록
해야 한다. 지적장애 학생과 같이 특정한 학습 문제가 있는 학생에게는 하루 종일 학
생의 목표들과 일상에서 중요한 교수 목표(target)가 형성되는 가운데 학습을 적극적으
로 통합하는 교수 절차가 필요하다. 교수 통합은 일반 교육에서는 우선 연습(preferred
practice)으로 발전했으며, 지적장애 학생을 위한 하나의 근거 기반 최선의 실제(evidence-
based best practice)가 된다(Hudson et al., 2013). 예를 들면, '대답하기 전 3초간 기다
리기'라는 자기통제 절차를 학습하는 학생은 학문적 수업, 일상에서의 자기관리, 사회
적 기술 수업에 그 기술이 자리 잡을 기회들(직접교수)을 얻을 수 있다. 그림 11.1은
통합적 교수를 조직화하는 데 유용한 교육과정 매트릭스 양식을 제시해 주고 있다.
그림 11.2는 중학생을 위한 예이다.

교육과정 매트릭스

이름 : _____

활동과 교과 영역

기술 1					
기술 2					
기술 3					
기술 4					
기술 5					
기술 6					

그림 11.1 교육과정 매트릭스

교육과정 계획 매트릭스

이름: __홍 길 동__

활동과 교과 영역

	홈룸 (Home Room)	과학	영어	가정 및 경제	점심과 휴식시간
기술 1 숙제와 과제 조직화	아침 수업시간에 숙제를 조직하고 분류	수업 시작 전 숙제 제출	그룹 폴더에 과 제 놓기 및 정리		
기술 2 내용 질문에 묻고 답하기	친구와 교사에게 매일 자기 스케 줄 확인	숙제 내용에 대한 질문에 답하기	영어 수업에서 질문 3개 쓰기	그룹 학습 시 질의응답	계산대에서 점심 값 확인
기술 3 필기체 쓰기	색인카드에 매일 스케줄 쓰기	안내된 유인물에 문장 쓰기	문장 2~3개로 수필 완성	'필기 방법' 쓰기	
기술 4 '철자 확인' 사용			문장 2~3개로 반응 준비하기 (철자 확인 사용)		이메일 보내기 전 '철자 확인'
기술 5 위생과 외모청결 유지	공중 화장실 사용		수업 시작 전 자기점검	수업 시작 전 자기점검	점심 식사 후 의복, 치아, 머리 점검

그림 11.2 중학생을 위한 교육과정 계획 매트릭스

물리적 · 개별적 구조 추가하기

지적장애 학생은 학교와 학급환경 전체에서 학습하기 때문에 교수 조직화는 교사에게 도전적 과업이 된다. 특수교육만을 제공하는 학급에서 대개 교사는 조직화를 위해 다양하고 명시적인 수정(modification)을 사용한다. 일반교육 학급에서는 학생에 의한 수정이 해당 학교와 학급환경에 최적화되어야 한다.

지적장애 학생을 위한 교수 조직화에서 수정은 자폐성장애 학생들에게 사용되는 전략과 유사하다(Scott, Clark, & Brady, 2000). 이러한 장애들 간에도 상당한 차이가 존재하지만, 그와 같은 조건을 가진 장애 학생들은 학습을 위한 주의집중, 조직화, 의사소통에서의 어려움을 빈번히 경험한다(Schopler & Mesiov, 1995). 이러한 학습 문제들을 조절하기(accommodate) 위한 전략들은 종종 과제가 조직화된 방식으로 **물리적**(physical) 혹은 **개별적 구조**(personal structure)를 추가하기도 한다(Simpson & Myles, 1998; Schopler & Mesibov, 1995). 일반적으로 조직화 전략은 다음의 내용에 따라 구조를 증가시킨다.

- 과제와 일상을 위한 시각적 단서 추가하기
- 개별 학생을 위한 스케줄 개발하기
- 작업 체계(work system) 세우기
- 교실에서 활동 및 비활동 영역 정하기

보조 교사, 협력교사, 심지어 학급 동료도 교수 활동에 참여할 수 있지만 교수 조직화는 교사만의 몫이다. 이러한 교수 절차들의 기원이 사건상자 11.1에 요약되어 있다.

시각적 단서와 구조 추가하기

많은 학생들(지적장애 유무와 상관없이)은 청각 또는 다른 입력을 통해 얻는 정보보다 시각적 교수와 경험을 더 많이 이용하여 이해하고 기억한다(Schople & Mesibov, 1995; Westling & Fox, 2009). 시각적 조직화를 추가하거나 시각적 구조 또는 단서를 제공하는 수업은 종종 학생이 수업에 집중하도록 도움을 준다. 단서를 제공해 환경과 수업을 구조화하는 것은 교실 내 이동 시 혼란을 최소화하고, 학생들이 각 영역의 수업이나 과제에서 생산성을 높이는 데 도움이 된다. 시각적 구조는 **구어적 정보 없이** 과제와 수업을 성공적으로 완수할 수 있도록 교실 비품, 자료, 정보를 조직화하고 배치하는 것을 포함한다. 시각적 구조 사용은 전체 교실이나 작업 환경뿐만 아니라 개별 과제와 수업에도 적용될 수 있다. 시각적 구조의 핵심은 학생이 과제를 보거나 학습 영역(장소)으로 옮기는 것만으로도 무엇을 해야 하는지 알아야 한다는 것이다. Scott 등(2000)

차이를 만들어 낸 사건 11.1

1970년대 – TEACCH 프로젝트 시작

1970년대 중반 노스캐롤라이나에서는 부모와 전문가가 자폐성 장애, 의사소통장애와 발달장애 아동을 위한 효과적인 교육적 선택권을 찾기 위하여 TEACCH(Treatment and Education of Autistic and Communication related handicapped CHildren) 프로젝트가 시작되었다. TEACCH 연구자는 장애 학생을 확인, 검사, 교수하기 위한 실용적이고 실질적인 방법을 찾고 개발하기 위해 노력하였다. 이 프로젝트는 그 분야에서 큰 공헌을 이루었고, 다음과 같은 내용을 포함하고 있다.

- 검사와 선별 도구의 간행
- 교수 절차 타당성 확인
- 자문 네트워크 개발
- 교육과정 학습자료 간행

TEACCH의 가장 중요한 공헌은 학급, 교육과정, 개별 학생을 조직화한 교수 절차의 개발이다. 여러 장애 전문가들이 장애 학생을 통제하고 문제행동을 감소시키기 위한 방법을 찾는 데 노력하였더라도, TEACCH 연구자는 일상생활을 잘 예견하고, 성공적인 학습을 하도록 하는 교수 절차를 찾은 것이다. 전이하는 능력과 새로운 기술로, 학생의 저항적 행동은 나타나지 않았다. TEACCH 연구자는 교실 작업장(work station) 개발, 시각적 과제 창작, 학생의 개별 스케줄을 계획하는 방법을 다음 세대 특수교사에게 보여 주었다. TEACCH의 핵심은 자폐성장애 학생을 대상으로 한 프로젝트이지만, 다른 장애 학생을 위한 차별점을 만드는 데 공헌했다. 대단하지 않은 시작이었으나 이후 40년간 TEACCH 프로젝트는 긍정적인 성과를 이루어 냈다.

은 교실과 학습 과제의 시각적 구조가 학생들의 다음 질문 내용들을 시각적으로 설명하도록 제안했다.

- 나는 어디로 가야 하는가?
- 나는 거기에서 무엇을 해야 하는가?
- 내가 언제 끝낼 수 있는지 어떻게 알 수 있는가?
- 다음에 나는 무엇을 해야 하는가?
- 내가 그것을 한다면 어떤 일이 일어나는가?
- 내가 그것을 하지 않는다면 어떤 일이 일어날 것인가?
- 어떤 것을 하는 방법을 모른다면, 나는 무엇을 해야 할 것인가?

시각적 구조는 학생으로 하여금 교실이나 수업에서 어떤 자극이 가장 중요하고, 어떤 자극이 가장 중요하지 않은지를 결정하도록 돕는다. 시각적 구조는 교실(독립적으로 활동하는 장소 대 급우와 함께 활동하는 장소)이나 과제(과제를 시작하는 장소 혹은 완수한 과제를 놓아두는 장소)에서 가장 중요한 정보를 강조할 때 매우 효과적이다. 개별 학생의 시간표, 영역과 물품에 붙어 있는 이름표, 학급 규칙과 일정과 같은 시각적 단서들 모두 학생에게 단서로서의 도움을 준다. 시각적 단서는 학생의 읽기

표 11.1 시각적 단서와 구조

교실 환경	수업과 과제
• 활동장소에서 연필, 유인물, 종이 정리 • 개별학습, 그룹활동, 휴식 시간을 위한 공간에서 색상이나 그림으로 된 일련 번호 • 각 활동장소에서 과제 지시사항 게시하기 • 학생 소지품을 상자, 보관함, 서류철에 넣기 • 영구적인 영역을 지정하기 위해 테이프, 페인트 또는 지지대(stick-ons) 사용하기 (책상 주변의 개인적 공간, 통로, 보관대) • 접근 금지를 위한 장애물 설치하기(교사 보관함, 화학교실 기자재) • 활동 영역에 학생 활동 결과물, 읽기 영역에서 활동한 사진, 팀 영역에서 그룹활동한 사진 게시하기	• 교과영역별로 학생 수업을 정리하기 위한 3개의 구멍이 뚫린 바인더 사용하기 • 구내식당을 출입하기 전, 메뉴를 선택하도록 합판으로 만든 음식 카드 사용하기(그림이나 단어) • 학생이 완수한 과제나 활동지를 넣을 '완성 상자(Finished Box)' 제공하기 • 글을 읽지 못하는 학생을 위해 활동을 대표할 수 있는 물건(objects)을 사용하기 • 벨크로스트립(그림, 단어, 물건)을 붙인 학생 활동 결과물들을 순차적으로 게시하기 • 학생이 다음 활동을 하도록 촉구하기 위한 요일 타이머나 휴대용 달력 사용하기 • 학생이 사전에 정리된 서류철에서 학습과제와 자료를 찾도록 하기

능력 여부에 관계없이 인쇄물과 그림 모두를 포함할 수 있으나, 시각적 구조는 연령에 맞고 흥미를 주며 유용한 정보를 줄 수 있어야 한다. 일반 교육 수업의 시각적 구조는 보다 감지하기 어렵다. 예를 들어, 일반 수업에서 독립적 활동을 위한 명백한 위치는 학생 책상이 될 수 있다. 반면에 개별 학생의 일정은 공책 또는 책상 모서리에 놓여 있을 수 있다. 과제들에 대한 시각적 구조는 개요, 선행 조직자, 수업 인쇄물, 수업일정 내에 완수해야 되는 활동 목록이 될 수 있다.

개별 학생 일정 개발

물리적 · 개별적 구조의 또 다른 유용한 적용에는 개별 학생의 일정을 개발하는 것이 포함된다. 개별 일정을 사용하면 학생의 매일 활동이 순차적으로 이루어지게 하고 장애 학생의 독립 수준이 상당히 향상될 수 있다(MacDuff, Krantz, & McClannahan, 1993). 개별 일정은 그날의 활동이나 이벤트를 시각적으로 보여 주는 목표, 제목 또는 그림을 이용한다. 개별 일정은 학생에 따라 그날의 일부나 전부를 제시해 줄 수 있다. 특수교육 수업에서 개별 학생의 일정은 공통 혹은 전환 영역에 놓여진다. 각 학생은 자신의 일정을 얻기 위해 공통 영역으로 가서 하루를 시작한다. 일반교육 수업에서는 일반적으로 개별 일정을 비망록이나 주머니, 학생 메모장에 넣어 둔다.

많은 학생들에게 개별 학생의 일정 사용법을 교수하는 것이 필요하다. 일정의 각 단위(시간 간격이나 활동)는 정해진 순서(왼쪽에서 오른쪽 혹은 위에서 아래)에 따라 놓여 있다. 이러한 순서는 학생이 공통적이고 예측할 수 있는 기준으로서 순차성을 이해하도록 하는 시각적 전략이 된다. 개별 일정은 "너는 내가 어디로 가면 좋겠니?" (지정된 장소로), "그런 다음 나는 무엇을 하지?"(지시된 장소에서 수업받기)와 같은 질문에 시각적인 답변을 제공한다. 개별 일정은 매일의 활동들에 대한 예측 가능성을 높이고, 교사 지시에 의존하는 것을 감소시킨다. 결과적으로 이러한 예측 가능성은 과제 성취도와 정확성을 높이고, 일과 중 휴식시간 그리고 불확실성과 관련된 산만한 행동(disruptive behavior)을 감소시킨다(MacDuff et al., 1993).

개별 일정은 어느 정도 사용되고 있는가? 그리고 개별 일정은 무엇처럼 보이는가? 개별 일정은 장애 학생들을 위해 흔히 사용되고 있다. 개별 일정은 최초에 자폐성장애 학생을 위해 개발되었고, 교사들은 다른 학생들을 위한 이 도구의 가치 또한 발견하게 되었다. 지적장애 학생과 비장애 학생 모두는 '해야 하는' 목록과 개별 노트를 가지고 있다. 개념상 개별 일정은 목록과 개별 노트와 동일하다. 가정에서 독립성을 촉진시키는 개별 일정은 '잠자리 정리, 샤워하기, 머리 감기, 양치하기, 옷 입기, 아침식사 하기, 버스정류장에 가기'와 같은 과제를 포함한다. 일반교육 교실 일정은 '첫째 시간 : 수학, 둘째 시간 : 영어, 셋째 시간 : 음악' 등을 말한다. 활동들의 순서는 학생의 지원 요구를 근거로 하여 그 학생 일정의 일부분이 될 수 있다. 일부 교사는 직관을 가지고 개별 일정 사용을 서서히 줄여가지만, 그렇게 하는 것은 필요치 않다. 촉구가 학생의 독립성을 향상시킨다면, 촉구를 제거하는 것은 필요하지 않게 된다. 시각적 구조와 개별 일정은 **영구적인 촉구**(permanent prompts)의 예가 되는 것이다. 보행할 수 없는 학생에게서 휠체어를 가져가버리지 않는 것이나 눈이 보이지 않는 학생에게서 점자정보 단말기를 제거하지 않는 것과 유사하다. 지적장애 학생이 고용 훈련기간 동안 목표 성취를 위해 일단의 그림들을 사용한다면 이러한 개별 일정은 필수적인 보조 장치로 고려되어야 한다.

작업 체계 수립하기

자폐성장애 학생을 가르치는 교사에게서 비롯된 또 다른 효과적인 수업 조직화 방법은 **작업 체계**(work system)의 사용이다. 작업 체계는 학생이 자기 과제를 관리할 수 있고, 정확하게 과제를 완수하고, 도움 요청을 최소화할 수 있도록, 그 과제의 시각적 명료성을 제시한다(Schopler & Mesibov, 1995). 다른 물리적 · 개별적 구조 유형들처럼 학생이 새로운 과제에 접근하는 데 일관된 전략을 수립할 수 있도록 작업 체계는 일관된 포맷(예 : 왼쪽에서 오른쪽, 위에서 아래로)을 사용한다.

학업을 위해 작업 체계는 라벨이 붙은 서류철 안에 과제 목록을 넣거나, 노란색 마커로 문제들을 표시한 과제를 포함할 수도 있다. 자기관리 기술에서, 작업 체계는 활동이 완료되면 표시하는 활동 목록을 포함하기도 한다. 학교 생활 준비에는 알람 끄기, 화장실 사용, 씻기, 교복 입기, 아침식사 하기, 버스정류장으로 이동하기와 같은 활동들이 포함된다. 이는 보드에 붙여진 그림이나 모형처럼 단순할 수도 있고, 비망록에 차례로 기재한 활동 목록처럼 다소 모호할 수도 있다.

교실 내의 활동과 비활동 영역 정하기

지적장애 학생들은 단서 확인, 교사 의도 파악하기, 설명하지 않은 규칙적인 일상 따르기에 어려움이 있다(Berine-Smith, Ittenbach, & Patton, 2002). 교실은 바쁘고 복잡하기 때문에, 교실 같은 물리적 환경 영역은 **활동해야 하는 장소**와 **활동하지 말아야 할 장소**를 표시하기 위한 구조화를 해야 한다(Lewis et al., 2011). 많은 특수교육 환경들은 교육활동 영역과 휴식 영역을 구분하며, 학생은 이러한 영역들 안에서 순환된다. 이러한 배치에서, 학생은 과학, 사회, 자기관리, 지역사회 생활, 가정 기술을 교실에 있는 특정 영역에서 학습한다. 한 수업이 끝났을 때, 학생은 다음 교과수업 시작 시간까지 다른 교육활동 영역이나 휴식 영역(예 : 컴퓨터, 미술, 읽기 영역)으로 옮겨간다. 다른 교실들은 독립활동 영역으로 구성되어 학생들은 특정 과제를 위해 자신에게 지정된 영역에서 활동하게 된다(Scheuermann & Webber, 2002). 이 영역은 종종 개인 책상이나 개별 열람석을 포함한다. 한 과제가 끝나면, 학생은 자기 일정을 확인하고 휴식 영역으로 이동한다. 과제를 완수한 학생이 있는지 여부에 따라 휴식 영역에 다른 학생이 있을 수도 있고 없을 수도 있다. 학생이 다양한 선택을 위하여, 휴식 영역은 1인 혹은 소집단 여가 활동 모두 가능하다. 휴식을 취한 후, 각 학생은 수업 일정이나 개별 일정을 확인하고 다시 활동 영역으로 되돌아간다(Scheuermann & Webber, 2002). 일반교육 교실에서 학생들은 자기 책상에서 활동하는 데 다음 전환이 있을 때까지 컴퓨터실이나 읽기 교실로 옮겨 간다. 특정한 교실 배치에 상관없이, 영역과 수업 간의 순환은 교사의 안내, 중간 신호(타이머나 학교종)나 개별 학생 일정을 통해 이루어질 수 있다.

활동과 비활동 영역을 학생에게 제공하는 것은 산만한 학생이 활동과 비활동 과제 간의 차이를 명확히 인식하도록 하며, 활동 참여 행동을 촉진시킨다. 활동과 휴식 영역은 칸막이와 구획 배치물로 구분될 수 있다. 매우 산만한 행동을 보이는 학생을 위해 특수교육 교실에서는 **전환 영역**(transition area)도 있어야 한다. 전환 영역은 학생이 수업이나 과제를 완수한 후 자신의 일정을 점검하고 다음 활동이 무엇인지 알아보기 위해 가는 공동의 공간이다. 전환 영역 이용은 과제 완성과 전환이 동반되는 혼란을 감소시킬 수 있다. 수업 후 전환 영역으로 가서 학생은 다음 활동 일정을 찾는 규칙적인 일상생활을 하게 한다. 일반교육 교실에서 전환에 어려움이 있는 학생은 "네 일정을 확인해 봐."라는 요구를 받을 수 있다. 어떤 장소에서 여전히 보다 쉬운 전환을 필요로 한다면, 그 영역은 교사 책상 바로 옆 공간이나 다른 교사 활동 공간 근처에 마련되어야 할 것이다.

획득, 능숙도, 일반화 계획하기

교수 조직화 결정을 위한 마지막 단계는 교사의 수업 설계를 좌우하는 학생의 학습 유형이나 단계와 관련된다. 처음 정보를 접한 후 독립적으로 능숙하게 정보를 사용하게 될 때까지 학생들은 일련의 학습 단계들을 통과하게 된다. 이러한 학습 단계들에 대한 여러 가지 학습 설명(descriptors)이 존재하지만, 대부분의 학습 전문가들은 학습이 첫 학습 자료의 습득, 학습 자료의 능숙한 사용, 참신한 방법으로 새로운 정보를 일반화시키는 것임에 동의한다.

획득(acquisition)은 새로운 개념, 기술, 행동의 최초 학습을 의미한다. Raymond(2000)는 습득을 "기술 없음에서 기본적 완수까지"로의 변화라고 설명한다. 습득의 목표는 정확성이다. 이는 정확성이 제로인 상태에서 수행하는 것을 시작으로 85%의 정확성 지표로 끝내는 것을 의미한다. 새로운 기술이나 지식의 습득은 종종 안정적이지 못하다. 만약 학생이 자신의 학습능력에 대한 자기귀인(attribution)에 어려움이 있거나 남들 앞에서의 실수와 관련된 사회적 낙인에 직면한다면, 처음에 획득하는 것이 어려울 수도 있다. 교수, 피드백, 시간을 통하여 학생은 약간의 학습이 있었음을 보여 줄 수 있을 것이다. 그러나 여전히 학생의 수행에 오류가 있을 것이다(즉 50~75% 정확도의 범위). 학생의 획득은 교사의 수업이 끝이라는 것을 의미하지 않는다 하더라도, 효과적인 교수를 통하여 학생은 수업을 받으면서 숙달된다.

지적장애 학생은 획득하는 동안 많은 도전에 부딪힌다. 분명한 것은, 학생이 교수받기 전에 기초적으로 숙달해야 하는 몇 가지의 기술과 지식이 새로운 학습을 가능하게 한다는 것이다. 다시 말해, 학습 기회가 도전이 되지 않거나 재미있게 느껴지지 않는 학생은 불리하다. 둘째, 기술 습득 노력에 실패한 학생은 기술을 다시 습득하려는 노력을 하기 전에 동기적 어려움을 극복해야만 할 것이다. 셋째, 어떤 것을 학습에서 배웠으나 정확하고 안정적 수준으로 성취할 수 없었던 학생이 실제로는 실수하는 것을 배웠을 수도 있다. 이것은 교수상의 오류를 관리감독 없이 학생이 연습하도록 했을 때이며, 이러한 경우는 실수에 대한 피드백이 없고 실수한 채 수업을 끝내도록 허용했을 때 일어난다. 획득을 위한 보다 효과적인 교수 과정은 시범 보이기, 안내, 오류 분

표 11.2	획득, 능숙도, 일반화를 위한 교수 조직화	
획득	**능숙도**	**일반화**
● 빈번한 교수 제공 ● 학생의 참여 기회 높임 ● 오류 없는 학습과정 이용 ● 주의집중 절차 이용 ● 면밀한 관리감독 제공 ● 오류에 대한 피드백 제공 ● 정확성을 위한 강화된 피드백 제공	● 정해진 연습시간 늘리기 ● 과제를 완수한 학생에게만 피드백 제공 ● 빠른 연습과 '전력질주' 조장 ● 활동 연습 동안 교사 관여 줄이기 ● 속도뿐 아니라 정확성을 위한 피드백 강화 제공 ● 과제 수행 전에 리허설 늘리기	● 다양한 교수 예를 사용 ● 수업과 실생활 용도 연결 ● 기술 능숙도 촉진 ● 교수와 일반화 환경에서 일반적인 수업자료와 언어 사용 ● 일반적인 사례로 교수 ● 수업에서 특정 일반화 과정 포함

석 절차를 포함한다. 부가적으로 획득과 다른 학습단계를 연결하는 교수 과정 구조화는 표 11.2에 제시하였다.

능숙도(fluency)는 보다 복잡한 수준의 학습이다. 능숙도는 자연스러운 환경에서 유용하게 기술을 사용하는 정확성과 속도의 결합이다(Binder, 1996). 능숙도 형성은 많은 학업 기술에서 중요하다. 예를 들면, 지적장애 학생이 읽기나 수학에서 높은 비율의 정확성을 보여 주더라도 낮은 속도로 수행하는 것은 실생활 과제 기술을 이용하는 데 방해된다. 규정 속도 없는 정확성은 자동적인 학습자가 되는 것을 막는다(Podell, Tournaki-Rein, & Lin, 1992; White & Haring, 1980). 능숙도의 문제점은 비학업 영역에서 학생 수행을 저해한다. 예를 들어, 정확하지만 능숙하지 않은 길 건너기나 전동공구 이용은 학생에게 위험한 결과를 초래하게 할 수 있으며, 지역사회 생활과 환경으로 접근하는 데 심각한 제한을 줄 수도 있다. 중도 지적장애 학생이 능숙할 수 있도록 도전하는 데 신체적 혹은 감각적 문제를 가지고 있더라도, 대부분의 지적장애 학생은 다른 이유로 능숙하게 반응하지 못한다. 장애 학생을 위해 고안된 교육과정의 상당 부분은 획득에서 가장 기본적인 수준의 기초 기술만을 목표로 삼고 있다(Lewis et al., 2011; Pollway et al., 2013). 그러나 능숙도를 위한 교수는 획득을 위한 교수와는 다른 교수 절차들에서 이루어진다(White & Haring, 1980). Scott 등(2000)은 능숙도 형성 과정을 위해 빠른 속도 연습이 포함된 정확한 교수(Precision Teaching) 과정에서 능숙도가 향상될 수 있다고 하였다. 다른 접근방법에는 학습 시도 횟수 증가, 일일 연습 분배, 수행하는 동안 보조학습 도구 이용 기회 줄이기, 컴퓨터 보조 교수 이용, 기술 수행 전 리허설 행동과 행동 시연 증가를 들 수 있다(Laster & Brady, 1995; Podell et al., 1992; Raymond, 2000; Reamer, Brady, & Hawkins, 1998).

일반화(generalization)는 새로운(교수되지 않은) 방법으로 기술이 사용되는 것을 포함한다. 여기에는 교수가 끝난 후에도 지식과 기술을 오랫동안 사용하기(유지), 새로운 사람들, 장소나 대상에게 지식이나 기술을 적용하기(자극 일반화), 다른 행동 유형을 나타내기 위한 기술 변화나 적용하기(반응 일반화)가 포함된다. 지적장애 학생은 세 가지 일반화 유형 모두를 나타내는 데 어려움이 있다. 예를 들면, 학생이 단수 명사를 복수 명사로 변환시키는 규칙을 배울 때, 그 정보는 학생이 필요할 때 사용할 수 있도록 학생에게 머물러 있을 것으로 가정된다(유지). 학생이 몇 달 동안 정보를 획득한 후 그 정보를 상기할 수 없다면, 그 학생은 유지하는 데 문제가 있는 것이다. 자극 일반화의 예는 한 학생이 그림 카드로 '거북이'라는 단어를 읽고 학습한 다음, 자연스럽게 책에서 '거북이' 단어를 읽게 했을 때 나타난다. 어떤 상황에서(그림 카드) 기술('거북이' 단어 읽기)을 학습했으므로 학생은 유사하지만 똑같지 않은 상황(책)에서 동일한 기술을 수행할 수 있어야 하는 것이다. 반응 일반화의 한 예는 학생이 또래의 사회적 시작 행동에 여러 가지 방법들 중 하나로 상호작용 할 때 나타날 수 있다. 또래가 인사하면 다른 학생이 자발적으로 "안녕", "친구야 안녕", "어떻게 지내?" 혹은 "잘 지내지?"라고 대답할 수 있다. 이러한 경우에, 일련의 행동들 중 한 가지가 또래의 시작 행동에 대한 반응을 위해 나타난다. 학생이 오직 한 가지 방법으로만 반응한다면(예 : 항상 "안녕" 그리고 다른 인사를 전혀 표현하지 않음), 이는 반응 일반화에 어려움이 있는 것이다.

앞서 제시된 바와 같이, 많은 교수는 기술 획득만을 목표로 삼고 있다. 교사는 학생이 필요한 기술을 신뢰롭게 보여 줄 때까지 그 기술을 가르친다. 그런 다음에, 다른 기술을 가르치는 것이다. 이러한 훈련상의 문제는 많은 학생들이 배운 기술을 영속적이거나 기능적이 되게끔 충분히 학습할 수 없게 하며, 그러한 기술은 획득 수준에 놓이게 되어 결코 능숙해지거나 일반화되지 않게 한다. 지적장애 학생 교수에서, 일반화 문제는 공통적이다. 그래서 어떤 학생은 지식이나 기술을 매우 특정한 상황에서, 어떤 사람들과 함께 혹은 특정 자료를 사용할 때만 보여 줄 수 있다. 일반화 문제의 한 가지 이유는 학생이 과거에 획득 수준으로 학습한 기술을 다시 배우지 못했기 때문이다 (Horner, Bellamy, & Colvin, 1984). 일반화 촉진에 관한 Stokes와 Baer(1977)의 기념비적 논문이 연구상자 11.2에 제시되어 있다.

유능한 교사는 일반화 교수를 위해 다수의 방법을 이용하며, 그 절차들은 계속 발전하고 있다. 일반적인 절차는 초기 교수 동안 많은 예들을 사용하는 것이다. 예를 들어, 바닷물고기 15마리 그림 카드 중 어떤 것을 제시하면서 '물고기'라는 개념을 학생에게 가르치는 것은 단 한 가지의 예만을 들어 가르치는 것보다 학생이 '물고기'라는 지식을 자극 일반화로 이용할 가능성이 더 많다. 두 번째 절차는 교수를 **실생활에서 사용되**

차이를 만들어 낸 연구 **11.2**

Stokes, T. F., & Baer, D. M. (1977). An implicit technology of generalization. *Journal of Applied Behavior Analysis, 10,* 349-367.

발달장애인은 어떻게 학습하는지에 대한 초기 연구의 대부분은 내재적 장애 특성으로서 일반화 문제를 지적하였다. Stokes와 Baer는 일반화의 문제를 가져오는 원인을 밝히려는 데 관심을 갖게 되었다. 이 연구는 일반화 실패가 사용된 교수 중재의 기능의 일부분에 있었음을 보여 주었다. Stokes와 Baer는 문헌들에서 나타나는 가장 공통적인 전략은 전문가들의 중재가 영구적인 변화를 가져오길 그저 희망하는 것임을 발견하였다. 오래 지속되는 학습을 제공하도록 설계된 중재의 부재 속에서, 최소한의 학습 능력을 지닌 학생이 거의 지속적으로 변화되었다는 증거를 보이지 않는 것은 이상한 일이 아니다.

또한 Strokes와 Baer는 일반화 촉진을 기대할 수 있는 교수 기술이 부상하고 있음을 보여 주었다. 아직 초기 단계이지만, 그것은 장애인과 전문가 모두에게 희망을 주었다. Strokes와 Baer는 연구자들의 관심을 모을 만한 일련의 중재들을 제시했는데, 그 중재들은 오늘날에도 관심을 받고 있다. 이 두 연구자들은 중재가 '효과적인' 것으로 고려되기 위해서는 일반화된 학습과 변화를 위한 절차들이 포함되어 있어야 한다고 주장함으로써 사람들의 '기대치'를 효과적으로 높였다.

는 기술과 연결되도록 하는 것이다. 예를 들면, 워크시트상의 보기만으로 측정 단위를 가르치는 것은 조리법, 시간, 거리, 스포츠 경기, 줄 긋는 자 사용을 요구하는 채용 과제에 실제 적용하도록 하는 학습이 이루어지기까지 많은 학생들에게 학습의 어려움을 갖게 한다. 세 번째 교수 절차는 수업 유인물을 학습을 위해 사용한 다음, **실제 상황에서 동일하거나 유사한 유인물을 사용하는 것**이 포함된다. 그 예로서, 고등학교 교사가 특정한 형식의 쓰기 과제를 내준 다음, 학생이 다른 교실로 가서 제공된 수정 용지에 그 특정한 형식으로 쓰기 과제를 하도록 한다. 다양한 예를 사용하는 것과 유사하게, 어떤 교육자들은 매우 구체적인 교수 대신 **일반화된 수업**을 하기도 한다. 예를 들면, 사무용 기기 사용을 위한 수업 목표는 다양한 기기와 작업 환경에서 다양한 종류의 복사기를 작동할 수 있도록 하는 것이다. 학교에 있는 복사기는 일하는 현장에 있는 복사기와 유사할 수 있으나 작동버튼이 다른 위치에 있을 수도 있으며 복사용지를 넣는 위치가 복사기 앞쪽 면에 있을 수도 있다. 그러나 사무용품점에 있는 복사기는 다를 수 있다. 일반화된 경우를 교수하는 것은 서로 다른 유형의 작동버튼 배치와 복사용지 공급 시스템을 이용할 수 있도록 학생들에게 가르치는 것이다. 일반화된 복사 기술은 각 복사기에 대한 직접교수 없이도 모든 복사기를 사용할 수 있게 하는 것이다. 마지막으로 일반화를 촉진시키기 위한 또 다른 절차는 **기술 능숙도(skill fluency)**를 촉진시키는 것이다. 학생이 속도와 정확성을 높은 비율로 성취했을 때, 학생은 배운 것을 보유하게 되고, 실제에서 요구하는 것에 학습한 기술을 적용하게 된다(Binder,

1996). 하나의 기술이 아직 숙달되지 않았다면, 그 기술은 일반적으로 일반화되지 않을 것이다. 지적장애 학생들이 일반화에 문제가 있음을 놓고 볼 때, 능숙도 수행을 개발시켜 나가는 것은 필수적인 일이다.

> 학생이 성공적인 학습 기회를 가질 가능성을 최대화시키기 위하여 당신은 학생을 위한 수업, 과제, 학습을 어떻게 마련할 것인가?

교수는 어떻게 전달되는가

좋은 교수란 능숙하게 교수를 전달하는 것을 의미한다. 지적장애 학생을 위한 효과적인 교수 전달이 되려면 다음의 아홉 가지 사항에 주의해야 한다.

1. 누가 교수를 전달하는가?
2. 어디에서 교수가 전달되어야 하는가?
3. 집단교수 대 개별교수
4. 과제 분석 교수
5. 무오류 교수 및 예시와 연결된 교수 형식
6. 개별적 시도 형식
7. 촉구와 지원
8. 자연적 교수 절차
9. 교수와 문제행동 간의 연결

누가 교수를 전달하는가

전문적 상호작용에는 여러 가지 모형들이 존재한다. 어떤 모형은 교수를 전달하는 일반교사를 포함하지만 또 다른 모형은 특수교사의 교수에 관한 것이다. 지체와 의사소통 장애를 가진 학생들을 위하여 때때로 치료사가 교수를 전달하기도 한다. 다른 모형에서는 치료사가 학생을 사정하고 교사를 위해 교수적 권고사항을 고안한다. 보조 교사 또한 교수 전달자로서의 역할을 할 수도 있다. 그리고 어떤 지역에서는 가족 구성원이 교사와 함께 협력 · 교수를 실시한다. 교수적 역할을 담당하는 사람으로서 치료사, 보조원, 부모, 가족 구성원은 매우 효과적일 수 있다. 그러나 훈련과 교수 방법의 지원이 없을 경우 이러한 사람들은 거의 교수적 가치가 없을 수 있는 '온갖 종류의 집합체(a mixed bag)'로서의 기법을 사용할 가능성이 있다.

교수에 참여하고 있는 전문가와 가족 구성원을 위한 **협력** 체계와 간단한 진전도 모
니터링 체계는 학습자를 위해 교수가 제대로 나아갈 수 있도록 도울 수 있다(Dettmer,
Knackendoffel, & Thurston, 2013). 진정한 상담과 정보 교환, 공유된 인식을 권장하는
협력 체계는 학교에 근무하는 성인들이 학생의 발달을 촉진하는 성공적 팀을 형성할
수 있도록 하는 데 필요하다(Idol, Nevin, & Paolucci-Whitcomb, 1999). 교수 전달에 협
력하는 성인들을 위한 네 가지 지침을 제시하면, 첫째로 치료사, 부모와 교사들에게
현실적으로 적용될 수 있다고 생각하는 교수 목표를 선택할 기회가 주어져야 한다.
둘째, 주교사가 다른 성인들과 책임을 공유하는 그 어떤 기술도 이미 학생이 진전을
이루고 있는 중이어야 한다. 이것은 다른 성인들이 초기 기술의 획득을 가르치기보다
는 능숙도 신장 또는 일반화 지원에 함께 해야 함을 의미한다. 셋째, 지역사회나 가정
환경에 기초한 교수는 간략하게 구분되어 제시되어야 한다. 즉, 이러한 **자연적 환경**은
학교 교실의 특성들을 갖추지 않는다는 것이다. 이는 학생, 급우, 성인 협력자 간의
교수적 상호작용과 사회적 상호작용 사이의 차이를 보다 분명하게 한다. 지역사회와
가정환경에서는 새로운 기술(즉, 일반화)을 자연스럽게 이용하도록 촉진하는 반면, 통
제된 교실 환경에서는 보다 어려운 교수 수준을 유지하는 것이다. 마지막으로 직접적
이면서 간단한 자료 수집과 평가 방법으로 학생 기술의 진전을 평가해야 한다.

어디에서 교수가 전달되어야 하는가

교수를 위한 가장 좋은 단 하나의 장소는 없다. 지적장애 학생이 일반교육과정에서
활동하며 CCSS에 포함될 때, 전형적으로 발달하는 학생들의 전형적인 교실은 선택 환
경이 된다(Hudson, Browder, & Wood, 2013). 학생이 지역사회 교육과정에 참여하면
교수 환경은 지역 사업장, 공원, 쇼핑센터가 된다(Bates, Cuvo, Miner, & Korabek, 2001).
직업과 관련된 것에 참여를 위하여 교수는 종종 일하는 현장에서 전달된다(Storey,
2002). 교수 장소에 관한 교사의 선택은 수업 목표, 장소 접근에 있어서의 실용적 측면
그리고 해당 환경에서 효과적으로 교수를 전달할 능력에 따라 영향을 받을 수 있다.
일반교실에서 교사가 교수를 전달할 때, 과제와 일과는 조직화되고 구조화될 수 있다.
교수 유인물은 간편하며 그 환경은 필요한만큼 재정리될 수 있다. 지역사회, 직장, 가
정 등의 환경에서 전달되는 교수는 종종 이러한 구조화와 유연성의 측면에서 부족함
을 보일 수 있다. 그 결과로서, 어떤 학생에게는 학습이 더 느리고 힘들 수 있다. 반면
에, 자연스러운 환경에서의 교수는 새로운 기술을 위한 실제 사회의 상황을 제공함으
로써 학생의 학습을 촉진시킬 수 있다(Storey, 2002). 많은 중요한 생활 기술이 학생의
학교 기반 교육과정에 집중될 수 있을지라도, 궁극적으로 가정과 지역사회로의 전환에

필요한 기술들은 지역사회 환경에서 숙달되어야 한다(Bambara, Koger, & Bartholomew, 2011; Patton, Cronin, & Wood, 1999). 교수를 누가 전달하는가와 기술이 어디에서 교수되는가의 결정은 교사, 가족 구성원 그리고 지적장애 학생에게 복잡한 기술 교수가 가능한 전문가적 식견을 지닌 다른 IEP 팀 구성원들에 의해 이루어져야 한다.

집단교수 대 개별교수

많은 교사들이 일대일 교수가 장애 학생들에게 교수로 전달하는 주요한 방법이라고 생각한다. 장애 학생을 위하여 교수가 **개별화되는** 것이 중요하지만, 교수가 반드시 일대일 형태로 전달되어야 하는 것은 아니다. 지적장애 학생은 다양한 개별교수와 집단교수 형태에서 성공할 수 있으며, 각각의 교수 형식을 통해 유익할 수도 있고 또는 불리할 수도 있다(Snell & Brown, 2011; Gaylord-Ross & Holvoet, 1985).

일대일 교수는 경우에 따라 어떤 학습자에게는 바람직하다. 이 형식은 교사에게 수업 전달에 대한 최대한의 통제권을 부여하고, 학생의 참여는 직접적이어서 그들에게 정확한 강화 또는 교정의 기회를 제공해 주며, 교사가 보다 더 광범위한 학습을 위해 교수를 재설계할 수 있도록 도움을 준다(Alberto, Jobs, Sizermore, & Duran, 1980). 그러나 이러한 형식은 많은 학생들의 교수 프로그램에 요구되지 않는다. 그리고 이 방법을 너무 빈번하게 사용하면 뜻하지 않은 부작용을 일으킬 수도 있다. 많은 지적장애 학생들에게 나타날 수 있는 이러한 부정적인 효과는 학습된 무기력(learned helplessness), 교사의 촉구에 대한 의존성 증가, 또래와 상호작용 할 수 있는 기회 상실 및 일대일 교수에서의 학습된 기술 일반화에 곤란을 증가시킬 수 있다(Carter, Sisco, Melekoglu, & Kurkowski, 2007; Kamps et al., 1992; Snell & Brown, 2011). 일대일 교수에 익숙한 학생은 종종 집단교수 형식이 효과적으로 사용되기 전에 집단에서 상호작용하는 방법을 학습하기 위하여 종종 직접교수를 필요로 한다(Munk et al., 1998; Reid & Favell, 1984).

집단교수 형식은 매우 다양하다. 한 집단의 학생 수는 학습자 간의 이질성 정도, 전체 학급 크기, 집단 안에서 학습 안내를 하는 교사의 능력과 같은 변인에 따라 달라진다(Lewis et al., 2011; Snell & Brown, 2011). 효과적인 집단교수 형식으로 최소한 세 가지를 들 수 있다(Gaylord-Ross & Holvoet, 1985). 대부분의 일반교사는 주로 **동시적 교수**(concurrent instruction)라고 일컫는 **집단 반응**(choral responding)을 포함한 대집단 형식에 익숙하다. 이러한 형식 안에서, 교사는 수업을 전달하고, 학생들은 교사의 질문이나 요구에 제창 형태로 응답한다. 이는 일반적인 형식이지만, 장애 유무에 상관없이 많은 학생들은 교사의 단서에 반응하지 않는다. 그럼에도 이 형식은 일반교실에서 주로 사용되기 때문에, 이러한 교실로 전환을 준비하는 지적장애 학생은 이 형식에 반응하기 위한 직접교수를 필요로 할 것이다.

또래와의 보다 협력적인 참여가 요구되는 집단교수의 한 형태는 **상호작용적 집단교수**(interactive group instruction)이다(Gaylord-Ross & Holvoet, 1985). 상호작용적 교수는 집단에 전달되는 교사 단서(질문이나 요구) 이후에 학생 간 상호작용이 뒤따르게 된다. 예를 들어, 교사는 집단에게 "여러분은 파트너의 지도 위에 덴버와 보카 라턴 사이를 자를 이용하여 선을 그어 보세요."라고 지시할 수 있다. 이러한 집단 형식에서 학생 참여는 (1) 교사의 집단에 대한 요구, (2) 또래 대 또래 상호작용, (3) 집단과 개별 학생에 대한 교사 피드백과 관련된다.

Gaylord-Ross와 Holvoet(1985)에 의해 기술된 세 번째 형식은 **집단 내 일대일**(one-to-one in a group)(또는 동시에 일어나는 개별화된) 형식이다. 이 형식은 개별화 교수와 소집단 교수 양쪽의 특성을 제공한다. 예를 들어, 항해 생활에 관한 수업에서, 교사는 10명의 학생집단을 편성할 수 있다. 각 학생은 구체적이고 실제적인 다른 많은 목표를 가진다. 지적장애 학생인 요나를 위한 목표는 단수 명사(snapper, dolphin)를 복수 형태(snappers, dolphins)로 바꾸는 것이다. 말라와 다른 학생의 목표는 내용과 관련된 것으로, 물고기와 포유동물 간의 차이를 정의하는 것이다. 교사는 집단 활동을 하는 동안, 각 학생에게 개별적으로 단서를 전달하고 정보를 끌어낸다. 개별교수 형식이 서서히 집단교수가 될 때까지, 이 형식에서는 교사가 집단에 학생을 점차적으로 추가할 수도 있다(Snell & Brown, 2011).

과제 분석 교수

과제 분석은 교수 사정을 위한 효과적인 수단으로서 9장에서 논의하였다. 덧붙여, 과제 분석은 복잡한 기술을 더 작은 기술로 나누는 것을 의미한다. 과제 분석 교수 목적은 학생이 복잡한 전체 기술보다 오히려 교수의 작은 단위에 초점을 맞추도록 하는 데 있다. 과제 분석은 하나의 과정과 하나의 결과물로 구성된다(Gold, 1976). 하나의 과정으로서의 과제 분석에는 복잡한 활동에 대한 상세한 기술과 평가가 포함된다. 이어서 그 과정은 교사에게 그 기술을 어떻게 그리고 어디에서 보다 운용하기 쉬운 목표들로 나누어 성공적으로 교수가 이루어질 수 있는지 보여 준다. 결과물로서의 과제 분석은 교수를 이끄는 기술의 계열화된 문서(혹은 수업계획)인 것이다.

대부분의 교수상의 과제 분석에서 각 단계는 학생에게 가르쳐질 수 있는 분리된 행동이 된다. 한 단계의 달성은 과제 분석에서 주로 다음 단계를 수행하기 위한 단서가 된다. 과제 분석을 개발하기 위한 마법적 공식은 없다. 단계의 실제 수는 그 기술의 복잡성, 학습자의 현재 기술 및 교사의 시간과 기술에 따라 다르다. 과제 분석은 포괄적일 수도 있고 매우 구체적일 수도 있다. Lewis 등(2011)은 우호적인 편지 쓰기 과제 분석에 네 가지 요소가 필요하며, 각각의 요소는 다중적 기술들을 포함하고 있을 수 있다고 주장했다.

1. 손으로 쓰기 또는 키보드로 작성하기
2. 전통적인 철자법
3. 대문자와 구두점 사용하기
4. 문장과 문단 구성하기

학문적 기술이 포함된 다른 과제 분석들은 과정 지향적이거나 복잡한 단계들의 연쇄를 포함할 수 있다. 예를 들어, Hua, Morgan, Kaldenberg 그리고 Goo(2012)는 지적장애 청소년들에게 수학의 적용을 가르치기 위하여 한 인지학습 전략에 대한 과제 분석을 사용한 반면, Brower, Trela 그리고 Jimenez(2007)는 지적장애 중학생들을 위한 공통핵심문헌기준(Common Core literature standards)을 담고 있는 교육과정을 과제 분석하였다. 제한되고, 구체적인 기술들을 포함하는 다른 과제 분석들은 더 많은 단계들을 포함할 수도 있다. 예를 들어, Gaylord-Ross와 Holvoet(1985)는 개별 수행이 12단계 이상인 비디오 게임과 야구에서의 사회적 교환에 대한 몇몇 과제 분석을 기술했다.

가르치기 전에, 과제 분석은 계획이 (1) 실제 기술 완성을 유도하고 (2) 효율적인 방법으로 기술 완성이 되도록 점검되고 타당화되어야 한다. Cooper, Heron 그리고 Heward(2007)는 과제 분석을 타당화하기 위한 다섯 가지 방법을 제안했다.

1. 충분한 방법으로 그 기술을 수행하는 사람의 행동들을 분석하라. 그 행동들의 단계가 갖는 계열성이 과제 분석이 될 것이다.
2. 성공적 기술 완성을 위하여 필요한 단계들을 과제 전문가가 상세화할 것을 요청하라.
3. 교사로 하여금 일반 수업 조건에서 그 기술을 수행하도록 요청하라. 교사가 수행하는 과정의 각 단계를 기술하라.
4. 그 기술이 시간과 계열에 따라 어떻게 수행되는지 생각하라. 이 '사려 깊은 분석'이 대부분의 과제 분석에서 합당한 접근으로 인정될 것이다.
5. 분리된 각 과제의 난이도에 따라 그 기술을 개념화하라. 처음에는 쉬운 과제를 가르치고 그런 다음 어려운 과제를 가르치라.

대부분의 기능적이고 독립적인 생활기술들은 과제 분석하기가 비교적 쉽다. 교수 자료는 상업적으로 제작된 것들을 활용할 수 있다. 비록 교사들은 특정 학생들의 요구를 충족시키기 위해 수업을 구상하지만, 일반적으로 한 학생을 위한 과제 분석이 다른 학생들에게도 적용될 수 있다. 예를 들어, 한 학생에게 손을 씻고 말리는 기술을 교수하기 위한 과제 분석은 교사가 단계들을 추가함으로써 휠체어를 탄 학생을 싱크대에 접근시킬 수 있게 된다.

모든 기술들을 동시에 가르칠 경우 학생들은 어떤 부분의 기술들을 더 잘 배운다. 이 기술들을 위해서는, 교사의 지원에 대한 과제 분석을 실시하는 것이 유용하다. 이 것은 학생들로 하여금 과제가 수행될 때마다 전체 기술을 연습하게 한다. 예를 들어, 나눗셈 문제를 위해 계산기 사용법을 배울 때, 학생은 매시간 모든 단계들을 연습하는데, 이때 교사의 도움 수준이 과제 분석의 목표가 될 수 있다. 촉구의 위계를 사용하여 **수업상황의 조건**이 분석되어 학생이 계산기를 사용한 나눗셈 단계들을 수행할 수 있게 되는 것이다.

1. 구두 지시 및 손가락으로 손 터치하여 지원하기
2. 구두 지시 및 간헐적인 손 그림자를 사용해 지원하기
3. 구두 지시로 지원하기
4. 거리를 두고 손가락으로 가리켜서 지원하기
5. 지원하지 않기

교사의 촉진에 대한 과제 분석은 주로 **점진적 안내**(graduated guidance)라 일컫는다 (Cooper et al., 2007; Snell & Brown, 2011; Westling & Fox, 2009). 여기서의 과제 분석은 최초에 가장 많은 지원을 제공한 후 필요에 따라 촉구의 강도를 점진적으로 줄여나가거나, 반대로 가장 적은 지원을 먼저 제시한 후 학생이 그 기술을 수행하는 법을 학습함에 따라 촉구의 강도를 점진적으로 증가시키는 방식으로 교사의 촉구들을 배열할 수 있다.

마지막으로, 어떤 기술들은 학생들을 압도한다. 왜냐하면 그 기술들이 복잡하거나 학습을 방해하는 사회적 또는 감각적 경험을 포함하고 있기 때문이다. 교사는 각 시간별로 전체 기술을 가르치기보다는 차라리 한 번에 전체 기술의 한 '부분'만을 교수한다. 학생이 각 단계를 완수해 감에 따라 또 다른 단계가 순서적으로 추가된다. Lasater와 Brady(1995)는 학생에게 전기면도기 사용법을 가르칠 때 이러한 **연쇄**(chaining) 과정을 사용했다. 감각 자극의 교란 효과에 맞서기 위해, 한 번에 얼굴의 한 부분만을 면도하도록 학생에게 가르쳤다. 학생이 이 기술을 완수함에 따라, 학생은 한 번에 전체 과제를 수행할 때까지 얼굴의 다른 부분들을 추가적으로 면도하게 하였다. 과제

분석의 수정된 버전은 다음의 단계들을 포함한다.

1. 오른쪽과 왼쪽 뺨을 면도해라.
2. 뺨과 턱을 면도해라.
3. 뺨, 턱, 목을 면도해라.
4. 뺨, 턱, 목, 입술 위를 면도해라.
5. 뺨, 턱, 목, 입술 위를 면도하고 구레나룻을 정리해라.

무오류 교수와 보기와 짝짓기 및 교수 형식

지적장애 유아들, 학교의 노력에도 불구하고 이전에 성공하지 못했던 학생들, 그리고 극단적으로 불복종하는 학생들을 수업에 참여하도록 하기 위해서는 때때로 비상한 노력이 요구된다. 만일 학생들이 교사의 요구에 반응하지 않는다면, 이때 생각할 수 있는 한 가지 교수 전략은 **무오류 학습**(errorless learning)이다. 이 절차는 교사가 촉구를 제공하고 학생이 어떠한 반응을 보이더라도 강화를 해 주는 방법이다. 이때 학생이 실수를 범해도 강화를 제공해서 자발적으로 교수적 상호작용에 참여할 수 있게 한다. 학생 반응의 정확성 여부는 교수적 상호작용에 학생의 참여를 증가시키는 것보다 중요하지 않다. 일단 학생들이 수업에 능동적으로 참여하기 시작하면, 교수의 초점은 학생의 정확도로 옮겨간다.

학생들의 오류를 줄이는 다양한 절차들이 있는데(Gaylord-Ross & Holvoet, 1985), 그 중 하나는 보기와 짝짓기(match-to-sample) 교수 형식을 사용하는 것이다(Scott et al., 2000). 가장 기초적인 단계는 교사가 하나의 자극 항목과 그와 일치하는 보기를 제시한 후 학생에게 '나에게 (항목의 이름)을 보여 주길(혹은 손으로 짚어 보길, 내게 줄 것을, 손가락으로 가리키길)' 요청하는 것이다. 이때 학생이 어떤 반응을 하더라도 수용하고 강화해 주어 이후 정확한 (그리고 강화된) 반응의 계기로 삼는다. 이어지는 수업에서 교사는 자극 항목과 틀린 보기들의 유형을 점진적으로 추가시킨다. 다음 글상자의 내용은 한 학생에게 학교버스의 그림을 확인하도록 가르치는 데 사용한 수업 과제 분석이다.

그러므로 짝짓기를 바르게 선택하기 위해서는 학생이 수업에 주의집중해서 항목을 섬세하게 변별할 것을 요구한다. 이러한 형식은 진정한 무오류 절차로 시작한다. 그런 다음 학생이 수업에 참여하기 위한 방법을 배워감에 따라 적은 실수 단계로 나아가며, 마지막으로 학생은 더 어려운 단계로 나아간다. 보기 짝짓기 수업은 틀린 보기의 형태와 수를 더하거나 줄임으로써 수정될 수 있다. 참여와 정확도를 증진시키는 다른 수정

> ## 무오류 학습을 통한 보기와 짝짓기 형식
>
> **학교버스는 어디에 있는가?**
>
> 1. 학생은 틀린 보기가 없는 상황에서 바른 보기와 짝을 짓는다(학교버스 그림을 동일한 그림과 짝을 맞춘다).
> 2. 학생은 두 가지 매우 다른 틀린 보기들이 있는 상황에서 바른 보기와 짝을 짓는다(학교버스 그림을 동일한 그림에 짝지으라. 또한 화장실 그림과 경찰견인 도베르만 그림을 함께 제시한다).
> 3. 학생은 적당히 다른 3개의 틀린 보기들이 있는 상황에서 바른 보기와 짝을 짓는다(학교버스 그림과 동일한 그림을 짝지어라. 또한 오토바이, 야영객, 잔디 깎기 기계로 잔디 깎는 그림을 함께 제시한다).
> 4. 학생은 유사한 4개의 틀린 보기들이 있는 상황에서 바른 보기와 짝을 짓는다(학교버스 그림과 일치하는 그림을 짝지으라. 또한 자동차, 소방차, 도시버스, 가족용 승합차 그림을 함께 제시한다).

에는 사진과 미니어처 모형을 짝짓기, 또는 사진을 선 그림이나 단어로 바꾸기 등이 포함된다. 수업 목표가 보기 짝짓기에서 '짝짓기'를 하기 어려운 틀린 보기들 가운데 확인하고 선택하는 절차로 옮겨가면 과제 분석은 변화된다.

개별적 시도 형식

개별적 시도 형식(discrete trial teaching formats)은 극심한 주의집중 장애나 중도 지적장애 학생에게 새로운 기술을 가르칠 때 효과적인 것으로 알려져 있다. 개별적 시도는 구체적인 시작과 종료를 가지는 구조화된 학습 기회이다. 단일의 개별적 시도는 세 가지 요소로 구성된다.

- 교사는 학생이 뭔가를 하도록 단서를 제공하거나 요구한다.
- 교사는 학생이 그 요구에 반응하는 동안 관찰한다.
- 교사는 학생의 수행에 기초하여 학생의 정확한 반응에 강화를 제공하고, 오류를 범하면 교정해 준다.

개별적 시도 교수는 집단교수에 적용될 수도 있지만, 대부분의 경우 일대일 교수에서 사용된다.

개별적 시도 형식은 새로운 기술 획득을 가르칠 때 가장 보편적으로 사용된다(Storey, 2002; Westling & Fox, 2009). 어려운 기술을 가르칠 때 교사는 학생에게 주어진 구두 요청과 함께 때때로 제스처, 접촉을 통한 촉구 또는 그림을 추가한다(예를 들어, 교사

시도의 전달						
교사의 요구 ➡	교사의 촉구 (필요하면) ➡	학생 반응 ➡	교사	피드백	➡ 시도 간에 소요되는 시간	➡ 다음 시도 시작
			만약에 바르다면	만약에 틀렸다면	집중 연습 분산 연습	
예시						
메리에게 동사를 가리키도록 하기	➡ 동사 ='~하다' 카드를 보여 주기	➡ 동사에 동그라미를 쳐 준다.	➡ "맞아!"	"저런, '~하 다'에 동그 라미를 쳐 주 세요."	➡ 3~5초 20분이나 그 이상	➡ 메리에게 동사를 가리키도 록 하기

그림 11.3 시도의 전달

는 "정답에 동그라미를 쳐 주세요."라는 구두 단서를 전달할 때 그 종이를 가리킨다). 개별적 시도 형식은 주로 학생이 그 기술을 숙달하기 전에 여러 번 시도할 것을 요구한다. 이러한 시도들은 한 번에 묶은 형태(매 수업마다 15~30번 시도)로 제시될 수도 있고, 하루 중 다양한 수업에 걸쳐 두세 번씩 분산된 형태로 제시될 수도 있다(Gaylord-Ross & Holvoet, 1985; Snell & Brown, 2011). 학생이 그 기술에 능숙함을 보임에 따라, 그 기술은 다양한 교실 및 교육과정에 삽입될 수도 있다. 그림 11.3은 개별적인 시도 형식의 도식을 보여 주고 있다.

촉구와 지원

학생이 새로운 기술을 학습할 때, 교사는 다양한 촉구와 지원 방법을 사용한다. 이러한 촉구 방법에는 신체적 도움, 제스처, 그림 촉구 및 언어적 지시와 같은 것들이 있다. 종종 이런 촉구들은 위계적인 순서로 제시되지만, 어떤 때에는 '생각하지 못한 순간에 갑자기' 혹은 다시 생각나도록 일깨워 주기 위해 산발적으로 주어진다. 오늘날 촉구의 이용은 너무나 자연스러운 것이지만 촉구 절차가 항상 강력한 교수 절차로 생각되지는 않았다. 촉구 전략을 사용하는 일련의 연구들을 기술하고 있는 논문이 연구상자 11.3에 제시되어 있다.

수행 지원이 필요한 학생의 요구에 맞추어 촉구의 강도가 증가하거나 혹은 감소하는 식으로 계열화될 때 촉구는 가장 효과적이 된다. **최대에서 최소**(most-to-least) 촉구 형식은 학생이 반응하도록 돕기 위해 어떤 도움이 필요한가를 시작으로 하여, 학생이 숙달되어 감에 따라 도움을 점차 줄여나간다(Wolery et al., 1988). 키보드를 사용하는

차이를 만들어 낸 연구 11.3

Strain, P. S., & Shores, R. E. (1977). Social reciprocity : A review of research and educational implications. *Exceptional Children, 43*, 526-530.

촉구하라. 그리고 칭찬하라. 이들 두 가지 동사는 특수교육에서 혁명을 일으켰다. 그리고 사회적 위축의 영향을 받으며 살고 있는 많은 아동들의 생활을 향상시켰다. 21세기의 대부분을 통해 우세한 전문가적 의견은 지적장애 아동, 자폐, 및 다른 사회적 장애 조건을 가진 아동들이 다른 아동들과 사회적 상호작용을 하는 데 필요한 능력이 결핍되어 있는 것이다. 사회적 발달에 필요한 능력에 결여되어 이 아동들은 일반 가정, 학교 및 지역사회 환경으로부터 혜택을 얻을 수 없을 것이라고 했다.

테네시 주 내슈빌에 있는 연구팀은 이런 생각에 도전하였고 품격을 갖추었으면서도 강력한 일련의 연구들을 시도했다. Strain과 Shores는 그들의 연구를 이끌기 위해 간단한 논리를 사용했다. 만일 아동들이 상호작용을 결코 배울 수 없다면, 우리는 그들이 배울 수 있는지 여부를 결코 알 수 없을 것이다. 20년이 걸릴 연구계획에서 Strain과 Shores는 이 아동들에게 기본적이고 사회적인 상호작용 기술을 가르치기 위한 방법을 발견하는 일에 착수했다. 그들은 아동들에게 서로 상호작용하도록 촉구한 후 그렇게 행동한

아동들을 칭찬했다. 그들은 장애 아동들에게 비장애 아동들과 상호작용하도록 촉구한 후 칭찬을 했다. 또한 비장애 아동들에게도 장애 아동들과 상호작용하도록 한 후 칭찬을 했다. 지적장애 아동, 자폐아동, 정서 및 행동장애 아동, 걸음마 단계의 유아, 초등학생, 중등학생, 성인에게도 칭찬하기를 이어갔다. 연구자들은 아동이 사회적 상호작용을 즐기도록 배움에 따라 점차 칭찬과 성인의 존재를 줄여 나갔다. 그들은 지역학교와 육아센터에서 발견한 장난감, 게임, 그리고 일상을 통합해나갔다. 그들은 학생들이 새로이 배운 사회적 기술을 실험실 밖에서 어떻게 일반화시킬 수 있도록 가르칠 수 있는지 알기 위해 그들의 절차들을 검증하였다. 그들은 아동의 사회적 기술을 강화할 수 있는 조건이나 약화하는 조건에 대해서도 확인하려고 노력했다.

오늘날, 지적장애 및 다른 발달장애 아동과 성인이 사회적 상호작용기술을 획득할 수 있고 의미 있는 방법으로 이들 기술을 사용할 수 있다는 것을 의심하는 사람은 거의 없다. 기술은 관계를 장려한다. 관계는 사람들이 자신의 삶의 형태와 질을 향상하도록 돕는다. 촉구하라. 그리고 칭찬하라.

것을 배우고 있는 학생을 위해 높은 수준의 지원은 손으로 돕는 것, 심지어 키보드에 손을 바르게 올려놓는 신체적 조작도 포함한다. 신체적 지원은 어떤 학생에게는 불필요할 수 있다(학생은 제스처 도움만을 요구할 수 있거나 키보드 위에 손을 얹어 놓는 것을 가리키는 요구를 할 수 있다). 그림 촉구는 정확히 키보딩 할 수 있는 위치에 학생의 손이 놓여 있는 그림을 보여 주는 것을 포함할 수 있다. 이러한 학생들을 위한 최소한의 집중적인 촉구는 학생이 다시 손의 위치를 바로잡도록 말로 기억을 일깨워 주는 것이다.

최대에서 최소 촉구 형식은 몇 가지 이점이 있다. 그것은 학생이 많은 오류를 범하도록 허용하지 않는데, 교사가 정확한 반응을 촉구하기 위한 지원을 제공하기 때문이다. 또한 학생은 교사가 제공한 지원 이상으로 자신의 어떠한 반응도 강화를 받기 때문에 강화를 받을 기회도 많아진다. 예를 들어, 제스처 도움을 통해 커피포트 사용법을 배우고 있는 학생은 언어, 제스처, 또는 그림 도움을 통해 또는 독립적으로 사용할

때 강화를 받을 수 있다. 최대에서 최소로의 촉구 형식은 단점들도 가지고 있다. 비록 그 형식은 기술을 획득하는 동안 최대한의 지원을 제공할 수 있지만 만일 지원이 최대한 신속하게 사라지지 않는다면, 어떤 학생들은 촉구에 의존적이 될 수 있다. 이것에 대처하기 위해, 어떤 교사들은 **그림자**(shadowing) **촉구** 또는 **점차 멀어지는 촉구**(progressively farther distance)와 같은 다양한 새롭고 절묘한 촉구들을 사용한다. 그림자 촉구는 교사가 자신의 손을 학생의 손과 몇 인치의 거리를 두고 평행하게 놓은 채로 학생이 커피포트를 사용할 때 동시에 움직이는 것이다. 그림자 촉구는 종종 신체적 촉구로부터 다른 촉구로 이동할 때 유익한 중간 단계이다.

최소에서 최대(least-to-most) 촉구 형식에서는 많은 실수를 허용하지만, 촉구 의존성은 적은 편이다. 이 형식은 교사의 최초 요구에 언어적 지원만을 함으로써 시작된다. 다음 지원 수준은 학생에게 수행될 기술에 대한 그림을 제시할 수도 있다(제스처 도움이나 다음 단계를 가리키는 촉구는 진전된 보다 높은 지원 수준이다). 최대 수준의 지원인 신체적 도움은 손 위에 손을 얹는 지원을 포함할 수 있다. 비록 이 형식이 촉구의존의 가능성을 감소시킬지라도, 교수되는 동안 학생을 관리하지 않는 실수를 한다면, 학생은 오류 유형을 배울 위험이 있다. 오류가 거의 없고 정확한 반응들이 확실한 강화를 받을 수 있도록 이 형식을 사용할 때에는 신중함이 요구된다.

여기에 기술된 촉구 형식에 있어서의 가정은 언젠가 촉구 형식은 제거되고, 그 학생은 어떤 시점에 촉구 없이 참여할 것이라는 점이다. 이 가정이 항상 타당한 것은 아니다. 많은 촉구들이 장애가 없는 사람들에게 유용하며, 시간이 경과된다고 해서 제거되는 것도 아니다. 예를 들어, 종업원에게 손을 닦는 것을 생각나게 하는 표시는 대부분 공공화장실에 부착되어 있다. 이 표시는 영구적인 고정비품이며 종업원에게 특정 행동을 수행하도록 생각나게 하는 데 사용된다. 장애 학생도 영구적인 촉구로부터 이익을 얻는다. 비록 교사가 학생을 위한 '인위적인' 단서가 성공적인 수업 후에 필요하지 않을 것이라고 생각할지라도, 그러한 지원은 다음과 같은 경우라면 제거될 필요가 없다.

1. 제거는 학생의 수행을 떨어뜨린다.
2. 그러한 촉구가 규범적인 사회 또는 문화적 환경으로 '섞일 수' 있다면 제거될 필요가 없다.

앞서 언급한 바와 같이, 많은 학생들이 자신의 일정을 조직하고 전환과 일과 속에서 예상치 않은 변경이 동반되는 문제를 줄이는 데 도움을 얻고자 개인 일정표를 사용한다. 이들 개인 일정표는 독립성을 촉진하는 영구적 수단이 될 수 있다. 다른 영구적 촉구에는 학생에게 직무의 모든 과제를 수행하도록 떠올리게 하는 그림이 집에서 직장으로 이동함에 있어 버스 정류장과 환승 목록 등이 포함된다. 지난 30여 년간 효과적인 촉구 체계로 사용될 수 있는 테크놀로지들이 개발되어 왔는데, 학생들이 직장과 학교의 과제를 수행할 수 있도록 개인 메시지를 담은 오디오테이프(Alberto, Sharpton, Briggs & Stright, 1986; Davis et al., 1992), 보행자에게 길을 안내해 주는 iPod(Kelley, Test, Cooke, 2013), 지역사회와 가정에 필요한 수많은 기술들을 담고 있는 그림 안내책자(Cihak, Alberto, Taber-Daughty, & Gama, 2006) 등을 들 수 있다. 이 촉구 체계들은 새 기술을 가르치기 위해, 과제 능숙도를 증진시키기 위해, 또는 현재 기술을 유지하고 일반화시키기 위해 사용될 수 있다. 만일 촉구의 제거가 기술을 저하시키면, 교사는 촉구를 그대로 남겨 두어 영구적으로 사용되게 할 수도 있다.

자연적 교수 절차

자연적 교수 절차는 지적장애 학생을 위해 유용하게 사용되고 있으며(Chung, Carter, & Sisco, 2012), 우발교수(incidental teaching), 밀리우 교수(milieu teaching) 및 맨드 모형(mand-model)을 포함한 다양한 용어로 알려져 있다(Warren & Reichle, 1992). 이들 자연적 교수 절차는 매우 가치가 있다. 왜냐하면 이 교수 절차는 자연적으로 일어날 수 있는 교실 상황으로 연습 기회가 통합되어 있기 때문이다. 그 절차는 언어교수를 제공하는 자연적 방법으로 Hart와 Risley(1968)에 의해 처음으로 기술되었다. 모든 자연적 교수 절차에 있어 공통적인 방법은 학생이 바람직한 대상이나 활동을 보고 요구할 수 있는 상황을 교사로 하여금 만들게 하는 것이다. 이 의도를 확립하기 위해 교사는 학생에게 교사가 교수 목표로 이미 선택한 언어 양식을 사용하도록 요청한다. 언어 목표를 사용함으로써, 그 학생은 대상이나 활동에 접근하게 된다. 대부분의 자연적 교수 절차는 차례대로 다섯 가지 요소를 가지고 있다(Warren & Reichle, 1992).

- 교사는 언어 기회를 불러내는 환경을 만들어 내야 한다.
- 학생이 먼저 의사소통을 시도한다.
- 성인은 학생들로 하여금 요청을 정교화하도록 요구한다.
- 성인은 일반적으로 학생이 가리킨 참조물에 접근함으로써 정교화를 강화한다.
- 만일 학생이 교수 목표를 달성하지 못한다면, 성인은 바른 행동의 시범을 보인다.

비록 이 교수 형식이 다소 비구조화된 것 같이 보일지라도, 우발적인 측면은 전혀 없다. 교수 기회는 잘 계획되고, 학습 기회는 매우 구조화된다(Ostrosky, Drasgow, & Halle, 1999). 자연적 교수 절차는 어떤 환경에서도 거의 다 일어나지만 많은 성공적 시연이 자유놀이 또는 활동시간 중에 일어난다. 예를 들어, 구어 기술이 있는 학생은 손을 씻기 위해 싱크대를 사용할 필요가 있을 수 있다. 비록 학생이 구어 능력이 있을 지라도, 학생은 싱크대 옆에 서서 도움이 필요하다는 몸짓을 한다. 미리 그 상황을 설정한 교사는 "네가 필요한 것이 무엇인지 말하렴."이라고 말할 수 있다. 이 요구는 그 학생이 "도와주세요."라고 응답하기에 충분한 단서일 수 있다. 그러면 교사는 학생의 말을 칭찬하고 즉시 싱크대로 다가간다. 언어 목표는 교사와 개별화교육프로그램 팀에 의해 이미 결정되어 있어야 한다.

자연적 교수 절차를 성공적으로 사용하기 위한 핵심은 수업목표를 미리 정하는 것, 성인에 의한 완벽한 준비와 응답을 유지하는 것을 포함된다(Ostrosky et al., 1999). 성인은 학생의 언어 수준에 민감해야 하며, 각 학생의 언어 수준을 향상시키기 위해 계속적으로 노력해야 한다. 이렇게 하는 동안 성인은 아동의 행동을 읽고, 최소한의 의사소통을 수용하고, 아동이 원하는 것을 제공하기가 보다 쉬워졌다고 생각할 수 있다(Ostrosky et al., 1999). 그러나 이러한 생각은 강력하고 자연스런 학습 기회의 효과성을 무색하게 하는 것이다.

다시 생각해보기

다른 연령대, 다른 교수 목표를 가진 서로 다른 학생들을 위하여 당신은 어떤 유형의 교수 전달 형식을 사용해야 하는지 어떻게 결정할 것인가?

교수와 문제행동 간의 연결

지적장애 학생은 때때로 개인적 행동과 사회적 행동에서 문제를 보일 수 있다. 어떤 행동이 문제가 되는 이유는 그것이 너무 과도하기 때문인데, 첫 번째 문제 유형은 어떤 행동이 다른 사람이 참을 수 없을 만큼 너무 오래 지속되거나 너무 자주 발생하는 경우를 말한다(예 : 반복적인 불평 또는 특정 주제에 대한 집착). 두 번째 문제 유형은 어떤 행동이 기대보다 낮은 지속시간이나 빈도를 보이거나 아예 보이지 않는 경우이다(예 : 사회적 접촉을 시작하는 데 어려움 또는 낮은 빈도의 자아통제). 세 번째 문제 유형은 맥락을 벗어나서 나타나는 행동과 관련된다. 이런 행동은 어떤 상황에서는 적합하나 그 밖의 상황에서는 문제가 된다(예 : 말로 하는 주장은 현재 사건의 논쟁에는 적합하지만 수학 시간에는 적합하지 않다). 마지막 유형은 중증장애 학생들이 한 가지 또는 두 가지 협의의 활동에만 몰두하고 다른 활동으로 옮겨가지 않는 경우이다. 어떤 학생은 손바닥을 흔들거나 머리를 박는 상동행동을 나타낸다. 이런 행동은 또래로부터 그 학생을 고립시키며 사회적 관계의 기회를 감소시킨다.

문제행동을 보이는 지적장애 학생은 어디서나 어려움을 갖지만, 일반학급, 지역사회 또는 가정환경에서 추가적인 어려움을 갖게 된다. 학습을 방해하는 문제행동은 그 학생에게 (a) 강력한 부정적 결과 또는 (b) 통합학교 환경으로부터 이 학생들을 배제시키는 결과를 초래한다. Schloss와 Smith(1998)는 문제행동에 대한 일반공립학교의 반응은 교수보다는 오히려 규율에 의존하고 있다고 지적했다. 그래서 교사는 일반적으로 학생의 문제행동을 **멈추게** 하기 위한 바람으로 몇 가지 처벌양식을 사용한다. 이 처벌 절차는 학생에게 문제행동 대신 무엇을 해야 할지를 가르치지 않기 때문에 그 학생은 보다 생산적인 행동 패턴을 거의 배우지 못한다.

규율모형(discipline model)을 사용하는 데는 분명한 단점들도 존재한다. 첫째, 학생의 문제행동이 짧은 기간의 규율에 의해 쉽게 교정되지 않으면, 교사는 교수보다 관리에 점점 더 많은 시간과 에너지를 소비하는 자신을 발견하게 될 것이다(Gunter & Denny, 1998). 이러한 상황은 많은 특수교육 교실과 몇몇 '저성취' 학교에서 볼 수 있다. 결과적으로 학생은 고학년이 될수록 학업 면에서 점점 더 뒤처지게 된다. 두 번째 단점은 기본적인 학습원리와 관련된 것이다(규율에 초점을 맞추는 한 학습 결과를 가져오지 않는다). 문제행동 감소에 초점을 맞춘 규율모형은 문제행동을 **대체하는**데 필요한 기술들을 숙련시켜 주지 않는다. 셋째, 규율에 초점을 맞추는 것은 지적장애 학생이 각 문제행동에 참여하기를 자진해서 선택한다는 것과 교사나 다른 이에 의해 제공되는 통제는 이 문제가 나타나는 것을 방지하기 위해 필요하다는 그릇된 가정에 기초한다. 많은 지적장애 학생들이 구체적으로 자아통제를 배우지 않았다면 실제로 자아통제를 하는 데 필요한 기술들을 가지고 있지 않다는 것이 점점 확실해지고 있다. 마지막으로 규율은 종종 문제행동을 악화시킨다. 예를 들어, 많은 학생들은 불편한 수업이나 교사로부터 벗어나기 위해 문제행동을 한다. 학생이 그 상황을 벗어나는 결과를 가져오는 규율은 정적 강화자가 되며, 심지어 미래에 더욱 강력한 문제행동을 야기하게 된다.

문제행동에 대한 교수적 접근

문제행동에 대한 교수적 접근은 Colvin과 Sugai(1988)에 의해 기술되었다. 그들은 교사들이 학생의 학업적 오류에 대해 처벌 절차를 거의 사용하지 않으나 학생의 **학업적 오류**가 사회적 또는 개인적 문제에 기인하는 경우는 이에 대한 최초의 중재로서 종종 처벌을 사용한다는 것을 지적했다. Colvin과 Sugai는 교사가 문제행동을 중재하기 위해 학업적 결손을 해결하기 위해 사용하는 것과 동일한 교수적 모형을 적용할 것을 추천했다. 이것은 문제행동이 관리 절차보다는 교사로부터 **교수적 중재**를 유도하는 것을 의미한다. 다시 말하면, 문제행동은 새로운 학문적, 사회적, 운동상의 또는 독립생활 기술을 가르치기 위해 사용되는 것과 동일한 절차를 사용함으로써 교수적으로 가장 잘 다루어질 수 있다는 것을 의미한다.

교수적 모형을 적용하는 것은 많은 교사들의 생각에 변화를 요구한다. 첫째, 교수적 모형은 문제행동을 행동적 오류와 같다고 간주한다. 사회적 행동의 **오류**를 일으키는 학생은 그 오류 때문에 처벌되기보다는 대체기술을 **배워야** 하는 것이다(Scott et al., 2000). 둘째, 교사는 7장에서 언급한 기능적 행동 사정(functional behavioral assessment, FBA)처럼 오류를 사정하는 방법을 배울 필요가 있다. FBA는 교사들이 학생의 문제행동에 의해 주어지는 기능을 확인하도록 돕는다(Carter & Horner 2007; O'Neil et al., 1997). 몇몇 FBA는 이런 정보를 가져오기에 유용하다. 그리고 많은 교사들이 사용하는 공통 전략은 학생이 문제행동을 일으키기 전과 후에 즉시 관찰하는 것이다. 연습을 통해, 교사들은 문제행동 출현에 대한 또래와 성인의 반응뿐 아니라 그 행동을 가져오는 조건을 확인할 수 있게 된다. 이 정보는 문제행동을 학생을 위한 효과적인 도구로 만드는 조건을 확인하는 데 유용하다. 다음의 글상자는 교수적 접근과 FBA가 행동관리에 대한 전통적 방향과 어떻게 다른지의 한 예를 제공해 주고 있다.

글상자에서 기술된 헨리의 문제행동을 없애기 위해 규율을 사용하려는 지속적인 시도는 그 행동에 의해 주어지는 중요한 기능을 무시하는 것이다(헨리는 그가 관심을 받고 싶은 상대에게 의사소통을 하기 위해 물건을 던졌다). 그의 문제행동에 대한 교수적 접근은 헨리에게 대체기술을 가르치는 것이었으며, 그에 따라 헨리는 문제행동을 일으킬 필요를 없애는 결과를 가져왔다.

문제행동에 대한 교수적 접근

헨리는 중등도에서 중도 수준의 지적장애를 가진 10살 된 소년이다. 헨리는 좌절하거나 혼자 있을 때 종종 흐느껴 울며 물건을 던진다. 그의 선생님은 헨리의 문제행동을 소거하기 위해 '타임아웃 장소'(실제로 독방)를 활용했고, 그가 어떤 것을 던질 때마다 그가 좋아하는 책을 빼앗았다. 2년 후, 여전히 헨리는 물건을 던진다. 행동의 기능적 사정을 한 후에, 헨리의 담임교사는 그가 물건을 던지는 기능은 주의를 얻기 위한 것이라는 것을 알게 되었다. 헨리는 또래나 어른에게 관심을 받을 만큼 분명하게 말하지 못하기 때문에, 그의 담임교사와 언어치료사는 그림 카드와 포인터로 구성된 의사소통 체계를 설계한다. 두 성인이 헨리가 이 체계를 이용하도록 가르치기 위해 직접교수를 수행한다. 다른 어른이 헨리에게 이 시스템 사용을 요청한다. 그 결과 헨리는 과제 때문에 좌절하거나 너무 오래 동안 혼자 있을 때마다 성인이나 또래의 관심을 받는 법을 학습해 왔다. 관심을 받기 위해 물건을 던지는 헨리의 욕구는 의사소통 체계의 이용으로 대체되었고, 물건을 던지는 행동은 소거되었다. 무엇보다도 헨리는 지금 수많은 또래 및 교사와 의사소통을 하고 있다.

행동은 기능을 제공한다

모든 인간의 행동은 어떤 목적을 가진다. 이따금 그 목적이 분명하지만 많은 경우에 그렇지 않다. 교사는 기능적 행동 사정을 할 때 문제행동의 기능이나 **목적**을 찾게 된다. 교육자들은 문제행동을 고려할 때 두 가지 공통된 실수를 한다. 첫째, 문제행동은 학생의 능력이 거의 원인이 되지 않는다. 행동은 인간 조건의 단순한 결과가 아니라 사람과 환경 사이에서 일어나는 복잡한 상호작용의 결과이다. 두 번째 실수는 학생의 문제행동을 계획적이고 고의적인 결정에 의한 것으로 돌린다는 것이다. 행동이 과다하거나 결핍된 것이 학생의 게으름, 고집, 또는 '불복종'의 선택에 기인하는 경우는 거의 없다(Chandler & Dahlquist, 2002). 대다수 학생들에 대한 '장애 탓'과 '고의적인 선택 탓'은 교사들이 이 문제들을 해결할 수 있게 돕지 못하거나 학생들이 배우고 성장하는 것을 돕지 못한다(Scott et al., 2000). 문제행동에 대한 교수 접근은 교육자들이 문제행동에 의해 주어진 기능을 이해할 것을 요구한다. 간단히 언급하면, **문제행동을 포함한** 대부분의 인간 행동은 두 가지 기능 중 한 가지이다.

- 뭔가를 얻기 위해
- 뭔가를 회피하기 위해

행동적 기능과 효과적인 행동중재에 대한 두 가지 독창적인 논문이 연구상자 11.4에 기술되어 있다.

문제행동은 학생이 '뭔가를 얻도록' 어떻게 도울 수 있는가? 사회적 강화는 인간이 사용할 수 있는 가장 강력한 결과들 중 하나이다. 이것은 학생에게 말하는 것, 학생을 가볍게 터치하는 것, 또는 학생의 존재를 알리는 뭔가를 하는 것 등을 포함한다. 관심은 정적 강화자로 역할을 하는 데 **긍정적**일 필요는 없다. 심지어 모질거나 부정적인 관심조차 정적 강화자로서 역할을 할 수 있다. 자주, 문제행동은 교사나 또래집단이 제공하는 관심에 의해 유지된다. 많은 학생 싸움은 '약자를 괴롭히는 행위'에 '견뎌 냄'으로써 얻게 되는 상태에 의해 강화된다. 다른 예로서, 환호하는 급우들의 관심에 의해 강화된 수업 분위기를 깨는 행동을 들 수 있는데, 그러한 행동은 해당 학생에게 심각한 문제를 초래하기도 한다. 이들 각각은 관심에 의해 유지되는 문제의 예들이다. 어떤 실체가 있는 항목이 문제행동의 정적 강화자로서 역할을 할 수도 있다. 슈퍼마켓 과자 코너에 몇 분 동안 서 있다가 몹시 화가 나서 마구 구르는 아이를 조용히 하게 하기 위해 부모는 과자봉지를 뜯어 아이에게 과자를 주었다. 아이의 그러한 행동은 댓가를 가져온다. 즉, 그 아이는 실체가 있는 강화자를 얻게 된다(그리고 어른의 관심을 끄는 것도 마찬가지일 것이다). 학교에서 부정행위를 하는 것도 종종 같은 방법으로 강화된

차이를 만들어 낸 연구 11.4

Iwata, B. A., Dorsey, M, Slifer, K., Bayman, K., & Richman, G. (1982). Toward a functional analysis of self injury. *Analysis and Intervention in Developmental Disabilities, 2,* 23-20.

Horner, R. H., Dunlap, G., Koegel, R., Carr E., Sailor, W., Anderson J., Albin, R., & O'Neil, R. (1990). Toward a technology of "nonaversive" beahvioral support. *Journal of the Association for Persons with Severe Handicaps, 15,* 125-132.

Iwata와 그의 동료들은 1982년 자해행동이 중도장애인들에게 다양한 기능을 한다는 실험 논문을 발간함으로써 새로운 기준을 세웠다. 비록 자해행동이 일반적이지는 않을지라도, 자해행동은 즉각적이고, 지속적이며, 효과적 중재의 필요성이 높을 수밖에 없다. 이런 문제행동의 극단적 양식조차 법적인 목적을 제공한다는 것을 보여줌으로써, 이 연구팀은 모든 문제행동은 중재에 앞서 기능사정이 선행되어야 한다는 기대를 세우는 데 도움을 주었다.

10년이 못 되어, Horner와 그의 동료들에 의해 나온 논문은 전문가에게 도전을 줌으로써 이런 기대를 확장했다. 만일 기능사정이 문제행동을 유지하는 조건을 확인하는 데 도움을 줄 수 있다면, 전문가들은 효과적일뿐만 아니라 개인의 인간성을 인식할 수 있는 중재를 세워야만 한다. Horner 등(1990)은 단순히 문제행동을 줄이기보다는 사람의 역량을 강화하는 행동중재를 설계하고, 전달하고 사정할 교사, 심리학자, 재활전문가 등에게 관심을 갖도록 하였다.

종합하면, 이들 두 논문은 문제행동을 하는 사람을 위한 중재 기술 및 중재 실제의 상태를 바꾸는 데 도움을 주었다.

다. 학생은 시험이나 숙제의 답(실체가 있는 강화자)을 얻는다. 마지막으로, 학생 자신의 행동으로부터 얻는 감각 피드백은 정적으로 강화할 수 있다. 비록 모든 상동행동이 자기자극이 아니라는 것이 중요할지라도, 어떤 상동행동 유형(머리를 박거나 크게 소리를 지르는 것과 같이)은 자기자극을 준다. 몇몇 학생에게는, 자해조차 감각 피드백을 강화할 수 있다. 장애 학생들은 특히 다른 자극이나 강화를 위한 기회가 거의 없는 환경에 처했을 때 종종 감각적 결과들을 추구한다.

도피와 회피 역시 많은 문제행동들을 야기한다. 많은 학생들에게 문제행동은 사람, 장소, 수업과제 요구에 대한 불만을 의사소통하는 방법이 된다. 어떤 학생은 교실 상황에서 달아나거나 피하려 한다. 왜냐하면 학생이 교실과제 요구에 대처할 수 없기 때문이다. Weeks와 Gaylord-Ross(1981)의 초기 연구는 비록 학생들이 관련 없는 과제, 강화가 거의 주어지지 않는 과제, 자존심을 다치게 하는 과제를 피하기 위해 공부하지만, 과제가 너무 쉽거나 너무 어려울 때 학생들의 문제행동이 점차 증가하는 것을 관찰했다. 그 과제는 폭넓은 과목 영역(예 : 국어 시간) 또는 특정 활동(예 : 국어 시간에 학생 개인의 경험이나 생각 작성하기)일 수도 있다. 어떤 학생들은 특정 성인이나 급우를 회피하기 위해 문제행동을 할 수도 있다. 이것은 성인이 규율을 제시한 일이 있을 때, 특히 그렇다. 도피와 회피는 처벌의 의도하지 않은 부작용으로 인식되어 왔다.

자신의 문제행동이 불쾌한 상황에서 벗어나는 결과를 가져온다는 것을 배운 학생들은 그들이 좋아하지 않는 사람과 활동에서 벗어나는 '보상'을 얻기 위해 계속적으로 문제행동을 일으킬 것이다.

다행히, 문제행동을 위한 중재를 설계하는 방법에 대해 많은 것을 배워 왔다. 관리에서 교수적 패러다임으로의 변화는 **긍정적 행동 지원**(positive behavioral support)을 제공함으로써 교사가 학생의 행동을 다시 재고하도록 하였다(Bambara & Kern, 2005). 기능적 행동 사정은 교사에게 학생의 문제행동이 어떤 기능을 제공하는지를 말해 줄 것이다. 그리고 교사는 교수 중재를 하기 위해 그 정보를 이용할 수 있다. 효과적인 **중재**는 문제행동의 기능과 연관된다. 예를 들어, 만일 학생의 문제행동이 회피로 인해 유지된다면, 중재는 어떤 식으로든 회피를 목표로 해야 한다. 여기에는 학생에게 그 상황에서 인내하도록 가르치기(예 : 대처 기술 가르치기), 학생에게 회피를 요청하는 적절한 방법 가르치기(예 : 휴식시간 요청하기), 또는 단순하게 몹시 힘들거나 불쾌한 상황에서 보낼 시간을 줄이기가 포함될 수 있다.

최근의 진전은 수많은 중재가 대부분의 문제에 의해 주어지는 기능과 연결되도록 설계될 수 있음을 보여 준다(Horner & Carr, 1997). 그리고 교사가 중재를 선택하는 결정을 돕는 지침들이 존재한다(Horner, Albin, Todd, Newton, & Sprague, 2011; Scott et al., 2000). 중요한 것은 문제행동을 보이는 학생을 지원하기 위한 중재가 **개별 학생**, **학급 전체**, 심지어 **학교 전체**에 적용될 수 있다는 점이다. **학교 차원 긍정적 행동 지원**(schoolwide positive behavior support)으로 더 잘 알려진 학교 차원 중재는 학교에서 학습과 사회적 지원을 위한 더 긍정적인 교수 문화를 조성하는 동시에 개별 학생 문제를 해결하기 위해 사용되어 왔다(Horner et al., 2011). 중재에는 종종 교사와 치료사뿐만 아니라 학교와 관련된 비전문인(예 : 관리원, 매점 점원, 가족 구성원)도 포함된다. 그리고 이 중재는 전통적인 교육과정을 넘어선 많은 중재들을 목표로 한다. **교육과정에 포함된** 중재에는 (a) 의사소통 훈련, (b) 교육과정의 개정, (c) 교수 전달, (d) 필수 기술 지도, (e) 보다 명시적인 강화 주기, (f) 행동적 자기통제, (g) 선택하기가 있다. 이 중재 각각은 교수를 높은 우선순위로 놓는다. 그리고 이 중재 각각은 행동의 기능에 부합되도록 설계될 수 있다. 다음의 일련의 질문들은 교사가 교수적 중재를 선택할 때 도움을 줄 수 있다.

1. 학생에게 보다 효율적으로 **의사소통하는** 방법을 가르쳐 주면 문제행동이 교정될 수 있을까?
2. 만일 교사가 **교육과정과 과제**를 수정하면 문제행동이 교정될 수 있을까?

3. 교사가 교수 전달 방법을 변경하면 문제행동이 교정될 수 있을까?

4. 학생이 과제를 보다 잘 수행하도록 하기 위해 새로운(선수기술과 같은) 기술을 가르칠 필요가 있는가?

5. 보다 분명한 강화 체계를 적용하면 문제행동이 교정될 수 있을까?

6. 학생에게 스스로 행동을 조절하는 방법을 가르쳐 주면 문제행동이 변화될 수 있을까? 이 방법에는 자기평가, 관리, 강화가 포함된다.

7. 학생에게 선택 기회를 더 많이 주거나, 선택하기 기술을 가르쳐 주면 문제행동이 교정될 수 있을까?

> 문제행동을 하고 있는 지적장애 학생이 있는 교실 그림을 그려 보라. 교사는 이에 대해 어떠한 반응을 했는가? 당신은 학생의 문제행동을 줄이고 행동관리 중재를 위한 교수적 접근을 어떻게 해 나갈 것인가?

교수적 진전은 어떻게 평가되는가

이 교재를 통해 여러 번 언급한 바와 같이, 사정 방법들은 저마다의 목적을 가지고 있다. 개별 학생에 대한 형식적 사정(3장에 기술)은 특수교육의 책무성을 확립한다. 반면 주별 또는 지역별 집단 사정(10장에 기술)은 폭넓은 교육과정의 기준과 관련된다. 그러나 이런 절차들 중 개별 학생에 대한 교수의 효과성을 평가하는 데 도움이 되는 것은 거의 없다. 매년 교수적 진전을 모니터링하기 위해서는 9장에 기술된 분명한 사정체계(관찰, 포트폴리오, 또는 CBM)가 요구된다. 학습의 '실시간' 사정을 위하여 진전도를 평가하는 체계도 필요하다.

9장에서 제시한 바와 같이, 교사의 관찰에 기초한 교수적 사정은 (a) 지적장애 학생이 배운 수업의 내용을 알고 있는지, (b) 수업을 효과적으로 배우고 있는지 여부를 결정할 것이다. 진전도에 대한 추측 또는 간접적 측정은 대부분의 지적장애 학생의 학습을 측정하기에는 민감성이 충분치 않고, 9장에서 기술한 형식적 사정도구들은 연간 수행을 효과적으로 요약해 준다. 이와는 반대로, 개별 수업에서 진전을 모니터링하기 위한 교사의 관찰은 교수가 학생의 학습에 영향을 미쳤는지의 여부를 결정할 수 있을 만큼 **충분히 자주** 이루어져야 한다. 충분히 자주란 어느 정도를 말하는가? 어떤 수업을 위해서는, 일일 평가가 필요하나, 다른 수업을 위해서는 3일 또는 4일마다 이루어지는 관찰을 통해 정보를 얻는다. 관찰의 결과는 어떻게 사용되는가? 많은 수업을 위해 도식으로 학생의 진전 상황을 그래프로 표시할 수 있다. 그러면 교사와 가족들은 그 학생이 기술을 실제로 습득해 가고 있는지 여부를 시각적으로 알 수 있다.

9장에서는 관찰 사정의 수행을 위한 과정을 제시하고 있으며, 학생의 개별화교육프로그램과 교육과정 내용을 안내하기 위해 표준화되고 교육과정을 기반으로 한 많은 측정도구들이 포함되어 있다. 그러나 개별 학생 목표에서 진전을 모니터링하기 위하여, 유용한 자료를 어떻게 수집하고 수집된 정보로 무엇을 해야 하는지에 대하여 많은 교사들이 확신을 갖고 있지 못하고 있다. 교수적 결정을 위해, 학생 수행을 모니터링하는 세 가지 방법은 관찰을 통해 이루어질 수 있다. 이 세 가지 방법에는 다음의 내용이 포함된다.

1. 정확성 또는 완성도 모니터링하기
2. 진전도 모니터링하기
3. 시간 간격을 두고 진전을 모니터링하기

정확성 또는 완성도 모니터링하기

가장 단순하게 진전을 평가하는 방법 중 하나는 **과제의 정확성 또는 완성도를 사정**하는 것이다. 정확성은 종종 시험, 수업과제 및 숙제에서 비율자료로 기록된다. 정확도를 계산하기 위해 두 가지가 필요한데, 목표기술이 제시된 횟수와 그 기술이 주어질 수 있었던 기회의 총수가 있어야 한다. 예를 들어, 구직 인터뷰 연습 동안 한 학생이 면접관으로부터 10개의 질문을 받아 7개의 정답을 맞혔다. 그 학생의 면접관에 대한 반응의 정확성은 7/10 또는 70%이다. 비슷한 계산이 과제의 완성 비율을 결정하기 위해 필요하다. 교사는 완수될 수 있었던 단계의 전체 수에서 완성된 특정 단계의 수를 계산할 수 있어야 한다. 예를 들어, 만일 한 학생이 20단계의 식사 준비 과제 분석에서 15단계를 완수했다면, 완성 비율은 15/20 또는 75%이다.

수업계획과 개별화교육프로그램의 목표에는 **정확성**을 제시하도록 되어 있다. 그러나 실제 비율이 획득될 수는 없다. 성공에 대한 기준을 설정하는 데 있어서 교수적 오류 때문에 학생들이 결코 그들의 목표를 성취할 수는 없을 것이다. 전형적으로 이것은 효과적인 학습이 획득될 수 없는 비율에 의해 대표될 때 일어나는데, 기회의 전체 수는 정확하게 결정될 수 없기 때문이다. 예를 들어, 만일 교사가 '그 시간 중 70% 동안 또래와 상호작용하기'를 학생의 목표로 세운다면, 학생은 결코 그 목표를 달성할 수 없을 것이다. 그 이유는 '그 시간 중'에서 상호작용을 위해 가능한 횟수를 기술하지 않았기 때문이다. 이 목표는 이치에 닿지 않는다. 그러나 '또래의 사회적 시도의 70%

이상 반응한다.'는 학습에 대한 측정으로 유용하게 비율을 사용한 것이다. 또래는 실제적 사회적 시도 횟수를 제공한다(사회적 시도 횟수는 셀 수 있으며, 그러한 시도에 대한 반응의 수 역시 계산될 수 있다). 그러므로 학생은 10번의 시도 중 8번 반응할 수 있다(또는 시도에 대해 80%).

비율 자료는 많은 학업기술 정확성(명사와 동사를 구별하기), 많은 자조기술 완수(체육복을 입기 위한 과제 분석 완성) 및 다양한 행동기술 완성(예 : 자기관리 기술 차례)을 세우기 위한 적절한 진전도 측정이다. 정확도 또는 완성도의 사정은 새로운 기술을 처음 획득하도록 이끄는 수업의 효과성을 평가할 때 특히 유용하다. 개별적 시도 형식을 사용하는 수업은 비율자료를 가지고 진전도를 측정하기가 쉽다. 시도 형식을 따라 교수가 이루어지면 총 시도 횟수와 정확한 시도 횟수 역시 알게 된다. 시도에 대한 각 학생의 반응은 정반응 혹은 오반응으로 계산된다. 그리고 정반응과 오반응은 수업 시간 동안 정확도 계산을 위한 기초가 된다. 진전을 사정하기 위해 비율을 사용할 때, 시도 횟수가 계산에 사용될 수 있다. 그러나 오반응이 몇몇 시도에서 나타날 때 비율 점수에 상당히 영향을 미칠 것이다.

교수의 효과성을 사정하기 위해 정확도와 완성도를 사용할 때, 각 기술의 완성 기준은 기술을 가르치기 전에 정해져야만 한다. 다른 기술은 그 기술이 숙달된 것으로 생각될 만큼 '충분히 정확한' 것으로 정해 놓은 다른 기준을 필요로 한다. 동전 포장기에서 동전을 세는 직무 기술은 높은 수준의 정확도(약 100%)로 수행되어야 한다. 호텔 세탁소에 있는 선반에 타월을 바르게 놓는 것은 정확도 수준을 엄격하게 요구하지 않을 수 있다. 구두법은 보통 약 85%의 정반응 수준을 보일 때 숙달되는 것으로 여긴다. 그러나 안전 기술(도로 건너기와 같은 기술)은 100% 정확도를 가져야만 한다.

진전도 평가하기

학생의 **진전도**(rate of progress)를 평가하는 것은 가장 민감하고 엄격한 교수 측정 방법이다. 진전도는 고정된 시간 동안 한 가지 기술이 일어난 횟수를 측정한 것이다. 교수 목적을 위해, 시간은 주로 1분으로 정의된다. 이것은 학생이 어떻게 한 기술을 수행하는지를 진술하는 정확한 방법을 교사에게 제공한다. 예를 들면 다음과 같다.

- 분당 35개 단어를 정확하게 읽기
- 구두로 발표하는 동안 분당 조음 오류 1개
- 키보드 연습 시 분당 17개 글쇠를 정확하게 누르기

학생의 수행률을 사정하는 것은 특히 학생 자신의 속도로 수행하는 많은 기술 진전

을 평가하는 효과적인 방법이다. 비율은 학생 반응 전에 교사가 학생에게 질문하거나 단서를 주는 기술에는 효과적이지 않다. 반응 시간은 학생의 속도와 정확도뿐 아니라 교사의 교수 전달에 의해 영향을 받기 때문이다. 비율을 계산하는 것은 간단하다. 학생 반응 수(예 : 단어를 정확히 읽기, 조음 오류, 또는 글쇠 누름)는 모든 행동을 수행하기 위해 걸리는 시간으로 나누어진다. 그런 다음 결과는 분당 반응 수로 '변환'된다(예 : 4분에 68개 글쇠를 정확하게 입력하는 것은 분당 17개 글쇠를 정확하게 누르는 것으로 변환된다). 분당 횟수를 사용하는 것은 학생 진전을 사정하기 위해 비율 측정을 이용하는 교사들에게 표준규칙이 되어 왔다.

비율은 교수 진전을 사정하는 민감한 방법이다. 왜냐하면 비율은 행동의 강점을 보이기 때문이다. 잘 개발된 기술은 보다 빠르고 정확한 반응을 허용한다. 덜 개발된 기술은 보다 느린 비율로 일어나고 보통보다 많은 실수가 동반된다. 학생의 진전도를 사정하는 것 역시 학생이 한 기술에 능숙함을 얻고 있는지 여부에 대한 통찰을 교사에게 제공해 준다. 능숙도는 정확도와 속도의 조합이며, 정확도보다 더 좋은 학습 지표이다. 예를 들어, 만일 학생의 교수 목표는 수학연산의 숙달이라고 한다면, 능숙도는 그 목표를 사정하는 좋은 방법이다. 한 학생이 교수 전에 분당 평균 2개 나눗셈 문제를 정확히 풀 수 있다고 하자. 능숙도를 나타낸 그 학생을 위한 교수 목표는 분당 20개 정답률로 성공 기준을 정할 수 있다(나눗셈의 특징에 따라). 이 정도의 수행 목표는 많은 교수 프로그램에서 보편적이다.

교수 사정을 위해 비율 측정을 사용하는 교사들에게 적용되는 많은 규칙들이 있다(Cooper et al., 2007). Scott 등(2000)은 교수 사정을 위해 비율을 사용하는 교사를 위해 일반적인 연습 방법을 제공하고, (a) 각 행동의 '자연적 범위'를 정하기, (b) 기술의 정확한 수행과 오류를 모두 기록하기, (c) 학업기술을 위해 1분 단위의 측정 선택하기, 그리고 (d) '자연적 발생' 시간 동안 사회적 및 비학업적 기술을 기록하기를 제안했다. 정밀교수(Precision Teaching)로 알려진 비율 규칙 체계는 연구상자 11.5의 주제이다.

시간 간격을 두고 진전 사정하기

매우 교사 친화적인 수업의 효과성 사정방법은 짧은 시간 간격 동안 한 기술의 실재를 기록하는 것이다. 간격 체계는 종종 문제행동을 기록하는 데 사용된다. 그러나 이 사정체계 역시 새 기술을 가르칠 때 유용하다. **간격사정체계**(interval assessment system)를 이용하기 위해, 새 기술을 확인하고 교사는 사전에 결정된 시간 간격 동안 새 기술이 나타났는지 여부를 관찰한다. 관찰 간격의 전체 수는 계산에서 분모로 사용된다(학생이 그 기술을 나타낸 간격의 수는 분자가 된다). 그런 다음 이 값은 백분율로 변환되

Lindsley, O. R. (1964). Direct measurement and prosthesis of retarded behavior. *Journal of Education, 147*, 62-81.

Ogden Linsley는 심리학, 교육, 의학, 및 사람들을 관찰함으로써 지적장애에 대해 배우는 관련 분야에 종사하는 많은 전문가들 중 한 사람이다. 그는 지적장애를 가졌다고 판정된 사람과 그런 명명을 받지 않은 다른 사람들을 관찰했다. 그는 사람들이 하는 것에서 주목할 만한 유사점을 보았다. 그러나 그는 커다란 차이도 관찰했다. Lindsley의 논문이 간행되었을 때, 그 논문은 큰 반향을 일으켰다. 왜냐하면 그는 지적장애는 곧 사람의 특성이라는 일반적인 의견에 도전장을 내놓았기 때문이다. Linsley에게 있어서 '지체된(retarded)'이라는 용어는 많은 사람들이 살고 있는 표준 이하 환경에 대한 기술어의 역할을 했다. 그리고 이 용어는 이러한 사람들에게 제공되는 '질 낮은 교수 및 중재'를 위한 적절한 용어일 뿐 사람을 위한 기술어로서는 거의 아무런 가치가 없었다.

Lindsley는 지적장애의 초점을 개인에서 사람과 환경 간의 상호작용으로 옮기도록 전문가들에게 도전함으로써, 그는 '정확한 행동기술'이 전문가 간에 의사소통을 위한 표준이 된다고 주장했다. Lindsley에게 있어서 큰 진전이라 할 만한 진보는 인간 능력을 촉진하는 환경을 만들어 낼 수 있는 데서 찾아볼 수 있다. 그러나 행동사정의 공통 언어는 이러한 진보를 만들기 위해 필수적이었다. 정확한 행동기술은 애매모호하지 않은 용어, 측정된 움직임 및 관찰된 시간을 포함한다. 행동 총수, 운동 주기 및 관찰 간격은 행동사정, 즉 그 시대의 대중심리학으로부터 벗어난 뚜렷한 행동 표준이 되었다. Lindsley의 빈도와 비율의 이용은 결국 정밀교수(Precision Teaching)로 알려진 교수의 한 체계로 발전하였다. 명확한 행동 측정은 분명하고 효과적인 교수가 가능하도록 했다. 1990년대 말, 정밀교수는 정확한 행동기술과 교수의 한 모형이 되었다.

고 보통 그래프상에 제시된다. 그러므로 만일 학생이 휴식 중에 20번의 간격 중 5번 긍정적인 사교적 진술을 한다면 긍정적인 사교적 진술의 측정은 5/20 또는 25%이다.

백분율 또는 비율을 사용하는 관찰체계와 함께, 가르친 기술은 모두 제시되고, 쉽게 계산되고 기록될 수 있다. 그 기술의 정의는 학생이 실제로 하는 것을 분명하게 기술할 수 있어야 한다. 기술의 정의는 분명한 시작과 끝이 있어야 한다. 시간 간격 사정의 한 파생 형태는 부분간격체계(partial interval system)이다. 부분간격체계에서, 시간 간격 동안 기술의 발현을 기록한다. '보고-기록하기' 오디오테이프가 종종 사용된다. 그래서 교사는 짧은 시간 동안 학생을 관찰한다(예 : 10초)('보는' 시간). 그 간격의 종료 직후, 기록 시간(예 : 또 다른 10초)은 학생의 기술이 관찰('관찰' 시간)되었는지 여부를 교사가 기록하기 위해 사용된다. 이 진전 사정 형식은 각 간격이 끝나는 직후 행동의 출현을 기록하기 위한 교사 시간을 허용한다. 시간 간격은 일반적으로 짧은 시간이다(6~30초).

간격 사정은 사용하기가 쉽다. 그러나 교사들은 그것을 사용하기 전에 연습할 필요가 있다. 학생을 관찰하는 사람들은 누구나 전체 간격 동안 학생에게 시종일관 면밀한 주의를 기울여야 한다. 어떤 교사들은 직접교수를 할 때 보다 오히려 학생 활동을 관리할 때 간격 사정을 사용하는 것이 가장 쉽다는 것을 알았다. 둘째, 채점은 가능한한 짧은 기록 시간 내에 신속하고 명확하게 이루어져야 한다.

진전을 사정하기 위해 시간 간격을 사용하는 예로서 다른 사람들과 함께 학업집단 활동에 참여하지 않은 게리 학생을 들 수 있다. 게리에게 시간 간격 사용은 특히 힘들다. 왜냐하면 게리의 중학교 선생님은 과학 시간에 협력집단 학습형태의 몇 가지 양식을 사용했기 때문이다. 교사는 과제, 자료 교환, 및 노트 필기에 대해 다른 학생들에게 이야기하는 것을 포함하기 위한 '집단 참여'라고 정의했다. 그런 다음 교사는 10초 간격 관찰 스케줄을 정했다. 각 10초 간격 동안, 교사는 게리가 그 간격 중 언제 참여하는지 여부를 관찰한다. 만일 그가 했다면, 교사는 기록 용지에 +를 표시해서 게리에게 그 간격에 해당하는 점수를 준다. 만일 게리가 참여하지 않는다면, 그 간격은 −로 표시된다. 집단 활동의 마지막에, 교사는 게리가 참여한 간격의 수를 계산한다. 그리고 게리가 참여 가능했던 간격 총수로 이 수를 나눈다. 이 값은 백분율로 전환된다. 게리 부모 및 다른 교사는 게리에게 교수하기 전에 간격의 30%에서만 과학집단에 참여했다고 쉽게 이해할 수 있었다. 그러나 교수한 지 3주 후에 간격의 75% 이상 향상되었다. 비록 이 상황이 게리가 얼마나 잘 참여하는지를 나타내지는 않을지라도, 게리의 참여 수준이 굉장히 향상되었음을 보여 주고 있다.

교수 진전 모니터링은 유용한가

만일 학생 진전 정보가 교사의 결정을 돕는다면 그 사정 정보는 취합되어야 한다. 효과적인 교수는 학생이 교수에 어떻게 반응하는지 그러고 나서 어떻게 학생의 진전을 향상시키는지를 모니터링할 것을 요구한다. 그 정보는 교사가 (a) 수업에 요구되는 변화, (b) 다음 수업으로 이동할지 여부, 또는 (c) 수업이 조직되고 제시되는 방법을 변경해야 하는지 여부를 결정하는 데 도움을 주어야만 한다. **결정규칙**(decision rules)은 교사가 가르칠 내용과 그것을 가르칠 방법을 결정하기 위해 사용하는 지침이다. Cipani와 Spooner(1994)는 교사가 수업을 향상시키기 위해 사정 정보를 사용하는 데 도움을 주는 수많은 결정규칙들을 기술했다. 일반적으로 결정규칙은 교사가 학생 수행자료를 본 다음 수업에 줄 수 있는 변화를 찾아낼 목적으로 일련의 질문들을 따라 점검할 것을 요구한다. Cipani와 Spooner(1994)의 권고 개요가 표 11.3에 나와 있다.

끝으로, 대부분의 학생진전 모니터링 체계가 단순히 과제에 대한 학생 개인의 수행을 기술할지라도, 제공된 교수 지원의 유형과 양에 대한 정보는 교사와 다른 이들이 미래에 대한 결정을 내리는 데 도움을 준다. 이 정보는 특히 주어진 기술 수준에서

표 11.3 교수적 결정을 위해 진전 모니터링 사용하기
학습문제를 결정하기 위한 질문

획득 문제

- 교수 전달에 문제가 있는가?
- 촉구가 효과적인가?
- 학생의 오류는 어떤 유형을 보여 주는가?
- 학생이 수업과 자료에 참여하고 있는가?
- 수업을 방해하는 학생의 특성이 있는가?
- 학습을 방해하는 환경에 문제가 있는가?

능숙도 문제

- 강화자가 효과를 보이는가?
- 충분한 연습 기회가 주어지는가?
- 연습 기회가 교사에 의해 방해받지 않는가?
- 충분한 정확성 수준이 정해졌는가?

일반화 문제

- 충분한 정확성 및 능숙도 수준이 정해졌는가?
- 일반화 기회가 제공되었는가?
- 일반화를 조장하는 교수 전략이 사용되었는가?
- 행동에 대한 학생의 의지를 감소시키는 경쟁요소가 있는가?

영구적인 촉구, 점진적 안내 또는 다른 유형의 지원을 사용하는 학생들에게 중요하다. 기술 수행과 지원수준 모두를 표적으로 하는 진전 모니터링 절차는 교사가 교수 프로그램에 지원의 정도 또는 유형을 더하고 제거하거나 또는 변경함으로써 변화를 일으키도록 도울 수 있다(Brady & Rosenberg, 2002). 요구되는 지원의 양과 유형에 의해 부분적으로 지적장애와 다른 장애를 정의하는 경향이 있다면, 이것은 점차 교수적 결정의 중요한 한 부분이 될 것이다.

학생의 교수 프로그램을 개발하기 위해서는 어느 정도의 사정이 이루어져야 하는가? 당신은 사정의 결과에 따라 무엇을 해야 하는가?

요약 체크리스트

교수 전달을 이끄는 가정은 무엇인가

✓ 지적장애 학생은 일반 학생과 마찬가지로 동일한 학교생활을 통하여 도움을 얻는다.

✓ 앞으로 필요한 지식과 기술을 완성하기 위해, 대부분의 지적장애 학생들은 명시적 교수를 요구할 수 있다.

✓ 강력한 수업을 제공할 때 지적장애 학생들은 뚜렷한 학습 증진을 보일 수 있다.

교사는 교수 프로그램을 어떻게 조직화하는가

➢ 독립 기술 교수－개별적, 구체적 기술들에 직접교수가 요구된다.

➢ 통합 기술 교수－교수를 일상생활과 기술의 계열성에 스며들게 한다.

➢ 주제별 교수－폭넓은 주제들의 맥락에서 구체적인 기술들에 대한 교수를 포함한다.

➢ 단원별 교수－주제들 간에 걸쳐 기술과 지식을 소개한다.

➢ 조각으로 나누어진 기술－분리되어 개발된 기술이다.

  ✓ 통합된 교수는 지적장애 학생의 중요한 연습이 된다.

➢ 물리적·개별적 구조－학생들에게 시각 및 환경적 지원을 제공하는 수정

  ✓ 시각적 단서와 구조를 추가하는 것은 자료의 위치를 정하고 자료를 조직하는 것으로, 시각적 정보를 거의 주지 않거나 시각적 정보 없이 과제가 완성될 수 있다.

  ✓ 개인 일정표는 학생이 일일 활동을 계열화할 수 있도록 해 준다.

➢ 영구적인 촉구－제거할 필요가 없는 시각적, 청각적 또는 다른 지원을 포함한다.

➢ 작업 체계－과제에 시각적 명료성을 추가한 자료가 구조화 및 조직화되어 있다.

  ✓ 교실은 활동공간과 비활동 공간으로 조직화되어야 한다.

➢ 전환 영역－학생이 과제를 완수한 후 다음 과제로 옮겨가기 전에 가는 장소

➢ 획득－새로운 개념, 기술, 행동의 학습을 포함한다.

➢ 능숙도－기술이 자연스러운 환경에서 유용하도록 정확성과 속도의 결합

➢ 일반화－새로운 방법 또는 이전과는 다른 조건하에서의 기술 사용을 포함한다.

  ✓ 교사들은 획득, 능숙도, 또는 일반화를 목표로 둔 수업을 위해 서로 다른 교수 절차들을 사용한다.

교수는 어떻게 전달되는가

➢ 교수 협력－학생의 학습과 발전에 대한 정보를 교환하기 위해 교사, 가족, 및 다른 전

문가들에게 요청하는 것이다.

➤ **자연스러운 환경** – 새로운 학습을 위해 실제 세계의 맥락을 제공한다.

✓ 교수의 독립은 교육과정의 본질과 연결되어야 한다.

✓ 개별화된 교수는 일대일 교수 전달을 의미하는 것이 아니다.

✓ 일대일 교수는 새로운 기술을 배우는 어떤 시점에서 대부분의 학습자를 지원할 수 있다.

➤ **집단 반응** – 생이 집단으로, 일제히 응답을 주는 전달 형태

➤ **상호작용적 집단교수** – 또래 대 또래 참여를 요구한다.

➤ **집단 내 일대일 형식** – 집단 활동을 유지하는 동안 개별 학생의 참여를 끌어낸다.

✓ 과제 분석은 사정뿐만 아니라 교수에 유익하다.

✓ 과제 분석 단계는 동시적 또는 계열에 따라 배울 수 있다.

✓ 교사 지원은 기술을 전체적으로 가르칠 때 과제 분석될 수 있다.

✓ 교사 촉구의 과제 분석은 **점진적 안내**로서 종종 언급된다.

➤ **연쇄법** – 한 번에 기술의 한 '부분'만 가르치는 것을 포함한다.

➤ **무오류 학습** – 학습활동에 참여하기 위한 능동적인 학생 노력을 강화하는 절차

➤ **보기 짝짓기 형식** – 학생에게 기대되는 결과의 예를 제시함으로써 실수를 최소화한다.

➤ **개별적 시도 형식** – 명확한 학생의 응답을 요구하는 구조화된 학습 기회

✓ 시도를 가르치는 것은 집중적 또는 분산된 형태로 전달될 수 있다.

➤ **최대에서 최소 촉구 형식** – 교사가 최대한으로 지원하는 것으로 시작한 후, 학생이 그 기술을 배워감에 따라 지원의 정도를 점차 줄여나간다.

✓ 교사 지원은 신체적, 제스처, 언어적 및 그림 촉구를 포함할 수 있다.

➤ **최소에서 최대 촉구 형식** – 최소한의 교사 지원으로 시작하여 학생이 학습한 증거를 나타내지 않으면 지원을 점차 늘려나간다.

✓ 자연적 교수 절차는 교수와 연습 기회가 정규적으로 일어나는 교실활동으로 통합한다.

✓ 문제행동은 너무 높거나 너무 낮은 빈도로 일어날 때, 상황을 벗어나서 일어날 때, 혹은 학습을 방해하는 집착이 시작될 때 중재를 요구한다.

✓ 규율과 관리 절차는 종종 비효과적이다. 왜냐하면 이 절차는 학생에게 문제행동을 대신하여 무엇을 해야 하는지를 가르치지 않기 때문이다.

✓ 교수 접근은 문제행동을 행동적 오류로 여긴다.

✓ 기능적 행동 사정은 학생의 문제행동에 의해 주어지는 목적이나 기능에 대한 정보를 제공한다.

✓ 문제행동의 기능은 학생이 원하는 뭔가를 얻거나 또는 싫어하는 것을 회피하기 위해서이다.

✓ 행동 중재들은 문제행동의 기능과 연결될 때 대부분 효과적일 것이다. 그리고 행동 중재는 학생에게 대체 기술을 가르친다.

➤ 행동 관리에서 교수적 패러다임으로의 변화는 긍정적 행동 지원을 제공함으로써 많은 교육자들의 행동을 재고하도록 하였다.

➤ 긍정적 행동 지원은 개별 학생, 학급 전체 그리고 학교 전체를 위해 적용될 수 있다.

교수적 진전은 어떻게 모니터링되는가

➤ 교수 사정 절차는 교사가 수업의 내용과 전달에 대해 결정하도록 도와야 한다.

➤ 교사 관찰을 기반으로 하는 교수 사정은 학생 기술 수행을 사정하는 직접적인 수단이다.

➤ 과제의 정확성과 완성도 – 종종 정확한 반응률을 계산함으로써 사정된다.

➤ 과제의 완성도를 나타내기 위해 요구되는 정확도 수준은 과제의 성격과 학생의 실수에 영향을 받는다.

➤ 학생 진전도 – 특정 시간 동안 기술이 일어나는 총 횟수

✓ 능숙도는 정확도와 속도 모두를 통합하기 때문에 기술과 지식에 있어 숙달에 대한 강력한 지표이다.

➤ 비율은 행동적 능숙도의 정확한 척도이다.

➤ 간격사정체계 – 고정된 시간 안에 한 행동이 일어나는지 여부를 기록하기 위해 사용된다.

➤ 결정규칙 – 교사가 무엇을 가르치고, 어떻게 가르치는지를 결정하기 위해 사용할 수 있는 지침

✓ 교수적 모니터링은 주어진 수준에서 수행하는 학생에게 필요한 지원의 정도를 사정하는 것이 포함되어야 한다.

추가 제안/자료

토론

1. 보다 더 정밀하고, 명시적인 교수를 통하여 일반 학생의 학습을 촉진할 수 있는 과목이 있는가?

2. 당신은 교사로서의 자질을 향상시키기 위하여, 독립적 교수 형식을 통해 어떤 기술을 보다 더 효과적으로 배웠는가? 통합된 교수 형식을 통해서는 어떠한가?

3. 일반인들(교사 교육 프로그램 중에 있는 대학생을 포함하여)이 가정과 지역사회 환경에서 사용하는 영구적인 촉구의 예에는 무엇이 있는가?

활동

1. 학생이 분리 형태, 통합 형태, 주제별 혹은 단원별 교수를 받는지의 여부를 확인하기 위해 지적장애 학생을 위한 교사 수업지도안을 살펴보라.
2. 당신 자신의 전문가적 성장 과정에서 획득 수준의 지식 및 숙달 수준의 지식과 기술의 예를 찾아보라. 당신이 능숙도를 형성하기 위한 지식과 기술의 예를 찾아보라.
3. 교사가 자신의 교수 효과성을 어떻게 결정하는지를 알아보기 위해 교사와 인터뷰해 보라. 교사 개인의 신념을 학생 수행에 대한 교사 자신의 관찰 결과와 비교하라.

인터넷 자료

www.mayer-johnson.com

Board Maker의 홈페이지로 교사들을 위한 수많은 실제적인 제안을 담고 있다. 학생의 개인적 스케줄을 세우기 위한 아이디어, 수많은 시각적 구조, 그림 의사소통 상징에 대한 예들이 제공된다.

www.ku-crl.org

캔자스대학교에 있는 Center for Research를 위한 홈페이지이다. 이러닝에 대한 파트를 포함하여 학습을 위한 수많은 기술 응용이 제공된다. 학습 전략에 대한 정보와 관련하여 저성취 학생을 위한 다양한 중재를 이 사이트에서 볼 수 있다.

www.BehaviorAdvisor.com

Mac 박사의 Amazing Behavior Management Advice Site이다. 이 사이트는 행동중재에 대한 조언, 논문, 논의 질문, 자료 양식, 자료 수집에 대한 조언, 및 기능행동사정에 대한 정보를 탑재하고 있다. 학교 전체에 대한 정보가 담겨 있다. 진행 중인 논의를 위해 게시판을 운영하고 있다. 예리한 조언 : "비열한 교사가 되지 말라."

제12장

교수 환경

요점

➤ **교수 환경 문제** - 교수를 위한 배치와 관련한 논쟁과 오해가 있다. 용어의 변화가 사회에서 지적장애인의 역할에 대한 철학의 변화에 영향을 크게 미쳤다.

➤ **교수 환경이 교수에 영향을 주는가** - 교수를 위한 배치는 다양한 측면에서 교사와 학생 모두에게 영향을 미친다. 환경은 학생들이 배울 기회를 가지는 것과 학생들이 배우는 것을 이용할 수 있는지의 여부에 영향을 미칠 수 있다.

➤ **교수 환경은 아동이 성장함에 따라 변화한다** - 아동 보호, 학교, 고용 및 거주 환경은 매우 다양하다. 많은 영유아, 학령기 아동 및 성인은 전형적인 지역사회 환경에서 그들이 필요로 하는 교수와 지원을 얻는다. 다른 이들은 장애인을 위한 분리된 환경에서 서비스를 받는다.

➤ **어떤 원리들이 교수 환경에 대한 결정을 안내하는가** - 조절은 환경을 보다 의미 있게 만들어 준다. 교수에서의 변화와 수정은 환경의 교육적 분위기를 향상시켜 준다. 조절은 학생들이 보다 폭넓은 활동에 참여할 수 있게 해 준다.

지적장애 및 기타 장애 학생들을 교육하는 데 있어 지난 30여 년간 논쟁이 되어 왔던 쟁점들 중 하나는 어디에서 학생을 가르칠 것인가 하는 문제이다. 교육적 배치의 범위에 관해 그리고 해당 배치 환경에서 가능한 교수 수정 방법과 관련해 일반교사와 특수교사 모두가 혼란을 겪은 것이다. 또한 교수 내용 및 절차와 관련한 쟁점들은 교육자들에게 많은 탐구 문제들을 제공했던 반면, 배치와 관련된 쟁점들은 종종 소송에 의존해야 하는 특성을 지니고 있었다.

교수 환경 문제

IDEA는 장애 학생들이 일련의 교육적 배치에 접근할 수 있어야 한다고 주장하고 있다. 이것은 장애의 특성과 정도에 관계없이 모든 학생들이 질 높은 교육 프로그램의 혜택을 받을 기회를 가져야 함을 의미한다. 이러한 복수 환경에 대한 요구는 각 주와 자치구가 학생들을 배치할 때 여러 대안들 가운데 선택할 수 있도록 하기 위한 것이다. 경도의 장애 학생으로부터 다른 장애 조건과 복잡한 요소를 가진 최중도의 장애 학생에 이르기까지 지역 학교구는 지적장애 학생을 위해 교육적 대안들을 제공해야 할 의무를 지닌다. 학생들 대부분의 교육 환경은 일반학교 교실이지만 어떤 학생들의 경우 지역사회의 직업교실이 교육 환경이 될 수도 있다. 교수 내용과 절차를 결정하는 문제가 그렇듯이 교수 환경에 대한 결정 역시 개별 학생을 위한 문제해결의 결과로서 이루어져야 한다.

환경이 왜 문제가 되는지에 대해 많은 교육 연구자들과 학교 개혁가들이 관심을 가져 왔다. 1장에서 지적한 바와 같이 역사적으로 사회는 지적장애인들에게 친절하지 않았다. 교육의 역사를 살펴보면 대부분의 교육자들을 당혹하게 만드는 격리 사례가 충분히 존재한다. 예를 들어, 1900년대 초 한 지역 학교는 교사 및 다른 학생들을 당황하게 만들 수 있다는 이유로 지적 및 지체장애를 지닌 13세 소년이 학교로 복귀하는 것을 막은 적이 있다(Beattie 대 Antigo, 1919). 미국의 역사에서 최근까지도 지적장애인은 학교, 고용, 지역사회 환경에 접근하기 위해 주 및 연방 법원의 문을 두드려야 했으며, 연방 법률이 규정한 후에야 비로소 지적장애 아동은 공립학교에 다닐 수 있게 되었다. 오늘날에도 많은 차터스쿨과 직업학교 심지어 대학의 실습학교조차 지적장애 학생에게 기회를 주지 않고 있다. 지난 35년 동안 교수 환경 관련한 많은 **법률적 시도들**은 장애 학생들을 이류학교로 격리시키지 않았음을 증명하려는 의회의 노력에서 시작되었다. 지금의 장애인교육법(IDEA)을 탄생시키기 위한 최초의 논쟁 기간(1974)에 하원의원 Miller는 "비장애 아동으로부터 장애 학생을 분리시키려는 관리자 또는 교사에게" 입증의 책임을 물음으로써 의회가 통합학교를 선호함을 표명했다(Vlasak, 1980). 결국 그러한 의회의 선호는 "장애 아동은 최대한 적절하게 비장애 아동과 함께 교육을 받아야 함"을 연방법에 명시함으로써 성문화되었다(34 C.F.R. Sec. 300.550 [b][1]).

비록 지적장애 아동들이 주류 교육에서 종종 제외되곤 했을지라도 세월이 흐르면서 교육자들은 공교육의 주류에 그들을 포함시키는 데 성공하고 있다. Reynolds(1989)는 이러한 미국의 교육사를 하나의 **진보적 통합**(progressive inclusion)으로 기술했다. Reynolds는 특정 아동 집단을 배제시킨 세월이 흐른 후 학교는 이 아동들을 가르치는 데 더 많은 책임을 지게 되었다는 점을 지적했다. Reynolds는 인종, 언어, 민족과 같은 인구통계학적 특성들에 대한 사회적 편견 때문에 주류 사회 밖으로 밀려난 것으로 여겨지던 아동들을 포함하기 위해 세대에 걸쳐 미국의 학교에 대한 정의가 다시 이루어졌음을 관찰했다. 지적장애 아동들 역시 이러한 진보적 통합에 적합한 대상이었다. 이 아동들을 통합하려는 초기의 노력은 주로 분리 혹은 병행 프로그램들이었다. 전보다 통합적인 사회가 되어가면서 학교도 이 아동들이 일반학교의 주류를 구성하는 한 부분이 되어야 한다는 기대를 품게 되었다.

교수 환경 용어

교수 환경에 대한 여러 혼란은 용어의 변화 그리고 학생이 어디서 배워야 하는가에 대한 사고의 변화에 기인한다. 용어상의 변화는 좋은 교수적 배치(instructional arrangement)를 구성하는 것이 무엇인지에 대한 기대의 변화를 반영해 왔다.

1970년대 중반 이전에 지적장애 학생들이 어디서 배워야 하는지에 대한 결정은 암울했지만 간단한 문제였다. 이용할 수 있는 몇 안 되는 학교 프로그램들은 교회, 기숙학교, 유치원, 시설, 또는 병원에나 있었다. 1945～1975년 사이에 특수교육을 받는 학생의 수는 여섯 배로 증가했지만(Reynolds & Birch, 1982) 선택할 수 있는 환경은 거의 없었다. 대부분의 특수교육은 분리된 교실이나 특수학교에서 이루어졌으며, 공교육은 장애 학생이 일반 학생들과 섞이지 않는 분리된 **두 칸**(two-box)과 같은 체계를 구축하고 있었다(Reynolds & Birch, 1982). 1960년대 중반 환경에 이르러서 격리의 정도가 순차적으로 차이가 나는 환경 목록들이 담긴 배치 환경의 폭포수 혹은 **연속체**(continum) 모형이 등장하였다(Deno, 1970; Reynolds, 1989). 이 환경들의 범위는 1장의 연구상자 1.5처럼 일반학급, 특수학급, 그리고 완전히 분리된 학교 등에 배치하는 것을 의미한다. 때로는 홈스쿨링 또는 시설 및 병원에 배치하기도 했다. 이러한 환경의 연속체 모형은 오늘날에도 많은 주에서 사용하고 있다.

교육적 환경의 연속체(continuum of educational settings) 모형은 1960년대 중반부터 1970년대 중반까지 많은 교육자에게 유용했고 호소력이 있었다. 특수교육을 위한 연방법률(P.L. 94-142)의 통과는 백만 이상의 장애 아동들이 처음으로 학교에 들어가게 되었음을 의미했고, 교육자들은 배치와 교수에 대한 자신들의 생각을 안내해 줄 패러다임을 필요로 했다. 그러나 이 연속체 모형에 대한 신랄한 비판 또한 제기되었다. 최선의 취지에도 불구하고 대부분의 학생은 이런 연속체를 통해 실질적 성취를 거두지 못했고, 결과적으로 많은 학생이 성장과 발달의 기회가 제한된 열악하고 격리된 배치 환경에 계속 남아 있게 된다는 것이다(Taylor, 1988). 연속체 모형의 창시자들 중 한 명인 Maynard

Reynolds는 많은 공립학교들이 이 모형을 사용하는 방식에 대해 비판했다. Reynolds는 분리된 환경에 장애 학생을 배치하는 것은 교육적으로 보다 풍부한 환경에서 요구되는 기술과 지식을 계발하는 데 도움이 되지 못할 것이라고 지적했다(Reynolds, 1989). 일반 또래들에게서 보이는 정도의 발달적으로 적절한 언어와 사회적 기술이 **결여된** 학교 환경에서 장애 학생들은 교사들이 기대하는 만큼의 기술을 계발하지 **못할** 것이다. 즉, 환경이 아동들 간에 교육적으로 성장할 기회를 최소화시킬 수 있다는 것이다. Reynolds(1989)는 **배치의 연속체**(continuum of placements) 모형에 비해 **지원의 연속체**(continuum of supports) 모형이 교육적 모형에 더 부합할 것이라고 주장했다. 이와 유사한 방식으로 Taylor는 특히 중증 장애인을 위한 지역사회 거주와 고용 환경에 있어서 연속체 개념의 영향을 검토함으로써 이러한 비판을 학교 환경 너머로 확장시켰다. Reynolds처럼 Taylor는 연속체 모형이 돕고자 하는 바로 그 대상에게 종종 부정적인 영향을 주었음을 보여 주었는데, 연구상자 12.1은 Taylor가 분석한 한 내용의 요약이다.

배치와 관련한 다른 용어에서도 동일하게 논란이 있었다. 1970년대 중반에서 1990년까지 사용된 용어들 중에는 **주류화**(mainstreaming)가 있었다. 1장에서 언급했듯이 주류화는 종종 지적장애 학생들을 단순하게 일반학급에 배치하는 것을 의미했다. 많은 교육자들은 일반 학생들에 둘러싸인다고 해서 학생의 장애가 사라지게 아니라고 지적하며 그러한 생각(과 실제)에 저항했지만 주류화라는 개념은 결코 특수화된 교수상의 요구를 무시려는 것은 아니었다. Reynolds와 Birch(1982)는 주류화의 세 가지 개별 수준에 대해 다음과 같이 기술했다.

- **물리적 공간 주류화** : 장애 학생과 비장애 학생들이 학교에서 공동의 공간을 사용하는 것으로, 일반학교에서 지적장애 학생들이 최소한 '물리적으로 실재하고 있는 것'을 의미한다. 이것은 통합의 가장 기초적인 형태이며, 장애 학생과 일반 학생 사이에 보다 자연스런 상호작용을 촉진할 필요가 있다.
- **사회적 상호작용 주류화** : 신중하게 계획된 상호작용이 실시되어 장애 학생과 일반 학생이 서로 자연스럽게 상호작용하는 법을 배우며 사회적 관계를 개발할 기회를 갖게 된다. 휴식 시간, 동아리 활동 혹은 학교 행사에서 동년배 일반 학생들과 더불어 지적장애 학생을 포함시키는 활동들이 이에 해당된다.
- **교수적 주류화** : 이러한 주류화 형식은 학생들을 격리시키지 않으면서 진정한 학습 기회를 창출함과 동시에 교수적 지원을 제공하는 물리적, 사회적 형식 위에 세워진다. 이것은 지적장애 학생이 동년배 또래들이 속한 학년의 학급에서 특화된 교수가 포함된 일반 수업을 받는 경우를 의미한다.

차이를 만들어 낸 연구 12.1

Taylor, S. (1988). Caught in the continuum : A critical analysis of the principle of the least restrictive environment. *Journal of the Association of Persons with Severe Handicaps, 13,* 41-53.

장애인들이 특수화되지만 고립된 교육을 제공하는 기숙식 직업교육 체계에서 교육을 받을 때 그들은 '덜 제한적'이고 보다 문화적으로 일반적인 환경들로 나아가는 데 요구되는 기술을 얻을 수 있을까? Taylor는 많은 전문가, 옹호자, 가족 구성원, 및 장애인의 우려를 종합해서 연속체 모형에 심각한 결함이 있음을 드러냈다. 연속체 개념에서 일반 학교와 가정 및 지역사회 환경에 필요한 한 개인의 '보다 준비된' 기술은 점차 진전된다는 잘못된 주장을 하고 있다. 실제로 격리되고 특수화된 프로그램에 배치된 지적장애인과 보다 중증의 장애인들 중 보다 통합적인 배치 환경으로 이동한 예를 찾아보기란 거의 불가능했다. 연속체에 대한 Taylor의 비판들 중에는 다음과 같은 것들이 있다.

- 장애인만을 대상으로 하는 분리된 환경의 존재는 장애의 실제 여부에 유일하게 기초한 격리에 법적 정당성을 부여해 준다.
- 많은 장애인(특히 지적장애, 자폐, 및 기타 중증 장애인)들이 연속체를 따라 실제로 이동하지 않는다. 그래서 그들은 보다 자연스러운 환경들이 제공하는 존엄과 혜택을 결코 받지 못한다.

- 격리된 환경에 있는 사람들은 서비스 제공자를 제외하고는 전형적인 발달을 하는 개인들과의 관계를 형성하지 못한다.
- 분리된 환경은 인위적이며, 자연적인 환경이 갖는 다양성을 지니지 못하고 있다.
- 일반적인 모형과 환경들이 아닌 채 격리된 환경에 있는 사람이 연속체에서 위로 이동하는 데 필요한 기술과 지식을 획득하지는 못할 것으로 보인다.

Taylor는 이 분석에서 장애인이 정규 학교, 지역사회 그리고 가정환경에 참여할 권리를 무조건적으로 '획득'해야 한다는 개념을 발표했다. Taylor는 각 개인이 일반적인 지역사회 환경에서 성공하도록 돕기 위해 설계된 '지원의 연속체'를 주장했다. 환경은 그대로이다(예 : 일반학교, 지역 운동장, 지역 직장), 그러나 지원의 양과 유형(예 : 다른 교수자료, 직무코치)은 개인의 요구에 따라 다양할 것이다. Taylor의 연속체 모형을 사용하면 어떤 개인도 '너무 장애가 심하다'는 이유로 일반 지역사회 환경으로부터 멀어지는 일이 발생하지는 않을 것이다.

1장에서 소개된 1980년대의 많은 교육적 성과들 중에는 학교가 보다 통합적이 되어야 한다는 교육자들의 요구에 따라 용어의 전환이 이루어진 것을 들 수 있다. 이러한 전환의 일부는 학교를 개혁하려는 노력에서 특수교육에 보다 의미 있는 역할을 부여하려는 전문가와 옹호자들에 노력에 의한 것이었다(Smith, Hunter, & Sharag, 1991). 또한 분리된 환경에서 특수교육을 받고 있는 학생들의 수를 줄이는 노력 또한 중요한 일이었다(Danielson & Bellamy, 1989). 미국 교육부의 차관보가 일반교육과 특수교육 간 보다 긴밀한 연계를 요구하는 보고서를 발표했을 무렵에는(1장에서 일반교육주도로 기술됨) 많은 지적장애 학생들이 일반학교를 포함한 다양한 교수 환경들에 접근할 수 있었다(사건상자 12.1 참조).

주류화의 경우처럼, **통합**(inclusion), **통합교육**(inclusive education), **통합학교**(inclusive schools)와 같은 용어들도 심각한 논쟁을 불러 일으켰다. 많은 이들이 주류화라는 용어

차이를 만들어 낸 사건 12.1

1986년 - 미 교육부의 차관보는 모든 학생들의 편의를 도모할 수 있는 일반교육체계의 설계를 주장했다.

Madeline Will이 미국 교육국 차관보로 임명되었을 때 많은 특수교육가와 부모들은 그녀에게 높은 기대를 걸었다. Will은 교육, 특히 특수교육의 강력한 변화를 주장하는 인물로서 다양한 전문가들의 의견을 모아 왔고 새로운 협력을 도모한 경력을 가지고 있었다. 특수교육과 재활분야의 연방 최고위 교육 공무원이자 십 대 지적장애 아동의 엄마인 Will은 P.L. 94-142(지금의 IDEA)가 20주년을 맞이할 즈음하여 도전에 직면했다.

Will은 *Exceptional Children*(Council for Exceptional Children의 공식저널)에 한 편의 논문을 발표함으로써 전국적인 반향을 일으켰다. 그녀의 논문은 분리된 특수교육 환경에 대한 의존을 줄이는 하나의 수단으로서 보다 반응적인 일반교육 환경을 분명하게 요구한 것이다. Will의 논문은 학교가 보다 '통합적'이어야 하는지에 대한 논의가 증가되던 시기에 발표되었으며, 많은 현장 종사자들은 그녀의 논문이 장애 학생을 위한 장소가 일반교실이 되어야 함을 여론에 호소하는 계기가 될 것이라 믿었다.

그간 연방, 주, 및 지역 교육 정책의 전개 과정에서 교육 공무원 한 사람의 논문 발표가 이렇게 많은 논의를 불러일으킨 경우는 거의 없었다. 학술문헌과 법 관련 문서에서 폭넓게 인용되는 Will의 논문은 궁극적으로 이 분야가 나가야 할 방향을 제시한 것으로 인식되었다. 그녀는 각 지역의 일반학교들이 지적장애 학생들에게 문을 개방하도록 하는 데 일조했지만 그녀가 각 주나 자치 지역에 해당 사항들을 강제시킬 수 있는 위치에 있지는 못했다. 하지만 교육공무원들 중 이만큼 이 분야가 나아갈 방향에 대한 논의를 촉발시킨 이는 없었다. ●

를 대체하기 위해 통합이라는 용어를 사용한 것이다. 일부 교육자들은 하나의 환경이 얼마나 통합적이어야 하는지에 관해 초점을 맞추었다(1장에서 기술된 부분 통합 대 완전 통합의 쟁점). 어떤 이들에게 통합은 분리교육을 구성하는 한 체계로서의 특수교육을 없애기 위한 노력의 논리적 확장이었다. 여러 면에서 통합학교들은 학교 체계 전반의 주류화라는 제4수준을 추가해 Reynolds와 Birch(1982)의 주류화 정의를 확장했다(Brady, Hunter, & Campbell, 1997). 통합학교는 학교 실제를 지적장애(또는 학습장애, 언어장애, 다른 사회적 배경을 지닌) 학생에게 보다 효과적이 되도록 하는 데 필요한 변화의 강도에 있어서 주류화와는 일정 부분 차이가 있다. 비록 개별 학생들에게 주류화를 추천하지만, 통합학교를 창출하려는 노력은 교육의 주류에서 배제될 수 있는 (혹은 배제될 위험이 있는) 모든 학생들을 위한 지원을 포함한다(Brady et al., 1997). 여기에는 지적장애 학생 이외에도 다른 명백한 장애를 가진 학생, 위험군에 속한 학생, 불우한 가정의 학생, 영어를 모국어로 사용하지 않는 가족의 학생들을 포함한다(Danielson & Bellamy, 1989; Hodgkinson, 1993; Reynolds & Wang, 1983; USDOE, 1993).

Catlett(1998)은 통합학교의 지적장애 학생에 대한 특수교육에 대해 부모, 교사, 교장 및 기타 교육자들이 어떻게 인식하는지 조사하여 그 결과를 제공했다. Catlett 연구의 응답자들은 통합이 어떤 프로젝트나 개별 학생을 주류화시키기 위한 노력 혹은 개별 학생들을 위한 배치상의 선택이 아니며, 학교 개혁의 결과로 통합학교가 존재함을 강조했다. 통합이 이루어진 학교들은 다음과 같은 가설, 정책, 실제의 기초 위에 운영되고 있었다.

- 학생들은 거주 지역의 학교를 다니고 있었다(장애가 없었다면 그들이 다녔을 학교).
- 분류와 명명은 프로그램 개발 또는 배치의 목적이 아닌 적격성 판정을 위해서만 사용되었다.
- 학사일정과 행사 그리고 교육과정에 대한 수정은 모든 학생들을 대상으로 했다. 그러나 장애 학생을 위한 수정은 개별화교육프로그램(IEP)에 의거해 개별적으로 이루어져야 했다.
- 학급 또는 학교에 속한 장애 학생의 수는 그 지역 내 유사한 학생들의 자연적인 비율을 반영하고 있었다.
- 장애 학생들은 또래들과 더불어 일반학급의 정식 구성원들이었으며, 해당 학급 내에서 모든 특수교육을 받았다.
- 통합교육은 지속적인 경험이었다. 그것은 산발적이거나 일시적인 것이 아니었다.

Catlett의 연구에서 응답자들이 기술한 학교들은 진정한 개혁에 참여하고 있었다. 그곳의 지적장애 학생들은 학습 문제를 지닌 학생들을 위해 만든 프로그램의 일부로 참여하는 것이 아니었고, 교사들 또한 지적장애 학생과 일반 학생을 점심시간 또는 토큰 기간과 같이 특정 시간에만 함께 어울리도록 하는 식으로 통합을 운영하고 있지는 않았다. 아동, 교사, 가족들 모두는 그곳에 다니는 학생들이 장애의 특성이나 정도에 상관없이 그곳에 '소속되어 있다'고 믿고 있었다.

정의에 있어서 변화가 있거나 용어상의 혼돈이 있을 때 선견을 지닌 교사들은 지적장애 학생을 위한 교육 환경을 결정하는 데 있어 그들의 역할이 무엇인지에 대해 고민할 수 있다. 1장에서 언급한 바와 같이 교육 환경에 대한 IDEA의 구체적인 요건은 학생들이 **최소제한환경**(least restrictive environment, LRE) 내에서 교육 프로그램에 참여해야 한다는 것이다. 최소제한환경 가정은 교육 환경에 대하여 다음과 같은 요건들을 포함하고 있다.

- 학생들은 최대한 비장애 또래들과 함께 일반교육 환경에서 교육받아야 한다.
- 배치 결정은 장애 명칭이나 범주에 의해서가 아니라 아동별로 이루어져야 한다.
- 장, 단기 교수 목표를 먼저 수립한 후 배치가 이루어져야 학생이 해당 목표를 달

성하도록 도울 수 있다.

- 배치 결정은 적어도 매년 검토되어야 한다.
- 배치는 학생이 보충적 서비스와 일반교육과정에 적절히 접근할 수 있도록 도와야 한다.

'최소 제한'이라는 용어를 정의하는 것은 애초부터 어려운 도전이었고, 오늘날까지도 이에 대한 상당한 이견들이 존재하고 있다. 최소 제한적 교육 환경은 종종 일반교육환경으로 정의되지만, 일부 교육자들은 일반학급이 장애 학생들에게 매우 힘든 환경이 될 수 있음을 지적했다(Lovitt, Plavins, & Cushing, 1999). 어떤 이들은 일반학급이 장애 학생들만을 위한 분리 환경보다 더 제한적일 수 있다고 주장했다(Braaten, Kauffman, Braaten, Polsgrove, & Nelson, 1988). 특히 다음과 같은 경우가 그에 해당한다고 한다.

- 일반학급 내 장애 학생이 일반 또래들과 분리된 활동에 참여한다.
- 교사가 학생들로 하여금 기술(과 실수)을 공개적으로 연습하도록 요구하는 교수 방법을 사용한다.
- 장애 학생이 특화된 혹은 보충교육을 받기 위해서는 일반학급을 자주 벗어나야만 한다.
- 장애이해 교육이 되어 있지 않은 학급에 장애 학생을 입급시킨다.

어떤 이들은 일반교육과정과 핵심표준교육과정(CCSS)에 치중하고 있는 일반학급에서 지적장애 학생들이 보다 기능적인 교육과정에 접근할 수 있어야 함을 지적하고 있다. 이 학생들을 위한 보다 덜 제한적인 교수 환경에는 지역사회(여가 활동을 배우기 위한), 이웃(길 건너기를 배우는), 또는 일터(작업 기술의 숙련을 배우고 향상시키기 위한) 등이 포함될 수 있다.

'최소 제한'이라는 개념이 교수 환경을 평가하는 기준이 된 것은 그간 교육 분야에서 법적 쟁점들이 교육계의 초점들을 좌지우지해 온 사례들 중 하나로 볼 수 있다. 이것은 새로운 현상이 아니며 배치에 국한된 문제도 아니다. 이와 관련해 Lilly(1985)는 교육자가 전에 없던 형태의 과업과 학생들을 담당하게 될 때 최선의 교육적 실제를 구현하기보다는 최소한의 법적 기준을 준수하는 일에 몰두하게 되어 교육의 실제적 진전이 종종 방해받는다는 점을 지적하였다. 사실 최소 제한의 원리는 교육 실제가 아닌 통상 관련법에 있던 개념들 중 하나이다. 1900년대 초 카운티(주 아래 행정구역) 밖으로 우유판매를 금지시킨 한 판례를 살펴보면, 전기(따라서 냉장) 부족으로 근처

마을로 배달되는 우유가 상할 수 있다고 판단한 한 판사는 이에 대한 대중의 경계가 요구된다고 판결한 것이다(우유 구매 시 현명한 구매자가 될 필요가 있다는 것이다). 그러나 우유의 부패 가능성만으로 카운티 내에서 판매하는 것까지 금지할 수는 없었고, 우유 공급업자가 신선도를 보장하는 선에서 판매를 허가했다. 원리는 이러하다. 정부가 상업적 활동을 제한할 수는 있지만 그 제한은 개인 자유의 침해를 최소화하는 선에서 이루어져야 한다는 것이다. 즉, 제한의 양을 최소한으로 결정하는 것이다. 교육계에서는 동일한 논리로 지적장애인들을 위한 교육 프로그램들이 최소한의 제한만을 부과한다면 수용(합법)될 수 있는 것으로 보는 것이다(Turnbull, Eoois, Boggs, Brooks, Biklen, 1981). 특수교육계의 실제들이 축적됨에 따라 교육적 배치에 대한 LRE 기준은 최선의 실제를 촉진하는 것과는 관련성이 적으며, 교육 프로그램을 전달할 때 허용되는 제한의 정도에 대한 가이드라인을 설정해 주고 있음이 명백해졌다. 여러 측면에서 이러한 역설은 여전히 나타나고 있다. 낙오방지법(No Child Left Behind)에서 필수과목 목록을 제시하면 무엇이 최선이고 무엇이 합법적인 것인지의 문제는 더욱 복잡해지고 배치에 관한 결정에도 영향을 미치게 된다. 교사들은 특정 학생에게 어떤 교육 프로그램이 '적절한지' 묻지 않을 수 없는 것이다(Zirkel, 2013). 이렇게 제한을 가하는 것을 배치의 기준으로 수용하는 최소제한환경 기준은 "무엇이 합법적이지?"라는 질문이 "무엇이 최선의 교육적 실제이지?"라는 보다 교육적인 질문을 종종 대체한다는 Lilly의 예에서 잘 드러난다.

> 지적장애 학생들이 어디서 교육을 받아야 하는지와 관련해서 교육 용어들은 어떻게 그 혼란을 가중시켜 왔는가?

교수 환경이 교수에 영향을 주는가

초임교사의 경우 환경이 어떤 차이를 가져오는지에 대해 궁금할 수 있다. 교수는 당연히 중요하지만 환경 역시 매우 중요하다. 환경은 학생과 교사는 물론 사회 전반의 태도와 행동에 영향을 미친다. 그 예로, 경도에서 중도 지적장애인에 이르기까지 그들을 위한 유일한 환경이 주 정부 또는 종교 단체가 운영하는 대규모 거주 시설이었던 적이 있다(Wolfensberger 1973). 그들을 돌볼 수 없는 가족들은 시설 이외의 다른 선택을 할 수가 없었다. 만일 지적장애인이 부모가 돌아가신 후 지역 사회에서 간헐적 지원(예 : 생필품을 구매하고 집세를 내거나 진료 예약을 하는 가족 구성원)을 받으며 살아야 할 시기에 선택할 수 있는 유일한 길이 시설이라면 그들은 자유를 잃게 되는 것이다.

시설 직원들은 거주자들의 삶의 질에 관해 별로 주의를 기울이지 않았고 거주자들의 가장 기본적인 활동만을 돕는 일에 치중했다(Wolfensberger, 1973). 이러한 일은 규모가 큰 시설에 대한 대안으로 고려되던 소규모 '지역사회' 거주지에서도 동일하게 발생했다. Brady와 Cunningham(1985)은 상주 직원들이 제공하는 관리 보호(custodial care)가 장애인들이 학교나 재활 프로그램에서 배운 기술들을 수행하는 것을 방해하고 있다고 보고하였다. 직원들은 중증의 장애를 가진 아동들이 스스로 먹고, 의사소통하고, 여가를 선택하는 기술들이 직원들의 일과를 방해한다고 인식하면 그 능력을 무시해 버리곤 했다는 것이다. 예를 들어, 직원들이 장애를 가진 어느 십 대 소녀에게 음식을 먹이고 돌보는 자신들의 일이 방해받지 않도록 매일같이 휠체어에 장착된 의사소통 보조장치를 제거했다는 것이다. 비록 그 소녀와 의사소통장치 모두 깨끗한 상태로 유지되겠지만, 그 소녀는 하루 중 2/3에 해당하는 시간 동안 자신의 가장 기본적인 생각에 대해 의사소통할 수 없게 된 것이다. 이렇듯 중도장애를 지닌 사람들을 위한 배치에 있어서 돌봄과 안전을 확보하려는 요구는 개인의 성장과 발전을 지원하려는 의도를 종종 무시하는 결과를 가져온다. 연구상자 12.2는 환경이 전문가와 사회에 어떤 영향을 미치는지에 대한 또 다른 예를 제공한다.

다음에 소개하는 연옥에서의 크리스마스(*Christmas in Purgatory*)는 지적장애인에 대하여 사회가 두고 있는 가치가 어떻게 환경에 반영되는지 그리고 환경이 관련 종사자들의 태도와 행동에 어떤 영향을 미치는지를 보여 주는 매우 좋은 예이다. 환경은 실제적인 교수적 영향력 또한 지니고 있다. 많은 지적장애 학생들은 장애의 심각성 정도에 상관 없이 사회적 상호작용 및 관계, 의사소통 기술, 자신의 행동 통제와 같은 중요한 생활기술을 계발하고 유지하는 데 요구되는 기술들을 배우기 위해 직접적이고도 강력한 교수를 필요로 한다. 일반적으로 그러한 교수는 사회적 기술 결함을 가진 급우와 또래들이 있는 환경에서는 효과적이기 어렵다. 배치는 새로운 기술을 학습하는 데 그리고 사회적 관계와 다른 삶의 기술을 계발하고 유지하는 데 주요한 영향을 미친다(Fryxell & Kennedy, 1995).

발달적으로 분리된 환경(developmentally segregated environments)에서 사회적 상호작용, 의사소통, 자아통제기술을 교수할 때의 딜레마는 지난 30여 년에 걸쳐 Strain과 Fox(1981)에 의해 기술되었다. 사회적 상호작용을 시도하는 능력이 없는 학생들은 그에 대한 지도를 받을 것이다. 그러나 급우들마저 사회적 기술 결함을 가지고 있다면 학생은 새로이 배운 기술에 대한 또래들의 어떤 반응도 얻을 수 없게 될 것이다. 결과적으로, 교사들은 학생들이 새로이 배운 기술들을 의미 있게 자주 사용할 기회가 없어

차이를 만들어 낸 연구 12.2

Blatt, B., & Kaplan, F. (1966). *Christmas in Purgatory : A photographic essay on mental retardation.* Boston : Allyn & Bacon.

신문과 텔레비전에 몇몇 폭로 기사가 터져 나오기 시작할 무렵 두 명의 교수가 우연히 주에서 운영하는 시설을 방문하게 되었다. 그들은 그곳에 거주하는 사람들의 일상을 가져 간 수첩과 카메라에 담았는데 그 결과는 실로 충격적이었다. Blatt과 Kaplan은 황량한 병동에서 벌거벗은 채로 혹은 몸이 결박된 채로 지내고 있는 사람들을 흑백사진으로 촬영해 책으로 출간했다. 이들은 지적장애인이라는 이유만으로 그곳에 감금되어 있었다. 그 시설 종사자들에게 장애인들이 보다 '인간적인' 처우를 받고 있지 못하는 이유에 대해 질문하자 지적장애인들이 이 환경의 잔혹함을 알지 못할 것이라는 답변이 돌아왔다. 종사자들은 지적장애인에 대한 경험을 바탕으로 그들이 사생활, 사회적 관계, 청결 그리고 건강한 생활양식과 같은 것들에 대해 교육을 받을 수도 없고 인식하지도 못할 것이라고 생각하고 있었다. 시설 관계자들(의사, 심리학자, 및 기타 전문가)은 지적장애인들에 대한 경험이 풍부한 우리들 앞에서 마치 지적장애인들이 실존하지 않는 대상인냥 말하며 종종 그들을 비하했다.

Blatt와 Kaplan은 그들의 방문 경험을 출판함으로써 인간적인 처우에 대한 논의를 공론화시켰다. 이곳을 포함한 여러 시설들의 거주자들은 공공의 관심을 받지 못하는 가운데 매우 열악한 삶을 살고 있었으며, 이 상황들은 아무도 인식하지 못하는 사이에 그곳에 종사하는 전문가들의 표준적 기대 수준이 되어 있었다. 이 책 '연옥에서의 크리스마스'는 탈시설화를 향한 움직임에 동력을 불어 넣은 여러 폭로들 중 하나이다. 약 50여 년이 지난 오늘날 지적장애인의 가족과 관련 전문가들은 지적장애인들을 위한 가족 친화적이고 지역사회에 기반한 지원 체계를 구축하기 위해 지속적으로 노력하고 있다.

서 배우자마자 잃어버리게 될 기술을 가르치느라 엄청난 노력을 기울인 꼴이 되었다. 이와 같은 딜레마는 학생들이 새로운 의사소통기술, 생활기술 그리고 자아통제기술을 배울 때도 다시 직면하게 된다. 비록 학생들은 새로운 기술을 다양한 형태로 산출(정보를 요청하거나 학교 과제에서 궁금한 점에 대해 의사소통하는 등)하도록 배울 수 있지만, 궁극적으로 그 기술들은 일상생활에서 사용될 수 있다는 실제적 가치(practical value)를 지녀야만 한다(Scheuermann & Webber, 2002). 7장에서 기술한 학습 일반화의 어려움을 고려해 볼 때, 학생들을 '실제 세계(real-world)' 환경에 맞게 준비시킬 수 없는 교수 환경은 학생들이 학습한 내용을 교실 환경 밖으로 전환하는 데 도움이 되지 않을 것이다(Bates, Cuvo, Miner, & Korabek, 2001; Cipani & Spooner, 1994).

비록 수많은 연구자들이 **발달적으로 통합된 환경**(developmentally integrated settings)이 학생들의 사회적 기술과 관계를 향상시킨다는 점을 보여 주었지만(Chadsey & Shelden, 2002; Kennedy, Shukla, & Fryxell, 1997; Salisbury, Gallucci, Palombaro, & Peck, 1995), 장애 학생이 일반 또래들에게 미치는 영향에 대한 연구 또한 축적되어 있다(Hall & McGregor, 2000; Kishi & Meyer, 1994). Meyer에 의한 두 연구(Voeltz, 1980; Voeltz, 1982)에서 일반 학생들이 장애 아동에 대해 지나치게 수용적이거나 반대로 지

차이를 만들어 낸 연구 12.3

Voeltz, L. M. (1980). Children's attitudes toward handicapped peers. *American Journal on Mental Deficiency, 84*, 455-464.

Voeltz, L. M. (1982). Effects of structured interactions with severely handicapped peers on children's attitudes. *American Journal on Mental Deficiency, 86*, 380-390.

1974년 P.L. 94-142가 통과된 직후, 대부분의 주와 지역은 LRE 의무조항들을 어떻게 준수해야 할지를 놓고 고심하였다. 논쟁의 핵심은 중등도에서 중도장애를 지닌 학생을 장애가 없는 학생들과 같은 학교 캠퍼스에 배치할 수 있는가에 관한 것이었다. 많은 교육자들은 일반 학생들이 지적장애 혹은 그와 같이 분명하게 드러나는 장애를 지닌 학생들을 수용하려 들지 않을 것이고, 결과적으로 적대적 환경이 조성될 것이라고 염려했다. 그래서 많은 사람들은 장애 학생들이 보호받을 수 있는 특수학교를 더 설립하는 것이 나을 것이라고 믿었다.

Luanna Meyer(Voeltz)는 공립학교에 들어가 학생들의 신념에 대해 함께 이야기를 나눌 수도 있고, 대학생들에게 사회의 다양성에 대한 강의도 할 수 있는 보기 드문 교수들 중 한 명이었다. 그녀는 일반 학생들이 무엇을 생각하는지에 대해 단도직입적인 질문들을 던졌다. 그들은 두려워하고 있는가? "아니요." 그들은 불안해하고 있는가? "약간은." 일반 학생들은 지적장애 학생과 친한 친구가 될 준비가 되어 있는가? 아마도 "아니요." 지적장애 학생들을 알고 싶어 하는가? 대부분은 "예." 그녀의 연구와 후속 연구들은 학생들 간 긍정적인 관계 형성을 기대할 수 있게 해 주는 최고의 예측자는 실제적인 개별 접촉임을 보여 주었다. 사적인 상호작용이 없을 경우 일반 또래들은 성인들로부터 들었던 것 이상의 관계로 나아가지 못했다. 지적장애 학생은 도움을 필요로 한다는 이야기를 들어 온 학생들은 도움을 제공하지만, 그들을 조심해야 한다는 이야기를 들어 온 학생들은 그들을 회피하거나 분쟁의 대상으로 삼을 수도 있다. 그러나 장애 아동이 휠체어나 보완대체 의사소통 체계를 어떻게 사용하는지 그리고 그들은 방과 후에 무엇을 하는지 등에 대한 지식과 서로를 알게 될 기회를 갖게 되었을 때, 일반 또래들은 기꺼이 장애 아동과 아동기의 일반적인 대인관계를 구축하려 했다는 것이다. 그녀의 연구는 일반 학생들도 장애 학생과 마찬가지로 통합된 학교체제에서 혜택을 얻을 수 있음을 보여 주었다.

나치게 적대적이지도 않다는 점을 입증했다(연구상자 12.3 참조). 장애 아동과 장애에 대한 지식 혹은 장애 아동을 접할 기회나 의미 있는 인간적 상호작용 기회가 없을 경우 대체로 일반 학생들은 사회에서 장애에 대해 폭넓게 형성되어 있는 인식을 동일하게 가지고 있다. Voeltz는 초등학교 일반 학생들이 지적장애 아동과 인간적인 상호작용을 할 기회를 갖지 못할 경우, 관련 지식과 기술이 부족하게 되지만 이러한 결함은 계획된 학생들 간 상호작용만으로도 교정된다는 것을 보여 주었다. 오늘날 교육자들은 장애가 많은 다양한 특성들 중 하나라는 생각을 가지고 있다. 만일 학생들에게 그렇게 할 기회가 주어진다면 직접적인 접촉을 통해 지적장애와 다른 장애에 대해 배울 것이다. 기회가 없을 경우에는 학습이 가상적이거나(예 : 교훈적 혹은 '교과서' 식의) 주요한 가족 혹은 사회적 관습에 의해 영향받을 수 있다. 직접적인 접촉이 없었을 경우 장애가 없는 학생들은 종종 지적장애 학생과의 관계를 돌봄을 주고받는 관계(도우미, 과외교사, 보조자)로 발전시키거나(Hall & McGregor, 2000; Kishi & Meyer, 1994), 지적장애 학생이 '추종자'가 되고 일반 학생이 '리더'의 역할을 맡는 관계로 발전시킨다고 한다(Sipersteina & Leffert, 1997). 서로 즐거움을 나누거나 친구를 맺는 관계는 일반적으로 학생들 간의 직접적인 접촉이 있은 후에만 성립될 수 있는 것이다.

만일 교수적 환경이 학생의 사회적 의사소통 및 생활 기술에 영향을 미친다면, 학생의 학업 능력에도 유사한 영향을 미치는가? 많은 교육자들은 환경이 내용 영역 교수에 거의 영향을 주지 않는다고 했으며, 교사들이 그들의 수업을 어떻게 잘 전달할 수 있는가가 핵심이라고 주장했다. 참으로, 특수교육 분야에는 모든 가능한 배치 환경에서 효과적인 교수를 보여 주는 연구들이 가득하다(Browder & Xin, 1998; Casto & Mastropieri, 1986; Chung & Carter, 2013; Forness & Kavale, blum, & Lloyd, 1997; Guarlnick, 1998; Halpern, 1990; McLeskey, Landers, Williamson, & Hoppey, 2012). 이 연구들은 11장에서 제시된 문헌들과 더불어 교사들이 장애 학생들을 위한 매우 다양하고 효과적인 교수 절차들을 가지고 있음을 보여 주는 것이다.

어떤 환경에서 교수가 전달되어야 하는가라는 쟁점이 새로운 것은 아니다. 1968년에 Dunn은 특수교육의 효과성에 관한 문헌들을 검토하여 경도 지적장애 학생들의 경우 분리된 특수교육 프로그램에서 배우는 것이 일반학급에서 배우는 것보다 나을 것이 없다는 결론을 내렸다(1장 연구상자 1.4 참조). Dunn이 분리된 특수교육 프로그램의 효과성에 의문을 제기했을 때 많은 교육자들은 얼마 못가서 그러한 주장이 사그라들 것이라 예측했었다. 그러나 기존의 연구물들에 대한 그의 검토는 단순히 비효과성을 드러내고자 한 것이 아니었다. Dunn은 경도 지적장애 학생들도 좋은 교수를 받게 되면 학업적 성취와 적응행동에서 성과를 나타낼 수 있음을 보여 준 것이다. Dunn이 촉발시킨 이 논쟁은 특수교육이 제공되는 장소에 대한 논의를 포함했다. 오늘날에는 상식으로 통하지만 이때 처음으로 그는 교수를 목적으로 경도 지적장애 학생들을 분리시키는 것이 일반학급에서 지도하는 것과 비교할 때 더 나은 향상을 가져오지 못한다는 점을 보여 준 것이다(McLeskey et al., 2012).

이후 약 20여 년에 걸쳐 수많은 연구자들이 서로 다른 교육 환경에서 학습하는 지적장애 학생들 간 차이를 비교, 조사하였다. 여기에는 학업 성취, 또래 수용, 자존감, 개별 학업기술 및 여러 학습자 변인들이 포함되었다. 이들 연구에서 조사된 환경들 중 완전히 '순수한' 경우는 거의 없었다. 일반학급 대 특수학급의 비교에서 학급의 크기, 교사의 효과성, 차별화된 교수의 사용, 학생에게 유용한 지원의 유형과 양 그리고 학습에 영향을 주는 것으로 알려진 다른 많은 변인들에 대해서는 거의 통제되지 않은 것이다. 이런 상황하에서 결론이 분명치 않다는 것은 그리 놀라운 일이 아니다. 일반적으로, 지적장애 학생들을 분리된 특수교육 환경에 배치하는 것이 일반교육 환경에 배치하는 것보다 더 낫다는 증거는 거의 없다(Carlberg & Kavale, 1980; Forness et al., 1997; McLeskey et al., 2012). 중증장애 학생을 포함한 최근 연구들은 학생 성과에 교사들이 교수를 전달하는 방법까지 확장시켰다. 실제 교사 행동이 갖는 강력한 역할과 관련하여 Logan과 Keefe(1997)은 통합학급과 분리된 특수학급 양쪽에서 교사들이 중증장애 학생들에게 보이는 교수 실제를 비교하였다. 교사들은 그들이 일반학급에 있을 때 중증장애 학생에 대한 개별화된 교수, 교사의 주의, 과목 내용들을 더 많이 전달했다.

교육적 배치의 영향을 고려할 때는 Blatt과 Kaplan(1966)이 출간한 **연옥에서의 크리스마스**에서 얻은 교훈을 기억하는 것이 도움이 될 것이다. 배치는 학생들에게는 물론 그들을 가르치는 성인들에게도 영향을 미친다. 사회의 자연적인 다양성을 반영하지 않는 배치는 실제 세계의 맥락, 경험, 모델, 학습을 위한 자연적인 기회를 제공해 주지 못한다. 그럼에도 특수화된 배치는 교수적 무질서를 최소화하고, 기술 획득을 목적으로 초점을 맞추는 데 도움이 될 수 있다. 배치는 성인들이 자신의 학생에 대해, 그리고 전문가로서 자신의 역할에 대해 어떻게 생각하는지에 영향을 주기도 한다.

다시 생각해보기

교육자들은 특정 교수 환경이 학생들의 학습과 발달을 촉진할 것인지 아니면 방해할 것인지를 어떻게 알 수 있는가?

교수 환경은 아동이 성장함에 따라 변화한다

매년 미국의 모든 주는 얼마나 많은 학생들이 특수교육을 받는지에 대한 정보를 교육부에 보고해야 한다. 의회에 보고되는 이 정보에는 각 장애 범주별 특수교육 대상 학생들의 수뿐만 아니라 교육적 배치의 유형들을 담고 있다. 이 자료들에는 교수 환경과 관련해 주목할 만한 사항들이 세 가지가 있다(Beirne-Smith, Ittenbach, & Patton, 2002; Danielson & Bellamy, 1989; McLeskey et al., 2012).

1. 지적장애 학생들에게 분리된 환경을 제공하는 일에 있어 주에 따라 서로 차이가 컸다. 몇몇 주는 다른 주들에 비해 분리된 환경에 훨씬 더 많은 학생들을 배치한다.
2. 분리된 교수 환경의 사용에 있어 장애 범주들 간에 큰 격차가 벌어진다.
3. 대부분의 주에서 다수의 지적장애 학생들은 학교 일과의 대부분을 분리된 특수교육 환경에서 보내고 있었다.

앞의 현상에 대한 이유는 학생들 수만큼이나 다양하다. 많은 지적장애 학생들에게 배치상의 선택이 제한적이며, 통합환경은 아직도 많은 지역에서 매우 드문 것이 사실이다. 또한 통합의 정도가 비용 요인을 갖고 있지 않음에도 불구하고 통합을 하지 못하는 이유로 비용 문제가 자주 거론되고 있다. Hasazi, Liggett 그리고 Schattman(1994)은 6개 주와 12개 지역 학교구에 속한 학교들에 대하여 분리된 교수 환경의 '높은 사용자'와 '낮은 사용자'에 대한 정보를 수집했다. Hasazi 등(1994)은 통합의 수준에 관계없이 모든 배치에 있어서 재정적 고려가 주요한 요인이 되고 있음을 보고한 바 있다.

교육자들은 교수 환경이 학생의 연령대에 따라 다양할 것이라고 기대할 수도 있다. 영유아에 대한 배치 결정은 학령기 아동이나 갓 성인이 된 이들을 위한 배치 결정에 비해 더 다양하다. Noonan과 McCormick(1993)은 영유아를 위한 배치는 일반적으로 가정중심 배치와 기관중심 배치의 두 가지 범주로 나뉜다고 지적하였다. 이 두 가지 범주 각각은 다시 여러 유형으로 구분된다. 예를 들어, 영아를 위한 가정중심 프로그램들은 종종 전문가(예 : 물리 또는 작업 치료사)의 직접적인 서비스를 최소화하는 대신에 가족 구성원들이 그러한 처치를 할 수 있도록 자문을 제공한다. 유아를 위한 가정중심 서비스들은 직접적인 서비스와 자문 형태를 모두 포함하곤 한다. 기관중심 서비스도 여러 형태를 취한다. 기관에는 병원학교, 사설 또는 지역 아동보호센터, 헤드스타트 학급, 공립학교 프리스쿨 프로그램 등이 포함될 수 있다. 이들 기관 프로그램들 중에는 장애와 관계없이 운영되는 곳도 있지만 장애 아동을 위해 특화된 프로그램을 운영하는 곳도 있다.

영유아를 위한 배치 결정을 내리는 것은 매우 복잡한 과정이며, 가족 구성원들과 함께 문제해결을 위한 논의를 거쳐야만 한다. 각 배치에는 장단점들이 존재한다(Beirne-Smith et al., 2002; Guarlnick, 1998). 가정중심 프로그램의 경우, 다른 아동들과의 사회화 기회가 결여되어 있으며, 일반적으로 기관에서 제공하는 만큼의 교수 및 치료를 받기가 어렵다. 반면에 기관에 있는 아동들은 건강과 관련한 심각한 문제인 다양한 질병들에 노출되어 있다. 가정중심 프로그램에는 다른 장점들이 있다. 가족들은 종종 가정중심 프로그램이 가족의 삶에 훨씬 덜 지장을 주며, 아동들이 가족의 전형적인 일상 안에서 지원을 받게 된다는 점을 지적했다(Oliver & Brady, 2012). 가족의 일상에 초점을 맞추게 되면 가족의 상호작용 형태는 물론 목표로 했던 기술이나 습관형성에도 상당한 개선이 이루어진다. 분명한 것은 어떠한 환경도 무조건적으로 모든 지적장애 영유아들에게 좋은 것은 아니라는 점이다. 종종 가족과 전문가들은 가정 및 기관중심 프로그램을 결합하고 전문가의 자문을 통합하는 식의 프로그램 설계를 통해 아동과 가족을 위한 맞춤식 지원을 고안한다(Guarlnick, 1998).

　　학령기 학생들을 위한 배치 결정은 일반적으로 1장에 제시된 연구상자 1.5의 배치의 연속체와 비교된다. 문제를 보다 복잡하게 만드는 것은 몇몇 지적장애 학생들의 경우 관련 서비스(예 : 물리치료, 언어치료 또는 보조공학)를 필요로 하기에 배치에 있어서 그 점이 고려되어야 한다는 것이다. 만약 교육이 효과적일 경우 학령기 동안 학생의 요구 그리고 그에 합당한 환경 또한 변할 수 있다. 초등학교 저학년 시기(5~8세)에 어떤 학생은 학습의 기초를 세우기 위한 집중적인 중재를 필요로 할 수 있다. 여기에는 옷 입기, 양치질하기, 용변 보기 또는 대체의사소통체계 사용을 위한 집중적인 교수와 같은 생활 기술에 있어서의 구체적인 교수들이 포함될 수 있다. 많은 지역에서 교사들은 장애 아동의 '사회화 경험'을 목적으로 일반유치원 또는 1학년 환경에 일시적인 배치를 할 수 있지만 기본적으로는 분리된 특수교육 환경에서 집중적인 교수를 제공한다. 어떤 지역에서는 모든 교수가 일반학급 환경에서 전달되는 반면 또 다른 지역에서는 여전히 전일제 특수교육 환경에서 교수를 제공할 것이다. 초등학교 기간에 학교는 일반적으로 학업기술을 구축하는 시기이며, 교수 환경은 대개 일반교실을 의미한다. 많은 지역에서 일반교육을 제공하는 학급은 학생을 위한 1차적인 환경이 되며 추가적 교수가 필요할 경우에 한해 이 학급 밖으로 나가게 된다. 이러한 일이 발생하게 되면 학생들은 어떤 기술 영역에서 구체적인 교수를 받기 위해 특수교육 환경으로 갈 수 있으며, 그런 후에는 다시 일반학급으로 돌아간다.

　　중학교 기간 동안 몇몇 학생들은 직업 훈련 프로그램에 들어가는 반면, 다른 학생들은 일반교육 과정에 초점을 맞춘 학급에 그대로 남아 있다. 직업 프로그램에 들어간 학생들은 종종 학업을 위한 학교 기반 수업과 졸업과 동시에 취업할 수 있도록 준비시키기 위한 경험을 위해 일과를 나누어서 사용한다(Flexer, Simmons, Luft, & Baer, 2001). 직업 프로그램은 주로 학생이 다니고 있는 학교 내에서 실시하는 작업 경험들로 구성되지만 하루 일과 중 일부 시간을 직업고등학교에서 사용할 수도 있다. 고등학교 기간 동안 학생들은 직업 준비 과정을 밟을지 아니면 일반교육 과정을 계속 이수할 것인지에 대한 결정을 내려야 한다(Flexer et al., 2001). 취업을 준비하는 많은 학생들은 캠퍼스를 벗어나 직무 현장(예 : 공립 도서관)에서 일과 시간의 절반을 보낸다. 교사나 보조교사들 중 직무 코치는 그곳에서 학생이 성공하는 데 필요한 정보를 얻기 위해 현장조사를 실시할 것이다. 또한 직무 코치는 특정한 직무 과업(예 : 책을 서가에 정리하기 위해 도서관의 카탈로그 시스템을 사용하기)뿐만 아니라 관련 근무 태도(정시에 도착하기, 동료들과 상호작용하기)를 위해 교수 및 감독을 제공할 것이다. 최근에 직무 코치들은 지역사회에 기반한 고용환경에서 학생들을 위한 최우선적인 교수 실행자가 되었다(Bennett, Brady, Scott, Dukes, & Frain, 2010; bucholz & Brady, 2008).

표 12.1 성인을 위한 배치상의 고려

독립적 옵션	지원적 옵션	보호적 옵션
	직업 환경	
• 지역사회에서 경쟁직업 • 직업/기술학교 • 가족 구성원에 의한 고용 • 자영업	• 이동성이 있는 직무요원 • 지역사회 고용, 고용주가 제공하는 직무코치 • 지역사회 고용, 기관이 제공하는 직무코치 • 피고용인 지원 프로그램 • 중등 이후 옵션	• 보호 작업장 • 활동 센터 • 일하지 않고 집에 머묾
	거주 환경	
• 주택 임대 • 주택 구입	• 지원 임대주택 • 단기 양육가정 • 가족과 함께 거주	• 그룹홈 • 간호 가정 • 시설 거주

고등학교 이후의 환경도 교수적이어야 한다고 믿는 사람들은 거의 없다. 지적장애 성인들은 어떤 형태의 성인 대상 교육에 참여하고 싶어 할 수 있는데, 그것은 장애를 갖지 않은 많은 일반 성인들이 수강하고자 하는 것이다. 그간 중등교육 이후에 지적장애 성인들이 선택할 수 있는 길은 제한적이었지만 일부 대학에서는 이들이 중등 이후에도 교육 기회를 가질 수 있도록 프로그램들을 개발하고 있다(Westling, Kelley, Cain, & Prohn, 2013). 프리스쿨에서 고등학교까지의 교육체계처럼 지적장애 성인들을 위한 중등 이후의 교육 기회 또한 직업적 혹은 학문적 모형, 지적장애 학생들이 일반 대학생들과 함께 수강하는 통합적 모형 혹은 절충 모형 등으로 구분될 수 있다(Grigal & Hart, 2010). 중등 이후 프로그램은 전문대학, 직업학교, 성인교육 프로그램 또는 장애인을 위한 기타 지역사회 조직들을 통해 이루어질 수 있다(Hunter & O'Brien, 2002; Webster, Clary, & Griffith, 2001). 어떤 성인들은 추가적인 교육이나 직업훈련을 추구하지 않고 가족 사업이나 개인적 활동에 참여하기 위해 그저 홀로 남겨지기를 원할 수도 있다(Bannerman, Sheldon, Sherman, & Harchik, 1990). 성인들이 획득하게 되는 '전문적 프로그래밍'의 수준에 관계없이 환경은 대부분의 성인들이 시간을 보내게 되는 직업 환경 그리고 거주 환경의 두 가지 일반 환경으로 나뉜다(표 12.1 참조).

지적장애인을 위한 직업 환경은 일반적으로 경쟁 환경, 지원 환경 그리고 보호 환경으로 구분된다. 지역사회와 학교 환경에서 이전부터 성공해 왔거나, 직업에 필요한 기술과 자신감을 모두 갖춘 성인들은 때때로 독립적으로 혹은 경쟁을 통해 지역사회 고

조슈의 경쟁고용

조슈는 지역 월마트의 정원용품 코너에서 일하게 되었다. 그곳에서 일하는 한 이웃이 조슈의 가족에게 그 일자리 정보를 주어 그가 취업을 하게 된 것이다. 조슈는 혼자 힘으로 지원했고 소개했던 이웃이 관리인에게 추천을 해 주어 바로 그 주에 고용되었다. 조슈가 직접 운전을 하지는 않지만 그의 여동생이 매일 등하교 길에 월마트를 지나면서 조슈를 태워주었다. 조슈는 경쟁을 거쳐 지역사회에서 직업을 얻었고 이웃(직업을 찾고 고용되는 과정)과 그의 여동생(출퇴근 교통편)의 자연스러운 지원을 얻은 것이다.

용에 참여한다. **경쟁고용**(competitive employment)이란 관련 유급 전문가들의 체계적인 지원을 받지 않고 직업을 얻고 유지하는 것을 의미한다. 실제로 많은 지적장애 성인들이 비장애인들과 함께 섞여서 다양한 직업에서 성공을 거두고 있다(Halpern, 1990). 일반적으로 이에 해당하는 직업들에는 점포, 서비스업, 군부대 등에서 저임금을 받는 낮은 직급 일자리들을 꼽을 수 있다(Pumpian, Fischer, Certo, & Smalley, 1997). 여기서 받게 되는 지원은 동료, 가족 구성원, 고용주가 자연스럽게 제공하는 것에 한정된다(예 : 유급 직원에 의한 지원은 제공되지 않는다).

지원고용(supported employment)은 피고용인이 체계적인 지원, 보조, 및 편의 사항의 혜택들을 기대할 수 있다는 점에서 경쟁고용과 차별화된다. 이들 지원은 직무코치, 교사, 재활 상담가, 또는 직장동료에 의해 제공될 수 있지만, 그 지원은 개인이 지역사회 환경 내 직장에서 성공할 수 있도록 설계된 계획적 활동들의 결과인 것이다(Storey, Bates, & Hunter, 2002). 이것은 주류사회 밖에서 장애인들만의 활동이라 할 수 있는 **보호고용**(sheltered employment)과는 분명한 대조를 이룬다. 지원고용 활동을 위한 환경은 매우 다양하다. 지적장애 성인을 위한 경쟁 및 지원고용 환경은 비장애 노동 인력과 동일한 지역사회 내 장소를 이용한다. 보호고용 환경은 주로 중등도에서 중도장애를 지닌 사람들을 위해 마련된 작업장 환경이며, 일반적으로 이들 피고용인들이 경쟁 혹은 지원고용쪽으로 옮겨갈 수 있도록 노력하고 있다.

주거 환경 역시 위와 유사하게 독립적인 지역사회 생활, 지원생활, 그리고 보호생활로 구분된다. 오늘날과 같이 복잡한 세상에서 지적장애 성인이 지역사회에서 혼자만의 힘으로 살아가기는 거의 불가능하다. 또한 1900년대 중반 이전에는 일반적이었지만 완벽하게 격리된 지역사회에서 사는 이도 거의 없다(Crane, 2002; Wolfensberger, 1973). 대다수의 지적장애인들은 가족과 함께 살고 있다(Lakin, Braddock, & Smith, 1996). 가족으로부터 독립해 선택할 수 있는 거주 유형으로는 **지원생활**(supported living)과 **보**

글로리아의 지원고용

글로리아가 고등학교를 졸업할 무렵, 직업재활(vocational rehabilitation, VR) 상담가는 어느 식물원에서 난초관을 담당할 사람을 찾고 있음을 확인했다. 직업재활 상담가는 글로리아가 그 일자리에 구직신청하도록 도왔고, 면접에도 그녀와 동행했다. 면접을 통해 글로리아가 비료를 혼합하고 일정에 맞춰 물주는 것을 학습하려면 약간의 도움이 필요하다는 점이 분명해졌다. 직업재활 상담가는 직무코치를 확보해서 처음 며칠 동안 글로리아와 동행하며 그녀에게 비료와 물 주는 일정을 가르치도록 했다. 그후 직무 코치는 무선 마이크와 이어폰을 통해 글로리아에게 간헐적인 언어적 촉구만을 제공하는 방식으로 지원 수준을 낮추었다. 글로리아가 일에 어느 정도 숙련되자 직무 코치는 '방문' 형식으로 회사에 들러 그녀의 업무 수행을 점검해 주었는데, 이러한 점검은 회사, 글로리아, 가족 모두가 더 이상 감독이 필요치 않다고 동의할 때까지 계속되었다. 이 계획을 통해 식물원은 글로리아를 채용할 수 있었다. 직장을 찾고, 거기서 일하도록 준비하는 데 지원을 제공하고, 그녀의 전환을 감독함으로써 글로리아는 지금 식물원의 지원고용인이 된 것이다.

호생활(sheltered living)을 들 수 있다. 지난 40여 년 동안 시설 및 간호 가정(nursing home)에 기반한 보호생활을 줄이고자 하는 움직임이 꾸준히 있었다. 비록 그러한 배치가 여전히 존재하지만 이들 환경의 크기는 꾸준히 감소하고 있다(Conroy, 1997). 현재 대부분의 장애인 거주 시설은 시설당 12명 이내이다(Lakin et al, 1996; Stancliffe, 1997). **그룹홈**(group homes) 또는 지역사회 생활센터로 널리 알려진 이 거주 시설들은 일반적으로 지역사회 내에 위치하고 있으며, 건물 또한 지역사회의 것들과 유사하다. 그룹홈에는 종종 지적장애 성인 4~6명이 함께 거주하며, 그곳에 상주하거나 다른 직원과 교대하는 직원을 위한 생활 공간으로 이루어져 있다. 이와 대조적으로 지원생활의 경우 거주인이 장애인으로만 제한되지는 않는다. 지원생활에서는 장애인을 위한 한두 개의 연립주택 또는 아파트가 수많은 일반인들 거주 시설과 함께 있을 수 있다. 거주지의 특성은 이웃의 특성을 반영하기 마련이다. 직원이 가까운 이웃으로 살면서 그들은 한 주에 몇 차례 방문하곤 한다.

학교 환경과 마찬가지로 지역사회의 직장과 주거는 지적장애인이 사회의 정상적인 흐름과 박자에서 맞춰 성장하고 참여할 수 있는 기회를 제공해 준다. 그러나 학교 환경이 그렇듯이 배치만으로는 성장과 수용 그리고 참여를 보장할 수 없다. 지적장애 성인이 지역사회 생활에 완전하게 참여하기 위해서는 지속적인 지원과 교육이 요구된다(Larson, Lakin, & Hill, 2012; Pumpian et al., 1997). 지역사회에 기반하여 직업 및 일상생활에 제공해 줄 수 있는 지원 방법들 일부가 표 12.2에 제시되어 있다.

표 12.2 성인 주거 환경에서의 지원 형태
지역사회 생활을 촉진시키는 지원들
직업 지원
● 급여 확인 ● 휴가, 월차 등을 사용하기 위한 일정 계획 ● 고용주 만족 정도 점검 ● 직무 또는 작업 환경의 변화에 대한 준비 ● 동료 상호작용 점검 ● 작업장에서 사생활 확보 ● 작업 습관 및 행동에 대한 안내 ● 작업 수행, 지원 요구, 만족도 사정 ● 직무 코치, 작업 재구조화, 일정 수정의 필요성 사정
주거 지원
● 임대료 지불 안내 ● 병원 예약 지원 ● 여행 및 이동 확인 ● 건강보험, 사회보장, 의료보험 점검 ● 세탁소, 장보기, 식사 준비에 대한 조언 ● 처방전 발급 안내 ● 여가활동을 위한 일정 계획 지원 ● 가정에서 사생활 확보 ● 이웃, 룸메이트와의 상호작용 점검

어떤 원리들이 교수 환경에 대한 결정을 안내하는가

오늘날 교육자들은 지적장애 학생들을 가르치기 위한 매우 효과적인 방법들을 폭넓게 알고 있다. 이전 장들에서 기술된 교육과정 설계 전략, 집단교수 모형, 교수 전달 요령, 자료 수집 및 사정 절차 등이 다양한 교수 환경에 걸쳐 시행될 수 있다. 그럼에도 어떤 서비스와 지원이 필요한지, 그것들이 어디에서 전달되어야 하는지 등의 쟁점을 다룬 법적 문제점들이 발생했다(Brady, McDougall, & Dennis, 1989; Osborne & Dimattia, 1994; Yell, 1998; Zirkel, 2013). 이런 법적 문제점들 중 다수는 특수교육 프로그램이 일반 또래와 분리될 때 과연 합리적으로 제공될 수 있는지 여부에 대한 의문을 제기한다. 과거 한 재판에서(Orenich, 1988) 법정은 서비스를 제공하기 위해 학생을 분리된 학급으로 이동시키기 전에 일반교육환경에서 학생의 개별화교육프로그램(IEP)을 실행하는 데 필요한 모든 절차를 이행하고 필요한 지원과 서비스를 제공할 것을 명령했다. 이와 유사한 판례[Briggs 대 Connecticut Board of Education(1988)]에서 법정은 만일 분리된 특수교육 프로그램에서 제공되는 특화된 서비스를 통합환경에서도 제공할 수 있다면 그 서비스는 통합환경에서 제공해야 한다고 결정한 바 있다.

많은 교육자들이 관련 서비스는 분리된 환경에서 제공하는 것이 타당하다고 생각할수 있다. 서비스 비용의 관점에서 일부 교육자들은 서비스 제공자들이 같은 장소에서 많은 학생들에게 접근할 수 있도록 학생들을 집단으로 편성하는 것을 선호한다. 비용이라는 요인만 놓고 보면 이것은 서비스 전달의 효율성을 높이는 것처럼 보일 수 있다. 관련 서비스에는 교통, 언어치료, 청각 서비스, 심리 서비스, 물리 및 작업 치료, 치료적 여가활동, 사회사업, 상담서비스, 재활상담, 방향 정위 및 이동성 등이 포함된다. 이들 서비스는 비용이 높을 수 있다. 그러나 비용은 어떻게, 어디서 관련 서비스를 전달할 것인지를 결정하는 데 있어서 최우선적 요인이라고 할 수 없다. IDEA에 분명하게 기술되어 있는 원칙 한 가지는 특수교육과 관련 서비스는 학생의 요구에 기초해야한다는 것이다. 관련 서비스에 대한 결정에 있어서 서비스, 지원, 환경은 학생이 성장하고 발달하는 데 필요한 것에 기초해야 한다는 학습의 관점에 대한 고려를 포함해야만 한다. 이 원칙은 30여 년 전 Roncker 대 Walter(1983) 소송에서 한 판사가 **유출의 원칙**(principle of exportability)을 고안해 확립된 것으로서, 일반 또래와 함께 교육받을수 있는 선택이 법에서 허락된다면 관련 서비스와 지원을 위해 장애 학생을 분리 환경으로 유출시키지 말고 일반 또래와 함께 교육받을 수 있는 환경으로 유출해야 한다는 내용이다(사건상자 12.2 참조).

여러 재판들에서 법원의 LRE에 대한 해석은 차이가 있었다(Osborne & Dimattia, 1994). 초기의 판례를 살펴보면, 교육자가 분리된 환경을 '적절한' 교육을 전달할 수있는 통로라고 정당화할 수 있다면 분리 환경에 배치하는 것을 허용해 주었다. 보다 최근의 판결들에서 법원은 학생의 목표를 추구하는 데 있어서 보다 통합적인 환경이 부합되지 않을 때에 한해 분리 환경에서의 교수를 허용하였다. 이제 법원에서는 일반 교육 환경에서 학생을 분리시킬 경우 이에 대한 상당한 사유를 요구하고 있는 IDEA 의무조항을 지지하고 있다(Boschwitz, 1988). 1994년에 Sacramento City Unified School District 대 Rachel H. 소송을 통해 하나의 법적 원칙이 형성되었다. 서비스에 대한 학생의 요구와 통합환경을 지지하는 IDEA 사이의 균형을 맞추는 데 있어서 법정은 Rachel H. 4요소 테스트라 불리우는 논리를 정립한 것이다. 이 테스트는 다음의 네 가지 구체적인 교수 관련 쟁점들에 대한 균형을 맞춤으로써 특정 배치의 적절성을 판단하도록 하는 것이다.

1. 분리된 특수교육 수업의 혜택과 비교할 때 일반교육 수업(관련 서비스와 함께)이

차이를 만들어 낸 사건 **12.2**

1983년—Roncker 대 Walter 소송 : 재판을 통해 특화된 서비스의 제공에 있어서 유출의 원칙을 세웠다.

1970년대 말과 1980년 초에 주 및 연방 법원에 교육 배치와 관련된 수많은 소송이 제기되었다. 이 소송들에서는 특히 '최소제한환경'이라는 용어의 판정 기준을 명확하게 하려는 노력이 있었는데, 학교 배치에 있어서 다른 비장애 학생들의 존재 또는 부재 여부가 최소 제한을 가르는 기준이 될 수 있는지가 핵심이었다. 많은 소송들이 법률적 절차에 있어 난항에 빠졌을 때 *Roncker 대 Walter* 재판은 배치가 제한적인지 여부를 결정하는 분명한 테스트를 제공하였다. 한 중도의 지적장애 학생을 공립학교에 배치할 경우 교육적 혜택을 받을 수 없다는 주장을 하면서 해당 학교구는 그 학생을 특수학교에 배치하고자 했다. 학교구는 특수학교에서 특화되고 치료적인 서비스가 제공될 수 있으며, 나아가 서비스 비용면에서도 공립학교에 비해 분리학교에서 서비스를 제공하는 것이 더 저렴하다고 주장했다. 그러나 재판부는 교육구의 논리에 동의하지 않았다. 비록 일반학교 환경에서 특화된 서비스를 제공하는 것이 더 어렵더라도 학생이 미래에 분리된 환경이 아니라 보다 자연스러운 환경에서 살 수 있게 준비시키는 것이 학교의 임무라는 점을 상기시켰다. 특히 재판부는 통합의 기회를 촉진할 수 있는 학교 활동을 더 많이 할 것을 요구했다. 재판부는 특수교육 서비스를 위한 '최소제한성(least restrictiveness)'은 유출(export-ability) 테스트에 의해 판단 가능하다고 설명했다. 그것은 분리된 환경에서 제공 가능한 특화된 서비스가 통합된 학교 환경으로 타당하게 유출 가능한가를 검증하는 것이다. 재판부는 그러한 실용적 질문에 대한 해답을 구하는 것이 주류화 및 통합과 관련한 보다 철학적인 쟁점들보다 더욱 중요하다고 결정했으며, 그 결정은 최소제한환경과 관련된 이후의 수많은 소송들에도 영향을 주었다.

    주는 혜택의 정도

2. 장애가 없는 학생들과 상호작용하는 비학업적 혜택들

3. 학급에서 교사와 다른 학생들에 대한 장애 학생의 영향

4. 통합 프로그램의 비용

    이 4요소 테스트는 많은 지적장애 학생들의 교수 환경과 관련한 의견 차를 해결하는 방법의 하나로서 전문가와 가족들에게 도움이 되어 왔다.

    유출(exportability) 가능성에 대한 검증 그리고 Rachel H.에 의해 확립된 원칙과 더불어 환경 선정을 위한 가장 단순한 원칙 한 가지는 배치가 개별 학생의 교수적 요구를 얼마나 지원하거나 방해할 수 있는가에 관한 것이다. 다시 말해서, '교육과정 오리엔테이션'이 학생의 교육적 요구, 목적과 교육과정에 부합하는 환경을 선택하는 데 사용되어야 한다는 말이다(Scott, Clark & Brady, 2000). 효과적인 배치란 그 배치가 교수 전달에 도움을 주어 학생의 진보에 긍정적인 영향을 주는 경우이다. 예를 들어, 지적장애 학생을 위한 교수 목표가 일반교육과정에 대한 접근성을 높이거나 사회적 기술 및 일반 또래들과의 관계를 향상시키는 것이라면 이에 걸맞은 교수 환경은 일반학교의 전형적인 일반교육 학급이 될 것이다. 분리된 특수교육 유일의 환경은 학생들의 그러한 목표를 충족시켜줄 수 없다. 만일 고용 혹은 지역사회 생활을 위한 특수훈련이

교수 목표로 잡힌다면 그 학생의 교육과정을 지원하는 환경은 지역사회 노동과 주거 배치를 포함하게 될 것이다. 물론 이 원칙은 지적장애 성인까지 확대된다. 만약 환경이 성인으로 하여금 일반적인 지역사회 환경에서 보다 성공적으로 목표를 성취하는 데 도움을 주는 기회, 지원, 서비스를 포함한다면 그 성인 환경은 역량을 강화해 주는 환경이라 할 수 있다.

> 지적장애 학생이 나이를 먹어감에 따라 교수 환경이 변화할 수 있는가? 예를 들어, 지역사회 중심 환경을 향한 움직임은 통합교육으로부터 멀어짐을 의미하는가?

조절은 환경을 보다 교수적으로 만든다

교수적 조절(instructional accommodations)은 대부분의 환경에서 교수의 질을 향상시킬 수 있다. 교수적 조절에는 지적장애 학생들이 자신의 장애에서 초래된 어떤 제한들을 직면하고 극복하는 데 도움이 되는 적합화(adaptation), 조정(adjustment), 변화(change), 및 지원(support) 등이 포함된다(Beech, 1999). 조절은 교수 형식, 테스트 형식, 또는 교육과정의 변경을 포함할 수 있는데, 수업 양식(예 : 구두 발표 혹은 문건 제시) 또는 기술 장치(예 : 큰 활자로 된 책 또는 의사소통장치) 사용의 변경을 의미할 수도 있다. 지적장애 학생을 위한 조절은 일정상의 단순한 변경에서부터 개별적이고 개인적인 일정의 수립에 이르기까지 다양할 수 있다. 많은 지적장애인들은 일반적인 학교, 지역사회 및 직장에서 최소의 변경만으로도 충분한 혜택을 입을 수 있고, 어떤 이들은 상당한 수준의 조절을 요구할 수도 있다(Fraser, 2013; Scott, Vitale, & Masten, 1998).

Brown과 그의 동료들(1979)은 일찍이 교수적 조절을 위한 이론적 근거를 제공한 바 있다. Brown 등은 조절체계를 통해 장애인들이 일상에 참여할 수 있도록 격려함으로써 일반 학교 및 지역사회 환경을 보다 가깝게 만들 수 있다고 지적했다. 이 논리는 교수적 조절을 제공함으로써 많은 통합교수 환경이 덜 제한적이 되고 장애 학생들에게 보다 교육적인 환경이 될 수 있다는 것을 의미했다. 이러한 조절을 통해 학생들은 일반교육환경에서 일어나는 다양한 활동에 적어도 **부분적 참여**(partial participation)를 가능하게 할 수 있다. Brown 등은 부분적 참여의 촉진을 위한 조절을 사용하는 데 있어서 다음의 세 가지 전략들을 제안하였다.

1. 활동을 지배하는 규칙과 일정을 바꾼다.
2. 활동 중에 사용되는 자료(materials)를 바꾼다.
3. 과제가 수행되는 방식을 바꾼다.

그간 수많은 조절들이 부분 참여를 촉진하기 위해 사용되어 왔는데, 여가활동을 포함한 다음의 조절들을 점검해 볼 필요가 있다. 예를 들어, 만일 12세 지적장애 학생이 일반 골프 경기에 필요한 신체적 기술과 체력을 지니고 있지 못하다면 그 학생이 코스를 2~3일에 걸쳐 완수할 수 있게 해 주는 **규칙과 일정의 조절**을 적용해 볼 수 있다. **자료의 조절**로는 학생이 견고하게 거머쥘 수 있도록 충분히 굵은 손잡이가 달린 개조된 골프채를 제공하는 것을 들 수 있다. 학생이 지닌 시각적 식별 문제를 보상하기 위해 공을 얹어 놓는 받침대를 지면에서 18인치 위로 올리는 것은 **과제 수행 방식의 조절**에 해당한다. 이 조절들 각각은 학생을 장애인들만 참여하는 여가활동에 보내지 않고 일반 또래들과 함께 하는 골프 경기에 부분적인 참여를 할 수 있게 도와준다.

Brown 등(1979)이 제안한 조절 전략들을 포함해 Scott 등(1998), Beech(1999), Fraser(2013)는 장애 학생을 위해 일반학급에서 사용하고 있는 다양한 조절들을 조사한 바 있다. 이들은 지적장애 학생만을 위한 조절에 국한하지 않고 다양한 장애 학생들을 위해 적용되고 있는 학업적 조절에 특히 주목했는데, 이를 종합하면 교사들에게 다음과 같은 조언들을 해 줄 수 있다.

1. 학습을 지원하기 위한 교수적 조절은 명시적 의사결정 과정을 통해 선정한다.
2. 조절에 대한 학생의 요구가 일상적 조정(typical modification)을 포함하는지 본질적 조정(substantial modification)을 포함하는지 결정한다.
3. 수업에 필수적인 기술과 지식에 초점을 맞춘다.
4. 조절의 적용 기간을 결정한다. 어떤 학생들은 일시적인 조절만을 필요로 할 수 있지만, 다른 학생들은 보다 영구적인 조정을 필요로 할 수도 있다.
5. 조절은 학생의 개별화교육프로그램과 연계시킨다.
6. 지속적인 조절의 필요성을 포함해 학생의 수행을 명시적으로 사정한다.

표 12.3은 학령기 학생들을 위한 일상적 교수 조절들의 예를 보여 주고 있다.

지원과 교수적 조절에 대한 요구는 개별 학생마다 그리고 교수 환경에 따라서도 서로 상이할 것이다. 학생이 가진 장애의 정도는 조절을 위한 결정적 요소는 아니다. 조절에 대한 요구는 교수적 지원에 대한 학생의 요구를 확인한 후, 조절들이 제공될 때 학생이 성공할 수 있는 잠재적인 교수 환경을 결정함으로써 확립될 수 있다. 이 책에 기술된 다른 교수 관련 변인들처럼 조절 또한 지적장애 학생들에게 일반 지역사회 환경의 풍부한 기회들을 제공함으로써 그들의 성장과 발전을 증진시킬 수 있다.

지적장애인과 그 가족의 요구는 매우 복잡하고 다면적인 특성을 지니고 있다. 그들이 가진 능력과 문제들이 다양하다는 점은 교수 환경의 선택이 항상 쉽지는 않을 수

표 12.3 일반적인 교수적 조절의 예

조절의 유형	교수의 예
교수 방법	수업 시연 추가하기, 학생을 위한 피드백 늘리기, 체계적으로 신체적 안내 줄이기, 비디오와 오디오 자료 사용하기, 교과서 녹음하기, 집단 반응에 따라 강좌 배분하기, 내현적 코칭과 촉구 사용하기, 문헌에 근거한 행동중재 적용하기
교수 자료	안내노트 제공하기, 교과서 글에 강조선 긋기, 숙제 줄여 주기, 학생의 형광펜과 포스트잇 사용 허용해 주기, 선행조직자 활용하기, 전자계산기 사용하기, 점진적인 자료 공개, 교수 계획안 작성하기
학습 전략 교수	학생에게 공부 기술 가르치기, 암기 전략 사용하기, 받아쓰기 요령 가르치기, 사전교정 절차 사용하기, 어려운 글 미리 읽기, 학생이 수업 내용을 자기 말로 정리하도록 하기, 개념지도와 흐름도를 사용하도록 가르치기
집단 변경	또래들이 서로 큰 소리로 글을 읽게 하기, 협력집단 사용하기, 수업 중 휴지기 사용하기, 또래의 강의 노트 교환하기, 집단 구성 형태에 변화 주기
행동 개선	교수적 피드백 늘리기, 목적 설정하기, 행동계약 맺기, 비디오 자기모델링 이용하기, 사전에 어려운 일정 연습하기, 과제 지속 시간을 위해 타이머 사용하기, 선호 및 비선호 활동들을 골고루 배치하기, 학생에게 활동의 계열을 선택하게 하기, 선택하기 늘리기
평가 수정	작은 단위로 나누어 테스트하기, 테스트 시간 조절하기, 공부 지침 제공하기, 개념 안내를 위해 파트너와 함께 시험 보기, 구술시험과 지필시험 활용하기, 퀴즈 대신에 일일 진전도 측정하기, 기말 과제를 제출하기 전에 초안 완성하기, 독립적으로 시험 보기, 연습시험을 활용하기

있음을 의미한다. IDEA에 제시된 배치의 연속체는 환경에 기반을 두고 있는데, 학생의 학교교육이 실행될 장소에 대한 상세한 기술을 요구하고 있다. 그러나 개별화교육프로그램의 목적과 목표를 기술하는 데 있어서도 IDEA는 교육자들이 그러한 요구에 기반한 환경과 지원에 대한 프로그램 관련 결정 또한 요구하고 있다. 환경이 단순히 '덜 제한적'인 것을 너머 유익한 것이 되기 위해서는 물리적 환경 이상의 성장과 발달을 위한 기회들이 가득 찬 지원의 연속체가 필요한 것이다.

다시 생각해보기

당신은 특정 교수 환경에서 학생들의 학습을 돕기 위해 추가적인 조절과 지원이 투입되어야 하는지 여부를 어떻게 결정하고 있는가?

요약 체크리스트

교수 환경 문제

✓ IDEA는 학생들이 일련의 교육적 배치에 접근권을 가지고 있음을 명시하고 있다.

✓ 교수 환경에는 일반적인 학교교실이나 특수화된 배치가 포함될 수 있다.

✓ 역사적으로 지적장애인들은 다양한 교수 환경에 접근할 수 없었다.

➢ **진보적 통합—이전에는 '아웃사이더'였던 사람들을 사회의 주류에 보다 많이 포함시키려는 역사적 추세**

✓ 배치에 관한 용어상의 변화는 교수에 대한 기대감에 있어서 하나의 변혁을 반영한다.

➢ **학교교육의 두 칸 체제—학생들의 '유형'에 따라 학교 실제를 범주화하고, 장애 학생들에게 분리된 교육 경험을 초래하게 만든 경향**

➢ **배치의 연속체—일련의 교수 환경들을 규명하려는 방법의 하나로 부상**

✓ 지원의 연속체는 배치의 연속체보다 교수적으로 관련성이 더 크다.

✓ 배치의 연속체 개념은 과거로부터 지속적인 비판을 받아왔다.

✓ 주류화라는 용어를 사용함에 있어서 많은 경우 단순히 장애 학생을 일반교실에 배치하는 것으로 잘못 사용해 왔다.

➢ **물리적 공간 주류화—장애 학생과 비장애 학생들의 물리적 실재에 관한 것**

➢ **사회적 통합 주류화—장애 학생과 일반 학생 간 신중하고 계획적인 상호작용에 관한 것**

➢ **교수의 주류화—일반교실과 또래들로부터 분리하지 않고 학생들을 위한 교수적 지원을 제공하는 것**

✓ 통합학교는 일반학교환경에서 장애 학생을 제외시키지 않고 지원을 제공하기 위한 학교 개혁 노력의 결과이다.

✓ 최소제한환경(LRE)은 배치를 결정할 때 지속적으로 사용되는 원리로서, 장애 학생들이 가능한 최대한으로 일반 학생과 함께 교육받는 것을 의미한다.

✓ 최소제한환경에 대한 지속적인 논쟁은 학교교육이 최소제한적이어야 한다는 점 또는 가장 교육적이어야 한다는 점과 관련된다.

교수 환경이 교수에 영향을 주는가

✓ 교수 환경에서 직원들은 종종 보호적 관리만을 제공한다.

✓ 교수 환경은 그런 환경에 있는 성인과 학생 모두에게 영향을 미친다.

➢ **발달적으로 통합된 환경—장애 및 비장애 학생 모두를 포함한 환경**

✓ 비장애 학생들은 학생들과의 직접적 접촉을 통해 지적장애에 관해 배운다.
✓ 많은 학생들은 지적장애 학생들과의 일반적인 사회적 관계를 구축해 볼 기회가 없어 그저 '돌보는' 행동양식을 개발하게 된다.
✓ 분리교육 프로그램의 효과성은 오랜 세월 동안 의문시되어 왔다.

교수 환경은 아동이 성장함에 따라 변화한다

✓ 분리된 특수교육 환경은 주에 따라 다양하게 사용되고 있다.
✓ 많은 학교구들은 재정적 이유가 배치 결정에 큰 영향을 미친다고 보고한다.
✓ 영유아를 위한 배치는 크게 가정중심 그리고 기관중심 배치로 구분된다.
✓ 영유아를 위한 서로 다른 배치는 각기 장단점들을 가지고 있다.
✓ 학령기 아동을 위한 배치는 종종 지역사회 또는 직업 프로그램들과 연계되어 결정된다.
✓ 성인을 위한 환경에는 주거, 중등교육 이후, 직업적 선택 등이 포함된다.
  ➢ **경쟁고용**—조직화된 또는 전문적인 지원을 받지 않고 직업을 얻고 유지하는 것
  ➢ **지원고용**—개인이 일반 지역사회 직장에서 성공할 수 있도록 하는 일련의 지원 체계를 포함
  ➢ **보호고용**—장애인들만을 위한 성인 환경에서 일하는 것과 관련됨
  ➢ **지원생활**—지역사회 가정에서 성인들을 위해 간헐적 지원을 제공하는 것을 포함
  ➢ **보호생활**—장애인들만을 위한 일련의 생활환경
✓ 수많은 법적 문제들이 교수 배치를 결정하는 원칙을 세우는 데 도움을 주었다.
  ➢ **유출의 원칙**—서비스와 지원이 일반학교 환경에서 학생에게로 '유출'되어야 함을 의미
✓ 일반 환경에서 학생을 분리시키는 데에는 상당한 수준의 정당화를 요구한다.
✓ '올바른' 환경이란 학생이 성장과 발달의 기회들을 얻을 수 있도록 도와주는 곳이다.

어떤 원리들이 교수 환경에 대한 결정을 안내하는가

✓ 조절은 환경을 보다 교수적으로 만든다
  ➢ **교수적 조절**—수정, 조정, 변화 및 지원을 포함
✓ 조절은 최소한의 그리고 심각한 변화 모두를 포함한다.
✓ 조절은 규칙과 일정의 변화, 자료의 변화, 과제가 수행되는 방법상의 변화를 포함한다.
  ➢ **부분적 참여**—교수 조절은 학생들이 전형적인 일상, 활동 및 환경에 부분적으로 참

여 하도록 해 준다.

√ 교수 조절은 학생의 개별화교수계획과 연결되어야 한다.

추가 제안/자료

토론

1. 우리는 25년 후에 현재 존재하지 않는 어떤 유형의 교수 환경들을 볼 수 있을까?
2. 환경은 학업과 사회적 발달을 어떻게 가로막거나 촉진할 수 있는가?
3. 일부 교사들은 왜 지적장애 학생들에게 교수적 조절을 제공하려고 애쓰고 있으며, 또 다른 교사들은 왜 그 생각에 반대하고 있는가?

활동

1. 심한 지적장애 학생이 속해 있는 분리된 특수학급과 일반학급을 관찰해 보라. 이들 두 환경은 학습과 사회적 발달을 위한 어떤 독자적 기회들을 가지고 있는가?
2. 학급에서 학생을 위해 교수 조절을 제공하는 것에 관한 교사들의 관점을 이해하기 위해 두 명의 교사들을 상대로 인터뷰를 실시해 본다.
3. 분리된 특수학급에 속한 어떤 학생들을 관찰한 후 'Rachel H. 테스트'의 4요소를 적용해 보라. 그런 후 학생의 다음 개별화교육프로그램 수립 이전에 당신이 개별화교육프로그램 팀에 권고할 사항들을 기술해 본다.

인터넷 자료

http://www.lehman.cuny.edu/faculty/jfleitas/bandaides/

만성질병을 가진 아동, 십 대 및 성인을 위한 정보와 링크를 제공하는 사이트로 Bandaides & Blackboards의 홈페이지이다. 이곳의 정보에는 학교에서 자신의 의학적 상태에 관해 질문을 던지는 학생들을 위한 조언들이 포함되어 있다. 또한 과학, 사회 및 최근 시사에 있어서 학생들을 위해 잘 설계된 학습 페이지들로 링크할 수 있도록 되어 있다.

http://www.thinkcollege.net

지적장애 학생들의 중등교육 이후 선택에 관한 정보들을 제공하고 있다. 40개 주 이상의 대학 관련 정보를 담고 있으며, 고용과 진학 준비 프로그램들에 대한 문헌과 보고서 등을 제공하고 있다.

제5부

지적장애의 미래 방향

제13장

미래의 전망

요점 ....

▷ **철학적 관점** - 지적장애의 정의와 그 정의의 수용 범위 확대 및 그 정의에 담겨진 의미에 대해 논의하였다.

▷ **사회적 관점** - 지적장애가 있는 사람들이 자신의 전 생애를 통하여 지역사회 내에서 의미 있는 참여적 삶을 살 수 있도록 하는 전략과 소수의 장애인들이 불공정한 삶을 살 수밖에 없도록 만든 요인을 다루었다.

▷ **법적 관점** - 지적장애에 대한 법적인 영향력과 사회적 관점에 대해 고찰하였다.

▷ **의료적 관점** - 정신병리와 인지신경과학의 발달과 그 필요성을 의학연구에 참여하는 피험자의 보호책과 공공건강의 관점과 연계하여 논의하였다.

▷ **교육적 관점** - 유사한 교육적 시도 세 가지를 제시하였다.

이 장에서는 지적장애 분야의 향후 10년 이상의 발전 가능한 전망에 대하여 언급하였다. 몇 가지 시사점은 이 분야의 전문가들이 언급한 자신들의 생각이나 논문의 기록물에서 인용하여 기술한 것들이다. 그 밖의 시사점들은 우리들 각자의 고유한 생각이나 발상에서 투사된 것들이다.

이어지는 부분에서는, 우리의 1판에서 전망한 것들 중 몇 가지를 언급하였다. 이러한 전망 중에서 지속적으로 발전하고 있는 부분이나 아직도 충족되지 않은 부분들에 대한 관점과 우선권에 대하여 기술했을 뿐만 아니라 새로운 관점에 대해서도 토론을 할 것이다. 이에 더하여, '기존의 입장과 다른 사건'이나 '기존의 입장과 다른 연구 결과'들도 상자 안에 포함시켜 제시하였다. 이러한 우리들의 생각 ― 우리가 '만약에 ~ 했다면 무엇이' ― 이 향후 10년 이상의 시간이 지난 이후에 지적장애 분야의 긍정적 성과이다.

철학적 관점

AAIDD에서는 **정신지체**(mental retardation)라는 용어를 대신해 **지적장애**(intellectual disabilities)라는 용어로 변경하여 사용함을 명확히 선언한 바 있다. 그럼에도 우리가 여기에서 지적장애라는 용어에 인지장애(cognitive disabilities)라는 용어를 추가하여 포함시킨 것은 미국의 다른 여러 주에서 정신지체라는 용어 대신에 인지장애[또는 인지지체(cognitive delay)]라는 용어를 사용하고 있기 때문이다. Ford, Acosta, 그리고 Sutcliffe (2013)는 정신지체라는 용어를 대신할 본질적인 어휘를 찾기 위하여 미국의 법률적 문서를 분석하여 그것들에 포함된 공식적인 용어(official terminology)에 대하여 종합 검토한 바 있다. 그 결과 앞 장에서도 언급한 바 있었던 로사법(Rosa's Law)에 근거하여 연방정부, 건강, 그리고 노동 관련 분야에서는 **지적장애**(intellectual disabilities, intellectual disabled)라는 용어가 사용되고 있음을 확인할 수 있었다(Ford et al., 2013). 위의 경우와 조금 다르기는 하지만, 그 밖의 조직(예 : WHO)에서도 이와 비슷한 용어를 사용하고 있음을 확인할 수 있었다. 따라서 정신지체라는 용어처럼 낙인과 같은 성격을 가진 용어를 희석시키거나 제거하려는 움직임이 광범위하게 지지를 받게 되었다. 그러나 명명, 분류, 호칭과 관련해서는 여전히 논란의 여지가 남아 있다.

Schalock과 Luckasson(2013)은 지적장애라는 용어를 사용할 경우 반드시 알고 있어야 할 몇 가지 중요한 사실에 대하여 다음과 같이 정리한 바 있다. 따라서 이들 사실은 용어를 사용하는 데 따른 조건에 해당된다고 할 수 있다.

- 이 용어는 극히 제한적인 것으로 보아야 한다. 왜냐하면 단순한 조건만을 참고한 것이기에 때문이다. 따라서 다양한 부분에서는 달리 사용될 수 있음(차별화)을 허용하여야 하고, 용어를 사용함에 있어 지속적인 의사소통을 하여야 한다(p.87).
- 이 용어는 이 분야에 관심이 있는 다양한 사람들(소비자, 가족, 학교, 의료인, 공무원, 법률가 등)이 지속적으로 사용하여야 한다.
- 이 용어는 현재까지의 관련 지식과 향후 발전 가능한 새로운 지식과 지속적인 연관성을 가지고 있어야 한다.
- 이 용어는 정의, 진단, 분류, 교육지원 계획과 그 밖의 지원 등과 관련하여 복합적인 목적으로 사용되어야 한다.
- 마지막으로, 이 용어는 지적장애라는 이름이 붙여진 사람들(지적장애인)의 성장 발달에 도움이 되도록 묘사되고 그들 집단 구성원들에게 중요한 의미 부여가 되도록 소통되어야 한다(Schalock & Luckasson, 2013).

이들 저자들은 **지적장애**라는 용어가 이해 당사자(stakeholder)들 사이에서 논란이 있었지만 흥미롭게도 앞의 다섯 가지 준거들에 대해서는 의견이 서로 부합되었다고 하였다. Schalock과 Luckasson(2013)은 "명명을 위해서 어떤 용어를 선택하여야 할 경우에는 반드시 지적장애인의 개인적인 맥락과 사회적 맥락, 그 용어가 의도하는 것과 그 의미가 받아들여지는지의 여부, 그리고 당사자의 주인의식과 그 용어의 파생력(힘)을 심도 있게 고려하여야 함을 강조하였다"(p.96). 이들은 **지적장애**라는 용어가 지금 이 시대에서는 가장 적합한 용어로서, 다른 용어들 예컨대, 지적-발달장애(intellectual-developmental disorder)라는 용어는 불필요한 갈등을 야기시킬 뿐만 아니라 지적장애 관련 분야를 복잡하게 함으로써 결국에는 지적장애 분야를 분열시킬 수 있고, 끝내는 세계적으로 일치된 견해로서의 **지적장애**라는 용어를 받아들이는 것에 대해 방해가 될 수 있다고 주장하였다(p.96). 따라서 **지적장애**라는 용어는 AAIDD와 다른 기관에서도 가장 선호하는 용어로서, 적어도 이 용어가 다음 10년까지는 사용될 것이다. AAIDD의 **지적장애**라는 용어에 대한 견해가 연방 정부 및 주 정부의 교육법과 그 밖의 법에서 일관되게 받아들여지고 있음에도 불구하고 여전히 또 다른 시각이 존재하고 있다. 독자들은 Schalock과 Luckasson(2013) 그리고 Luckasson과 Schalock(2013)의 지적장애의 정의, 진단, 분류, 그리고 지원계획에 관한 논쟁의 개요에 관하여 알고 싶어 할 수 있다. 이 책 전체에서 우리가 논의했듯이, 이렇게 다양한 기능들의 궁극적인 목적은 개별화된 지원을 제공하는 데 있다. 이러한 지원은 지적장애인 당사자가 의미 있는 직업생활을 영유하고 지역사회에 참여하는 것을 강화하거나 유지하게 해 준다. 끝으로 Luckasson과 Schalock(2013)은 이들 용어는 지적장애인의 프로그램과 지역사회 참여와 배제, 낙인효과, 법적인 보호를 통한 이익, 그리고 정책 계획의 수립과 그것에 대한 보완 과정에서 무엇을 고려하여야 하는지에 직접적으로 영향을 미치게 된다고 주장하였다.

여러 해 동안 지적장애인들을 옹호하기 위한 조건과 조직의 변화 과정에서 용어의 변화가 영향을 미쳤기에, 향후 10년 뒤에는 또 다른 변화가 있을 것으로 기대한다. 다음의 주목할 만한 사건상자 13.1을 살펴보면 관련 분야 종사자와 전문가들이 인지, **지적**, 또는 **발달장애**라는 용어들 중에서 특정 용어를 선택하는 과정에서 많은 인내력을 보여 왔음을 알 수 있을 것이다.

차이를 만들어 낼 사건 **13.1**

'지적장애'라고 정의하기까지 사용된 명칭, 정의, 그리고 준거와 관련된 조직의 변화

지난 수년 동안 인지, 발달, 또는 지적장애인들을 설명하기 위하여 사용된 모욕적이고 품위를 떨어뜨리는 용어의 사용에 대한 비판이 있어 왔다. 지난 10년 동안 이들 장애인들을 옹호하기 위하여 설립된 여러 개의 조직이 **국제 학습 및 발달지원위원회**(International Association for Support in Learning & Development, ISALD) 하나의 단체로 통합되었다. 앞의 글을 통해 알고 있듯이 이 기관은 자폐 및 발달장애 분과(the Division on Autism & Developmental Disability, DADD), 국제 발달 및 지적장애 연구위원회(International Association for the Scientific Study of Intellectual & Developmental Disabilities, IASSIDD), 미국 지적장애 및 발달장애협회(American Association on Intellectual & Developmental Disabilities, AAIDD), 그리고 기타 몇몇 단체들의 통합기관이다. IASLD에서는 최근 새로운 지침 하나를 발표하였다. 이 지침에서는 학습과 발달장애를 보이는 사람들을 지원하는 데 있어서 사용되는 준거를 규정하였는데, 그것은 그들에게 서비스를 제공하기에 앞서 먼저 그들의 문제는 개개인의 각기 다른 개별적인 장애에서 비롯된 것임을 한 번씩 상기하도록 하는 것이다. 새로운 지침에는 다음과 같은 내용이 명시되어 있다.

학습과 발달을 위해 추가적인 지원을 필요로 하는 개인은 **지적인 기능**과 **적응행동** 모두에서의 실질적인 지원이 있어야 진정한 도움을 받을 수 있는 사람들로 규정하고 있다. 따라서 이들은 평생 중재(intervention) 또는 지원(support)이 따라야 하는 사람들이라고 할 수 있다. 이들을 위한 중재와 지원이 효과적이기 위해서는 반드시 연구 기반에 부합하는 것으로 구성하여야 한다. 이들의 증상은 **25세 이전**에 나타난다.

사회적 관점

장애에 대한 사회적 관점에는 서로 관련성이 없는 여러 가지의 견해들이 복합적으로 작용하고 있다. 우리는 여기에서 사회와 개인이라는 두 가지 주제를 가지고 이들의 상호 연관성에 대하여 자세히 살펴보았다. 오래전부터 사람들이 사회 속에서 어떠한 역할을 해 왔는지, 제대로 된 그 역할을 찾기 위하여 오랜 투쟁의 역사가 있었음을 자료를 통하여 확인할 수 있다. 지적장애인들이 사회에 미치는 영향과 사회적 특성이 이들 장애 개개인과 그들 가족에게 미치는 영향과 같은 이러한 사회적 입장을 적용할 경우에는 그 양상이 더욱 복잡하다고 할 수 있다.

사회 참여를 위한 의미 있는 기회

AAIDD 의장이었던 Rotholz(2009)는 자신의 퇴임 연설문의 제목을 "미래의 창조 : 과거의 유산을 넘어서(Creating the Future : Beyond Our Inheritance of the Past)"라고 하였다. 그는 여기서(p.126) "우리가 지적장애인들에게 무엇인가 도움을 주려고 생각하고 있을 때, 그들이 자신의 삶에서 의미 있고, 만족한 삶을 살기 위하여 가장 필요로 하는 것이 무엇일까요?"라는 핵심적인 질문을 하였다. 그는 연설문 속에 자신이 마음속으로 생각한 내용인 지적장애인과 그 가족들이 향후 지속적으로 제기할 그들의 욕구와 그들과 함께 활동하는 전문가들이 자신의 활동 과정에서 제기할 욕구에 대하여 핵심적인 몇 가지 측면으로 정리하여 제시하였다.

- 의미 있는 **지역사회 기반 지원**은 지적장애인들로 하여금 지역사회 내에서의 생활하려는 선택의 기회를 증가시킬 것이다. 가정과 지역사회 기반 생활 서비스와 지원은 대규모 시설에서의 생활보다 그들의 일상적인 삶을 더 선택적으로 즐길 수 있도록 할 것이다. 선택의 기회를 확장한다는 것은 이들에게 저소득층 의료보장제도를 확장하여 이를 실제로 이용할 수 있도록 하는 것이다. 유감스럽게도 지적장애인들의 75% 정도가 가정에서 생활하고 있지 않다.
- 의미 있는 **일을 할 수 있도록 하는 기회**를 지적장애인들에게 준다는 것은 매우 중요하다. 지원고용의 기회(12장에서 다루어지고 있음)가 실제로 줄어들고 있다. 보호 작업장이 여전히 여러 지역사회 내에 존재하고 있으므로 인하여 의미 없고 저임금의 일자리가 나타나고 있다. 지속되는 문제는 관료주의 사회 내에서 지역사회 기반 고용과 지역사회 내 삶에 관한 선택의 기회와 관련된 것이다.
- 지적장애인들로 하여금 적응행동 기술을 갖추도록 하거나 그들의 부적응 행동에 대해 설명을 하려면 비혐오적인 지도 방식인 **긍정적 행동 지원**이 필요하다. Rotholz는 지적장애인 또는 발달장애인들에게 여전히 "억압적인 행동 수정 기법을 기계적으로 적용"(p.130)하고 있다고 하였다. 또한 그는 긍정적 행동 지원 기법이 보다 널리 이행되도록 하기 위해서는 "조력이 가능한 지도자들로부터 철학적, 정치적, 그리고 경제적 지원을 요청하여야 한다. 또한 감독자를 위한 역량 기반 훈련, 훈련가, 직접 지원 전문가, 그리고 행동지원계획 개발자, 적절한 자격을 갖춘 사람들에 의해 개발된 행동지원계획과 같은 지원도 필요하다. 아울러 이들의 주입뿐만 아니라 이들 역량의 지원을 산출하고 입수하는 과정에서의 협력과 질적 수준의 보장과 질적 수준의 향상 방안도 필요하다…"(p.130).
- **삶의 질**에 관한 정의는 지금까지 여러 다양한 방식으로 이루어져 왔다. 그러나 삶의 질의 핵심은 매일 매일의 일상적인 경험과 삶(예 : 일, 가정생활, 여가)을 즐길 수 있느냐의 여부와 당신이 경험하는 활동을 선택하는 과정에서 당신이 의미 있게 참여하였는가와 그 활동을 누구와 함께 하였는가와 관련된다. Rotholz는 소비자 만족도 조사와 지원서비스의 순위 매김을 통하여 현재의 삶의 질에 대하여 사정하는 동향이 지원의 마련에서 나온 것임을 확인하였다. 나아가 Rotholz는 주

정부 차원의 지원정책의 질과 지원에 관한 개별적인 만족도, 지원을 통해 나타난 결과, 그리고 평가 결과에 따른 현실적인 대안 제시 체계 등을 정기적으로 측정하여 그 결과를 반영할 필요가 있다고 하였다.

교육, 일, 여가, 그리고 삶의 영역에서의 선택권 확대로 인하여 많은 성과가 있었음에도 불구하고 참여의 의미와 적절성이라는 측면에서 볼 때, 많은 지적장애인들의 지역사회 참여 비율은 여전히 아주 낮은 수준이다. 따라서 이 부분에 관한 발전과 지속을 위한 체제(사적인 지원은 물론 공공의 지원 체계), 즉 필요로 하는 지원의 마련, 의미 있는 참여 기회와 삶의 질 확대, 그리고 서비스 제공자와 수용자 간의 세심하고 적절한 상호작용이 끊임없이 이루어짐으로써 당사자에게 고유하게 필요한 지원이 가능하도록 끊임없는 노력과 도전이 필요함을 인식하여야 한다. 이러한 도전은 향후 지역, 재정, 그리고 수많은 변인들에 의해 방해받을 수 있다. 그럼에도 지원 체계의 기술 개발과 개혁에 관한 세심한 관심과 대처는 여전히 필요하다.

불균형

여러 해 동안, 특정 소수 인종 집단에 속한 사람들에 대한 과잉 대표(overrepresentation)의 문제 즉, IDEA 영역에 포함되는 장애 영역인 정신지체 학생들의 과잉 대표 문제가 여전히 핵심 현안의 문제로 남아 있다. 아프리카계 미국인(African-American) 학생들의 과잉 대표 문제가 이들 쟁점의 가장 선두에 위치한다. 이에 더하여, 영어를 제2언어로 사용하는 학생들에게도 같은 현상이 적용될 수 있다.

Gold와 Richard(2012)는 아프리카계 미국인 학생들이 특수교육 대상자로 분류되는 경우가 많다는 것에 대한 중요한 질문을 제기한 여러 문헌과 인용 자료를 정리한 바 있다. 이는 다음과 같은 내용이다.

- 명명(labeling) 자체는 개인에 대한 변별, 확인, 분류, 그리고 지원하는 효과가 있다. 한편 명명은 비정상적인 사람(deviant)이라는 인식을 갖게 하거나 이러한 생각을 강화할 수 있다.
- 중재와 평가를 위해 아프리카계 미국인 학생들을 의뢰(referrals)하는 과정에서 이들은 문화적, 행동적, 언어적 보편성을 가진 학생 집단과 유사성이 없다고 비교됨으로써 소수인종 집단으로 분류된다.
- 사정 절차(assessment procedures)에는 문화적 편차가 작용될 수 있어 이들이 단순히 규준집단과 비교됨으로써 소수인종으로서의 특성이 충분히 고려되지 못하게 된다. 따라서 몇몇 검사들에서 이들이 불균형적으로 지적장애로 분류될 수 있다.

문화적 편차는 지능, 성취, 그리고 행동의 측정 과정에 영향을 미치게 된다.

- 편견(bias)은 다수를 차지하는 사람들의 문화를 중심으로 한 평가과정에서 나타날 수 있다. 이는 의식적이거나 계획적인 경우가 아닐지라도 인종, 성별, 또 사회적 위치에서의 차이로 인해 발생할 수 있다.
- 배치의 결정(placement decisions)은 아프리카계 미국인 학생이 행동적인 문제를 가지고 있는 것으로 간주하는 일로 인해 발생할 수 있는데, 이는 다수 문화에 속하는 사람이나 학생들의 경우에는 일어나지 않는 것이다.

이와 같은 문제는 영어를 제2의 언어로 사용하는 학생들에게서 발생되는 과잉 대표와 연관된 것이기에 매우 중요한 일이다. 아프리카계 미국인 학생들에게서 흔히 발생되는 문제와 매우 유사하다(예 : 언어 사용, 시험 과정의 편차, 문화의 차이). 물론 그 밖의 여러 문제가 존재한다. 이와 관련하여 Sullivan(2011)은 다음과 같이 영어학습자(ELLs)와 관련한 여러 문제가 있음을 자신의 연구를 통하여 밝힌 바 있다.

- 과잉 대표와 관련하여 주 정부 차원에서 연구를 수행한 결과 통합교육 상황에서 특수교육을 받고 있는 장애 학생과 인지 및 발달장애 학생들 중에서 영어를 제2의 언어(ELLs)로 사용하는 특수교육 대상자가 특히 많았다.
- 배치와 관련해서는 ELLs의 경우 최소제한환경(LRE)에서 공부하는 시간이 영어를 제1언어로 사용하는 다수의 장애 학생보다 상대적으로 적었다.
- 영어교사 자격증을 가진 교사의 비율이 높은 지역일수록 그 지역의 교사들은 최소제한환경에서 교사를 하고 싶어 하였다(Sullivan, 2011).

이러한 결과는 지적장애 학생들에 대한 판별, 분류, 배치의 불균형을 초래하는 증거

차이를 만들어 낼 연구 13.1

지난 수년 동안 여러 중재반응(Response to Intervention, RtI) 연구를 통하여 그동안 신뢰도가 낮은 규준지향 평가로 인하여 특정 학습장애로 판별하는 경우가 많았음을 알 수 있었다. 이에 더하여 RtI 연구결과는 학습장애 학생들을 위한 교육적 지원계획을 수립하는 데 도움이 되었다. 또한 RtI는 조기 판별의 결과, 학습의 문제가 있다고 판별하는 사례를 줄임으로써 중재교육 또한 일반교육 장면에서 가능하도록 하였다.

이러한 RtI 과정의 성공은 인지 및 발달장애 영역으로의 확장을 가져오게 되었다. 특히 RtI는 인지 및 발달장애 학생들에게까지 확대 적용되기 시작하였다. 이는 문화적/언어적 편견을 극복하는 데 기여함으로써 결국 판별, 분류, 그리고 배치에서의 문제를 피하는 데 기여하게 되었다. 연구는 학습 기반 관찰의 중요성을 지지하게 되었고 과정의 점검, 그리고 중재가 아동에 대한 판별 과정에서 그 어떠한 전통적인 검사 방법보다 우수하였다.

로 볼 수 있다. 이러한 문제는 P.L. 94-142가 발표된 후 40년 이상이 지난 지금에 이르기까지 여전히 남아 있다. 앞의 연구상자 13.1에는 이들 문제를 해결하는 데 필요한 중요한 정보가 담겨 있을 수 있다.

법적 관점

오래전부터 법원과 법조인들은 인지 및 발달장애 분야에 많은 영향력을 행사하여 왔었다. 법적인 쟁점은 장애인 당사자가 얼마나 많은 자유를 누리고 있는지 아니면 자유를 박탈당하고 있는지의 문제와 그들의 자유가 제한되고 있을 때에 적절한 조처를 통하여 얼마나 많은 자유를 회복시켜 줄 수 있는지의 의문과 관련된 것들이다. 이러한 의구심이 옹호되고 친숙해지는 과정에서 법원은 장애인들에게 도움을 주는 상대자로서 인식되었고, 주 정부와 지방 정부도 자주 이들에게 필요한 프로그램에 대하여 보다 명확히 하고 또 구체적 지침(1927년 불임시술에 대한 Buck 대 Bell의 소송 건, 1974년 적극적 조처에 관한 Wyatt 대 Stickney의 소송의 건)을 마련하고자 하였다. 이러한 사례와 그 밖의 사건들이 지각변동을 일으키는 계기가 되어 법원은 여러 건의 사건을 통하여 도움을 주는 기관으로서 변모하여 왔다.

법적인 관점에서 두 번째 변화를 끌어낸 부분은 형사법상의 정의와 관련된 것이다. 이와 관련한 가장 최근의 사례로 들 수 있는 것이 지적장애인의 사형 집행(death penalty)에 관한 연방대법원의 위헌성 판결(Atkins 대 Virginia, 2002)이다. 이 판결은 지적장애인의 옹호와 관련하여 사법부에서 내린 가장 뛰어난 판결로 인정되고 있다. 이와 관련하여 Perske(2000)가 지적한 내용을 보면, 여러 소송의 경우에서 나타나는 바와 같이 소송 비용과 소송 지식이 재판 과정에서 크게 작용하다 보니 지적장애인들이 소송의 당사자가 되는 경우, 이로 인한 수많은 고통을 받아 왔었다. Perske가 구분하여 놓은 지적장애인이 연루된 수많은 비극적인 소송 일화들이 있다. 그중의 하나가 지적장애인에 대한 사형 집행에 관한 것이다. 그가 소개한 이야기는 리키 렉터라는 청년이 감방 밖으로 나갈 때 어떻게 피칸 파이조각을 자신의 감방 창문틀에 올려놓을 수 있었는가에 관한 것이었다. 그는 파이를 서늘하게 보관시켜 놓은 후 감방으로 돌아와서 먹으려고 했던 것이었다. 그는 조사를 받는 동안 너무도 순응적이었기에 무식한 경찰이나 판사가 바라는 대로 잘못된 고백을 통해 동의를 한 것이었다.

그 밖의 쟁점에 대한 내용이 이 책에 기술되어 있지만, 마찬가지로 정의와 관련한 명백한 쟁점 또한 법적인 입장에 영향을 미친다. Olley(2013)가 지적한 바에 의하면 Atkins 대 Virginia 소송에서 제기된 가장 큰 쟁점은 지적장애인에 대한 사형제의 철폐

였지만, 그것보다도 미국 50개 주 모두에서 **지적장애**에 대한 정의가 조심스럽게 분리되었다는 것이다. 많은 대중들의 경우, 인도주의적 상징－즉, 시민으로서의 역할을 반영하는 자비심에 비중을 두고 있었다. Atkins 대 Virginia 소송은 우리들에게 커다란 쟁점에 관심을 기울이기보다는 작고 세심한 내용에 관심을 가져주기를 유도하고 있다고 볼 수 있다. 그밖에도 정의와 관련하여 여러 형태의 조정과 관련한 문제와 입법상의 문제들이 제기되고 있지만, 인간의 여러 조건들 중에서 정상적인 조건(장애 자체가 아닌, 장애로 인한 기능상의 제약)에 해당하는 부분으로서 지적장애를 제정한 것이다. 따라서 우리는 개인이 지닌 능력은 사회적 여건에 따라 각기 다른 기능적 효과가 나타남을 깨달아야 한다(Ellis, 2013). 이 말은 다음 10년 동안 갖게 될 인지 및 지적 장애인에 대한 법적인 관점을 요약한 것이다. 우리는 Buck, Wyatt, 또는 Atkins의 소송을 통하여 이루어낸 획기적인 사건에 주목할 것이 아니라 지적장애 개인과 그 가족과 그리고 그들의 옹호자들의 건강의 지원, 교육권 확보, 그리고 지역사회 생활과 고용을 지원하는 일들에 관한 대한 보다 명확한 규정을 마련하는 등, 작지만 지속적인 압력이 될 수 있도록 하여야 한다. 따라서 법적인 쟁점을 통하여 지적장애라는 용어의 진정한 의미를 이해하고 규정하기 위한 노력이 지속되기를 진정으로 기대한다.

의료적 관점

다가올 10년은 의심할 여지없이 지적장애인에 대한 의료적 지원은 물론 그들의 출현과 관련하여 이를 예방하고 또 이와 관련한 처치 등, 의료적인 부분에서의 괄목할 만한 발전이 있을 것임에 틀림이 없다. 그러나 우리가 이러한 의학적 발전 과정에도 불구하고 의료적 지원보다 더 고집스럽게 관심을 기울이고자 하는 세 가지 측면이 있다. 첫째, 정신의학과 인지-신경과학 분야의 연구 결과에 대한 의구심이다. 둘째, 지적장애의 출현율과 발생률에 대한 국제 보건기구의 지속적인 영향력에 대한 쟁점 토론이다. 마지막으로, 지적장애를 의학적 연구의 대상으로 포함시키는 것에 대한 윤리적 문제점에 대한 토론이다.

정신의학과 인지신경과학 분야의 쟁점

Hodapp과 Dykens(2009)의 연구에 의하면 지적장애의 향후 정신의학적 연구에서 중요하게 작용할 쟁점과 의문점 다섯 가지가 요약·제시된 바 있다. 이는 다음과 같다.

- 유전자와 뇌, 그리고 행동은 어떻게 상호 연관되는가? Hodapp과 Dykens(2009)의

연구에서는 지적장애의 지능지수가 어느 정도 유전되는지에 관한 것과 그것은 개인차가 존재(낮은 지능 소유자와 높은 지능 소유자 간의 차)하는지에 관한 연구의 필요성을 제기한 바 있다.

- 환경은 아동의 성과에 어떻게 작용하는가? 본성과 양육 간의 변화와 관련한 근본적이면서도 미묘한 의문이 존재하기에 이에 대한 답을 찾을 필요가 존재한다. Hodapp과 Dykens(2009)의 연구에 의하면 환경 관련 변인이 각기 다른 유전적 소양을 가진 사람들에게 다양한 형태로 영향을 미친다고 하였다. 특히 경도 인지장애의 경우보다는 고지능군에 속한 사람들에 대한 환경의 영향과 유전자의 상호작용에 관한 명확한 증거가 제시되지 않아 불충분한 상태로 남아 있다. Snell과 Luckasson 등(2009)의 연구에서는 고지능 지적장애인의 경우 사실상 중간의 욕구를 가지고 있다는 점이 발견된 바 없어, 이러한 관점은 특정한 지원 체계 내에서의 성취라는 세심한 고려가 부족하였음을 의미한다고 볼 수 있다.

- 지적장애인은 다른 가족들에게 어떻게 영향을 미치는가? Hodapp과 Dykens는 이에 관하여 요약하기를 오랜 전부터 지적장애 아동들은 곧 가족들에게 골칫거리 또는 가슴 아픈 존재라는 생각에서 탈피하여야 한다고 하였다. 이 책의 저자들은 이들은 가족의 다른 구성원들에게 긍정적인 영향도, 부정적인 영향도 미칠 수 있다고 하였다. 그러나 이보다 더 중요한 것은 그 아동들이 가족들에게 미치는 영향들(예 : 타인들 속에서 보이는 부적응행동, 건강상의 문제, 화냄, 외모) 속에 존재하는 적극적인 요인들(active ingredients)이 무엇인지 이를 결정하고 그것들을 이해하는 것이다.

- 지적장애의 출현에 영향을 미치는 요인인 성별과 나이 중에서 무엇이 더 크게 작용하는가? 특히 Hodapp과 Dykens은 일반적인 인구 분포에서 성별의 차이가 존재하듯이 지적장애에서도 작용하는 것(예 : 우울증이 여성들 중에서 더 높은 비율로 발생하는 경우처럼)은 아닌지 의구심을 제기하였다. 마찬가지로 저자들도 종단적인 연구를 통하여 그동안 알고 있었던 장애인 출현에 대한 병인론적 영향이 어떻게 진전되는지를 더 잘 이해할 필요성이 크다고 하였다.

- 어떻게 하면 지원과 중재를 최적화할 수 있을까? Rotholz(2009)처럼 Hodapp과 Dykens도 지적장애 개인(예 : 지적장애인의 정신건강 문제에 대한 쟁점)에 대한 이중진단의 내면에 존재하는 잠재적 정신병리적 특성을 이해하기 위해서는 그에 대한 연구가 필요하다고 하였다. 정말이지 우리들이 2000~2010년까지 10년간의 경험에 의하면, 지적장애인에 대한 이중진단의 지원이 점차 증가하고 있었음은 물론 그 지원의 강도가 점차 강해졌고 그 지원의 시간도 증가하고 있었다. 나아

가, Hodapp과 Dykens은 중재와 지원은 문화적으로 이해되어야 함은 물론 또한 문화적으로 세심하게 다루어져야 한다고 강조하였다.

Hodapp과 Dykens(2009)에 의해 확인된 바 있는 여러 쟁점들에 대한 지원 문제를 학술지 *American Journal of Intellectual and Developmental Disabilities*에서 특별한 주제로 다룬 바 있다(March, 2010, vol. 115, number 2). 여기에서는 인지와 발달장애인에 대한 인지신경과학적 연구의 기여와 향후 과제에 관하여 다루고 있다(Simon, 2010). 초청 편집인인 Simon은 여러 편의 논문을 통하여 '지적 및 발달장애인과 관련된 광범위한 인지 과정적 토대'(p.82)에 관하여 발표하였다. 이들 논문을 종합 정리해 본다면 "장애의 특정 영역에 관한 인과론적 체계의 확립은 물론 확인되는 장애의 발달적 진전과 원인론에 관한 설명이 이들에 관한 일반적인 연구의 미래를 정립하는 데 있다고 본다. 장기적인 목표가 치료적 중재로 발전되었기 때문에, 많은 연구가 종료되었다"(p.79).

의학 연구자들은 유전학-인지-행동-환경요인 간의 관계에 대하여 지속적인 연구를 수행하는 것은 지적장애인의 발달과 치료에 영향을 미치는 요인을 찾아낼 수 있기 때문이다. 이러한 연구는 지적장애인 모두의 건강, 복지, 삶의 질뿐만 아니라 그들에 대한 의료 및 기타의 지원을 확보하는 데 영향을 미치는 변인에 대한 보다 깊은 이해를 담보할 수 있다.

공공 보건 분야의 쟁점

개발도상국들을 상대로 지적장애인의 출현율을 조사한 52편의 논문에 대한 메타분석의 결과가 발표되었다(Maulik, Mascarenhaue, Mathers, Dua, & Saxena, 2011). Maulik 등(2011)의 연구 결과에 의하면 이들 나라들의 출현율은 1,000명당 10.37명이 넘는 것으로 나타났다. 이들 통계는 1% 수준인 미국의 경우와 사뭇 다르다. 이들의 연구는 지적장애인의 출현율 차이를 그 나라의 수입에 따른 차이로도 구분하여 보았다. 즉, 그 출현율은 국민소득이 낮거나 중간 정도의 나라의 경우 수입이 높은 나라에 비해 거의 두 배 정도의 차이가 있는 것으로 나타났다. 또한 성인보다 아동과 청소년의 경우가 상대적으로 높게 나타났다. 이러한 결과는 몇 가지 요인들에 의해 영향을 받은 것으로 볼 수 있는데(예 : 지적장애의 판별 방법의 차이), 특히 지적장애 개인의 욕구를 충족시키기 위한 재정 지원 장치가 미흡한 나라의 경우가 출현율이 더 높은 것으로 나타난 것을 주목할 필요가 있다(Maulik et al., 2011).

이와 비슷한 결과로서, Black 등(2008)의 연구에 의하면 국민소득이 낮거나 중간 수준의 나라로서 어머니와 자녀의 부실한 영양 상태를 보이는 나라의 경우 지적장애의 출현율이 낮은 것으로 나타났다. 이들 연구자들이 예측하기로는 이들 나라들의 경우 성장 방해, 에너지 과소비, 산모의 자궁 내 태아 성장의 억제 등으로 인해 220만 명의 신생아 사망과 성장 과정에서는 5세 미만 아동의 21% 정도가 장애를 갖는 것으로 나타났다. 이는 비타민, 철분, 그리고 요오드 부족이 수백 수천의 사망을 낳는 원인으로 작용한 것이라고도 설명할 수 있다. 이는 모유수유의 영향으로 짐작할 수도 있는데 이로 인하여 100~400만 명가량의 아동 사망이 나타난다(Black et al., 2011). 이러한 결과는 매우 섬뜩한 일로서, 어느 정도의 재정적 자원만 있어도 이러한 문제는 상당 부분 경감시킬 수 있는 것이기에, 낮은 국민소득을 가진 나라들의 경우는 이러한 문제를 해결하기가 더욱 어렵다. 5세 정도의 생존한 아동들의 경우, 여전히 질병과 연관된 건강상의 문제와 학습의 문제가 여전히 무거운 짐으로 남아 있다. 따라서 고른 영양공급체계의 수립에 관한 연구가 필요하고 지속적인 영향을 미치는 위협적인 요인을 제거하려는 개선의 노력이 필요하다(Black et al., 2011).

또 다른 연구들로는 Emerson, Hatton, Liewellyn, Blacker, 그리고 Graham(2006)의 것을 들 수 있는데, 이 연구는 지적장애 자녀를 둔 7,000명의 영국 부모들을 대상으로 행복, 자아존중감, 그리고 자기효능감 정도를 조사한 결과, 비장애 부모들보다 낮게 나타났다. 그러나 이들 연구자들이 동시에 밝힌 연구 결과에 의하면 이들 지적장애 아동의 부모들의 경우, 자신들의 낮은 사회경제적 지위로 인한 사회적 안녕에서의 위험을 느끼고 있다고 생각하는 점이 사회적으로나 통계적으로 유의미한 것으로 입증되었다(p.862). 분명한 사실은 공공보건과 관련된 쟁점은 조기 사망, 질병과 연관된 문제, 발달적 결과, 정신건강상의 결과의 관련된 것으로서 아동과 부모들 모두에게는 매우 중대한 사안이다.

마지막으로, Chapman, Scott, 그리고 Stanton-Chapman(2008)은 자신들의 연구를 통하여 지적장애인의 공공보건에 관련한 많은 연구가 필요하다고 주장하였다. 이 연구에서 연구자들은 사회인구학적 변인이 지적장애인의 모든 수준을 결정하는 데 매우 핵심적인 기능을 한다고 하였다. 이들 변인에는 출생 당시의 저체중과 부모의 낮은 교육 수준이 포함된다. Chapman 등(2008)의 연구에서는 "이들 변인들이 미치는 영향으로 인하여 발생하는 다양한 원인론적 작용의 형태에 관한 광범위한 생물사회학적 관점에서의 연구가 필요함"을 제안하였다. 이러한 연구의 결과를 통해 지적장애의 출현의 기원과 영향에 관한 것들에 대해 알 수 있게 된다. 사건상자 13.2를 살펴보면 이들 영역에 대한 타개책이 제시되어 있다.

차이를 만들어 낼 사건 13.2

지구상의 선진국들은 저개발국가나 국민소득이 낮은 국가들에게 도움의 손길과 재정적 지원을 하려고 한다. 이는 이들 나라들의 어머니와 자녀들의 영양실조로 인한 매우 파괴적인 악영향을 줄이는데 초점을 둔 사업이다. 선진국들의 경우, 국제통화기금(International Monetary Fund, IMF)와 세계은행(World Bank)을 통하여 저개발국가들을 지원하기 위한 각종 프로그램을 개설하고 있는데, 대표적인 것이 농업 분야의 지원을 통한 식량의 자급자족과 경제적 여건을 개선하려는 지원 등이 있다. 농업은 그 나라 국민의 주요 직업이 되며, 그 나라의 영양의 문제를 개선하는 결과로 이어진다.

대표적인 지원기관인 유엔아동기금(United Nations Children's Fund, UNICEF)과 적십자사(Red Cross) 등에서는 영양실조로 고통받는 국가의 국민들을 위한 식량지원 사업을 실시하고 있다. 이에 더하여 선진국의 군사조직을 이용하여 이들 식량을 신속하고 효과적이고 질서 있게 배분하고 있다. 끝으로, 이들 지원 프로그램은 의약품과 의료 지원으로까지 확대되어 여러 나라에서 공공보건의 폐해로 인한 문제를 경감시키게 되었다. 나아가 정신건강보건 분야로까지 확대함으로써 그동안 특별한 경우나 커다란 경제적 부담이 아니면 접해볼 수 없었던 서비스가 지원될 수 있을 것이다.

의료 분야 연구의 참여자로서 지적장애인의 권리 보장

Iacono와 Carling-Jenkins(2012)의 연구에서는 의료 분야의 연구에 그 대상자로서 지적장애인을 참여자로서 참여시킬 때의 윤리적 기준에 대한 역사를 정리하여 제시하였다. 이들은 그동안 UN 장애인권리협약(UN Convention on the Rights of Persons with Disabilities)이 존재하고 있었음에도 불구하고 상당수의 지적장애인들의 권리가 제대로 보호되고 있지 않았었다고 하였다. 인간의 권리 침해가 지속되면서 마치 의료 분야 연구과정에서는 의료전문가들에게 복종하는 것이 수입이 괜찮은 아르바이트 자리를 얻는 것처럼 인식되기에 이르기도 하였다. Iacono와 Carlling-Jenkins가 강조한 내용은 각국은 보다 강력한 인권 보호에 관한 윤리적 지침을 마련함으로써 취약계층에 속한 사람들의 복지와 인권과 주체성을 보호할 수 있도록 하여야 한다는 것이다. 이러한 지침은 의료 연구에 종사하는 사람들에게 깊이 있는 반성을 촉구함과 동시에 그동안의 인권 침해 사례의 남용과 착취 사례를 제거하는 장치를 마련하라는 의미이다.

교육적 관점

어느 누구도 완벽한 예측을 한다는 것은 불가능하지만, 지적장애인을 위한 교육적 지원 분야에서는 그동안 괄목할 만한 발전이 있어 왔다. 지난 50년간 이루어 낸 발전은 대단하지만 향후 25년간 적어도 다음의 세 분야에서의 발전은 익히 그 전조가 충분하다고 할 수 있다.

- 교육과정으로의 접근
- 교수 지원 방법들
- 중등 이후의 교육

교육과정으로의 접근

2020년대에 들어서면서, 지난 시절의 교육계의 성과 중 가장 두드러진 것은 지적장애 학생들에게 일반교육 교육과정을 경험할 기회를 제공한 것이라고 할 수 있다. 중증 장애 학생들에게 일반교육 교육과정으로의 접근이 가능하도록 기회를 제공한 것은 1970년대부터이다. 같은 시기에 경도 및 중등도 지적장애 학생들을 위한 교육과정 계획으로는 이들을 위한 **핵심표준교육과정**(Common Core State Standards, CCSS)을 마련하여 이를 적용하려는 것이었다. 이러한 시도는 노스캐롤라이나대학교의 샬럿 캠퍼스에서 Browder, Spooner, 그리고 제자들의 노력과 UDL(Universal Design for Learning, www.cast.org 참조)의 제안에 의해서 이루어진 것이기에 함께한 사람들에게 감사를 드린다. 일반 교과교육 교육과정의 제공은 대부분의 중증 지적장애 학생들에게 논리적 선택(logical option)을 할 수 있도록 하는 기회를 제공하였다.

금세기의 중간 지점에 도달했을 즈음에는, 일반교육자와 특수교육자들은 비록 이들의 교육과정이 거의 받아들여지지 못한다 할지라도, 그 기틀은 성공적으로 마련할 수 있을 것이다. 지적장애 학생들이 단지 지적장애를 가지고 있다고 하여 교과학습 교육과정이 그들에게는 금지구역(off-limits)과 같이 여겨지는 측면에 대하여 심도 있는 고찰이 요구된다. 비록 그들이 최고 수준의 강력한 지원을 필요로 하는 학생들이라 할지라도 일상적인 교수법(daily instruction)을 CCSS와 연계시켜 적용할 수 있을 것이다. 진보된 교과학습 교육과정을 적용한다고 하여 그동안 오래된 숙제였던 모든 학생들에게 공통의 일반교육과정의 표준을 **적용시켜야 한다**는 문제를 해결할 수 있는 것은 아니다. 그렇다면 미래지향적 교육과정의 틀(tool)은 학생들의 교육과정 내용을 CCSS, 현재와 미래 환경에서 요구되는 기능적 기술들, 또는 추구하는 영역 내(예 : 고용 준비)에서 성장하는 데 도움을 주는 그 밖의 교육과정 단위에서 도출하여 설정하는 데 도움이 되는 개별화 교육과정 도구(device)가 되어야 할 것이다. 오랫동안 관심을 두지 않아서 잠재적인 것에서조차 부합하지 않는다 할지라도, '개별화교육프로그램 형태(IEP-Type)'의 계획은 미래 세대들에게는 보다 정교하게 발전될 수 있을 것이기에 모든 교수적 자원에 연계되어 배분될 수 있을 것이다.

다행스럽게도, 교수법은 일반교육과정에서 도출된 내용과 매우 관련성이 높으므로 대부분의 장애 학생들을 일반학급에 배치하는 것이 가능할 것이다. 이에 더하여 교육

차이를 만들어 낼 연구 13.2

효과적인 지도를 위한 협력에 관한 다년간의 연구 결과

CET(Coalition for Effective Teaching)에 참여한 연구자들은 여러 학교에 재학 중인 학생들이 각기 다른 환경에 배치되어 있는 상황에서 그들의 교과학습과 사회성 발달의 정도를 밝히기 위한 지난 25년간의 종단적인 연구 결과를 발표하였다. 14개 주에 산재한 학생들은 다양한 능력의 학생들이 속한 학급과 단일한 능력의 학생들이 속한 학급에 교차적으로 배치되게 되었다. 이들 연구자들이 얻은 결론은 다음과 같다.

- 지적장애는 물론 그 밖의 위험요소를 지닌 학생들이 그들의 능력과 비슷한 학생들과 함께할 수 있도록 설계된 학급에서 생활하였을 경우, 교과학습 또는 사회성 발달에서의 효과가 거의 나타나지 않았다.
- 자신들의 능력과 각기 다른 학생들과 함께할 수 있도록 하되 교수 수정이나 그 어떠한 교수적 보완도 없이 설계된 학급에서 생활하였을 경우, 교과학습에서의 성과는 크게 나타났고 사회성 발달에서는 아주 경미한 효과가 나타났다.
- 자신들의 능력과 각기 다른 학생들과 함께할 수 있도록 하되 교수 수정이나 교수적 보완이 가능하도록 설계된 학급에서 생활하였을 경우, 그들이 졸업을 할 당시 장애나 그 밖의 위험요소가 없는 학생들과 구분을 할 수 없을 정도의 상태를 보였다.

이 연구에서 높은 학습 성과를 나타낸 학생들의 경우 학급 배치의 영향이 크게 작용한 것으로 나타났다. 특히 동일한 능력을 가지되 교과학습 성취, 사회적 적응, 그리고 삶의 만족 순위가 높은 성장이 빠른 학생들로 구성된 학급에 배치된 학생들의 경우, 매해 각각의 영역에서의 성취 정도가 급속히 하락하였다.

자 및 가족들 모두가 한 가지 더 알아야 할 것은 대부분의 비장애 학생들에도 개별화된 교육계획과 기능적 교육과정을 소개하고 이를 적용하여 교수할 필요가 있다는 점이다. 따라서 특수교육 프로그램의 배치나 지역사회 기반 교수가 지적장애 학생들만을 위한 것이 아니고 모든 학생들이 자신이 속한 통합된 지역사회 내 자신의 생활 장면에서, 일터에서, 그리고 놀이장면에게 필요로 하는 기술을 습득하는 데 도움이 될 것이라는 결론을 더 이상 유보할 필요가 없게 되었다. 우리는 연구상자 13.2에서 제시하고 있는 연구 결과를 통해서도 위와 같은 기대를 충분히 할 수 있을 것이다.

교수법의 지원 방법

과거에 적용에 성공한 교육과정이 미래 교육과정의 성향으로 자리매김할 것이고, 미래의 타당한 교수 방법으로서 지속할 것이다. 오랜 기간 동안 교육과정을 제시하였던 선도적 입장에 있는 교사와 그 밖의 전문가들이 그들의 성공 이력에 의지하여 지적장애 학생들을 위한 또 다른 교육과정과 교수 전략을 제시할 것이다. 이러한 경우의 예로는 앞에서도 언급한 바와 같이, UDL 학습계획을 포함하여 학생들에게 중재교육과정의 지원 즉, 학습 전략, 시간 연장, 질문 전략, 그리고 집단교수 방법 등이 필요하다. 이보다 더 심화된 지원이 필요한 학생들에게는 그들의 일상생활 속에 숨어들어간 점차적 강화 촉구체계(prompt systems), 시각화 전략, 그리고 반복 순환적 코칭 등의 지원이 필요하다.

이러한 지도 전략과 형태는 더욱 확장될 것인데, 이로 인하여 교사는 학생의 학습 성과에 대한 확신을 더욱 강하게 가질 수 있을 것이다. 몇몇 학교개혁안들의 경우, 학생들의 변화는 끌어내지도 못한 채, 교사로 하여금 더욱 효과적인 지도법을 만들어 내라는 등, 교사의 책무성만 강화하는 결과를 초래하였다. 지금까지 수십 년 동안, 교사들은 가장 좋다는 학습이론에 근거하여 교수 방법을 마련하여 제시하였고, 그 방법은 매우 효과적이었다고 입증된 바 있다.

중등과정 이후의 교육

지적장애인을 위한 중등교육 이후의 교육을 위해 일찍부터 많은 노력을 기울여 왔음에도 불구하고 그러한 노력의 목적과 그 성과에 대한 대중의 일반적인 동의를 얻지 못하였다. 이는 그동안의 프로그램들 간의 상충에 의한 결과이다. 그동안의 지적장애인들을 위한 고등교육 프로그램들은 관련법에 근거하여 개발되어 적용되었던 것들이었지 어떠한 프로그램의 개발이 필요한 것인지 당사자들의 동의를 통해 개발한 것들이 아니었다. 몇몇 프로그램들은 동년배 집단으로의 사회적 통합에 목적을 둔 것들이었다. 그 밖의 것들은 외견상 보호 작업장, 대학캠퍼스 내에서의 아르바이트 등과 같은 직업교육과 같은 것들이었다.

이처럼 초기의 많은 노력들은 이들 프로그램들의 보급을 통하여 고등교육의 동기화 목적의 프로그램 덩어리라고 할 수 있다. Grigal과 Hart(2010)는 향후 10여 년간 가장 필요로 하는 고등교육에서의 공통적인 교육의 실제가 무엇일지 이를 예측하기 시작하였다. 그 결과 지적장애인의 학사학위 취득을 위한 지원 방법이 마련되기도 하였다. 이러한 것들은 다른 장애 영역의 학생들을 위한 대학 프로그램으로 이미 정착된 것들이다. 지적장애인의 고등교육 프로그램은 다음과 같은 특징을 반영하여야 할 것이다.

● 대학 전공 교육과정은 지역사회 통합을 촉진하여야 한다.
● 대학 교육과정은 일생생활을 향상시켜야 한다.
● 대학 교육과정은 지역사회 고용을 촉진하여야 한다.
● 자격 취득과 관련한 프로그램은 학위과정 프로그램과 연계되지 않아도 된다.
● 대학 지원과 등록 과정에서 SAT, ACT 점수, 그 밖의 대학수학능력과 관련된 점수를 요구하지 않는다.
● 학점, 이수 기간

차이를 만들어 낼 사건 13.3

지적장애인을 위한 대학교육 프로그램에 관한 고등교육협력국의 규정

미국의 단과대학 및 종합대학에서는 지적장애인을 위한 고등교육 프로그램으로서의 학사학위 과정을 더 이상 운영하려고 하지 않는다. 따라서 대법원 판례에 의하여, 단과대학과 종합대학에서는 전통적인 학위과정에 입학하기 위한 경쟁을 거치지 않고 장애 학생들을 위한 기능적 학문, 지역사회 생활에서의 생활과 고용을 위한 지원 프로그램을 이수 단위 과정과 자격증 과정으로 마련하도록 하였다. 교육 관련 연합체에서는 주 정부 산하의 대학들이 재정적인 이유를 들어 장애인이 학사학위를 취득할 수 있도록 하는 기회를 제공하지 않는 것에 대하여 문제를 제기하였다. 이와 관련하여 교육연합체에서는 하급 법원에 장애인들의 지속적인 교육을 통하여 고용의 기회가 확대됨은 물론 지역사회의 참여가 가능함을 잘 설명하였다.

- 수업료와 수수료는 자신이 부담할 수 있는 범위 내에서, 자격 과정은 여러 해로 연장하여 이수할 수 있도록 한다.

　간단히 정리하자면, 오늘날 존재하지는 않지만 지적장애인들을 위한 대학 프로그램은 언제든지 선택할 수 있다. 대학교육은 학생들이 고등학교를 졸업하는 순간 선택하여야 하는 일상적인 것이다. 지역사회 기반의 고용과 생활을 위해서는 비록 성인들이 졸업을 한 지 상당 기간이 지났다 할지라도, 지역사회 대학이 훈련기관으로서의 기능을 하여야 한다. 우리는 향후 대학교육을 선택하는 데 도움이 되는 사건상자 13.3의 글을 읽어보도록 한다.

요약 체크리스트

철학적 관점

✓ 지적장애라는 용어가 비록 매우 영향력이 있는 전문가들과 옹호단체들 사이에서 공유의 지지도가 증가된다 할지라도 전문용어는 지속적으로 변화한다.
✓ 미국의 여러 주에서는 지적장애를 표현하는 또 다른 용어의 범주를 여러 프로그램과 법에서 사용하고 있다.
✓ 다음 10년 안에는 용어의 또 다른 변화가 나타날 것이다.

사회적 관점

✓ 사회의 역할과 지적장애인의 역할이 반영된 압력이 지속적으로 증가할 것이다.
✓ 개인과 사회가 예측할 수 없는 각기 다른 방식으로 영향을 미치게 될 것이다.

✓ 많은 지적장애 개개인들이 자신의 지역사회 내에서 생활하며, 자신들에게 가장 의미 있는 방식으로 표현하는 다양한 참여 방식이 나타날 것이다.

✓ 흑인계 미국인 학생들이 지적장애로 판별되는 경우가 지속적으로 증가할 것이다.

✓ 영어를 제2외국어로 사용하는 학습자들이 편파적으로 지적장애로 판별되어 특수교육 프로그램에 참여하게 될 것이다.

✓ 이러한 편파적 현상은 지난 40여 년 동안 많은 연구와 현장에서 지속적으로 제기하였음에도 불구하고 해결되지 못하고 있다.

법적 관점

✓ 지적장애인에 대한 법적인 쟁점은 자유, 교육권, 그리고 사법 정의의 토대가 무너진 결과로서 파생된 것이다.

✓ 법적인 관점은 사법정의에 관한 지속적인 의문을 제기하는 것이 포함되어 있다.

✓ 도래할 10년의 법적인 쟁점은 지적장애인 각자가 자신들의 가족, 건강관리 지표, 교육권, 그리고 지역사회 내 생활과 고용의 지원 등과 관련하여 비록 작은 움직이지만 지속적으로 주장하는 것이다.

의료적 관점

✓ 지적장애인들을 위한 의료적 관점에서의 1차적 관심은 이들의 정신의학적 및 인지신경과학적 지원과 관련한 것이다.

✓ 본성과 양육의 관계와 문제는 여전히 근본적인 방식과 미묘한 방식 사이에서 논란이 되고 있다.

✓ 개발도상국에서의 지적장애의 출현율에 관한 연구는 미국의 연구 결과와 비슷하다.

✓ 개발도상국의 지적장애 출현율은 그 나라의 국민소득과 공공보건에 관한 전통적인 지표와 관련이 있다.

✓ 지적장애인의 인구통계가 견고하지 못한 이유는 의학 분야 연구자에 의한 대상자 표집에서의 차이에 기인한다.

교육적 관점

✓ 교육계에서 이루어 낸 성과는 대부분의 경도 및 중등도 지적장애 학생들에게 일반교육 교육과정을 개방하고 CCSS를 적용한 것이다.

✓ 교육계의 변화가 신속하게 이루어짐으로써 중도 지적장애 학생들도 CCSS로의 의미 있는 참여가 가능하였다.

✓ CCSS의 적용과 그 밖의 교육과정의 목표는 개별 학생에게 교과학습 교육과정과 기능적 교육과정의 적용 비율을 어떻게 결정하여야 하는가의 문제에 대한 답을 주지 못하였다.

✓ 교사들은 가장 바람직하다는 학습이론에 근거한 교수 방법을 학생들에게 제공하고 있다.

✓ 지적장애 학생들을 위한 초기의 고등교육에서의 노력은 프로그램 간의 상충으로 인하여 노력의 목적과 내용 모두에서 거의 지지를 받지 못하였다.

✓ 지적장애 성인을 위한 새로운 대학교육 프로그램들이 개발되었다. 이들 개개인은 자신이 속한 지역사회 내의 대학에서 지역사회 기반 고용과 생활에 도움이 되는 훈련 자원을 찾을 수 있게 되었다.

추가 제안/자료

토론

1. 후속 세대들은 어떠한 방법으로 개인과 사회 간의 상호작용에 강조점을 두어 지적장애의 재개념화를 할 수 있을 것인가?

2. 지적장애 개인을 위한 지역사회 내에서의 개인의 역할에 관하여 어떠한 문제들이 더욱 복잡하게 쟁점화될 것인가? 이러한 복잡한 쟁점을 완화할 수 있는 방법은 무엇이 있는가?

3. 개발도상국에서의 지적장애의 판별과 처치의 문제를 어떻게 소득의 분배 체계로 설명하고 있는가? 이러한 설명 체계는 개발도상국에게 어느 정도의 타당성을 가지는가?

4. 향후의 모든 법적인 의문점은 작은 쟁점에 해당하는가? 향후 커다란 법적 쟁점과 미세한 법적 쟁점으로는 어떠한 것들이 있는가?

활동

1. 의학적 실험 연구에서 어떠한 경우에 지적장애의 출현율이 과도하게 또는 축소되어 나타나는지 구분하여 보라.

2. 지적장애 아동에 대한 교육적 쟁점이 나라마다, 경제적 상태, 건강, 그리고 교육적 특성에 따라 달리 나타날 수 있는지 생각해 보라.

3. 40세의 다운증후군 성인이 지역사회 생활을 더욱 용이하도록 하는 데 도움이 되는 지역사회 대학 프로그램에 대하여 생각해 보라.

인터넷 자료

www.cast.org

UDL을 활용한 교육의 혁신. 이 웹사이트는 UDL을 통하여 모든 장애인들에게 교육의 기회를 확장할 수 있도록 하기 위한 연구의 결과가 탑재된 홈페이지이다. UDL 도구, 학습장, 읽기자료, 소프트웨어, 그리고 그 밖의 활용 가능한 자료들이 담겨 있다.

참고문헌

Abrahamson v. Hirschman, 701 F.2d 223 (1st Cir. 1983).

Abu-Saad, K., & Fraser, D., (2010). Maternal nutrition and birth outcomes. *Epidemiologic Reviews, 32,* 5–25.

Agran, M., Salzberg, C. L., & Stowitchek, J. (1987). An analysis of the effects of a social skills training program using self-instructions on the acquisition and generalization of two social behaviors in a work setting. *Journal of the Association for Persons with Severe Handicaps, 12,* 131–139.

Agran, M., Snow, K., & Swaner, J. (1999). Teacher perceptions of self-determination: Benefits, characteristics, strategies. *Education and Training in Mental Retardation and Developmental Disabilities, 34,* 293–301.

Alberto, P., Jobs, N., Sizemore, A., & Duran, D. (1980). A comparison of individual and group instruction across response tasks. *Journal of the Association for Persons with Severe Handicaps, 5,* 285–293.

Alberto, P., Sharpton, W., Briggs, A., & Stright, M. (1986). Facilitating task acquisition through the use of a self-operated auditory prompting system. *Journal of the Association for Persons with Severe Handicaps, 11,* 85–91.

Alberto, P. A., Troutman, A. C. (2013). *Applied behavior analysis for teachers* (9th ed.). Upper Saddle River, NJ: Pearson.

Algozzine, B., & Sutherland, J. (1977). The "learning disabilities" label: An experimental analysis. *Contemporary Educational Psychology, 2*(3), 292–297.

Allor, J. H., Mathes, P. G., Roberts, J. K., Cheatham, J. P., & Champlin, T. M. (2010). Comprehensive reading instruction for students with intellectual disabilities: Findings from the first three years of a longitudinal study. *Psychology in the Schools, 47,* 445–466.

Alloway, T. P. (2010). Working memory and executive function profiles of individuals with borderline intellectual functioning. *Journal of Intellectual Disability Research, 54,* 448–456.

American Association on Intellectual and Developmental Disabilities (AAIDD). (2010). *Intellectual disability. Definition, classification, and systems of support* (11th ed.). Washington, DC: Author.

American Association on Intellectual and Developmental Disabilities (AAIDD). (2012). *User's guide. Intellectual disability. Definition, classification, and systems of support* (11th ed.). Washington, DC: Author.

American Association on Mental Retardation. (2002). *Mental retardation: Definition, classification, and systems of support.* Washington, DC: Author.

American Congress of Obstetricians and Gynecologists. (2012). *Facts are important. Prenatal care is important to healthy pregnancies.* http://www.acog.org/-/media/Departments/Government%20Relations%20and%20Outreach/20120221FactsareImportant.pdf?dmc=1&ts=20140513T1036057451

American Educational Research Association. (1999). *Standards for educational and psychological testing.* Washington, DC: Author.

American Psychiatric Association. (2013). *Diagnostic and statistical manual of mental disorders (DSM-V)* (5th ed.). Washington, DC: Author.

Anastasi, A., & Urbina, S. (1997). *Psychological testing* (7th ed.). New York: MacMillan.

Anderson, L., & Ernst, M. (1994). Self-injury in Lesch-Nyhan disease. *Journal of Autism and Developmental Disorders, 24,* 67–81.

Anderson, L., Lakin, C., Mangan, T., & Prouty, R. (1998). State institutions: Thirty years of depopulation and closure. *Mental Retardation, 36,* 431–443.

Athanasiou, M. (2012). Review of *Battelle Developmental Inventory-Second Edition.* In *Mental measurements yearbook and tests in print.* http://web.a.ebscohost.com/ehost/detail?vid=7&sid=60a5b2d3-cff1-476d-a740-421449524053%40sessionmgr4002&hid=4209&bdata=JmxvZ2luLmFzcCZzaXRlPWVob3N0LWxx pdmU%3d#db=mmt&AN=TIP17023223. Online resource provided by the Board of Regents of the University of Nebraska and the Buros Center for Testing.

Atkins v. Virginia, 536 U.S. 304 (2002).

Baker, B.L., & Blacher, J. (2002). For better or worse? Impact of residential placement on families. *Mental Retardation, 40,* 1–13.

Baker, B.L., Blacher, J., Crnic, K.A., Edelbrock, C. (2002). Behavior problems and parenting stress in families of three-year-old children with and without developmental delays. *American Journal on Mental Retardation, 107,* 433–444.

Baldi, P.L. (1998). Encoding, metacognitive, autoattributional processes and memory in mentally retarded adolescents. *Psychological Reports, 82,* 931–945.

Bambara, L.M., & Kern, L. (2005). *Individualized supports for students with problem behaviors: Designing positive behavior plans.* New York: Guilford Press.

Bambara, L.M., Koger, F., & Bartholomew, A. (2011). Building skills for home and community. In M.E. Snell & F. Brown (Eds.), *Instruction of students with severe disabilities* (7th ed., pp. 529–568). Upper Saddle River, NJ: Pearson.

Bannerman, D.J., Sheldon, J.B., Sherman, J.A., & Harchik, A.E. (1990). Balancing the right to habilitation with the right to personal liberties: The rights of people with developmental disabilities to eat too many doughnuts and take a nap. *Journal of Applied Behavior Analysis, 23,* 79–89.

Baroff, G. (1999). *Mental retardation: Nature, cause, and management* (3rd ed.). Philadelphia: Brunner, Mazel.

Bates, P., Cuvo, T., Miner, C., & Korabek, C. (2001). Simulated and community-based instruction involving persons with mild and moderate mental retardation. *Research in Developmental Disabilities, 22,* 95–115.

Batshaw, M.L., & Lanpher, B. (2013). Inborn errors of metabolism. In M.L. Batshaw, N.J. Roizen, & G.R. Lotrecchiano (Eds.), *Children with disabilities* (7th ed., pp. 319–332). Baltimore: Paul H. Brookes.

Beattie v. Board of Education of the City of Antigo, 169 WIS. 231 (1919).

Beaver, B., & Busse, R. (2000). Informant reports: Conceptual and research bases of interviews with parents and teachers. In E. Shapiro & T. Kratochwill (Eds.), *Behavioral assessment in schools* (2nd ed., pp. 257–287). New York: Guilford Press.

Beech, M. (1999). *Accommodations: Assisting students with disabilities: A guide for educators.* Tallahassee: Florida Department of Education.

Beirne-Smith, M., Ittenbach, R., & Patton, J. (2002). *Mental retardation.* Upper Saddle River, NJ: Merrill/ Prentice Hall.

Bennett, K., Brady, M.P., Scott, J., Dukes, C., & Frain, M. (2010). Effects of covert audio coaching on the job performance of supported employees. *Focus on Autism and Other Developmental Disabilities, 25*(3), 173–185.

Bennett, K., Frain, M., Brady, M.P., Rosenberg, H., & Surinak, T. (2009). Differences between employees' & supervisors' evaluations of work performance and support needs. *Education and Training in Developmental Disabilities, 44*(4), 471–480.

Bernabei, P., Camaioni, L., Paolesse, C., & Longobardi (2002). Translated Title: The communicative-linguistic development in subjects with autism and mental retardation: A study conducted using the Communicative and Linguistic Questionnaire for the Second Year of Life. *Psicoligia Clinica dello Sviluppo, 5,* 169–188.

Best, S.J., & Heller, K.W. (2009). Congenital infectious diseases. In K.W. Heller, P.E. Forney, P.A. Alberto, S.J. Best, & M.N. Schwartzman (Eds.), *Understanding physical, sensory, and health disabilities* (2nd ed., pp. 387–398). Upper Saddle River, NJ: Pearson.

Biasini, F., Grupe, L., Huffman, L., & Bray, N. (2002). Mental retardation: A symptom and syndrome. In S. Netherton, D. Holmes, & C. Walker (Eds.), *Child and adolescent psychological disorders: A comprehensive textbook.* New York: Oxford University Press.

Bigby, C., & Fyffe, C. (2009). Position statement on housing and support for people with severe or profound intellectual disability. *Journal of Intellectual & Developmental Disability, 34,* 96–100.

Binder, C. (1996). Behavioral fluency: Evolution of a new paradigm. *The Behavior Analyst, 19,* 163–197.

Birenbaum, A. (2002). Poverty, welfare reform, and disproportionate rates of disability among children. *Mental Retardation, 40*, 212–218.

Blacher, J. (2001). Transition to adulthood: Mental retardation, families, and culture. *American Journal on Mental Retardation, 106*, 173–188.

Black, R. E., Allen, L. H., Bhutta, Z. A., Caulfed, L. E., de Onis, M., Ezzat, M., Mathers, C., & Rivera, J. (2008). Maternal and child undernutrition: Global and regional exposures and health consequences. *The Lancet, 371*, 243–260.

Black, R., & Salas, B. (2001, May 30). *Forty years of progress: Where have we been? Where are we now?* Paper presented at the Annual Meeting of the American Association on Mental Retardation, Denver, CO.

Blanck, P. D. (1998). *The Americans with Disabilities Act and the emerging workforce—Employment of people with mental retardation.* Washington, DC: American Association on Mental Retardation.

Blankenship, C. (1985). Using curriculum-based assessment data to make instructional decisions. *Exceptional Children, 52*, 233–238.

Blanton, L., Blanton, W., & Cross, L. (1994). An exploratory study of how general and special education teachers think and make instructional decisions about students with special needs. *Teacher Education and Special Education, 17*, 62–73.

Blanton, R. (1975). Historical perspectives on classification of mental retardation. In N. Hobbs (Ed.), *Issues in the classification of children* (Vol. 1, pp. 164–193). San Francisco: Jossey-Bass.

Blatt, B., & Kaplan, F. (1966). *Christmas in Purgatory: A photographic essay on mental retardation.* Boston: Allyn & Bacon.

Boan, C., & Harrison, P. (1997). Adaptive behavior assessment and individuals with mental retardation. In R. Taylor (Ed.), *Assessment of individuals with mental retardation* (pp. 33–54). San Diego: Singular Publishing Group.

Board of Education of the Henry Hudson Central School District v. Rowley, 458 U.S. 176 (1982).

Bonnaud, C., Jamet, F., Deret, D., & Neyt-Dumesnil, C. (1999). Translated Title: Recognition of human faces with adults with severe mental retardation. *Revue Francophone de la Deficience Intellectuelle, 10*, 5–17.

Bonner, M. (2012). Review of *Kaufman Test of Educational Achievement-Second Edition, Comprehensive Form.* In *Mental measurements yearbook and tests in print.* http://web.a.ebscohost.com/ehost/detail?vid=9&sid=60a5b2d3-cff1-476d-a740-421449524053%40sessionmgr4002&hid=4209&bdata=JmxvZ2luLmFzcCZzaXRlPWVob3N0 LWxpdmU%3d#db=mmt&AN=TIP07001349. Online resource provided by the Board of Regents of the University of Nebraska and the Buros Center for Testing.

Boot, F. H., Pel, J. J. M., Evenhuis, H. M., & van der Steen, J. (2012). Factors related to impaired visual orienting behavior in children with intellectual disabilities. *Research in Developmental Disabilities, 33*, 1670–1676.

Borkowski, J., & Day, I. (1987). *Cognition in special children: Comparative approaches to retardation, learning disabilities and giftedness.* Norwood, NJ: Ablex.

Boschwitz (1988). EHLR 213:215.

Bouck, E. C. (2012). Secondary students with moderate/severe intellectual disability: Considerations of curriculum and post-school outcomes for the National Longitudinal Transition Study-2. *Journal of Intellectual Disability Research, 56*, 1175–1186.

Bouck, E. C. (2013). High stakes? Considering students with mild intellectual disability in accountability systems. *Education and Training in Autism and Developmental Disabilities, 48*, 320–331.

Braaten, S., Kauffman, J., Braaten, B., Polsgrove, L., & Nelson, C. M. (1988). The regular Education Initiative: Patient medicine for behavioral disorders. *Exceptional Children, 55*, 21–27.

Braddock, D. (2002). *Disability at the dawn of the 21st century and the state of the states.* Washington, DC: American Association on Mental Retardation.

Braddock, D., Hemp, R., Rizzolo, M. C., Haffer, L., Tanis, .S., & Wu, J. (2011). *The state of the states in developmental disabilities 2011.* Boulder, CO: University of Colorado.

Brady, M. P. (2013). Plastics, standards, and the need to return to individualized planning: A commentary on "Educational Standards for Students with Significant Intellectual Disabilities." *TASH Connections, 38*(4), 20–23.

Brady, M. P., & Cunningham, J. (1985). Living and learning in segregated environments: An ethnography of normalization outcomes. *Education and Training of the Mentally Retarded, 20*, 241–252.

Brady, M. P., Duffy, M. L., Hazelkorn, M., & Bucholz, J. (2014). Policy and systems change: Planning for unintended consequences. *The Clearing House: A Journal of Educational Strategies, Issues, and Ideas 87*, 102–109.

Brady, M. P., Frain, M., Duffy, M. L., & Bucholz, J. (2010). Evaluating work performance and support needs in supported employment training programs: Correspondence between teachers' ratings and students' self ratings. *Journal of Rehabilitation, 76*(3), 24–31.

Brady, M. P., Hunter, D., & Campbell, P. (1997). Why so much confusion? Debating and creating inclusive schools. *Educational Forum, 61*, 240–246.

Brady, M. P., McDougall, D., & Dennis, H. F. (1989). The courts, schools and integration of students with severe handicaps. *Journal of Special Education, 23*(1), 43–58.

Brady, M. P., & Rosenberg, H. (2002). Job Observation and Behavior Scale: A supported employment assessment instrument. *Education and Training in Mental Retardation and Developmental Disabilities, 37*, 427–433.

Brady, M. P., Rosenberg, H., & Frain, M. (2006). *Job Observation and Behavior Scale: Opportunity for Self Determination (JOBS: OSD)*. Wood Dale, IL: Stoelting.

Brady, M. P., Rosenberg, H., & Frain, M. (2008). A self-evaluation instrument for work performance and support needs. *Career Development for Exceptional Individuals, 31*(3), 175–185.

Brigance, A. (1977). *Brigance Inventory of Basic Skills*. North Billerica, MA: Curriculum Associates.

Brigance, A. (1981). *Brigance Diagnostic Inventory of Essential Skills*. North Billerica, MA: Curriculum Associates.

Brigance, A. (1994). *Brigance Diagnostic Life Skills Inventory*. North Billerica, MA: Curriculum Associates.

Brigance, A. (1995). *Brigance Diagnostic Employability Skills Inventory*. North Billerica, MA: Curriculum Associates.

Brigance, A., & Glascoe, F. (1999). *Brigance Diagnostic Inventory of Basic Skills—Revised*. North Billerica, MA: Curriculum Associates.

Briggs v. Connecticut Board of Education, et al. D. Conn (1988) EHLR 441:418.

Brolin, D. E. (2004). *Life-centered career education: A competency-based approach*. Reston, VA: Council for Exceptional Children.

Browder, D. M., Ahlgrim-Delzell, L., Spooner, F., Mims, P. J., & Baker, J. (2009). Using time delay to teach literacy to students with severe developmental disabilities. *Exceptional Children, 75*, 343–364.

Browder, D. M., Cooper, K. J., & Levan, L. (1998). Teaching adults with severe disabilities to express their choice of settings for leisure activities. *Education and Training in Mental Retardation and Developmental Disabilities, 33*, 228–238.

Browder, D. M., & Lalli, J. S. (1991). Review of research on sight word instruction. *Research in Developmental Disabilities, 12*, 203–228.

Browder, D. M., Spooner, F., Ahlgrim-Delzell, L., Harris, A., & Wakeman, S. (2008). A meta-analysis on teaching mathematics to students with significant cognitive disabilities. *Exceptional Children, 74*, 407–432.

Browder, D. M., Spooner, F., Wakeman, S., Trela, K., & Baker, J. N. (2006). Aligning instruction with academic content standards: Finding the link. *Research and Practice for Persons with Severe Disabilities, 31*, 309–321.

Browder, D. M., Trela, K., Courtade, G. R., Jimenez, B. A., Knight, V., & Flowers, C. (2012). Teaching mathematics and science standards to students with moderate and severe developmental disabilities. *Journal of Special Education, 46*, 26–35.

Browder, D. M., Trela, K., & Jimenez, B. A. (2007). Training teachers to follow a task analysis to engage middle school students with moderate and severe developmental disabilities in grade-appropriate literature. *Focus on Autism and Other Developmental Disabilities, 22*, 206–219.

Browder, D. M., & Xin, Y. P. (1998). A meta-analysis and review of sight word research and its implications for teaching functional reading to individuals with moderate to severe disabilities. *Journal of Special Education, 32*, 130–153.

Brown v. Board of Education of Topeka, Kansas, 347 U.S. 483 (1954).

Brown, L. (2013). Educational standards for students with significant intellectual disabilities. *TASH Connections, 38*(4), 7–19.

Brown, L., Branston, M. B., Hamre-Nietupski, S., Pumpian, N., Certo, N., & Gruenewald, L. (1979). A strategy for developing chronological age-appropriate and functional curricular content for severely handicapped adolescents and young adults. *Journal of Special Education, 13*(1), 81–90.

Brown, L., Nietupski, J., & Hamre-Nietupski, S. (1976). The criterion of ultimate functioning and public school services for the severely handicapped student. In M. A. Thomas (Ed.), *Hey, don't forget about me! Education's investment in the severely, profoundly, multiply handicapped* (pp. 2–15). Reston, VA: Council for Exceptional Children.

Brown, R., & Hoadley, S. (1999). Rett syndrome. In S. Goldstein & C. Reynolds (Eds.), *Handbook of neurodevelopmental and genetic disorders in children* (pp. 458–477). New York: Guilford Press.

Bruininks, R., Woodcock, R., & Weatherman, R., & Hill, B. (1996). *Scales of Independent Behavior-Revised*. Chicago: Riverside.

Bryant, B. (1997). Intelligence testing. In R. Taylor (Ed.), *Assessment of individuals with mental retardation* (pp. 13–32). San Diego: Singular Publishing Group.

Bucholz, J., & Brady, M. P. (2008). Teaching positive work behaviors with Literacy-Based Behavioral Interventions: An intervention for students and employees with developmental disabilities. *Teaching Exceptional Children, 41*(2), 50–55.

Buck v. Bell, 274 U.S. 200 (1927).

Bugaj, A. M. (2012). Review of *Wide Range Interest and Occupation Test-Second Edition*. In *Mental measurements yearbook and tests in print*. http://web.a.ebscohost.com/ehost/detail?vid=11&sid=60a5b2d3-cff1-476d-a740-421449524053%40sessionmgr4002&hid=4209&bdata=JmxvZ2luLmFzcCZzaXRlPWVob3N0LWxpdmmU%3d#db=mmt&AN=TIP07002779. Online resource provided by the Board of Regents of the University of Nebraska and the Buros Center for Testing.

Burack, J. A., Evans, D. W., Klaiman, C., & Iarocci, G. (2001). The mysterious myth of attention deficits and other defect stories: Contemporary issues in the developmental approach to mental retardation. In L. M. Glidden (Ed.), *International review of research in mental retardation* (Vol. 24, pp. 299–320). San Diego, CA: Academic Press.

Burham v. Georgia (1972). Civil Action No. 16385.

Bushaw, W. J., & Lopez, S. J. (2012). Public education in the United States: A nation divided. The 44th Annual Phi Delta Kappa/Gallup Poll of the public's attitudes toward the public schools. *Phi Delta Kappan, 94*(1), 9–25.

Butterworth, J. (2002). From programs to support. In R. Schalock, P. Baker, & M. D. Croser (Eds.), *Embarking on a new century* (pp. 83–100). Washington, DC: American Association on Mental Retardation.

Butterworth, J., Steere, D. E., & Whitney-Thomas, J. (1997). Using person-centered planning to address personal quality of life. In R. L. Schalock (Ed.), *Quality of life, Vol. 2: Application to persons with disabilities* (pp. 5–24). Washington, DC: American Association on Mental Retardation.

Byrne, P. (2000). *Philosophical and ethical problems in mental handicap*. New York: St. Martin's Press.

Caldwell, M. L., & Taylor, R. (1983). A clinical note on food preference of individuals with Prader-Willi syndrome: The need for empirical research. *Journal of Mental Deficiency Research, 27*, 45–49.

Calik, N. C., & Kargin, T. (2010). Effectiveness of the touch math technique in teaching addition skills to students with intellectual disabilities. *International Journal of Special Education, 25*, 195–204.

Cambridge, P., Beadle-Brown, J., Milne, A., Mansell, J., & Whelton, B. (2011). Patterns of risk in adult protection referrals for sexual abuse and people with intellectual disability. *Journal of Applied Research in Intellectual Disabilities, 24*, 118–132.

Campbell, P., Campbell, C. R., &. Brady, M. P. (1998). Team Environmental Assessment Mapping System (TEAMS): A method for selecting curriculum goals for students with disabilities. *Education and Training in Mental Retardation and Developmental Disabilities, 33*, 264–272.

Cardoso-Martins, C., Mervis, C. B., & Mervis, C. A. (1985). Early vocabulary by children with Down syndrome. *American Journal of Mental Deficiency, 90*, 177–184.

Carlberg, C., & Kavale, K. A. (1980). The efficacy of special versus regular class placement for exceptional children: A meta-analysis. *Journal of Special Education, 14*, 295–309.

Carlson, J. V. (2012). Review of *Brigance Diagnostic Employability Skills Inventory*. In *Mental measurements yearbook and tests in print*. http://web.a.ebscohost.com/ehost/detail?vid=13&sid=60a5b2d3-cff1-476d-a740-421449524053%40sessionmgr4002&hid=4209&bdata=JmxvZ2luLmFzcCZzaXRlPWVob3N0LWxpdmmU%3d#db=mmt&AN=TIP07000352. Online resource provided by the Board of Regents of the University of Nebraska and the Buros Center for Testing.

Carr, E., & Durand, M. (1985). Reducing behavioral problems through functional communication training. *Journal of Applied Behavioral Analysis, 18*, 111–126.

Carroll, J. (1993). *Human cognitive abilities: A survey of factor analytic studies*. New York: Cambridge University Press.

Carter, D. R., & Horner, R. H. (2007). Adding functional behavioral assessment to First Step to Success: A case study. *Journal of Positive Behavior Interventions, 9*, 229–238.

Carter, E. W., Austin, D., & Trainor, A. A. (2012). Predictors of postschool employment outcomes for young adults with severe disabilities. *Journal of Disability Policy Studies, 23*, 50–63.

Carter, E. W., & Hughes, C. (2005). Increasing social interaction among adolescents with intellectual disabilities and their general education peers: Effective interventions. *Research and Practice for Persons with Severe Disabilities, 30*, 179–193.

Carter, E. W., Sisco, L. G., Melekoglu, M. A., & Kurkowski, C. (2007). Peer supports as an alternative to individually assigned paraprofessionals in inclusive high school classrooms. *Research and Practice for Persons with Severe Disabilities, 32*, 213–227.

Cascella, P. W. (2006). Standardized speech-language tests and students with intellectual disability: A review of normative data. *Journal of Intellectual & Developmental Disability, 31,* 120–124.

Casto, G., & Mastropieri, M. A. (1986). The efficacy of early intervention programs: A meta-analysis. *Exceptional Children, 52,* 417–424.

Catlett, S. (1998). *Becoming an inclusive school: A predictable venture.* Unpublished doctoral dissertation, University of Houston, Houston.

Cattell, J. M. (1890). Mental tests and measurements. *Mind, 15,* 373–381.

Cattell, R. (1941). Some theoretical issues in adult intelligence testing. *Psychological Bulletin, 38,* 592.

Cattell, R. (1943). The measurement of adult intelligence. *Psychological Bulletin, 40,* 153–193.

Cedar Rapids Community School District v. Garret F., 119 S. Ct. 992 (1999).

Centers for Disease Control and Prevention. (2011). *Radiation and pregnancy: A fact sheet for the public.* Retrieved from www.cdc.gov

Centers for Disease Control and Prevention. (2012). *Preventing major birth defects associated with maternal risk factors.* Retrieved from www.cdc.gov

Centers for Disease Control and Prevention. (2013). *Tobacco use and pregnancy.* Retrieved from www.cdc.gov

Chadsey, J., & Sheldon, D. (2002). Social life. In K. Storey, P. Bates, & D. Hunter (Eds.), *The road ahead: Transition to adult life for persons with disabilities* (pp. 137–155). St. Augustine, FL: Training Resource Network.

Chandler, L. K., & Dahlquist, C. M. (2002). *Functional assessment: Strategies to prevent and remediate challenging behavior in school settings.* Upper Saddle River, NJ: Merrill/Prentice Hall.

Chapman, D. A., Scott, K. G., & Mason, C. A. (2002). Early risk factors for mental retardation: Role of maternal age and maternal education. *American Journal of Mental Retardation, 107,* 46–59.

Chapman, D. A., Scott, K. G., & Stanton-Chapman, T. L. (2008). Public health approach to the study of mental retardation. *American Journal on Intellectual and Developmental Disabilities, 113*(2), 102–116.

Chapman, R., & Hesketh, L. (2000). Behavioral phenotype of individuals with Down syndrome. *Mental Retardation and Developmental Disabilities Research Review, 6,* 84–95.

Child Trends Data Bank. (2012). *Late or no prenatal care.* Retrieved from www.childtrendsdatabank.org

Chung, Y.-C., & Carter, E. W. (2013). Promoting peer interactions in inclusive classrooms for students who use speech-generating devices. *Research and Practice for Persons with Severe Disabilities, 38,* 94–109.

Chung, Y.-C., Carter, E. W., & Sisco, L. G. (2012). A systematic review of interventions to increase peer interactions for students with complex communication challenges. *Research and Practice for Persons with Severe Disabilities, 37,* 271–287.

Cicirelli, V. (Ed.). (1969). *The impact of Head Start: An evaluation of the effects of Head Start on children's cognitive and affective development.* Washington, DC: National Bureau of Standards, Institute for Applied Technology.

Cihak, D., Alberto, P. A., Taber-Doughty, T., & Gama, R. I. (2006). A comparison of static picture prompting and video prompting simulation strategies using group instruction procedures. *Focus on Autism and Other Developmental Disabilities, 21,* 89–99.

Cipani, E. C., & Spooner, F. (1994). *Curricular and instructional approaches for persons with severe disabilities.* Boston: Allyn & Bacon.

Cizek, G. J. (2012). Review of *Brigance Diagnostic Comprehensive Inventory of Basic Skills-Revised.* In *Mental measurements yearbook and tests in print.* http://web.a.ebscohost.com/ehost/detail?vid=13&sid=60a5b2d3-cff1-476d-a740-421449524053%40sessionmgr4002&hid=4209&bdata=JmxvZ2luLmFzcCZzaXRlPWVo b3N0LWxpdmmU%3d#db=mmt&AN=TIP07000351. Online resource provided by the Board of Regents of the University of Nebraska and the Buros Center for Testing.

Clarke, D., & Marston, G. (2000). Problem behaviors associated with 15q- Angelman syndrome. *American Journal on Mental Deficiency, 105,* 25–31.

Cleburne Living Center Inc. v. City of Cleburne, Texas, 735 F.2d 832 (5th Cir. 1985).

Colvin, G., & Sugai, G. (1988). Proactive strategies for managing social behavior problems: An instructional approach. *Education and Treatment of Children, 11,* 341–348.

Conners, F. A. (1992). Reading instruction for students with moderate mental retardation: Review and analysis of research. *American Journal on Mental Retardation, 96,* 577–597.

Connors, F. A., Rosenquist, C. J., Arnett, L., Moore, M. S., & Hume, L. E. (2008). Improving memory span in children with Down syndrome. *Journal of Intellectual Disability Research, 52,* 244–255.

Conolly, J. (1845). Notice of the lunatic asylums of Paris. *British and Foreign Medical Review, January,* 281–298.

Conroy, J. W. (1997). The small ICF/MR program: Dimensions of quality and cost. *Mental Retardation, 34,* 13–26.

Cooper, J. O., Heron, T. E., & Heward, W. L. (2007). *Applied behavior analysis* (2nd ed.). Columbus, OH: Merrill.

Cosmetic Surgery for People with Down Syndrome (n.d.). http://www.ndss.org/About-NDSS/Media-Kit/Position-Papers/Cosmetic-Surgery-for-Children-with-Down-Syndrome/

Coulter, D. L. (1992). An ecology of prevention for the future. *Mental Retardation, 30*(6), 363–369.

Coutinho, M. J., & Oswald, D. P. (2000). Disproportionate representation in special education: A synthesis and recommendations. *Journal of Child and Family Studies, 9,* 135–156.

Cramm, J. N., & Nieboer, A. P. (2012). Longitudinal study of parents' impact on quality of life of children and young adults with intellectual disabilities. *Journal of Applied Research in Intellectual Disabilities, 25,* 20–28.

Crane, L. (2002). *Mental Retardation: A community integration approach.* Belmont, CA: Wadsworth/Thomson Learning.

Crawford v. Honig. United States District Court. C-89-0014 DLU. (1990).

Daniels, H. (2001). *Vygotsky and pedagogy.* New York: Routledge Falmer.

Danielson, L., & Bellamy, G. T. (1989). State variation in placement of children with handicaps in segregated environments. *Exceptional Children, 55,* 448–455.

Danielsson, H., Henry, L, Messer, D., & Ronnberg, J. (2012). Strengths and weaknesses in executive functioning in children with intellectual disability. *Research in Developmental Disabilities, 33,* 600–607.

Das, J. (1973). Structure of cognitive abilities: Evidence for simultaneous and successive processing. *Journal of Educational Psychology, 65,*103–108.

Davis, C., Brady, M. P., Williams, R. E., & Burta, M. (1992). The effects of self-operated auditory prompting tapes on the performance fluency of persons with severe mental retardation. *Education and Training in Mental Retardation, 27,* 39–49.

Denning, C., Chamberlain, J., & Polloway, E. (2000). An evaluation of state guidelines for mental retardation: Focus on definition and classification practices. *Education and Training in Mental Retardation and Developmental Disabilities, 35,* 226–232.

Deno, E. (1970). Special education as developmental capital. *Exceptional Children, 37,* 229–237.

Deno, S. (1985). Curriculum-based measurement: The emerging alternative. *Exceptional Children, 52,* 219–232.

Dettmer, P., Knackendoffel, A., & Thurston, L. P. (2013). *Collaboration, consultation and teamwork for students with special needs* (7th ed.). Boston: Pearson.

Deutsch, C. K., Dube, W. V., & McIlvane, W. J. (2008). Attention deficits, attention-deficit hyperactivity disorder, and intellectual disabilities. *Developmental Disabilities Research Reviews, 14,* 285–292.

Devine, M. A., & Lashua, B. (2002). Constructing social acceptance in inclusive leisure contexts: The role of individuals with disabilities. *Therapeutic Recreation Journal, 36,* 65–83.

Diana v. State Board of Education, Civ. Act. No. C-70-37 (N.D. Cal. 1970).

Dijker, A., van Alphen, L., Bos, A., van den Borne, B., & Curfs, L. (2011). Social integration of people with intellectual disability: Insights from a social psychological research programme. *Journal of Intellectual Disability Research, 55,* 885–894.

Dinerstein, R. D. (1999) Introduction. In R. D. Dinerstein, S. S. Herr, & J. L. O'Sullivan (Eds.), *A guide to consent* (pp. 1–5). Washington, DC: American Association on Mental Retardation.

Doe v. Withers, 92-C-92 (1993).

Doll, B., & Jones, K. (2012). Review of *Social Skills Improvement System Rating Scales.* In *Mental measurements yearbook and tests in print.* http://web.a.ebscohost.com/ehost/detail?vid=15&sid=60a5b2d3-cff1-476d-a740-421449524053%40sessionmgr4002&hid=4209&bdata=JmxvZ2luLmFzcCZzaXRlPWVob3N0LWxvpdmU%3d#db=mmt&AN=TIP18193589. Online resource provided by the Board of Regents of the University of Nebraska and the Buros Center for Testing.

Doll, E. (1935). A genetic scale of social maturity. *American Journal of Orthopsychiatry, 5,* 180–190.

Doll, E. A. (1936). Current thoughts on mental deficiency. *Proceedings and Addresses of the American Association on Mental Deficiency, 41,* 33–49.

Doll, E. (1941). The essentials of an inclusive concept of mental deficiency. *American Journal of Mental Deficiency, 46,* 214–219.

Domino, G., & McGarty, M. (1972). Personal and work adjustment of young retarded women. *American Journal of Mental Deficiency, 77,* 314–321.

Dugdale, R. (1877). *The Jukes: A study in crime, pauperism, disease, and heredity.* New York: G. P. Putnam. (Reprinted by Arno Press 1970).

Dukes, E., & McGuire, B. E. (2009). Enhancing capacity to make sexuality-related decisions in people with an intellectual disability. *Journal of Intellectual Disability Research, 53,* 727–734.

Dunn, L. M. (1968). Special education for the mildly retarded: Is much of it justifiable? *Exceptional Children, 35,* 5–22.

Dunn, L., & Dunn, L. (2007). *Peabody Picture Vocabulary Test – IV.* Circle Pines, MN: American Guidance Service.

Dusseljee, J.C.E., Rijken, P.M., Cardol, M., Curfs, L.M.G., & Groenewegen, P.P. (2011). Participation in daytime activities among people with mild or moderate intellectual disability. *Journal of Intellectual Disability Research, 55,* 4–18.

Duvdevany, I. (2002). Self-concept and adaptive behaviour of people with intellectual disability in integrated and segregated recreation activities. *Journal of Intellectual Disability Research, 46,* 419–429.

Dykens, E., & Cassidy, S. (1999). Prader-Willi syndrome. In S. Goldstein & C. Reynolds (Eds.), *Handbook of neurodevelopmental and genetic disorders in children* (pp. 525–554). New York: Guilford Press.

Edgar, E. (1987). Secondary programs in special education: Are many of them justifiable? *Exceptional Children, 53,* 555–561.

Ellis, J.W. (2013). The law's understanding of intellectual disability as a disability. *Intellectual and Developmental Disabilities, 51*(2), 102–107.

Emerson, E., Hatton, C., Llewellyn, G., Blacker, J., & Graham, H. (2006). Socio-economic position, household composition, health status and indicators of the well-being of mothers of children with and without intellectual disabilities. *Journal of Intellectual Disability Research, 50,* 862–873.

Emerson, E., Hatton, C., Robertson, J., Henderson, D., & Cooper, J. (1999). A descriptive analysis of the relationships between social context, engagement, and stereotypy in residential services for people with severe and complex disabilities. *Journal of Applied Research in Intellectual Disabilities, 12,* 11–29.

Espe-Sherwindt, M., & Crable, S. (1993). Parents with mental retardation: Moving beyond the myths. *Topics in Early Childhood Special Education, 13,* 154–174.

Esquirol, J. (1845). *Mental maladies.* (E.K. Hunt, trans). Philadelphia: Lea & Blanchard.

Estabook, A. (1916). *The Jukes in 1915.* Washington, DC: Carnegie Institute.

Everman, D., & Cassidy, S. (2000). Genetics of childhood disorders: XII. Genetic imprinting: Breaking the rules. *Journal of the American Academy of Child and Adolescent Psychiatry, 39,* 386–389.

Everson, J.M., & Zhang, D. (2000). Person-centered planning: Characteristics, inhibitors, and supports. *Education and Training in Mental Retardation and Developmental Disabilities, 35,* 36–43.

Falvey, M.F. (1989). *Community based curriculum.* Baltimore: Paul H. Brookes.

Farber, B. (1968). *Mental retardation. Its social context and social consequences.* Boston: Houghton Mifflin.

Farr, R., & Tone, B. (1994). *Portfolio and performance assessment: Helping students evaluate their progress as readers and writers.* Fort Worth, TX: Harcourt Brace.

Faust, H., & Scior, K. (2008). Mental health problems in young people with intellectual disabilities: The impact on parents. *Journal of Applied Research in Intellectual Disabilities, 21,* 414–424.

Feldman, M.A., & Walton-Allen, N. (1997). Effects of maternal mental retardation and poverty on intellectual, academic, and behavioral status of school-age children. *American Journal on Mental Retardation, 101,* 352–364.

Field, M., & Sanchez, V. (1999). *Equal treatment for people with mental retardation: Having and raising children.* Cambridge, MA: Harvard University Press.

Fisher, D., Sax, C., & Pumpian, I. (1999). *Inclusive high schools: Learning from contemporary classrooms.* Baltimore: Paul H. Brookes.

Fitzgerald, B., Morgan, J., Keene, N., Rollinson, R., Hodgson, A., & Dalrymple-Smith, J. (2000). An investigation into diet treatment for adults with previously untreated phenylketonuria and severe intellectual disability. *Journal of Intellectual Disability Research, 44,* 53–59.

Flaugher, R. (1978). The many definitions of test bias. *American Psychologist, 33,* 671–679.

Flexer, R.W., Simmons, T.J., Luft, P., & Baer R.M. (Eds.). (2001). *Transition planning for secondary students with disabilities.* Columbus, OH: Merrill/Prentice Hall.

Ford, M., Acosta, A., & Sutcliffe, T.J. (2013). Beyond terminology: The policy impact of a grassroots movement. *Intellectual and Developmental Disabilities, 51*(2), 108–112.

Forness, S.R., Kavale, K.A., Blum, I.M., & Lloyd, J.W. (1997). Mega-analysis of meta-analysis: What works in special education and related services. *Teaching Exceptional Children, 29,* 4–9.

Fowler, A.E. (1998). Language in mental retardation: Associations with and dissociations from general cognition. In J.A. Burack, R.M. Hodapp et al. (Eds.), *Handbook of mental retardation and development*, pp. 290–333. New York: Cambridge University Press.

Fraser, D.W. (2013). 5 tips for creating independent activities aligned with Common Core State Standards. *Teaching Exceptional Children, 45*(6), 6–15.

FRAXA Research Foundation. (2000). *About Fragile X.* Retrieved from www.fraxa.org/html/about_treatment.htm

Frisby, C., & Braden, J. (1992). Feuerstein's dynamic assessment approach: A semantic, logical, and empirical critique. *Journal of Special Education, 26,* 281–301.

Fryxell, D., & Kennedy, C.H. (1995). Placement along the continuum of services and its impact on students' social relationships. *Journal of the Association for Persons with Severe Handicaps, 20,* 259–269.

Fuchs, L., & Fuchs, D. (2000). Analogue assessment of academic skills: Curriculum-based measurement and performance assessment. In E. Shapiro & T. Kratochwill (Eds.), *Behavioral assessment in schools* (2nd ed., pp. 168–201). New York: Guilford Press.

Fujiura, G.T., & Yamaki, K. (2000). Trends in demography of childhood poverty and disability. *Exceptional Children, 66,* 187–199.

Furniss, F., & Biswas, A.B. (2012). Recent research on aetiology, development and phenomenology of self-injurious behavior in people with intellectual disabilities: A systematic review and implications for treatment. *Journal of Intellectual Disability Research, 56,* 453–475.

Gaitatzes, C., Chang, T., & Baumgart, S. (2013). The first weeks of life. In M.L. Batshaw, N.J. Roizen, & G.R. Lotrecchiano (Eds.), *Children with disabilities* (7th ed., pp. 73–85). Baltimore: Paul H. Brookes.

Galston, I. (1950). The psychiatry of Paracelsus. *Bulletin of the History of Medicine, 24,* 205–218.

Garber, H.L. (1988). *The Milwaukee Project. Preventing mental retardation in children at risk.* Washington, DC: American Association on Mental Retardation.

Gast, D., Wellons, J., & Collins, B. (1994). Home and community safety skills. In M. Agran, N. Marchand-Martella, & R. Martella (Eds.), *Promoting health and safety: Skills for independent living* (pp. 11–32). Baltimore: Paul H. Brookes.

Gaylord-Ross, R., & Holvoet, J. (1985). *Strategies for educating students with severe handicaps.* Boston: Little, Brown.

Gaylord-Ross, R., Haring, T., Breen, C., & Pitts-Conway, V. (1984). The training and generalization of social interaction skills with autistic youth. *Journal of Applied Behavior Analysis, 17,* 229–247.

Geisthardt, C.L., Brotherson, M.J., & Cook, C.C. (2002). Friendships of children with disabilities in the home environment. *Education and Training in Mental Retardation and Developmental Disabilities, 37,* 235–252.

Gersten, R., & Baker, S. (2000). What we know about effective instructional practices for English language learners. *Exceptional Children, 66,* 454–470.

Gersten, R., Carnine, D., & Woodward, J. (1987). Direct Instruction research: The third decade. *Remedial and Special Education, 8*(6), 48–56.

Gill, S.K., Broussard, C., Devine, O., Green, R.F., Rasmussen, S.A., & Reefhuis, J. (2012). Association between maternal age and birth defects of unknown etiology: United States, 1997–2007. *Birth Defects Research Part A: Clinical and Molecular Teratology, 94,* 1010–1018. doi: 10.1002/bdra.23049

Gilmore, L., & Cuskelly, M. (2009). A longitudinal study of motivation and competence in children with Down syndrome: Early childhood to early adolescence. *Journal of Intellectual Disability Research, 53,* 484–492.

Giordani, I. (1961). *St. Vincent de Paul.* Milwaukee: Bruce Publishing Co.

Glass, G.V. (1983). Effectiveness of special education. *Policy Studies Review, 2,* 65–78.

Glutting, J.J., & Wilkinson, G.S. (2003). *Wide Range Interest and Occupation Test-Second Edition.* San Antonio, TX: Pearson.

Goddard, H. (1912). *The Kallikak Family: A Study in the Heredity of Feeblemindedness.* New York: Macmillan.

Gold, M. (1976). Task analysis of a complex assembly task by the retarded blind. *Exceptional Children, 43,* 78–84.

Gold, M.E., & Richards, H. (2012). To label or not to label: The special education question for African Americans. *Educational Foundations, 26*(1–2), 143–156.

Goldstein, S., Strickland, B., Turnbull, A.P., & Curry, L. (1980). An observational analysis of the IEP conference. *Exceptional Children, 46,* 278–286.

Goodman, J.I., Hazelkorn, M., Bucholz, J.L., Duffy, M.L., & Kitta, Y. (2011). Inclusion and graduation rates: What are the outcomes? *Journal of Disability Policy Studies, 21,* 241–252.

Gordon, L. (1981). *Gordon Occupational Checklists-2.* San Antonio, TX: Psychological Corporation.

Graham, E.M., & Morgan, M.A. (1997). Growth before birth. In M.L. Batshaw (Ed.), *Children with disabilities* (4th ed., pp. 53–69). Baltimore: Paul H. Brookes.

Graham, T. (2012). Review of *Vulpé Assessment Battery-Revised.* In *Mental measurements yearbook and tests in print.* http://web.a.ebscohost.com/ehost/detail?vid=17&sid=60a5b2d3-cff1-476d-a740-421449524053%40sessionmgr4002&hid=4209&bdata=JmxvZ2luLmFzcCZzaXRlPWVob3N0LWxpdmU%3d#db=mmt&AN=TIP07002730. Online resource provided by the Board of Regents of the University of Nebraska and the Buros Center for Testing.

Green, S. K., & Shinn, M. R. (1994). Parent attitudes about special education and reintegration: What is the role of student outcomes? *Exceptional Children, 61,* 269–281.

Greenen, S., Powers, L. E., & Lopez-Vasquez, A. (2001). Multicultural aspects of parent involvement in transition planning. *Exceptional Children, 67,* 265–282.

Gresham, F., & Elliott, S. (2008). *Social Skills Rating System.* Circle Pines, MN: American Guidance Service.

Grigal, M., & Hart, D. (2010). *Think College! Postsecondary education options for students with intellectual disabilities.* Baltimore: Paul H. Brookes.

Grigal, M., Hart, D., & Weir, C. (2012). A survey of postsecondary education programs for students with intellectual disabilities in the United States. *Journal of Policy and Practice in Intellectual Disabilities, 9,* 223–233.

Grissom, M. O'K., & Borkowski, J. G. (2002). Self-efficacy in adolescents who have siblings with or without disabilities. *American Journal on Mental Retardation, 107,* 79–90.

Gronlund, N. (1998). *How to construct achievement tests* (4th ed.). Englewood Cliffs, NJ: Prentice Hall.

Grossman, H. (Ed.). (1973). *A manual on terminology and classification in mental retardation.* Washington, DC: American Association on Mental Deficiency.

Grossman, H. (Ed.). (1977). *A manual on terminology and classification in mental retardation* (rev. ed.). Washington, DC: American Association on Mental Deficiency.

Grossman, H. J. (Ed.). (1983). *Classification in mental retardation.* Washington, DC: American Association on Mental Retardation.

Grove, N., Bunning, K., & Porter, J. (2001). Interpreting the meaning of behavior by the people with intellectual disabilities. Theoretical and methodological issues. In F. Columbus (Ed.), *Advances in psychology research* (Vol. 7, pp. 87–126). New York: NOVA Science Publishers.

Guadalupe v. Tempe Elementary School District No. 3, Civ. No. 71-435 (D. Ariz. 1972).

Guarlnick, M. (1998). Effectiveness of early intervention for vulnerable children: A developmental perspective. *American Journal on Mental Retardation, 102,* 319–345.

Gunter, P., & Denny, K. (1998). Trends and issues in research regarding academic instruction of students with emotional and behavioral disorders. *Behavioral Disorders, 24,* 44–50.

Guralnick, M. J. (2005). Early intervention for children with intellectual disabilities: Current knowledge and future prospects. *Journal of Applied Research in Intellectual Disabilities, 18,* 313–324.

Guthrie, R., & Susi, A. (1963). A simple phenylalanine method for detecting phenylketonuria in large populations of newborn infants. *Pediatrics, 32,* 338–343.

Guy, B. A., Sitlington, P. L., Larsen, M. D., & Frank, A. R. (2009). What are high schools offering as preparation for employment? *Career Development for Exceptional Individuals, 32,* 30–41.

Hagerman, R. J., Berry-Kravis, E., Kaufmann, W. E., Ono, M. Y., Tartaglia, N., Lachiewicz, A., . . . Tranfaglia, M. (2009). Advances in the treatment of Fragile X syndrome. *Pediatrics, 123*(1), 378–390. doi:10.1542/peds.2008–0317

Hagerman, R., & Lampe, M. (1999). Fragile X syndrome. In S. Goldstein & C. Reynolds (Eds.), *Handbook of neurodevelopmental and genetic disorders in children* (pp. 298–316). New York: Guilford Press.

Hagner, D., Helm, D. T., & Butterworth, J. (1996). "This is your meeting." A qualitative study of person-centered planning. *Mental Retardation, 34,* 159–171.

Halderman v. Pennhurst State School and Hospital (1977). 446 F. Supp. 1295 (E.D. Pa.).

Hall, L. J., & McGregor, J. A. (2000). A follow-up study on the peer relationships of children with disabilities in an inclusive school. *Journal of Special Education, 34,* 114–125.

Hall, S. S., Lightbody, A. A., & Reiss, A. L. (2008). Compulsive, self-injurious, and autistic behavior in children and adolescents with Fragile X syndrome. *American Journal on Mental Retardation, 113*(1), 44–53.

Hallahan, D. P., Kauffman, J. M., & Pullen, P. C. (2012). *Exceptional learners: An introduction to special education* (12th ed.). Boston: Pearson Education.

Hallam, A., Knapp, M., Jaerbrink, K., Netten, A., Emerson, E., Robertson, J., Gregory, N., . . . Durkan, J. (2002). Cost of village community, residential campus and dispersed housing provision for people with intellectual disability. *Journal of Intellectual Disability Research, 46,* 394–404.

Halpern, A. (1990). A methodological review of follow-up and follow-along studies tracking school leavers from special education. *Career Development for Exceptional Individuals, 13,* 13–27.

Hammill, D., & Larsen, S. (1996). *Test of Written Language – 3.* Austin, TX: Pro-Ed.

Hammill, D., & Newcomer, P. (1997). *Test of Language Development: 3 (Intermediate).* Austin, TX: Pro-Ed.

Hansen, D. L., & Morgan, R. L. (2008). Teaching grocery store purchasing skills to students with intellectual disabilities using a computer-based instruction program. *Education and Training in Developmental Disabilities, 43,* 431–442.

Hardman, M., Drew, C., & Egan, M. (2003). *Human exceptionality* (7th ed.). Boston: Allyn & Bacon.

Haring, N. (1977). From promise to reality. *AAESPH Review, 2*(1), 3–7.

Harrington, R.G. (2012). *Review of the AAMR Adaptive Behavior Scale:2 School Edition.* http://web.a.ebscohost.com/ehost/detail?vid=19&sid=60a5b2d3-cff1-476d-a740-421449524053%40sessionmgr4002&hid=4209&bdata=JmxvZ2luLmFzcCZzaXRlPWVob3N0LWxpdmU%3d#db=mmt&AN=TIP07000003. Online resource provided by the Board of Regents of the University of Nebraska and the Buros Center for Testing.

Harrison, P., & Oakland, T. (2000). *Adaptive Behavior Assessment System.* San Antonio, TX: Psychological Corporation.

Harry, B. (1992). *Cultural diversity, families, and the special education system.* New York: Teachers College Press.

Hart, B.M., & Risley, T.R. (1968). Establishing the use of descriptive adjectives in the spontaneous speech of disadvantaged preschool children. *Journal of Applied Behavior Analysis, 1,* 109–120.

Hasazi, S., Liggett, K., & Schattman, K. (1994). A qualitative policy study of the least restrictive environment provision of the Individuals with Disabilities Education Act. *Exceptional Children, 60,* 491–507.

Hassall, R., Rose, J., & McDonald, J. (2005). Parenting stress in mothers of children with an intellectual disability: The effects of parental cognitions in relation to child characteristics and family support. *Journal of Intellectual Disability Research, 49,* 405–418.

Hawkey, C., & Smithes, A. (1976). The Prader-Willi syndrome with a 15/15 translocation: Case report and review of the literature. *Journal of Medical Genetics, 13,* 152–156.

Hayes, B.K., & Conway, R.N. (2000). Concept acquisition in children with mild intellectual disability: Factors affecting the abstraction of prototypical information. *Journal of Intellectual & Developmental Disability, 25,* 217–235.

Haywood, H.C. (1997a). Interactive assessment. In R. Taylor (Ed.), *Assessment of individuals with mental retardation* (pp. 103–130). San Diego: Singular Publishing Group.

Haywood, H.C. (1997b). *Global perspectives on mental retardation.* Keynote address presented at the Annual Meeting of the American Association on Mental Retardation, May 28, in New York.

Healy, E., McGuire, B.E., Evans, D.S., & Carley, S.N. (2009). Sexuality and personal relationships for people with an intellectual disability. Part 1: Service-user perspectives. *Journal of Intellectual Disability Research, 53,* 905–912.

Heber, R. (1959). A manual on terminology and classification and mental retardation. *American Journal of Mental Deficiency, 64* (Monograph suppl.).

Heber, R. (1961). Modifications in the manual on terminology and classification and mental retardation. *American Journal of Mental Deficiency, 65,* 490–500.

Heber, R., & Garber, H. (1970). An experiment in prevention of cultural-familial retardation. In D. Primrose (Ed.), *Proceedings of the International Association for the Study of Mental Deficiency* (Vol.1, pp. 34–43). Warsaw: Polish Medical Publishers.

Hendrick Hudson Central School District v. Rowley, 458 U.S. 176, 102 S. Ct. 3034, 73 L Ed. 2d 690 (1982).

Henley, M., Ramsey, R.S., & Algozzine, R.F. (2002). *Characteristics of and strategies for teaching students with mild disabilities.* Boston, MA: Allyn & Bacon.

Henry, L.A., & Gudjonsson, G.H. (2003). Eyewitness memory, suggestibility, and repeated recall sessions in children with mild and moderate intellectual disabilities. *Law and Human Behavior, 27,* 481–505.

Henry, L.A., & MacLean, M. (2002). Working memory performance in children with and without intellectual disabilities. *American Journal on Mental Retardation, 107,* 421–432.

Heward, W. (2013). *Exceptional children: An introduction to special education* (10th ed.). Upper Saddle, NJ: Merrill/Prentice Hall.

Hibbert, D., Kostinas, G., Luiselli, J.K. (2002). Improving skills performance of an adult with mental retardation through peer-mediated instructional support. *Journal of Developmental & Physical Disabilities, 14,* 119–127.

Hickson, L., Blackman, L., & Reis, E. (1995). *Mental retardation: Foundations of educational programming.* Boston: Allyn & Bacon.

Hobson v. Hansen, 269 F. Supp. 401 (D.D.C. 1967, aff'd sub norm).

Hodapp, R.M., & Dykens, E.M. (2009). Intellectual disabilities and child psychiatry: Looking to the future. *Journal of Child Psychology and Psychiatry, 50,* 99–107.

Hodapp, R.M., & Zigler, E. (1997). New issues in the developmental approach to mental retardation. In W.E. MacLean, Jr. (Ed.), *Ellis' handbook of mental deficiency, psychological theory, and research* (3rd ed., pp. 115–136). Mahwah, NJ: Lawrence Erlbaum Associates.

Hodges, W., & Cooper, M. (1981). Head Start and Follow Through: Influences on intellectual development. *Journal of Special Education, 15,* 221–238.

Hodgkinson, H. (1993). American education: The good, the bad, and the task. *Kappan, 74*(8), 619–623.

Hoffmann, B., Wendel, U., & Schweitzer-Krantz, S. (2011). Cross-sectional analysis of speech and cognitive performance in 32 patients with classic galactosemia. *Journal of Inherited Metabolic Disease, 34*(2), 421–427. doi:10.1007/s10545–011–9297–5

Holburn, S. (2000). New paradigms for some, old paradigm for others. *Mental Retardation, 38,* 530–531.

Hollomotz, A. (2008). "May we please have sex tonight?"—People with learning difficulties pursuing privacy in residential group settings. *British Journal of Learning Disabilities, 37,* 91–97.

Honig v. Doe, 108 S. Ct. 592. (1988).

Hoover-Dempsey, K., Bassler, O.C., & Brissie, J.S. (1992). Explorations in parent-school relations. *Journal of Educational Research, 85,* 287–294.

Horn, J. (1965). *Fluid and crystallized intelligence.* Unpublished doctoral dissertation, University of Illinois, Urbana–Champaign.

Horn, J., & Cattell, R. (1966). Refinement and test of the theory of fluid and crystallized intelligence. *Journal of Educational Psychology, 57,* 253 –270.

Horner, R.H., Albin, R.W., Todd, A.W., Newton, J.S., & Sprague, J.R. (2011). Designing and implementing individualized positive behavior support. In M.E. Snell & F. Brown (Eds.), *Instruction of students with severe disabilities* (7th ed., pp. 257–303). Upper Saddle River, NJ: Pearson.

Horner, R.H., Bellamy, G.T., & Colvin, G.T. (1984). Responding in the presence of nontrained stimuli: Implications of generalization error patterns. *Journal of the Association for Persons with Severe Handicaps, 9,* 287–295.

Horner, R.H., & Carr, E. (1997). Behavioral support for students with severe disabilities: Functional assessment and comprehensive intervention. *Journal of Special Education, 31,* 84–104.

Horner, R.H., Dunlap, G., Koegel, R., Carr, E., Sailor, W., Anderson, J., Albin, R., & O'Neill, R. (1990). Toward a technology of "nonaversive" behavioral support. *Journal of the Association for Persons with Severe Handicaps, 15,* 125–132.

Horvath, M., Hoernicke, P.A., & Kallam, M. (1993). *Mental retardation in perspective.* Retrieved from ERIC database. (ED355729)

Hosp, J.L., & Reschly, D.J. (2003). Referral rates for intervention or assessment: A meta-analysis of racial differences. *Journal of Special Education, 37*(2), 67–80.

Hua, Y., Morgan, B.S.T., Kaldenberg, E.R., & Goo, M. (2012). Cognitive strategy instruction for functional mathematical skill: Effects for young adults with intellectual disability. *Education and Training in Autism and Developmental Disabilities, 47,* 345–358.

Hudson, M.E., Browder, D.M., & Wood, L.A. (2013). Review of experimental research on academic learning by students with moderate and severe intellectual disabilities in general education. *Research and Practice for Persons with Severe Disabilities, 38,* 17–29.

Hudson, M.E., & Test, D.W. (2011). Evaluating the evidence base of shared story reading to promote literacy for students with extensive support needs. *Research and Practice for Persons with Severe Disabilities, 36,* 34–45.

Hughes, C., & Carter, E. (2000). *The transition handbook: Strategies high school teachers use that work!* Baltimore: Paul H. Brookes.

Hughes, C., Golas, M., Cosgriff, J., Brigham, N., Edwards, C. & Cashen, K. (2011). Effects of a social skills intervention among high school students with intellectual disabilities and autism and their general education peers. *Research and Practice for Persons with Severe Disabilities, 36,* 46–61.

Hughes, C., & Rusch, F. (1989). Teaching supported employees with severe mental retardation to solve problems. *Journal of Applied Behavior Analysis, 22,* 365–372.

Hunter, D., & O'Brien, L. (2002). Postsecondary education for students with disabilities. In K. Storey, P. Bates, & D. Hunter (Eds.), *The road ahead: Transition to adult life for persons with disabilities* (pp. 189–205). St. Augustine, FL: Training Resource Network.

Iacono, T., & Carling-Jenkins, R. (2012). The human rights context for ethical requirements for involving people with intellectual disability in medical research. *Journal of Intellectual Disability Research, 56,* 1122–1132.

Ianacone, R.N., & Leconte, P.J. (1986). Curriculum-based vocational assessment: A viable response to a school-based service delivery issue. *Career Development for Exceptional Individuals, 9,* 113–120.

Idol, L., Nevin, A., & Paolucci-Whitcomb, P. (1999). *Models of curriculum based assessment: A blueprint for learning.* Austin, TX: Pro-Ed.

Ike, N. (2000). Current thinking on XYY syndrome. *Psychiatric Annals, 30,* 91–95.

International Rett Syndrome Association. (n.d.). *About Rett Syndrome.* Retrieved from http://www.rettsyndrome.org/home

Ireland, W. (1882). On the Diagnosis and Prognosis of Idiocy and Imbecility. *Edinburgh Medical Journal*, (June), 1072–1085.

Ireland, W. (1898). *The Mental Affections of Children: Idiocy, Imbecility, and Insanity.* London: Churchill.

Irving Independent School District v. Tatro, 104 S. Ct. 3371 (1984).

Ishmael, H., Begleiter, M., & Butler, M. (2002). Drowning as a cause of death in Angelman syndrome. *American Journal on Mental Retardation, 107*, 69–70.

Ittenbach, R. F., Bruininks, R. H., Thurlow, M., & McGrew, K. (1993). Community adjustment of young adults with mental retardation: A multivariate analysis of adjustment. *Research in Developmental Disabilities, 14*, 275–290.

Iwata, B. A., Dorsey, M., Slifer, K., Bayman, K., & Richman, G. (1982). Toward a functional analysis of self injury. *Analysis and Intervention in Developmental Disabilities, 2*, 3–20.

Jackson v. Indiana (1972). (U.S. Supreme Ct., No. 70-5009), 39 Law Week 3413.

Jacobs, W. (1978). The effect of learning disability label on classroom teachers' ability objectively to observe and interpret child behaviors. *Learning Disability Quarterly, 1*, 50–55.

Janney, R., & Snell, M. (2000). *Behavioral support.* Baltimore: Paul H. Brookes.

Janzen, D., & Nguyen, M. (2010). Beyond executive function: Non-executive cognitive abilities in individuals with PKU. *Molecular Genetics and Metabolism, 99*, S47–S51.

Jimenez, B. A., Browder, D. M., & Courtade, G. R. (2009). An exploratory study of self-directed science concept learning by students with moderate intellectual disabilities. *Research & Practice for Persons with Severe Disabilities, 34*, 33–46.

John, A. E., Rowe, M. L., Mervis, C. B., & Abbeduto, L. (2009). Referential communication skills of children with Williams syndrome: Understanding when messages are not adequate. *American Journal on Intellectual and Developmental Disabilities, 114*(2), 85–99. doi:10.1352/2009.114.85–99

Johnson, J. A., & D'Amato, R. C. (2012). *Review of the Stanford-Binet Intelligence Scales-Fifth Edition.* http://web.a.ebscohost.com/ehost/detail?vid=21&sid=60a5b2d3-cff1-476d-a740-421449524053%40session mgr4002&hid=4209&bdata=JmxvZ2luLmFzcCZzaXRlPWVob3N0LWxpdmU%3d#db=mmt&AN=TIP07002411. Online resource provided by the Board of Regents of the University of Nebraska and the Buros Center for Testing.

Jones, H. A., & Warren, S. F. (1991). Enhancing engagement in early language teaching. *Teaching Exceptional Children, 23*(4), 48–50.

Jones, J. L. (2012). Factors associated with self-concept: Adolescents with intellectual and developmental disabilities share their perspectives. *Intellectual and Developmental Disabilities, 50*, 31–40.

Joosten, A. V., Bundy, A. C., & Einfeld, S. L. (2008). Intrinsic and extrinsic motivation for stereotypic and repetitive behavior. *Journal of Autism and Developmental Disorders, 39*, 521–531.

Jordan, B., & Dunlap, G. (2001). Construction of adulthood and disability. *Mental Retardation, 39*, 286–296.

Jyothy, A., Kumar, K. S. D., Rao, G. M., Rao, V. B., Devi, B. U., Sujatha, M., & Reddy, P. P. (2001). Parental age and the origin of extra chromosome 21 in Down syndrome. *Journal of Human Genetics, 46*(6), 347–350.

Kahl, A., & Moore, B. (2000). Behavioral phenotype of neurofibromatosis, type 1. *Mental Retardation and Developmental Disabilities Research Review, 6*, 117–124.

Kahng, S., Iwata, B. A., & Lewin, A. B. (2002). Behavioral treatment of self-injury. *American Journal on Mental Retardation, 107*, 212–221.

Kamps, D., Walker, D., Maher, J., & Rotholtz, D. (1992). Academic and environmental effects of small group arrangements in classrooms for students with autism and other developmental disabilities. *Journal of Autism and Developmental Disorders, 22*, 277–293.

Kanner, L. (1964). *A history of the care and study of the mentally retarded.* Springfield, IL: Charles C. Thomas.

Katims, D. (2001). Literacy assessment of students with mental retardation: An exploratory investigation. *Education and Training in Mental Retardation and Developmental Disabilities, 36*, 363–372.

Kaufman, A., & Kaufman, N. (2004a). *Kaufman Assessment Battery for Children-II.* Circle Pines, MN: American Guidance Service.

Kaufman, A., & Kaufman, N. (2004b). *Kaufman Test of Educational Achievement* (2nd ed.). Circle Pines, MN: American Guidance Service.

Keller, H. (1915, December 18). Physicians' juries for defective babies. *New Republic, 173*, 174.

Kelley, J. F., Morisset, C. E., Barnard, K. E., & Patterson, D. L. (1996). Risky beginnings: Low maternal intelligence as a risk factor for children's intellectual development. *Infants and Young Children, 8*(3), 11–23.

Kelley, K. R., Test, D. W., & Cooke, N. L. (2013). Effects of picture prompts delivered by a video iPod on pedestrian navigation. *Exceptional Children, 79*, 459–474.

Kellow, J. T., & Parker, R. I. (2002). Self-perceptions of adequacy of support among persons with mental retardation living in suburban versus rural communities. *Education and Training in Mental Retardation and Developmental Disabilities, 37,* 328–338.

Kennedy, C. H., & Niederbuhl, J. (2001). Establishing criteria for sexual consent capacity. *American Journal on Mental Retardation, 106,* 503–510.

Kennedy, C. H., Shukla, S., & Fryxell, D. (1997). Comparing the effects of educational placement on the social relationships of intermediate school students with severe disabilities. *Exceptional Children, 64,* 277–289.

Kerr, A. (2002). Rett syndrome: Recent progress and implications for research and clinical practice. *Journal of the Association for Persons with Severe Handicaps, 14,* 190–196.

Kim, S., Larson, S. A., & Lakin, K. C. (2001). Behavioural outcomes of deinstitutionalisation for people with intellectual disability: A review of US studies conducted between 1980 and 1999. *Journal of Intellectual Disability Research, 26,* 35–50.

Kim, Y.-R. (2010). Personal safety programs for children with intellectual disabilities. *Education and Training in Autism and Developmental Disabilities, 45,* 312–319.

Kirk, S., & Johnson, G. (1951). *Educating the retarded child.* Cambridge, MA: Houghton Mifflin.

Kishi, G., & Meyer, L. H. (1994). What children report and remember: A 6-year follow-up of the effects of social contact between peers with and without severe disabilities. *Journal of the Association for Persons with Severe Handicaps, 19,* 277–289.

Klingner, J. K., Artiles, A. J., Kozleski, E., Harry, B., Zion, S., Tate, W., Duran, G. Z., & Riley, D. (2005). Addressing the disproportionate representation of culturally and linguistically diverse students in special education through culturally responsive educational systems. *Education Policy Analysis Archives, 13,* 38. Retrieved April 25, 2014 from http://epaa.asu.edu/epaa/v13n38/.

Koch, R., Trefz, F., & Waisbren, S. (2010). Psychosocial issues and outcomes in maternal PKU. *Molecular genetics and metabolism, 99,* S68–S74. doi:10.1016/j.ymgme.2009.10.014

Kozma, A., Mansell, J., & Beadle-Brown, J. (2009). Outcomes in different residential settings for people with intellectual disability: A systematic review. *American Journal on Intellectual and Developmental Disabilities, 114*(3), 193–222.

Krinsky-McHale, S., Kittler, P., Brown, W. T., Jenkins, E. C., & Devenny, D. A. (2005). Repetition priming in adults with Williams syndrome: Age-related dissociation between implicit and explicit memory. *American Journal on Mental Retardation, 110*(6), 482–496.

Krupski, A. (1977). Role of attention in the reaction-time performance of mentally retarded adolescents. *American Journal of Mental Deficiency, 82,* 79–83.

Kugel, R. B., & Wolfensberger, W. (1969). *Changing patterns in residential services for the mentally retarded.* Washington, DC: President's Committee on Mental Retardation.

Kugler, M. (2014). The Elephant Man's Bones Reveal Mystery. Retrieved from http://rarediseases.about.com/cs/proteussyndrome/a/031301.htm

Kurth, J. A. (2013). Authentic literacy and communication in inclusive settings for students with significant disabilities. *Teaching Exceptional Children, 46*(2), 44–50.

Kush, J. C. (2012). Review of *Peabody Picture Vocabulary Test-Fourth Edition.* In *Mental measurements yearbook and tests in print.* http://web.a.ebscohost.com/ehost/detail?vid=23&sid=60a5b2d3-cff1-476d-a740-421449524053%40sessionmgr4002&hid=4209&bdata=JmxvZ2luLmFzcCZzaXRlPWVob3N0LWxpdmU%3d#db=mmt&AN=TIP18073480. Online resource provided by the Board of Regents of the University of Nebraska and the Buros Center for Testing.

Kwong, A. K.-W. T. (1998). Memory strategy assessment with adolescents with mild mental disabilities. *Dissertation Abstracts International Section A: Humanities & Social Sciences, 58*(10–A), 3833.

Lakin, K. C., Braddock, D., & Smith, G. (1996). Trends and milestones: Majority of MR/DD residential service recipients now in homes of 6 or fewer residents. *Mental Retardation, 34,* 198.

Lamont, A., & Bromfield, L. (2009). Parental intellectual disability and child protection: Key issues. *NCPC Issues, 31,* 11–19.

Larry P. v. Riles, 343 F. Supp 1306 (N.D. Cal. 1972).

Larson, S., Laken, C., Anderson, A., Kwak, N., Lee, J., & Anderson, D. (2001). Prevalence of mental retardation and developmental disabilities: Estimates from the 1994/1995 National Health Interview Survey Disability Supplements. *American Journal on Mental Retardation, 106,* 231–252.

Larson, S., Lakin, C., & Hill, S. (2012). Behavioral outcomes of moving from institutional to community living for people with intellectual and developmental disabilities: U.S. studies from 1977 to 2010. *Research and Practice for Persons with Severe Disabilities, 37,* 235–246.

Lasater, M., & Brady, M. P. (1995). Effects of video self-modeling and feedback on task fluency: A home based intervention. *Education and Treatment of Children, 18,* 389–407.

Lavoie, R.(1989). How difficult can this be? The F.A.T. City Workshop (dvd). http://www.ricklavoie.com/videos.html

Lawrence, E. A., & Winschel, J. F. (1975). Locus of control: Implications for special education. *Exceptional Children, 41,* 483–490.

Lazerson, M. (1975). Educational institutions and mental subnormality: Notes on writing a history. In M. Begab & S. Richardson (Eds.), *The mentally retarded and society* (pp. 33–52). Baltimore: University Park Press.

LeBanks v. Spears, 60 F.R.D. 135, 417F, Supp. 169 (E.D. La. 1973).

Ledbetter, D. H., Mascarello, J. T., Riccardi, V. M., Harper, V. D., Airhart, S. D., & Strobel, R. J. (1982). Chromosome 15 abnormalities and Prader-Willi syndrome: A follow-up report of 40 cases. *American Journal of Human Genetics, 34*(2), 278–285.

Lee, S.-H., Amos, B. A., Gragoudas, S., Lee, Y., Shogren, K. A., Theoharis, R., & Wehmeyer, M. L. (2006). Curriculum augmentation and adaptation strategies to promote access to the general curriculum for students with intellectual and developmental disabilities. *Education and Training in Developmental Disabilities, 41,* 199–212.

Lent, J. R., & McLean, B. M. (1976). The trainable retarded: The technology of teaching. In N. G. Haring & R. L. Schiefelbush (Eds.), *Teaching special children* (pp. 197–223). New York: McGraw-Hill.

Levy, Y. (2011). IQ predicts word decoding skills in populations with intellectual disabilities. *Research in Developmental Disabilities, 32,* 2267–2277.

Lewis, R. B., Doorlag, D. H., & Lewis, R. B. (2011). *Teaching students with special needs in general education classrooms* (8th ed.). Upper Saddle River, NJ: Pearson.

Li, J., Bassett, D. S., & Hutchinson, S. R. (2008). Secondary special educators' transition involvement. *Journal of Intellectual and Developmental Disabilities, 34,* 163–172.

Lilly, M. S. (1985). The next 30 years in special education. In M. P. Brady & P. Gunter (Eds.), *Integrating moderately and severely handicapped learners: Strategies that work* (pp. 295–310). Springfield, IL: Charles C. Thomas.

Lindblad, I., Gillberg, C., & Fernell, E. (2011). ADHD and other associated developmental problems in children with mild mental retardation. The use of the "Five to Thirteen" questionnaire in a population-based sample. *Research in Developmental Disabilities, 32,* 2805–2809.

Lindsay, W., Steptoe, L., & Haut, F. (2012). The sexual and physical abuse histories of offenders with intellectual disabilities. *Journal of Intellectual Disability Research, 56,* 326–331.

Lindsley, O. R. (1964). Direct measurement and prosthesis of retarded behavior. *Journal of Education, 147,* 62–81.

Liptak, G. S. (2013). Neural tube defects. In M. L. Batshaw, N. J. Roizen, & G. R. Lotrecchiano. (Eds.), *Children with disabilities* (7th ed., pp. 451–472). Baltimore: Paul H. Brookes.

Logan, K. R., & Keefe, E. B. (1997). A comparison of instructional context, teacher behavior, and engaged behavior for students with severe disabilities in general education and self contained classrooms. *Journal of the Association for Persons with Severe Handicaps, 22,* 16–27.

Lovitt, T. C., Plavins, M., & Cushing, M. (1999). What do pupils with disabilities have to say about their experience in high school? *Remedial and Special Education, 20,* 67–76.

Luckasson, R., Borthwick-Duffy, S., Buntinx, W., Coulter, D., Craig, E., Reeve, A., Schalock, R., . . . Tasse, M. (2002). *Mental retardation. Definition, classification, and systems of supports* (10th ed.). Washington, DC: American Association on Mental Retardation.

Luckasson, R., Coulter, D., Polloway, E., Reiss, S., Schalock, R., Snell, M., Spitalnik., D., & Stark, J. (1992). *Mental retardation: Definition, classification, and systems of supports* (9th ed.). Washington, DC: American Association on Mental Retardation.

Luckasson, R., & Reeve, A. (2001). Naming, defining, and classifying in mental retardation. *Mental Retardation, 39,* 47–52.

Luckasson, R., & Schalock, R. L. (2013). What's at stake in the lives of people with intellectual disability? Part II: Recommendations for naming, defining, diagnosing, classifying, and planning supports. *Intellectual and Developmental Disabilities, 51*(2), 94–101.

Luther, M. (1652). *Colloquia Mensalia.* London: William DuGard.

Maccow, G. (2012). *Review of the Scales of Independent Behavior—Revised.* Online resource provided by the Board of Regents of the University of Nebraska and the Buros Center for Testing. http://web.b.ebscohost.com/ehost/detail?vid=3&sid=2146364e-8fd3-4335-b2d1-3b7eb464a81c%40sessionmgr112&hid=118&bdata=JmxvZ2luLmFzcCZzaXRlPWVob3N0LWxpdmU%3d#db=mmt&AN=TIP07002240

MacDuff, G., Krantz, P., & McClannahan, L. (1993). Teaching children with autism to use photographic activity schedules: Maintenance and generalization of complex response chains. *Journal of Applied Behavior Analysis, 26,* 89–97.

MacMillan, D. (1985). *Mental retardation in school and society* (2nd ed.). Boston: Little, Brown.

MacMillan, D., Siperstein, G., & Gresham, F. (1996). A challenge to the viability of mild mental retardation as a diagnostic category. *Exceptional Children, 62,* 356–371.

Maller, S. J. (2012). *Review of the Wechsler Intelligence Scale for Children-Fourth Edition.* Online resource provided by the Board of Regents of the University of Nebraska and the Buros Center for Testing. http://web.b.ebscohost.com/ehost/detail?vid=5&sid=2146364e-8fd3-4335-b2d1-3b7eb464a81c%40sessionmgr112&hid=118&bdata=JmxvZ2luLmFzcCZzaXRlPWVob3N0LWxpdmU%3d#db=mmt&AN=TIP07002749

March of Dimes. (2008). *Alcohol and drugs.* Retrieved from www.marchofdimes.com

Marks, S. U. (2008). Self-determination for students with intellectual disabilities and why I want educators to know what it means. *Phi Delta Kappan, September,* 55–58.

Martin, J. E., & Huber Marshall, L. H. (1996). Choicemaker: Infusing self-determination instruction into the IEP and transition process. In D. J. Sands & M. L. Wehmeyer (Eds.), *Self-determination across the lifespan* (pp. 215–236). Baltimore: Paul H. Brookes.

Martin, S., Brady, M. P., & Kotarba, J. (1992). Families with chronically ill young children: The unsinkable family. *Remedial and Special Education, 13*(2), 6–15.

Maryland Association for Retarded Citizens v. Maryland Equity No. 100/182/77676 (Cir. Ct. Baltimore Co. 1974).

Matson, J. L., Kiely, S. L., & Bamburg, J. W. (1997). The effect of stereotypies on adaptive skills as assessed with the DASH-II and Vineland Adaptive Behavior Scales. *Research in Developmental Disabilities, 18,* 471–476.

Maulik, P. K., Mascarenhas, M. N., Mathers, C. D., Dua, T., & Saxena, S. (2011). Prevalence of intellectual disability: A meta-analysis of population-based studies. *Research in Developmental Disabilities, 32,* 419–436.

McCartney, J. R. (1987). Mentally retarded and nonretarded subjects' long-term recognition memory. *American Journal of Mental Retardation, 92,* 312–317.

McFelea, J. T., & Raver, S. (2012). Quality of life of families with children who have severe developmental disabilities: A comparison based on child residence. *Physical Disabilities: Education and Related Services, 31*(2), 3–17.

McGhee, R., Bryant, B., Larsen, S., & Rivera, D. (1995). *Test of Written Expression.* Austin, TX: Pro-Ed.

McLeskey, J., Landers, E., Williamson, P., & Hoppey, D. (2012). Are we moving toward educating students with disabilities in less restrictive settings? *Journal of Special Education, 46,* 131–140.

McMillan, J. (1997). *Classroom assessment: Principles and practice for effective instruction.* Boston: Allyn & Bacon.

Mechling, L. C. (2008). High tech cooking: A literature review of evolving technologies for teaching a functional skill. *Education and Training in Autism and Developmental Disabilities, 43,* 474–485.

Mechling, L., & O'Brien, E. (2010). Computer-based video instruction to teach students with intellectual disabilities to use public bus transportation. *Education and Training in Autism and Developmental Disabilities, 45,* 230–241.

Mechling, L. C., & Seid, N. H. (2011). Use of hand-held personal digital assistant (PDA) to self-prompt pedestrian travel by young adults with moderate intellectual disabilities. *Education and Training in Autism and Developmental Disabilities, 46,* 220–237.

Medicode. (1998). *International classification of diseases, ninth revision, clinical modification* (6th ed.). Salt Lake City: Author.

Merck Manual. (2003). Retrieved from www.merck.com/pubs/manual/

Merck Manual. (2012). *Overview of child maltreatment.* Retrieved from www.merckmanuals.com

Miller, M. D. (2012). Review of *Wechsler Individual Achievement Test-Third Edition.* In *Mental measurements yearbook and tests in print.* http://web.a.ebscohost.com/ehost/detail?vid=25&sid=60a5b2d3-cff1-476d-a740-421449524053%40sessionmgr4002&hid=4209&bdata=JmxvZ2luLmFzcCZzaXRlPWVob3N0LWxpdmU%3d#db=mmt&AN=TIP18013622http://web.a.ebscohost.com/ehost/detail?vid=25&sid=60a5b2d3-cff1-476d-a740-421449524053%40sessionmgr4002&hid=4209&bdata=JmxvZ2luLmFzcCZzaXRlPWVob3N0LWxpdmU%3d#db=mmt&AN=TIP18013622. Online resource provided by the Board of Regents of the University of Nebraska and the Buros Center for Testing.

Miller, S. M., & Chan, F. (2008). Predictors of life satisfaction in individuals with intellectual disabilities. *Journal of Intellectual Disability Research, 52,* 1039–1047.

Miller, S. P. (2002). *Validated practices for teaching students with diverse needs and abilities.* Boston: Allyn & Bacon.

Mills v. Board of Education of District of Columbia, 348 F. Supp. 866 (D.D.C. 1972).

Miner, C., & Bates, P. (1997). The effect of person centered planning activities on the IEP/transition planning process. *Education and Training in Mental Retardation and Developmental Disabilities, 32*, 105–112.

Mithaug, D. E., Wehmeyer, M. L., Agran, M., Martin, J. E., & Palmer, S. (1998). The self-determined learning model of instruction. In M. L. Wehmeyer & D. J. Sands (Eds.), *Making it happen: Student involvement in education planning, decision making, and instruction* (pp. 299–328). Baltimore: Paul H. Brookes.

Moreno, J., & Saldana, D. (2005). Use of a computer-assisted program to improve metacognition in persons with severe intellectual disabilities. *Research in Developmental Disabilities, 26*, 341–357.

Moss, J., Oliver, C., Nelson, L., Richards, C., & Hall, S. (2013). Delineating the profile of autism spectrum disorder characteristics in Cornelia de Lange and Fragile X syndromes. *American Journal on Intellectual and Developmental Disabilities, 118*(1), 55–73. doi:10.1352/1944–7558–118.1.55

Muehlmann, A. M., & Lewis, M. H. (2012). Abnormal repetitive behaviours: Shared phenomenology and pathophysiology. *Journal of Intellectual Disability Research, 56*, 427–440.

Munk, D., Van Laarhoven, T., Goodman, S., & Repp, A. (1998). Small group direct instruction for students with moderate to severe disabilities. In A. Hilton & R. Ringlaben (Eds.), *Best and promising practices in developmental disabilities* (pp. 127–138). Austin, TX: Pro-Ed.

Myrbakk, E., & von Tetzchner, S. (2008). Psychiatric disorders and behavior problems in people with intellectual disability. *Research in Developmental Disabilities, 29*, 316–332.

Nader-Grosbois, N., & Vieillevoye, S. (2012). Variability of self-regulatory strategies in children with intellectual disability and typically developing children in pretend play situations. *Journal of Intellectual Disability Research, 56*, 140–156.

National Commission on Excellence in Education. (1983). *A nation at risk: The imperative for educational reform.* Washington, DC: US Government Printing Office.

National Down Syndrome Society. (2012). *Cosmetic surgery for children with Down syndrome.* Retrieved from https://www.ndss.org/About-NDSS/Media-Kit/Position-Papers/Cosmetic-Surgery-for-Children-with-Down-Syndrome/

National Education Goals Panel. (1997). *The National Education Goals report: Building a nation of learners.* Washington, DC: US Government Printing Office.

National Governors Association Center for Best Practices [NGACBP], Council of Chief State School Officers. (2010). *Common Core State Standards.* Washington, DC: Authors.

National Institute on Alcohol Abuse and Alcoholism. (2012). Retrieved from www.niaaa.nih.gov

National Institute of Mental Health. (2011). *Hurler syndrome.* Retrieved from www.ncbi.mlm.nih.gov

National Institute of Neurological Disorders and Stroke (NINDS). (2002). *Neurofibromatosis fact sheet.* Retrieved from www.ninds.nih.gov/health_and_medical/pubs/neurofibromatosis.htm#whatare

Neuhaus, E. (1967). Training the mentally retarded for competitive employment. *Exceptional Children, 33*, 625–628.

Newborg, J., Stock, J., Wnek, L., Guidubaldi, J., & Svinicki, J. (2005). *Battelle Developmental Inventory: 2* (BDI-2). Allen, TX: DLM Teaching Resources.

Newcomer, P., & Hammill, D. (1997). *Test of Language Development: 3 (Primary).* Austin, TX: Pro-Ed.

Newell, K. M. (1997). Motor skills and mental retardation. In W. E. MacLean, Jr. (Ed.), *Ellis' handbook of mental deficiency, psychological theory, and research* (3rd ed., pp. 275–308). Mahwah, NJ: Lawrence Erlbaum Associates.

Newman, L., Wagner, M., Knokey, A.-M., Marder, C., Nagle, K., Shaver, D., Wei, X. (with Cameto, R., Contreras, E., Ferguson, K., Greene, S., & Schwarting, M.). (2011). *The post-high school outcomes of young adults with disabilities up to 8 years after high school. A report from the National Longitudinal Transition Study-2 (NLTS2)* (NCSER 2011–3005). Menlo Park, CA: SRI International. Retrieved from www.nlts2.org/reports/

Newton, J., Olson, D., & Horner, R. H. (1995). Factors contributing to the stability of social relationships between individuals with mental retardation and other community members. *Mental Retardation, 33*, 383–393.

New York Association for Retarded Citizens v. Rockefeller (1975). 72 Civil Action No. 356.

Nietupski, J., Hamre-Nietupski, S., Curtin, S., & Shrikanth, K. (1997). A review of curricular research in severe disabilities from 1976 to 1995 in six selected journals. *Journal of Special Education, 31*, 36–60.

Nihira, K., Leland, H., & Lambert, N. (1993). *AAMR Adaptive Behavior Scale: School Edition-2.* Austin, TX: Pro-Ed.

NINDS Rett Syndrome Fact Sheet (2014). http://www.ninds.nih.gov/disorders/rett/detail_rett.htm

Nirje, B. (1969). The normalization principle and its human management implications. In R. B. Kugel & W. Wolfensberger (Eds.), *Changing patterns in residential services for the mentally retarded* (pp. 179–195). Washington, DC: U.S. Government Printing Office.

Nolet, V., & Tindal, G. (1993). Special education in content area classes: Development of a model and practical procedures. *Remedial and Special Education, 14,* 36–48.

Nolet, V., & Tindal, G. (1994). Instruction and learning in middle school science classes: Implications for students with disabilities. *Journal of Special Education, 28,* 166–187.

Noonan, M. J., & McCormick, L. (1993). *Early intervention in natural environments: Methods and procedures.* Pacific Grove, CA: Brooks/Cole.

Norman, J. M., Collins, B. C., & Schuster, J. W. (2001). Using an instructional package including video technology to teach self-help skills to elementary students with mental disabilities. *Journal of Special Education Technology, 16,* 5–18.

Nota, L., Ferrari, L., Soresi, S., & Wehmeyer, M. (2007). Self-determination, social abilities and the quality of life of people with intellectual disability. *Journal of Intellectual Disability Research, 51,* 850–865.

Numminen, H., Service, E., & Ruoppila, I. (2002). Working memory, intelligence, and knowledge base in adult persons with intellectual disability. *Research in Developmental Disabilities, 23,* 105–118.

Nyhan, W. (1994). The Lesch-Nyhan disease. In T. Thompson & D. Gray (Eds.), *Destructive behavior in developmental disabilities: Diagnosis and treatment* (pp. 181–197). Thousand Oaks, CA: Sage Publications.

O'Brien, J., Pearpoint, J., & Kahn, L. (2010). *The PATH and MAPS handbook: Person-centered ways to build community.* Toronto: Inclusion Press.

O'Connor v. Donaldson (1975). 422 U.S. 563.

O'Donnell, A. M., Reeve, J., & Smith, J. K. (2007). *Educational psychology: Reflection for action.* Hoboken, NJ: Wiley & Sons.

O'Neill, R., Horner, R. H., Albin, R., Sprague, J., Storey, K., & Newton, S. (1997). *Functional assessment and program development for problem behavior: A practical handbook.* Pacific Grove, CA: Brooks/Cole.

O'Reilly, M. F., Lancioni, G. E., & Kierans, I. (2000). Teaching leisure skills to adults with moderate mental retardation: An analysis of acquisition, generalization, and maintenance. *Education and Training in Mental Retardation and Developmental Disabilities, 35,* 250–258.

O'Sullivan, J. L. (1999). Adult guardianship and alternatives. In R. D. Dinerstein, S. S. Herr, & J. L. O'Sullivan (Eds.), *A guide to consent* (pp. 7–37). Washington, DC: American Association on Mental Retardation.

Obiakor, F. E. (2001). Multicultural education: Powerful tool for preparing future general and special educators. *Teacher Education and Special Education, 24,* 241–255.

Oliver, P., & Brady, M. P. (2012). *Effects of covert audio coaching on parents' interactions with young children with autism.* Manuscript submitted for publication.

Olley, J. G. (2013). Definition of intellectual disability in criminal court cases. *Intellectual and Developmental Disabilities, 51*(2), 117–121.

Olmstead v. L. C., 527 U.S. 581 (1999).

Orenich (1988). EHLR 213:166.

Osborne, A., & Dimattia, P. (1994). The IDEA's least restrictive environment mandate: Legal implications. *Exceptional Children, 61,* 6–14.

Ostrosky, M., Drasgow, E., & Halle, J. (1999). How can I help you get what you want? A communication strategy for students with severe disabilities. *Teaching Exceptional Children, 31*(4), 56–61.

Oswald, D. P., & Coutinho, M. J. (2001). Trends in disproportionate representation in special education: Implications for multicultural education. In C. A. Utley & F. E. Obiakor (Eds.), *Special education, multicultural education, and school reform: Components of a quality education for students with mild disabilities* (pp. 53–73). Springfield, IL: Charles C. Thomas.

Oswald, D., Coutinho, M., Best, A., & Nguyen, N. (2001). Impact of sociodemographic characteristics on the identification rates of minority students as having mental retardation. *Mental Retardation, 39,* 351–367.

Papalia, D. E., & Feldman, R. D. (2011). *A child's world: Infancy through adolescence* (12th ed.). New York: McGraw-Hill.

Patton, J., Cronin, M., & Wood, S. (1999). *Infusing real-life topics into existing curricula at elementary, middle, and high school levels: Recommended procedures and instructional examples.* Austin, TX: Pro-Ed.

Paulson, F., Paulson, P., & Meyer, C. (1991). What makes a portfolio a portfolio? *Educational Leadership, 48,* 60–63.

Pearson. (2009). *Wechsler Individual Achievement Test–Third Edition.* San Antonio, TX: Pearson Assessments.

Pennsylvania Association for Retarded Children (PARC) v. Commonwealth of Pennsylvania, 334 F. Supp. 1257 (E.D. Pa. 1971), 343 F. Supp. 279 (E.D. Pa. 1972).

Pernick, M. (1996). *The black stork: Eugenics and the death of "defective" babies in American medicine and motion pictures since 1915.* New York: Oxford University Press.

Perske, R. (2000). Deception in the interrogation room: Sometimes tragic for persons with mental retardation and other developmental disabilities. *Mental Retardation, 38,* 532–537.

Peterson, L.Y., Burden, J.P., Sedaghat, J.M., Gothberg, J.E., Kohler, P.D., & Coyle, J.L. (2013). Triangulated IEP transition goals: Developing relevant and genuine annual goals. *Teaching Exceptional Children, 45*(6), 46–57.

Peverly, S., & Kitzen, K. (1998). Curriculum-based assessment of reading skills: Considerations and caveats for school psychologists. *Psychology in the Schools, 35,* 29–48.

Piaget, J. (1952). *The origins of intelligence in children.* New York: International Universities Press.

Pierangelo, R., & Giuliani, G.A. (2009). *Assessment in special education: A practical approach.* Upper Saddle River, NJ: Pearson.

Platter, F. (1614). *Observationum in hominis affectibus.* Basel, Switzerland: Lidovici, Koenig.

Plesa-Skwerer, D., Faja, S., Schofield, C., Verbalis, A., & Tager-Flusberg, H. (2006). Perceiving facial and vocal expressions of emotion in individuals with Williams syndrome. *American Journal on Mental Retardation, 111*(1), 15–26.

Podell, D.M., Tournaki-Rein, N., & Lin, A. (1992). Automatization of mathematics skills via computer assisted instruction among students with mild retardation. *Education and Training in Mental Retardation, 27,* 200–206.

Polister, B., Lakin, L., Smith, J., Prouty, R., & Smith, G. (2002). Institutional residents continue to decrease as community setting residents grow at an accelerating pace. *Mental Retardation, 40,* 488–490.

Polloway, E.A., Serna, L., Patton, J.R., & Bailey, J.W. (2013). *Strategies for teaching learners with special needs* (10th ed.). Boston: Pearson.

Polloway, E.A., Smith, J.D., Patton, J.R., & Smith, T.E.C. (1996). Historical changes in mental retardation and developmental disabilities. *Education and Training in Mental Retardation and Developmental Disabilities, 31,* 3–12.

Porter, M., & Stodden, R. (1986). A curriculum-based vocational assessment procedure: Addressing the school to work transition needs of secondary schools. *Career Development for Exceptional Individuals, 9,* 121–128.

Prader-Willi Syndrome Association (2012). *What is Prader-Willi syndrome?* Retrieved from http://www.pwsausa.org/syndrome/

President's Commission on Mental Retardation (PCMR). (1972). *Entering the era of human ecology.* Washington, DC: Department of Health Education and Welfare Publication no. (05), 72–77.

Pumpian, I., Fischer, D., Certo, N., & Smalley, K. (1997). Changing jobs: An essential part of career development. *Mental Retardation, 35,* 39–48.

Rais-Bahrami, K., & Short, B.L. (2013). Premature and small-for-dates infants. In M.L. Batshaw, N.J., Roizen, & G.R. Lotrecchiano (Eds.), *Children with disabilities* (7th ed., pp. 87–104). Baltimore: Paul H. Brookes.

Ramey, C.T., & Ramey, S.L. (1992). Effective early intervention. *Mental Retardation, 30,* 337–345.

Ransom, B.E., & Chimarusti, J. (1997). The education of juveniles in the criminal justice system: A mandate? *Impact, 10,* 24–25.

Raymond, E. (2000). *Learners with mild disabilities: A characteristics approach.* Boston: Allyn & Bacon.

Reamer, R., Brady, M.P., & Hawkins, J. (1998). The effects of video self-modeling on parents' interactions with children with developmental disabilities. *Education and Training in Mental Retardation and Developmental Disabilities, 33,* 131–143.

Reichle, J., & Wacker, D. (Eds.). (1993). *Communicative alternatives to challenging behavior.* Baltimore: Paul H. Brookes.

Reid, D.K. (1988). *Teaching the learning disabled.* Boston: Allyn & Bacon.

Reid, D., & Favell, J. (1984). Group instruction for people who have severe disabilities: A critical review. *Journal of the Association for Persons with Severe Handicaps, 9,* 167–177.

Reilly, C., & Holland, N. (2013). Symptoms of attention deficit hyperactivity disorder in children and adults with intellectual disability: A review. *Journal of Applied Research in Intellectual Disabilities, 24,* 291–309.

Reschly, D. (1979). Nonbiased assessment. In G. Phye & D. Reschly (Eds.), *School psychology: Perspectives and issues* (pp. 215–253). New York: Academic Press.

Reschly, D., & Ross-Reynolds, J. (1980). *Report: Iowa assessment project.* Unpublished manuscript, Department of Psychology, Iowa State University.

Reynolds, C., & Kamphaus, R. (1992). *Behavior Assessment System for Children.* Circle Pines, MN: American Guidance Service.

Reynolds, C. R., & Kamphaus, R. W. (2004). *Behavior Assessment for Children* (2nd ed.). San Antonio, TX: Pearson Assessments.

Reynolds, M. (1989). An historical perspective: The delivery of special education to mildly disabled and at-risk students. *Remedial and Special Education, 10*(6), 7–11.

Reynolds, M. C., & Birch, J. W. (1982). *Teaching exceptional children in all America's schools* (Rev. ed.). Reston, VA: Council for Exceptional Children.

Reynolds, M., & Wang, M. (1983). Restructuring "special" school programs: A position paper. *Policy Studies Review, 2*(1), 189–212.

Richards, S. B., Taylor, R. L., & Ramasamy, R. (2013). *Single subject research: Applications in educational and clinical settings* (2nd ed.). Belmont, CA: Wadsworth Cengage Learning.

Rillotta, F., Kirby, N., Shearer, J., & Nettlebeck, T. (2012). Family quality of life of Australian families with a member with an intellectual/developmental disability. *Journal of Intellectual Disability Research, 56,* 71–86.

Riverside Publishing (n.d.). *Overview of the Woodcock-Johnson III Normative Update Tests of Cognitive Abilities.* www.riversidepublishing.com

Roberts, M. Y., & Kaiser, A. P. (2011). The effectiveness of parent-implemented language interventions: A meta-analysis. *American Journal of Speech-Language Pathology, 20,* 180–199.

Robison, D., & Gonzalez, L. S. (1999). Children born premature: A review of linguistic and behavioral outcomes. *Infant-Toddler Intervention, 9,* 373–390.

Roid, G. (2003). *Stanford-Binet Intelligence Scale* (5th ed.). Chicago: Riverside.

Rojahn, J., Zaja, R. H., Turygin, N., Moore, L., & van Ingen, D. J. (2012). Functions of maladaptive behavior in intellectual and developmental disabilities: Behavior categories and topographies. *Research in Developmental Disabilities, 33*(6), 2020–2027.

Romer, L. T., & Walker, P. (2013). Offering person-centered supports on a daily basis: An initial appreciative inquiry into the relationship between personal assistants and those seeking support. *Research and Practice for Persons with Severe Disabilities, 38,* 186–195.

Roncker v. Walter, 700 F.2d 1058 (1983).

Rosenberg, H. & Brady, M. P. (2000). *Job Observation and Behavior Scale (JOBS): A work performance evaluation for supported and entry level employees.* Wood Dale, IL: Stoelting.

Rotholz, D. A. (2009). President's address 2008—Creating the future: Beyond our inheritance of the past. *Intellectual and Developmental Disabilities, 47*(2), 125–134.

Ryndak, D., Downing, J., Jacqueline, L., & Morrison, A. (1995). Parents' perceptions after inclusion of their children with moderate or severe disabilities. *Journal of the Association of Persons with Severe Handicaps, 20,* 147–157.

S-1 v. Turlington. EHLR 558:136 (S.D. Fla. 1981).

Sacramento City Unified School District Board of Education v. Rachel H., 14 F.3rd 1398 (9th Cir. 1994).

Sadker, M. P., & Sadker, D. M. (2003). *Teachers, schools, and society.* New York: McGraw-Hill.

Salekin, K. L., Olley, J. G., Hedge, K. A. (2010). Offenders with intellectual disability: Characteristics, prevalence, and issues in forensic assessment. *Journal of Mental Health Research in Intellectual Disabilities, 3,* 97–116.

Salend, S., & Duhaney, L. M. (1999). The impact of inclusion on students with and without disabilities and their educators. *Remedial and Special Education, 20,* 114–126.

Saloviita, T. J., & Tuulkari, M. (2000). Cognitive-behavioural treatment package for teaching grooming skills to a man with intellectual disability. *Scandinavian Journal of Behaviour Therapy, 29,* 140–147.

Sandoval, J., & Miille, M. (1980). Accuracy of judgments of WISC-R item difficulty for minority groups. *Journal of Consulting and Clinical Psychology, 48,* 249–253.

Santrock, J. W. (2001). *Educational psychology.* New York: McGraw-Hill.

Santrock, J. W. (2011). *Life span development* (13th ed.). New York: McGraw-Hill.

Sarkees-Wircenski, M., & Wircenski, J. (1994). Transition planning: Developing a career portfolio for students with disabilities. *Career Development for Exceptional Individuals, 17,* 203–214.

Saunders, A. F., Spooner, F., Browder, D., Wakeman, S., & Lee, A. (2013). Teaching the Common Core in English language arts to students with severe disabilities. *Teaching Exceptional Children, 46*(2), 22–33.

Saunders, M. D., Saunders, R. R., & Marquis, J. G. (1998). Comparison of reinforcement schedules in the reduction of stereotypy with supported routines. *Research in Developmental Disabilities, 19,* 99–122.

Schalock, R. (2002). Definitional issues. In R. Schalock, P. Baker, & D. Croser (Eds.), *Embarking on a new century* (pp. 29–49). Washington, DC: American Association on Mental Retardation.

Schalock, R. L., Borthwick-Duffy, S. A., Bradley, V. J., Buntinx, W. H., Coulter, D. L., Craig, E. M., . . . & Yeager, M. H. (2010). *Intellectual disability: Definition, classification, and systems of supports* (11th ed.). Washington, DC: American Association on Intellectual and Developmental Disabilities.

Schalock, R. L., Buntinx, W., Borthwick-Duffy, S., Luckasson, R., Snell, M., Tassé, M. J., et al. (2007). *User's guide: Mental retardation definition, classification, and systems of supports.* Washington, DC: American Association on Mental Retardation.

Schalock, R. L., & Luckasson, R. (2013). What's at stake in the lives of people with intellectual disability? Part I: The power of naming, defining, diagnosing, classifying, and planning supports. *Intellectual and Developmental Disabilities, 51*(2), 86–93.

Schanen, L. (1997). *The genetics of Rett syndrome.* Retrieved from www.Rettsyndrome.org/main/genetics_of_rett_syndrome.htm

Scheerenberger, R. (1983). *A history of mental retardation.* Baltimore: Paul H. Brookes.

Scheuermann, B., & Webber, J. (2002). *Autism: Teaching does make a difference.* Belmont, CA: Wadsworth/Thomson Learning.

Schloss, P., & Smith, M. (1998). *Applied behavior analysis in the classroom.* Boston: Allyn & Bacon.

Schopler, E., & Mesibov, G. (1995). *Learning and cognition in autism.* New York: Plenum.

Schuchardt, K., Gebhardt, M., & Maehler, C. (2010). Working memory functions in children with different degrees of intellectual disability. *Journal of Intellectual Disability Research, 54,* 346–353.

Scott, B., Vitale, M., & Masten, W. (1998). Implementing instructional adaptations for students with disabilities in inclusive classrooms: A literature review. *Remedial and Special Education, 19,* 106–119.

Scott, J., Clark, C., & Brady, M. P. (2000). *Students with autism: Characteristics and instructional programming for special educators.* San Diego: Singular Publishing Group.

Seguin, E. (1866). *Idiocy and its treatment by the physiological method.* New York: William Wood.

Seltzer, M. M., Greenberg, J. S., Floyd, F. J., Pettee, Y., & Hong, J. (2001). Life course impacts of parenting a child with a disability. *American Journal on Mental Retardation, 106,* 265–286.

Seltzer, M. M., Krauss, M. W., Hong. J., & Orsmond, G. I. (2001). Continuity or discontinuity of family involvement following residential transitions of adults who have mental retardation. *Mental Retardation, 39,* 181–194.

Serna, R. W., & Carlin, M. T. (2001). Guiding visual attention in individuals with mental retardation. In L. M. Glidden (Ed.), *International review of research in mental retardation* (Vol. 24, pp. 321–357). San Diego, CA: Academic Press.

Shapiro, B. K., & Batshaw, M. L. (2013). Developmental delay and intellectual disability. In M. L. Batshaw, N. J. Roizen, & G. R. Lotrecchiano (Eds.), *Children with disabilities* (7th ed., pp. 291–306). Baltimore: Paul H. Brookes.

Sheppard, L., & Unsworth, C. (2011). Developing skills in everyday activities and self-determination in adolescents with intellectual and developmental disabilities. *Remedial and Special Education, 32,* 392–405.

Shinn, M., & Bamonto, S. (1998). Advanced applications of curriculum-based measurement: "Big ideas" and avoiding confusion. In M. Shinn (Ed.), *Advanced applications of curriculum-based measurement* (pp. 1–31). New York: Guilford Press.

Shogren, K. A., & Broussard, R. (2011). Exploring the perceptions of self-determination of individuals with intellectual disabilities. *Intellectual and Developmental Disabilities, 49,* 86–102.

Shogren, K. A., Bovaird, J. A., Palmer, S. B., & Wehmeyer, M. L. (2010). Locus of control orientations in students with intellectual disability, learning disabilities and no disabilities: A latent growth curve analysis. *Research and Practice for Persons with Severe Disabilities, 35,* 80–92.

Shrank, F., McGrew, N., & Woodcock, R. (2001). *WJ-III technical report.* Chicago: Riverside.

Shriner, J. G. (2000). Legal perspectives on school outcome assessment for students with disabilities. *Journal of Special Education, 33,* 232–239.

Simon, T. J. (2010). Rewards and challenges of cognitive neuroscience studies of persons with intellectual and developmental disabilities. *American Journal on Intellectual and Developmental Disabilities, 115,* 79–82.

Simpson, R., & Myles, B. (Eds.). (1998). *Educating children and youth with autism.* Austin, TX: Pro-Ed.

Siperstein, G. N., & Leffert, J. S. (1997). A comparison of socially accepted and rejected children with mental retardation. *American Journal on Mental Retardation, 101,* 339–351.

Skeels, H. M., & Dye, H. B. (1939). A study of the effects of differential stimulation on mentally retarded children. *Proceedings of the American Association of Mental Deficiency, 44,* 114–136.

Skiba, R. J., Poloni-Staudinger, L., Simmons, A. B., Feggins-Azziz, L. R., & Chung, C.-G. (2005). Unproven links: Can poverty explain ethnic disproportionality in special education? *Journal of Special Education, 39*(3), 130–144.

Skiba, R. J., Simmons, A. B., Ritter, S., Gibb, A. C., Rausch, M. K., Cuadrado, J., & Chung, C.-G. (2008). Achieving equity in special education: History, status, and current challenges. *Exceptional Children, 74,* 264–288.

Skrtic, T. (1992). The special education paradox: Equity as the way to excellence. In T. Heher & T. Latus (Eds.), *Special education at the century's end* (pp. 203–272). Cambridge, MA: Harvard Educational Review.

Smith, A., Hunter, D., & Shrag, J. (1991). America 2000. An opportunity for school restructuring and inclusion. *Impact, 4*(3), 4–5.

Smith, J. D. (1997). The challenge of advocacy: The different voices of Helen Keller and Burton Blatt. *Mental Retardation, 35,* 138–140.

Smith, J. D., & Wehmeyer, M. L. (2012). Who was Deborah Kallikak? *Intellectual and Developmental Disabilities, 50*(2), 169–178.

Smith, M., Klim, P., & Hanley, W. (2000). Executive function in school-aged children with phenylketonuria. *Journal of Developmental and Physical Disabilities, 12,* 317–332.

Smith, T., Polloway, E. A., Patton, J. R., & Beyer, J. F. (2008). Individuals with intellectual and developmental disabilities in the criminal justice system and implications for transition planning. *Education and Training in Developmental Disabilities, 43,* 421–430.

Snell, M. E., & Brown, F. (2011a). *Instruction of students with severe disabilities* (7th ed.). Upper Saddle River, NJ: Pearson.

Snell, M. E., & Brown, F. (2011b). Selecting teaching strategies and arranging educational environments. In M. E. Snell & F. Brown (Eds.), *Instruction of students with severe disabilities* (7th ed., pp. 122–185). Upper Saddle River, NJ: Pearson.

Snell, M. E., & Luckasson, R. (with S. Borthwick-Duffy, V. Bradley, W. H. E. Buntinx, D. L. Coulter, E. M. Craig, S. C. Gomez, Y. Lachapelle, A. Reeve, R. L. Schalock, K. A. Shogren, S. Spreat, M. J. Tassé, J. R. Thompson, M. A. Verdugo, M. L. Wehmeyer, & M. H. Yeager) (2009). Characteristics and needs of people with intellectual disability who have higher IQs. *Intellectual and Developmental Disabilities, 47,* 220–233.

Sobsey, D. (1997). Equal protection of the law for crime victims with developmental disabilities. *Impact, 10,* 7–8.

Solish, A., Perry, A., & Minnes, P. (2010). Participation of children with and without disabilities in social, recreational and leisure activities. *Journal of Applied Research in Intellectual Disabilities, 23,* 226–236.

Sparrow, S. S., Cicchettim, D. V., & Balla, D. A. (2006). *Vineland-II.* Toronto: Pearson Canada Assessment.

Spearman, R. (1927). *The abilities of man: Their nature and measurement.* New York: Macmillan.

Stainback, S., & Stainback, W. (1985). *Integration of students with severe handicaps into regular schools.* Reston, VA: Council for Exceptional Children.

Stancliffe, R. J. (1997). Community living unit size, staff presence, and residents' choice-making. *Mental Retardation, 35*(1), 1–9.

Stein, S. (2012). *Review of the Vineland Adaptive Behavior Scales-II. Mental measurements yearbook and tests in print.* Online resource provided by the Board of Regents of the University of Nebraska and the Buros Center for Testing. http://web.b.ebscohost.com/ehost/detail?vid=7&sid=2146364e-8fd3-4335-b2d1-3b7e b464a81c%40sessionmgr112&hid=118&bdata=JmxvZ2luLmFzcCZzaXRlPWVob3N0LWxpdmU%3d#d b=mmt&AN=TIP18193482

Stern, W. (1914). The psychological methods of testing intelligence. In *Educational Psychology Monographs.* Baltimore: Warwick & York.

Stevens, G. D. (1954). Developments in the field of mental deficiency. *Exceptional Children, 21,* 58–62, 70.

Stillman, R. (1978). *Callier-Azusa Scale.* Dallas: University of Texas at Dallas Center of Communication Disorders.

Stokes, T. F., & Baer, D. M. (1977). An implicit technology of generalization. *Journal of Applied Behavior Analysis, 10,* 349–367.

Storey, K. (1997). Quality of life issues in social skills assessment of persons with disabilities. *Education and Training in Mental Retardation and Developmental Disabilities, 32,* 197–200.

Storey, K. (2002). Systematic instruction: Developing and maintaining skills that enhance community inclusion. In K. Storey, P. Bates, & D. Hunter (Eds.), *The road ahead: Transition to adult life for persons with disabilities* (pp. 47–64). St. Augustine, FL: Training Resource Network.

Storey, K., Bates, P., & Hunter, D. (2002). *The road ahead: Transition to adult life for persons with disabilities.* St. Augustine, FL: Training Resource Network.

Strain, P.S., & Fox, J.J. (1981). Peer social interactions and the modification of social withdrawal: A review and future perspective. *Journal of Pediatric Psychology, 6,* 417–433.

Strain, P.S., & Shores, R.E. (1977). Social reciprocity: A review of research and educational implications. *Exceptional Children, 43,* 526–530.

Sullivan, A.L. (2011). Disproportionality in special education identification and placement of English Language Learners. *Exceptional Children, 77,* 317–334.

Sutherland, G. (1977). Fragile sites on human chromosomes: Demonstration of their dependence on the type of tissue culture medium. *Science, 197,* 265–266.

Swanson, H.L. (1999). What develops in working memory? A lifespan perspective. *Developmental Psychology, 35,* 986–1000.

Switzky, H. (1997). Mental retardation and the neglected construct of motivation. *Education and Training in Mental Retardation, 32,* 194–196.

Tager-Flusberg, H., & Sullivan, K. (1998). Early language development in children with mental retardation. In J.A. Burack, R.M. Hodapp et al. (Eds.), *Handbook of mental retardation and development* (pp. 208–239). New York: Cambridge University Press.

Taylor, R.L. (2009). *Assessment of exceptional students: Educational and psychological procedures* (8th ed.). Upper Saddle River, NJ: Pearson/Merrill.

Taylor, R., & Caldwell, M.L. (1985). Type and strength of food preferences of individuals with Prader-Willi syndrome. *Journal of Mental Deficiency Research, 29,* 109–112.

Taylor, R., & Partenio, I. (1983). *Florida norms for the SOMPA.* Tallahassee, FL: Department of Education.

Taylor, R.L., Smiley, L.R., & Richards, S.B. (2015). *Exceptional students: Preparing teachers for the 21st century* (2nd ed.). New York: McGraw-Hill.

Taylor, R., Smiley, L., & Ziegler, E. (1983). The effects of labels and assigned attributes on teacher perceptions of academic and social behavior. *Education and Training of the Mentally Retarded, 18,* 45–51.

Taylor, S. (1988). Caught in the continuum: A critical analysis of the principle of the least restrictive environment. *Journal of the Association of Persons with Severe Handicaps, 13,* 41–53.

Taylor, S.J. (2001). The continuum and current controversies in the USA. *Journal of Intellectual Disability Research, 26,* 15–33.

The ARC. (2006). *Justice advocacy guide.* Retrieved from http://www.thearc.org/document.doc?id=3669

The ARC. (2008a). *Position statement parents with intellectual and/or developmental disabilities.* Retrieved from www.thearc.org

The ARC. (2008b). *Position statement sexuality.* Retrieved from www.thearc.org

The ARC. (2011). *Parents with intellectual disabilities.* Retrieved from www.thearc.org

The ARC & AAIDD. (2008). *Criminal justice.* Retrieved from www.thearc.org

The ARC & AAIDD. (2009a). *Guardianship.* Retrieved from www.thearc.org

The ARC & AAIDD. (2009b). *Quality of life.* Retrieved from www.thearc.org

Thirion-Marissiaux, A.-F., & Nader-Grosbois, N. (2008). Theory of mind "beliefs," developmental characteristics and social understanding in children and adolescents with intellectual disabilities. *Research in Developmental Disabilities, 29,* 547–566.

Thoma, C.A., Nathanson, R., Baker, S.R., & Tamura, R. (2002). Self determination: What do special educators know and where do they learn it? *Remedial and Special Education, 23,* 242–247.

Thompson, J., Bryant, B., Campbell, E.M., Craig, E., Hughes, C., Rotholz, D., . . . & Wehmeyer, M.L. (2004). *Supports Intensity Scale: Interview and Profile Form.* Washington, DC: American Association on Mental Retardation

Thompson, J., Craig, E., Schalock, R., Tassé, M., Bryant, B., Hughes, C., Silverman, W., . . . & Rotholz, D. (2002). *Supports Intensity Scale.* Washington, DC: American Association on Mental Retardation.

Thorn, S.H., Pittman, A., Myers, R.E., & Slaughter, C. (2009). Increasing community integration and inclusion for people with intellectual disabilities. *Research in Developmental Disabilities: A Multidisciplinary Journal, 30*(5), 891–901.

Thurlow, M., & Elliot, J. (1998). Student assessment and evaluation. In F. Rusch & J. Chadsey (Eds.), *Beyond high school: Transition from school to work* (pp. 265–296). Belmont, CA: Wadsworth.

Thurstone, L. (1938). *Primary mental abilities.* Chicago: University of Chicago Press.

Thurstone, L. (1941). *Factorial studies of intelligence.* Chicago: University of Chicago Press.

Thurstone, L. (1947). *Multiple factor analysis: A development and expansion of vectors of mind.* Chicago: University of Chicago Press.

Timothy W. v. Rochester School District, 875 F.2d 954 (1st Cir. 1988).

Tredgold, A. (1937). *A textbook of mental deficiency.* Baltimore: Wood.

Tredgold, R. F., & Soddy, K. (1956). *A handbook of mental deficiency.* Baltimore: Williams & Wilkins.

Trent, J. W., Jr. (1994). *Inventing the feeble mind. A history of mental retardation in the United States.* Berkeley: University of California Press.

Tsiouris, J. A., Kim, S. Y., Brown, W. T., & Cohen, I. L. (2011). Association of aggressive behaviours with psychiatric disorders, age, sex, and degree of intellectual disability: A large-scale survey. *Journal of Intellectual Disability Research, 55,* 636–649.

Tuberous Sclerosis Alliance (2013). *TSC and Autism Spectrum Disorders.* Retrieved from www.tsalliance.org

Tucker, J. (1985). Curriculum-based assessment: An introduction. *Exceptional Children, 52,* 199–204.

Turk, J., & Graham, P. (1998). Fragile X syndrome, autism, and autistic features. *Autism, 1,* 175–197.

Turnbull, A. P., & Turnbull, H. R. (1988). Toward great expectations for vocational opportunities: Family–professional partnerships. *Mental Retardation, 26,* 337–342.

Turnbull, A. P., & Turnbull, H. R. (1997). *Families, professionals, and exceptionality: A special partnership.* Upper Saddle River, NJ: Merrill/Prentice Hall.

Turnbull, A., Turnbull, H. R., Erwin, E., & Soodak, L. (2006). *Families, professionals, and exceptionality. Collaborating for empowerment* (5th ed.). Upper Saddle River, NJ: Pearson.

Turnbull, H. R., Ellis, J., Boggs, E., Brooks, P., & Biklen, D. (1981). *The Least Restrictive Alternative: Principles and practices.* Washington, DC: American Association on Mental Deficiency.

Turnbull, H. R., Stowe, M., & Huerta, N. (2007). *Free appropriate public education: The law and children with disabilities* (7th ed.). Denver, CO: Love Publishing.

Turner, L. (1998). Relation of attributional beliefs to memory strategy use in children and adolescents with mental retardation. *American Journal of Mental Retardation, 103,* 162–172.

U.S. Department of Education. (1993). *Reinventing Chapter 1: The current Chapter 1 program and new directions: Final report of the national assessment of the Chapter 1 program.* Washington, DC: Author. (ED 355 330).

U.S. Department of Education. (2008). *30th Annual Report to Congress on the Implementation of the Individuals with Disabilities Education Act.* Washington, DC: U.S. Government Printing Office.

U.S. Department of Health and Human Services. (2009). *Sexually transmitted infection (STI) fact sheet.* Retrieved from www.womenshealth.gov

U.S. National Library of Medicine. (2011a). *Congenital cytomegalovirus.* Retrieved from http://www.nlm.nih.gov/medlineplus/ency/article/001343.htm

U.S. National Library of Medicine. (2011b). *Congenital rubella.* Retrieved from http://www.nlm.nih.gov/medlineplus/ency/article/001658.htm

U.S. National Library of Medicine. (2011c). *Malnutrition.* Retrieved from http://www.nlm.nih.gov/medlineplus/malnutrition.html

U.S. National Library of Medicine. (2012a). *Methylmercury poisoning.* Retrieved from http://www.nlm.nih.gov/medlineplus/ency/article/001651.htm

U.S. National Library of Medicine. (2012b). *Syphilis-primary.* Retrieved from http://www.nlm.nih.gov/medlineplus/ency/article/000861.htm

U.S. National Library of Medicine. (2013a). *Lead poisoning.* Retrieved from http://www.nlm.nih.gov/medlineplus/ency/article/000861.htm

U.S. National Library of Medicine (2013b). *Tay-Sachs disease.* Retrieved from http://www.nlm.nih.gov/medlineplus/taysachsdisease.html

Valencia, R., & Suzuki, L. (2001). *Intelligence testing and minority students.* Thousand Oaks, CA: Sage Publications.

van den Bos, K. P., Nakken, H., Nicolay, P. G., & van Houten, E. J. (2007). Adults with mild intellectual disabilities: Can their reading comprehension ability be improved? *Journal of Intellectual Disability Research, 51,* 835–849.

Vandereet, J., Maes, B., Lembrechts, D., & Zink, I. (2010). Predicting expressive vocabulary acquisition in children with intellectual disabilities: A 2-year longitudinal study. *Journal of Speech, Language, and Hearing Research, 53,* 1673–1686.

Van der Molen, M. J., van Luit, J. E. H., Jongmans, M. J., & van der Molen, M. W. (2007). Verbal working memory in children with mild intellectual disabilities. *Journal of Intellectual Disability Research, 51,* 162–169.

Van der Molen, M. J., van Luit, J. E. H., van der Molen, M. W., Klugkist, I., & Jongmans, M. J. (2010). Effectiveness of a computerized working memory training in adolescents with mild to borderline intellectual disabilities. *Journal of Intellectual Disability Research, 54,* 443–447.

van der Schuit, M., Peters, M., Segers, E., van Balkom, H., & Verhoeven, L. (2009). Home literacy environment of pre-school children with intellectual disabilities. *Journal of Intellectual Disability Research, 53,* 1024–1037.

van der Schuit, M., Segers, E., van Balkom, H., & Verhoeven, L. (2011). How cognitive factors affect language development in children with intellectual disabilities. *Research in Developmental Disabilities, 32,* 1884–1894.

Van Gassen, G., & Van Broekhoven, C. (2000). Molecular genetics of Alzheimer's disease: What have we learned? *Acta Neurologica Belgica, 100,* 65–76.

Van Nieuwenhuijzen, M., & Vriens, A. (2012). (Social) cognitive skills and social information processing in children with mild to borderline intellectual disabilities. *Research in Developmental Disabilities, 33,* 426–434.

Varsamis, P., & Agaliotis, I. (2011). Profiles of self-concept, goal orientation, and self-regulation in students with physical, intellectual, and multiple disabilities: Implications for instructional support. *Research in Developmental Disabilities, 32,* 1548–1555.

Vavrus, L. (1990). Put portfolios to the test. *Instructor, 100,* 48–53.

Verkerk, A., Pieretti, M., Sutcliffe, J., Fu, Y., Kuhl, D., Pizzuti, A., Reiner, O., . . . & Warren, S. T. (1991). Identification of a gene (FMR-1) containing a CGG repeat coincident with a breakpoint cluster region exhibiting length variation of Fragile X syndrome. *Cell, 65,* 905–914.

Verri, A., Cremante, A., Clerici, F., Destefani, V., & Radicioni, A. (2010). Klinefelter's syndrome and psychoneurologic function. *MHR: Basic Science of Reproductive Medicine, 16*(6), 425–433.

Vicari, S. (2004). Memory development and intellectual disabilities. *Acta Paediatr 2004; Suppl. 445,* 60–64.

Vlasak, J. (1980). Mainstreaming handicapped children: The underlying legal concept. *Journal of School Health, May,* 285–287.

Voeltz, L. M. (1980). Children's attitudes toward handicapped peers. *American Journal on Mental Deficiency, 84,* 455–464.

Voeltz, L. M. (1982). Effects of structured interactions with severely handicapped peers on children's attitudes. *American Journal on Mental Deficiency, 86,* 380–390.

VORT Corporation. (1973). *Behavioral Characteristics Progression.* Palo Alto, CA: Author.

Vulpé, S. (1994). *Vulpé Assessment Battery-Revised.* East Aurora, NY: Slosson.

Wagner, B. (2002). The narrowing of institutions. In R. Schalock, P. Baker, & M. D. Croser (Eds.), *Embarking on a new century* (pp. 101–110). Washington, DC: American Association on Mental Retardation.

Waisbren, S. (1999). Phenylketonuria. In S. Goldstein & C. Reynolds (Eds.), *Handbook of neurodevelopmental and genetic disorders in children* (pp. 433–458). New York: Guilford Press.

Warren, S. (2002). Presidential address 2002—Genes, brains, and behavior: The road ahead. *Mental Retardation, 40,* 1–6.

Warren, S. F., & Reichle, J. (Eds.). (1992). *Causes and effects in communication and language intervention.* Baltimore: Paul H. Brookes.

Watkins, E. E. (2009). Marriage rights of individuals with intellectual disabilities. *EP Magazine,* Retrieved from www.eparent.com

Watson, J. D., & Crick, F. H. C. (1953). A structure for deoxyribose nucleic acid. *Nature, 171,* 737.

Webster, D., Clary G., & Griffith, P. (2001). Postsecondary education and career paths. In R. W. Flexer, T. J. Simmons, P. Luft, & R. M. Baer (Eds.), *Transition planning for secondary students with disabilities* (pp. 439–473). Columbus, OH: Merrill/Prentice Hall.

Wechsler, D. (1958). *The measurement and appraisal of adult intelligence.* Baltimore: Williams and Wilkins.

Wechsler, D. (2003). *Wechsler Intelligence Scale for Children-IV.* San Antonio: Psychological Corporation.

Weeks, M., & Gaylord-Ross, R. (1981). Task difficulty and aberrant behavior in severely handicapped students. *Journal of Applied Behavior Analysis, 14,* 449–463.

Wehmeyer, M. (2003). Defining mental retardation and ensuring access to the general curriculum. *Education and Training of Developmental Disabilities, 38,* 271–277.

Wehmeyer, M. L. (2001). Self-determination and mental retardation: Assembling the puzzle pieces. In H. N. Switzky (Ed.), *Personality and motivational differences in persons with mental retardation* (pp. 147–198). Mahwah, NJ: Lawrence Erlbaum Associates.

Wehmeyer, M., Agran, M., & Hughes, C. (2000). A national survey of teachers' promotion of self-determination and student-directed learning. *Journal of Special Education, 24,* 58–68.

Wehmeyer, M. L., & Bolding, N. (2001). Enhanced self-determination of adults with intellectual disability as an outcome of moving to community-based work or living environments. *Journal of Intellectual Disability Research, 45,* 371–383.

Wehmeyer, M., & Schwartz, M. (1997). Self-determination and positive adult outcomes: A follow-up study of youth with mental retardation or learning disabilities. *Exceptional Children, 63,* 245–255.

Wehmeyer, M. L., & Schwartz, M. (1998). The relationship between self-determination and quality of life for adults with mental retardation. *Education and Training in Mental Retardation, 33,* 3–12.

Werner, H., & Strauss, A.A. (1943). Impairment in thought processes of brain-injured children. *American Journal of Mental Deficiency, 47,* 291–295.

Westling, D.L., & Fox, L. (2009). *Teaching students with severe disabilities* (4th ed.). Upper Saddle River, NJ: Merrill.

Westling, D.L., Kelley, K.R., Cain, B., & Prohn, S. (2013). College students' attitudes about an inclusive post-secondary education program for individuals with intellectual disability. *Education and Training in Autism and Developmental Disabilities, 48,* 306–319.

Wheeler, P., & Haertel, G. (1993). *Resource handbook on performance assessment and measurement: A tool for students, practitioners, and policy-makers.* Berkeley, CA: Owl Press.

White, O.R., & Haring, N. (1980). *Exceptional teaching.* Columbus, OH: Merrill.

Widerstrom, A.H. (1997). Looking toward the future. In A.H. Widerstrom, B.A. Mowder, & S.R. Sandall (Eds.), *Infant development and risk* (2nd ed., pp. 335–346). Baltimore: Paul H. Brookes.

Widerstrom, A.H., & Nickel, R.E. (1997). Determinants of risk in infancy. In A.H. Widerstrom, B.A. Mowder, & S.R. Sandall (Eds.), *Infant development and risk* (2nd ed., pp. 61–88). Baltimore: Paul H. Brookes.

Wilkinson, K.M., & Hennig, S. (2007). The state of research and practice in augmentative and alternative communication for children with developmental/intellectual disabilities. *Mental Retardation and Developmental Disabilities Research Reviews, 13,* 58–69.

Will, M. (1986). Educating children with learning problems: A shared responsibility. *Exceptional Children, 52,* 411–416.

Williams, C.A. (2010). *The behavioral phenotype of the Angelman syndrome.* Gainesville, FL: Wiley-Liss Inc.

Winzer, M. (1993). *The history of special education.* Washington, DC: Gallaudet Free Press.

Witter, A.N., & Lecavalier, L. (2008). Psychopathology in children with intellectual disability: Risk markers and correlates. *Journal of Mental Health Research in Intellectual Disabilities, 1,* 75–96.

Wolery, M., Bailey, D., & Sugai, G. (1988). *Effective teaching: Principles and procedures of applied behavior analysis with exceptional students.* Boston: Allyn & Bacon.

Wolfensberger, W. (1972). *The principle of normalization in human services.* Toronto: National Institute on Mental Retardation.

Wolfensberger, W. (1973). The future of residential services for the mentally retarded. *Journal of Clinical Child Psychology, 2*(1), 19–20.

Wolfensberger, W. (1975). *The origin and nature of institutional models.* Syracuse, NY: Human Policy Press.

Wolfensberger, W. (1983). Social role valorization: A proposed new term for the principle of normalization. *Mental Retardation, 21,* 234–239.

Wolfensberger, W. (2000). A brief overview of social role valorization. *Mental Retardation, 33*(3), 163–169.

Wolff, P., Gardner, J., Paccia, J., & Lappan, J. (1989). The greeting behavior of Fragile X males. *American Journal on Mental Retardation, 93,* 406–411.

Woodcock, R., McGrew, N., & Mather, N. (2001). *Woodcock-Johnson-III.* Chicago: Riverside.

Woodcock, R., McGrew, N., & Mather, N. (2007). *Woodcock-Johnson-III* (Normative Update). Chicago: Riverside.

Woodward, M. (1963). The application of Piaget's theory to research in mental deficiency. In N.R. Ellis (Ed.), *Handbook of mental deficiency* (pp. 297–324). New York: McGraw-Hill.

Woolfolk, A. (2013). *Educational psychology* (12th ed.). Upper Saddle River, NJ: Pearson.

World Health Organization. (1993). *International statistical classification of diseases and related health problems* (10th ed.). Geneva: Author.

World Health Organization. (2001). *International classification of functioning, disability, and health (ICF).* Geneva: Author.

World Health Organization. (2011a). *International statistical classification of diseases and related health problems (ICD-10).* Geneva: Author.

World Health Organization. (2011b). *Sexually transmitted infections.* Retrieved from http://www.who.int/mediacentre/factsheets/fs110/en/

WPS Publishing Company. (n.d.). *Overview of the Kaufman Assessment Battery for Children* (2nd ed.). www.wpspublishing.com.

Wyatt v. Stickney (1974), 344 F. Supp. 387, 344 F. Supp. 373 (M.D. Ala. 1972), 334 F. Supp. 1341, 325 F. Supp. 781 (M.D. Ala. 1971), 772 aff'd sub nom. *Wyatt v. Aderholt,* 503 F.2d, 1305 (5th Cir.).

Yang, Q., Wen, S.W., Leader, A., Chen, X.K., Lipson, J., & Walker, M. (2007). Paternal age and birth defects: How strong is the association? *Human Reproduction, 22,* 696–701.

Yaun, A., Keating, R., & Gropman, A. (2013). The brain and nervous system. In M.L. Batshaw, N.J. Roizen, & G.R. Lotrecchiano (Eds.), *Children with disabilities* (7th ed., pp. 189–211). Baltimore: Paul H. Brookes.

Yell, M. (1998). *The law and special education.* Englewood Cliffs, NJ: Prentice Hall.

Yoong, A., & Koritsas, S. (2012). The impact of caring for adults with intellectual disability on the quality of life of parents. *Journal of Intellectual Disability Research, 56,* 609–619.

Youngberg v. Romeo (1982). 457 U.S. 307.

Ysseldyke, J., & Bielinski, J. (2002). Effect of different methods of reporting and reclassification on trends in test scores for students with disabilities. *Exceptional Children, 68,* 189–200.

Ysseldyke, J., & Olsen, K. (1999). Putting alternate assessments into practice: What to measure and possible sources of data. *Exceptional Children, 65,* 175–185.

Ysseldyke, J., Thurlow, M., Bielinski, J., House, A., Moody, M., & Haigh, J. (2001). The relationship between instructional and assessment accommodations in an inclusive state accountability system. *Journal of Learning Disabilities, 34,* 212–220.

Zajicek-Farber, S. (2013). Caring and coping: Helping the family of a child with a disability. In M. L. Batshaw, N. J. Roizen, & G. R. Lotrecchiano (Eds.), *Children with disabilities* (7th ed., pp. 657–672). Baltimore: Paul H. Brookes.

Zeaman, D., & House, B. J. (1963). The role of attention in retardate discrimination learning. In N. R. Ellis (Ed.), *Handbook of mental deficiency* (pp. 159–223). New York: McGraw-Hill.

Zellweiger, H., & Schneider, H. (1968). Syndrome of hypotonia–hypomentia–hypogonadism–obesity (HHHO) or Prader-Willi syndrome. *American Journal of the Diseases of Children, 115,* 588–598.

Zigler, E. (1969a). Developmental versus difference theories of mental retardation and the problem of motivation. *American Journal of Mental Deficiency, 73,* 536–556.

Zigler, E. (1969b). Development vs. difference theories of mental retardation and the problem of motivation. In E. Zigler & D. Balla (Eds.), *Mental retardation: The developmental difference controversy* (pp. 163–188). Hillsdale, NJ: Erlbaum.

Zigler, E., & Hodapp, R. M. (1986). *Understanding mental retardation.* New York: Cambridge University Press.

Zigman, W. B., & Lott, I. T. (2007). Alzheimer's disease in Down syndrome: Neurobiology and risk. *Mental Retardation and Developmental Disabilities Research Reviews, 13*(3), 237–246.

Zigman, W. B., Schupf, N., Urv, T., Zigman, A., & Silverman, W. (2002). Incidence and temporal patterns of adaptive behavior change in adults with mental retardation. *American Journal on Mental Retardation, 107,* 161–174.

Zijlstra, H. P., & Vlaskamp, C. (2005). Leisure provision for persons with profound intellectual and multiple disabilities: Quality time or killing time? *Journal of Intellectual Disability Research, 49,* 434–448.

Zirkel, P. A. (2013). Is it time for elevating the standard for FAPE under IDEA? *Exceptional Children, 79,* 497–508.

찾아보기

| 저 | 자 | 소 | 개 |

Stephen B. Richards 박사는 미국 데이턴대학교의 조교수이며, 중재 전문가 프로그램의 코디네이터를 담당하고 있다.

Michael P. Brady 박사는 미국 플로리다애틀랜틱대학교 특수교육과 교수이며 학과장이다.

Ronald L. Taylor는 미국 플로리다애틀랜틱대학교 특수교육과 교수이다.

| 역 | 자 | 소 | 개 |

신현기

단국대학교 특수교육과 교수(특수교육연구소장)

단국대학교 특수교육학 전공(석 · 박사)

『특수교육요구학생을 위한 생활기술 활동, 제2판(초등학생용)』(역, 2016, 시그마프레스) 외

「정신지체아동의 대인문제해결 특성」 외

김대룡

나사렛대학교 재활자립학과 교수

단국대학교 특수교육학 전공(석 · 박사)

『특수교육요구학생을 위한 사회적 기술 활동들(초등학생용)』(공역, 2015, 시그마프레스)

「발달장애 대학생의 직업전환을 위한 진로태도 분석」 외

김영표

한국교통대학교 교육대학원 교수

단국대학교 특수교육학 전공(석 · 박사)

『장애 아동 · 청소년을 위한 수학교육』(공저, 2015, 학지사) 외

「선택기회제공 및 교수가 중도정신지체유아의 의사표현력에 미치는 영향」 외

남경욱

경희대학교, 연세대학교, 홍익대학교 강사

단국대학교 특수교육학 전공(석 · 박사)

『특수교육의 이해』(공저, 2016, 동문사) 외

「장애영아 대상 교육적 서비스에 대한 현장 종사자들의 인식」 외

오경민

개명아동발달지원센터 원장

단국대학교 특수교육학 전공(석 · 박사)

『특수교육요구학생을 위한 사회적 기술 활동들(초등학생용)』(공역, 2015, 시그마프레스) 외

「환경중심 상호주의하기 중재가 자폐성장애유아의 사회적 반응성에 미치는 영향」 외

이병혁

극동대학교 중등특수교육학과 교수

미국 텍사스주립대학교(오스틴) 특수교육학 전공(석사)

단국대학교 특수교육학(박사)

『장애 아동 · 청소년을 위한 수학교육』(공저, 2015, 학지사) 외

「교과 전공 운영에 대한 예비 중등특수교사들의 인식」 외

정주영

건양대학교 초등특수교육과 교수

단국대학교 특수교육학 전공(석 · 박사)

『특수교육 국어교육론』(공저, 2010, 교육과학사) 외

「2015 개정 특수교육 기본 교육과정 통합교과 교육과정 주제의 구성개념에 관한 고찰」 외

정희선

강남대학교 교수학습지원센터 전임연구원

단국대학교 특수교육학 전공(석 · 박사)

『장애학생 수학교육』(공역, 2013, 교우사) 외

「다중지능특성에 따른 강점기반교육이 정신지체학생의 읽기이해와 읽기태도에 미치는 효과」 외

주재연

성신여자대학교, 서일대학교 강사

미국 인디애나주립대학교 특수교육학 전공(석사)

단국대학교 특수교육학 전공(박사)

「어머니의 모국문화기반 균형적 문해교수가 다문화가정 학생의 읽기능력에 미치는 영향-필리핀 어머니 자녀 중심으로」